KB104707

우리 본성의
악한 천사

THE
DARKER
ANGELS
OF OUR
NATURE

우리 본성의
악한 천사

◆

스티븐 핑커의
역사 이론 및 폭력 이론에 대한
18가지 반박

필립 드와이어 · 마크 S. 미칼레 엮음 | 김영서 옮김

책과함께

차례

일러두기

- 이 책은 Philip Dwyer & Mark Micale가 편저한 *The Darker Angels of Our Nature: Refuting the Pinker Theory of History & Violence* (Bloomsbury, 2021)를 우리말로 옮긴 것이다.
- ( )와 [ ]는 원서의 내용이고, 〔 〕는 옮긴이의 내용이다.
- 원서의 각주는 해당 장 뒤에 미주로 실었다.
- 원서의 이탤릭 부분은 강조체로 옮겼다(도서명은 제외).
- 《우리 본성의 선한 천사》(스티븐 핑커) 등 인용 부분의 경우, 한국어판을 참조하되 별도의 표시 없이 옮긴이가 수정하기도 했다.
- 외국 인명·지명 등의 한글 표기는 주로 국립국어원의 외래어표기법을 따르되 일부는 통용되는 표기를 따르기도 했다.

서문

Preface

이 책에는 약간 복잡한 사연이 있다. 마크 S. 미칼레와 나〔필립 드와이어〕는 마크가 폭력의 역사 센터Centre for the History of Violence(당시 명칭)에 초빙된 2017년 〔오스트레일리아〕뉴캐슬대학에서 처음 만났다. 그가 자기 연구실에서 내게 《시드니 모닝 헤럴드Sydney Morning Herald》기사를 하나 보여주었던 것을 기억한다. 마이크로소프트 설립자이자 지구에서 가장 부유한 사람 중 하나인 빌 게이츠가 트위터에 올린 글에 관한 기사였다. 게이츠는 그 트윗에서 당시 학업을 마치는 북아메리카 전역의 수많은 대학생에게 스티븐 핑커의 《우리 본성의 선한 천사》를 읽으라고 권했다. 그는 "〔스티븐 핑커에 따르면〕 세상은 점점 더 나아지고 있다"라고 사람들에게 널리 알렸다. "말도 안 되는 소리 같아도 사실이다. 지금은 인류 역사상 가장 평화로운 시기다." "이것이 중요한 바인데"라며 게이츠는 덧붙이길 "세상이 점점 나아지고 있다고 생각하면 그 사실을 널리 더 많은 사람에게 전파하고 싶어지기 때문"이라고 했다.[1]

우리는 너무나 놀랐다. 역사학자로서 우리는 핑커의 논지에 문제가 있다는 것을 알고 있었다. 우리는 핑커의 책 《우리 본성의 선한 천사》가 사회과학 전 분야의 매우 다양한 학자로부터 상당히 광범위하게 비판받았지만 흥미롭게도 역사학자들로부터는 극소수에게서만 비판받았다는 사실 또한 알고 있었다. 이것은 핑커 논지의 핵심이 사실은 역사에 바탕을 둔 것임을 감안하면 약간 영문 모를 일이다. 마크와 나는 이 논쟁에 적극적으로 뛰어들어 대안적 관점을, 핑커가 내놓은 얼토당토 않은 주장의 일부를 반박하는 관점을 제시해야 할 시간이 되었다고 판단했다. 우리는 각기 다른 분야에서 일하는 역사학자들로 신속하게 팀을 꾸렸고 2017년 말 《히스토리컬 리플렉션스/레플렉시옹 이스토리크 Historical Reflections/Réflexions Historiques》특별 호에 논문들을 발표했다.[2] 앤트와넷 버턴Antoinette Burton은 우리가 학술지 편집국에 처음 연락을 취했을 때 일이 순조롭게 진행되도록 친절히 도와주었다. 각각 5000여 단어의 논문 11편으로 구성된 특별 호는 학술지 독자들 사이에서 큰 반향을 불러일으켰고, 발행인 매리언 버간Marion Berghahn은 논문들을 엮어 《역사에 나타난 폭력에 관하여On Violence in History》라는 논문집으로 다시 출판하기로 했다.[3]

재판再版이 나오기 전에 이미 마크와 나는 논문들 중 가장 좋은 글들을 선별해 분량을 8000여 단어로 늘리고, 다른 학자들에게도 의뢰해 빠진 역사 일부를 보충해서는 논문들을 장별로 재구성할 생각을 하고 있었다. 그렇게 여러 장을 모아 엮은 이 책이 우리 노력의 최종 결과물이다. 낸시 실즈 콜만이 쓴 장은 원래 《히스토리컬 리플렉션스》에 발표된 것과 동일하나, 린다 피비거와 사라 M. 버틀러, 캐럴라인 엘킨스, 조애너 버크, 대니얼 로드 스메일이 쓴 장은 수정·확장된 형태로 이 책에 담겼다. 필립 드와이어와 마크 S. 미칼레는 새로 넣은 서론을 포함해 자신들의 장을 완전히 다시 썼다. 9개 장이 새로 추가되었다. 다그 린드스트룀, 에릭 D. 웨이츠, 데이비드 A. 벨, 로버트 T. 체이스, 필립 드와이어와 엘리자베스 로버츠-피더슨, 수전 K. 모리시, 매슈 레스톨, 코리 로스, 마이클 워트가 쓴 장이다. 우리는 이들이 역사에서 폭력이 감소해 왔다는 논지에 도전하고 의문을 제기함은 물론, 핑커의 이야기에 무게 있는 비평을 더하고 역사를 어떻게 쓰고 연구해야 하는지 입증해 보인다고 생각한다.

《우리 본성의 악한 천사》는 18개 장을 풍부하게 선별해 엮었지만 우리가 범위를 포괄적으로 다뤘다고 주장할 수 없음은 누가 봐도 알 것이다. 이 책에 포함되었다면 좋았겠으나 다뤄지지 않은 국가들(특히 중국과 브라질)과 주제들(예컨대 종교와 폭력 또는 사이버폭력)에 대해 독자들이 궁금해하리라는 것에는 의문의 여지가 없다. 본래는 염두에 두고 있었으나 지면의 제약으로 그냥 넘어갈 수밖에 없었던 것들을 포함해 이러저러한 종류의 폭력과 현장을 언급하려면 사실 그것만 전적으로 이야기하는 제2권을 따로 내야 할 것이다. 이 책의 범위에 심각한 공백이 있다는 점 또한 인정하지 않을 수 없다. 우리는 그 공백을 메우려 끈질기게 노력했음에도 안타깝게도 성공하지 못했다. 나치즘과 스탈린주의는 국가 차원에서 민간에 가하는 대량폭력을 예증하는 근대의 사례라 할 수 있다. 이 중첩된 주제들을 역사적으로 살펴보는 학문적 연구는 방대하고 매우 풍부하다. 그럼에도 우리가 폭력 시스템으로서의 독일 파시즘에 대해 의뢰한 장은 결코 현실화하지 못했고, 이 프로젝트의 편집자인 우리는 결국 그 부분 없이 책의 출간을 진행하기로 결정해야 했다. 근대 유럽을 연구하는 전문 역사학자로서 이 부분이 누락되어 매우 안타깝다.

우리가 여러 글을 모아 출판하고 그럼으로써 스티븐 핑커를 둘러싼 논쟁을 희망하건대 더 많은 독자에게 소개하고 그의 논지를 알릴 수 있는 기회를 준 매디 홀더에게 감사를 표한다. 덧붙여 마크는 이 프로젝트에 관해 많은 제안을 해준 일리노이대학 역사학과의 예전 동료들에게 감사해하고 있다. 특히 교도소 폭력 문제를 제기한 클레어 크로스턴Clare Crowston, 일본 역사가 폭력의 지구사global history에 끼친 영향의 중요성을 주장한 로드 윌슨Rod Wilson, 수전 모리시의 감정의 역사에 주목하게 해준 마크 스타인버그Mark Steinberg, 활발한 토론을 할 수 있도록 저녁식사 자리를 마련해준 캐럴 사임스Carol Symes에게 감사한다. 기존의 글들을 다듬는 것에 동의해준 이들과 이 프로젝트에 참여해 일반적으로 수용되는 관점에 도전함으로써 이른바 설전에 가담해준 이들 등 이 선집을 만드는 데 도움을 준 모든 이에게 진심이 가득 담긴 감사를 전한다. 이 책이 역사학자들이 역사를 어떻게 조각하는지 알고 싶어 하고 현재에 대해 더욱 비판적으로 사고하기를 원하는 학생들과 독자들에게, 더 광범위하게는 역사를 사랑하는 이들에게 영감을 주기를 소망한다.

뉴캐슬에서 필립 드와이어
볼티모어에서 마크 S. 미칼레

우리 본성의 악한 천사

주

1 *Sydney Morning Herald*, 16 May 2017.

2 Philip Dwyer and Mark S. Micale (eds), special issue, "History, Violence, and Steven Pinker", *Historical Reflections/Réflexions historiques*, 44, no. 1 (Spring 2018).

3 Philip Dwyer and Mark S. Micale (eds), *On Violence in History* (New York: Berghahn, 2019).

제1장

스티븐 핑커와 역사에서 폭력의 본성

Steven Pinker and the nature of violence in history

필립 드와이어, 마크 S. 미칼레

Philip Dwyer and Mark S. Micale

스티븐 핑커Steven Pinker의 2011년 저작《우리 본성의 선한 천사: 역사에서 폭력의 감소와 그 원인The Better Angels of Our Nature: The Decline of Violence in History and Its Causes》의 엄청난 상업적 성공은 학계의 많은 이를 깜짝 놀라게 했다.《우리 본성의 선한 천사》에는 베스트셀러 리스트에 오를 만한 요소가 아무것도 없었다.《우리 본성의 선한 천사》는 분량은 800쪽이 넘고, 텍스트도 꽤 난해하며, 엄선된 데이터와 "객관성의 책무"에 근거했다는 차트와 그래프도 100개가 넘는 책이었다.《우리 본성의 선한 천사》가 내세우는 주요 주장은 세상의 폭력violence이 오랜 세월에 걸쳐 상당히 감소했다는 것인데, 이는 20세기 역사를 잘 알고 있는 사람의 직관에는 반反하는 주장이다. 핑커가 장기적 관점에서 폭력의 감소를 주장한 최초의 사람은 아니나 그는 분명 그것을 가장 성공적으로 주장한 작가다.[1]

게다가 핑커는《우리 본성의 선한 천사》서문에서, 연대기적으로 과거 1만 년에 걸친 인류 폭력의 감소가 "인류 역사에서 일어난 가장 중요한 사건일 수 있"고, "우리는 우리 종이 존재한 이래 가장 평화로운 시대를 살고 있는 것인지도 모른다"라고 그 어느 누구보다 멀리 나아간 주장을 펼친다.[2]

핑커의 책은 어떤 측면에서는 일반 독자에게 세상의 복잡성을 설명하고자 시도하는 논픽션 장르에 속한다. 이를테면 재레드 다이아몬드Jared Diamond의《총, 균, 쇠Guns, Germs, and Steel》(1997)나 유발 하라리Yuval Harrari의《사피엔스Sapiens》(히브리어판 2011, 영어판 2014), 피터 프랭코판Peter Frankopan의《실크로드 세계사The Silk Roads》(2015), 이에 더해 토마 피케티Thomas Piketty의《21세기 자본Capital in the Twenty-First Century》(영역본 2014, 프랑스어판 2013)까지 포함되는 장르다. 이 책들은 일군의 특징을 공유하고 있다. 지식이 전문화하고 특화한 시대에, 흥미를 유발할 만한 주제들을 중심으로 다량의 정보를 종합해 인간 본성과 인류 역사에 관한 전반적 이야기를 제시하되 그것을 대중성과 시장성을 염두에 두고 소개한다는 것이다. 그러나 이 정도가 전부다.

핑커와 피케티를 예로 들어보자. 두 저자는 (각기 전하는) 목적과 메시지가 전혀 다르다. 피케티는 어째서 자본주의가 세계의 불평등을 일으키는 주요 동인의 하나인지, 어떻게 극심한 불평등이 민주주의적 가치의 기반을 약화시킬 수 있는 불만 요소를 만들어내는지 입증하고자 한다.《우리 본성의 선한 천사》와 700쪽이나 되는 2018년 후속작《지금 다시 계몽: 이성, 과학, 휴머니즘, 그리고 진보를 말하다Enlightenment Now: The Case for Reason, Science, Humanism, and Progress》에서 핑커가 보여준 세계관은 (피케티의 그것과) 정반대다. 핑커의 두 책은 자본주의를, 더 정확히는 핑커가 "온화한 상업gentle commerce"이라고 이름 붙인 것을 격찬한다. 핑커는 이에 더해 다른 사회과학자들이 의견 일치를 본 것에 반反해서 경제 불평등—즉 빈곤—이 폭력의 한 형태임을 부인하기까지 한다. 그러한 불평등inequality이 결과적으로 건강 악화와 조기 사망을 야기함은 압도적으로 많은 증거에 의해 입증되었으며 가장 최근에는 전염병으로 운명을 달리한 영국과 미국의 코로나바이러스감염증-19Covid-19 희생자들의 사례에서도 극명하게 드러난 사실이다. 더욱이 불평등이 폭력을 발생시키기도 한다는 것은 많은 서구 국가에 존재하는 체제적 인종주의systemic racism의 한 측면 즉 법 집행기관과 소수민족 공동체 사이 관계만 봐도 지난 수십 년에 걸쳐 명백해진 바다. 다수의 서구 국가—오스트레일리아, 영국, 프랑스, 미국—에서는 소수자minorities가 경찰에 의해 수감된 수와 사망한 수 모두에서 과다대표되는over-represented 경우가 흔하다. 세계에서 〔현지〕 선주민先住民 수감률이 가장 높은 국가가 오스트레일리아임을 알면 놀랄 사람이 많을 것이다.[3]

핑커의 생각에 사회-경제적 불평등은, 폭력과 마찬가지로, 해결될 수 있고 해결되는 중인 문제다. 《우리 본성의 선한 천사》에서 우리가 현재 인류 역사상 가장 평화로운 시대를 살고 있다면 《지금 다시 계몽》에서는 〔우리의〕 삶이 언제나 점점 나아지고 있는바, 그 대부분은 저자가 계몽된 가치라고 믿는 것이 전 지구적으로 확산한 덕분이다. "우리"는 다음과 같은 점에서 훨씬 더 좋은 세상에서 살고 있다. "신생아는 80년 이상 살 것이고, 시장은 먹을거리로 넘쳐나며, 손가락만 까딱하면 깨끗한 물이 나오고, 또 한 번 까딱하면 쓰레기가 사라지고, 알약이 감염의 고통을 없애주고, 아들들은 전쟁터에 끌려가지 않고, 딸들은 안전하게 거리를 걸을 수 있고, 권력자를 비판한 사람이 교도소에 가거나 총에 맞는 일도 없고, 세상의 지식과 문화가 셔츠 주머니 안에 준비되어 있다."⁴ 핑커가 대변한다는 "우리"가 누구냐는 문제는 한쪽으로 밀어놓고, 여기서는 그의 장밋빛 관점에서는 분쟁 없는 미래의 유토피아를 향한 진보의 징표가 그저 명백하게 보인다고만 말해두자. 최신 버전으로 업데이트된 그의 아이폰을 포함해서 말이다.

스티븐 핑커에 대한 비평과 그의 반응

《우리 본성의 선한 천사》는 10년 전 출판 당시 엇갈린 평가를 받았다. 일부는 굉장히 호의적이었으나 대부분은 매우 날이 서 있었다. 대조적으로 스티븐 핑커의 후속작 《지금 다시 계몽》은 거의 혹평 일색이었고 그중에는 계몽주의the Enlightenment의 역사에 관한 세계적 권위자들이 쓴 길고 냉혹한 비평은 물론이거니와 각별히 상세한 지식으로 무장한 비평도 여럿 있었다.⁵ 《지금 다시 계몽》에는 핑커가 두 책을 쓴 동기이자 그것을 뒷받침하는 이데올로기가 그대로 드러나 있다. 《우리 본성의 선한 천사》의 상업적 성공에 만족하지 못한 게 분명한 핑커는 비평가들 때문에 정말로 놀라고 화가 났던 것으로 보인다. 《지금 다시 계몽》은 부분적으로는 이들 비평가에 대한 응답으로, 앵글로-아메리카의 자유시장 경제를 계몽주의적 가치(즉 과학, 진보, 휴머니즘)라는 자신의 발상에 연결하려는 시도다. 핑커로서는 학계가 자기처럼 "이성reason"을 보지 못하고 폭력의 감소를 포함해 세상이 꾸준히, 그리고 명백하게 나아지고 있다는 명제를 쉽게 받아들이지 못하니 답답했을 게 틀림없다. 핑커는 자신을 비평하는 사람들을 허무주의자, 마르크스주의자, 포스트모더니스트, 반反유토피아주의자로 다양하게 특징짓는 것으로 자신의 최근 논문이 왜 부정적 반응을 받았는지를 설명한다. 실제로 핑커는 "진보progress를 정말로really 싫어하는 지식인들"에게 분통을 터뜨리며 "그들이 싫어하는 것은 진보의 결실fruits이 아니다. […] 여론 형성층의 짜증을 돋우는 것은 진보라는 발상idea이다"라고 말한다〔강조는 추가〕. "여론 형성층chattering classes"〔(이러쿵저러쿵) 수다 떠는 계층〕이라는 용어는 1970년대 보수 성향의 영국 기자 오베론 워Auberon Waugh가 만들고 리처드 닉슨Richard Nixon 대통령이 유행시킨 것으로, 자신과 동의하지 않는 사람들 또는 권위를 갖고 주장을 펼치는 논평가들을 폄하하려는 의도로 쓰인다.

서구 문명의 유구하고 풍요로운 지적 역사는 진보가 서구 문명의 핵심 발상의 하나라는 바로 그 이유로 여러 번 쓰여왔다. 이런 역사서들을 읽은 독자라면 알다시피, 진보라는 발상은 지적으로나 이데올로기적으로나 굉장히 문제가 많다. 역사학자들이 사력을 다해 지적해온바, 역사와 인류의 진보를 "휘그주의식Whiggish"—즉 역사란 더 큰 자유, 민주주의, 계몽을 향한 불가피하고 보편적인 행진이라고 설명하는 것—으로 해석하면 역사적 현실을 왜곡하고 문화변동cultural change의 속도와 속성 둘 다에서 무궁무진한 변형을 잘못 전할 수밖에 없게 된다. 세상이 점점 더 나아진다고 생각하는지 혹은 점점 더 나빠진다고 생각하는지는 그 사람의 개인적 관점에 크게 좌우되고, 그것은 당연히 당신이 누구고 당신이 어디에 사는지에 달렸다고 해도 놀라운 일이 아닐 것이다. 계몽은, 핑커가 이해한 바로는, 아직 세상 모든 곳에 퍼지지 않았다. 우리는 근대 서구 문명을 비롯한 문명이 그것을 창조하고 유지하는 데서 체제적 폭력systemic violence에 의존하는지의 여부에 대한 심오한 질문까지 이 지점에서 제기할 생각은 조금도 없다. 어떤 이들은 핑커의 의견에 반대하면서 인류의 삶의 질에서 입증가능한 진보가 있었다면 그 진보는 자본주의라서 있었던 것이자 자본주의임에도 있었던 것이라고 주장할 터다.[6] 또 어떤 이들은 캐럴라인 엘킨스[12장]와 매슈 레스톨의 글[13장]에서 명백히 드러나듯 서구 강대국들이 전 세계 [현지] 선주민先住民, indigenous peoples에게 자행한 "인도에 반反한 죄crimes against humanity"의 확산을 강조하는바, 이와 같은 확산은 주로 핑커가 서구 세계에서 폭력이 줄어들고 있었다고 주장한 바로 그 시기의 근대 산업, 기술, 무기류에 의한 것이었다.

핑커는 이 모든 사실을 한쪽에 제쳐둔 채 장광설을 늘어놓으며 평생 전문 분야에서 연구, 수업, 논문 발표를 해온 학자들을 멸시하고 그들을 "여론 형성층" "지적 사유를 업으로 삼는 이들"로 뭉뚱그려 취급한다. 세계에서 최고로 명망 있는 대학 중 한 곳에서 일하고 자신의 논지를 홍보할 양으로 말 그대로 전 세계를 순회하는 사람이 이런 말을 하는 것은 지나치다. 핑커가 말하는 여론 형성층은 사실 그의 동료 교수들이며 그중에는 그가 적을 두고 있는 하버드대학 소속으로 이 책에도 글을 기고한 교수도 둘 있다.

몇몇 측면에서, 핑커의 감정적 반응은 자신의 방법, 자신의 원천자료source, 자신의 결론을 의심하고 비판하는 이들을 겨냥한 일종의 지적 가스라이팅intellectual gaslighting이다.[7] 핑커는 발상의 교환—진실 추구를 위한 계몽주의적 방식의 핵심 중 핵심—에 참여하기보다 자신의 발상에 맞서는 이들을 희화하고 조롱한다. 자신의 두 책에 쏟아지는 비판이 증가할수록 핑커는 더 새되고 더 유치해졌다. 그는 자신을 비평하는 사람들을 비난하며 다음과 같은 이유를 댄다. 그들의 생각은 "기아에 대한 무관심, 인구가 감소한 행성이라는 잔인한 판타지상에 대한 탐닉,

우리 본성의 악한 천사

인간을 해충·병원균·암과 비교하는 나치 같은 행태를 비롯해 인간혐오misanthropy가 가미된 […] 유사종교적 이데올로기"의 일부라는 것이다."[8] 이게 무슨 말인가? 2018년 《가디언The Guardian》에 실린 인터뷰에서 핑커는 장광설을 더 늘어놓는다.

> 폭력에 관한 데이터를 발표하면서 놀란 것 중 하나는 사람들이 그것을 부정하려 무진장 애를 쓴다는 점이었습니다. 살인율이 50분의 1로 감소한 그래프, 전쟁 사망률이 20분의 1로 감소한 그래프, 강간·가정폭력·아동학대가 감소한 그래프를 보여주자 많은 사람은 기뻐하기는커녕 점점 더 기분 나빠하는 것 같았습니다. 그들은 세상이 데이터가 뜻하는 만큼 좋을 리 없을 측면들을 생각해내려 머리를 쥐어짜냈습니다. 내가 자주 받는 온갖 범주의 질문도 거기에 포함됩니다. "X도 폭력의 한 형태이지 않나요?" "광고도 폭력의 한 형태이지 않나요?" "성형수술도 폭력의 한 형태이지 않나요?" "비만도 폭력의 한 형태이지 않나요?"[9]

이것은 문화전쟁culture war에서 으레 발견되는 과장법이다. 또한 부정직한 말이기도 하다. 어떤 훌륭한 학자도 광고나 성형수술이나 비만이 폭력의 한 형태라고 주장한 바 없다. 그러나 이 책의 기고자들이 생각하기에, 과거와 현재의 폭력에 대해 오늘날의 윤리에 맞는 모든 양심적인 설명에는, 특히 포괄적 범위를 다룬다고 주장하는 연구라면, 대인간對人間 폭력interpersonal violence, 환경[에 대한] 폭력environmental violence, 선주민에 대한 폭력, 교도소 내 폭력, 인신매매, 사이버폭력cyber-violence 같은 인간의 행동과 관련한 현상들이 포함되어야 한다. 이 역시 핑커의 세계관에서 누락된 몇 가지만 얘기한 것이다.

사실을 말하자면, 핑커를 비평하는 사람들은 그들이 삐딱한 반골 성향이라서, 혹은 그들이 교육을 과하게 받은 진보 혐오자들이라는 가상의 비밀결사 소속이라서 핑커를 공격하는 게 아니다. 세속적 학문의 모든 분야에서, 대담하고 새로운 이론이나 해석은 어김없이 그것에 관한 방법·관찰·발견 등을 철저히 검토하는 동료 공동체의 평가를 받기 마련이다. 이 새로운 해석들 중에서 일부는 (물리학, 생물학, 심리학, 역사, 법 등 분야를 막론하고) 시간의 시험을 견디고 합의된 지식으로 공유된다. 어떤 해석들은 동료 전문가들의 비판적 조언에 따라 수정되고 나서, 다시 말해 지성을 통한 재평가라는 현재 진행 중인 과정을 거치고 나서 부분적으로 살아남기도 한다. 또 어떤 해석들은 비판적이고 면밀한 검토를 받고 나서 사라지기도 한다. 이를 "과학적 방법the scientific method"이라고 한다. 그런데 핑커는 자신의 발상이 가설 검증hypothesis testing이라는 기본적 과정을 거치지 않아도 된다고 생각하는 게 분명하다. 그는 독자들이 자신의 발상에 관한 내용을 평가하지 말고, 자기가 무슨 예언자나 프로메테우스 같은 인물처럼 인류의 과거·현재·미래에 관한 진리를 우리에게 전달해준 것을 그저 "기뻐하기"만을 바란다.

핑커는 "폭력이 감소했음을 나타내는 데이터를 보고 '폭력이 증가했다'라고 말하기는 망상을 부리는 것이다"라는 비난으로 비평가들을 특징짓는다.[10] 자신에 대한 비평을 일축하려 정신병리학적 언어를 쓰다니, 심리학 교수라면 더 나은 방법을 찾았어야 한다. 하지만 이 책을 엮은 정신이 온전한 역사학자 그룹은 전적으로 합리적[이성적]rational 방식을 통해 핑커의 가정 일부와 데이터의 정확성에 의문을 제기하고 있으며, 그에 따라 핑커의 초역사적 위대한 논지의 근거가 되는 결론에도 의심을 갖는다. 역사를 통틀어 대對인간 폭력의 상당 부분이 대중의 시야에

　　　　　　　　　　　　우리 본성의 악한 천사

서 감춰져 있고 실제보다 축소 보고 되는 점도 많다는 점에서 이들은 과연 폭력을, 특히 장구한 시간에 걸친 폭력을 실제로 정확하게 측정할 수 있는지 여부에, 또 그 폭력을 무수한 문화 전체에 걸쳐 의미 있게 비교할 수 있는지 여부에 의문을 제기한다. 이들은 폭력에 대한 핑커의 이해에 의구심을 갖는다. 이들은 우리가 생물학적으로 폭력적 성향을 갖고 있는지에 의문시하며 그 주제를 지나치게 단순화하는 것에 반대한다. 우리가 이와 같은 의문들을 제기하는 바는 바로, 폭력이 온갖 다양한 형태로 나타나며 계속해서 우리 시대의 근본적 문제가 되고 있다는 것과, 폭력을 감소시키기 위해서는 우리의 집합적 과거collective past에서 인류의 공격성을 정확하고 올바르게 이해해야 한다는 것을 알기 때문이다.

"이성"은, "진보"와 마찬가지로, 핑커의 《우리 본성의 선한 천사》와 《지금 다시 계몽》 두 책 모두에 흐르는 주요 테마다. 17세기 후반의 영국 정치철학자 존 로크John Locke의 말을 다르게 바꿔 표현하자면, 문제의 일부는 핑커가 로크가 "이성"을 정의할 때 쓴 "판단judgment과 의견opinion"을 "지식knowledge과 확실성certainty"과 혼동한다는 것이다.[11] 지식이란 계속해서 진화하는 연구 집합체다. 어떤 것에도 확실성이 있을 수 없으며, 밤사이 발표된 연구 결과로 한 시대·대상·사건에 관한 학자들의 사고방식이 바뀌기도 한다. 지식은 가장 신뢰할 만한 정보와 최선의 분석으로 끊임없이 최신의 상태로 갱신해야 하는 것일 뿐 아니라 어떤 주제에 대해 심도 있고 신중하게 취득해야 하는 것이고, 어떤 특별한 분야든 토론을 해야 하는 것이다. 핑커는 명백하게 이 중 아무것도 하지 않는다.

통계와 과거

과도하게 전문화한 현現시대에는 파노라마식의 광범위한 주제와 새롭고 거대한 발상을 다루는 책들이 일반 독자층의 마음을 끌며 뛰어난 문화적 성과로 인정을 받는다. 우리가 이 책을 시작하면서 재레드 다이아몬드, 토마 피케티, 유발 하라리를 인용한 것에서 눈치 챘겠지만, 우리도 이 장르에서 최고의 책들을 찾아 읽는 열성 독자다. 스티븐 핑커의 인기가 어쩌면 이해할 만하면서도 동시에 과거를 전문적으로 연구하도록 교육받고 그렇게 할 과제가 주어진 전문가 공동체로부터 반박받을 만하다고 생각하는 것은 바로 그 때문이다. 핑커 주장의 핵심에는 (《우리 본성의 선한 천사》의 부제["역사에서 폭력의 감소와 그 원인"]가 시사하듯) 역사적 측면이 있다. 이 선집에 기고한 사람들이 역사학자거나 역사 중심의 인류학자 및 사회학자인 이유가 여기에 있다. 이들 모두 자신의 분야가 잘못 취급되는 것에 분개한다. 우리의 어조가 강하게 전달되는 부분들도 있겠으나 그것은 위험을 감수한 일이다. 우리는 가벼운 마음으로 논쟁을 하려는 것이 아니다. 우리 동료 중 일부는 핑커의 책에 꼭 응답할 필요는 없다는 생각에 핑커와 엮이고 싶지 않아 했다. 그러나 그렇게 하지 않는다면, 인정되지도 입증되지도 않은 특정한 의제를 쫓는 데에 과학이라는 수사를 무책임하게 사용하는 누군가에게 이 분야를 열어두게 될 터였다.

이 책《우리 본성의 악한 천사》의 글들이 충분이 입증하는 바처럼, 핑커의 논지에는 반대할 거리가 아주 많다. 첫 번째는 그의 통계 사용과 관련 있다. 이 비판은 책 다수의 장에서 반복해서 등장한다.[12] 다그 린드스트룀이 지적하듯, 핑커의 통계 사용은 탄탄한 토대에 근거를 둔 경우도 있으나 대개는 제한적이고 의심스러운 증거에 근거한다. 과학과 객관성에 관한 담론을 펼침에도 핑커가《우리 본성의 선한 천사》에서 정량적 데이터quantitative data를 사용하는 방법은 충격적이리만큼 허술하다. 핑커는 자신의 수치figure들을 절대치로 여긴다. 마치 "사실fact"이 어떤 경우에도 불변하고 그것을 의심하면 안 되는 것처럼 말이다. 그는 자신을 숫자 세기를 통해 "세계의 상태를 철저히 평가하는" 사람으로 소개한다.[13] 검토되지 않은 그의 가정은 데이터가 정의상 정확한 것이고 숫자number는 "스스로 말을 한다"는 것인데, 이 선집의 많은 필자가 명백히 입증하는바, 숫자는 정확성이나 대표성을 띠는 것도 아니요 그 자체로 자명한 것도 아니다. 핑커 자신조차 "숫자가 진정 얼마나 정확하고 대표적인지 의심하는 것은 정당한 일"임을 인정한다.[14]

핑커가 찬양하는 18세기 유럽의 수많은 계몽사상가와 마찬가지로, 우리도 회의적이다. 우리는 통계가 중립적neutral이고 가치자유적value-free〔몰가치적, 가치중립적〕이라는 발상에 일종의 확신—맹목적 믿음까지는 아니더라도—을 갖고 자신의 발견을 소개하는 사람의 말은 에누리해서 듣는다. 계몽사상가〔곧 필로조프philosophe〕 중 가장 유명한 볼테르Voltaire의 말을 빌려 이렇게 말하고 싶다. "최소한 당신도 나만큼 무지하다는 것 정도는 고백하라."[15] 가장 큰 문제는 역사적 폭력과 관련한 통계 정보가 본질적으로 잘못되었다는 게 아니라 핑커가 자꾸 바뀌고 불완전하며 대부분 심하게 축소 보고 되는 것을 측정한다는 것이다. 린다 피비거는 핑커가 중석기시대(대략 기원전 1만 3000년에서 기원전 4000년 사이)의 것으로 추정되는 인골 21점이 발굴되었고 〔병사病死가 아닌 여타의 폭력 등으로 인한〕 외인사外因死, violent death의 증거가 있는 고고학 유적지 한 곳—덴마크의 베드베크Vedbæk—을 오용했다고 지적한다. 핑커는 그 유적지가 선사시대 전체를 대표한다고 결론 내린다. 이것은 최소한으로 말해도 문제가 있는 결론이며 그 사례 지역을 세계 다른 지역과 비교하기 시작하면 특히 더 그렇다. 일례로, 영국의 경우 중석기시대 인간 유해human remains는 드물고 대개는 불완전하다. 따라서 한 곳이나 몇몇 유적지에서 발견된 유해를 근거로 인류의 선사시대 전체를 일반화할 수는 없다. 그때의 사회와 그들의 죽음을 둘러싼 정보가 부족할 때는 특히 더 그렇다.

우리가 사는 현시대에서조차, 선진적 기술 행정 체계가 갖춰져 있고 기술관료들이 철저히 기록을 남기는 국가들의 통계가 불완전하거나 결함이 있을 수 있다. 이를 "암수暗數, dark figure"라고 하며 "암수"는 기록되지 않거나 발견되지 않은 범죄를 뜻한다. 무수히 많은 예가 있지만, 그중 성폭행과 음주로 인한 폭력을 예로 들어보자. 핑커는 성폭행sexual assault 발생률이 시간이 흐름에 따라 감소한다고 이야기한다. 그러나 성폭행 사건은 실제로는 증가했으며, 조애너 버크가 14장에서 주장하듯, 오늘날에는 그 수가 중세 때보다 더 많다.[16] 게다가 주말 대도시에서는 음주로 인한 폭력이 사고와 응급실행으로 귀결되는 일이 다반사라도 그 대부분은 실제보다 적게 보고된다. 신고가 된다 해도 그것이 법정까지 가는 경우는 거의 없다. 한 영국 병원의 응급실에 대해 실시한 특정한 조사에 따르면, 가정폭력domestic violence 사건―자신의 집에서 보통은 말다툼 끝에 폭행을 당한 여성―으로 응급실에 온 사례가 영국 범죄 피해 통계에 집계된 가정폭력 사건보다 많았고, 반면 여타 음주 관련 폭행은 대부분 거리·술집·나이트클럽에서 발생했다.[17] 현대의 어떤 대도시든 비슷한 규모의 응급 병동들을 조사하면 경찰이 전하는 폭력 발생률보다 높은 유사한 수치가 나올 것이 틀림없다. 전문 역사학자의 핵심적 기술은 원천자료의 성격과, 그로부터 인류의 과거에 관해 어떤 종류의 지식을 얻어낼 수 있고 어떤 종류의 지식을 얻어낼 수 없는지 평가하고 알아보는 일이다.

핑커는 자신의 데이터 즉 자신이 실제로 사용하는 원천자료에 대해 사실상 한 줌의 의심도 품지 않는다. 이와 같은 성향이 너무 심한 나머지 어떤 때는 그가 자신이 읽고 자신의 목적에 부합한다고 생각하는 모든 자료를 받아들이는 건지, 아니면 어떤 이야기는 농담조로 하는 건지 알 수가 없다. 이번에도 유명한 사례 한 가지로 충분할 것이다. 핑커는 《우리 본성의 선한 천사》 앞부분에서 카인이 동생 아벨을 죽이는 구약성경 이야기를 인용한다. "전 세계 인구가 정확히 네 명이었으니"라며 핑커의 재담은 이어진다. "살인율은 25퍼센트가 되며 이는 오늘날 서구세계의 살인율보다 1000배 정도 높은 수치다". 핑커는 성경의 이야기가 사실이 아님을 알면서도 단지 "폭력에 대한 감수성"이 시간이 흐름에 따라 변했다는 자신의 주요 논지를 보여줄 양으로 고집스럽게 이 수치를 상징이 아닌 사실에 기반을 둔 것처럼 인용한다. 어떻게 〔카인과 아벨 당시의 살인율을〕 그처럼 정확히 추측할 수 있겠으며, 문학적 관점에서 읽었든 역사적 관점에서 읽었든, 어떻게 성경을 그처럼 완벽히 오독할 수 있을까?

사라 M. 버틀러의 8장에서 이 주제에 관한 교훈을 더 가져와보자. 핑커는 자신의 주장에만 들어맞는다면 모든 자료를 무비판적으로 수용한다. 아주 유사한 방식으로, 자기주장과 모순되거나 자기주장을 부정하는 증거라면 그는 그것을 일관되게 무시하거나 묵살하고 거부한다. 스페인 종교재판을 사례로 들어보자. 핑커는 그로 인해 35만 명이 죽었다고 주장한다. 완전히 틀린 말이다. 유럽 근대 초기를 연구하는 학자라

면 이제 모두 알고 있는바, 현재 스페인 〔가톨릭교의〕 종교재판〔스페인 이
단심문〕Spanish Inquisition이라고 부르는 것은 한때 사람들이 생각했던 것보
다 훨씬 덜 가혹했다. 얼마나 가혹했느냐가 논쟁거리이긴 해도 말이다.
어떤 역사학자의 추정으로는 종교재판이 있었던 350년 동안(대략 1540년
에서 1700년 사이의) 시칠리아에서 페루에 걸친 스페인제국 전역에서 재
판에 넘겨진 이들 중 실제로 처형당한 사람은 약 1.8퍼센트였다. 그렇
다면 수천 건의 사형선고가 더 내려진다 해도 총 처형〔사형집행〕execution
건수는 대략 810건이 된다는 말이다. 이 사망률은 사실 유럽 그 외 지
역의 법정에서 집행했던 것보다 낮다. 이 수치를 제시한 사람은 해당
주제의 가장 권위 있는 역사학자 조제프 페레스Joseph Pérez다.[18] 이상한
점은, 핑커가 사실 페레스를 각주에서 인용하긴 한다는 것이다. 그걸
보면 핑커가 문제의 수치를 놓친 건지, 아니면 높은 쪽의 추정치가 자
신의 주장을 뒷받침하니까 그것만 선별해 취한 건지 의아해진다. 자신
의 주장을 극적으로 과장하고 그것을 그 반대쪽의 부정적 주장과 가능
한 한 극명하게 대조하며, 필요하다면 패러디·단순화·왜곡까지 불사하
는 일, 이것은 고릿적의 뻔한 전략이다.

다른 형태의 폭력

스티븐 핑커가 "데이터"를 엉터리로 사용하는 또 다른 사례는 근대의
노예제slavery와 인신매매human trafficking다. 《우리 본성의 선한 천사》에서
핑커는 사람들이 우리 시대의 인신매매에 관해 표출할 수 있는 우려를
태평스럽게 모두 일축하며 그것과 대서양 노예무역은 서로 비교할 수

없다고 주장한다. 후자의 사건이 전자의 사건보다 훨씬 더 폭력적이라는 뜻에서다. 대서양 노예무역에는 수백만 명이 관계되어 있었다. 대부분 사하라사막 이남의 아프리카인이었던 이들 노예는 자기 나라에서 납치당해 끔찍한 환경 아래에서 먼 아메리카대륙으로 운송되고, 평생 탈출구 없이 육체적 구속을 당했다. 반면, 현대판의 인신매매는 핑커의 주장에 따르면, 일반적으로 평생 구속받는 일도 아니고 현대에 발생하는 이주민 이동과 중첩되는 경우도 흔하다.[19]

가난과 무력분쟁armed conflict이 횡행하고 실향민이 많이 사는 지역은 여성, 청소년, 부모 없는 아이들이 그렇듯 오늘날 강제노동을 시킬 사람을 구할 최적의 장소다. 이 활동의 어두운 성격상 정확한 수치를 얻기는 어렵다. 국제노동기구ILO와 워크프리Walk Free의 최근 통계에 따르면, 오늘날 전 세계에서 "강제노동을 하며, 사기를 당하거나 폭력의 위협을 받아 생계subsistence 이상의 보수는 받지 못하는" 사람이 4000만 명 이상에 달한다.("워크프리"는 모든 형태의 현대 노예제를 근절하는 데 활동 초점을 맞춘 국제 인권단체다. 오스트레일리아 웨스턴오스트레일리아주 퍼스에 본부가 있다.)[20] 이것이 ILO가 말하는 "지구화〔세계화〕globalization의 이면"이다. 대략 〔수치의〕 30퍼센트는 성매매 목적으로 인신매매되고, 70퍼센트는 강제노동의 상황에 처해진다. 해럴드 홍주 고Harold Hongju Koh〔고홍주〕가 "새로운 전 지구적 노예무역the new global slave trade"이라고 칭한 것이 오늘날 번창하고 있다는 점과 그것이 저렴한 물품과 저렴한 섹스에 대한 소비자의 수요 증가를 충족시키기 위해 계속해서 진화하고 있다는 점에는 의심할 여지가 없다. 그것은 매년 수십억 달러에 이르는 막대한 수익을 내고 있으며 가장 빠르게 증가하는 초국가적 조직범죄의 하나로 판단되고 있다. 이와 관련한 이주자의 밀입국 알선 행위도 불법이며 부상과 사망의 근원이 되고 있다.

핑커는 "물론 오늘날에는 누구를 위한 것이든 노예제가 불법이다"라고, 마치 이런 간단한 선언만으로 문제가 사라지기라도 하는 양 말한다.[21] 그런데 법률은 현실이 아니라 입법부의 이상과 인도주의적 이상을 표출한다. 유럽연합EU과 유엔UN, 미국 상원 및 국무부, 성공회·불교·힌두교·유대교·이슬람교 종교지도자 모두 우리 시대의 인신매매를 인지하고 그에 반대하는 선언문을 발표했다. 우리 시대가 인류 역사상 가장 평화로운 시기라는 자신의 논지에 대한 반증을 견제하고자 핑커는 새로운 형태의 폭력을 일축하거나 경시할 수밖에 없다. 관련 문제 연구자들이 내놓은 이러한 관행들에 대한 증거는, 핑커의 주장에 따르면 "근거가 없거나 그들이 옹호하는 가치를 위해 부풀려졌다". 이는 주로 과열된 도덕성 회복 운동에서 쓰는 표현이다. 요즈음은 쇠사슬로 신체가 구속되고 찰스턴[미국], 아바나[쿠바], 리우데자네이루[브라질]의 시장에서 공개 매매 되는 아프리카인을 볼 수 없다는 이유로 핑커는 인간 노예화의 다른 형태를 무시한다. 그가 이와 같은 묘책을 부리기 더 쉬웠던 것은 아마 오늘날 인신매매가 가장 횡행하는 곳이 서아프리카·아라비아반도·동남아시아 같은, 다시 말해 서구 이외의 지역이기 때문일 것이다.

이와 관련해, 핑커가 피해자들이 다양한 인신매매 산업으로부터 입은 장단기적인 심리적 피해를 알아채지 못한 듯 보인다는 것은 아이러니하다. 세계에서 가장 명망 있는 심리학 교수 중 한 사람인 그가 이런 측면을 빼먹는 것은 조금 문제가 있다. 우리 시대의 폭력을 포괄적으로 다룬다고 주장하는 핑커의 이야기에는 심리적 폭력psychological violence—곧 전쟁이나 내전 상황에서 유발되는 트라우마trauma—이라는 개념 자체가 부재하다. 핑커의 경우 폭력이라는 발상은 사실 매우 편협하며 실

우리 본성의 악한 천사

제적인 육체적·고의적 폭력에 한정되어 있다. 그러한 까닭에 18장에서 마크 미칼레는 누락된 많은 부분—식민지 폭력colonial violence과 〔현지〕선주민에 대한 폭력뿐 아니라 환경적·생물학적·과학기술적 성격의 폭력—을 부각한다.[22] 그리고 값싼 고기와 패스트푸드 산업에 대한 소비자 수요를 충족시키기 위해 종종 비인도적 환경(아이러니를 의도한 것은 아니다) 속에서 매년 수십 억 마리에 이르는 동물이 도축되고 있다. 이러한 종류의 숫자가 인류 역사상 가장 평화로운 시기를 살고 있다는 발상과 불편하게 공존하는 것이다. 지구가 "환경〔에 대한〕폭력environmental violence"의 급증에 직면할수록 우리가 폭력을 또 다른 관점에서 보게끔 돕는 것은 코리 로스가 16장에서 힘주어 강조하는 바로 이와 같은 종류의 연관성 즉 자연에 대한 폭력과 인간에 대한 폭력 사이 연관성이다.

우리가 앞서 제시한 사례들은 폭력 연구 분야 전문가들이 생각하는 핑커식 접근법의 근본적 문제점을 강조한다. 핑커는 폭력을 언제나 측정할 수 있는 정적인 것으로 본다. 반면, 학자들은 폭력을 사회적 태도가 변함에 따라 시간이 지나면서 변화를 겪는 과정으로 본다. 한때는 용인되었던 것이 더는 용인되지 않게 됨에 따라, 도구로 쓰였던 폭력이 다양한 상황에서 다양한 목적에 맞게 조정·변모된다. 폭력의 형태와 관행이 변하고 새로운 기술이 종종 폭력의 강도를 높인다는 것은 근대 전쟁행위warfare의 역사에서도 너무나 잘 나타나고 있다.

이와 유사하게 인터넷은 거의 아무도 알고 싶어 하지 않는 방식으로, 또 분명 10년 전만 해도 존재하지 않은 방식으로 아동 성착취child sexual exploitaion의 현장이 되었다. 성적 학대와 고문을 당하는 아동의 사진 및 동영상이 온라인상에서 거래·공유되는 일이 지난 20년 동안 극적으로 증가했다. 아니나 다를까, 그러한 사진의 수가 수백만에 이른 것으로 여겨진 2014년 이후 문제가 폭발했다. 2018년 현재, 기술 회사들은 성학대를 당하는 아동의 사진 및 동영상 4500만 개가 인터넷에 올라와 있는 것을 확인했다. 이 중에는 3, 4세 밖에 안 되는 아동도 있으며 일부는 그보다도 어리다. 대략 2000년 이후에는 성학대 스캔들이 종교·교육·스포츠 조직을 뒤흔들었고 최근 몇 년 동안 아일랜드·오스트레일리아·미국을 비롯한 여러 지역에서 고위층의 국가적 〔아동 성착취〕스캔들이 세간의 주목을 받게 되었다. 이러한 범죄적 학대 행위들은 전에는 눈에 띄지도, 보도되지도, 문서로 남겨지지도 않았다. 따라서 오늘날 세계의 폭력 감소에 관한 핑커의 흐뭇한 이야기에서는 중요하지 않게 다뤄졌다.

이 주제에 관한 새로운 보도가 우리 시대에 갑자기 쏟아져 나오는 것은 무엇을 뜻할까? 세상에 소아성애자가 더 많다거나, 요새 그런 사람들이 〔그런〕 자료에 더 쉽게 접근할 수 있다거나, 그런 범죄행위가 당국에 더 많이 보고된다는 뜻일까? 이전 어느 때보다 더 많은 아이가 학대당하고 폭행당한다는 뜻일까? 판단하기 어려운 일이다. 그런데 핑커는 이 부분에서도 다시 한번 자신이 확실히 알고 있다고 생각한다. 그러면서 주장하길, 인권 감시 단체들이 학대 사건을 더 많은 장소에서 더 열심히 찾고 있을 뿐이라고 한다.[23] "우리는 학대 사건이 더 많아서 발견되는 것이라고 생각하게끔 오도될 수 있다". 그러면서 그는 아동에 대한 성적·물리적 학대의 강도가 약해지는 중이라고 우리에게 장담한다.[24] 이것은 그 끔찍한 정도가 최근에야 발견되고 기록된 폭력의 발현의 또 다른 사례. 우리가 어느 정도 확신을 가지고 말할 수 있는 것은 범죄 집단들이 —혐오 표현hate speech과 테러리스트 〔집단의 사이버공간에서의〕 프로파간다terriost propaganda를 확산하는 사람들을 포함해— 기하급수적

우리 본성의 악한 천사

으로 인터넷을 활용하되, 주로 대부분의 형태의 기소를 피해가는 방식으로 그것을 해올 수 있었다는 것이다. 그래도 그것을 우리 시대의 폭력에 대한 포괄적 설명에서 빠트려서는 안 된다.

역사와 폭력 해석하기

핑커식 역사에 반대하는 또 다른 까닭은 스티븐 핑커가, 마치 사망자 수만이 유일하게 중요한 것인 양, 과거의 모든 잔혹행위atrocity를 똑같이 취급한다는 점이다. 종류도 엄청나게 다양했던 이 잔혹행위들은 그것들의 의미를 규정하는 역사적 맥락에서 벗어나 왜곡되었으며, 잔혹행위가 벌어진 시대나 그 행위를 둘러싼 문화적 상황은 전혀 고려되지 않았다. 매슈 레스톨은 13장에서 아메리카대륙의 선주민에 대한 폭력을 다루면서, 메소아메리카 사회에서 오랫동안 지속된 인신공양[인신희생, 인간제물]human sacrifice의 종교적 의미를 완전히 무시한 채 아스테카인들이 하루에 40명을 끔찍한 공적 제의祭儀[의례], ritual에 희생제물로 바쳤다고 하는 너무나 익숙한 주장이 터무니없는 것임을 지적한다. 심지어 핑커는 독자들에게 훨씬 잘 알려졌을 역사적 사건까지도 유사한 방식으로 지나치게 단순한 용어로 분석한다. 비례적으로 말해, 핑커에 따르면 제2차 세계대전은 인류 역사상 아홉 번째의 치명적 분쟁인 반면 아라비아 노예무역과 대서양 노예무역은 그의 전 세계의 역사적 잔혹행위 목록에서 세 번째를 차지한다.

자, 시간적으로 멀고 전혀 다른 시대들을 비교하기는 일반적으로도 문제이거니와 ―동일한 근거로 핑커 자신이 근대 노예제에 대한 숙고를 거부한 일을 상기해보라— 크게 다른 두 사건을 둘러싼 중대한 역사적 조건과 상황을 고려하지 못한 실패이기도 하다. 제2차 세계대전은 유럽과 극동 지역에서 20세기의 두 번째 사반세기에 6년에 걸쳐 집중적으로 일어났다. 아우슈비츠, 드레스덴, 히로시마에서 대격변의 사건들이 펼쳐진 때가 이 시기다. 대서양 노예무역은 서구 유럽, 아프리카의 사하라이남 지역, 남북아메리카 및 카리브해를 삼각형으로 연결했다. 대서양 노예무역은 수백 년에 걸쳐 확대했으며 주요 동기부여motivation는 경제적 이익이었다. 여느 두 역사적 사건도 결코 서로 같을 수 없겠으나, 제2차 세계대전과 대서양 노예무역은 분명히 천양지차다. 과거의 대량폭력mass violence 사건의 심각성과 의미를 측정하고 싶은데 단순히 사건 관련 사망자의 수만 비교한다면 논리적으로 타당하지 않은 일이다. 게다가 〔핑커는〕 어떤 사건들은 예컨대 20세기 세계 전쟁행위의 사망자 수처럼 전 세계 인구와 비교해 판단하는 반면 비非국가 사회와 국가 사회의 전쟁행위 사망률은 그렇게 하지 않고 있는바, 이 역시 당혹스러운 일이다.[25]

물론 과거의 살인율은, 그것을 알 수만 있다면, 특정 사건의 격렬함과 공포감 둘 다를 나타내는 하나의 지표다. 그러나 단 하나의 지표이기도 하다. 홀로코스트the Holocaust가 이에 대한 명백한 실례다. 어처구니없게도 핑커는 세계 인구 수치 안에 잔혹행위를 숨김으로써 나치 제노사이드genocide의 영향을 감소시켜 그것을 인류 폭력의 장기적 발전 과정에서 중심적 사건으로, 심지어 의미 있는 사건으로까지 만든다. 불과 몇 년 새 나치의 강제수용소에서 살해된 1000만 혹은 1100만 명이 세계 인구수에 비례해서는 얼마 안 되는 것처럼 보일 수 있다. 그러나 홀로코스트를 중부유럽 및 동유럽의 인구수에 비례해보면 관점이 완전히

우리 본성의 악한 천사

달라진다. 그런데도 핑커는 한 발 더 내디뎌 "헤모클리즘hemoclysm"—피의 홍수라는 뜻으로, 핑커가 "잔혹행위연구가atrocitologist"를 자처하는 매슈 화이트Matthew White에게서 차용해 20세기 중반의 세계 전쟁들을 명명하는 괴상한 용어—이 "우연fluke"이었다고 주장한다.[26] 좋다, 우연. 전쟁 또한 어찌되었든 규칙의 예외이니 그로 인한 확률분포의 일부로서 우연이라고 치자. 이러한 견해가 매우 모욕적이라는 사실은 차치하고, 학자들은 분야를 막론하고 그러한 견해에 찬성할 수 없다고 할 것이다. 사회학자 시니샤 말레세비치Siniša Malešević는 다음과 같이 이야기한다.

> 정치 조직체 간의 폭력으로 인한 20세기 사상자는 총 1억 2000만 명 이상이며, 이 수는 과거 5000년 동안 이 행성에서 발생한 전체 전쟁 사망자war deaths의 약 3분의 2를 차지한다. 간단히 말해, 지난 수백 년 동안 우리 현대인은 우리 선배들이 4900년 동안 죽인 것보다 22배나 많은 사람을 죽였다. 그러므로 현대야말로 진정한 대량학살mass slaughter의 시대다.[27]

과거 75년 동안 가장 뛰어난 사상가 중 일부는 민간인에 대한 국가 후원의 대량폭력이라는 이 사건의 도덕적 의미를 숙고하려 애썼다. 핑커에게 홀로코스트는 그저 통계적-역사적 일탈일 뿐이다.

그럼에도 여기에는 그 이상의 쟁점이 있다. 핑커가 내세우는 주요 서사는 독일 사회학자 노르베르트 엘리아스Norbert Elias(1897~1990)의 논지, 이른바 "문명화과정the civilizing process(Prozeß der Zivilisation)"을 근거로 한다. 복잡한 논지를 한 문장으로 요약하기는 엘리아스에게 불공평한 일이다. 엘리아스는 폭력률의 감소를 설명할 때뿐 아니라 "도덕적 진보moral progress"의 일반적 의미를 전달할 때에도 핑커의 논지에서 아주 중요한 부분을 차지한다. 그러나 드와이어와 로버츠-피더슨이 6장에서 보이는 바와 같이, 엘리아스는 핑커가 자신 덕분에 무명에서 벗어났다고 할 만큼 이름 없는 학자가 아니다. 엘리아스는 핑커가 대부분 놓친 방대한 양의 연구물을 생산해낸 한 세대의 학자들에게 영감을 주었을뿐더러 이론적 설명으로서 그의 "문명화과정"은 핑커가 인류 역사상의 폭력에 대한 자신의 해석을 뒷받침하는 데에 상당히 무비판적으로 사용된다.

두 가지 문제를 지적하고 싶다. 첫째, 엘리아스의 "문명화과정"에 대한 가장 큰 비판의 하나는, 핑커를 겨냥한 것이기도 한데, 그 이론이 서구중심적이라는 점이다. 핑커가 세계라고 말할 때 그는 일반적으로 서구의 산업국가를 지칭한다. 마이클 워트Michael Wert[11장], 낸시 실즈 콜만 Nancy Shields Kollman[10장], 에릭 D. 웨이츠Eric D. Weitz[4장]가 명백하게 보여주는바, 나머지 세계the rest of the world의 역사들은 핑커의 단선적單線的, unilinear 궤적을 따르지 않는다. 그 역사들은 핑커 이론의 도식이 비서구 세계에서 들어맞지 않는다는 점에서 더 큰 문제를 표상한다. 둘째, "문명화과정"을 사용했던 학자들은 폭력과 예절civility[시빌리테civilité]이 상호 배타적이며 사실은 둘의 힘이 작용하는 방향이 정반대라고 항상 가정해 왔다.[28] 역사는 이것이 단순히 그렇지만은 않다는 점을 우리에게 가르쳐 주며, 그 대표적 사례가 SS[나치친위대, 슈츠슈타펠Schutzstaffel]다. 제2차 세계대전 시기 동부전선에서 활동하며 150만 명에서 200만 명의 사망에 대한 책임이 있는 특수 기동 학살 부대 아인자츠그루펜Einsatzgruppen의 지휘관들은 나치당 핵심 그룹 내에서 높은 수준의 교육을 받은 굉장히 교양 있는 엘리트들이었다.[29] 이 남성들의 전기를 살펴보면, 어떻게 핑커 같은 사람들이 "예절"이 폭력의 감소를 낳는다고 주장할 수 있는지 이해하기 어렵다.

역사 해석상의 이와 같은 괴리를 주로 관점의 차이로 설명할 수 있을까? 어쩌면 어느 정도는 그럴 것이다. 우리 사회가 전보다 좋아졌는지 나빠졌는지, 과거보다 더 폭력적인지 덜 폭력적인지 생각해보라고 묻는 것은 결국 "컵에 물이 반이 찬 건지 반이 빈 건지"를 묻는 고전적 문제다. 하지만 《미국국립과학아카데미 회보Proceedings of the National Academy of Sciences》의 최근 논문에 따르면, 인구 규모가 증가할수록 인구당 폭력에 의한 사상자 규모는 거버넌스governance〔권위 그리고/또는 통제의 일반적 행사〕, 공유된 상업, 기술에 상관없이 감소한다.[30] 핑커는 이 논문이 한 종류의 폭력만 다루고 있고, 자신이 〔폭력의〕 전반적 감소라고 믿는 것을 설명해주지는 않는다며 논문의 주장을 평가절하 한다. 다른 관점으로 보면, 왜 현대의 분쟁은 과거처럼 많은 사람을 관여시키지 않는지 설명하는 데 도움이 되는바 지난 세기 동안 현대 전쟁행위의 치명성이 크게 증가한 점을 고려하지 않음에도 말이다.

냉전the Cold War 시대 동안에 국민국가〔민족국가〕nation state들 간의 전쟁war 은 내전civil war으로 전환되었다. 1944년 이후 벌어진 전쟁—140개 이상의 전쟁이 있었다—의 대부분은 "소규모"였어도 이른바 강대국들이 간접적으로만 관여하는 길고 피비린내 나는 내전이었다. 미국, 러시아, 이란, 사우디아라비아가 서로 직간접적으로 싸운 시리아가 적절한 사례다. 분쟁 자체보다 질병, 의식주 부족, 자살 등 내전의 여파로 사망한 사람이 훨씬 더 많았다.[31] 현대전이 사상자를 덜 낸다는 사실은 폭력이 감소세에 있다는 뜻이 아니라 전쟁행위의 성격이 극적으로 진화했다는 뜻일 뿐이다. 어떤 사람들은 규모가 작아진 이런 전쟁을 군의 사유화, 반란군의 마약 및 천연자원의 매매를 통한 활동 자금 동원 능력, 국가에 의한 폭력의 독점의 명백한 상실 등을 특징으로 하는 "새로운 전쟁New

Wars"으로 본다.[32] 반면 핑커는 전쟁이 폭력과 마찬가지로 역사 전체에서 일관된 현상이라고 생각하는 것 같다. 현재의 전쟁에서 사망률이 이전보다 낮다는 사실은 더욱 평화로운 시대의 징후가 아니라 외려 군이 고도로 전문화하고(소규모 부대들이 수백만의 징집병을 대체했다) 고도로 기술화했음을(드론 공격을 생각해보라) 나타낸다.[33]

우리는 우리의 관점에서 과거를 판단하기 쉽다. 현대 서구의 눈으로는 모든 폭력이 잔인하고, 야만적이며, 가학적으로 보인다. 그 결과, 살인죄로 사형선고를 받은 사람이 처형되는 경우나 테노치티틀란[아스테카 문명의 중심지로, 멕시코의 중앙 고원에 있었던 고대도시]에서 본인의 의지로 죽음을 선택해 신들에게 제물로 바쳐진 메소아메리카인들의 경우처럼 "합법적legal"이고[법률에 입각한] 정당한 폭력인데도 폭력을 당하는 쪽의 사람을 일종의 피해자화victimization 하는 일이 생긴다. 핑커의 책 전반에 암묵적으로 흐르는 이 피해자화는 우리가 타인의 눈을 통해 과거를 이해하는 것을 가로막는다.

더 특정한 역사적 사례로 덴마크 여성 마르그레테 크리스텐스다테르Margrethe Christensdatter의 자살-살인suicide-murder 사건을 살펴보자. 1741년 마르그레테는 자신이 살인을 저지르면 유죄평결을 받고 처형될 것을 알고는 자살하는 대신 9세의 여아를 살해하기로 마음먹었다.[34] 18세기 중반 덴마크에서는 종교적 동기로 자살-살인이 일어났다. 가해자들은 자살을 해서 지옥에 떨어지는 것은 두려워하면서도 살인죄로 유죄평결을 받고 사형이 선고되면 자신들이 진정한 기독교 신자인 한 자신의 영혼이 구원받을 것이라고 생각했다. 그러한 이유로 마르그레테는 아무 두려움이나 의심 없이 교수대에 올랐다. 마르그레테의 처형을 목격한 젊은 목사 헨리크 게르네르Henrik Gerner는 나중에 회고록에 다음과 같이 남긴바 이것 역시 흥미롭다.

물론 이것은 혐오스러운 사건이었다. 그리고 신께서는 모든 고결한 사람을 그런 운명으로부터 구원해주셨다. 하지만 그럼에도 거기에는 모종의 선하고 복음적이고 기분 좋은 것이 있다. 그리고 이것은 길 잃은 영혼들을 구원하심에 충직하신 목자의 끝없는 관용과 인내에 대한 훌륭한 사례다.

이 경우, 처형을 당하는 사람은 원초적 힘을 보여줄 작정으로 만들어진 잔인한 국가기구의 희생자가 아니라 자신의 영적 구원을 위해 국가를 이용한 한 개인이다. 비슷한 사례로, 16세기 종교개혁the Reformation 당시 이단으로 간주된 동료 기독교인들에게 고문과 처형을 명한 행정관들은 자신들이 기독교적 관용이라는 지고한 동기에서 행위한다고 믿었다.[35] 마르그레테라는 역사상의 인물은 단순한 통계자료가 아니다. 마르그레테의 이야기는 배경 지식이 있어야만 이해할 수 있다.

이와 같은 종류의 통찰은 과거에 대한 우리의 이해를 변화시키고, 역사학자들이 당대 목격자들의 눈을 통해 폭력을 연구하는 경우 그들이 결국 매우 다른 일련의 질문을 제기하게 된다는 것을 입증해준다. 폭력이란 실제로 무엇인가(《우리 본성의 선한 천사》 어디에서도 제기되거나 답변되지 않는 질문이다)? 사람들은 시대와 장소에 따라 폭력을 어떻게 인지하는가? 폭력의 목적과 기능은 무엇인가? 폭력에 대한 당대의 태도는 무엇이며 그에 대한 감수성은 시간에 따라 어떻게 변했는가? 폭력은 언제나 "나쁜가"? 아니면 "좋은" 폭력, 다시 말해 회생적이고 창조적인 폭력도 있을 수 있나? 핑커가 이러한 질문 중 하나라도 진지하게 다뤘다면, 우리는 훨씬 더 신뢰할 수 있고, 정교하고, 흥미로운 책을 만나게 되었을 것이다.

확실히 해두고자 말하는데, 그 누구도, 특히 역사학과 학생이라면, 과거가 폭력적이었다는 데 반대 의견을 갖지 않는다. 중세의 법에서는 중죄에 대해 공개처형, 화형, 낙인, 눈 멀게 하기, 익사시키기, 거세하기를 권했고, 범죄적 생활방식을 선택하지 않게끔 억제하는 방편으로 모든 독실한 기독교인이 처형에 참석할 것을 권장했다. 폭력이 학습된 특성이라면 중세 사람들은 분명히 그것을 집에서 배웠을 것이다. 기독교인들에게는 채찍질과 단식의 형태로 자기학대가 권고되었고, 남편은 아내·자식·하인들을 훈육하게 되어 있었다. 그런데 핑커는 인류의 선사시대를 다룰 때와 마찬가지로 유럽의 중세기에 벌어진 폭력도 터무니없이 과장한다. 1000년 동안의 이 시기에 대륙 전체에 걸쳐 엄청난 변화가 있었다. 일례로 공개처형public execution은 많은 사람의 관심을 끌지 못하다가 근대 후기에 들어와서야 공공적 스펙터클〔볼거리〕public spectacle이 되었다. 처형은 드물고 작은 행사였으며, 목격자들은 일종의 기독교식 구원의 드라마drama of salvation에 참여하는 것이었다. 우리가 마르그레테의 비극에서 보았듯, 사형수의 영혼과 기독교 공동체가 〔사형수의〕 죽음 전에 서로 화해하는 것처럼 선고받은 사람과 목격자 모두 정해진 역할이 있었다. 역사적 사실로 보아, 우리는 중세 사람들이 오늘날의 우리보다 "더 폭력적"이라고도 "덜 폭력적"이라고도 확신을 갖고 말할 수 없다.

결론

미가공 데이터raw data는, 지금까지 우리가 힘들여 지적한 것처럼, 해석을 통해서만 의미 있는 데이터가 된다. 이 기본적이고 자명한 이치를 스티븐 핑커는 이해하지 못하는 것 같다. 케임브리지대학의 폭력연구 센터Violence Research Centre에서는 2018년 매우 흥미로운 디지털 지도를 발표했다. 지도에는 1300년에서 1340년 사이 런던에서 살인사건이 벌어진 위치가 세심하게 찍혀 있다[36] 이 데이터는 역사학자들이 검시관의 두루마리the Coroners' Roll — 살인·자살·사고를 포함한 〔폭력에 의한〕 "외인사外因死, unnatural death"〔또는 변사變死〕를 조사한 법적 기록—에서 수집한 것이었다.[37] 지도에는 8만 명 정도 살았을 것으로 연구자들이 추산하는 도시에서 40년 동안 벌어진 사망사건 142건이 표시되어 있다. 그렇다면 연간 사망자 수는 매년 13명에서 22명 사이를 왔다 갔다 했고 40년간 평균 사망자 수는 16명이었다는 말이다. 8만이라는 인구수를 믿는다면 살인율은 대략 10만 명당 20건이 된다. 프로젝트의 일원인 마누엘 아이스너Manuel Eisner는 그가 언론 인터뷰에서 해왔던 것보다 지도의 웹페이지에서 훨씬 신중한 결론을 내린다. 인터넷 사이트에는 이 살인율이 "우리 시대 동일한 규모의 영국 도시에서 예상되는 수치보다 15~20배가량 높긴 해도 세계에서 가장 폭력적인 도시 중 일부에서 나오는 수치보다는 훨씬 낮다"라고 나온다. 또 다른 역사학자 워런 브라운Warren Brown은 잉글랜드 전역의 역사적 데이터를 살펴보고 다른 결론을 내린다. "반직관적"으로 보일 수 있으나 그는 다음과 같이 주장한다.

13세기 잉글랜드는 전체적으로 볼 때 21세기로 접어들 무렵의 미국이나 유럽연합보다 훨씬 더 폭력적이지 않았다. 워릭은 13세기 잉글랜드의 워싱턴 D.C.였을 수 있지만, 브리스틀의 살인율은 현대 유럽연합의 여러 도시〔의 그것〕보다 아주 약간만 높았을 뿐이다. 이 모든 것이 말해주는바, 미국이나 유럽연합 대부분의 지역은 13세기 잉글랜드 대부분의 지역보다 훨씬 적은 폭력을 경험하는 반면, 미국 일부 도시의 거주자들과 러시아 일부 지역의 주민들은 거의 동일한 정도의 폭력을 견디며 살고 있다. 그리고 13세기 잉글랜드의 일부 지역이 경험한 폭력의 수위는 오늘날 서구 대부분의 지역에서 발견되는 것과는 약간 달랐다.[38]

더 나아가 브라운은 이 책에 기고한 대부분의 학자와 마찬가지로 중세 사회가, 물론 과거 모든 사회가 그랬다고 주장할 수 있겠지만, 다르게 differently 폭력적이었다고 결론 내린다. 다시 말해, 폭력은 용인된다고 여겨지는 것과 그렇지 않은 것에 따라 서로 다른 상황에서 서로 다르게 사용되었다. 그렇다면 문제는 "이러저러한 시기는 얼마나 폭력적이었나"가 아니라 외려 "이러저러한 시기는 어떻게 폭력적이었나?"다.

독자들은 핑커와 〔핑커에 대한〕 갈수록 늘어나는 이구동성의 비평가들 사이의 논쟁이 주로 각 학문 분야 사이 연구 방식의 차이나, 발상 혹은 인간관의 차이에서 온다고 생각할 수 있다. 얼마간 일리 있는 관찰이다. 그러나 우리는 핑커에게 —그의 물리적 데이터, 사실밖에 없다는 수사에도 불구하고— 숨겨진 이데올로기적 의제가 있다고, 오늘날 강력한 의미를 함축하는 의제가 있다고 지금까지 힘들여 지적해왔다. 핑커의 책은 신자유주의와 자본주의적 세계 체제를, 자유시장과 서구 문명의 압도적 유익을 옹호하고 있다. 그렇다면 자본주의·민주주의·자유무역이 서구 세계에 막대한 이익을 가져왔다고 주장할 수 있겠으나, 마찬가지로 그러한 이익이 나머지 세계의 희생으로, 오늘날에도 계속되고 있는 착취로 달성되었다는 점도 부인할 수 없다. 오늘날 아프리카에서 벌어지는 분쟁의 다수는 전 지구적 자본주의와 밀접하게 연결되어 있다.

우리 본성의 악한 천사

스티븐 핑커는 서구 문명과 자본주의가 폭력적이고, 불평등하고, 부정의하다기보다 본질적으로 선하다고 생각한다. 〔핑커에 따르면〕 폭력은 일탈 현상이지 결코 자본주의가 가차 없이 전 지구적으로 부상하고 있다는 징후가 아니다. 이 책은 오늘날의 삶이 전보다 덜 폭력적이라는 핑커의 주요 논지가 필연적으로 틀려서 그를 비평하는 것이 아니다. 핑커가 개인적으로 거주하는 권역을 비롯해 서구 일부 지역에 사는 일부 사람은 그럴지도 모르나, 우리는 인간 본성에 관해 근본적으로 비관적 견해를 견지하고 있지 않다. 핑커와는 대조적으로 우리는 폭력이 타고나는 것이라고 믿지도 않고, 인간이 생득적으로 폭력적이라고 보는 세계관을 믿지도 않는다. 그런 만큼 우리는 계몽주의 프로젝트의 핵심인 비판적 질문과 탐구라는 최고의 정신에 따라 앞으로의 장들을 제시하려 한다. 《우리 본성의 선한 천사》와 《지금 다시 계몽》이 역사서라면, 매우 나쁜 역사서다. 두 책이 불행히도 끌어들인 관심에 대한 최선의 응답은 명백해 보인다. 진정한 역사학 연구에 가장 뛰어난 학문적 성과가 있는, 국제적으로 저명한 역사학자들로 이루어진 필진의 연구를 충분히 취합해서 엮어내는 것이다.

1 핑커 외에도 다음을 참조하라. Azar Gat, *War in Human Civilization* (Oxford: Oxford University Press, 2006) 〔한국어판. 아자 가트, 오숙은·이재만 옮김, 《문명과 전쟁》, 교유 서가, 2017〕; Joshua S. Goldstein, *Winning the War on War: The Decline of Armed Conflict Worldwide* (London: Dutton, 2011); 그리고 Ian Morris, *War!: What Is It Good For?: Conflict and the Progress of Civilization from Primates to Robots* (New York: Farrar, Straus and Giroux, 2014) 〔한국어판. 이언 모리스, 김필규 옮김, 《전쟁의 역설: 폭력으로 평화 를 일군 1만 년의 역사》, 지식의 날개(방송대출판문화원), 2015〕도 비슷한 주장을 했다. Manuel Eisner, "Long-Term Historical Trends in Violent Crime", *Crime and Justice*, 30 (2003): 83-142. 이 책 역시 서구 유럽의 폭력이 16세기부터 20세기 초반까지 감소했다 고 주장한다. 이 주장에 대한 비판에 대해서는 다음을 참조하라. Michael Mann, "Have Wars and Violence Declined?", *Theory and Society*, 47, no. 2 (January 2018): 37-60.

2 Steven Pinker, *The Better Angels of Our Nature: The Decline of Violence in History and Its Causes* (London: Allen Lane, 2011), xxi. 〔한국어판. 스티븐 핑커, 김명남 옮김, 《우리 본 성의 선한 천사: 인간은 폭력성과 어떻게 싸워 왔는가》, 사이언스북스, 2014〕

3 https://theconversation.com/factcheck-qanda-are-indigenous-australians-the-most-incarcerated-people-on-earth-78528.

4 Steven Pinker, *Enlightenment Now: The Case for Reason, Science, Humanism, and Progress* (New York: Penguin Books, 2019), 4. 〔한국어판. 스티븐 핑커, 김한영 옮김, 《지금 다시 계몽: 이성, 과학, 휴머니즘, 그리고 진보를 말하다》, 사이언스북스, 2021〕

5 예를 들어 다음 문헌들을 참조하라. Peter Harrison, "The Enlightenment of Steven Pinker", 20 February 2018, https://www.abc.net.au/religion/the-enlightenment-of-steven-pinker/10094966; David A. Bell, "The Power Point Philosophe: Waiting for Steven Pinker's Enlightenment", *The Nation*, 7 March 2018; Samuel Moyn, "Hype for the Best: Why Does Steven Pinker Insist that Human Life Is On the Up and Up?" *The New Republic*, 19 March 2018.

6 제러미 렌트Jeremy Lent의 블로그를 참조하라. https://patternsofmeaning.com/2018/05/17/steven-pinkers-ideas-abo ut-progress-are-fatally-flawed-these-eight-graphs-show-why/; Sidney Pollard, *The Idea of Progress: History and Society* (New York: Basic Books, 1969); Morris Ginsberg, *The Idea of Progress: A Reevaluation* (Westport: Greenwood Press, 1972); Robert A. Nisbet, *History of the Idea of Progress* (New York: Basic Books, 1980); Arthur M. Melzer, Jerry Weinberger and M. Richard Zinman, eds, *History and* *the Idea of Progress* (Ithaca: Cornell University Press, 1995); Matthew W. Slaboch, *A Road to Nowhere: The Idea of Progress and Its Critics* (Philadelphia: University of Pennsylvania Press, 2018).

7   이 발상에 대해 엘리자베스 로버츠-피더슨에게 감사를 전한다.

8   Pinker, *Enlightenment Now*, 122.

9   Andrew Anthony, "Steven Pinker: 'The way to deal with pollution is not to rail against consumption'", *The Guardian*, 11 February 2018, https://www.theguardian.com/science/2018/feb/11/steven-pinker-enlightenment-now-interview-inequality-consumption-environment.

10   Pinker, *Enlightenment Now*, 45.

11   "이성"에 관한 논의로 다음을 참조하라. Peter Harrison, "The Enlightenment of Steven Pinker". Peter Harrison은 로크의 고전인 《인간오성론An Essay Concerning Humane Understanding》(1689)을 인용하고 있다.

12   핑커의 통계 사용 및 오용을 비판한 다른 글은 다음은 참조하라. Edward S. Herman and David Peterson, "Reality Denial: Apologetics for Western-Imperial Violence", https://www.globalresearch.ca/reality-denial-apologetics-for-western-imperial-violence/32066; 그리고 Pasquale Cirillo and Nassim Nicholas Taleb, "The Decline of Violent Conflicts: What Do the Data Really Say?" *Nobel Foundation Symposium 161: The Causes of Peace*, https://www.fooledby-randomness.com/pinker.pdf.

13   Pinker, *Enlightenment Now*, 42-3.

14   Pinker, *Enlightenment Now*, 43-4.

15   다음에서 인용되었다. Nicholas Hudson, "Are We 'Voltaire's Bastards'? John Ralston Saul 그리고 Post-Modern Representations of the Enlightenment", *Lumen*, 20 (2001): 111-21, 이 부분은 116.

16   Joanna Bourke, "The Rise and Rise of Sexual Violence", 236-5; Hans Peter Duerr, *Obszönität und Gewalt*. Band 3: *Der Mythos vom Zivilisationsprozeß* (Frankfurt am Main: Suhkampf, 1993), 411. 〔한국어판. 한스 페터 뒤르, 최상안 옮김, 《음란과 폭력: 성을 통해 본 인간 본능의 역사》, 한길사, 2003〕

17   Jonathan Shepherd, "Violent Crime in Bristol: An Accident and Emergency Department Perspective", *The British Journal of Criminology*, 30, no. 3 (1990): 289-305.

18   Joseph Pérez, *The Spanish Inquisition* (New Haven: Yale University Press, 2006), 173. 사형 집행 건수를 계산할 때의 어려움에 관한 논의에 대해서는 다음을 참조하라. Henry Kamen, *The Spanish Inquisition: An Historical Revision* (London: Phoenix Giant, 1998), 67-8. 저자는 이 전체 기간 동안 스페인에서 2000명 이상이 이단으로 처형되었을 가능성은 낮다고 주장한다.

19 Pinker, *Better Angels*, 157-8.

20 Monique Villa, *Slaves Among Us: The Hidden World of Human Trafficking* (London: Rowman and Littlefield, 2019), 2; Kevin Bales, *Disposable People: New Slavery in the Global Economy* (Berkeley: University of California Press, 1999) 〔한국어판. 케빈 베일스, 편동원 옮김, 《일회용 사람들: 글로벌 경제 시대의 새로운 노예제》, 이소출판사, 2003〕; 그리고 Louise Shelley, *Human Trafficking: A Global Perspective* (Cambridge: Cambridge University Press, 2010). 다음도 참조하라. Harold Hongju Koh, "The New Global Slave Trade", in Kate E. Tunstall (ed.), *Displacement, Asylum, Migration* (Oxford: Oxford University Press, 2006), 232-55. 전 지구적 차원의 인간 장기 밀거래도 관련된 문제다. 다음을 참조하라. Nancy Scheper-Hughes and Loïc Wacquant (eds), *Commodifying Bodies* (London: Sage, 2002).

21 Pinker, *Better Angels*, 649.

22 Mark S. Micale, "What Pinker Leaves Out", *Historical Reflections/Réflexions historiques*, 4, no. 1 (Spring 2018): 128-39; Philip Dwyer and Mark S. Micale (eds), *On Violence in History* (New York and Oxford: Berghahn, 2020), chap. 11에도 실렸다.

23 Pinker, *Enlightenment Now*, 207.

24 Pinker, *Enlightenment Now*, 229.

25 Pinker, *Better Angels*, 53의 그래프를 참조하라.

26 Pinker, *Better Angels*, 207-8. 핑커 자신도 이 말이 매우 기이하게 보일 수 있음을 아는지 이 주장을 펼칠 때 이런 식의 생각이 "희생자들에게는 끔찍한 실례"로 느껴질 수 있다는 경고를 덧붙인다.

27 Siniša Malešević, "Forms of Brutality: Towards a Historical Sociology of Violence", *European Journal of Social Theory*, 16, no. 3 (July 2013): 11.

28 Siniša Malešević, *The Rise of Organised Brutality: A Historical Sociology of Violence* (Cambridge: Cambridge University Press, 2017), 134.

29 Christian Ingrao, *Believe and Destroy: Intellectuals in the SS War Machine* (Cambridge: Polity, 2013).

30 Rahul C. Oka, et al., "Population is the Main Driver of War Group Size and Conflict Casualties", *Proceedings of the National Academy of Sciences*, 11 December 2017, E11101-E11110. 다음도 참조하라. Dean Falk and Charles Hildebolt, "Annual War Deaths in Small-Scale versus State Societies Scale with Population Size Rather than Violence", *Current Anthropology*, 58, no. 6 (2017): 805-13; 그리고 Tanisha M. Fazal, "Dead Wrong?: Battle Deaths, Military Medicine, and Exaggerated Reports of War's Demise", *International Security*, 39, no. 1 (Summer 2014): 95-125.

31 Bill Kissane, *Nations Torn Asunder: The Challenge of Civil War* (Oxford: Oxford University

Press, 2016).

32 Mann, "Have Wars and Violence Declined?", 51; Herfried Munkler, *The New Wars*, trans. Patrick Camiller (Oxford: Polity, 2005) 〔한국어판. 헤어프리트 뮌클러, 공진성 옮김,《새로운 전쟁: 군사적 폭력의 탈국가화Die Neuen Kriege》(2002), 책세상, 2012〕; 그리고 Mary Kaldor, *New and Old Wars: Organized Violence in a Global Era* (Cambridge: Polity, 1999). 〔한국어판. 메리 캘도어, 유강은 옮김,《새로운 전쟁과 낡은 전쟁: 세계화 시대의 조직화된 폭력》, 그린비, 2010〕

33 Malešević, *The Rise of Organised Brutality*, 152-3.

34 Tyge Krogh, *A Lutheran Plague: Murdering to Die in the Eighteenth Century* (Leiden: Brill, 2012), 1-5.

35 Brad S. Gregory, *Salvation at Stake: Christian Martyrdom in Early Modern Europe* (Cambridge, MA: Harvard University Press, 1999), 특히 chap. 3.

36 Manuel Eisner, "Interactive London Medieval Murder Map", Institute of Criminology, University of Cambridge, https://www.vrc.crim.cam.ac.uk/vrcresearch/london-medieval-murder-map.

37 Barbara Hanawalt, "Violent Death in Fourteenth-and Early Fifteenth-Century England", *Comparative Studies in Society and History*, 18, no. 3 (1976): 297-320; R. F. Hunnisett, *The Medieval Coroner* (Cambridge: Cambridge University Press, 1961); 그리고 R. R. Sharpe (ed.), *Calendar of Coroners Rolls of the City of London, AD 1300-1378* (London: R. Clay and Sons, 1913).

38 Warren Brown, *Violence in Medieval Europe* (Harlow: Longman Pearson, 2011), 5.

제1부

해석

Interpretations

제2장

《우리 본성의 선한 천사》의 내면의 악마들

The inner demons of *The Better Angels of Our Nature*

대니얼 로드 스메일

Daniel Lord Smail

이 글의 발표를 준비하는 마무리 단계에서 난 내가 존경해 마지않는 연구를 하는 진화심리학evolutionary psychology 분야의 동료와 눈이 번쩍 뜨이는 교신을 했다. 난 그에게 진화심리학 분야의 최신 동향을 개괄한 문단들을 읽고 팩트 체크를 해줄 수 있냐고 물었다. 문단들은 그가 보기에 괜찮았던 것 같다. 다행이었다. 그런데 그는 이상한 말로 이메일을 끝맺었다. 내가 [스티븐 핑커의] 《우리 본성의 선한 천사》를 비판한 글을 읽고 "조금 슬펐다bit sad"는 것이었다. 그가 사용한 단어에 난 하던 일을 멈췄다. 나는 내가 논거와 증거를 바탕으로 흥미로운 주장을 펼쳤다고 생각했다. 스티븐 핑커가 폭력의 감소를 측정하는 데 이용한 도구들이 해당 작업에 부적당하는 취지의 주장이었다. 여기에 슬플 게 뭐가 있었을까?

이 교신은, 굉장히 사소했지만, 오늘날 정치권의 양극화가 어떻게 지식의 영역에까지 똬리를 틀고 과학과 인문학을 분리하고 있는지를 예증해준다. 심리학자들의 연구에 따르면, 사람들은 입증되지 않은 가설을 평가할 때 그 가설이 증거를 갖느냐에 따르기보다는 그 가설이 사회적 목표와 정치적 성향에 부합하는 정도에 따르는 경향이 강하다.[1] 이경우, 내 동료가 슬프다고 느꼈던 까닭은 십중팔구 그가 내가 저쪽 집단에 속한다는 걸 알게 되어서였을 것이다. 나로서는 조리정연한 내 주장이 마치 폭력이 감소한다는 끈질긴 믿음을 둘러싼 신념의 벽에 대고쏘아대는 장난감 총 같다는 느낌이 들었다.

폭력의 감소라는 논지에 대한 신념은 대중에게 널리 퍼져 있다. 《우리 본성의 선한 천사》가 선풍적 인기를 끌며 베스트셀러 반열에 오른 것은 책이 사람들이 미리 믿고 싶었던 무언가를 얘기해준 때문이다. 폭력이 감소한다는 서구 사회의 믿음은 원시 사회의 야만성에 대한 〔토머스〕 홉스식 해석에 뿌리를 두고 있다. 그것은 한 세기보다도 더 이전에 처음 출판된 초기 역사 교과서의 일부와 독자들 사이에서 유명했던 주제다. 폭력의 감소에 대한 믿음은 여러 이론에 의해 20세기에 더욱 증폭했는데, 1920년대부터 아프리카 고古인류학paleoanthropology 분야를 창시하는 데 한몫한 고인류학자 레이먼드 다트Raymond Dart의 "킬러 유인원killer ape" 가설도 그중 하나였다.[2] 이 믿음은 폭력의 감소를 진보progress의 실재 및 유덕함에 대한 더 광범위한 믿음의 구성 요소로 여긴 과학 공동체 내 특정 일원들 사이에서 특히 강했다. 〔"킬러 유인원 가설"은 인류의 역사에서 전쟁과 대인對人 공격성이 진화의 동력이었다는 가설이다.〕

옛날 옛적에는 역사학자들 또한 진보를 믿었고, 특히 서구 문명의 가치를 찬양하는 교과서와 커리큘럼에서 진보를 격찬하는 것이 자신들의 의무라고 생각했다. 그러나 우리는 낙관주의optimism의 이 양지바른 느낌을 대부분 잃어버렸다. 나는 대학원생이었던 1980년대 후반에, 진보에 대한 최초의 진지한 의심이 홀로코스트the Holocaust에 뒤이어, 역사학자들이 나치 시대의 참상을 직면하기 시작하고 그 참상이 서구 문명에 대한 신념과 부합될 수 없음을 발견하면서부터 일어났다는 것을 알게 되었다. 내가 듣기로, 역사서술historiography의 더 최근의 추세에서 학자들은 진보의 발상idea에 관해 최초로 의심하기 시작한 순간으로 대전쟁the Great War〔제1차 세계대전〕이라는 충격적 재앙을 지목한다.[3] 물론 오늘날의 〔현지〕 선주민先住民, indigenous peoples에게 서구인들이 정의한 진보란 자신들의 땅을 빼앗으려는 편리한 변명 이상인 적이 없었으며, 한 사람의 정의가 다른 사람에게는 대갚음인 것과 마찬가지로 진보는 구경꾼의 눈에서만 존재할 뿐이다. 역사가 결코 잘한 적이 없는 것 중 하나는 다른 사람의 관점에서 보는 일이었다. 최근 수십 년 동안 우리 역사학자들은 훨씬 더 잘해왔고 정신이 번쩍 드는 교훈을 얻었다.

진보의 가능성을 의심하는 것은 변화의 사실을 의심하는 게 아니다. 현재 작동하는 시스템에서 변화change는 일반적이고 설명하기도 쉽다. 설명하기 어려운 것은 외려 정체stasis다. 게다가 인류 과거의 여러 경향은 겉보기에 방향성을 띠고 있다. 그 부분적 이유는 많은 종류의 변화가 한번 들어서면 되돌아갈 수 없는 길과 연관되어 있어서다. 일례로, 홍적세의 인간 세계와 오늘날의 인간 세계는 상당한 차이가 있다. 그러나 변화는 진보가 아니다. 진보란 도덕적 주장으로 오늘날의 세계가 과거의 세계보다 더 낫다는 취지가 담긴 것이다. 오늘날의 생명체가 〔과거의〕 공룡보다 낫다고 주장할 고생물학자가 없는 것과 마찬가지로 오늘날의 세계가 과거보다 도덕적으로 더 낫다고 말하고 싶어 하는 역사학자도 점점 줄고 있다.

도덕적 진보moral progress에 대한 신념은 사실은 서구의 역사서술에서 열외로 치는바, 이는 19세기 이전에 활동했던 서구 역사학자들이 시간의 흐름에 따른 어떤 도덕적 진보도 상정하는 경우가 거의 없었기 때문이다. 19세기 후반기가 되어서야 비로소 진보라는 발상이 진지하게 역사의 서사에 도입되었다. 사정이 이러했으니, 역사학은 진보라는 발상을 지탱한 동안만큼 그 개념으로부터 후퇴해왔다. 그런데 역사가 진보의 전망을 제거하고 한때 진보의 매개체가 된 서구의 문명화과정을 버리기 시작하자, 진보에 대한 신념에 의존해 도덕적 우주론을 세운 사람들에게 해석상의 심각한 공백이 생겼다. 혹시 당신이 어쩌다 서구 문명의 가치를 믿게 되었다면, 역사학자들이 더는 그것을 기꺼이 전파하려 하지 않는다는 것을 알 때 당신은 마음이 불편할 게 틀림없다. 그렇다면 누가 당신의 승자가 될 것인가? 역사학자들이 진보에 대한 신념을 버린 작금에 과연 누가 그것을 굳건히 지킬 것인가?

2011년 핑커는 《우리 본성의 선한 천사》를 출판하면서 그 책임을 이어받았고 이후 《지금 다시 계몽》에서 그 논거를 더욱 발전시켰다.[4] 두 책 모두 서구 문명을 맹렬히 옹호하고 역사 기술을 통해 그 일을 한다. 과거 연구가 명확성을 가져다줄 수 있다고 믿는 사람이라면 난 누구에게든 열려 있다. 나도, 우리 분야 대부분의 동료와 마찬가지로, 역사가 역사학자들만의 것이어야 한다고 생각지 않는다. 이 책에서도 엿볼 수 있는 것처럼, 역사에 한몫 보태려는 핑커의 노력에 발끈하는 역사학자들도 있으나 이는 역사학자들이 야박해서가 아니다. 문제는 진흙발로 집 안에 들어와, 식탁 위에 발을 올리고, 카펫에 재를 쏟는 객홈처럼 핑커가 학문을 수용하는 데서 기본 원칙에 신경을 쓰지 않는다는 점이다. 이와 같은 수용 원칙의 위반은 핑커가 매너manner의 문명화 기능을 믿는다는 점을 고려하면 이상하게 보인다. 핑커의 최근 연구 대부분에서도 똑같이 모순적 특성이 있다. 핑커는 신중하고 조리정연한 분석이 아닌 일련의 발견적 도구heuristic device—말하자면 본능적 반응을 불러일으키려고 고안한 이미지나 모티프—를 잘 사용한다. 핑커는 이성reason을 대표해 너무나 열정적으로 주장을 펼치는 나머지 자신이 자신의 논적들을 본인 스스로 인류의 야만적 과거에 적합한 특성들이라 주장하는 폭력과 경멸로 대하고 있음을 보지 못한다.

《우리 본성의 선한 천사》에 충만한 이분법에 영감을 받았으니 나도 이 장을 두 절로 나누어 써야 할 것 같다. 첫 번째 절에서는《우리 본성의 선한 천사》의 일부 우수한 점들에 관해 다루겠다. 나도 핑커와 마찬가지로 뇌-몸 체계brain-body system가 역사를 만드는 행위자라고 생각하고, 핑커가 이전에 이룬 학문적 성과의 일부를 오랫동안 찬미하고 그것을 이용해왔었다. 핑커가 책에서 인지과학cognitive science에 대한 전문성을 활용한 부분은 가히 칭찬할 만하다. 그러나《우리 본성의 선한 천사》는 모종의 내면의 악마들로 특징지어지기도 한다. 이 악마들은 해당 주제에 대한 저자의 열정이 인류의 과거를 연구하고 이해하는 데서 실사實查를 수행하는 능력을 압도할 때 생긴다.

《우리 본성의 선한 천사》의 선한 천사들

19세기의 후반기에 찰스 다윈Charles Darwin의 《종의 기원On the Origin of Species》(1859)이 몰고 온 혁명의 여파로 세계 연대표〔연표〕chronology에서 근저根底, the bottom가 사라지자, 유럽의 역사학자들은 시간의 광대한 심연의 가장자리에서 불안하게 떨고 있었다.[5] 19세기 유럽의 우주론은 부서지기 쉬운 것이었고, 창세기의 해석에 의해 할당된 6000년이라는 시간의 틀에 너무나 꼭 묶여 있었던 터라 심원한 시간deep time의 발견으로 그동안의 우주론은 산산조각 나야 했다. 그렇게 되지 않았다는 것은 서구 역사서술의 역사에서 가장 놀라운 사건의 하나다. 1850년에서 1950년 사이에도 얕은 역사의 짧은 연대표는 포기되지 않았다. 그 대신 그것은 세속적으로 변조되어 인류 역사의 기원이 성경 속의 에덴동산에서 고대 메소포타미아로 옮겨졌다. 이런 교묘한 속임수 덕분에 유럽-미국의 역사학자들은 심원한 시간 속에 인류 역사를 서술하는 방법을 터득해야 하는 난제를 회피할 수 있었다.

이와 같은 변경은 임시방편의 해결책에 지나지 않았다. 인류 역사의 전체 시간을 생물학적 시간과 역사적 시간이라는 서로 소통이 안 되는 두 단계로 임의로 나눔으로써 서구 역사학자들은 6000년 연대표를 보존하는 데 잠시 성공했다. 하지만 그들은 그렇게 함으로써 인류의 나머지 시간을 시야에서 놓치게 되었다. 최근 몇 년 동안, 인류의 홍적세가 배제된 연대 체계가 불완전하다는 점이 더 명백해졌다. 우리가 다루는 많은 주제—젠더, 사회적 계급, 가난, 물질주의적 문화와 환경, 토착성indigeneity, 신뢰, 종교 등등—에 관한 이야기들은 심원한 인류의 과거를 참고하지 않고서는 적절히 말할 수 없다.

최근 몇 년 동안 일부 역사학자는 인류의 심원한 과거를 현재와 연결하는 새 방법을 제안하기 시작했고 그들의 연구는 비非역사학자가 쓴 책들의 대홍수와 합류했다.[6] 그 최고봉으로서《우리 본성의 선한 천사》는 폭력의 역사를 이용해 맥락을 엮으며 이런 저작물들에 독창적 기여를 한다.《우리 본성의 선한 천사》의 기승전결에는 감소decline라는, 이 경우에는 폭력의 감소라는 수사 어구가 지배적으로 흐르며, 이것은 책의 모든 기승전결과 마찬가지로 정량적quantitative 주장에 근거한다. 이로써 우리는 인류의 심원한 역사deep history의 기술writing과 결합된 매우 흥미로운 방법론적 도전의 하나와, 곧 우리가 사용하는 증거가 고생물학palaeontology 및 인류의 진화생물학evolutionary biology으로부터 고고학archaeology 및 역사history로 전환되는 기나긴 인류의 시간에 걸쳐 필연적으로 변한다는 사실과 맞닥뜨리게 된다. 각기 독립적 연구 경로를 통해 얻은 증거를 기반으로 한 발견들을 어떻게 상응하게 할 것인가?

스티븐 핑커는 살인율 혹은 〔병사가 아닌 여타 폭력에 의한〕 외인사violent death의 비율을 폭력의 단일한 대용물로 제시한 후, 시간에 따른 변화를 측정하는 데서 모든 가용한 데이터를 분야나 방법론에 상관없이 그러모으는 시도로 이 도전에 맞선다. 과학자들은 자신들이 측정하고 싶은 것을 직접적으로 측정할 수 없을 때에는 "대용물proxy"을 사용한다. 일례로, 우리는 지구의 역사에서 과거 시대의 실제 온도를 측정할 수 없지만 해양 코어oceanic core에서 발견된 산소 동위원소oxygen isotope들의 비율 변화를 통해 온도 변화를 추정할 수 있다. 폭력 또한 직접 측정할 수 없는 만큼 대용물이 필요하다. 린다 피비거가 7장에서 논의하는 것처럼, 일부 고고학자와 인류학자는 핑커가 초기 역사 시기의 〔폭력에 의한〕 외인사의 비율을 설명할 때 사용한 데이터의 신뢰성에 의구심을 표출한 바 있다.[7] 중세를 연구하는 역사학자로서 나는 중세 후기 유럽의 살인율이 오늘날과 비교해 높다는 주장에 특별히 반대하지는 않는다. 더 깊이 다루겠지만 나의 걱정은, 여성, 빈곤층, 힘을 빼앗긴 이들에게 가해지는 여러 형태의 종종 치명적인 구조적 폭력이 배제된 대용물이 얼마나 적합한가와 관련 있다. 어느 쪽이든 이것은 타당하고 건전한 논쟁이다.

다시 말하는바, 《우리 본성의 선한 천사》는 인류 과거의 여러 시대를 단 하나의 역사로 연결하는 데서 대담하고 참신한 모델이다.

앞서 말한 것처럼, 《우리 본성의 선한 천사》의 기승전결은 〔폭력의〕 감소로 정의된다. 그러나 핑커는 내가 일종의 "슬라이더slider"라고 부르는 것에 근거한 아주 다른 유형의 서사적 설명을 펼친다는 점에서 이 것이 특징 묘사로서 완전히 정확한 것은 아니다. 설명을 해보겠다. 《우리 본성의 선한 천사》의 "선한 천사들better angels"과 "내면의 악마들inner demons"은 그보다 더 복잡한 발상을 전달하기 위한 발견적 도구들이다. "첫 번째의 용어"는 협력, 이타심, 감정이입empathy에 대한 인간의 능력을 가리키며, 이에 짝하는 것은 부족 간 반목, 의심, 폭력에 대한 인간의 성벽性癖이라 할 수 있다. 핑커에 따르면, 두 성향 모두 진화적 과거 evolutionary past에 생겨났다.[8] 그런데 모든 인간이 천사도 되고 악마도 되는 신기한 능력을 가졌다 해도 그 성향의 강도는 가변적이다. 환경적 상황 혹은 문화적 상황이 천사를 키우고 악마를 억압하는 데에 혹은 그 반대로 하는 데에 상당한 역할을 할 수 있다.

이제 〔인간의 천사와 악마〕 두 성향을 단일 행동 스펙트럼의 양쪽 끝에 하나씩 배치하고, 일대기적 환경 또는 역사적 환경에 따라 왼쪽 방향 또는 오른쪽 방향으로 움직일 수 있는 슬라이더를 추가해보자. 누구든 스펙트럼 위 어디엔가 위치하게 될 것이다. 더욱 흥미로운 점은, 집단 내 모든 개인의 성향에 대해 평균을 취함으로써 전체 인구를 특징지을 수 있다는 것이다. 물론 이것은 복잡한 상황을 극단적으로 단순하게 축소한 예지만 요점이 뭔지는 알 것이다. 《우리 본성의 선한 천사》에서 역사적 설명의 핵심은 이 슬라이더가 폭력에서 평화로 움직이고 있다는 것이다.

가끔씩 학생들 및 동료들과 이 재미있는 주장을 두고 토론을 하게 된다. 거의 예외 없이, 아무도 그에 대한 기본적 발상을 이해하지 못한다는 게 밝혀진다. 내 생각에, 그 이유는 핑커를 비평하는 사람들이 대개 그를 유전자 결정론자로 즉 자유의지free will가 부재하는 경우 유전자gene가 우리의 행동을 결정한다고 믿는 사람으로 보기 때문이다. 그러나 이와 같은 비평은 적어도 《우리 본성의 선한 천사》에 관해서라면 적확하지 않다. 그 책의 논거들은 유전자보다는 문화culture가 중요하다는 주장에 기초한다. 특히 핑커는 슬라이더를 악한 쪽에서 선한 쪽으로 이동시키는 힘을 서구의 예절civility〔시빌리테civilité〕, 매너manner, 교육education 등의 부상과 결합된 문화적 변화에서 찾을 수 있다고 주장한다. 이에 관해서는 미리 정해진 운명도 없고 그래서 슬라이더가 계속 선한 쪽에 남아 있을 것이라는 보장도 없다. 비평가들은 종종 놓치고 있는데 핑커는 한 문장으로 주장한다. "폭력의 감소는 정치적, 경제적, 이데올로기적 상황에 의해 발생한다. 상황이 역전되면 폭력은 곧바로 다시 증가할 것이다."[9] 《우리 본성의 선한 천사》의 지배적 서사는, 목적론이 전혀 아니며, 시간의 흐름에 따른 진행 경로가 고정되어 있지 않고 기이하거나 뜻하지 않은 방향을 취할 수 있다는 발상에 기초한 것이다.

어째서 일부 독자는 이 점을 놓치는 것일까? 핑커가 주장하는 바를 제대로 이해하려면 진화심리학 분야의 최근 동향에 익숙해지는 게 도움이 된다. 복잡하고 흥미로운 주제를 지나치게 단순화하는 위험이 있겠으나, 1990년대의 진화심리학과 오늘날의 진화심리학 사이 차이를 정의해보자. 내가 EP(Evolutionary Psychology, 진화심리학) 1.0이라고 부르는 초기 형태의 진화심리학은 대량 모듈성massive modularity이라는 논지에 기반을 두고 있었다. 이 분야 학자들은 인간 행동의 여러 형태가 인간의 진화 과정 중 뇌 안에서 회로로 짜인 모듈들에 의해 지배된다고 가정했다.[10] 따라서 우리가 어둠을 무서워하는 것은 빛이 들어오지 않는 지하실이 위험해서라기보다는 [조상 대대로] 원형原型이 되는ancestral 밤이 우리를 잡아먹는 표범들의 천지였기 때문이다. 인간의 인지 및 행동 특성에 대한 EP 1.0의 유전자 중심 접근법은 문화는 빨리 변하더라도 유전자는 천천히 변하기도 하고 전혀 변하지 않기도 한다는 발상에 기초한다. 맹목적으로 또 묵묵히, 이 모듈들은 계속해서 우리로 하여금 이제는 더 이상 존재하지 않는 환경 속에서 행동하게끔 한다.

핑커의 1997년 베스트셀러 《마음은 어떻게 작동하는가How the Mind Works》가 EP 1.0 교과서의 선두주자 격임을 감안하면 유전자가 [개인의] 운명을 결정한다는 발상과 핑커를 결부하는 것이 독자들 잘못은 아니다.[11] 그러나 최근 몇 년 동안 진화심리학 분야는 일부 비평가가 모르는 사이에 인간 행동에 대해 더 섬세하고 덜 결정론적인 설명을 제시하는 EP 2.0 쪽으로 방향을 틀었다. 그 일례로 도덕심리학moral psychology을 다룬 조너선 하이트Jonathan Haidt의 《바른 마음The Righteous Mind》을 살펴보자.[12] 하이트는 모든 사람이 다섯 가지 도덕감각moral sense을 가질 수 있다고 주장한다. 여기까지는 기정사실이다. 그런데 도덕감각의 강도는 선험적으로 정해지는 것이 아니다. 그 대신, 주어진 문화나 환경에 따라 어떤 도덕감각은 과잉활성화할 수 있고 어떤 것은 비활성화할 수 있다. 비유하자면, 어떤 화가에게 자기 마음대로 쓸 수 있는 안료가 다섯 개 있으며, 화가가 그 안료들을 더 많거나 더 적은 정도로 쓰거나 혹은 전혀 쓰지 않는다고 생각해보라. 도덕감각도 더 많거나 더 적은 정도로 활성화할 수 있으므로, 이는 곧 모든 인간 하위집단[부분집단]subpopulation이, 그리고 실제로 모든 개인이 고유한 도덕적 캔버스를 가지고 있다는 뜻이 된다. 사실 진화심리학은 항상 상당한 정도의 인지 가소성可塑性, cognitive plasticity을 인정해왔다. EP 1.0과 EP 2.0의 가장 큰 차이라면 최근 연구에서는, 인지신경과학cognitive neuroscience 및 관련 분야에서 나온 최근 연구와 일맥상통하게 가소성을 점점 더 많이 강조하고 있다는 점이다. 〔여기서 "가소성"은 신경계 관련 연구에서 기억·학습 등 뇌기능이 특정 환경에 따라 유연하게 적응하는 능력을 말한다.〕

역사적 설명은, 최근 들어, 보편적인 것이 특수한 것과 어떻게 조응하는지 설명하기 어렵다는 난관에 봉착했다. 이것은 인류 역사의 시간에서 인류의 심원한 과거를 배제했던 짧은 연대표의 유산 중 하나다. 예를 들어, 감정emotion의 역사를 연구하는 학자들은 모든 보편적인 것은 역사학에서 즉 과거의 변화를 설명하는 학문에서 비非가시적임이 틀림없다고 주장해왔다. 바버라 로젠와인Barbara Rosenwein이 말했듯, "감정이, 많은 과학자가 생각하는 바처럼, 생물학적 실체이자 모든 인간 집단 속에서 보편적인 것이라면 그것에도 역사가 있을까? 혹은 있을 수 있을까?"[13] 얀 플램퍼Jan Plamper는 감정에도 "일관되고, 초역사적이고, 문화적으로 보편화한 토대가 있다"는 것이 사실일 수 있음을 인정했다. 그러나 역사〔역사학〕는 인간의 문화에서 무엇이 변하는지에 관심을 갖는 터라 플램퍼는 이러한 보편성이 "재미없고" 기껏해야 "사소한 진실"이라고 주장한다.[14] 나는 그들의〔감정의 역사를 연구하는 이들의〕 연구를 좋아하지만 그 연구를 뒷받침하는 역사적 철학은 보편과 특수 사이의 관계 속에 있는 흥미로운 모든 것을 온전히 잡아내지 못하고 있다고 생각한다. 핑커와 다른 많은 학자가 근래에 개발한 슬라이더 모델은 보편성을 역사적 관행으로 가시화하는 장치를 제공한다. 이와 같은 점에서 《우리 본성의 천사》는 함께 생각해보기에 아주 맞춤한 수단이다.

《우리 본성의 선한 천사》의 내면의 악마들

《우리 본성의 선한 천사》의 내면의 악마들 이야기로 들어가면서, 중세 후기 유럽을 연구하는 역사학자로서 나의 역할을 해야겠다. 《우리 본성의 선한 천사》에서는 이 시기를 심한 멸시조로 그렸다. 1250년에서 1500년 사이의 유럽은 이질적 국가였던 터라 사는 방식이 달랐다. 그중 일부는 칭찬할 만한 것이었다. 당시 〔유럽〕 사람들의 식단은 완전한 유기농에 지역에서 조달한 식품으로 구성되어 있었고, 아편 중독에 시달리는 사람도 없었다. 식용 설탕이 없었으니 당뇨병 환자도 드물었다. 사람들은 친구와 가족을 돌보았고 집 안에 들어온 거의 모든 것을 재활용했다. 나머지 삶의 측면 중 어떤 것은 적어도 우리 눈에는 그다지 좋아 보이지 않을 수 있다. 하지만 과거는 과거다. 오늘날 우리는 또 다른 세계를 그 세계 나름의 방식으로 이해하기 위해, 그리고 인간이 인간이었던 수없이 많은 방식에 관해 더 많이 알기 위해 과거를 연구한다. 이점을 염두에 두고 《우리 본성의 선한 천사》에서 중세를 어떻게 묘사했는지 살펴보자.

중세의 기독교왕국Christendom은 잔인함의 문화의 공동체였다. 유럽 대륙 전역에서 중앙 정부 및 지역 정부가 고문을 자행했고, 경범죄에 대한 처벌로서 눈 멀게 하기, 낙인, 손, 귀, 코, 혀 절단 하기, 여타 형태의 신체 절단 하기 등이 법에 명시되었다. 처형은 가학증이 진탕 나는 잔치orgies of sadism였고 그 절정은 질질 끌며 죽이는 고통스러운 체험에 있었다. 그 예로 화형주火刑柱에서 불로 태우기, 수레바퀴에 매달아 돌려〔또는 막대기로 때려〕 죽이기, 말에 의한 사지 찢기, 곧창자〔직장〕 꿰뚫기, 창자를 실패에 감고 돌려 내장 제거 하기 등이 있었고, 그리고 교수형조차 단번에 〔사형수의〕 목을 부러뜨리기보다 천천히 괴롭히며 목을 조르는 식이었다. 기독교 교회도 종교재판, 마녀사냥, 종교전쟁의 과정에서 가학적 고문을 행했다. 고문이 승인된 것은 1251년, 이름이 아이러니한〔"죄 없는" "결백한"의 뜻의〕 교황 인노첸시오 4세 Innocent IV에 의해서였고, 도미니크회 수도사들은 즐기면서 고문을 행했다. 커피테이블용 책 《종교재판Inquisition》에 따르면, 교황 바오로 4세Paul IV(재위 1555~1559) 치하에서 종교재판은 "아무리 해도 만족할 줄을 몰랐다—도미니크회 수도사이자 한때 종교재판소장을 지낸 바오로 자신도 고문과 잔혹한 대량살인mass murder에서 열성적이고 숙련된 집행자였다."[15]

이런. 어디서부터 시작해야 할지 막막하다. 사실에 입각하자면, 중세 후기 유럽에서 처형execution은 인구 대비로 따지면 드문 일이었다. 사법〔체계 내에서의〕 고문judicial torture도 마찬가지였다. 핑커가 묘사한 종류의 일이 결코 일어나지 않았다는 말이 아니다. 16~17세기경에는 고문 및 처형의 비율이 "드물다"에서 "매우 이례적"으로 증가했다고 하는 게 정당하다는 말이다. 그런데 "잔인함의 문화culture of cruelty"라고?

그렇다면 스티븐 핑커는 어디에서 잘못된 것일까? 그는 심리학자들이 가용성 휴리스틱availability heuristic이라고 말하는 것의 희생자가 되었다〔"가용성 휴리스틱"은 머릿속에 즉각적으로 떠오르는 사례들에 의존해 판단을 내리는 것을 말한다〕. 대중문화의 자극적 인상과, 가까이 있어서 쉽게 떠올릴 수 있는 기억들이 해당 분야의 문헌들을 책임지고 살폈어야 할 의무를 압도해버린 것이다. 사라 M. 버틀러가 8장에서 핑커의 부족한 점들을 충분히 다루고 있지만, 핑커가 이 시대를 묘사하면서 증거로 인용한 학문적 문서에 주목해 내 생각을 조금 덧붙이고자 한다. 위 인용문에서 언급한 참고자료 중 하나는 "커피테이블용 책coffee table book"이다 〔꼼꼼히 읽기보다는 그냥 넘겨보도록 만든, 그림·사진 중심의 탁상용 대형 호화판 책을 말한다〕. 뭣이? 미주에서는 참고문헌 목록에 나온 다음의 원천자료 source를 가리키고 있다. "Held, R. 1986. *Inquisition: A selected survey of the collection of torture instruments from the Middle Ages to our times. Aslockton, Notts, U.K.: Avon & Arno*"(헬드 R. 1986.《종교재판: 중세부터 우리 시대까지 고문기구 수집물에 대한 선별 조사》(애스록턴, 노팅엄셔, 영국: 에이번 & 아르노)."[16] 다음 단계는 여러분이 직접 해볼 수 있다. 의회도서관이나 다른 믿을 만한 문서보관소에 가서 이 책이 진짜 실재하는 책인지 확인해보라. 핑커에게도 공정해야 하니 설명하자면, 연관된 제목이 붙은 헬드 씨Mr. Held의 책을 찾을 수 있을 것이고 그 책에서 앞서 인용된 내용과 비슷한 문구를 발견할 수 있을 것이다.[17] 그런데 그 책에 관해 내가 할 말은 다음이 전부다. 썩 훌륭한 책은 아니라는 것.[18]《우리 본성의 선한 천사》의 또 다른 인용문에서는 놀랍게도 한때 검 삼키기 전문 곡예사였던 사람의 책을 소개한다.[19] 몇몇 다른 인용문헌도 언뜻 보기에는 신뢰감을 더욱 불어넣지만 계속 읽다 보면 문제가 발생한다. 일례로, 핑커는 법학자 샌퍼드 레빈슨Sanford Levinson의 책 중 한 장章이 자신의 주장을 뒷받침한다고 하나 해당 장에는 그런 내용이 전혀 없다.[20] 가장 문제시되는 것은,《우리 본성의 선한 천사》를 아무리 뒤져도 존 랭바인John Langbein이 저술한 유럽 법률 및 고문에 관한 책이나 중세를 연구하는 역사학자 에드워드 피터스Edward Peters가 랭바인에 대해 내놓은 함축적이고 깊은 숙고가 담긴 반박을 찾을 수 없다는 점이다.[21] 두 책 모두 구하기 어렵지 않다. 여기 학문 수용의 규칙 중 하나가 있다. 다른 학문의 세계에 들어설 때는 충분한 시간을 들여 적절한 문헌을 인용하라.

기본적 수준에서, 핑커는 자신이 제시한 사실에 대해 잘못 알고 있으며, 적어도 중세 유럽에 관한 한 그러하다. 증거 수집 및 인용 규칙에 대한 이와 같은 부주의함은 그것만 아니면 서구의 추론reasoning의 미덕을 극찬하는 책에서 문제가 된다. 계몽사상의 신조 중 하나는 추정, 신화, 그릇된 방향지시 등의 안개가 우리로부터 지식의 주제들을 가리고 있다는 것이다. 이 안개의 일부는 검 삼키는 곡예사와 여러 허풍쟁이의 악행에서 나온다. 어쩌다 보니 틀려버린 상식적 추론common-sense reasoning에 의해 생기는 것도 있다. 어느 쪽이든 진실은 허울뿐인 겉모습 아래에 있고 학자들은 그 베일을 벗겨내려 연구를 한다.

어째서 핑커가 중세 유럽의 과거를 악마화하는 경향이 책임감 있게 학문을 해야 할 그의 의무를 압도했을까? 나는 골머리를 앓으며 이 문제를 풀어보려 애썼다. 나도, 버틀러와 마찬가지로, 일부 답은 핑커에게 야만적 중세가 필요하다는 사실에 있다고 생각한다.《우리 본성의 선한 천사》에서 이 시기는 인류학자 미셸-롤프 트루요Michel-Rolph Trouillot가 이름붙인 것으로 유명한 "미개인 슬롯savage slot"을 점유하고 있다.[22] 트루요가 뜻한 것은 일부 인류학적 혹은 역사적 주장을 위해서는 그냥 미개인savage들이 있어야만 하고, 그래서 미개인들은 실재했든 아니든 상관없이 주문呪文에 의해 존재하게 된다는 것이다. 특히 신기한 점은 중세를 악마화해야 했던 핑커의 필요성에 의해 그가 심한 논리적 모순에 맞닥뜨리게 된다는 것이다. 핑커는 2장에서, 높은 수위였을 것으로 추정되는 선사시대의 폭력을 제압한 여러 역사적 세력 중 첫 번째 세력으로서 "리바이어던Leviathan" 곧 국가the state라는 강압적 기구를 칭송한다.[23] 추정하건대, 형벌에 대한 위협이 분노회로rage circuitry를 억누르는 데 한몫한 것으로 보인다. 그런데 4장에서 핑커는 리바이어던이 과도한 폭력을 통제하는 데 사용한 바로 그 도구들인 고문과 처형의 스펙터클(볼거리)spectacle을 골라 그것들을 원시적이거나 억제되지 않은 폭력의 증거로 재분류한다. 미개인 슬롯은 핑커가 시대적으로 전진할 때 그를 마치 모종의 어두운 그림자처럼 항상 한 발짝 뒤에서 따라간다.

왜 미개인들이 있어야 할까? 나는 과거의 폭력에 대한 핑커의 "선험적a priori" 헌신이 대부분 고통과 고난에 대한 그의 본능적 반응에 의해 추동된다고 믿게 되었다. 핑커는 자연에서의 삶에 결부될 수밖에 없는 고난에 진심으로 충격을 받는다(일례로 《우리 본성의 선한 천사》 32쪽을 보라(한국어판 85쪽)). 그는 마치 샤먼처럼 기꺼이 다른 동물들—매에게 갈가리 찢긴 찌르레기, 곤충 떼에게 물리는 말—의 몸속에 들어가 그 동물들의 고통을 느낀다. 핑커가 인간의 과거를 악마화하는 것은 비참과 고통으로 가득 찬 자연 세계의 공포와 인간의 과거를 동화하기 때문이다. 이러한 관점에서라면, 역사는 인류가 자연선택natural selection이라는 악몽 같은 세계에서 어떻게 스스로를 구해냈는지 서술하는 이야기다. 문명의 은혜로운 통제 덕분에 우리는 한때 우리 몸을 포식했던 질병과 동물들의 파괴 행위와 동료 인간들의 폭력으로부터 구조되었다. 미개인 슬롯은, 이런 세계사적 관점에서, 자연 자체가 점유하고 있다.

이 모든 것이 시사하듯, 《우리 본성의 선한 천사》는 역사를 다룬 책이 아니다. 그보다는 도덕적·역사적 신학서에 더 가까우며, 책에서 다뤄진 본성은 (영화) 〈아프리카의 여왕The African Queen〉(존 휴스턴, 1951)에서 캐서린 헵번Katharine Hepburn이 연기한 인물(로즈 세이어)의 불후의 명언, "본성nature("자연"이라는 뜻도 있다)을 넘어서라고 우리는 이 세상에 보내졌다"의 본성과도 같다(남자a man가 때때로 술을 너무 많이 마시는 것도 인간 본성이라는 남자 주인공의 말에 여자 주인공이 한 말이다). 악하고 폭력적인 모든 것의 근원은 죄가 아니라 본성이며, 문명의 도래는 구세주의 역할을 한다. 나는 이 도덕적 주장에 대해 언급할 입장이 아니다. 그런데 과거에 대한 연구가 도덕신학[윤리신학]moral theology과 양립가능한지 여부에 대한 문제라면, 1982년 논문 〈무도덕적 자연Nonmoral Nature〉에서 과거를 도덕적으로 만들고 싶은 유혹을 다룬 스티븐 제이 굴드Stephen Jay Gould와 같은 입장이다. 굴드의 논문에서는 "자애로우신 신께서 어떻게 그런 대학살과 유혈 참사의 세계를 창조하실 수 있을까?"라는, 19세기 유럽의 신학자와 박물학자[동·식물학자]naturalist들을 괴롭혔던 문제를 탐구한다. 이 문제가 불거진 것은 박물학자들이 밝힌 자연 세계의 많은 특성이 빅토리아 시대[영국 빅토리아 여왕 재위 시의 1837~1901] 도덕주의자들에게는 심히 혐오스럽게 느껴졌고 자비로운 신이라는 발상과 모순된 것처럼 보였기 때문이다. 굴드의 논문에서는 주목할 사례로 맵시벌과科. ichneumon wasp의 행동 특성이 논의되는바, 이 말벌의 유충은 마비된 숙주를 안팎으로 먹어치울 때 숙주의 필수 장기들을 끝까지 보존하면서 먹어치운다.

이 수수께끼에 대해 굴드는 다음과 같이 답한다. "자연에는 인간 방식의 틀로 짜인 도덕적 메시지가 들어 있지 않다. 도덕성morality은 철학자, 신학자, 인문학과 학생, 그러니까 생각할 줄 아는 모든 사람의 주제다. 이 답들을 자연으로부터 수동적으로 읽어낼 수는 없을 것이다. 그것들은 과학적 데이터에서 나오지도 않고 나올 수도 없다."[24] 박물학자들이 코알라와 순한 지렁이뿐 아니라 기생을 하는 맵시벌과, 노예사냥개미slave-making ant, 영아살해를 하는 [새끼원숭이들을 죽이는] 하누만랑구르Hanuman langur[회색랑구르]까지도 연구하는 것처럼, 역사학자들도 연구하다 보면 사랑스러운 것 및 추한 것과 맞닥뜨리게 된다. 그러나 추한 것이 존재하는 것은 그것을 명백히 보여주는 사회가 과거라서가 아님을 이해하는 게 매우 중요하다. 추한 것은 인간이 다른 모든 살아 있는 유기체와 마찬가지로 추한 일을 저지를 수 있어서 존재한다. 슬라이더의 교훈—핑커 자신도 책의 이 부분에서는 잊어버린 것 같은—을 상기해보라. 그 교훈에 따르면, 평화로움에서 폭력까지 이어지는 스펙트럼상의 어떤 움직임도 시간의 째각거림에 맞춰 정해진 궤적이 있는 게 아니다. 그 대신 어떤 사회나 어떤 개인의 조건은, 사회적·경제적·환경적 요인들의 복잡한 배열에 따라, 스펙트럼상에서 왼쪽이나 오른쪽으로 더듬더듬 움직인다. 마찬가지로 중요한 점은, 폭력적이고 추한 과거에 대한 선험적 몰입을 납득시키기 위해 특정한 것들을 선별적으로 강조하는 접근법은 선한 동시에 칭찬할 만한 모든 것에 대해 무지 혹은 무관심을 낳을 것이라는 점이다. 핑커는 중세에도 선한 사람들이 있었다고는 전혀 생각지 않는다.

　잠깐 멈추고 우리가 어디쯤 있는지 점검해보자. 유럽의 중세는 핑커가 만들어 보였던 만큼 폭력적인 것과는 거리가 멀었다. 이 책에 기고된 글들에 따르면, 비슷한 해석적 문제들은 다른 역사시대들에까지도 확장된다. 예컨대 다그 린드스트룀의 기고문〔3장〕에서는 《우리 본성의 선한 천사》에 제시된 그래프와 표를 자세히 살펴보고, 어떻게 핑커가 살인사건의 기록 및 의술의 변천에 대한 기록 방법의 변화를 포함해 데이터 변화에 대한 다른 설명들을 고려하는 데 실패했는가를 보여준다. 그런데 숫자를 두고 핑커와 논쟁하는 것은 핑커를 비롯한 일부가 시간의 흐름에 따른 폭력 측정의 대용물로 선택한 〔폭력에 의한〕 외인사가 이 작업에 적당한 대용물이라고 인정하는 것이다. 과연 그럴까? 다른 결론들이 도출될 수 있는 다른 방식의 폭력에 대한 정의는 없을까?

핑커가 선택한 대용물과 결부된 문제 중 몇 가지를 제대로 이해하기 위한 시작으로, 모든 사람이 생리적 혹은 정신적 족쇄에 의해 구속되어 있고 그래서 폭력적 행위를 할 수 없게 만들어진 세계를 상상해보자. 이러한 세계는 예브게니 이바노비치 자먀쩐Evgenii Ivanovich Zamiatin, 올더스 헉슬리Aldous Huxley, 조지 오웰George Orwell 등 20세기 디스토피아소설 〔디스토피아픽션〕의 위대한 작가들이 상상했던 세계다.[25] 외부의 관찰자에게는 이 세계가 〔폭력에 의한〕 외인사 비율이 극도로 낮으면서 굉장히 폭력적인 세계로 보일 것이다. 더욱 현실적인 경우로, 인간 노예를 조달받을 수 있고 그들을 잔혹성brutality―족쇄, 채찍질, 강간, 굴욕, 사회적 죽음―으로 대하더라도 고통은 가하되 결코 죽음에까지는 이르게 하지 않는 사회를 생각해보라. 오늘날 이러한 조건하에 놓인 사람은 2490만 명에 이르며, 국제노동기구ILO의 추산에 따르면, 강제노동forced labour의 덫에 갇혀 있다.[26] 사망으로 이어질 수 있는 폭력의 형태는 우리가 직관적으로 폭력적이라고 인지하는 다양한 형태의 행동 중 하나일 뿐 꼭 최악의 형태는 아니다.

《우리 본성의 선한 천사》에서 "폭력violence"의 의미론적 축소는 핑커가 폭력의 대용물을 찾으면서 폭력적 행위와 (남성의) 유전적 성향을, 이 경우에는 분노회로 및 여타의 폭력 기관器官을 통해 작동하는 성향을 결부시키기로 선택한 데서 비롯한다.[27] 이렇게 했을 때의 문제는 명백하다. 예를 들어, 고통과 괴로움을 객관적으로 측정할 수만 있다면 미국 육류 포장 산업은 폭력적이라는 결론이 날 것이다.[28] 하지만 동물에 관련해 짧게만 다뤘다는 것은(465~473쪽〔한국어판 772~802쪽〕) 차치하고라도 핑커는 폭력을 주로 인간에게 국한해 정의한다. 그뿐 아니라 ―전쟁으로 인한 사망 및 고문은 큰 예외이지만― 핑커의 정의는 형사사법

제도로 처리할 수 있는 형태의 폭력을 중심으로 하고 있다. 이러한 편향성을 감안하면, 핑커는 공격자로부터 피해자를 향하는 벡터에 따라 폭력을 정의한다. 피해자는, 이 시나리오에서, 수동적이고 비非가시적이다.

이제 다음과 같은 점을 신중히 생각해보라. 왜 우리가 피해자의 고통이 중심이 아니라 공격자의 분노회로가 중심이 되는 폭력의 해석을 받아들여야 하는가? 이에 대한 적절한 사례로 미국 육류 포장 산업에서 동물에게 가하는 폭력을 들 수 있는바, 비록 과하긴 해도 그 폭력에는, 내가 알기로는, 분노가 포함되어 있지 않다는 점에서다. 〔폭력의 해석에서〕피해자 중심의 관점을 취하면, 아프리카계 미국인 및 여러 소수집단이 오늘날을 폭력적으로 느끼게끔 하는 미시적·거시적 공격을 생각해보게 될 것이다.[29] 또한 가난한 사람과 권한이 박탈된 사람을 상대로 작동하는 느린 폭력slow violence 혹은 구조적 폭력structural violence도 보이게 될 것이다.[30] 〔인문학자〕롭 닉슨Rob Nixon이 말한 바처럼, 느린 폭력은 독성 화학물질, 해양 산성화, 해수면 상승과 같이 환경에 영향을 끼치는 것들로부터 가난한 사람들이 불균형적으로 고통 받을 때 발생한다. 그것이 "느린" 이유는 폭력의 영향이 몇 분이 아니라 몇 년 혹은 몇십 년에 걸쳐 응결되고 그런 만큼 그것이 신문 1면을 장식하거나 범죄통계에 잡히지 않아서다. 결과적으로 느린 폭력은 강제이주와 공공연한 형태의 성적 강압, 지속적인 사회적 비하를 비롯한 더 광범위한 구조적 폭력을 구성하는 요소다. 〔의료인류학자〕폴 파머Paul Farmer가 지적하듯, "가난한 이들은 고통에 더 취약할뿐더러 그 고통에 대해 침묵당할 가능성이 더 높다."[31] 가난한 사람이 사망하는 경우 그들의 죽음은 핑커의 표에서 사망자 수에 잡히지 않는다. 영양실조나 강제이주와 같이 그 죽음과 관련된 폭력은 전쟁과 범죄성criminality으로 임의적으로 한정된 폭력의 정의에 비가시적이어서다. 〔폭력의 해석에서〕 피해자 중심의 관점을 취하면, 수많은 여성이 직장과 여러 공공 영역에서 비非치명적 폭력non-lethal violence을 경험한다는 사실을 포함할 수 있을 것이다. 나는 이러한 종류의 폭력이 지난 한두 세기 동안 필연적 결과로서 증가할 수밖에 없었다고 주장하는 게 아니다. 내 주장은, 중세 이후 혹은 홍적세 이후의 〔폭력에 의한〕 외인사의 감소는 아직도 지속되는 구조적 폭력을 기준으로 해서 비교 측정 하게 되면 덜 중요해 보일 수 있다는 것이다. 〔폭력에 의한〕 외인사는 그것이 아무리 끔찍하다 하더라도 어쨌든 구조적 폭력에 의한 일상적 상해injury 및 모욕humiliation보다는 훨씬 낮은 비율로 경험된다.

피해자 관점에서 폭력을 정의하면, 폭력의 적절한 척도는 피해자가 겪은 고통과 모욕의 양이 될 것이다. 이에 대해 과거 사회의 고통과 고난을 직접적으로 측정할 순 없다는 반대 주장이 펼쳐질 게 벌써 눈에 선하다. 그러나 폭력 역시 직접 측정할 수 없다. 우리는 언제나 대용물에 의지해야 한다. 상황이 이렇다면 구조적 폭력을 공식 안에 들어올 수 있게 할 예컨대 만성스트레스chronic stress 같은 피해자 중심의 대용물을 선호하지 않을 이유가 무엇인가? 고고학적 기록에서 관절 및 치아 경조직의 손상 정도와 신장stature을 증거로 이용하면 만성스트레스를 간접적으로 측정할 수 있다. 20세기의 만성스트레스도 수명, 비만, 심장질병, 아편중독률 같은 대용물을 이용해 측정할 수 있다.[32] 이를 통해 알게 되는 점은 만성스트레스가 가난과, 권한이 박탈된 상태와 연관 있다는 것이다. 문제는 절대적 가난이 아니라 상대적 가난일 수 있다는 점이 결정적으로 중요하다. 1999년 〔인도 경제학자〕 아마르티아 센Amartya Sen이 지적한 바처럼, 아프리카계 미국인은 전체로 보았을 때는 인도 케랄라

주州의 거주민보다 부유하다. 하지만 센에 따르면, 아프리카계 미국인의 건강 상태는 케랄라 주민의 건강 상태보다 나쁘며 이는 그들의 처지가 상대적으로 빈곤한 데서 비롯한다.[33] 절대적 가난이 아니라 상대적 가난이 중요하다면, 구조적 폭력이 최근 500년 동안 증가했다고 믿을 만한 근거가 있다.

그렇다면 이제 무엇보다도 가장 중요한 질문을 살펴보자. 폭력이 감소했다는 것이 왜 중요해야 하나? 그 감소가 표면적으로는 으레 좋은 것으로 보일 수 있음이 이 문제를 면밀히 살피는 가장 중요한 이유다. 과거 알베르트 아인슈타인Albert Einstein이 너무나 명백하게 증명했듯, 상식에 기반을 둔 직감이 실제 세상이 어떤지 항상 정확하게 기술하는 것은 아니기 때문이다. 앞서 지적했듯, 디스토피아소설의 저자들은, 헉슬리만 특이하게 제외하고는, 폭력이 감소해도 사람들이 여전히 비참하게 사는 세계를 상상하기 쉽다는 점을 깨달았다. 핑커의 웅대한 역사적 비전에서 폭력의 감소는 그 자체로 다른 것의 대용물, 말하자면 행복happiness의 대용물이다. 〔핑커에 따르기로〕 폭력이 줄었으니 이제 사람들은 더 행복하다. 아니, 적어도 사람들은 더 행복해야만 하며, 저 망할 놈의 역사학자들이 자기 일을 제대로 하고 사람들한테 근대성modernity이 얼마나 나쁜 건지 설득하기를 중단한다면 그렇게 될 터다.

진보에 관한 수많은 주장은 결국 행복의 증진에 관한 발상들이다. 그런데 핑커의 것을 포함해 그런 모든 주장은 안녕의 심리학psychology of well-being에 대한 최근 수십 년 동안의 연구에서 발견된 가장 중요한 것들 중 한 가지를 설명하지 못한다. 우리는 우리가 살고 있는 세계에 익숙해져 있고, 행복과 만족의 척도는 오늘날 가능한 것의 파라미터〔매개변수〕parameter들에 의해서 정의된다. 우리의 주관적 안녕subjective well-being

은 개인적 특성들에 의해서 정해진 설정값에 닻을 내리고 있다.[34] 인생의 사건들—복권 당첨, 사고에서 얻은 부상의 고통—로 행복감이 커지기도 하고 작아지기도 할 터다.[35] 그러나 일종의 심리적 탄력성이 끊임없이 우리를 우리의 설정값으로 다시 끌어당긴다.

핑커가 간접적으로 시사하는 바와는 반대로, 주관적 안녕은 폭력 같은 간헐적 체험을 통해 결정되지 않는다. 주관적 안녕은 특히 앞서 설명한 구조적 폭력을 포함한 수많은 구조적 요인의 영향을 영원히 받을 수 있지만, 주로 우리가 가족·친구·사물과 형성하는 애착에 의해서 결정된다. 예컨대 홍적세 때 살았던 남성 혹은 여성의 주관적 안녕은 따뜻하고 든든하고 보람 있는 사회적 환경 속에서 사는 경험에 의해서 결정되었지 집단의 객관적 상태인 빈곤에 의해서 혹은 밤, 간헐적 폭력, 축축한 땅 위에서의 수면 등의 위험에 의해서 결정되지는 않았을 것이다. 《우리 본성의 선한 천사》의 암울한 전망이 믿게 만들 뻔했던 것처럼 과거의 인류가 결코 행복하지 않았다면, 주관적 안녕과 결부된 성격적 특성은 진화하지 못했을 것이다.

핑커는 역사history를 전기biography와 혼동했다. 강국great power의 미사여구를 사용해 그는 독자들에게, 마치 제3세계의 참상을 떠나 아메리카대륙의 안락함을 향한 이민자와 같이, 중세부터 현재까지 수 세기에 걸친 삶을 산다고 상상해보라고 [사람들을] 초대한다. 이것은 허황된 논법이다. 이와 같은 경험은 너무나 느리게 일어나서 전 인구가 세대를 가로지르며 경험할 수 없다. 시대마다 사람들은 [주관적] 안녕의 감각을 당시의 조건에 맞게 조정한다. 다음과 같은 방식으로 생각해보라. 지금부터 100년 뒤의 의술이 재채기와 가려움증을 없앴다고 치자. 그런데 당신의 증손자들이 자신들의 생애 동안 이 변화를 체험할 만큼 운이 좋지 않는 한, 재채기와 가려움증이 사라졌다고 해서 그들이 당신보다 더 행복해지지는 않을 것이다. 역사는 인간사회, 기술, 물질적 문화의 끊임없는 변화에 대한 이야기를 할 수 있고 실제로도 그렇게 하지만, 주관적 안녕은 역사에 따라 바뀌지 않는다. 행복을 연구한 역사학자 대린 맥마흔Darrin McMahon이 이 중요한 점을 지적했다.³⁶ 맥마흔의 주장은 논쟁할 만하지만 그가 옳고 핑커가 틀리다면, 폭력 수위의 장기적 변화는 주관적 안녕의 총합에 아무런 영향을 끼칠 수 없다. 과거는 결코 눈물의 계곡vale of tears[고통과 괴로움이 가득한 세계]이 아니었고, 폭력의 감소는 더 큰 행복을 가져다주지 않을 것이다.

나는 폭력의 심원한 역사를 연구하는 것에 전적으로 찬성한다. 그러나 이 폭력의 역사에서는 가해자가 아니라 피해자를 역사의 최전선과 중심에 두어야 한다. 피해자의 관점에서 폭력은 섹스나 식사처럼 그 형태는 다양할지언정 피할 수 없는 인간의 삶의 특징이다. 폭력은 권력과 지배의 관계 속에 깊이 얽혀 있으며 질기고 변화무쌍하다. 폭력은 잘 보이는 곳뿐 아니라 인간관계 구석구석에서도 작동한다. 폭력의 심원한 역사를 고려하면서 폭력의 존재를 알아차리고 그것의 형태를 인지하며 그에 대항할 방법을 찾는 것이 우리의 의무다.

1 특히 다음을 참조하라. Hugo Mercier and Dan Sperber, *The Enigma of Reason* (Cambridge, MA: Harvard University Press, 2017) 〔한국어판. 위고 메르시에·당 스페르베르, 최호영 옮김, 《이성의 진화》, 생각연구소, 2018〕. 자신들의 생각을 나눠주고 제안을 준 Daniel Mroczek와 Matthew Liebmann, 이 장의 광범위한 주제에 대해 통찰력 있는 도움을 준 인류학/역사학 2059Anthropology/History 2059 학생들과 동료들, 이 글의 초고에 대해 소중한 의견을 준 Philip Dwyer, Mark Micale, Julia Adeney Thomas에게 감사한다.

2 다트의 주장은 다음의 중요한 책에서 대중화되었다. Robert Ardrey, *African Genesis: A Personal Investigation into the Animal Origins and Nature of Man* (London: Collins, 1961).

3 Paul Valéry, "La crise de l'esprit", *Nouvelle Revue Française*, 13 (1919): 321-37.

4 Steven Pinker, *The Better Angels of Our Nature: Why Violence Has Declined* (New York: Viking, 2011) 〔한국어판. 스티븐 핑커, 김명남 옮김, 《우리 본성의 선한 천사: 인간은 폭력성과 어떻게 싸워왔는가》, 사이언스북스, 2014〕; Steven Pinker, *Enlightenment Now: The Case for Reason, Science, Humanism, and Progress* (New York: Viking, 2018). 〔한국어판. 스티븐 핑커, 김한영 옮김, 《지금 다시 계몽: 이성, 과학, 휴머니즘, 그리고 진보를 말하다》, 사이언스북스, 2021〕

5 이 흥미진진한 이야기에 대해서는 Daniel Lord Smail, *On Deep History and the Brain* (Berkeley: University of California Press, 2008)의 초반 몇 장에서 다룬 바 있다. 다음도 참조하라. Andrew Shryock, Daniel Lord Smail, Timothy K. Earle, et al., *Deep History: The Architecture of Past and Present* (Berkeley: University of California Press, 2011).

6 역사학자들의 저작에는 다음과 같은 것이 있다. David Christian, *Maps of Time: An Introduction to Big History* (Berkeley: University of California Press, 2004) 〔한국어판. 데이비드 크리스천, 이근영 옮김, 《시간의 지도: 빅 히스토리 입문》, 심산, 2013〕; Felipe Fernández-Armesto, *Humankind: A Brief History* (Oxford and New York: Oxford University Press, 2004); Yuval N. Harari, *Sapiens: A Brief History of Humankind* (London: Harvill Secker, 2014). 〔한국어판. 유발 하라리, 조현욱 옮김, 《사피엔스: 유인원에서 사이보그까지, 인간 역사의 대담하고 위대한 질문》, 김영사, 2015〕

7 다음을 참조하라. Nam C. Kim, "Angels, Illusions, Hydras, and Chimeras: Violence and Humanity", *Reviews in Anthropology*, 41, no. 4 (2012): 239-72; R. Brian Ferguson, "Pinker's List: Exaggerating Prehistoric War Mortality", in Douglas Fry (ed.), *War, Peace, and Human Nature: The Convergence of Evolutionary and Cultural Views* (Oxford: Oxford University Press, 2013), 112-31.

8 다음도 참조하라. Robert M. Sapolsky, *Behave: The Biology of Humans at Our Best and Worst* (New York: Penguin, 2017).

9 Pinker, *Better Angels*, 361.

10 비판적 개요에 대해서는 다음을 참고하라. David J. Buller, *Adapting Minds: Evolutionary Psychology and the Persistent Quest for Human Nature* (Cambridge, MA: MIT Press, 2005).

11 Steven Pinker, *How the Mind Works* (New York: Norton, 1997). 〔한국어판. 스티븐 핑커, 김한영 옮김, 《마음은 어떻게 작동하는가: 과학이 발견한 인간 마음의 작동 원리와 진화 심리학의 관점》, 동녘사이언스, 2007〕

12 Jonathan Haidt, *The Righteous Mind: Why Good People Are Divided by Politics and Religion* (New York: Pantheon Books, 2012). 〔한국어판. 조너선 하이트, 왕수민 옮김, 《바른 마음: 나의 옳음과 그들의 옳음은 왜 다른가》, 웅진지식하우스, 2014〕

13 Barbara H. Rosenwein, "Problems and Methods in the History of Emotions", *Passions in Context: International Journal for the History and Theory of Emotions*, 1 (2010), published online at http://www.passionsincontext.de, 2018년 3월 16일 접속함.

14 Jan Plamper, *The History of Emotions: An Introduction*, trans. Keith Tribe (Oxford: Oxford University Press, 2015), 32-3.

15 Pinker, *Better Angels*, 132.

16 Pinker, *Better Angels*, 751.

17 Robert Held, Marcello Bertoni and Amor Gil, *Inquisition: A Bilingual Guide to the Exhibition of Torture Instruments from the Middle Ages to the Industrial Era, Presented in Various European Cities in 1983-87* (Florence: Qua d'Arno, 1985), 14.

18 중세역사학자들 사이에서는 고문도구라고 여겨진 것들이 (a) 중세 이후의 것이며 (b) 대개는 가짜라는 것이 널리 알려져 있다. "고통의 배pear of anguish"(*Better Angels*, 131; *Inquisition*, 132-3)의 정체를 폭로하는 글에 대해서는 다음을 참조하라. Chris Bishop, "The 'Pear of Anguish': Truth, Torture and Dark Medievalism", *International Journal of Cultural Studies*, 17, no. 6 (2014): 591-602.

19 Daniel Mannix, *The History of Torture* (Sutton: Phoenix Mill, Stroud, Gloucestershire, 2003). 그의 서커스 곡예사 시절에 대해서는 다음의 부고에서 확인된다. http://www.nytimes.com/1997/02/08/arts/daniel-mannix-85-adventure-writer.html, 2021년 2월 22일 접속함.

20 Sanford Levinson, "Contemplating Torture: An Introduction", in Sanford Levinson (ed.), *Torture: A Collection*, (Oxford: Oxford University Press, 2004), 23-43.

21 John H. Langbein, *Torture and the Law of Proof: Europe and England in the Ancien Régime* (Chicago: University of Chicago Press, 1977); Edward Peters, *Torture*, expanded edn (Philadelphia: University of Pennsylvania Press, 1996).

22 Michel-Rolph Trouillot, "Anthropology and the Savage Slot: The Poetics and Politics of Otherness", in Richard G. Fox (ed.), *Recapturing Anthropology: Working in the Present* (Santa Fe: School of American Research Press, 1991), 17–44.

23 다음에서 한 사례를 찾을 수 있다. Pinker, *Better Angels*, 35.

24 Stephen Jay Gould, "Nonmoral Nature", *Natural History*, 91, no. 2 (February 1982): 19–26, 이 부분은 26.

25 Evgenii Ivanovich Zamiatin, *We* (New York: Modern Library, 2006) 〔한국어판. 예브게니 이바노비치 자먀찐, 석영중 옮김, 《우리들》, 열린책들, 2009〕; Aldous Huxley, *Brave New World* (New York: Alfred Knopf, 2013) 〔한국어판. 올더스 헉슬리, 안정효 옮김, 《멋진 신세계》, 태일소담출판사, 2019〕; George Orwell, *1984* (New York: Signet Classic, 1977). 〔한국어판. 조지 오웰, 정회성 옮김, 《1984》, 민음사, 2003 등〕

26 다음도 참조하라. https://www.ilo.org/global/topics/forced-labour/lang--en/index.htm, accessed 22 February 2021.

27 예를 들면, Pinker, *Better Angels*, 497–509.

28 Peter Singer, *Animal Liberation: A New Ethics for Our Treatment of Animals* (New York: HarperCollins, 1975). 〔한국어판. 피터 싱어, 김성한 옮김, 《동물 해방》(개정완역판), 연암서가, 2012〕

29 Bernard E. Harcourt, *Illusion of Order: The False Promise of Broken Windows Policing* (Cambridge, MA: Harvard University Press, 2001); Elizabeth Kai Hinton, *From the War on Poverty to the War on Crime: The Making of Mass Incarceration in America* (Cambridge, MA: Harvard University Press, 2016).

30 Johan Galtung, "Violence, Peace, and Peace Research", *Journal of Peace Research*, 6, no. 3 (1969): 167–91; Rob Nixon, *Slow Violence and the Environmentalism of the Poor* (Cambridge, MA: Harvard University Press, 2011). 〔한국어판. 롭 닉슨, 김홍옥 옮김, 《느린 폭력과 빈자의 환경주의》, 에코리브르, 2020〕

31 Paul Farmer, "On Suffering and Structural Violence: A View from Below", *Race/Ethnicity: Multidisciplinary Global Contexts*, 3, no. 1 (2009): 11–28, 이 부분은 25.

32 특히 다음을 참조하라. Jörg Niewöhner, "Epigenetics: Embedded Bodies and the Molecularisation of Biography and Milieu", *BioSocieties*, 6, no. 3 (13 June 2011): 279–98.

33 Amartya Sen, *Development as Freedom* (New York: Knopf, 1999), 21-4. 〔한국어판. 아마르티아 센, 김원기 옮김, 유종일 감수, 《자유로서의 발전》, 갈라파고스, 2013〕

34 David G. Myers and Ed Diener, "Who Is Happy?", *Psychological Science*, 6, no. 1 (1995): 10-19; David Lykken and Auke Tellegen, "Happiness Is a Stochastic Phenomenon", *Psychological Science*, 7, no. 3 (1996): 186-9; Robert A. Cummins, "Can Happiness

Change? Theories and Evidence", in Kennon M. Sheldon and Richard E. Lucas (eds), *Stability of Happiness: Theories and Evidence on Whether Happiness Can Change* (London: Academic Press, 2014), 75-97. 세트 포인트 이론set-point theory에 관한 비판에 대해서는 다음을 참조하라. Bruce Headey, "The Set-Point Theory of Well-Being Needs Replacing: On the Brink of a Scientific Revolution?", SSRN *Electronic Journal* (2007), doi:10.2139/ssrn.1096451; Richard E. Lucas, "Adaptation and the Set-Point Model of Subjective Well-Being", *Current Directions in Psychological Science*, 16, no. 2 (2007): 75-9.

35 Philip Brickman, Dan Coates and Ronnie Janoff-Bulman, "Lottery Winners and Accident Victims: Is Happiness Relative?", *Journal of Personality and Social Psychology*, 36, no. 8 (1978): 917-27.

36 Darrin M. McMahon, *Happiness: A History* (New York: Atlantic Monthly Press, 2006), 466-80. [한국어판. 대린 맥마흔, 윤인숙 옮김, 《행복의 역사》, 살림, 2008]

제3장

스티븐 핑커와 폭력의 역사 기술에서 통계의 사용과 오용

Pinker and the use and abuse of statistics in writing
the history of violence

다그 린드스트룀

Dag Lindström

《우리 본성의 선한 천사》에서 스피븐 핑커는 "폭력violence이 오랜 시간에 걸쳐 감소되었고" 우리가 사실은 "우리 종의 역사상 가장 평화로운 시대"를 살고 있는 것인지도 모른다고 주장한다.[1] 또한 핑커는 일말의 주저함도 없이 비非국가 사회가 근대의 국가 사회보다 훨씬 더 폭력적이었다고 단정한다.[2] "과거가 낯선 나라라면, 충격적일만큼 폭력적인 낯선 나라다. 우리는 과거의 삶이 얼마나 위험했는지, 한때 잔혹성brutality이 얼마나 깊이 일상의 구조 속에 섞여 있었는지 잊기 쉽다."[3] 핑커는 자신의 주장을 뒷받침하는 다양한 도표와 그래프를 제시한다. 만연한 폭력의 장기적 변화를 진지하게 분석하려면 정량적 증거가 꼭 포함되어야 하는데 핑커가 통계를 이용하는 방식에는 문제가 매우 많다.

핑커의 책은 부제에서 공표하다시피, "역사에서 폭력의 역사적 감소와 그 원인"에 관한 것이다. 우리에게 적어도 16세기부터 20세기 중반까지 서유럽에서 치명적 대인간對人間 폭력interpersonal violence이 장기적으로 크게 감소했다는 강력한 증거가 있는 것은 사실이다. 이 전환은 1981년 테드 로버트 거Ted Robert Gurr가 13세기에서 20세기의 잉글랜드에서 정량적 증거를 취합한 널리 알려진 논문에서 이미 잠정적으로 발견되었다.[4] 그 후 연대는 달라도 비슷한 전환이 유럽 다른 지역에서도 관찰되었다.[5] 일련의 연구에서 마누엘 아이스너는 역사상의 살인율에 대한 정량적 기록을 점점 더 많이 수집했다. 아이스너의 분석을 통해 16세기 중반에서 20세기 초반 사이에 유럽의 살인율이 장기적으로 감소했음이 확인되었다. 더 나아가, 지역에 따라 〔그 감소의〕 장기적 궤적이 다르다는 것과, 살인율의 하향적 주요 추세를 끊는 살인율의 수많은 반복적 급등 및 역방향 추세가 있었다는 것도 확인되었다.[6]

유럽 살인율의 장기적 감소를 확정한 것은 주요한 과학적 성과였다.[7] 치명적 대對인간 폭력의 장기적 감소는 대략 1960년대까지 (적어도 서구 세계에서는) 계속되었다. 이후 살인율은 1990년대까지 약간 증가했다가 다시 감소하기 시작했다. 이에 대해서는 오늘날 연구자들 사이에 논란이 별로 없다. 이 지식은 굉장히 중요한데 왜냐면 특정 미디어, 특정 정치인, 도덕적 공황을 일으키는 다양한 행위자가, 증가하고 있다고 추정되는 전반적 범죄율과 특히 폭력을 지적하며 현재의 상황을 극단적으로 우울한 언어로 설명하는 경향이 있기 때문이다. 어떤 설명에서는 우리 사회가 사회적 붕괴를 향해 급속히 치닫는 것으로 그려지는바 그런 그림은 간단히 말해 우리가 치명적 대對인간 폭력의 역사적 궤적에 대해 실제로 아는 것과 일치하지 않는다.

이 글에서 내 목표는 유럽 살인율의 장기적 감소에 의문을 제기하려

제1부 해석

는 것이 아니다. 그렇다면 핑커의 논지는 무엇이 문제인가? 그 좋은 소식에 우리 모두 기뻐해야 하지 않나? 글쎄, 흔히 그렇듯, 사정은 좋은 소식이 주는 첫인상보다 더 복잡하다. 내가 가장 우려하는 바는 핑커가 정량적·통계적 증거를 때로는 어떻게 이용하고 때로는 어떻게 오용하는지와 관계 있다. 핑커의 논지에서 정량적 증거는 부주의하고 때로는 오해를 낳을 수 있는 방식으로 동원된다. 더 정확히 말하자면, 핑커가 시장에 내놓은 전 지구적 거대서사grand narrative에 들어 있는 고매한 주장은 대개 한정적이고 문제가 있는 정량적 증거를 근거로 한 것이다. 그의 주장 중 어떤 것은 탄탄한 반면 어떤 것은 미덥지 못하다. 그는 종종 역사시대 및 선사시대의 정량화와 결부된 수많은 문제를 등한시하고, 다른 방향을 가리키는 증거를 무시하는 경향도 있으며, 가끔은 무의미한 장기적 비교를 수행하기도 한다.

살인에서 폭력 전반까지

스티븐 핑커는 체계적 방식으로 살인homicide을 폭력 전반에 대한 대용물proxy로 사용한다. 물론 핑커만 그렇게 하는 것은 아니다. 살인은 수많은 다른 범죄와는 대조적으로 발생 건수를 쉽게 셀 수 있다고 여겨진다. 미未기록, 미발견 범죄 건수를 뜻하는 암수暗數, dark figure가 낮을 것으로 생각된다. 타인을 살해하는 것은 거의 모든 사회에서 불법이며, 살인은 보통 여타의 범죄보다 특정한 문화적 맥락에 대한 의존성이 비교적 낮은 범죄로 여겨진다. 이러한 까닭에 살인은 많은 사람으로부터 비교문화 연구와 장기적 연구에 적절한 것으로 간주된다.[8] 그럼에도 살인율homicide rate과 사회 전반에 만연한 폭력 사이에 고정된 관계가 있는지 여부에 관한 중대한 문제는 명시적으로 논의된 적이 거의 없다.[9] 〔네덜란드 역사범죄학 교수〕피터르 스피렌뷔르흐Pieter Spierenburg는 살인율과 그것보다 온건한 형태의 폭력 범죄 사이 밀접한 연관성을 명시적으로 주장한 극소수 역사학자 중 한 명으로, 특히 그는 장기적 추세에 주목한다. 〔그에 따르면〕살인율은 한 사회의 폭력 총량에 대한 유일하게 신뢰할 수 있는 지표다. 스피렌뷔르흐의 주장은 순전히 이론적인 것이지 경험적 분석에 근거한 것이 아님을 강조해야겠다.[10] 핀란드 역사학자 페트리 카로넨Petri Karonen은 근대 초기 스웨덴 권역의 소도시들을 표본으로 삼아 신고된 살인사건을 다른 폭력 범죄와 비교·분석했다. 그의 연구로 폭력과 여타 범죄 사이에 모종의 상관관계가 있음이 확인되었지만, 그 둘 사이에 지역과 시간에 따라 상당한 차이가 있음도 발견되었다. 일례로, 17세기 당시 살인율이 감소했을 때, 핀란드 권역에서는 다른 폭력 범죄의 등록 건수가 증가하는 경향이 나타났다.[11]

핑커의 주요 주장은 폭력이 인류 역사 전반에 걸쳐 장기적으로 감소했다는 것이며 핑커가 자신의 주장에 대해 제시하는 정량적 증거quantitative evidence는 근본적으로 살인과 전쟁행위에 관한 것이다. 핑커는 아이스너를 인용하면서 살인이 신뢰할 만한 폭력 지표임을 증명한다. 그러나 아이스너는 자신의 "분석은, 살인은 심각한 대對인간 폭력의 지표로만 조심스럽게 해석될 수 있다는 가정에 기초한다"라고 분명히 밝힌다.[12] 살인과 폭력 범죄 전반 사이 상관관계를 가정하는 것은 분명 타당해 보인다. 이와 같은 상관관계가 특정한 사회 내에서 매우 안정적일 것으로 예상하는 것 역시 타당해 보인다. 그러나 서로 다른 문화 사이 비교와 장기적 분석에서 그러한 가정은 설득력이 떨어진다.[13] 또한 우

제1부 해석

리는 여기서 핑커가 범죄 이상의 것을 이야기하고 있다는 사실도 고려해야 한다. 그는 고대부터 현재까지 인류 역사를 망라하는 폭력 전반에 대해 전 지구적 차원의 주장을 펼친다. 핑커가 반드시 틀렸다는 말이 아니다. 살인은 폭력 범죄에 대한, 더하게는 폭력 전반에 대한 훌륭한 대용물일 가능성도 있다. 그러나 〔실제 그런지〕 우리는 알지 못하며, 그것이 이문화 간 비교와 장기적 분석에 유효한지도 확실히 알지 못한다.

유럽과 세계

살인율의 장기적 감소와 관련한 이용가능한 정량적 증거의 대부분은 (서·북)유럽의 원천자료source에서 추출한 것이다. 그런데 스티븐 핑커는 나머지 세계the rest of the world를 일반적 서유럽의 평화화pacification 서사 속에 집어넣는다. 특정한 맥락에서 나온 증거가 전 지구적 궤적에 대한 일반적 모델로 이용되는 것이다.[14] 핑커는 이 작업을 할 때 약간 시대에 뒤떨어진 확산 모델diffusion model을 적용하는 것 같다. 문명화과정은 서유럽의 중심지에서 시작되어 대륙의 다른 지역으로 퍼졌고 나중에는 나머지 세계로도 확산되었다는 것이다. 물론 핑커의 설명은 인류 역사의 일반적 패턴이긴 해도 우리는 그것에 대해 확실히 알고 있지 못하며 그가 제시하는 정량적 증거도 그것을 증명하진 못한다.

핑커는 자신의 일반적 논지를 보강하는 데서 지도 두 개를 제시하는 바, 유럽의 〔지역별〕 평균 살인율을 나타내는 지도로 하나는 19세기〔후반〕의 것이고 다른 하나는 21세기 초반의 것이다.[15] 사실 서유럽·남유럽의 경우 이 지도에서 살인율의 상당한 감소를 엿볼 수 있다. 한편, 두 지도에는 동유럽과 러시아의 경우 살인율이 증가했다는 것도 나타난다. 또 다른 문제는 〔핑커가〕 살인율에 대해 국가의 평균 수치를 인용한다는 것으로, 지도가 제작된 두 시대 사이에는 완전히 다시 그어진 국경이 많다. 일례로 합스부르크제국은 각기 다른 당대 살인율의 여러 개별 국민국가〔민족국가〕nation state로 해체되었고 19세기에는 폴란드나 발트해 연안 국가들 역시 독립국가로 존재하지 않았다. 실제로 살인율이 증가하고 있다는 징후가 있는 동유럽 및 남동유럽의 많은 지역에서 우리가 갖고 있는 그렇게 먼 과거의 정보는 매우 제한적이다. 따라서 이 지역들이 어떤 유형의 살인율 궤적을 따랐는지 우리는 알지 못한다.

핑커는 2004년의 국가별 살인율을 보여주는 전 지구적 지도 또한 제시한다.[16] 이 지도는 전 지구적 살인율이 〔지역별로〕 차이가 엄청나다는 것을 확인시켜준다. 사실 이 차이는 서유럽의 장기적 살인 감소와 동일한 범위를 포함한다. 핑커는 평화화 모델이 비유럽 세계에 어떻게 적용되는지에 관해 그다지 명시적으로 이야기하지 않고, 또한 그는 서유럽에서처럼 전 지구적 궤적과 유사성을 증명하는 어떤 수치도 제시하지 않는다. 심지어 그는 신뢰할 만한 장기적인 전 지구적 〔살인율〕 수치가 대체적으로 부족하다는 점을 인정하기까지 한다. 그럼에도 그는 현재의 세계가 그 어느 때보다 덜 폭력적이라고 주장한다.

고대부터

스티븐 핑커는 매우 광범위한 전 지구적 차원의 주장을 펼칠 뿐 아니라 인류 문명의 아주 이른 초기 단계부터 현재에 이르기까지 폭력의 전반적 궤적을 파악하는 것도 목표로 하며, 이를 주로 정량적 방법으로 수행한다. 이 작업을 진행하는 데서 핑커는 평균적 역사학자나 인류학자보다 훨씬 대담하다. 그의 기본적 서사는 폭력의 전 지구적 감소에 관한 것이고 그 기원은 선사시대까지 거슬러 올라간다.

핑커는 국가 이전의 사회가 근본적으로 평화롭고 화목했다는 예전의 인식을 비판한다. 특이한 입장은 아니다. 고고학자와 인류학자 모두 오랫동안 선사시대의 폭력을 분석하는 데에 관심을 가져왔고, 그 결과 심원한 시간deep time에서 폭력의 역할이 근본적으로 재평가되었다.[17] 국가 이전 사회와 선사시대 사회의 폭력을 분석할 때는 수치figure와 숫자number가 꼭 필요하다. 결과의 근거가 되는 사건이 얼마나 많은지 아는 것이 중요하고, 살인사건을 모집단 크기population size 및 시간 범위〔기간〕time span와 연관시키는 것이 중요하며, 각각의 사례가 이례적 예외인지 일반적 패턴에 들어맞는지 평가하는 것이 필요하다.

핑커의 수치는 전쟁행위에 의한 사망자와 살인율 둘 다 포함하며 비국가 사회와 국가 사회 사이 폭력 발생율의 근본적 차이를 보여준다. 처음에는 이 통계적 증거가 매우 설득력 있게 보일 수 있다. 핑커의 책에 제시된 수치들을 보면 폭력의 확산이 극적으로 감소했음이 확인된다. 그런데 상황은 핑커가 우리가 그렇게 믿기를 바라는 만큼 칼로 베듯 명백하지도 단순하지도 않다. 핑커가 정보를 취합한 방식, 통계적 증거를 산출한 방식, 자신의 논지를 주장하는 데서 그 수치를 이용한 방식 등과 관련해 수많은 중대한 이의를 제기할 수 있다. 핑커는 과장된 2차 해석에 의존하고, 예외적 경우를 선별해 이용하며, 다른 결론을 가리키는 많은 연구를 도외시한다는 거센 비난을 받아왔다. 게다가, 핑커의 주장과는 달리, 광범위한 고고학적 증거는 전쟁이 일반적으로 어디에나 있었고 또 오랜 시간에 걸쳐 점점 흔해졌음을 보여주지는 않는다는 점이 체계적으로 주장되어왔다.[18]

핑커는 자신의 주장을 시작하면서 19세기와 20세기 민족지학ethnography 보고서를 여럿 인용하는바 이는 비국가 사회 내에서 과도한 폭력을 예증한다. 그런데 이 보고서들은 역사 전반에 대한 비국가 사회의 폭력에 관해 일반적 결론을 내리기에는 그 가치가 제한적이다. 근본적 문제는 이른바 "부족 구역 딜레마tribal-zone dilemma" 곧 강압적 식민국가 세력과의 접촉으로 이미 깊은 영향을 받은 사회들을 주로 참고하는 민족지학적 기록이다. 이와 같은 유형의 보고서는 일반적으로 국가 이전 사회에 대한 결론을 내리는 데에 활용할 수 없다는 것이 정설이다.[19] 이 반대 의견은 특히 정성적 증거qualitative evidence에 관한 것이지만 핑커가 이용한 정량적 증거에도 해당된다.

핑커는 그림 2-3(《우리 본성의 선한 천사》 53쪽〔한국어판 118쪽〕)에서 비국가 사회와 국가 사회에서 〔연간 인구〕 10만 명당 전쟁행위로 인한 사망자 수를 비교한다. 비국가 사회의 수치는 모두 19세기와 20세기의 것이고, 모두 국가 사회와의 접촉에 크게 영향 받은 사회를 대표한다고 가정할 수 있다. 이 수치들은, 실재하는 것이지만, 핑커가 시대적·지리적 맥락에 상관없이 비국가 사회에 관해 결론 내리는 방식으로 일반화할 수 없는 것들이다. 핑커는 1419년에서 1519년 사이의 멕시코 중부를 제외하고는 19세기 이전의 국가 〔사회〕 수치는 하나도 포함하지 않는다. 일부 이용가능한 수치는 전근대 초기 국가 사회의 전쟁행위에 의한 사망자가 핑커가 제시하는 것보다 훨씬 많을 수 있음을 나타낸다. 대개 이 인명 손실은 전장 사망자battlefield death보다 질병disease으로 인한 것이었다. 스웨덴의 경우 1621년에서 1632년까지 10년간의 전쟁행위에

제1부 해석

서 총 5만여 명이 사망했다고 집계되었다. 이 수치는 대략 100만 명에 달했던 인구와 연결 지어 생각해야 한다. 그렇게 하면 [연간] 사망자 비율은 10만 명당 약 500명이 될 것이다.[20] 이는 핑커가 인용한 어떤 국가 사회의 수치보다 훨씬 높거니와 많은 비국가 사회의 수치보다도 그러하다. 이 인명 손실로 스웨덴은 1630년대에 거의 인구학적 붕괴 상황에 다다랐던 것으로 추정되었으니, 한 사회가 장기간에 걸쳐 핑커가 일부 비국가 사회에 대해 제시한 규모의 전쟁발 인명 손실을 과연 감당할 수 있는지 의문을 가져볼 만하다.

그림 2-2(49쪽[한국어판 113쪽])에서 핑커는 비국가 사회와 국가 사회에서 전쟁행위로 인한 사망자 수를 퍼센티지로 환산한 수치를 비교한다. 중요한 점은 이 수치가 실제로 무엇을 나타내는지 살펴보는 일이다. 핑커는 이 다양한 비율이 어떻게 도출되었는지 간략하게 언급하기는 해도, 기원전 1만년까지 거슬러 올라가는 통계적 증거는 충분히 회의적일 만하다. 첫 번째 명백한 장애물은 전쟁행위warfare의 개념이다. 1만 2000년 전에 전쟁행위가 어떻게 정의되고 인지되었는지 모른다면 어떻게 전쟁행위로 인한 희생자 수를 측정할 수 있을까? 핑커는 이 점과 관련해 그다지 유용한 정보를 주지 않는다. 핑커가 제시하는 수치들 자체도 이와 연관된 문제를 예증해준다. 국가 사회 수치 중 일부는 "전투 사망자battle deaths"로 표시되어 있는데, 어떤 것은 "전쟁 사망자war deaths"와 "전쟁 및 제노사이드wars and genocides"로 표시되며 어떤 것은 무엇으로도 특정되지 않는다. 어떤 사망자 수가 실제로 전쟁행위로 인한 사망자 수로 계산되어야 하며, 당대의 전쟁 사망자 수는 선사시대의 전쟁 사망자 수와 어떻게 비교되어야 할까? 물론 무슨 사례를 선택하는가도 중요하다. 2005년 미국의 전쟁 사망자의 비율(핑커가 택한 사례

중 하나)이 극도로 낮았던 것은 놀라운 일이 아니다. 전투 지역이 선택되었더라면 (민간 사상자를 포함한) 그 결과는 분명 매우 달랐을 것이고, 1992~1995년의 보스니아, 1994년의 르완다, 2010년대의 시리아는 핑커가 선택한 지역과는 다른 비율을 제공했을 것이 거의 틀림없다. 반대로 말하면, 우리라면 물론 그것들을 대표적 동시대 사례로 이용할 꿈조차 안 꿨을 것이다.

20세기의 경우, 상당히 신뢰할 수 있는 전 지구적 차원의 장기적 평균을 계산하는 것이 가능하다. 반면 비국가 사회의 것으로 제시된 수치들은 매우 제한적인 표본 집합에 크게 의존한다. 핑커는 자신의 통계적 설명에서 세 가지 서로 다른 비국가 사례의 표본 집합을 소개한다. 첫 번째는 기원전 1만 2000년에서 18세기에 이르는 기간 즉 약 1만 4000년에 걸친 시간을 아우르는 21개 장소로 대표되는 선사시대 고고학prehistoric archaeology 증거로 구성되어 있으며 "수렵−채집인hunter-gatherer"과 "수렵−원경圍耕인hunter-horticulturist" 집단 모두를 대표한다. 다음은 최근 혹은 동시대 수렵−채집 사회 8군데에서 얻은 정보로 구성되고, 세 번째는 수렵, 채집, 원경이 섞여 있는 사회 10개 사례로 구성되어 있다. 세 번째 표본 집합이 어떤 연대를 대표하는지는 명확히 표시되지 않았다. 앞서 언급한 바에 따르면, 핑커의 두 번째 표본 집합의 정량적 증거는 수렵−채집 사회에 관한 일반적 결론을 내리기에 별로 유용하지 않다.

핑커는 독자들에게 고고학적 증거에 관한 수치들이 유골 분석에 근거한 것이라고 말한다.[21] 이것은 고고학적 증거에 기초한 선사시대 사망률 계산과 연관된 수많은 문제점과 잠재적 함정을 생각하면 극도로 간단한 설명이다.[22] 일단, 고고학적 분석은 그에 사용되는 범위가 극도로 불균일하고 증거가 매우 파편적인 경향이 있다. 이런 경우 유골을 더 정확하게 분석하려면 사람 뼈의 손상을 관찰해야 한다. 그런데 선사시대 사회에서는 대개 쉽게 알아볼 수 있는 묘지에 망자를 묻지 않았다. 우리는 종종 분석 대상인 개인들이 더 큰 모집단을 대표하는지 알지 못한다. 많은 사회에서는 죽은 사람을 화장하는 게 관습이었다. 화장이 관습이 아니더라도 뼈의 남아 있는 정도는 그 격차가 매우 심하다.[23] 웨인 E. 리Wayne E. Lee가 지적하듯, 단일 유적지에서 나온 정보로 초기 역사 시기의 폭력의 존재를 확인할 수는 있겠으나 그것이 우리에게 일반적 폭력의 빈도에 관해 말해주지는 않는다.[24] 간단히 말해, 우리는 그 뼈들이 예컨대 한 집단이 다른 집단으로부터 토지와 자원을 빼앗는 경우처럼 예외적 사건들을 대표하는지 혹은 그와 같은 행위들이 자주 반복되었는지 알지 못한다. 여기에는 예외적 사건을 정상적 사건으로 둔갑시키는 명백한 위험성이 있는바 모든 경우에서 우리는 우리가 모른다는 점을 인정해야만 한다.

타당한 [사망자] 비율을 산출하기 위해서는 총 사망자 수를 추산하고 유골 표본 분석이 어떤 이유에서든 편향되지 않았는지의 여부를 평가해야 할 것이다. 예컨대, 자연사한 사람에 비해 전투 중 사망한 개인이나 집단학살massacre의 희생자가 발견되고 분석될 가능성이 더 높지는 않은지 확인해야 한다. 덧붙여, 비율 계산의 근거가 되는 개인의 절대 수를 아는 것이 매우 중요하다. 아주 적은 수의 사망자와 제한된 모집단은 비율 계산의 타당성을 약화하는바, 아주 적은 수의 모집단에서는 단일 사례single case들이라도 인구 10만 명당 백분율[사망률]의 계산에 크게 영향을 끼칠 수 있기 때문이다.[25] 숫자에 관한 정보가 필요한 이유는, 이 수치들과 현대의 수억 혹은 수십억에 이르는 모집단에 기초한 수치들을 비교하는 것이 과연 의미가 있는지 여부를 평가하기 위해서다. 핑커는 그런 정보에 대해서는 아무것도 제공하지 않는다. 그런데 그가 인용하는 고고학 유적지들 중 적어도 일부는 극히 소수의 개인만 대표한다는 것은 분명하다. 유명한 사례로 기원전 1만 2000~기원전 1만 년의 수단을 들 수 있는바 그곳에서 나온 개인 유골은 59구에 불과하며 그중 최소 24구에는 전쟁행위일 수 있는 고의적 살해를 암시하는 상처가 있다.[26] 그렇다면 수단의 전쟁 사망률은 41퍼센트라는 계산이 나오는데, 이 결과는 절대 수가 너무 작아 그렇게 넓은 영토에 대한 2000년 동안의 평균값으로는 쓸모가 없다. 이 수치를 비국가 사회 전반에 대한 폭력 만연성의 지표로 삼는 것은 더욱 터무니없는 일이고, 이 수치를 현대 세계의 비율과 비교하는 것은 상당히 무의미한 일이다.

범주화categorization는 정량적 증거의 근본적 측면이다. 핑커는 비국가 사회와 국가 사회 간의 단순한 이분법 위에 자신의 주장을 개진한다. 이 접근법은 통계적 증거에 여러 결함을 생성한다. 핑커의 거대서사는 인간사회에 폭력이 만연했던 상황에 근본적 이행移行이 일어났으며 이 전환이 중세 및 근대 초기보다 훨씬 이전에 발생했다고 상정한다. 〔폭력의〕 장기적 감소는 1000년 내내 이어진 느리고 꾸준하게 줄어든 궤적이 아니라 그 주요 이행이 중앙집권 국가의 출현과 직접적으로 연결되는 근본적으로 불연속적인 과정이었다는 것이다. 그러므로 비국가 사회와 국가 사회의 뚜렷한 구분은 핑커의 서사에서는 결정적으로 중요하다.[27]

이것에서 발생하는 효과 한 가지는, 과거가 평화로웠다는 이전의 인식에 반하는 핑커 자신의 비평의 토대를 일부 허문다는 점이다. 모든 비국가 사회가 평화로웠으며, 전쟁행위는 단지 국가의 출현으로 시작되었다고 주장하는 사람은 없다. 제기되는 평화로움은 외려 특정 유형의 비국가 사회 곧 수렵-채집 사회와 연관된 것이다. 전쟁행위의 발달은 종종 신석기혁명Neolithic Revolution(즉 농경의 점진적 발전)의 장기적 영향으로 간주되어왔고 정착생활sedentism의 출현과 동일시되어왔다. 일반적인 과학적 입장은 전쟁행위는, 그 이전에 전쟁행위가 발생했다고 해도, 신석기시대에 더 빈번해지고, 더 정교해지고, 더 제도화되었다는 것이다.[28] 시간과 장소를 막론한 국가 이전 사회들의 임의적 표본에서 도출한 정보는 특히 수렵-채집 사회의 가정된 일반적 평화로움을 반박하는 논거로는 박약하다.

핑커 본인도 신석기혁명을 폭력의 역사에서 주요 분기점으로 보는 시각을 완전히 일축한다. 핑커에 따르기로, "폭력의 역사적 변화를 검증할 때 달력 시간에 따라 사망자 그래프를 그리는 방식은 합당하지 않다." 그는 다음과 같이 주장한다. 농경은 서로 다른 시기와 서로 다른 지역에서 발달하고 아주 서서히 퍼져나갔을 뿐, "늘 모든 사회를 수렵-채집 집단과 농경 문명으로 양분할 수는 없다."[29] 그렇게 나누는 것이 왜 꼭 틀린 것인지는 여전히 다소 애매하다. 아무튼 핑커는 비국가 사회에서 국가 사회로의 이행이 폭력의 감소를 향한 결정적 단계였을 것이라고 예상하며, "한쪽에는 수렵-채집인과 수렵-원경인, 그 밖의 부족민을 놓고(시대 불문의) 반대쪽에는 정착 국가를 놓고(역시 시대 불문의)" 둘을 비교하기 시작한다.[30] 이와 같은 책략은 사실상 순환추론circular reasoning에 가까워지는바 비국가/국가 이행이 분석의 시작점이자 동시에 결과인 것처럼 보이게 된다. 비국가/국가 이분법을 가설로 삼을 의도였을 수 있어도 〔핑커의 사례에서〕 그런 가설을 어떻게 검증할 것인지는 명쾌하게 제시되지 않는다.

핑커는 비국가 사회와 국가 사회 사이 근본적 변화에 대한 기본 논지를 입증하려 다양한 비국가 사회의 폭력률을 종합한다. 핑커의 그림(그림

3-4 참조(64쪽, 한국어판 136쪽))에서는 몇몇 고고학 유적지가 수백 년 또는 더하게는 수천 년을 아우른다. 그로 인해 다양한 비국가 사회들 사이 (폭력률의) 엄청난 차이와 장기적 변동, 이뿐만 아니라 (폭력률의) 유의미한 증가에 대한 증거가 상당함에도, 시간의 흐름에 따른 잠재적 편차들이 지워지게 된다. (미국 인류학자) 허버트 D. G. 마슈너Herbert D. G. Maschner는 북아메리카 북서부 연안에서 치명적 폭력의 고고학적 증거를 주제로 장기적 분석을 수행했다. 그 결과는 시간이 흐름에 따라 폭력의 수위가 높아진 것으로 나타났는바 예컨대 활과 화살의 도입(서기 100~500)과 관련해 대對집단 폭력intergroup violence이 상당히 증가했다.[31] 어떤 분석에서는 정착생활의 발전, 집단 규모 및 복잡성의 변화 두 가지 모두로 인해 폭력의 만연성이 상당히 증가했다고 나타난다.[32]

핑커는 중요한 차이들을 간과하고 유형 분류 체계를 지나치게 단순화하며, 그는 비국가/국가 전환 외의 궤적을 식별할 가능성을 스스로 박탈하며, 아울러 그는 자신의 거대서사에 맞춰 체계적으로 수치들을 해석한다. 제시된 선사시대 사회에서 전쟁행위 사망자의 백분율은 0에서부터 60퍼센트 사이로 다양하다. 이 수치들이 신뢰할 만한 것이라면 한 가지 명백한 결론은, 선사시대 비국가 사회들은 폭력이라는 측면에서 굉장히 심한 편차를 보인다는 것이다. 이 편차는 국가 사회들 사이 편차보다 훨씬 심했던 것으로 보인다.[33] (물론 이 결론이 완전히 잘못된 것일 수 있는바, 책에서 제시된 국가 사회의 수치들은 엄청난 모집단에 기초한 평균치거나 때로는 전 지구적 차원에까지 기초한 평균치인 반면에 비국가 사회의 수치들은 개별 유적지 또는 공동체들을 대표하는 것이라는 점에서다.) 더욱이 핑커는 수렵-채집인과 농경인agriculturist 사이에 있을 수 있는 차이점들을 분석하지 않는다. 그는 이 문제를 회피해버리는바, 본인이 제시한 수치가 수렵-원경인이 수렵-채집인보다 더욱 폭력적이었음을 곧 폭력을 점점 더 만연시켰음을 시사하는 것처럼 보이는데도 그러하다.[34] 몇몇 연구자는 또한 상이한 비국가 사회에서 폭력이 만연한 양상이 얼마나 가변적인지와, 아울러 비국가 사회의 폭력을 일반화하기는 불가능함을 강조했다. 이러한 까닭에, 비국가 사회에서부터 국가 사회까지 〔폭력(률)의〕 단일한 선형적線形的, singer linear 궤적을 가정하는 것 역시 문제가 극심히 많다.[35] 우리가 폭력이 역사를 관통하며 어떻게 발전해왔는지 분석하고 또 어떤 요인이 중요한 변화를 일으켜왔는지 식별하기를 정말로 원한다면, 우리는 지역적 편차와 다양한 장기적 궤적을 모두 고려해야 한다.

초기의 역사적 살인율

문제가 되는 것은 선사시대 및 비국가 사회의 살인율만이 아니다. 중세와 근대 초기의 살인율 역시 유의해서 다뤄야 한다. 마누엘 아이스너는 역사상 살인 데이터를 "정확한 측정치로 여겨서는 안 된다"라고 강조한다.[36] 독일 역사학자 게르트 슈베르호프Gerd Schwerhoff는 이 회의론을 한 단계 더 발전시켜, 인구 10만 명당 발생 건수로 제시된 중세 살인율의 추정치를 "유사-객관성pseudo-objectivity"의 사례로 특징짓는다. 그야말로 불확실한 파라미터〔매개변수〕parameter가 너무 많으며, 살인의 범주는 시간이 흐름에 따라 변하고, 수치는 다양한 원천자료와 관련 지역에 기초하며, 모집단 수치는 주지하듯 불확실하기 짝이 없다는 것이다.[37]

중세 및 근대 초기의 살인율은 현대의 통계 수치와는 다르다. 이 점을 인지하는 것이 지극히 중요하다. 일반적으로 수치들은 점점 더 거슬러 올라갈수록 점점 더 부정확해진다. 우리는 통계적 증거에서 시작해 정량적 추산으로 옮아간다. 후자는 흔히 불완전한 기록, 한정된 조사, 불명확한 사법적judicial 역량, 모집단 수치에 대한 불충분한 정보 등을 근거로 한다. 이 결함들이 어떤 영향을 발생시킬 수 있는지 항상 명확하지는 않다. 그 결함들이 살인율을 과대 추정 하거나 과소 추정 하는가? 어쨌든 현재의 살인 통계를 먼 과거의 자료로부터 계산된 살인율과 비교할 때는 신중해야 한다.

일반적으로, 우리에게는 서유럽의 여러 지역에서 취합한 꽤 신뢰할 만한 살인율이 있으며 그 시기는 16세기 후반까지 거슬러 올라간다. 그 시점을 넘어가게 되면 상황은 더 복잡해진다. 중세에 대해서도 꽤 많은 양의 살인율 추정치가 있고, 극소수의 경우를 제외하고는 그 수치들이 매우 높은 살인율(인구 10만 명당 약 5건에서 100건 이상)을 가리킨다는 점은 인정해야 하겠다.[38] 그래도 우리는 〔미국 범죄역사학자〕 에릭 몽코넨Eric Monkkonen이 "얼룩덜룩한 지식spotty knowledge"이라고 칭한 것 즉 시간, 모집단, 지리적 범위 측면에서 보통은 제한적이기 마련인 단일 연구 여러 개를 아우른 지식에 의존할 수밖에 없다. 게다가 〔살인율〕 추정치들은 그 유형과 질質이 매우 다양한 원천자료에 근거한다.[39] 더 긴 연속하는 시간을 포괄하는 데이터 시리즈data series는 드물며, 우리의 이해가 얼마나 소규모 모집단 연구에 의존하는지 평가하기란 어렵다. 따라서 이용가능한 살인율이 실제보다 얼마나 더 넓은 지역, 얼마나 큰 모집단, 얼마나 긴 기간인지를 대표하는지 파악하기란 어렵다. 이용가능한 중세 살인율은 도시 편향성urban bias이 강하며, 흔히 더 큰 규모의 소도시town(거주민 5000명 이상)에 무게가 실려 있다.[40] 일례로 스웨덴의 경우, 15, 16세기와 17세기 초반의 〔살인율〕 데이터는 도시 맥락urban context

에 크게 좌우된다.[41] 이 시기는 소도시민들이 전체 스웨덴 인구에서 차지하는 비율이 기껏해야 몇 퍼센트였을 때다. 스웨덴(15세기) 시골의 가장 오래된 살인율 추정치는 인구 10만 명당 4~14건인 반면, 15~16세기 도시의 살인율 추정치는 인구 10만 명당 약 10~80건에 이른다.[42]

우리에게는 도시 편향성이 살인율 평균치를 과대 추정 하는 경향이 있다고 믿을 만한 근거가 있다.[43] 한 해의 특정 시기에는 영구 거주민 외 다른 사람들이 단기간 혹은 장기간 지낼 목적으로 소도시로 이주함에 따라 도시 인구가 상당히 증가하는 경향이 있었다. 도시의 법원 기록 다수에는 소도시에서 일어나지 않은 살인사건도 포함되어 있고, 도시 거주민이 아니라 소도시 방문객들이 연루된 살인사건이 포함되는 경우도 흔하다. 정기시와 시장은 수많은 방문객을 끌어들였고 이런 행사들은 범죄와 폭력도 불러왔다.

대략 17세기 중반에 이르기까지 유럽인의 살인율 추정치는 편차가 매우 컸다(10만 명당 살인사건이 대략 5~100건이었다). 이 시기 이후 살인율 추정치는 10만 명당 1~10건으로 줄었다.[44] 이것이 무엇을 나타내는지, 더욱 먼 과거의 살인율일수록 국지적, 지역적, 시간적으로 편차가 더 크다는 것인지 혹은 이 편차가 우연에 더 가깝고 예컨대 남아 있는 원천자료의 질이나 법률 집행의 강도에 의해 결정되었다는 것인지 판단하기는 어렵다. 그럼에도 이 살인율 추정치는 우리에게 두 가지를 알려준다. 첫째, 중세의 살인율은 일반적으로 19, 20세기보다 상당히 높았다는 점이다. 둘째, 중세에 대해서는 〔살인율과 관련해〕 어떤 장기적 궤적도 확정하기 어려울 것이라는 점이다.

스티븐 핑커는《우리 본성의 선한 천사》제3장 〈문명화과정〉에서 중세 성기盛期, High Middle Ages에서부터 20세기까지 지속되는 살인율의 감소

추세를 발견해내고 설명을 이어나간다. 그림 3-4(64쪽〔한국어판 136쪽〕)는 1300년경부터 서유럽에서 살인율이 장기적으로 꾸준히 감소했음을 보여준다. 이 그래프는 아이스너가 발표한 수치에 근거한 것이며 그의 '살인사건 데이터베이스의 역사History of Homicide Database'에서 가져왔다.[45] 그런데 여기서도 상황은 핑커가 우리가 믿기를 바라는 것보다 더 복잡하며 그가 통계적 증거를 이용하는 방법은 외려 오해를 불러일으킨다. 아이스너가 제시한 수치는 사실 15세기에 정점을 찍는 것으로 나타난다. 이용가능한 평균 살인율은 15세기에 비해 13, 14세기 둘 다와 16세기에 상당히 더 낮았다. 아이스너의 수치는 한 걸음 더 나아가 13세기부터 14세기까지 영국의 살인율이 증가했을 가능성이 있음을 보여주며, 〔살인율의〕 유사한 상승 기조가 독일/스위스에서, 그리고 16세기 스웨덴에서도 나타난다.[46] 장기적으로는, 중세에 상당한 변동이 있어서 〔살인율의〕 상승과 정점의 시기가 있었을 가능성이 있다. 또한 이 시기에 살인율이 그다지 변하지 않았을 가능성도 있다. 여전히 우리는 이에 관해 확실한 최종적 결론에 도달할 수 없다. 그럼에도 핑커는 유럽의 살인율이 1300년부터 내리 감소했다고 결론 내린다. 이와 같은 감소는 다양한 지역에 대해 더 구체적으로 특정된다(그림 3-3, 63쪽〔한국어판 135쪽〕).

이 그림〔그림 3-3〕에서 핑커는 1300년경부터 꾸준히 감소한 잉글랜드〔영국〕, 네덜란드, 독일과 스위스 등의 살인율을 보여준다. 핑커의 주장은 아이스너의 수치에 기반을 둔 것이다.[47] 그러나 아이스너는 14세기 후반에서 16세기 초반 사이의 잉글랜드에 대한 살인율 수치가 부족한 까닭에 "〔살인율의〕 장기간의 하락세가 언제 시작되었는지 정확한 시기를 확인할 수 없다"라고 결론 내린다. 아이스너의 네덜란드 살인율 수치는 1400년경에서 시작하는데, 독일 및 스위스의 산재한 살인율 수치는 외려 1400년경에 정점을 가리키고 있다. 아이스너 본인이 내린 결론은, 독일 및 스위스의 경우 "현재 사용되는 데이터로는 확실한 결론을 내릴 수 없다"는 것이다. 그 데이터는 실제로 살인율의 극적 감소가 15세기에 시작됨을 입증하는 것처럼 보인다. 그러나 이는 십중팔구 살인사건 기록에 사용된 원천자료의 유형이 제각각이었음을 반영할 뿐일 것이다. 심지어 살인율이 낮아지는 추세는, 이탈리아에서처럼, 19세기 초반까지 실제로 시작되지 않았을 수 있다.[48] 슈베르호프는 유럽 일부 지역에서 16세기부터 18세기까지 살인율이 감소했다는 것은 연구를 통해 확증되었다고 강조하지만, 우리는 이미 중세 성기부터 살인율의 장기적 감소가 있었는지에 대한 확실한 증거를 가지고 있지 않다.[49]

많은 전근대의 살인율 계산이 실제로 얼마나 불확실한지 인식하는 것이 중요하다. 더 잘 알려져 있고 더 자주 인용되는 중세 사례의 하나는 칼 I. 해머Carl I. Hammer의 14세기 옥스퍼드에 관한 연구로, 거기서는 살인율을 10만 명당 100명 이상으로 산출했다.[50] 몽코넨은 당시의 〔옥스퍼드의〕 추정 인구수가 6000명에 불과했다는 사실을 지적했다. 이는 곧 1~2건의 추가 살인사건이 살인율에 큰 영향을 줄 수 있고 몇 년의 이례적인 해가 전체 결과를 쉽게 왜곡할 수 있음을 뜻한다. 더욱이 해머의 계산은 단지 4년치 기록을 기반으로 한다. 해머가 분석한 것은 6년치 기록이었지만 그는 그중 2년은 살인율이 상당히 더 낮아서 십중팔구 불완전할 수 있다고 결론 내고 〔그 2년의 살인율을〕 빼기로 결정했다. 더 긴 기간에 대해 후속 연구를 한 사람은 없다. 몽코넨은 연대적으로 제한된 소규모 도시 인구의 연구를 기반으로 한 계산이 어떤 문제가 있는지, 또 그 계산이 얼마나 쉽게 높은 살인율로 과대 추정 되는지를 명백하게 실증해준다.[51]

도시의 살인율이 과대 추정 되는 한 가지 이유는 다른 장소들에서 일어난 살인사건이 때로는 도시의 법원 기록에 등록되었기 때문이다. 가끔씩 연구자들은 특정 소도시에서만 벌어진 살인사건에 근거해 살인율을 재계산해왔다. 그 결과, 스웨덴의 한 소도시의 경우(바드스테나Vadstena) 16세기 후반과 17세기 초반의 살인율이 10만 명당 60~80건이 아니라 20~60건 사이인 것으로 밝혀졌다.[52]

많은 초기 살인율이 몇 안 되는 사건과 매우 소규모의 모집단을 기반으로 계산되었다는 사실은 이미 언급한 바 있다. 15, 16세기와 17세기 초반 스웨덴의 몇몇 초기 살인율은 10년에서 15년 동안 많아야 1~2건의 살인사건과 기껏해야 수천 명으로밖에 추정되지 않는 인구를 기반으로 계산되었다. 이렇게 되면 10년 동안 살인사건이 1~2건만 추가적으로 발생해도 인구 10만 명당 (살인)사건으로 계산되는 살인율이 극적으로 높아지게 될 것이다. 덧붙여 말하자면, 인구 수치는 보통 세금 명부를 기반으로 추산한다. 세금 명부에는 대개 인구수가 아닌 가구수가 등록된다. 일반적 인구수 추산 과정은 우선 가구수를 센 다음 그 수에 평균적 가구 규모의 추정치를 곱하는 것이다. 이와 같은 평균치 가구 규모는 기껏해야 조건부 추측이라고 생각해야 한다. 사실fact은 우리가 알지 못한다는 것이다. 17세기 초반 스웨덴의 도시 인구에 대한 더 최근의 분석은 세금 기록만 아니라 다양한 원천자료의 광범위한 조합을 기반 삼아 수행한 것으로, 그 결과는 인구수가 일반적 추정치보다 두 배 이상 많았음을 가리킨다.[53] 그렇다면 소도시에서 벌어지지 않은 살인사건을 제외하고 인구 규모를 보정하는 경우, 17세기 초반 바드스테나의 인구 10만 명당 살인율 77건은 십중팔구 20건 이하로 줄어들 것이다. 이것은 여전히 (살인률의) 장기적 감소를 확인해주는 높은 수치다.

그런데 이것은 상황을 약간 다른 시각에서 보게 한다.

핑커의 초점은 폭력의 전반적인 장기적 감소라는 거대서사에 맞춰져 있다. [폭력의] 장기적 감소가 서로 다른 시간과 서로 다른 지역에서 시작되었던 만큼 편차와 차이가 중요함에도 핑커는 자신의 서사에 들어맞지 않는 불연속성과 이탈적 궤적을 전반적으로 회피한다.[54] 적어도 18세기 중반부터라고 확인되는 핀란드와 스웨덴의 분기分岐, divergence는 잘 기록되어 있기도 하고 잘 알려져 있기도 하다. 당시 스웨덴과 핀란드는 동일한 왕국의 일부로 동일한 법률과 똑같은 사법제도를 따랐다[1200년대부터 1809년까지 핀란드는 스웨덴왕국에 속해 있었다]. 스웨덴에서는 시간이 흐름에 따라 살인율이 계속해서 감소했다. 반면 핀란드에서는 살인율이 증가해 1920년대에는 인구 10만 명당 8건 이상의 수준에 이르렀는바, 이는 16세기 핀란드의 살인율 계산치 대부분보다 상당히 높은 수치다.[55] 상대적으로 낮은 16세기 핀란드의 [살인율] 수치는 인구 10만 명당 4건 미만의 수준인 더 외진 스웨덴 북부지역의 일부 16세기 살인율 계산치와 유사하다.[56] 이 관찰은 주로 국가 형성과 문명화과정에 의해 폭력의 장기적 감소가 발생했다는 단일하고 일관된 서사에 잘 들어맞지 않는다.

수치에서 노르베르트 엘리아스까지

스티븐 핑커는 노르베르트 엘리아스가 폭력의 장기적 감소를 설명할 수 있는 유일한 주요 사상가라고 주장한다. 그는 이에 더해 지금 통용되는 살인율은 문명화 이론을 확증한다고 주장하며, "그 이론이 내놓은 놀라운 예측은 사실로 밝혀졌"으며 "문명화과정the Civilizing Process[Prozeß der Zivilisation]은 과학적 가설에 대한 엄격한 시험을 통과했다"라고 말한다.[57] 다르게 표현하자면, 엘리아스의 이론이 수치로 확증된다는 말이다. 그러나 이 진술들에는 문제가 있다.

첫째, 핑커는 엘리아스의 발상이 "아직까지 유효한 유일한 이론"이라고 주장할 때 과학적 논란에 대한 적절한 설명을 제공하지 않는다.[58] 예를 들어 [독일 사회학자] 헬무트 토메Helmut Thome는 [폭력과 관련한] 장기적 추세를 설명할 수 있는 것으로, 에밀 뒤르켐Émile Durkheim[프랑스의 사회학자(1858~1917)]의 집합주의collectivism[집합의식] 대 개인주의individualism 및 아노미anomie에 관한 이론을 방대하게 논의한다. 집합주의의 쇠퇴로 개인들은 폭력을 사용하려는 경향이 줄어들게 되고, 다른 한편으로 규범norm의 부재, 논쟁적 규범 혹은 모순적 규범(아노미)은 폭력을 증가시킨다.[59] 많은 역사학자가 살인율 감소의 중요한 요인으로 근대 초기 국가의 건설 과정을 강조했어도 그들이 꼭 엘리아스를 언급한 것은 아니었다. 또한 국가의 폭력의 독점의 증가, 사법의 전문화, 사회적 신뢰의 확대, 제도에 대한 믿음의 증대 등도 엘리아스의 이론적 틀 없이 분석되었다.[60] 폭력을 연구하는 역사학자들이 엘리아스의 문명화 이론을 광범위하게 참고해온 것은 사실이다. 아이스너에 따르면, 엘리아스의 이론은 "이 장기적 추세를 설명하고자 하는 범죄역사학자들이 논의한 가장 유명한 체계"라고도 할 수 있다.[61] 그런데 엘리아스를 주목한다고 해서 그의 이론을 무조건적으로 수용하는 것은 아니다. 그렇기는커녕, 엘리아스가 "살인의 장기적 감소에 대한 경험적 증거와 잘 들어맞는 이론적 체계를 제시한다"라는 스피렌뷔르흐의 주장에 동의할 역사학자는 많지 않을 것이다.[62] [엘리아스의 문명화 이론에 대한] 비판적 검토와 신중한 토론이 더 일반적이었다. 많은 역사학자가 분명 이 사안은 핑커의 주장대로 단일한 설명으로 축약되기에는 너무 다양하고 복잡하다고 여긴다.[63] 일부 역사학자는 문명화 이론을 명시적으로 거부했다.[64] 그리고 일부 역사학자는 엘리아스에게 사실상 제한적 관심만 보였다.[65]

둘째, 핑커는 문명화 이론을 입증하는 통계적 증거를 제공하지 않는다. 그는 문명화 이론이 "내놓은 놀라운 예측이 사실로 밝혀졌"으며 그것이 중세부터 현재까지 유럽의 살인율 감소를 설명해준다고 주장한다.[66] 이러한 맥락에서 엘리아스가 직접 그와 같은 예측을 하지 않았음을 기억하는 것이 중요하다. 엘리아스는 폭력 범죄의 장기적 추세를 설명하려는 의도가 없었다. 범죄역사학자들이 살인율의 장기적 감소세를 확인하기 시작했을 때 그중 일부가 그것에 대한 적절한 설명으로 엘리아스의 이론에 관심을 보인 것은 훨씬 나중의 일이었다.[67] 핑커에 의한 통계의 기만적 이용은 다시 한번 나타난다. 처음에는 살인율의 장기적 감소를 보여주는 다양한 그래프와 통계적 계산이 설득력 있어 보일 수 있다. 그러나 변화를 그저 관찰하는 자체가 그 변화 이면에 내재하는 원인에 관해 말해주는 것은 아니다. 살인율 감소가 문명화 이론이 옳은 (그리고 유일하게 중요한) 설명임을 입증해주지는 않는다. 중세 및 16세기의 높은 살인율에 대해서는 수많은 설명이 가능하고 이후 세기들 동안의 살인율 감소에 대해서도 수많은 설명이 가능하다. 그중 어떤 설명도 살인 건수를 세는 것만으로 배제할 수는 없다.

높은 살인율이 문명화의 결여와 관련 있고 살인율 감소가 자기통제self-control의 증가 및 감정이입empathy 감각의 증가로 발생했음을 입증하기 위해서는 다른 종류의 분석이 필요하다.[68] 그러한 분석이 가능했을 텐데도 핑커는 논증에 그것을 포함시키지 않는다. 일반적으로, 보다 정교한 정량적 연구가 나온다면 환영받을 것이다. 편차 및 장기적 변화를 설명하기 위해서는 단순히 사건의 수보다는 더 많은 정보가 필요하다. 우리에게는 살인 동기, 방식, 사건, 경위, 맥락, 가해자-피해자 관계 등 등 체계적 정보가 필요하다.

결론

스티븐 핑커의 메시지는 극도로 긍정적이고 희망차다. 그의 거대서사는 분명 흥미롭다. 그러나 핑커는 때때로 설득력이 떨어지는 정량적 증거로 그것을 뒷받침한다. 핑커가 그의 결론 중 많은 것에서 옳을 수 있다. 문제는 책에서 제시된 정량적 증거가 대개 그의 주장들을 증명해주지 못한다는 것이다. 때로 그의 통계적 증거 사용은 오해를 불러일으킬 소지까지 있다. 그는 근본적 문제들을 과소평가하고 무시하며 장기적 비교 및 다문화 사이 비교와 관련된 많은 함정을 등한시한다. 그는 때로 매우 취약한 정량적 증거를 근거로 광범위한 결론을 내린다. 그는 정량적 기록을 과잉 해석 하고, 단순화하고, 선별하고, 심지어는 조정해서 자신의 거대서사에 끼워 맞추고 그것을 뒷받침한다. 그는 다른 방향을 가리키는 증거는 회피한다. 이것은 유감스러운 일인바, 역사상의 폭력 및 살인에 대한 연구에는 더 적합하고 더 섬세하며 더 다양한 정량적 분석이 필요하기 때문이다. 이것은 장기적인 역사적 변화를 이해하기 위해서는 물론 현대 사회의 폭력을 이해하고 설명하기 위해서도 필요하다.

주

1   Steven Pinker, *The Better Angels of Our Nature: The Decline of Violence in History and Its Causes* (London: Allen Lane, 2011), xvi. 〔한국어판. 스티븐 핑커, 김명남 옮김, 《우리 본성의 선한 천사: 인간은 폭력성과 어떻게 싸워 왔는가》, 사이언스북스, 2014〕

2   Pinker, *Better Angels*, 52.

3   Pinker, *Better Angels*, 1.

4   T. R. Gurr, "Historical Trends in Violent Crime: A Critical Review of the Evidence", *Crime and Justice: An Annual Review of Research*, 3 (1981): 295-350. 다음도 참조하라. Lawrence Stone, "Interpersonal Violence in English Society 1300-1980", *Past and Present*, 101 (1983): 22-33.

5   예를 들면 다음을 참조하라. J. S. Cockburn, "Patterns of Violence in English Society: Homicide in Kent, 1560-1985", *Past and Present*, 130 (1991): 70-106; Pieter Spierenburg, "Faces of Violence: Homicide Trends and Cultural Meanings, Amsterdam, 1431-1816", *Journal of Social History*, 27, no. 4 (1994): 701-16; Eva Österberg, "Criminality, Social Control, and the Early Modern State: Evidence and Interpretations in Scandinavian Historiography", in Eric A. Johnsson and Eric H. Monkkonen (eds), *The Civilization of Crime: Violence in Town and Country since the Middle Ages* (Urbana and Chicago: University of Illinois Press, 1996), 35-62; Heikki Ylikangas, Jens Christian V. Johansen, Kenneth Johansson and Hans Eyvind Næss, "Family, State, and Patterns of Criminality: Major Tendencies in the Work of the Courts, 1550-1850", in Eva Österberg and Sølvie Sogner (eds), *People Meet the Law: Control and Conflict-Handling in the Courts. The Nordic Countries in the Post-Reformation and Pre-Industrial Period* (Oslo: Universitetsforlaget, 2000), 57-139.

6   Manuel Eisner, "Modernization, Self-control and Lethal Violence: The Long-Term Dynamics of European Homicide Rates in Theoretical Perspective", *The British Journal of Criminology*, 41, no. 4 (2001): 618-38; Manuel Eisner, "Long-Term Historical Trends in Violent Crime", *Crime and Justice*, 30 (2003): 83-142; Manuel Eisner, "From Swords to Words: Does Macro-Level Change in Self-Control Predict Long-Term Variations in Levels of Homicide?", *Crime and Justice*, 43, no. 1 (2014): 65-134.

7   다음도 참조하라. Pieter Spierenburg, *A History of Murder: Personal Violence in Europe from the Middle Ages to the Present* (Cambridge: Polity Press, 2008) 〔한국어판. 피테르 스피렌부르크, 홍선영 옮김, 《살인의 역사: 중세에서 현대까지 살인으로 본 유럽의 풍경》, 개마

고원, 2011〕; Robert Muchembled, *A History of Violence: From the End of the Middle Ages to the Present* (Cambridge: Polity Press, 2012).

8 C.f. Eisner, "Long-Term Historical Trends in Violent Crime", 93f.

9 소수의 사례 중 하나로 스웨덴의 등록된 살인사건과 비非치명적 폭력의 장기적 추세에 일부 유사점이 있음을 관찰한 다음을 참조하라. Österberg, "Criminality, Social Control, and the Early Modern State", 43-8

10 Pieter Spierenburg, "Long-Term Trends in Homicide: Theoretical Reflections and Dutch Evidence, Fifteenth to Twentieth Centuries", in Johnsson and Monkkonen (eds), *The Civilization of Crime*, 74; Pieter Spierenburg, "Violence and the Civilizing Process: Does It Work", *Crime, History and Societies*, 5, no. 2 (2001): 87-105, 이 부분은 92. Richard McMahon, Joachim Eibach and Randolph Roth, "Making Sense of Violence? Reflections on the History of Interpersonal Violence in Europe", *Crime, History and Societies*, 17, no. 2 (2013): 5-26, 이 부분은 10.

11 Petri Karonen, "Trygg eller livsfarlig? Våldsbrottsligheten i Finlands städer 1540-1660", *Historisk Tidskrift för Finland*, 80, no. 1 (1995): 1.11; Petri Karonen, "A Life versus Christian Reconciliation: Violence and the Process of Civilization in the Kingdom of Sweden, 1540-1700", in Heikki Ylikangas, Petri Karonen and Martti Lehti (eds), *Five Centuries of Violence in Finland and the Baltic Area* (Columbus: Ohio State University Press, 2001), 85-132, 이 부분은 104-10.

12 Pinker, *Better Angels*, 62; Eisner, "Long-Term Historical Trends in Violent Crime", 94.

13 Cockburn, "Patterns of Violence in English Society", 104-5.

14 Pinker, *Better Angels*, 85-91.

15 Pinker, *Better Angels*, 86.

16 Pinker, *Better Angels*, 88.

17 예를 들어 다음을 참조하라. Lawrence Keeley, *War Before Civilization* (New York: Oxford University Press, 1996) 〔한국어판. 로렌스 H. 킬리, 김성남 옮김, 《원시전쟁》, 수막새, 2014〕; Debra L. Martin and David W. Frayer (eds), *Troubled Times: Violence and Warfare in the Past* (Amsterdam: Gordon and Breach 1997); I. J. N. Thorpe, "Anthropology, Archaeology, and the Origins of Warfare", *World Archaeology*, 35, no. 1 (2003): 145-65; Mike Parker Pearson and I. J. N. Thorpe (eds), *Warfare, Violence and Slavery in Prehistory* (Oxford: Archaeopress, 2005); Ian Armit, "Violence and Society in Deep Human Past", *The British Journal of Criminology*, 51, no. 3 (2011): 499-517; Sarah Ralph (ed.), *The Archaeology of Violence: Interdisciplinary Approaches* (Albany: State University of New York Press, 2012).

18 R. Brian Ferguson, "Pinker's List: Exaggerating Prehistoric War Mortality", in Douglas Fry

(ed.), *War, Peace, and Human Nature: The Convergence of Evolutionary and Cultural Views* (Oxford: Oxford University Press, 2013), 112–31; R. Brian Ferguson, "The Prehistory of War and Peace in Europe and the Near East", in Fry (ed.), *War, Peace, and Human Nature*, 191–240.

19 Armit, "Violence and Society in Deep Human Past", 503f. 이 책의 7장 린다 피비거의 〈스티븐 핑커의 "선사시대의 무정부 상태"〉도 참조하라.

20 Sven A. Nilsson, *De stora krigens tid. Om Sverige som militärstat och bondesamhälle* (Uppsala: Uppsala universitet, 1990), 21f. 다음도 참조하라. Jan Lindegren, "Frauenland und Soldatenland. Perspektiven auf Schweden und den Dreissigjährigen Krieg", in Benigna von Krusenstjern and Hans Medick (eds), *Zwischen Alltag und Katastrophe. Der Dreissigjährigen Krieg aus der Nähe* (Göttingen: Vandenhoeck and Ruprecht, 1999).

21 Pinker, *Better Angels*, 48.

22 연구자들은 폭력의 고고학적 증거를 해석할 때 신중을 기하는 것이 중요함을 강조해왔다. 다음을 참조하라. Debra L. Martin and David W. Frayer, "Introduction", in Martin and Frayer (eds), *Troubled Times*, xiii–xxi, 이 부분은 xiv; Armit, "Violence and Society in Deep Human Past".

23 Armit, "Violence and Society in Deep Human Past", 505–7.

24 Wayne E. Lee, *Waging War: Conflict, Culture, and Innovation in World History* (Oxford and New York: Oxford University Press, 2016), 18f.

25 다음과 비교하라. Eric Monkkonen, "New Standards for Historical Homicide Research", *Crime, History and Societies*, 5, no. 2 (2001): 5–26, 이 부분은 7f.

26 Thorpe, "Anthropology, Archaeology, and the Origins of Warfare", 152f; Lee, *Waging War*, 19f. 덧붙여, 이 유골 24구가 각각 대표하는 개별적 사건의 발상지를 확정하기란 불가능하다.

27 Pinker, *Better Angels*, 42.

28 예를 들면 다음을 참조하라. Doyne Dawson, "The Origins of War: Biological and Anthropological Theories", *History and Theory*, 35, no. 1 (1996): 1–28, 이 부분은 26–8; Keith F. Otterbein, *How War Began* (College Station: Texas A & M University Press, 2004); Jonas Christensen, "Warfare in the European Neolithic", *Acta Archaeologica*, 75 (2004): 129–56; Lee Clare and Hans Georg K. Gebel, "Introduction: Conflict and Warfare in the Near Eastern Neolithic", *Noe-Lithics*, 10, no. 1 (2010): 3–5.

29 Pinker, *Better Angels*, 40–7, 인용은 42.

30 Pinker, *Better Angels*, 40–2, 47f.

31 Herbert Maschner, "The Evolution of Northwest Coast Warfare", in Martin and Frayer (eds), Troubled Times, 267–302.

32 Paul F. Reed and Phil R. Geib, "Sedentism, Social Change, Warfare, and the Bow in the Ancient Pueblo Southwest", *Evolutionary Anthropology*, 22, no. 3 (2013): 103-10; Lee, Waging War, 30-5.

33 선사시대 사회의 광범위한 사회적 형태를 강조하는 다음과 비교하라. Armit, "Violence and Society in Deep Human Past", 505.

34 Pinker, *Better Angels*, 49.

35 예를 들면, Thorpe, "Anthropology, Archaeology, and the Origins of Warfare", 인용은 159; Armit, "Violence and Society in Deep Human Past"; Amy E. Nivette, "Violence in Non-state Societies: A Review", *The British Journal of Criminology*, 51, no. 3 (2011): 578-98. 이 부분은 580-2.

36 Eisner, "Modernization, Self-control and Lethal Violence", 628.

37 Gerd Schwerhoff, "Criminalised Violence and the Process of Civilization: A Reappraisal", *Crime, History and Societies*, 6, no. 2 (2002): 103-26, 이 부분은 106-13. 다음도 참조하라. Cockburn, "Patterns of Violence in English Society", 101-6.

38 Eisner, "Long-Term Historical Trends in Violent Crime", 100f. 아이스너는 2003년 100개의 서로 다른 중세 추정치를 참고한다.

39 Monkkonen, "New Standards for Historical Homicide Research", 7-9; Schwerhoff, "Criminalised Violence and the Process of Civilization", 106-9.

40 Eisner, "Long-Term Historical Trends in Violent Crime", 100.

41 Österberg, "Criminality, Social Control, and the Early Modern State", 44.

42 Österberg, "Criminality, Social Control, and the Early Modern State", 44f; Jonas Liliequist, "Violence, Honour and Manliness in Early Modern Northern Sweden", in M. Lappalainen and Hirvonen (eds), *Crime and Control in Europe from the Past to the Present* (Helsinki: Academy of Finland: 1999), 174-202, 이 부분은 74-81.

43 예를 들어 다음을 참조하라. McMahon, Eibach and Roth, "Making Sense of Violence", 8.

44 Eisner, "Long-Term Historical Trends in Violent Crime", 95-101.

45 Pinker, *Better Angels*, 64; Eisner, "Long-Term Historical Trends in Violent Crime", 99.

46 Eisner, "Long-Term Historical Trends in Violent Crime", 99. 다음도 참조하라. McMahon, Eibach and Roth, "Making Sense of Violence", 8.

47 Pinker, *Better Angels*, 63f.

48 Eisner, "Long-Term Historical Trends in Violent Crime", 95-103.

49 Schwerhoff, "Criminalised Violence and the Process of Civilization", 112.

50 C. I. Hammer Jr, "Patterns of Homicide in a Medieval University Town: Fourteenth-Century Oxford", *Past and Present*, 78 (1978): 3-23.

51 Monkkonen, "New Standards for Historical Homicide Research", 7f.

52 Österberg, "Criminality, Social Control, and the Early Modern State", 44; Karonen, "A Life versus Christian Reconciliation", 99, 107, 123.

53 Dag Lindström, "Homicide in Scandinavia: Long-Term Trends and Their Interpretations", in Sophie Body-Gendrot and Pieter Spierenburg (eds), *Violence in Europe: Historical and Contemporary Perspectives* (New York: Springer, 2008), 41–64, 이 부분은 48f.

54 Pinker, *Better Angels*, 62.

55 Heikki Ylikangas, "What Happened to Violence? An Analysis of the Development of Violence from Medieval Times to the Early Modern Era Based on Finnish Source Material", in Ylikangas, Karonen and Lehti (eds), *Five Centuries of Violence in Finland and the Baltic*, 1–84, 이 부분은 3, 8.

56 Liliequist, "Violence, Honor and Manliness in Early Modern Northern Sweden", 74–81.

57 Pinker, *Better Angels*, 61, 78, 81.

58 Pinker, *Better Angels*, 6. 필립 드와이어와 엘리자베스 로버츠-피더슨이 쓴 이 책의 6장 〈스티븐 핑커, 노르베르트 엘리아스, 《문명화과정》〉도 참조하라.

59 Helmut Thome, "Explaining Long-Term Trends in Violent Crime", *Crime, History and Societies*, 5, no. 2 (2001): 69–86. See also Heikki Ylikangas, "Major Fluctuations in Crimes of Violence in Finland: A Historical Analysis", *Scandinavian Journal of History*, 1, no. 1 (1976): 81–103; Ylikangas, Johansen, Johansson and Næss, "Family, State, and Patterns of Criminality", 77; Eisner, "Modernization, Self-Control and Lethal Violence", 632–3.

60 예를 들면 다음을 참조하라. Heikki Ylikangas, "Reasons for the Reduction of Violence in Finland in the Seventeenth Century", in Lappalainen and Hirvonen (eds), *Crime and Control in Europe*, 165–73; Ylikangas, Johansen, Johansson and Næss, "Family, State, and Patterns of Criminality", 115–23; Ylikangas, "What Happened to Violence?"; Lindström, "Homicide in Scandinavia", 56–7; Randoph Roth, *American Homicide* (Cambridge, MA: Harvard University Press, 2009), 61–107; Matthew Lockwood, *The Conquest of Death: Violence and the Birth of the Modern English State* (New Haven and London: Yale University Press, 2017); Jeppe Büchert Netterstrøm, "Criminalization of Homicide in Early Modern Denmark (16th to 17th Centuries)", *Scandinavian Journal of History*, 42, no. 4 (2017): 459–75, 이 부분은 467–8.

61 Eisner, "Modernization, Self-Control and Lethal Violence", 619.

62 Spierenburg, "Violence and the Civilizing Process", 인용은 87. 다음도 참조하라. Spierenburg, "Long-Term Trends in Homicide", 63–105; 그리고 Spierenburg, *A History of Murder*, 5–7. 이 입장에 대한 추가적 사례로 필립 드와이어와 엘리자베스 로버츠-피더슨이 쓴 이 책의 6장 〈스티븐 핑커, 노르베르트 엘리아스, 《문명화과정》〉도 참조하라.

63 Ylikangas, Johansen, Johansson and Næss, "Family, State, and Patterns of Criminality",
79; Thome, "Explaining Long-Term Trends in Violent Crime", 70-4; Eisner,
"Modernization, Self-Control and Lethal Violence"; Maria Kaspersson, "'The Great
Murder Mystery' or Explaining Declining Homicide Rates", in Barry Godfrey, Clive
Emsley and Graeme Dunstall (eds), *Comparative Histories of Crime* (Cullompton: Willan
Publishing, 2003), 72-88, 이 부분은 82-3; Lindström, "Homicide in Scandinavia", 55-
6; Muchembled, *A History of Violence*, 28-9; McMahon, Eibach and Roth, "Making
Sense of Violence"; Netterstrøm, "Criminalization of Homicide in Early Modern
Denmark", 467-8; Eisner, "From Swords to Words".

64 Martin Dinges, "Gewalt und Zivilisationsprozess", Traverse, 2, no. 1 (1995): 70-81;
Schwerhoff, "Criminalised Violence and the Process of Civilization"; Gerd Schwerhoff,
"Violence and the Honour Code: From Social Integration to Social Distinction?",
Crime, History and Societies, 17, no. 2 (2013): 27-46, 이 부분은 28-30. 다음도 참조
하라. Jonathan Davies, "Introduction", in Jonathan Davies (ed.), *Aspects of Violence in
Renaissance Europe* (London and New York: Routledge, 2013), 1-16, 이 부분의 참고문헌
은 4.

65 예를 들면 다음을 참조하라. Cockburn, "Patterns of Violence in English Society"; James
Sharpe, "Crime in England: Long-Term Trends and the Problem of Modernization",
in Johnsson and Monkkonen (eds), *The Civilization of Crime*, 17-34; Randolph Roth,
"Homicide in Early Modern England 1549-1800: The Need for Quantitative Synthesis",
Crime, History and Societies, 5, no. 2 (2001): 33-67; Lockwood, *The Conquest of Death*.

66 Pinker, *Better Angels*, 61, 78.

67 Thome, "Explaining Long-Term Trends in Violent Crime", 70-1.

68 Pinker, *Better Angels*, 169.

제1부 해석

제4장

진보와 진보의 모순:
인권, 불평등, 폭력

Progress and its contradictions:
Human rights, inequality and violence

에릭 D. 웨이츠
Eric D. Weitz

"나는 내가 인권 옹호자라고 주장하는 바로다"라고 미국의 노예제 폐지론자 윌리엄 로이드 개리슨William Lloyd Garrison은 1853년에 썼다.[1] 프레더릭 더글러스Frederick Douglass〔미국의 노예제 폐지론자(1818~1895)〕역시 노예제 반대 투쟁이 "위대한 인권 교리great doctrine of Human Rights"의 일부임을 알고 있었으니 앤젤리나 그림케Angelina Grimké〔노예제 폐지론자, 여성 인권 옹호가(1805~1879)〕가 힘주어 말한 것처럼 두 사람은 모두 여성 인권과 노예제 폐지를 서로 결부하고 있었다. 그림케는 이렇게 이어나간다. "노예의 권리와 여성의 권리는 무지개 색처럼 섞인다."[2] 좀 더 평범한 수준에서, 1960년대에 영국의 위대한 역사학자 E. H. 카E. H. Carr는 진보에 대한 신념에 단단히 묶여 있는 한에서만 역사 연구를 상상할 수 있었고, 이는 곧 18세기 이래 영국 및 서구를 특징지은 자유주의적 질서 그리고 과학·사회·경제 부문 일체의 발전을 의미했다.[3] 스티븐 핑커는 이모든 표현이 인류의 지속적 진보를 주장하는 자신에게 유용하다고 생각할 것이다. 노예제는 폐지되었고, 여성은 지상의 거의 모든 나라에서 투표권을 갖고 있으며, 사회는 의학적·과학기술적·경제적으로 카가 자신의 1961년의 저술[《역사란 무엇인가》]에서는 결코 상상조차 할 수 없던 방식으로 진보했다.

여기까지는 좋다. 그런데 역사학자라면 스티븐 핑커의 최근 두 책 [《우리 본성의 선한 천사》《지금 다시 계몽》]에서 울리는 의기양양한 종소리에서 불안한 파장을 감지해야 한다.[4] 핑커가 선호하는 통계의 전장에서 그와 싸우려면 연구 조교가 한 군단은 필요할 것이다. 나는 그 길을 택하지 않을 것이며, 나에게 마음대로 부릴 군단이 있다 해도 그렇게 하지 않을 것이다. 활기 없고 우울하며 역방향의 일방통행로를 따라 행진함으로써 핑커에게 도전해, 눈에 보이는 거라곤 실패·침체·폭력으로 점철된 인류의 상태일 뿐인 종착역에 가닿는 것이 도움이 되지도 않는다. 이것이 많은 학자와 언론인이 내세우는 논거다. 이들은 다음과 같이 주장한다. 인권human rights은 이울고 있다고, 혹은 깡그리 실패했다고, 특성상 유토피아적이어서 실제의 정치 세계를 좀먹고 있다고, 불평등처럼 더 중요한 사회적 문제로부터 관심을 분산시킨다고, 서구 세계에 토대를 두고 있기에 제국주의적 특징을 띨 수밖에 없다고.[5]

인권 영역에서는 18세기 이후로 크나큰 진보가 있었다. 이 가장 일반적인 진술에서 우리는 핑커의 견해에 찬성할 수 있다. 인권은 그 모든 한계와 (기껏해야) 미온적이었던 실행에도 불구하고 핑커가 바라는 평화롭고, 정의롭고, 평등한 사회 곧 사람들이 특정 젠더gender·국적nationality·인종race에 상관없이 존중받고 인정받으며 모든 이가 기본적 생필품에

제1부 해석

접근하고 표현의 자유를 누리는 사회, 모든 이가 자신들이 원하는 대로 일하고 건설하고 창조하는 사회, 모든 이가 자신들이 희망하는 대로 남들과 함께하는 사회, 모든 이가 폭력과 강제이주라는 재앙으로부터 자유로운 사회를 건설하기 위한 우리의 최선의 희망으로 여전히 남아 있다.[6]

그러나 인권의 진전은 단순히 긍정적이기만 한 적도, 쉽게 얻어진 적도 없다. 나는 핑커와 통계의 전장에서 싸우기보다 그의 책에서 개념적 결점 두 가지에 기초해 비판을 전개해보고자 한다. 첫 번째 결점에는 계몽주의를 철학 운동으로 보는 꿀 발린 해석이 포함되어 있다. 오늘날의 인권은 분명 계몽주의에 의한 자유 및 개인권의 증진에 기초하고 있다. 그런데 자유를 옹호했던 동일한 계몽사상가들은 인종과 젠더의 위계를 기준으로 인류를 분류하려는 충동을 통해 자유의 범위도 제한했다. 이런 선상에서 보면, 계몽사상가들의 주장은 실수나 태만이 아니었으며 정치적 영향에서 전혀 자유롭지 않았다. 그 주장들은 인류라는 종種의 본성에 대한 계몽주의적 탐구에 본질적으로 내포되어 있었다. 인간을 문명인과 야만인으로 분리하는 것은 계몽사상의 중심에 있었고, 합리적(이성적)이고 진보적인 사고가 불가능하다고 여겨지는 이들에 대한 인권 침해와 노골적인 폭력을 방조했다. 이 장에서 요점은 계몽주의가 완전히 틀렸다고 폭로하는 것이 아니라 외려 계몽사상의 핵심에 놓여 있는 복잡성과 모순을 인식하는 것인바, 이 모든 것을 핑커는 너무나 태평스럽게 무시한다. 우리가 인권이 더, 덜이 아니라 고취된 세상에 좀 더 가까이 도달하고자 한다면 계몽주의의 이면을 인식하고 그에 도전해야 한다. 그리고 이는 전 지구적 우파 포퓰리즘의 부상과 전 세계 이주민 및 난민의 엄청난 수를 고려하면 간단한 작업이 아니다.

두 번째 비판은 첫 번째 비판과 관련이 있다. 핑커는 자신의 두 책에서 특히 수렵-채집 사회에서 농경 사회로의 이행, 합리적[이성적]rational 사고의 중요성 부각, "문명화과정the civilizing process[Prozeß der Zivilisation]", 19세기 유럽의 긴 평화long peace와 같은 폭력의 감소를 나타내는 듯한 추세들을 모아 제시한다. 이것들이 합쳐져서 "우리 본성의 선한 천사들better angels of our nature"을 일깨운다는 것이다. 그러나 추세가 설명을 해주진 않는다. 각 추세의 발생 원인도 명백하지 않으며, 우리는 정확히 누가 이 발전들을 추진하고 있는지 감을 잡지 못하고 있다. 야만상태에서 문명화까지 자연적으로 전개가 되는 것처럼 보일 뿐이다. 그렇게 간단한 것이라면 얼마냐 좋으랴. 핑커는 흑인 노예, 여성, 한국인, 그리고 여타 수많은 이가 현실 세계에서 —그 모든 한계에도 불구하고— 자유의 영역을 만들어내기 위해 참여했던 힘겨운 정치적 투쟁 위로 날아오른다. 그러한 투쟁들에서는 종종 폭력의 발생 빈도와 강도가 엄청났어도 그 사건들은 살인율이나 현대에 벌어진 전쟁의 횟수에 관한 [핑커의] 통계표에 나타나지 않는다. 여성 참정권 운동가들이 당했던 강제 급식, 과테말라의 죽음의 부대 활동, 미국 교도소에서의 고문, 아프리카 오대호 지역의 인도에 반反한 죄crime against humanigy 및 전쟁범죄war crime 등 1994년의 르완다 제노사이드Rwandan Genocide까지 셈하지 않아도 이러한 사례들은 연이어 쉽게 소환할 수 있다. 이 사건들은 핑커의 세계관에는 아무데서도 등장하지 않는다. 그리고 이 사건들은 우리의 관심을 절실히 필요로 하는바, 결코 인간의 조건이 —핑커가 가정하는 것처럼— 자연적으로 또 필연적으로 개선되리라고 단순히 가정할 수 없다는 점에서다.

계몽주의

스티븐 핑커에게 계몽주의the Enlightenment란 "이성reason, 과학science, 휴머니즘humanism, 진보progress라는 이상ideals"에 대한 헌신을 의미한다.[7] 실제로 그러하다. 그러나 계몽사상가들이 품었던 핵심 질문의 하나는 이것이었다. 정확히 누가, 이성의 역량을 갖고 있고 따라서 과학, 휴머니즘, 진보를 탐구하고 이해할 수 있는가? 1951년 한나[해나] 아렌트Hannah Arendt[독일 태생의 미국 철학·정치 사상가, 홀로코스트 생존자]의 질문은 이것이었다. 그렇다면 누가 "권리를 가질 권리"를 갖고 있는가? 아렌트보다 먼저 이 질문을 제기한 이는 독일 계몽사상가 요한 고틀리프 피히테Johann Gottlieb Fichte로 1796년에 이렇게 말했다. "인간에게 속한 단 하나의 진정한 권리는 […] 권리를 획득할 […] 권리[이다]".[8] 어떤 민간인과 전투원이 헤이그협약the Hague conventions[헤이그만국평화회의, 1899·1907]과 제네바협약the Geneva Conventions[1949]을 적용받아 전쟁행위의 최악의 피해로부터 보호를 받는가? 계몽주의와 관련한 학문은 한 세대 넘게, 그 대부분은 여성주의 역사학자들과 정치이론가들을 통해, 인종 문제와 젠더 문제에서 계몽주의적 관점이 얼마나 제한적이었는지 보여주었다.

1490년대 초반 크리스토퍼 콜럼버스의 만남the Columbian encounters [신대륙 발견] 이후 유럽인들은 자신들이 그때까지 알고 있던 것보다 훨씬 더 다양한 세계를 파악하려 애썼다["encounter"에는 "뜻밖의/폭력적인 만남"의 뜻이 있다].[9] 지구는 사람과 재화의 이동으로 더욱 밀접하게 연결되었고, 그 정도는 19세기에 증기선과 철도가 등장하면서 한층 더해졌다. 엄청난 인구 이동과 아프리카인들의 강제적 노예화는 1억 명이 훨씬 넘는 사람들이 유럽뿐 아니라 아시아와 아프리카에서도 조국을 떠났음을 의미했다. 개인 여행자들도 지구 곳곳을 여행했다. 과학자, 사업가, 선교사, 정부 사절, 탐험가들이었다. 이들은 일기, 신문 기사, 회고록, 책을 썼고 그중 일부는 널리 읽혔다. 이들은 소통 경로를 만들어 고국에 있는 식자층에게 더 넓은 세계를 알렸다. 상선에 오르거나 정부 후원의 탐험대에 참여하는 등 개별적으로 이런 만남을 경험할 경우도 있었는바, 위대한 박물학자 알렉산더 폰 훔볼트Alexander von Humboldt와 찰스 다윈 Charles Darwin이 그 예다. 프랑스 철학자 샤를 루이 드 세콩다 몽테스키외 Charles Louis de Secondat Montesquieu 같은 이들은 자신의 영지나 저택 밖으로 거의 한 발짝도 나가는 경우가 없었다. 이들은 자기 집 서재에 틀어박혀서 18~19세기의 인기 장르인 여행기와 과학 기사들을 읽으며 자신들이 생각했던 것보다 더 넓은 이 세계가 유럽인들에게, 또 인간의 조건에 전반적으로 무엇을 의미하는지 숙고했다.[10]

아프리카, 아시아, 중동 사람들도 거의 마찬가지였다. 서구 세력, 상품, 발상idea과 마주한 이들은 자신들 고유의 과학적·종교적·정치적 신념의 일부를 다시 생각했다. 이들은 서구의 발상들을 받아들이기만 하는 데 그치지 않고, 서구에서 비롯한 새로운 모델을 〔현지〕 선주민先住民의 전통과 융합·조화하는 자신들 고유의 통합적 개혁 운동을 발전시켰다. 1797~1834년 페르시아를 통치한 〔카자르왕조의〕 파드 알리 샤Fath 'Ali Shah, 1805~1849년〔또는 1848년〕 이집트의 실질적 지도자였고 궁극적으로 〔오스만제국의 이집트〕 총독이 된 메흐메트 알리Mehmet Ali〔무함마드 알리 파샤Muhammad 'Ali Pasha〕, 1789년 즉위한 셀림 3세Selim III를 시작으로 하는 일련의 오스만제국의 술탄 등을 그 예로 들 수 있다―이들 모두 개혁의 필요성을 인식했다.[11] 서방 혹은 동방, 북반구 혹은 남반구 할 것 없이 모든 여행자가 인간의 차이를 즉 고국에 사는 사람들과 목적지에 사는 사람들 간의 차이를, 그리고 같은 땅 안에 살고 있는 사람들 간의 차이를 깊이 이해할 수 있었다.[12] 이것은 전혀 새로운 현상이 아니었다. 투키디데스Thucydides와 헤로도토스Herodotus의 저술에서도 알려진 세계 the known world의 다양한 사람들에 대한 묘사가 간간히 나오며 그 일부는 매우 공상적이고, 중세의 중국 및 아랍의 학식 있는 여행자들의 저술도 마찬가지였다.

그러나 18~19세기의 만남에는 두 가지 다른 요인이 있었다. 바깥 세계를 여행한 유럽인과 북아메리카인은 종종 —항상은 아니어도 종 종— 인종racial lines에 따라 인간 종human species을 나누는 증거를 찾으려 했다. 자연 세계를 분류하기는 그때까지 과학혁명the Scientific Revolution과 계몽주의를 정의하는 특징이었고 19세기까지도 계속되었다. 훔볼트 와 다윈 같은 박물학자들은 암반층, 식생, 어류 및 동물 종 등을 면밀 히 관찰했다. 박물학자 대부분은 사회와 정치에 관한 논평도 마다하지 않았다.[13] 이들은 18세기 스웨덴 과학자이자 분류의 대가 카롤루스 린 나이우스Carolus Linnaeus〔칼 폰 린네Carl von Linné〕처럼 자신들의 자연 세계에 대한 분석을 인간 세계와 연결시켰다.[14]

세계의 모든 동물상과 식물상을 분류하겠다는 의지에서 한 발짝 만 더 나가면 인간도 비슷하게 엄격하고 짐작하건대 과학적 방식으로 분류할 수 있었다. 린나이우스는 인종에 따른 인간 종의 구분을 사실 로 상정한 사람의 하나다. 이 구분법에는 결코 악의가 없지 않다. 그것 은 항상 위계를 중시하고 항상 어떤 사람들은 —아니나 다를까 유럽 인은— 학습능력과 합리적〔이성적〕 사고가 더 뛰어난 사람으로 분류하 고 어떤 사람들은 야만인으로 분류한다. 린나이우스는 유럽인은 "독창 적임ingenious", 아시아인은 "의기소침함melancholy", 아프리카인은 "교활하고 나태하며 조심성 없음crafty, lazy, careless"으로 식별했다.[15] 이와 같은 해석은 존 로크가 관찰을 강조한 것, 그리고 몽테스키외가 지리 및 기후를 기초로 인간 종을 불변의 집단으로 분류한 것과 쉽게 결합했다. 놀라울 것도 없이, 몽테스키외는 북쪽의 거주민들 즉 행실이 좋은 영국인과 자신들의 기원인 게르만 부족으로부터 자유를 찾은 스칸디나비아인을 칭송했다. 그러나 아프리카인은, 몽테스키외에 따르면, 상궤를 벗어난 존재였다. "지혜로운 존재이신 신께서 그런 추하고 검은 육체에 영혼을, 특히 선한 영혼을 불어넣으셔야 한다는 것은 믿기 어렵다. 피부색을 인간 본성human nature의 기준으로 삼는 것은 실로 자연스러운 일이다." 이 짧은 두 문장에서 몽테스키외는 인종[주의]적 사고방식을 향하는 네 가지 시사적 시도를 한다. 그는 피부색으로 구분한 인간 집단에 영속적 특징을 부여했고, 골상 즉 외적 용모가 내적 존재를 표현한다고 주장했으며, 아프리카인이라는 하나의 집단이 선택받은 집단에 결코 합류할 수 없게 했고, 피부색을 모종의 표시로 "자연화[자연법칙화]"했다 naturalized—"실로 자연스러운natural 일"이라고 그가 쓴 것을 보라. 따라서 올바른 정치 질서라면 특정한 인종 간 차이에 기인하는 속성을 반영해야 했다.[16]

완전한 인종 이론을 개발하기 위해서는 인류에 관한 새로운 과학이 필요했다. 바로 이것이 인류학 곧 계몽주의의 발명품이 제공한 것이다. 계몽사상가들은 자연 속에서 인류의 지위를 재정의하고자 열성을 다했다. 그들의 기독교 비판은 종교 교리의 고고한 지위를 약화해 인간을 불확실성의 바다에 표류시킨 상태였다. 그들은 다시 닻을 내려야 했고, 신성성이 제거된, 추측하건대 과학적인 "자연nature"이 그 무게를 제공해 주었다.[17]

인류학anthropology이라는 새로운 학문의 출현에서 핵심 인물은 〔독일 해부학자·형질인류학자〕 요한 프리드리히 블루멘바흐Johann Friedrich Blumenbach (1752~1840)였다. 그는《인류의 자연적 다양성에 관하여On the Natural Variety of Mankind〔De Generis Humani Varietate Nativa〕》〔1775〕에서 인간 종의 단일성unity 과 그 단일성 안에서의 다양성 곧 엄격한 과학적 관찰을 통해서만 설명할 수 있는 다양성diversity 모두를 주장했다. 피터 게이Peter Gay의 표현으로 그의 "획기적인 인종 목록"에는 지구상에서 자신들의 고유한 지역에 배정된 5개 인종만 있었다—코카서스인종〔백(색)인종〕, 몽골인종, 에티오피아인종, 아메리카인종, 말레이인종.[18] 이후 200년 동안, 그리고 거의 오늘날까지 과학자들은 인종의 개수와 유형에 대해서나 논쟁했지 인종을 정의하고 분류하려는 노력에 대해서는 그러지 않았다. 블루멘바흐가 개인적으로 수집한 유골 즉 그의 과학적 연구의 원자료〔생자료〕 raw material는 19세기 인류학자들이 인종별 지능 판단의 수단으로 쓰기 위해 머리뼈를 수집하고 두개골의 크기를 측정하기 시작할 때까지 필적할 것이 없었을 터였다.[19]

독일의 계몽사상가 요한 고틀리프 피히테는 계몽주의의 중심에 있었던 모순들을 완벽하게 구현한다.[20] 피히테는《자연권의 기초Foundations of Natural Right》(1796)에서 오로지 혼자서만 존재하는 단독자single individual라는 개념은 무의미하다고 주장했다〔《자연권의 기초》의 원제는 《(지식학의 원리에 따른) 자연법의 기초Grundlage des Naturrechts nach Principien der Wissenschaftslehre》다〕. 자아the I는 불가분不可分하지만 자아는 항상 타인others과 공동으로 존재한다. 피히테는 다음과 같이 썼다. "인간은 […] 인간 사이에서만 인간이 된다."[21] 사회적인 것과 개별적인 것은 불가분하게 묶여 있다. 상호주관성intersubjectivity〔Intersubjektivität〕은 세계의 필요조건이다.

정확히 이 자기중심적 관점에서 피히테는 인권 중심 사고의 발전에 심대한 공헌을 하는바, 곧 자아는 타인도 동일한 일련의 권리를 가질 자격이 있다는 점을 인식해야 한다는 것이었다.[22] 피히테는 권리의 기원을 어떤 보편적 풍경에 두지 않고, 그것이 도덕적이든 신학적이든 정치적이든 간에 자연의 어떤 근원적 상태에 두지 않고, 타인에게 동일한 권리를 허락하는 자기행위적self-acting, 자기의식적self-conscious 자아에 두었다. 여기서 중요한 것은 인정recognition[Anerkennung]이라는 개념으로, 이것은 헤겔 철학과 그 이후 20세기 후반의 철학, 특히 에마뉘엘 레비나스Emmanuel Lévinas의 철학에서 매우 중요한 역할을 하게 된다.[23] 조리정연한 세계는 함께하는 자유로운 사람들에 의해서만 건설될 수 있다. 개인적 자유individual freedom와 집합적 자유collective freedom, 개인적 자기결정(성)individual self-determination과 집합적 자기결정(성)collective self-determination은 불가분하게 엮여 있다.

그러나 피히테의 생각은, 상호주관성과 참신한 보편론적 어조에도 불구하고, 계몽주의와 인권 중심 사고에 늘 따라붙는 다음과 같은 문제를 즉시 제기한다. 누가 자기 자신을 정립할 수 있고 자유를 행사할 수 있는 역량을 부여받은 특권층(곧 배타적 집단)에 들어갈 자격을 갖는가? 피히테는 이렇게 말했다. "개인성(개체성)individuality[Individualität]이라는 개념이 **공동체**community[Gemeinschaft]를 결정하며, 이로부터 결과적으로 더 발생하는 것은 그게 무엇이든 간에 나에게만 달려 있는 게 아니라 이 개념을 통해 나와 함께 공동체에 들어간 사람에게도 달려 있다. 우리는 우리 존재 자체에 의해 서로에게 **결속**되어 있기도 하고 의무를 갖고 있기도 하다."[24] 하지만 정확히 누가 이 공동체를 구성하는가?

피히테의 보편적 주제는 두 중요한 영역에서 즉시 실패한다. 한 영역

제1부 해석

은 《자연권의 기초》에서 한 절 전체를 할애해 여성과 가족에 관해 언급하는 부분이고, 다른 한 영역은, 그가 19세기 초반 몇 년간의 나폴레옹의 독일 점령 치하에서 그랬던 것처럼, 독일 국민[die deutsche Nation]에게 관심을 돌리는 부분이다. 자신을 둘러싼 철학적·정치적 사건에 항상 주의를 기울이고 있었던 피히테는 프랑스혁명 이후, 독일은 아직 아니더라도 잉글랜드와 프랑스에서 표명된바 있는 여성에 대한 동등한 권리의 요구에 반응했다. 게다가 그는 충분히 자기비판적인 사람이었던 터라 자신의 자기중심적 철학에서 발생한 명백한 질문을 인지할 수 있었다. 그 질문은 이랬다. 여성에게 자유로운, 합리적[이성적] 자아를 발전시킬 역량 즉 자기결정적 개인이 될 역량이 있는가?

별로 그렇지 않았다. 여성과 가족에 관한 피히테의 글들은 그의 저술 중 가장 설득력이 떨어지며 철학적 허세와 당시의 계급적 편견이 뒤섞여 있다.[25] 피히테는 이렇게 썼다. "한 성性, sex은 전적으로 능동적이고 다른 한 성은 전적으로 수동적이다. […] 두 번째 성이 성욕sexual drive 충족을 목적으로서 갖는다는 것은 절대적으로 이성에 반하는 일이다."[26] 그 대신 ─여기서는 놀라운 일도 아닌 것이─ 여성의 성욕은 아이를 갖기 위해서만 존재한다. 여성은 자신을 남편에게 내맡김으로써, 그의 성적 만족의 수단이 됨으로써 자신의 존엄성을 획득하고 그로부터 자신의 삶의 의미를 이끌어낸다.[27] 이 과정에서 그녀는 자신의 모든 재산과 권리를 자신의 남편에게 양도한다.[28] "남편은 부인을 전적으로 대표하고, 국가의 관점에서 그녀는 결혼을 통해 완전히 소멸된다. […] 국가의 눈에는 남편이 그녀의 보증인이요 법적 보호자가 된다. 경우를 막론하고 남편은 밖에서 부인의 공적 삶을 살고 그녀는 가정생활만 유지한다."[29] 피히테는 다음과 같이 이어나간다. 여성은 "자신의 권리를 혼자서 직접 행사할 생각조차 할 수 없다."[30] 그녀가 유일하게 자기결정적일 수 있는 경우는 스스로 선택한 결혼 생활에 자발적으로 들어갈 때뿐이다. 이후에는 그녀의 남편이 그녀를 위해 자기결정(성)을 행사하며, 그로써 그 개념[자기결정(성)]을 실로 무의미하게 만든다. 피히테의 보편주의universalism는 독일 관련 글들에서 더더욱 크게 실패한다. 19세기에 접어든 후, 나폴레옹이 독일 영토를 점령하고 있는 동안 피히테는 자신의 사상의 사회적 측면을 새로운 수준으로 끌어올린다. 보편적 자아는 본질적으로 독일 국민이 되었다. 이러한 방식으로 피히테는 자신의 모든 지적 분투의 초점이었던 자기결정(성) 개념을 순수한 개인주의적 개념에서 집합주의적 개념으로 바꾼다. 저 유명한 피히테의 저서 《독일 국민에게 고함Addresses to the German Nation[Reden an die deutsche Nation]》[1808]이 나올 때까지—안타깝게도 그는 이 책으로 가장 잘 알려져 있다— 그의 사상은 자기중심적임egocentricity에서 보편적 인간으로, 국민으로 옮아간다. 궁극적으로 피히테의 사상에서 "권리를 가질 권리"는 독일 국민에 속하는 사람들로 제한되었다—적어도 독일 영토에 사는 사람들에게는 그랬다.[31]

어떤 계몽사상가도 인간 종의 본질적 단일성을 부정한 적은 없으나 요한 고트프리트 폰 헤르더Johann Gottfried von Herder[1744~1803]는 인종이라는 전문용어terminology를 특정적으로 거부했다. 하지만 그런 사람은 헤르더가 사실상 유일했다. 그들을 사로잡은 문제이자 더욱 분명한 현실은 인간의 다양성과 "문명인civilized[man]"과 "야만인barbarian"으로의 분류였다.[32] 이 다양성은 자연에, 신의 창조물에 뿌리를 두었고, 처음에는 언어로 다음에는 문화로 그다음에는 국가를 통한 정치적 외양으로 표출되었다. 헤르더와 피히테는 민족과 국민에 관해 썼다. 민족을 정의할 때, 서로간의 유대가 원시시대 때부터 —언어와 문화를 기반으로— 맺어진 닫힌 공동체로 정의함으로써, 그들이 발전시킨 개념과 그들이 사용했던 언어는 인종적 범주 속으로 수월하게 미끄러져 들어갔다. 인간의 다양성에 대한 인종 간의 차이에 기인하는 해석은 19세기 중반 이후 더더욱 두드러졌다. 별의별 논평가들이 다윈의 발상을 이용해 "과학적" 인종주의'scientific' racism를 장려했다—그 과학의 대부분은 계급적 편견이었는데도 말이다. 이와 같은 의미에서 서구에는 '인종적 국제주의racial international' 즉 국경을 초월한 계몽주의에 일차적으로 근거를 둔 인간의 다양성에 관한 사고방식이 존재했다.

여기서 핵심은, 또다시, 계몽주의를 타파하거나 핑커의 이상적 낙관주의optimism를 과거에 대한 우울한 해석으로 대체하려 함이 아니다. 그보다는 계몽주의를 그것의 복잡성complexity 안에서 보여주려 함이다. 그렇다. 일련의 발상으로서 계몽주의는 인권의 진전에 절대적으로 중요하다. 동시에, 유럽인을 제외한 모든 사람과 여성의 합리적[이성적] 능력을 (아무리 좋게 봐도) 무시하는 계몽주의는 이후 두 세기에 걸쳐 일어난 최악의 인권 침해 사례 중 일부의 원인이 되었다. 흑인과 여성의 선천적 열등함에 대한 신념 때문에, 계몽주의는 노예주主들이 노예제를 사수할 수 있게 해주었고 남성 우월주의자들이 여성의 공공 영역 진출을 거부할 수 있게 해주었다. 그것은 인종주의적 사고가 낳을 수 있는 모든 결과 중에서도 최악의 결과 즉 제노사이드genocide가 벌어질 수 있게 한바, 독일군이 〔1904~1905년〕 독일령 남서아프리카(오늘날의 나미비아)의 헤레로족과 나마족을 상대로 벌인 악랄한 전멸annihilation 작전이 그 한 사례다. '야만인'으로서 이 아프리카인들은, 제노사이드의 주범 로타르 폰 트로타Lothar von Trotha 군사령관이 썼듯, 제네바협약 조항에 적용되지 않았다.[33]

핑커가 뭐라고 응답할지 상상할 수 있다. 궁극적으로는 이렇게 되었다고 말할 것이다. 노예제는 폐지되었고, 여성은 투표권을 쟁취했으며, 국제법은 이제 모든 민간인을 포함하고, 나미비아는 독립했다고. 이런 말에 대한 답은 하나뿐이다. 좋다. 그러나 그 대가는 얼마나 엄청났나? 계몽사상의 숨겨진 측면으로 인해 얼마나 많은 이가 목숨을 빼앗겼나, 얼마나 많은 육체가 고문당하고 불구가 되었나? 얼마나 심한 지체효과lingering effect가 남아 오늘날에도 불평등이 만연한 지역이 있나?〔"지체효과"는 이미 해결된 일이 이후에도 계속 영향을 끼치는 것을 말한다. "링거링효과"라고도 한다〕. 핑커는 해 드는 쪽 거리로만 나다닌다. 참 운도 좋다. 그러나 정치라는 거리의 세계는 훨씬 넓고 종종 우박을 동반한 폭풍우가 몰아친다.

정치와 투쟁

역사는 동시에 여러 방향으로 움직인다. 그리고 그것은 분명 발상idea으로만 움직이지 않는다. 스티븐 핑커는 자신의 추세 모음표가 우리의 보다 인간적인 특성을 불러일으킨다고 주장한다. 실제로, 이 추세들은 그가 이미 정의했던 전반적 발전상을 표상한다represent. 그의 추론reasoning은 순환적circular이다. 우리는 역사적 변화의 원인cause과 행위자agent를 훨씬 더 잘 이해할 필요가 있다.

발상은 매우 중요하며, 또 18세기와 특히 19세기에는 신문·철도·증기선·전신선 등이 속속 등장하면서 전 지구적으로 소통이 계속해서 진전했다. 소통의 장소는 커피하우스, 마드라사madrasah〔이슬람 신학교〕, 티

하우스 등 전 세계적으로 확장했다.[34] 그러나 소통의 심도가 더 깊어졌다는 것만으로는 인권과 여러 형태의 진보가 어떻게 일어나게 되었는지 설명할 수 없다.

브라질의 노예제 폐지를 다룬 나의 《나누어진 세계: 국민국가 시대의 전 지구적 인권투쟁A World Divided: The Global Struggle for Human Rights in the Age of Nation-States》에서 한 사례를 가져와 살펴보고자 한다.[35] 제도로서의 노예제slavery는 모든 기록된 역사와 사실상 모든 알려진 사회에서 번창했다. 사실상 모든 서유럽 국가가 노예무역과 노예노동slave labour에서 막대한 수익을 올렸다. 특히 영국은 아프리카 노예가 일한 카리브제도의 사탕수수농장에서 엄청난 부를 뽑아냈으며 그것은 산업혁명의 비용을 확실히 댈 자본으로 제공되었다. 약 1250만 명의 아프리카인이 대서양 횡단 노예무역the trans-Atlantic slave trade으로 1501~1867년에, 이 중 거의 190만 명이 1801~1825년에 강제이주 됨으로써 아프리카와 아메리카 대륙의 역사가 서로 뒤엉키게 되었다.[36] 느릿느릿 마지못해 겨우겨우 영국 엘리트층은 18세기 말에 노예제 폐지 정서가 대두되는 데 반응했다. 결국 1833년에 영국 의회는 투표를 통해 영국제국에서 노예제를 끝내기로 결정했다. 1888년이 되어서야, 브라질에서의 노예제 폐지와 함께, 아메리카대륙에서 담보노동bonded labour〔채무 상환을 위해 일정 기간 하는 강제노동〕이 폐지되었다. (적어도 공적 실무에서는 그랬다. 많은 형태의 인신매매 human trafficking, 특히 여성에 대한 인신매매는 오늘날에도 남아 있다. 이는 곧 노예제와 유사한 것이 세계 많은 지역에서 여전히 지속되고 있음을 뜻한다.)

노예제 폐지는 어떻게 일어났을까? 방대하고 복잡한 역사서술 historiography이 있긴 해도, 스티븐 핑커만이 노예제 폐지가 18세기 이후 역사의 자연적이고 불가피한 전개라고 추정하는 것은 아니다.[37]

나는 생각이 다르다. 현실에서는, 굳은 결심에 의한 행위들이 있었는 바 처음에는 노예 당사자들이 반란과 도주(탈출)를 통해 노예제에 저항했고, 그다음에는 지배계층의 한 분파가 런던 기반의 국제적 반反노예제 조직과 연계된 노예제 폐지론 운동을 조직했다. (노예제 폐지의) 세 번째 요인은 비교적 평범한 것이었다—더는 노예를 구매하고 유지할 여력이 없는 설탕 생산 지역의 사람들 사이에 담보노동에 대한 지원이 끊기자 시장이 다소 걷잡을 수 없이 작동해버린 것이다. 이와 같은 투쟁들에서 노예, 노예주主, 국가가 행한 폭력은 수위가 매우 높았으나 핑커가 사용하는 통계 자료에는 그 어디에도 이러한 종류의 폭력이 기록되지 않는다. 핑커는 노예제 폐지와 여러 인권 진전의 복잡한 유산에 대한 고려 또한 하지 않는다. 브라질에서 노예제의 유산과 노예제 폐지의 방식은 오늘날까지도 여전히 브라질 사회를 정의하는 엄청난 불평등을 낳았다.

신세계로 끌려간 아프리카인의 대부분인 약 95퍼센트는 브라질과 카리브제도에서 노예가 되었다.[38] 리우데자네이루는 가장 큰 노예무역 항구로 뉴올리언스보다 더 많은 노예를 데려갔다. 최적 추정치에 따르면, 브라질은 전체 아프리카 노예의 41퍼센트를 데려갔다.[39] 1864년 당시 브라질에는 브라질 인구의 16.7퍼센트인 171만 5000명에 이르는 노예가 있었다.[40]

일찍이 1719년에 (지금의 브라질) 미나스제라이스 지방의 총사령관 페드로 데 알메이다Pedro de Almeida 백작은 (포르투갈 국왕) 주앙 5세João V에게 서신을 보내 노예 반란을 성공적으로 진압한 일을 칭송했다. 그러나 우려되는 징후는 여전히 남아 있었다.

제1부 해석

우리는 남은 흑인들이 생각을 못하게 막을 수도 없고 자유에 대한 타고난 욕망desire을 그들에게서 빼앗을 수도 없기 때문에, 아울러 우리가 여기서 생활하려면 그들이 필요하니 단지 이 욕망을 이유로 그들 전부를 죽일 수도 없기 때문에 이 나라는 언제나 〔노예 반란이라는〕 문제에 종속될 것이라는 결론을 내릴 수밖에 없다고 사료되옵니다.[41]

백작은 이어 노예의 절대적 수적 우세가 그들에게 반란을 일으킬 용기를 준 한편 〔브라질의〕 지형은 그들에게 수많은 숨을 곳을 제공해주었다고 적었다.[42]

100년 후에도 달라진 것은 거의 없었다. 브라질에서 노예 주인들과 그들의 노예들은, 1818년 어떤 정부 관리가 썼듯, "내전 상태"로 살고 있었다.[43] 50년이 더 지나고도 상황은 나아지지 않았다. 노예 반란은 항시 존재하는 위험이었고, 1866년 어떤 브라질 법학자가 썼듯, "끊임없이 사회를 위협하는 화산이자 불꽃 하나만 튕겨도 바로 폭발할 수 있는 폭탄"이었다.[44]

"백인에게 죽음을! 흑인이여 영원하라!Death to Whites! Long live Blacks!" 1835년 브라질 바이아에서 노예제 반대자들이 외쳤던 이 살기 어린 슬로건은 때로는 물라토mulato〔라틴아메리카에 있는 백인과 흑인의 혼혈 인종〕에게까지 확대되었다.[45] 〔이 슬로건은〕 인간의 권리에 대한 요구라고 볼 수 없었다. 바이아의 저항세력은 무슬림이었다. 그들은 자신들의 노예 상태를 끝내고 싶어 했지 노예제 전부를 끝내고 싶어 한 것은 아니었다. 예상했던 승리 이후 그들은 다른 흑인과 물라토를 노예로 삼을 구상을 했다.[46] 이들 노예 반란군은 모두를 위한 시민권이라는 자유주의liberalism의 보편주의적 약속의 실현을 추구한 게 아니었다. 그럼에도 1835년의 바이아를 비롯한 여러 지역의 노예 반란군과 브라질 곳곳으로 퍼진 더 작은 규모의 반란자들은 행위를 통해 자신들을 정말 최소한 인간으로는 대우해줄 것을 요구했다. 이들은 자신들을 위해 모든 인권 주장의 기반인 상대에 대한 인정에서 오는 존엄성the dignity을 요구했다. 이들은 제도에 직접 도전한바, 노예제는 가장 끈질기고 잔혹하게 인권을 침해한 주체였고, 개인의 존엄성을 너무나 철저하게 유린해 개인을 마음대로 사고팔고 교환하고 버리는 상품 외에는 아무것도 남기지 않았다. 20세기에 제노사이드를 자행한 전체주의 국가들이 출현하기 전까지, 노예제만큼 시민권 및 〔개인의〕 권리의 원칙에 절대적으로 반하는 것은 아무것도 없었다. 노예제의 폐지는 19세기 인권에서 가장 큰 진전이다.

노예들의 저항이 브라질을 본질적으로 불안정하게 만들긴 했어도 노예들은 행위만으로는 자신들의 해방을 쟁취할 수는 없었다. 브라질에서는 또 다른 동원이 필요했다—자신들이 바라는 현대적이고 자유주의적 브라질과 자신들이 살고 있는 노예제 사회가 서로 완전히 모순된다고 믿게 된 엘리트 일원들이었다. 이들 엘리트 일원은 노예 해방을 통해서만 브라질이 진보할 수 있고 세계의 문명국들 사이에서 정당한 자리를 차지할 수 있다고 믿었다.

브라질의 저명한 〔노예제〕 폐지론자 조아킹 나부쿠Joaquim Nabuco는 위대한 저서 《노예제 폐지론O Abolicionismo》〔1883〕과 그 외 수많은 글과 연설을 통해 브라질에서 노예제가 노예들 사이는 물론 노예 주인들 사이에 "타락과 관성, […] 노예근성servility과 무책임, […] 전제정치despotism, 미신, 무지"를 조장해왔다는 오랜 비판에 강력한 목소리를 보탰다.[47] 나부쿠도 다른 주요 폐지론자들처럼 훌륭한 수사적 능력을 발휘해 〔노예의〕 등 채찍질, 노예가 자기 주인의 아이에게 수유하고 났더니 자기 자

식에게 줄 젖은 몇 방울 밖에 안 남은 이야기, 노예제의 끝없는 고통과 슬픔 등을 묘사했다.[48]

그러나 나부쿠의 글들에는 브라질이 흑인들 없이 만들어질 수 있었다면 좋았을 것이라는 듯한 애석한 어조가 흐른다.[49] 이러한 정서는 나부쿠의 자유주의의 한계를 나타낸다. 그의 자유주의는 브라질의 (현재 우리가 부르게 된 명칭인) 다문화주의multiculturalism에 대한 환호가 아니라 암울한 마음으로 현실과 타협한 것이다. 노예들이 주인을 위해 혼혈 아이들을 생산하면서 노예는 그 수가 증가했고 "아프리카 혈통의 부도덕vice이 나라 전체에 널리 퍼지게 되었다." 주된 결과는 "한쪽[흑인]의 비굴한 [자기]비하와 다른 한쪽[백인]의 잔인한 오만이 뒤섞인 것"이었다.[50]

[브라질에서] 노예제 폐지 운동이 1860년대, 1870년대, 1880년대에 발전함에 따라 북동부의 설탕 경제가 쇠퇴하면서 많은 농장 주인에게 노예 소유가 비경제적인 일이 되었다. 그러자 노예들이 스스로 이 문제를 처리했다. 반란이 아닌 대규모 도주가 그 방법이었는바, 노예 탈출 운동은 노예제의 추악한 역사에서 거의 유례를 찾아볼 수 없는 것이었다. 대규모 도주는 엄청난 전개로 총파업에 맞먹는 사건이었다.[51] 노예들은 처음에는 몇몇이서, 그다음에는 무리를 지어 커피농장으로부터 도주했다. 브라질의 광대하고 종종 험난한 지형이 그들에게 수많은 은신처를 제공해주었다. 한편 브라질 버전의 지하철도는 도주자들에게 피난처와 보호를 제공해주었다. ["지하철도Underground Railroad"는 남북전쟁(1861~1865) 이전에 도주/탈출 노예들을 도운 비밀 지하조직이다. 미국 남부에서 노예가 된 아프리카계 미국인들이 북부의 자유주(노예제를 인정하지 않은 미국 주)나 캐나다로 탈출하는 데서 필요한 비밀 경로와 안전가옥을 제공했다. 도주/탈출 노예들은 "승객passenger", 탈출 비밀 경로를 안내해주는 사람들은 "차장

conductor", 도주/탈출 노예들이 숨은 안전가옥은 "역station" "중간역way station" 등으로 불렸다.〕

마침내 1888년 5월 13일, 의회는 노예 해방법을 통과시켰는바 간단 명료했다. "오늘을 기해 브라질에서는 법적 노예제가 소멸되었음을 선언하는 바이다. […] 이에 반하는 모든 조항은 폐지된다."52 노예주들은 아무런 보상도 받지 못했다. 브라질 황태녀 이자베우Isabel, Princesa imperial do Brasil가 섭정으로 포르투갈에 있는 아버지 동 페드루 2세Dom Pedro II를 대신해 법에 서명했다.〔노예제〕 폐지론자 A. J. 라모로A. J. Lamoureux는 다음과 같은 말을 남겼다. "승리가 얼마나 일방적이고 뜻밖이었는지 사람들의 열광이 한없이 넘쳤다." "[리우의] 거리는 계속 붐볐고 영업은 거의 완전히 중단되었다. […] 일요일에는 10만 명이 넘게 거리에 나와 있었다. […] 그곳에는 열광적인 기쁨, 쾌활함, 질서정연함만이 가득했다."53 북부 도시 상루이에서는 이제 막 해방된 노예들이 일주일 동안 꽃과 야자나무 잎으로 뒤덮인 거리를 가득 메우고 노래하고 춤췄다.54 음악이 도시 전체에 메아리쳤고 군중이 퍼레이드로 몰려들었다.

그러나 노예제 이후는 어땠을까? 많은 이의 희망에도 브라질의 전前 노예들은 미국의 해방된 노예들이 약속받은 땅 40에이커〔약 0.16제곱킬로미터〕와 노새 한 마리 정도의 가능성조차 보장받지 못했다. 브라질의 노예들은 스스로 알아서 살아야 했고, 이것은 대부분의 경우 엄밀하게 보면 자유롭지만 가난에 시달리는 개인으로서 다시 농장에 돌아가 일하는 것을 의미했다. 그리고 그에 따른 유산은 오늘날에도 남아 있다. 브라질은 사회 불평등social inequality 지수가 세계에서 가장 높은 나라 중 하나다. 1960~1990년에 브라질 인구의 상위 10퍼센트는 소득이 8.1퍼센트가 증가했고 하위 50퍼센트는 소득이 3.2퍼센트가 감소했다. 1990년

제1부 해석

에는 상위 10퍼센트가 국가 소득의 거의 절반을 차지한바 이는 1960년 이후 10퍼센트 증가한 수치다. 1960년에 흑인의 평균소득은 백인의 평균소득의 절반 이하였고, 혼혈인의 평균소득은 백인의 평균소득보다는 흑인의 평균소득에 더 가까웠다. 1950년에 흑인 인구는 절반 이상이 문맹이었으나 백인 인구는 4분의 1만이 문맹이었다. (2015년 전체 브라질 성인의 문해율은 92.05퍼센트였다.)[55] 면밀한 분석을 통해 밝혀지기로, 브라질에서 흑인의 낮은 평균소득은 빈약한 교육이나 장래성 없는 직업과만 연관된 것은 아니다. 곧 흑인에 대한 절대적 차별discrimination이 그 원인의 대부분을 제공한다.[56] 지난 25년 동안 부유층과 빈곤층의 격차가 다소 줄기는 했어도 브라질은 소득분배income distribution 불평등 순위에서 150개국 중 19위에 올라 있다.[57]

브라질의 사회 불평등은 대체로 인종과 맞아떨어진다. 최상위층은 불균형할 정도로 백인이고—극단적으로 그렇다— 최하위층은 대부분 흑인이다. 2000년경 아프리카계 브라질인은 전체 인구의 44퍼센트를 차지했다. 고등교육의 최고 명문 상파울루대학의 수천 명에 이르는 전체 학생 중에 아프리카계 브라질인은 12명 미만이었고 교수진은 그마저도 안 되었다.[58] 브라질의 파벨라favela 즉 모든 브라질 도시의 변두리에 무계획적이고 무질서하게 발달한 판자촌은 더 가난한 흑인 브라질인들이 시골에서 도시로 몰려들면서 1960년 이후 극적으로 그 수가 늘어났다. 오늘날 리우 인구의 23~24퍼센트가 이 빈민 지역에 살고 있다.[59]

이 모든 것은, 미국과 남아프리카공화국과는 달리 공식적·법적 인종차별 및 분리segregation가 없었던 나라에서 일어난 일이다.[60] 그런데도 브라질에는 강한 인종의식race consciousness이 만연해 있다. 1976년 정부기관에서 브라질인들에게 자신의 피부색을 정의해보라고 물었을 때, 순

백색, 그을린 구리빛, 캐슈너트 같은 색, 오렌지색, 검은색, 푸르데데한 색, 짙은 핑크색 등 134개의 다양한 유형이 나왔다.[61] 어떤 학문적 연구에서는 500가지 범주가 식별되었다.[62] 수년 동안 "인종(적) 민주주의racial democracy"라는 브라질의 슬로건과 이데올로기는 적어도 공적 담론public discourse에서는, 흑인 및 혼혈인의 삶의 특징인 심각한 불평등을 가렸고 흑인 정체성이 동원된 호소를 제한했다. 룰라(루이스 이나시우 룰라 다 시우바Luiz Inácio Lula da Silva)의 노동자당Partido dos Trabalhadores, PT 같은 브라질의 좌파 정당들은 계급 문제를 강조해왔지 인종에 관한 논의를 하거나 흑인 및 혼혈 인구에게 특별히 맞춰진 구제책을 개발하는 일은 꺼려왔다.

브라질의 노예 해방은 엄청난 진전의 획을 그었다. 그것은 주로 대중적 행동주의activism, 노예의 저항과 도주를 통해 일어났다. 노예들은 자유주의적 브라질에 끊임없이 위협을 가했으나 자신들을 해방시킬 순 없었다. 노예들에게는 지원이 필요했다. 그 지원은 높은 지위의 노예제 폐지론자들로부터 나왔고, 그들은 국제적 반反노예제 행동주의와 연합한 유사한 운동을 펼쳤다. 결정타는 노예제가 브라질 주요 지역들에서 더는 경제적이지 않음이 입증되었을 때 가해졌다. 1888년에 흑인들이 받은 권리가 아무리 부분적이었던 간에, 그들은 적어도 가장 기본적인 권리는 받았다—자유인으로서 인정받았다.

다른 무엇보다, 브라질과 전 세계 많은 지역에서는 인종이라는 이데올로기와 관습이 자유주의의 보편주의적 주장을 산산조각 내며 권리를 가질 권리가 있는 이들에게 (다른 사람들과 구분되는) 명확한 선을 그었다. 계몽사상에 기초하고 이른바 인종과학racial science으로 강화된 흑인의 유전적 열등성에 대한 신념은 노예제가 폐지되고 나서도 오랫동안 살아

남았다. 인종과 계급class이 거의 동일시되면서 수많은 흑인과 물라토가 뿌리 깊은 편견과 아울러 노예제 자체만큼이나 혹독한 것으로 판명 난 시장경제market economy에 종속되게끔 했으며, 특히 19세기와 20세기 초반 그리고 보다 최근에는 신자유주의neoliberalism의 부상과 함께 고전적인 자유주의적 관점이 시장의 작동을 완화할 그 어떤 종류의 사회정책도 거부했을 때에 더욱 그러했다.

노예제 폐지는, 그것이 대단한 업적이긴 했어도, 노예제와 자유를 가르는 선이 〔노예제〕 폐지론자들과 노예들 자신이 희망했던 것만큼 항상 선명하고 확고하지는 않았다. 그리고 노예제의 유산은 여전히 남아 있다. 법적으로 보장된 공식적 권리들은 근본적으로 중요하다. 그러나 이 권리들에는 ―마사 C. 누스바움Martha C. Nussbaum〔미국의 법철학자〕과 아마르티아 센의 주장처럼― 여러 사회적 능력이 요구되고, 사람들이 자신들을 위해 헌법과 법률에 명시된 권리를 완전히 행사할 수 있게끔 하는 사회적으로 평등주의적인 질서가 요구된다.[63]

역사는 스티븐 핑커가 허용하는 것보다 훨씬 더 모순적이고 복잡하다. 계몽주의와 인권의 영역에 개선이 있었다. 그것들은 대단히 중요하고 옹호되어야 한다. 그러나 그 성과들은 결코 한결같거나 꾸준하지 않았고, 아울러 선형적線形的, linear이라고도 할 수 없었다. 더욱 평화롭고, 평등하며, 인도적 세계를 건설하기 위해서는 복잡성을 이해해야 하고, 삶이 항상 상승 궤도상에 있다고 가정하지 말아야 한다.

1 다음에서 인용. Kathryn Kish Sklar, "Human Rights Discourse in Women's Rights Conventions in the United States, 1848-70", Pamela Slotte and Miia Halme-Tuomisaari (eds), *Revisiting the Origins of Human Rights* (Cambridge: Cambridge University Press, 2015), 163-88, 인용된 부분은 182.

2 프레더릭 더글러스는 다음 문헌에서 "인권human rights"이라는 문구를 썼다. "Reconstruction", in the *Atlantic Monthly* (December 1866), 재판은 *The Life and Writings of Frederick Douglass*, vol. 4, ed. Philip S. Foner (New York: International, 1975), 198-9, 202. 그림케에 대해서는 다음을 참조하라. Ana Stevenson, "The 'Great Doctrine of Human Rights': Articulation and Authentication in the Nineteenth-Century U.S. Antislavery and Women's Rights Movements", *Humanity*, 8, no. 3 (2017): 413-39, 인용은 413.

3 E. H. Carr, *What Is History?* ed. R. W. Davies (1961; Houndsmills: Macmillan, 1986). 〔한국어판. 에드워드 H. 카, 김택현 옮김, 《역사란 무엇인가》, 까치, 2015〕

4 Steven Pinker, *The Better Angels of our Nature: Why Violence Has Declined* (New York: Viking, 2011) 〔한국어판. 스티븐 핑커, 김명남 옮김, 《우리 본성의 선한 천사: 인간은 폭력성과 어떻게 싸워 왔는가》, 사이언스북스, 2014〕, 그리고 *Enlightenment Now: The Case for Reason, Science, Humanism, and Progress* (New York: Viking, 2018). 〔한국어판. 스티븐 핑커, 김한영 옮김, 《지금 다시 계몽: 이성, 과학, 휴머니즘, 그리고 진보를 말하다》, 사이언스북스, 2021〕

5 예를 들면 다음을 참조하라. Samuel Moyn, *Not Enough: Human Rights in an Unequal World* (Cambridge, MA: Belknap Press, 2018) 〔한국어판. 새뮤얼 모인, 김대근 옮김, 《충분하지 않다: 불평등한 세계를 넘어서는 인권》, 글항아리, 2022〕; idem, *The Last Utopia: Human Rights in History* (Cambridge, MA: Belknap Press, 2010) 〔한국어판. 새뮤얼 모인, 공민희 옮김, 《인권이란 무엇인가》, 21세기북스, 2011〕. Eric A. Posner, *The Twilight of Human Rights Law* (Oxford: Oxford University Press, 2014); Stephen Hopgood, *The Endtimes of Human Rights* (Ithaca: Cornell University Press, 2013). 그러한 비평에 대한 매우 효과적인 도전은 다음을 참조하라. Kathryn Sikkink, *Evidence for Hope: Making Human Rights Work in the 21st Century* (Princeton: Princeton University Press, 2017), 그리고 Beth A. Simmons, *Mobilizing for Human Rights: International Law in Domestic Politics* (Cambridge: Cambridge University Press, 2009). 프랑스의 논쟁에 대해서는 프랑스어권의 인권 반대자들에 대해 극도로 비판적인 다음을 참조하라. Justine Lacroix and Jean-Yves Pranchère, *Le Procès des droits de l'homme: Généalogie du scepticisme démocratique*

(Paris: Seuil, 2016). 나는 Lacroix와 Pranchère의 견해와 매우 비슷한 입장이다.

6 이것은 내가 저술한 *A World Divided: The Global Struggle for Human Rights in the Age of Nation-States* (Princeton: Princeton University Press, 2019)의 주장이다.

7 Pinker, *Enlightenment Now*, 4, 그리고 3-14의 전반적 내용.

8 Hannah Arendt, *The Origins of Totalitarianism* (1951; Cleveland: Meridian, 1958), 300, 296 〔한국어판. 한나 아렌트, 이진우·박미애 옮김, 《전체주의의 기원》(전 2권), 한길사, 2006〕, 그리고 J. G. Fichte, *Foundations of Natural Right: According to the Principles of the Wissenschaftslehre* (1796), ed. Frederick Neuhouser, trans. Michael Baur (Cambridge University Press, 2000), 333. 아렌트는 피히테의 표현을 언급하지 않으며 주요 아렌트 학자들 또한 마찬가지다.

9 아래 내용 중 일부는 다음에서 가져왔다. Eric D. Weitz, *A Century of Genocide: Utopias of Race and Nation* (2003; Princeton: Princeton University Press, 2015); 그리고 idem., *A World Divided*.

10 동아시아의 예에 대해서는 다음을 참조하라. Jürgen Osterhammel, *Unfabling the East: The Enlightenment's Encounter with Asia*, trans. Robert Savage (1998; Princeton: Princeton University Press, 2018).

11 이 19세기 발전상에 대해서는 다음의 권위 있는 저서들을 참조하라. Jürgen Osterhammel, *The Transformation of the World: A Global History of the Nineteenth Century*, trans. Patrick Camiller (Princeton: Princeton University Press, 2014) 〔한국어판. 위르겐 오스터함멜, 박종일 옮김, 《대변혁 1~3: 19세기의 역사풍경Die Verwandlung der Welt: eine Geschichte des 19. Jahrhunderts》, 한길사, 2021〕, 그리고 C. A. Bayly, *The Birth of the Modern World, 1780-1914: Global Connections and Comparisons* (Malden: Blackwell, 2004), 이와 함께 많은 영향을 준 다음 글도 참조하라. Sebastian Conrad, "Enlightenment in Global History: A Historiographical Critique", *American Historical Review*, 117, no. 4 (2012): 999-1027. Bayly는 전 세계에서 사회적 관행과 정치적·경제적 발전이 갈수록 획일화하고 사회의 복잡성은 갈수록 커지고 있음을 강조한다. Osterhammel은 차이에 더 초점을 맞춘다. 국가권력에 관해 Bayly는 다음과 같이 통찰력 있게 표현한다. "〔국가는〕 이전에는 자치적으로 운영되었던 사회 영역을 파고 들어가야 했다" (7).

12 19세기 초반 유럽에 간 페르시아 및 중동의 여행자들의 이야기에 대해서는 다음을 참조하라. Alexander Bevilacqua, *The Republic of Arab Letters: Islam and the European Enlightenment* (Cambridge, MA: Belknap Press, 2018); Nile Green, *The Love of Strangers: What Six Muslim Students Learned in Jane Austen's London* (Princeton: Princeton University Press, 2016). 다음도 흥미로운 책이다. Rifaʿah Rāfiʿ al-Ṭahṭāwī, *An Imam in Paris: Account of a Stay in France by an Egyptian Cleric (1826-1831)*, trans. Daniel L. Newman (London: Saqi, 2004).

13 훔볼트에 대해서는 다음의 훌륭한 전기를 참조하라. Andrea Wulf, *The Invention of Nature: Alexander von Humboldt's World* (New York: Knopf, 2016). 〔한국어판. 안드레아 울프, 양병찬 옮김, 《자연의 발명: 잊혀진 영웅 알렉산더 폰 훔볼트》, 생각의 힘, 2021〕

14 다음을 참조하라. Lisbeth Koerner, *Linnaeus: Nature and Nation* (Cambridge, MA: Harvard University Press, 1999).

15 다음에서 인용되었다. Ivan Hannaford, *Race: The History of an Idea in the West* (Washington, DC: Woodrow Wilson Center Press, 1996), 204.

16 다음에서 인용되었다. Hannaford, *Race*, 26.

17 David Brion Davis는 *The Problem of Slavery in Western Culture* (Ithaca: Cornell University Press, 1966), 446에서 다음과 같이 말했다. "계몽주의가 인류학 및 비교해부학을 신학적 가정으로부터 분리했다는 점에서, 그것은 인종에 따른 열등 이론을 위한 길을 터주었다." 다음도 참조하라. Emmanuel Chukwudi Eze (ed.), *Race and the Enlightenment: A Reader* (Cambridge, MA: Blackwell, 1997); 그리고 Nell Irvin Painter, *The History of White People* (New York: Norton, 2010), chaps. 5 and 6.

18 Peter Gay, *The Cultivation of Hatred: The Bourgeois Experience Victoria to Freud*, vol. 3 (New York: Norton, 1993), 72.

19 다음을 참조하라. Stephen Jay Gould, *The Mismeasure of Man*, revised edn (New York: Norton, 1996). 〔한국어판. 스티븐 제이 굴드, 김동광 옮김, 《인간에 대한 오해》, 사회평론, 2003〕

20 다음을 참조하라. Eric D. Weitz, "Self-Determination: How a German Enlightenment Idea Became the Slogan of National Liberation and a Human Right", *American Historical Review*, 120, no. 2 (2015): 462-96.

21 Fichte, *Foundations*, 37.

22 Manfed Kühn의 *Johann Gottlieb Fichte: Ein deutscher Philisoph, 1762-1814* (Munich: Beck, 2012), 300-1에서의 논의. 더불어 Anthony J. La Vopa, *Fichte: The Calling of the Self and Philosophy* (Cambridge: Cambridge University Press, 2001), 305-17를 참조하라. 피히테가 말한 것처럼, "이 〔상호〕 의무의 원천이 도덕법칙the moral law이 아닌 것은 확실하다. 외려 그것은 사유의 법칙the law of thought이다." Fichte, *Foundations*, 47.

23 다음을 참조하라. Samuel Moyn, *Origins of the Other: Emmanuel Lévinas between Revelation and Ethics* (Ithaca: Cornell University Press, 2005).

24 Fichte, *Foundations*, 45.

25 La Vopa, *Fichte*, 345-67는 이 문제에 관한 그의 주제를 너무 관대하게 다루는 것 같다. 좀 더 비판적인 것은 Isabel V. Hull, *Sexuality, State, and Civil Society in Germany, 1700-1815* (Ithaca: Cornell University Press, 1996), 314-23이다.

26 Fichte, *Foundations*, 266.

27 Fichte, *Foundations*, 269.

28 Fichte, *Foundations*, 271.

29 Fichte, *Foundations*, 282.

30 Fichte, *Foundations*, 299.

31 피히테에 대한 최근의 저술로 좀 더 정교하지만 다른 것은 배제한 채 궁극적으로 그의 민족주의를 강조하는 책에 대해서는 다음을 참조하라. Helmut Walser Smith, *The Continuities of German History: Nation, Religion, and Race across the Long Nineteenth Century* (Cambridge, MA: Cambridge University Press, 2008), 58-73. 어떤 측면에서는 내 주장과 병행하는 피히테의 공화주의 및 국가관에 관해 통찰력 있는 글을 읽으려면 다음을 참조하라. Isaac Nakhimovsky, *The Closed Commercial State: Perpetual Peace and Commercial Society from Rousseau to Fichte* (Princeton: Princeton University Press, 2011). Nakhimovsky는 피히테가 세계 평화의 기초라고도 할 수 있는 진정한 공화주의는 국가가 시장 기능을 제한하고, 경제 자립(폐쇄적 자급자족 경제)을 이루고, 모든 이에게 일을 보장할 때에만 건립될 수 있음을 어떻게 주장했는지 보여준다.

32 영국의 경우는 다음의 선구적 저작을 참조하라. George Stocking, *Victorian Anthropology* (New York: Free Press, 1987).

33 다음에서 인용되었다. Gesine Krüger, *Kriegsbewältigung und Geschichtsbewußtsein: Realität, Deutung und Verarbeitung des deutschen Kolonialkriegs in Namibia 1904 bis 1907* (Göttingen: Vandenhoeck and Ruprecht, 1999), 65.

34 Osterhammel, *The Transformation of the World*; Bayly, *The Birth of the Modern World*; Conrad, "Enlightenment in Global History".

35 Weitz, *World Divided*, chap. 4.

36 David Eltis and David Richardson, *Atlas of the Transatlantic Slave Trade* (New Haven: Yale University Press, 2010), 4-5.

37 폐지론에 관한 문헌은 방대하다. 다음 David Brion Davis의 다수의 저작을 참고하라. *The Problem of Slavery in the Age of Emancipation* (New York: Knopf, 2014), *The Problem of Slavery in the Age of Revolution* (Ithaca: Cornell University Press, 1975); Seymour Drescher, *Abolition: A History of Slavery and Antislavery* (Cambridge: Cambridge University Press, 2009); Adam Hochschild, *Bury the Chains: Prophets and Rebels in the Fight to Free an Empire's Slaves* (Boston: Houghton Mifflin, 2005); Rebecca Scott, *Slave Emancipation in Cuba: The Transition to Free Labor, 1860-1899* (Pittsburgh: University of Pittsburgh Press, 2000). Clarence-Smith, *Islam and the Abolition of Slavery*에서는 이슬람 세계에서의 [노예제] 폐지로 이어진 다양한 영향을 논증한다. 노예제와 그것의 폐지에 관한 현대의 연구는 다음의 책으로부터 시작되었다. Eric Willians, *Capitalism and Slavery* (Chapel Hill: University of North Carolina Press, 1944). [한국어판. 에릭 윌리엄스, 김성균 옮김,

《자본주의와 노예제도》, 우물이 있는 집, 2014〕

38 브라질 노예제와 브라질의 사회 조직 및 정치 조직 전반에 대해서는 특히 다음을 참고했다. Emilia Viottida Costa, *The Brazilian Empire: Myths and Histories* (Chapel Hill: University of North Carolina Press, 2000); Herbert S. Klein and Francisco Vidal Luna, *Slavery in Brazil* (Cambridge: Cambridge University Press, 2010); Stuart B. Schwartz, *Sugar Plantations in the Formation of Brazilian Society: Bahia, 1550-1835* (Cambridge: Cambridge University Press, 1985); Robert Edgar Conrad, *The Destruction of Brazilian Slavery, 1850-1888*, 2nd edn (1972; Malabar: Krieger, 1993); 그리고 다음의 글을 일부 참조했다. Kenneth Maxwell, *Naked Tropics: Essays on Empire and Other Rogues* (New York: Routledge, 2003. 1990년대 현재의 역사서술 상황에 관해서는 다음을 참조하라. Stuart B. Schwartz, *Slaves, Peasants, and Rebels: Reconsidering Brazilian Historiography* (Urbana: University of Illinois Press, 1992), 1-38. 다음의 책은 최근의 역사서술의 관한 좀 더 종합적인 내용을 제공한다. Klein and Luna, *Slavery in Brazil*.

39 David Brion Davis, *Inhuman Bondage: The Rise and Fall of Slavery in the New World* (New York: Oxford University Press, 2006), 104.

40 Davis, *Inhuman Bondage*, 324.

41 "Excerpt from Count Pedro de Almeida to King João V (of Portugal), 1719", in Robert Edgar Conrad (ed.), *Children of God's Fire: A Documentary History of Black Slavery in Brazil* (Princeton: Princeton University Press, 1983), 394-7, 인용은 396-7.

42 Conrad, *Children of God's Fire*, 396-7.

43 King João VI의 조언자, 다음에서 인용되었다. Conrad, *Children of God's Fire*, 359.

44 다음에서 인용되었다. Conrad, *Children of God's Fire*, 241.

45 일부 예로 다음을 참조하라. João José Reis, *Slave Rebellion in Brazil: The Muslim Uprising of 1835 in Bahia, trans. Arthur Brakel* (1986; Baltmore: Johns Hopkins University Press, 1993), 40, 47, 56, 121, 122.

46 Reis, *Slave Rebellion in Brazil*, 120-3.

47 Joaquim Nabuco, *Abolitionism: The Brazilian Antislavery Struggle* (1883), trans. and ed. Robert Conrad (Urbana: University of Illinois Press, 1977), 9-10.

48 Nabuco, *Abolitionism*, 10, 19. 브라질 최초의 〔사실상의〕 총리이자 브라질인으로서는 최초의 위대한 폐지론자의 다음의 선언문을 참조하라. José Bonifacio de Andrada e Silva, in 1823, 다음에서 발췌되었다. Conrad, *Children of God's Fire*, 418-27.

49 Nabuco, Abolitionism, 98-103. 또 다른 폐지론자 L. Anselmo da Fonseca는 *A Escravidão, o Clero e o Abolicionismo*에서 흑인에 대해 더욱 심한 적대감을 보였다. 하지만 그렇다고 해서 그가 노예제에 반대하는 것을 멈추지는 않았다.

50 Nabuco, *Abolitionism*, 98.

51 Sidney Chalhoub, "The Politics of Ambiguity : Conditional Manumission, Labor Contracts, and Slave Emancipation in Brazil (1850s-1888)", *International Review of Social History*, 60, no. 1 (2015): 161-91, 이 부분은 164.

52 법 문헌은 다음에서 참조했다. Conrad, *Children of God's Fire*, 480-1.

53 다음에서 인용되었다. Conrad, *Destruction of Brazilian Slavery*, 205.

54 Conrad, *Destruction of Brazilian Slavery*, 205.

55 https://countryeconomy.com/demography/literacy-rate/brazil, 2020년 3월 18일 접속함.

56 수치는 다음에서 참조했다. Anthony W. Marx, *Making Race and Nation : A Comparison of the United States, South Africa, and Brazil* (Cambridge : Cambridge University Press, 1998), 171-2, 254, Thomas E. Skidmore, *Brazil : Five Centuries of Change*, 2nd edn (New York : Oxford University Press, 2010), 189.

57 세계은행의 수치에 대해서는 다음을 참조하라. https://data.worldbank.org/indicator/SI.POV.GINI/. 그리고 CIA의 불평등 목록(세계은행World Bank이 사용한 동일한 지니 계수에 기초한)에 대해서는 다음을 참조하라. https://www.cia.gov/library/publications/the-world-factbook/rankorder/2172rank.html, 두 사이트 모두 2018년 5월 15일 접속함.

58 Skidmore, *Brazil*, 199.

59 https://catcomm.org/favela-facts/, 2020년 3월 18일 접속함. 파벨라에서의 삶과 노예제 유산을 그린 중요하고 인상적인 영화로 다음을 참조하라. *City of God* (2002, directed by Fernando Meirelles and Kátia Lund) 〔영화. 〈시티 오브 갓, 페르난도 메이렐레스〉, 카티아 런드, 2006〕, *Black Orpheus* (1959, directed by Marcel Camus)〔영화. 〈흑인 오르페〉, 마르셀 카뮈, 1959〕

60 Marx, *Making Race and Nation*과 함께 인종에 대한 다른 중요한 비교 연구서에 대해서는 다음을 참조하라. Patrick Wolfe, *Traces of History : Elementary Structures of Race* (London : Verso, 2016), George M. Fredrickson, *Racism : A Short History* (Princeton : Princeton University Press, 2003). 마지막 저서에서는, 브라질은 다루지 않지만, 미국, 남아프리카 공화국, 나치 독일 등 법적으로 인종주의가 명시되어 있는 세 국가를 다루고 있다.

61 Brazilian Institute of Geography and Statistics, "What Color Are You?", in Robert M. Levine and John J. Crocitti (eds), *The Brazil Reader : History, Culture, Politics* (Durham : Duke University Press, 1999), 386-90.

62 Wolfe, *Traces of History*, 113-14. 이 책에서는 다음의 연구를 인용하고 있다. Marvin Harris and Conrad Kotak, "The Structural Significance of Brazilian Categories", *Sociologica*, 25 (1963): 203n.

63 다음을 참조하라. Martha C. Nussbaum, *Creating Capabilities : The Human Development Approach* (Cambridge, MA : Belknap Press of Harvard University Press, 2011) 〔한국어판. 마사 C. 누스바움, 한상연 옮김, 이양수 감수, 《역량의 창조 : 인간다운 삶에는 무엇이

필요한가?》, 돌베개, 2015〕; Amartya Sen, *Development as Freedom* (New York: Knopf, 1999) 〔한국어판. 아마르티아 센, 김원기 옮김, 유종일 감수, 《자유로서의 발전》, 갈라파고스, 2013〕

제1부 해석

제5장

스티븐 핑커의 기술관료적 신자유주의, 그리고 그것이 문제가 되는 이유

Pinker's technocratic neoliberalism, and why it matters

데이비드 A. 벨

David A. Bell

> 자연은 인간의 어리석음이 덧없도록 현명하게 정해놓은 듯하나,
>
> 책은 그 어리석음을 영원하게끔 만든다.
>
> —몽테스키외[1]

큰 재해는 때로는 면밀하게 정곡을 찌르는 서평으로 기능하기도 한다. 예를 들어, 철학자 고트프리트 빌헬름 라이프니츠Gottfried Wilhelm Leibniz 는 《변신론辯神論, Theodicy [Essais de Théodicée]》(1710)을 발표하며 인류는 "모든 가능한 세계 중에서도 최고의 세계"에 산다고 주장했다("변신론"은 "신정론神正論" "신의론神義論" "호신론護神論 등으로도 쓰인다. 책의 부제는 "신의 선", 인간의 자유, 악의 기원에 관하여"다).[2] 1755년 지진이 리스본을 강타해 도시를 파괴하고 최소 1만 명에 이르는 목숨을 앗아갔을 때, 논평가들(최초

이자 그 선봉이 《캉디드 혹은 낙관주의Candide, ou I'Optimisme》[1759]의 볼테르다)
은 라이프니츠의 논지에 대한 결정적 반박으로 이 사건을 내세웠다.[3] 라
이프니츠 이후 정확히 200년이 되었을 때, 앵글로-아메리카인 기자 노
먼 에인절Norman Angell은 자신의 베스트셀러 《위대한 환상The Great Illusion》
(1910)에서 군사력이 "사회적으로나 경제적으로나 무익해"졌다고 주장
하며 영구적 평화의 도래가 임박했음을 예견했다.[4] 4년 후 인류 역사상
가장 파괴적인 전쟁이 발발했다. 그리고 2018년, 하버드대학의 심리학
자 스티븐 핑커가 《지금 다시 계몽: 이성, 과학, 휴머니즘, 그리고 진보
를 말하다》를 출판했다. 책에서 그는 이전 어느 때보다도 "사회는 더 건
강하고, 더 부유하고, 더 자유롭고, 더 행복하며, 더 많이 교육받았다"라
고, 이와 같은 추세는 계속될 것이라고 주장했다.[5] 2년 후 전 지구적 팬
데믹pandemic[전염병 범유행/대유행]은 불과 1년 만에 250만 명이 넘는 생
명을 앗아갔고 정부들로 하여금 전 세계 경제를 초토화한 매우 엄격한
셧다운shutdown[봉쇄]을 강제할 수밖에 없게 했다. 핑커는 인류에 대한
"실존적 위협Existential threats"에 관한 장[《지금 다시 계몽》 19장]에서 팬데믹
의 위협에 대해서는 채 한 문단도 할애하지 않았다. 다만 "의학과 공중
보건의 개입에 의해 진압된" "잘못 예견된 팬데믹"의 목록을 제공하기
는 했다.[6]

책은, 그럼에도, 이와 같은 유형의 서평에서 살아남는 남다른 수단을
가지고 있다. 라이프니츠는 ―그의 주장은 볼테르의 광범위한 풍자보
다 훨씬 섬세하고 훨씬 사려 깊다― 여전히 서구의 철학적 규범을 떠받
치는 기둥으로 남아 있다. 에인절은 1931년에 기사 작위[Knight Bachelor]
를 받았고 2년 후에는 노벨평화상을 받았다. 핑커의 경우는, 팬데믹이
《지금 다시 계몽》의 주장을 하나라도 철회하게 하는 요인이 되지 않았다.

이제 독자들에게는 인류의 미래에 대한 핑커의 낙관적 예측을 의심할 이유가 어느 때보다도 많아졌으나, 과학의 힘에 대한 핑커의 믿음과 그가 어색하게 "정치 담론에서 과학 바보 만들기the stupidification of science"라고 부른 것에 대한 그의 규탄이 어느 때보다 매력적으로 보였을 수 있다.[7]

실제로, 2020년 이후의 세계에서는 핑커의 연구를―나는 "기술관료적 신자유주의technocratic neoliberalism"라고 부르겠다― 뒷받침하는 정치적 전망 역시 어느 때보다 사람들의 마음을 끌게 될 것이라고 생각할 근거가 있다. 앞으로 다루겠으나, 이 전망이란 민주적 정치의 어지럽고 통제하기 힘든 측면과 사회 운동이 최소한의 한계를 넘지 않는 세계에 대한 전망이다(핑커에게는 그가 민주주의의 "최소 강령[최소 정의]""minimalist conception" of democracy이라 부르는 것이 있다).[8] 그 대신 사회조직과 재화 분배에 관한 결정은 최대한 자유시장의 자율적, 비개인적 작동과 정통한 전문가들의 합리적[이성적]rational 판단을 통해 내려진다. 2020년의 팬데믹은 전 세계에 과학전문가의 중요성만 상기시킨 것이 아니었다. 그것은 또한 민주주의의 결점을 부각시켰는바, 포퓰리스트populist 선동가들이 이미 확립된 과학을 매도하고 그 과정에서 치명적 코로나바이러스감염증-19의 확산을 용이하게 했기 때문이다. 그러나 현대 민주주의가 직면한 문제들은 매우 다양하므로 이번 팬데믹에서 얻은 교훈을 그 밖의 팬데믹에, 전혀 다른 팬데믹에 무비판적으로 적용한다면 그것은 쓰라린 오류가 될 터다.

이러한 까닭에, 핑커의 정치적 전망을 철저히 검토해보는 것은 매우 가치 있는 일이다. 핑커의 정치적 전망은 핑커 본인도 체계적 방식으로 상세히 풀어낸 적이 없는 것이다. 핑커는 정치철학자가 아니고 그런 척하지도 않는다. 그는 대부분의 사람이 주변 세계를 인식하고 해석하는 방식에서 자신이 실수라고 생각하는 것을 정정해주고 싶어 하는 심리학자다. 그는 다음과 같이 말한다. "오늘날에도 인간은 전통 사회에서 충분히 잘 작동한, 그런데 지금 보면 버그투성이인 인지認知능력〔인식능력〕cognitive faculty에 의존하고 있다."⁹ 핑커가 하는 일은 디버깅〔오류수정〕 debugging이다. 그럼에도 핑커의 책에는 세상이 실제로 어떻게 보이는지, 어떻게 작동하는지, 어떤 정책들이 그가 식별한 긍정적 추세를 확실히 지속시키는 효과를 가장 많이 낼지에 관해 강력한 가정들이 담겨 있다. 다른 말로 표현하자면, 핑커의 책은 사실 불가피하게 정치적이다. 동시에 기술관료제와 신자유주의가 실제로는 잘 맞지 않는다는 것은 모순적이기도 하다. 이 둘은 중요한 공통점을 한 가지 갖고 있지만 최근 역사에서 매우 다른 순간에 등장한 사회 및 경제 조직에 대해서는 매우 다른 전망을 투영한다. 핑커는 인류의 인지편향을 바로잡는 심리학자 배역에 자기 자신을 섭외하면서도 자신의 책 속 정치적 함의를 체계적으로 펼쳐놓지는 않음으로써 이 모순과의 직면을 용케 피해왔다.

핑커 본인이 직접 자신의 정치적 전망을 표명한 것에 가장 근접한 부분은 《지금 다시 계몽》의 첫 장에서 "내가 전달하는 것은 지금보다 2세기 이상 이전에 구체화한 신념과 가치의 집합체, […] 계몽주의의 이상들이었다"라는 대목이다. 많은 비평가가 주목했듯, 핑커는 절대로 실제의 계몽주의 저술가들을 체계적으로 논하는 법이 없고 지나가는 말로만 언급한다. 실제로, 어떤 이들은 핑커가 계몽주의라는 이름으로 통용되는 역사적 사건 자체에 대한 이해가 거의 없다고 그를 비난한다.¹⁰ 아이러니하게도, 핑커의 기술관료적 신자유주의는 18세기에 두 번의 선례先例가 있었다. 그런데 그 선례들은 핑커가 인용한 것이 아니며 그는 두 번째 선례는 알지 못할 수조차 있다. 그렇지만 이 두 번째 선례의 모순과 궁극적 실패는 왜 그것에 상응하는 21세기 핑커식 대안으로부터 우리가 기대할 게 거의 없는지를 보여준다.

신자유주의란 무엇인가?

스티븐 핑커의 신자유주의neoliberalism는 그의 정치적 입장 중에서 보다 명확한 부분이다. 참으로, "신자유주의" 그 자체는 현재의 정치 담론에서 종종 욕지거리나 다름없게 전락해버린 모호한 용어다. 이 장에서 나는 신자유주의 용어를 다음과 같은 의미로 쓰고자 한다. 첫째, 재화와 용역의 사회적 분배에서 가장 효율적이고 경제적으로 생산적인 방식은 자유시장free market이라는, 기존의 ("고전적") 자유주의적 사상에서 파생된 신념을 가리킬 때다. 이 신념은 가능한 최대한의 경제성장을 이루는 대신 높은 수준의 불평등을 감수하겠다는 태도, 조세·규제·경제계획·국유화에 대한 강한 불신, 노동조직에 대한 강한 적대감과 결합되어 있다. "신"자유주의는 경제 중 금융 부문의 규제를 풀어야 한다고 특별히 강조하고, 이른바 "창조적 파괴creative destruction"를 용인하며, 자유무역free trade이 전 지구적 차원에서 작동해 재화와 용역이 전 세계에 최대한 빠른 속도로 최대한 많이 자유롭게 유통되어야 한다고 주장한다는 점에서 그것의 고전적 원형〔전신〕과 구별된다. 또한 신자유주의는 피에르 로장발롱Pierre Rosanvallon〔프랑스 정치학자·사회학자·역사학자〕이 정치로부터 대체적으로 자유로운 세계에 대한 고전적 자유주의classical liberalism의 전망이라고 칭한 것을 더더욱 강력한 형태로 발현한다—그 세계에서는 자기조정적self-regulating, 자기조직적self-organizing 시장 메커니즘이 분배의 가장 중요한 사회적 지형과 패턴을 결정하며, 보통 시민ordinary citizen들에게는 정치적 행위에 의존할 여지를 거의 혹은 전혀 남기지 않는다.[11] 여전히 불완전한 이름표지만, "신자유주의"는 1980년대 영국과 미국에서 〔마거릿〕대처〔Margaret〕Thatcher 정부와 〔로널드〕레이건〔Ronald〕Reagan 정부가 실행한 이데올로기적 프로그램을 대략적으로 설명해주며, 각각, 그 핵심적 요소들은 야당이었던 후속 정부들(토니 블레어Tony Blair의 "신노동당New Labour"과 빌 클린턴Bill Clinton의 민주당Democratic Party)에 의해 대체적으로 문제시되지 않은 채로 남았다.[12]

핑커가 신자유주의적 발상에 끌렸다는 것은 《지금 다시 계몽》의 "부Wealth"〔8장〕와 "불평등Inequality"〔9장〕이라는 제목의 두 장에서 명확하게 드러난다.[13] "부"에서 핑커는 지난 두 세기에 걸쳐 인류의 부가 엄청나게 폭증했음을 보이고 다음 세 가지 요인을 들어 그것을 설명하려 시도한다. 과학기술 혁신, 자유시장을 진흥·보호한 제도, 부의 창출을 경멸한 가치체계에 대한 "부르주아의 미덕bourgeois virtue"의 승리가 그것이다.[14] 줄곧 그는 자유시장경제를 "집산화collectivization, 중앙집중식 통제, 정부의 독점, 허가제 위주의 숨 막히는 관료제"와 대비하며 그것의 경이적인 부 창출 능력을 찬양한다.[15] 핑커는 지구화globalization가 수십억의 인류를 구해낸 데 대해 칭송하는바, 그가 의존하는 통계는 유엔UN〔세계은행〕이 정의한 "극빈extreme poverty"에 해당하는 하루〔소득〕1.90달러〔미만〕로, 이는 많은 국가에서 명백히 너무 낮은 수치이며 그 경계선에서 위태롭게 살고 있는 수억 명의 상황은 고려하지 않은 것이다.[16] 또한 핑커는 모든 사람이 경제성장의 혜택을 입는 한 경제 불평등은 문제가 안 된다고 주장한다. 그는 "소득 불평등income inequality은 안녕well-being의 기본적 구성 요소가 아니다"라고 대담하게 말한다.[17] 그는 일종의 국가 의료보험(스티븐 핑커는, 앞으로 기억하게 되겠지만, 캐나다인이다)을 비롯한 탄탄한 사회안전망social safety net, SSN의 필요성을 주장하기는 한다. 동시에 그는 "좌파the left"가 "시장을 경멸하고 마르크스주의와 로맨스를 벌인다"며 그들을 거듭 조롱하고, "지식인intellectuals" 일반의 이른바 "진보공포증progressophobia"을 맹렬히 비난한다.[18]

놀랍게도, 핑커는 극심한 경제 불평등의 정치적·사회적 결과에 대해 거의 고려하지 않는다. 2020년 봄, 미국 최상위 부자 400명이 소유한 부는 미국 인구의 하위 64퍼센트가 소유한 부와 맞먹었으며, 전 세계 최상위 부자 2153명이 소유한 부는 〔전 세계 인구의〕 하위 46억 명이 소유한 부와 맞먹었다.[19] 이처럼 매우 심한 불일치는 최상위 부유층의 권력을 강화해 선거에 영향력을 행사하거나 심지어는 돈으로 선거를 사고, 정부 정책을 결정하고, 자신들이 속한 사회·민족·종교 집단의 이익을 위한 교육·조세·교통 체계를 세우게 하고, 그 외 이런저런 일을 한다. 또한 자신들의 부 덕분에 초超거부들이 축적한 엄청난 권력은 자유 시장을 지배한다고 여겨지는 자유롭고 평등한 경쟁 원칙을 빈번히 좀먹는다. 신자유주의적 자본주의 기반의 민주국가들은 자본주의적 과두 체제로 퇴보하는 경향이 뚜렷하다고 할 수 있다. 1910년에서 1920년 사이, 세계 3대 초강대국 중 러시아와 중국은 논란의 여지는 있긴 해도 후자의 범주에 속했고, 다른 한 국가인 미국도 같은 방향으로 움직이고 있다는 징후를 보였다.

기술관료적 전망

기술관료제〔테크노크라시〕technocracy는, (신)자유주의와 마찬가지로, 그 역사가 오래다. 정치 문제를 해결하는 데에 과학 및 공학 법칙을 적용한다는 발상idea은 적어도 계몽주의the Enlightenment 시대까지 거슬러 올라간다. 다만, 실제의 계몽사상가 중 기술관료제와 미미하게나마 비슷한 것을 조금이라도 옹호한 이는 극소수에 불과했다. 이 발상이 계몽사상가들의 공이 된 것은 외려 그들의 적에 의해서인바, 이들은 계몽사상가들이 불완전한 인류를 추상적 철학법칙이라는 프로크루스테스의 침대 Procrustean bed에 억지로 끼워 맞추며 인간을 전문가의 수리가 필요한 고장 난 기계처럼 취급한다고 비난했다.[20] 그러나 소피아 로젠펠드Sophia Rosenfeld가 《민주주의와 진실: 짧은 역사Democracy and Truth: A Short History》(2019)에서 강조했듯, 보통 사람들ordinary people에게 정치권력을 위임한다는 발상에 많은 계몽사상가가 반발했음은 물론이다. "거주가능한 세상 중 절반 이상은 […] 두발 달린 동물들이 자연 상태에 가까운 끔찍한 환경 속에서 살고"라고 표현한 볼테르에서부터, "가장 현명"하고 "가장 덕이 많은" 남성들에게 권력을 위임하고 싶어 한 제임스 매디슨James Madison, 스티븐 핑커의 "인지적 디버깅cognitive debugging"과 공통점이 적지 않은 발상의 과학을 믿은 프랑스의 이데올로그idéologue들까지 수많은 18세기 명사가 로젠펠드가 "식자識者, the learned라는 독특한 동패同牌, cohort의 사회적·정치적 유용성"이라고 칭하는 것을 주장했다〔제임스 매디슨은 미국 헌법 제정 초안의 기초를 맡아 "미국 헌법의 아버지"라 불리는 인물이다. 미국의 제4대 대통령(재임 1809~1817)이기도 하다〕.[21] 이것이 핑커가 책〔《지금 다시 계몽》〕에서 말하는 계몽주의의 첫 번째 선례先例다. 더 나아가 로젠펠드는 다음과 같이 지적한다. 19, 20세기를 거치며 이와 같은 종류의 "동패"의 옹호자들은 그것을 도덕적이고 현명한 엘리트로 규정하는 경우는 줄고, 그보다 기술전문가technical expert 계급으로 즉 월등한 과학지식scientific knowledge과 추론기술reasoning skill을 통해 점점 더 복잡해지는 사회의 점점 더 기술적technical이 되는 문제들을 해결할 수 있는 계급으로 규정하는 경우가 늘었다.[22]

제2차 세계 대전 이후 수십 년 동안 이 기술전문가들이 부상하는 것 같았다. 《포스트산업사회의 도래The Coming of Post-Industrial Society》(1973)에서 사회학자 대니얼 벨Daniel Bell이 주장하는 바에 따르면, 서비스service, 이론적 지식theoretical knowledge, 정보기술information technology이 선진국 경제의 주요 동력이 되고, 중공업이 퇴출됨에 따라 이 "신新계급the new class"은 전례 없는 사회적·정치적 영향력을 획득하게 될 터였다.[23] 싱크탱크, 대학, 대기업 등에서 활동하는 전문가들이 사회적·경제적 계획에 조언을 주며 선출직 공무원들에게 방향을 제시하게 될 터였다. 유럽이 이 경로의 예시를, 일례로 프랑스의 초강력한 국립행정학교École Nationale d'Administration, ÉNA와 국가기획단Commissariat Général du Plan, CGP 같은 기관에서 보여주는 것 같았다. 한편, 거대한 관료제와 이른바 "과학적" 중앙 계획을 갖춘 공산권은 전문가들에 의해 비대해진 정부를 대표하는 것처럼 보였다. 사실 "신계급"이라는 용어가 처음 인기를 얻은 것은 정치인이었다가 반체제 인사가 된 유고슬라비아의 밀로반 질라스Milovan Đilas가 그 용어를 동유럽 공산주의 체제를 분석한 책[The New Class: An Analysis of the Communist System, 1957]의 제목으로 쓰고 난 후였다.[24]

기술관료적 전망은, 신자유주적 전망과 마찬가지로, 정치 없는 정부의 전망이다. 극단적 사례로, 과학 원칙에 부합해 통치한다고 주장하는 공산주의 독재체제에서는 정치 생활이 강력히 억압된다. 프랑스에서 샤를 드 골Charles de Gaulle은 자신이 집권[1959~1969]하는 제5공화정을 강력한 대통령이 정치적 논란에서 떨어진 위치에서 ÉNA 기술관료[테크노크라트]technocrat들로부터 조언을 받아 광범한 사회적·경제적 발전 노선을 결정하는 국가로 상상했다. 미국에서조차 한창 "신계급"에 관한 이론을 만들 때 벨(기술관료제의 옹호자가 아니라 분석가로서 책을 썼다) 같은 사상가들은 MIT, IBM, 브루킹스연구소The Brookings Institution 같은 곳에서 높은 수준의 훈련을 받은 기술전문가 계층이 연방정부를 인도해 그들이 합리적[이성적]으로 선택한 목표를 향해 나아가게 하는 것을 상상했다.

핑커는 신자유주의를 옹호하는 것만큼 명시적으로 기술관료제에 대한 자신의 지지를 표명하지는 않는다. 그는 책 전반에서 과학을 인류 진보의 핵심으로 칭송하지만 이것만으로 그를 기술관료로 간주하기는 어렵다. 핑커에게 기술관료의 요건을 갖춰주는 것은 결국은 그가 한편에 있는 과학적·과학기술적 문제와 다른 한편에 있는 정치적 문제 사이의 근본적 차이를 인지하지 못한다는 점이다. 핑커는 진지한 정치적 논쟁이 도덕적 가치나 사회적 우선순위나 역사적 해석의 차이보다는 데이터의 올바르거나 혹은 잘못된 평가로 결정된다고 일관되게 주장하는 경향이 있다. 그는 책의 후반부 중 "이성reason"을 다룬 장[21장]에서 자신들이 당면한 쟁점에 보이는 "비합리성[이성이 없음]irrationality"과 "무지ignorance"에 대해 유권자들을 깔본다.[25] 그 누구도 유권자들이 종종 스스로 충분히 학습하지 않거나 이성을 충분히 활용하지 않는다는 점을 부정하지는 못할 터인데, 핑커는 현대 민주주의가 맞닥뜨린 중대한 문제 대부분에 실제로는 "정correct"답이 없음을, 더 나은 정보에 입각해 이성을 활용함으로써 판별할 수 있는 훨씬 덜 정량적인quantitative 답이 없음을 인정하지 않는다. 유권자들은 아무리 명백하게 비합리적[비이성적]이고 정보가 없다손 해도 수많은 요인에 기초해 선택을 하는바 여기에는, 결정적으로, 자신들의 근본적인 정치적·도덕적 가치관과, 아울러 어떤 후보자가 그러한 가치관들을 공유하고 신뢰가 가는지에 대한 자신들의 감각 등이 포함된다. 미국 유권자로서 나는 메디케어Medicare 프로그램이 미국 전체 인구로 확대되어야 한다고 열렬히 믿는다. 나는 메디케어의 확대를 도덕적·실질적 필요성 모두에서 찬성하지만 그렇다고 그 발상에 반대하는 사람들이 꼭 무지하고 틀린 것은 아님을 인정한다—그들은 나와는 다른 원칙을 고수하고 같은 사실을 다른 방식으로 해석하는 것이다.

펑커도 비슷하게 양보할 준비가 되어 있을까? 그가 《지금 다시 계몽》에 다음과 같이 쓴 것을 보면 그렇다고 믿기 어렵다. "공적 담론public discourse을 더욱 합리적[이성적]으로 전개하기 위해서는 가능한 한 쟁점들을 탈정치화해야 한다."[26] 불행히도 민주주의 사회의 대중이 당면하는 "쟁점들" 대부분은 "탈정치화할depoliticized" 수도 없고 그렇게 해서도 안 된다. 쟁점들의 "해결책"은 근본적으로 사회가 어떻게 구성되어야 하는가에 대해 유권자들이 갖고 있는 전망에 달려 있다는 점에서다—즉 그 해결책은 근본적으로 정치에 달려 있다. 시종 인지적 오작동을 우려하는 심리학자 펑커는 바람직한 탈정치화 과정의 촉진을 위해서는 "인지 편향에서 탈피하고 비판적 사고를 하는 데에 효과적인 훈련"이 필요하다고 주장한다.[27] 인지 "편향"cognitive 'bias'으로부터 사람들을 해방시켜라, 그러면 그들은 자신들 앞에 놓인 쟁점에 대해 옳고, 합리적[이성적]이고, 과학적인 해결책을 보게 되리라. 하지만 그러한 "탈편향debiasing"이

가능하다 치더라도 그것이 사람들을 그들 나름의 도덕적 가치와, 사회가 어떻게 조직되어야 하는지에 대한 전망으로부터 자유롭게 할 수는 없다. 우리는 그들을 정치로부터 자유롭게 할 수 없다.

확실히, 핑커 자신은《지금 다시 계몽》에서 정치적 사안에 상당한 지면을 할애하는바 그 방식이 자못 흥미롭다. "민주주의Democracy"라는 장〔14장〕에서, 그는 민주주의 정부가 전 세계로 확산한 것을 인류 진보 전반에 대한 추가적 지표로 제시한다.[28] 그러나 핑커는 무엇보다도 민주주의가 무정부 상태와 폭정이라는 진퇴양난 사이에서 길을 찾게 하고 시민들에게 "불평할 자유"를 준다는 점에서 민주주의를 찬양한다.[29] 그는 "민주주의에서는 정보에 박식한 대중이 공동선common good에 관해 숙고하고 자신들이 선호하는 일을 실행해줄 지도자를 신중히 선택한다는, 공민학公民學, civics 수업식 민주주의의 이상화"를 잠시 환기한다. 그러나 곧 다음과 같이 논한다. "그런 기준에서 따지면, 전 세계에서 민주주의 국가는 그 수가 과거에도 0, 현재에도 0, 미래에도 거의 확실히 0일 것이다." 핑커는 "[대부분의] 사람들의 정치적 신념은 얄팍하고 일관성이 없다"며 그들의 무지와 비합리성〔이성이 없음〕irrationality을 들먹임으로써 이 놀라우리만큼 냉소적인 주장을 변호한다. 앞서 언급했듯 그는 민주주의가 자치와, 시민들이 정치적 절차를 활용해 자신들의 공동선을 추구하는 것과 동일시되지 않는 민주주의의 "최소 강령〔최소 정의〕"을 선호한다.[30] 진보progress는 선에 대한 집합적 추구collective pursuit로는 뒤따르지 않는다고, 핑커는 주장한다(이 얼마나 순진한가!). 〔핑커에 따르면〕 진보란 전문가들이 성공적으로 "탈정치화한" 문제들을 어떻게 해결했는지 보여주는 과정에 시민들이 관여하지 않을 때 뒤따른다.

핑커는, 민주주의를 다룬 장의 말미에서, 유럽과 미국의 사형capital

punishment에 관해 논하면서 이러한 점들을 완벽히 예시하고 있다. 핑커의 관점에서는, 그 자신이 합리적[이성적]이고 바람직한 목표라고 생각하는 사형제 폐지 운동이 처음부터 끝까지 엘리트의, 전문가의 프로젝트였다. "이런 발상들은 소수의 철학자와 지식인 계층에서 교육받은 상층계급들로 똑똑 흘러 떨어졌다trickled down." 유럽에서는 사형제 폐지에 관한 이와 같은 발상들이 민주주의 덕분이 아니라 민주주의에도 불구하고 승인을 얻었는바 "유럽의 민주주의 국가들에서는 보통 사람들의 의견을 정책화하지 않기 때문이다. 이들 국가에서 형법은 그 초안이 명망 있는 학자들로 꾸려진 위원회에서 작성되었다." 미국에는 유사한 과정이 없었는바 "미국은, 좋든 나쁘든, 국민에 의한, 국민을 위한 정부에 더 가깝"기 때문이다(강조는 추가).[31] 그러나 미국에서도 전문가들이 궁극적으로는 자신들이 원하는 바를 이룰 것이라고 핑커는 믿는다. 그는 마틴 루서 킹 주니어Martin Luther King, Jr의 말을 살짝 바꿔 표현하면서 관련 논의와 장을 마무리한다. "실제로 정의를 향해 휘는 신비로운 활이 있다."[32] 〔마틴 루서 킹 목사의 원原표현은 "도덕세계의 활은 길고 길지만 결국은 정의를 향해 휜다The arc of the moral universe is long, but it bends toward justice"다. 앞서의 "똑똑 흘러 떨어졌다"의 영어 표현은 주로 경제학에서 쓰이는 "trickle-down(트리클 다운)"으로서, 넘쳐흘러 똑똑 떨어지는 물이 바닥을 적시듯, 사회의 고소득층(또는 대기업)이 더 부유해지면 일자리 창출 등으로 그 부가 그 아래 저소득층(또는 중소기업)으로도 확산한다는 이른바 "낙수落水효과"를 말하기도 한다.〕

수많은 사회 운동에 관해 궁금해 하는 사람이 여전히 있음에도, 576쪽에 이르는 《지금 다시 계몽》에는 평등권, 노예제 폐지, 노동환경 개선, 최저임금, 단결권, 기초 사회보장제도, 더 깨끗한 환경 등 이런저런 진보적 대의를 위해 펼쳤던 투쟁이, 그 대부분은 전문가들로부터 발상이

"똑똑 흘러 떨어지기를" 기다리지 않은 채 펼쳤던 투쟁이 거의 전적으로 부재하다. 정의를 향해 휘는 활은 전혀 신비롭지 않다. 그것이 휘는 까닭은 보통 사람들이 정치적 행위를 통해 그것을 휘도록 만들어서다. 요인즉, 신자유주의적이자 기술관료적인 모습으로 가장한 핑커에게는 보통 사람들이 자신들의 안녕을 증진시켜줄 사회적·경제적 조직의 형태를 성공적으로 선택할 수 있다는 확신이 거의 없다. 〔핑커에 따르기로〕 "공동선"은 성장을 창출하는 자유시장의 비개인적 작동에 아니면, 번갈아, 훈련된 전문가들에게 맡기는 편이 낫다는 것이다.

놀랍게도, 핑커는 이 두 접근법 간의 모순을 알아보지 못한다. 기술관료제와 신자유주의는 보통 시민들이 공동선을 추구하는 데서 정치적 절차를 이용하는 것에 혐오감을 표출하거니와 그 둘은 근본적으로 반대되는 사회적·경제적 조직의 전망을 대표할 수 있다. 결코 기술관료들은 독립적 시장이 그 자체의 자율적 운영을 통해 재화와 용역의 분배를 자체적으로 조직하고, 자체적으로 규제하고, 자체적으로 결정하도록 허용하고 싶어 하지 않는다. 기술관료들은 합리적〔이성적〕이고 충분한 정보에 입각한 분석을 수행함으로써 최적의 분배 형태를 결정하길 원한다. 이들은 시장체제를 용인할지는 모르겠으나 그것을 전적으로 신뢰하지는 않는다. 마거릿 대처와 로널드 레이건의 신자유주의의 승리가 기술관료적 전망의 절정기인 1960년대와 1970년에 일어나지 않았다는 것은 우연이 아니다. 외려 그 승리는 기술관료적 전망이 실패한 것으로 널리 인식된 시기에 일어났다. 1970년대 후반, 석유파동oil shock 의 압박에 시달리고 전후戰後의 오랜 경제 확장이 끝나갈 무렵, 기술관료제와 경제계획은 융통성 없고, 경직되고, 지나치게 관료주의적이고, 몹시 비효율적이라는 인식이 점점 더 높아지고 있었다. 대처와 레이건은 자신들의 선거 운동에서 정부 자체를 적으로 규정했다. 매우 현실적인 의미에서, 그들의 신자유주의 운동은 전후 형태의 기술관료제의 잔해 위에서 일어났다.[33]

보다 최근에, 실제 미국 시민들에 대한 "창조적 파괴"의 영향을 제한하려는 미국 중도주의자들은 신자유주의 과잉의 개선책으로 종종 다시 기술관료제로 눈을 돌리고 있다. 일례로, 2008년 금융 붕괴와 그에 따른 경기 침체 이후, 오바마 행정부는 무모함으로 그 위기를 촉발한 금융회사에 대부분 징벌적 조치를 취하지 않았고, 금융 부문 전체를 구조조정 하려 시도하지 않았다. 정부는 도드–프랭크법Dodd-Frank Act〔금융개혁 및 소비자보호법, 2010〕 같은 기술적, 규제적 수정에 노력을 집중했다.[34] 버락 오바마Barack Obama의 핵심 조언자 중 한 명은 핑커의 하버드 동료 캐스 R. 선스타인Cass R. Sunstein으로, 그는 매우 다양한 영역에서 신중하고 전문적으로 설계된 "넛지nudging"〔"타인의 선택을 유도하는 부드러운 개입" "자유주의적 개입 그리고/또는 간섭"〕를 이용해 대중의 행동을 개선하자고 제창했다. 새뮤얼 모인Samuel Moyn〔예일대 로스쿨 법학 교수, 역사학 교수〕의 설명에 따르면, 선스타인은 자유시장에 대한 애정과 강한 기술관료적 본능을 조화시키려 시도한다는 점에서, 그리고 특히 정치를 멸시한다는 점에서 핑커와 매우 닮아 있다. "사람들의 성취를 돕는 정부에 관해서라면, 선스타인은 기술관료들이 통치를 해야 한다고 강조한다. 뚜렷한 안도감을 내비치며, 선스타인은 정치는 주로 방해가 되지 좋은 삶에 대한 집합적 전망collective vision을 놓고 겨루는 일이라거나 전문성 주장이 감출 수 있는 억압을 공론화하는 일이라고는 생각지 않는다고 털어놓았다."[35]

기술관료제와 신자유주의 사이 대립은 경제 분야에서 가장 두드러진바, 곧 벨과 이런저런 분석가들이 1970년대에 "신계급"의 개가를 올릴 주요 경기장으로 보았던 "정보기술information technology, IT" 부문이었다. 1980년대에 시작된 이 부문은 부와 사회적 중요성 측면에서 폭발하듯 성장했으나 백색 피부의 MIT·IBM 출신 전문가들의 리더십 아래에서 그렇게 된 것은 아니었다. IT 부문은 우쭐대는 신흥 자본가의 리더십 아래에서 폭발했고, 그중 많은 이는 (가장 명백하게는 애플Apple Inc.의 스티브 잡스Steve Jobs가) 자신들의 회사에 독특하게 반反문화적 분위기를 주입했는바 그들이 신자유주의〔적〕 지구화〔세계화〕neoliberal globalization를 최대한 활용하고 막대한 부를 축적했음에도 그러했다.[36] 유명한 애플의 1984년 TV광고는 IBM 고객들은 조지 오웰의 《1984Nineteen Eighty-Four》〔1949〕에서 가져온 장면에서 전체주의 지도자를 향해 발맞춰 행진하는 허깨비 군단으로 희화하고, 애플은 그들을 이데올로기적 노예제에서 해방시키는 밝은 옷차림의 젊은 여성으로 묘사하면서 이 전환을 완벽히 표현해냈다.[37] 그 여성이 신자유주의〔적〕 자본주의neoliberal capitalism의 상징으로 보이지 않았을 수 있긴 해도 사실 그녀는 정확히 그것이었다. 신자유주의가 기술관료제를 이겼다.

18세기 선례

기술관료제와 신자유주의를 짝지으려는 스티븐 핑커의 모순적 시도가 전형적 21세기 현상으로 보일 수 있지만 18세기에 아주 흥미로운 선례先例가 있었다. 이미 언급했듯, 많은 18세기 사상가가 대중적이고 민주적인 정치적 행위에 관한 불신을 천명했어도 그 의구심이 그리스인가지 거슬러 올라가는 선조들의 긴 대열에서 그들을 특별히 튀게 하지는 않았다. 그런데 18세기 사상가 중 한 특정 학파가 학식 있는 엘리트들의 통치에 대한 신념과 자유시장에 대한 신념을 서로 결합하려 시도했다. 이들은 중농주의자Physiocrats라 알려진 학파로 프랑스 궁정외과의 프랑수아 케네François Quesnay를 중심으로 처음 형성되었고 나중에는 개혁파 대변인 안-로베르 자크 튀르고Anne-Robert Jacques Turgot, 수학자 겸 혁명파 정치인 마르키 드 콩도르세Marquis de Condorcet 같은 저명인사들이 합류했다. "이코노미스트Economists"라고도 알려진 중농주의자들은 경제사상을 별개의 학문으로 발전시키는 데 기여했고, 자유무역을 옹호했으며, "자유방임주의laissez faire, laissez passer"라는 표현을 처음으로 대중화했다. 그들은 "자기조직(화) 체계self-organizing systems" 개념을 발전시킨 저자들의 매우 다양한 초기 철학 및 종교 저작들을 통합하면서, 시장은 그 자체적 장치들에 맡겨질 때 안정적이면서도 동적인 경제적 균형economic equilibrium을 자연스럽게 만들어낼 수 있다고 상정했다. 가장 인기 있는 중농주의 저술가의 한 사람인 피에르-폴 르 메르시에 드 라 리비에르Pierre-Paul Le Mercier de la Rivière는 이렇게 결론지었다. "세상은 그런고로 저절로 굴러간다."[38]

그러나 중농주의자들은 자유시장의 미덕을 (종종은 컬트 같은 열정으로) 설파하면서도 여전히 프랑스 구체제Old Regime〔앙시앵레짐Ancien Régime〕의 절대왕정을 충실히 따르는 신하로 남았고, 정치적 자유화를 조금이라도 진지하게 주장하는 일은 삼갔다. 튀르고는 실질상의 프랑스 총리〔재무총감〕로 1774~1776년의 짧은 재임기 동안 곡물 가격을 풀고, 프랑스 무역 길드의 주요 특혜 및 독점권을 폐지하는 것을 포함한 야심 찬 개혁 프로그램을 시행하려 시도했다. 또한 그는 일련의 새로운 대표기관을 창설하자고 제안했는데 그것은 단지 학식 있는 대중의 정보와 의견에 중앙 정부가 귀를 기울이게 하기 위한 자문단체로서의 성격이었다. 튀르고가 생각한 정부의 전망은 그 자신과 같은 전문행정가에 의한 합리적인[이성적인], 상의하달上意下達, top-down 방식과 흡사했다.[39]

튀르고의 임기는 많은 교훈을 주면서 재앙으로 끝났다. 튀르고가 꾀한 경제 자유화는 대중의 불안을 널리 확산했고 한편으로 이에 수반한 정치 자유화의 부재로, 그는 낡아빠진 프랑스 절대주의 체제가 비효율적이거니와 억압적이라고 생각하게 된 프랑스인들이 급증한 가운데에서도 지지층 확보에 실패했다.[40] 동시에 튀르고의 개혁은 프랑스 정부는 전능한 왕이 가장 보잘것없는 백성의 안녕까지 자애롭게 살피는 온정적, 가부장적 통치라고 생각했던 다른 한쪽의 프랑스 대중 사이에서 지지를 깎아먹었다. 2년도 채 안 되어, 궁정의 적들은 이런 지지 부족을 발판으로 튀르고의 몰락을 획책했다. 튀르고의 개혁은 대부분 뒤집혔고, 이는 13년 후 프랑스혁명이 시작되는 정치적 혼란과 마비의 배경으로 작용했다.

21세기 미국 정치의 한 사례가 현대의 기술관료적 개혁이 어떻게 이와 같은 종류의 정치적 재앙과 맞닥뜨릴 수 있는지 예시해준다. 오바마는 2009년에 취임하면서, 야당[공화당]이 캐나다나 다수의 서유럽 국가에서 시행하는 종류의, 납세자가 뒷받침하는 완전 보장 국가 보험제를 통한 미국 의료보험제도의 개혁을 불가능하게 할 것이라고 결론 내렸다. 그 대신 오바마와 그의 고문들은 오바마케어Obamacare로 알려진 제도를 정교히 만들어냈는바, 이는 자유시장 원칙에 기초하고 시민들을 민간보험에 가입하도록 의무화하는 것이었다(우파 [성향의] 헤리티지재단 The Heritage Foundation이 처음 개발하고 매사추세츠주 공화당 주지사 및 롬니Mitt

Romney가 최초로 시행했던 발상을 기반으로 했다).[41] 미국 건강보험제도의 극심한 결점들을 기술관료적으로 수정한 것으로서, 오바마케어는 사실 꽤 성공적으로 작동했다. 오바마케어는 건강보험이 없는 65세 이하 성인 미국인의 비율을 2009년 22.3퍼센트에서 2016년 12.4퍼센트로까지 낮췄다.[42] 그런데 오바마케어는 곧 엄청난 정치적 반대에 부딪혔다. 오바마의 신뢰를 떨어뜨리고 그를 타도하고 싶어 어쩔 줄 모르던 우파 포퓰리스트들은 이 사안에 달려들어, 오바마케어가 오만방자한 "엘리트" 전문가들이 추상적이고 작동불가능하고 해로운 발상들을 대중에게 강제하는 전형적 사례라고 떠들어댔다. 오류가 발생하기 쉬운 제도의 첫 시행과, 건강보험 문제에 대해 정부가 시민의 자유선택권을 부정한다는 널리 퍼진 인식은 이런 반응을 강화할 뿐이었고, 2010년 중간선거에서 오바마의 민주당을 대대적으로 배척하게끔 부추겼다. 궁극적으로 오바마케어는 2016년에 도널드 트럼프Donand Trump를 권좌에 앉힌 포퓰리스트의 물결의 한 요소로 작용했다. 그러나 오바마케어의 자유시장 원리에의 의존성, 높은 가입자 부담금, 종잡을 수 없이 바뀌는 예측불가능한 보험료, 개혁이 미세한 수정에 그치는 정도로 보인 점 등은 민주당이 오바마케어에 대한 적극적인 정치적 지지를 불러일으키는 데 큰 어려움을 겪게 했다.[43] 2016년과 2020년(민주당 대선 후보 경선)에 사회주의자 버니 샌더스Bernie Sanders를 위해 열렬히 선거 운동을 뛴 젊은 자원봉사자들은 샌더스의 구호였던 "메디케어포올Medicare for All"의 요구에는 큰 영감을 받았어도 오바마케어에 찬성하는 시위에는 전혀 참여하지 않았다. ("오바마케어"의 정식 명칭은 "환자 보호 및 부담적정 보험법Patient Protection and Affordable Care Act, PPACA"이고 줄여 부담적정보험법Affordable Care Act, ACA이라 한다. "메디케어포올"은 2017년 9월 상원의원 버니 샌더스가 동료 의원들과 함께 공식으로 상정한 정부 주도의 단일 건강보험 체계다. 메디케어(주로 65세 이상의 고령자가 대상이고, 특정 장애나 질병이 있는 사람 포함)를 전 국민에게 확대해 모든 미국인이 소득이나 연령 등에 상관없이 보편적 의료 서비스를 제공받게 하자는 내용이다.]

결론

스티븐 핑커는 자신의 책에 열광하는 수많은 독자를 확보했다. 이해할 만한 일이다. 그의 글은 몰입하게 하고, 재미있으며, 직관에 반反한다. 빌 게이츠 같은 인사도 《지금 다시 계몽》을 두고 "나의 새로운 인생 도서"라고 말할 정도다.[44] 그러나 자신의 책을 이해해주는 넓은 독자층이 있다고 해서 그만큼 많은 고객층이 핑커가 내놓은 기술관료적 신자유주의의 전망을 승인한다고 할 수는 없다. 독자들은 그 책의 산문적 특성을 높이 평가하고, 안심을 시켜주는 인류 진보의 메시지(적어도, 2020년 봄까지는 그랬다)에서 위안을 얻고, 어떤 경우에는 십중팔구 지식인들 특히 좌파 휴머니스트에 대한 냉소적이고 의도적인 무시를 즐기기도 한다. 기술관료적 신자유주의의 모순, 한계, 잠재적으로 해로운 부작용은 식별하기 훨씬 더 어렵다.

　그러나 이 〔관료적 신자유주의의〕 모순, 한계, 잠재적으로 해로운 부작용 등은 실제로 존재한다. 기술관료제와 신자유주의 모두 민주주의 체제의 정부와 양립불가능하지는 않지만, 그럼에도 그 둘은 민주주의 정치 자체에 대해 즉 동등한 시민집단이 공동선을 추구하는 방법들을 모색하고 집합적으로 고안해내는 절차라고 정의된 민주주의 정치에 대해 공통적으로 의구심을 보인다. 신자유주의는, 앞서 언급했듯, 광범하고 다양한 사회적·경제적 문제들은 그러한 민주적 절차에 의해 통제되기보다 자유시장의 비개인적, 자율적, 자기조직적 메커니즘에 의해 통제되는 편이 낫다는 신념에 기초해 만들어졌다. 기술관료제는 대부분의 시민이 고도로 복잡한 근대 사회가 당면한 수많은 중대한 문제에 관해 타당하고 정보에 입각한 선택을 내릴 만한 학습 능력 또는 분석 능력을 충분히 갖추지 못했다는 신념에 기초해 만들어졌다.

현실 세계에서는, 그러나, 신자유주의나 기술관료제 둘 다 그 옹호자들이 희망했던 것만큼 안정적이고 기능적인 것으로 입증된 바가 없다. 현대 신자유주의 경제에서 발생한 어마어마한 불평등에는 단순히 금전적 불균형을 한참 넘어서는 결과가 뒤따랐다. 수백만 명이 불안정한 직장에서 고용주의 알고리즘employers' algorithm 처분에 맡겨진 채 일하며, 자신의 처지를 개선시킬 수 없음을 알게 되었다. 그리고 막대한 부에 너무나 쉽게 따라오는 막대한 정치적 영향력은 사회를 과두정치 방향으로 몰아간다. 한편 기술관료제는 전문가들을 경직화하는 경향, 전문가들이 자신들 외의 국민들에게 경계선을 치고 이들이 그 안으로 못 들어오게 하는 경향이 있으며, 그 정도가 너무 심해 전문가들은 자신들만의 반향실反響室, echo chamber에 갇히게 되었고, 자신들이 무지하고 비합리적[비이성적]이라고 생각하는 일반 대중의 관심사는 귀에 들리지 않게 되었다.[45] 두 경우 모두에서 인구의 대부분은 무력감, 답답함, 분노, 화를 느끼게 된다. 이것은 위험한 포퓰리스트적 반작용을 부르는 처방이며, 이 반작용이 2020년의 중반부터 여러 국가에서 연이어 발생했다.[46] 기술관료적 신자유주의가 수반하는 "탈정치화depoliticization"는, 실제로는, 분노에 찬 위험한 재정치화repoliticization로 이어졌다. 미국에서는 이와 같은 재정치화가 2020년 팬더믹 초기 몇 달 동안 너무나 심하게 발현되어 마스크의 기능처럼 과학 및 공중보건과 관련한 기초적이고 명백한 사안들조차 정치화할 정도였다.

　복잡한 현대 사회에는 자유시장이 필요하고, 자유시장에는 매우 높은 수준의 기술 전문성이 필요하다. 그러나 보통 시민들의 지식과 추론 능력reasoning ability이 아무리 불완전하다 해도, 공동선의 성격을 결정하고 그것을 추구하는 최선의 종합적 방법을 모색할 때, 일반 시민들이 발언권—동등한 발언권—을 가져야 한다는 사실을 인식해야 한다. 우리는 더 나아가 공동선 자체가 알고리즘이나 스프레드시트에 의해 결정되어서는 안 된다는 것을 인식해야 한다. 인간의 안녕은 수없이 다양한 잠재적 요소로 구성된다. 공동선은 도덕적 가치, 역사, 경험에 반추해 결정된다. 시詩가 계산기보다 더 좋은 도움을 줄 수도 있다. 무엇보다도 꼭 기억해야 할 중요한 점은, 보통 사람들은 자신들의 진정한 정부인 자유the freedom 없이는 —정치politics 없이는— 시장의 명령이나 전문가의 훈시에 (혹은 전문가의 "넛지"에조차) 언제나 평화롭고 조용하게 복종하지는 않을 것이라는 사실이다. 그 보통 사람들은 좌절감에 선동가로 변신할 것이다. 스티븐 핑커의 믿음처럼 계몽주의 쪽에 더 가까워지기는커녕, 사회는 너무나도 익숙한 어둠 속으로 되돌아갈 것이다.

　　　　　　　　　　　　　　　　　　제1부 해석

주

1 "La nature semblait avoir sagement pourvu à ce que les sottises des hommes fussent passagères, et les livres les immortalisent." Charles Louis de Secondat, baron de La Brède et de Montesquieu, *Lettres persanes*, 2 vols (Paris: Bureaux de la Publication, 1880), i. 160. 〔한국어판. 샤를 드 몽테스키외, 이수지 옮김, 《페르시아인의 편지》, 다른세상, 2002〕

2 Gottfried Wilhelm Leibniz, *Theodicy: Essays on the Goodness of God, the Freedom of Man, and the Origin of Evil*, ed. Austin M. Farrer, trans. E. M. Huggard (New York: Cosmo Classics, 2009 〔1710〕), 228. 〔한국어판. 고트프리트 빌헬름 라이프니츠, 이근세 옮김, 《변신론: 신의 선, 인간의 자유, 악의 기원에 관하여Essais de Théodicée: sur la bonté de Dieu, la liberté de l'homme et l'origine du mal》, 아카넷, 2014〕

3 Voltaire, *Candide, or Optimism*, trans. John Butt (London: Penguin, 1947 〔1759〕), 32-3. 〔한국어판. 볼테르, 이봉지 옮김, 《캉디드 혹은 낙관주의Candide, ou l'Optimisme》, 열린책들, 2009〕

4 Norman Angell, *The Great Illusion: A Study of the Relation of Military Power to National Advantage* (New York: G. Putnam's Sons, 1913 〔1910〕), ix.

5 Steven Pinker, *Enlightenment Now: The Case for Reason, Science, Humanism, and Progress* (New York: Viking, 2018), 324. 〔한국어판. 스티븐 핑커, 김한영 옮김, 《지금 다시 계몽: 이성, 과학, 휴머니즘, 그리고 진보를 말하다》, 사이언스북스, 2021〕

6 Pinker, *Enlightenment Now*, 307.

7 Pinker, *Enlightenment Now*, 387.

8 Pinker, *Enlightenment Now*, 204.

9 Pinker, *Enlightenment Now*, 25.

10 예를 들어 다음을 참조하라. Jessica Riskin, "Pinker's Pollyannish Philosophy and Its Perfidious Politics", *Los Angeles Review of Books online*, 15 December 2019, https://lareviewofbooks.org/article/pinkers-pollyannish-philosophy-and-its-perfidious-politics/, 2020년 5월 29일 접속함; David A. Bell, "The PowerPoint Philosophe: Waiting for Steven Pinker's Enlightenment", *The Nation*, 7 March 2018.

11 특히 다음을 참조하라. Pierre Rosanvallon, *The Demands of Liberty: Civil Society in France since the Revolution*, trans. Arthur Goldhammer (Cambridge, MA: Harvard University Press, 2007).

12 신자유주의에 대해서는 다음을 참조하라. Angus Burgin, *The Great Persuasion: Reinventing Free Markets since the Depression* (Cambridge, MA: Harvard University Press, 2012);

그리고 Daniel Stedman Jones, *Masters of the Universe: Hayek, Friedman, and the Birth of Neoliberal Politics* (Princeton: Princeton University Press, 2012) 〔한국어판. 다니엘 스테드먼 존스, 유승경 옮김, 《우주의 거장들: 하이에크, 프리드먼 그리고 신자유주의 정치의 탄생》, 미래를 소유한 사람들(MSD미디어), 2019〕. 다음도 참조하라. David Harvey, "Neoliberalism as Creative Destruction", *Annals of the American Academy of Political and Social Science*, DCX (March 2007): 22–44.

13 Pinker, *Enlightenment Now*, 79–96, 97–120.

14 Pinker, *Enlightenment Now*, 82–4.

15 Pinker, *Enlightenment Now*, 84.

16 Pinker, *Enlightenment Now*, 87.

17 Pinker, *Enlightenment Now*, 98.

18 Pinker, *Enlightenment Now*, 364, 39–52.

19 CNBC report, 1 May 2020, at https://www.cnbc.com/2020/05/01/us-billionaires-boost-wealth-by-406-billion-as-markets-rebound.html; Max Lawson et al., "Time to Care: Unpaid and Underpaid Care Work and the Global Inequality Crisis", Oxfam International, 20 January 2020 at https://www.oxfam.org/en/research/time-care?cid=aff_affwd_donate_id78888&awc=5991_1590673503_3ddaf06111012760d0b8 7d5c5fb0dbb9, 두 사이트 모두 2020년 5월 28일 접속함.

20 이 주제에 대해서는 다음을 참조하라. Darrin M. McMahon, *Enemies of the Enlightenment: The French Counter-Enlightenment and the Making of Modernity* (New York: Oxford University Press, 2001), 18–53.

21 Sophia Rosenfeld, *Democracy and Truth: A Short History* (Philadelphia: University of Pennsylvania Press, 2019), 44, 51, 59, 49.

22 Rosenfeld, *Democracy and Truth*, 42–91.

23 Daniel Bell, *The Coming of Post-Industrial Society: A Venture in Social Forecasting* (New York: Basic Books, 1973) 〔한국어판. 다니엘 벨, 박형신·김원동 옮김, 《탈산업사회의 도래》, 아카넷, 2006〕. 이 장의 저자는 다니엘 벨의 아들이다.

24 Milovan Djilas, *The New Class: An Analysis of the Communist System* (New York: Praeger, 1957) 〔한국어판. 밀로반 질라스, 이호선 옮김, 《위선자들: 새로운 수탈계급과 전체주의의 민낯》(개정판), 리원, 2020〕

25 Pinker, *Enlightenment Now*, 351–84.

26 Pinker, *Enlightenment Now*, 382.

27 Pinker, *Enlightenment Now*, 379.

28 Pinker, *Enlightenment Now*, 199–213.

29 Pinker, *Enlightenment Now*, 205.

30 Pinker, *Enlightenment Now*, 204.

31 Pinker, *Enlightenment Now*, 210.

32 Pinker, *Enlightenment Now*, 213.

33 다음을 참조하라. Tony Judt, *Postwar: A History of Europe since 1945* (New York: Penguin, 2007), 535-41. 〔한국어판. 토니 주트, 조행복 옮김, 《전후 유럽 1945~2005》(전 2권), 열린책들, 2019〕

34 다음을 참조하라. Ganesh Sitaraman, "The Collapse of Neoliberalism", *The New Republic*, 23 December 2019.

35 Samuel Moyn, "The Nudgeocrat: Navigating Freedom with Cass Sunstein", *The Nation*, 3 June 2019.

36 이 주제에 대해서는 다음을 참조하라. Fred Turner, *From Counterculture to Cyberculture: Stewart Brand, the Whole Earth Network, and the Rise of Digital Utopianism* (Chicago: University of Chicago Press, 2006); Margaret O'Mara, *The Code: Silicon Valley and the Making of America* (New York: Penguin Press, 2019).

37 동영상은 다음의 사이트에서 볼 수 있다. https://www.youtube.com/watch?v=Vtvjbmo Dx-I, 2020년 5월 28일 접속함.

38 다음을 참조하라. Jonathan Sheehan and Dror Wahrman, *Invisible Hands: Self-Organization and the Eighteenth Century* (Chicago: Chicago University Press, 2015), 249-57, 인용은 251.

39 튀르고에 대해서는 다음을 참조하라. Douglas Dakin, *Turgot and the Ancien Régime in France* (London: Methuen, 1939). 그의 정치적 전망에 대해서는 특히 다음을 참조하라. Keith Michael Baker, *Inventing the French Revolution: Essays on French Political Culture in the Eighteenth Century* (Cambridge: Cambridge University Press, 1990), 109-27, 153-66.

40 다음을 참조하라. Steven L. Kaplan, *Bread, Politics and Political Economy in the Reign of Louis XV*, 2 vols(The Hague: Martinus Nijhoff, 1976).

41 다음을 참조하라. Catherine Rampell, "If the GOP Built Their Ideal Health-Care System … It'd Be Obamacare", *Washington Post*, 28 March 2019.

42 Abby Goodnough et al., "Obamacare Turns 10. Here's a Look at What Works and Doesn't", *New York Times*, 23 March 2020.

43 다음을 참조하라. Goodnough et al., "Obamacare Turns 10".

44 Bill Gates, "My New Favorite Book of All Time", *GatesNotes: The Blog of Bill Gates*, 25 January 2018, https://www.gatesnotes.com/Books/Enlightenment-Now, 2020년 5월 29일 접속함.

45 이에 대해서는 특히 다음을 참조하라. Rosenfeld, *Democracy and Truth*, 77-91.

46 특히 다음을 참조하라. Jan-Werner Müller, *What Is Populism?* (Philadelphia : University of Pennsylvania Press, 2016) 〔한국어판. 얀 베르너 뮐러, 노시내 옮김, 《누가 포퓰리스트 인가: 그가 말하는 '국민' 안에 내가 들어갈까》, 마티, 2017〕

제6장

스티븐 핑커, 노르베르트 엘리아스,
《문명화과정》

Steven Pinker, Norbert Elias and The Civilizing Process

필립 드와이어, 엘리자베스 로버츠-피더슨
Philip Dwyer and Elizabeth Roberts-Pedersen

《우리 본성의 선한 천사》는 많은 사람이 미래에 대한 근거 없는 낙관주의optimism라고 여기는 것에 흠뻑 빠져 있다. 수많은 "기뻐해야 할 까닭"의 하나가, 저녁뉴스에서 보도하는 끔찍한 사건들과는 달리, 우리가 과거 어느 때보다도 안전한 거리를 걷고 있다는 사실이라고 스티븐 핑커는 우리에게 말한다. 핑커가 현대 사회의 지속적이고 유의미한 폭력의 감소를 사실처럼 상정한 것이 이번이 처음은 아니긴 한데,《우리 본성의 선한 천사》에서는 자신의 사례를 다툼의 여지는 있지만 통계적으로 상세하고 방대하게 펼쳐놓으며 16세기 이후 서유럽의 살인율homicide rate이 "10분의 1에서 50분의 1"로 감소했다고 주장한다.[1] 핑커는 영국의 살인율 감소를 나타내는 그래프에서 영감을 받아〔살인율의〕하향 추세의 관점에서 이 생각을 하게 된 것으로 보이는바, 1981년 테드 로버트 거Ted Robert Gurr가 계산한 것으로 역사범죄학자historical criminologist들이 대인간對人間 폭력interpersonal violence의 장기적 패턴을 정량화하려 광범위하게 기울인 노력의 일부였다. 핑커에 따르면, "제대로 평가되지 못한 채 말해지길 기다리고 있는 이야기"가 있음을 자신에게 설득시킨 것이 바로 그들의 데이터data였다고 한다.[2] 이 이야기를 하는 데서 《우리 본성의 선한 천사》는 독일 사회학자 노르베르트 엘리아스Norbert Elias[1897~1990]와 그의 "문명화과정the civilizing process[Prozeß der Zivilisation]" 이론이라는, 1939년 출판된 동명의 책에서 최초로 제시된 이론을 대대적으로 활용한다.

　문명화과정 이론에 따르면, 충동성impulsivity을 향한 심리적 "추동drive"에 대한 통제력이 점점 증가하고—귀족사회가 궁정 에티켓courtly etiquette[쿠르투아지courtoisie(궁정예절)]의 정교한 규칙들을 도입한 것에서 가장 잘 드러난— 제후 권력, 중앙 집중 행정부, 갈수록 넓어지는 영토에 대한 경제적 유대관계 등이 확산하면서, 근대 초기까지 주요 서유럽 사회들에서 "강화[평화화]pacification"가 증가했다. 많은 역사범죄학자와 범죄역사학자crime historian에게 살인은, 그것이 비합리적인[비이성적인]irrational 경우, 충동적 행위로 이해된다. 동시대의 살인율 지도를 만들 때, 엘리아스의 자기강제self-restraints[Selbstzwänge] 발달에 관한 발상은 보통 불균일하거나 불완전하기 마련인 데이터 세트에 중요한 이론적 안전장치를 제공했다. 그러니 엘리아스의 해석이 살인율의 감소를 설명하면서 동시에 "도덕적 진보moral progress"의 일반적 의미를 전달하는 핑커의 논지에도 결정적이라는 것은 놀랄 일이 아니다.

　엘리아스의 《문명화과정》은 다른 측면에서도 핑커에게 분명 매력적이었다. 상당 부분에서 엘리아스의 방법론은 《우리 본성의 선한 천사》

가 홍보하는 역사에 대한 성찰과 현대 심리학의 종합과 꼭 닮아 있다. 두 저자 모두 메타서사meta-narrative를 사용하며 내부적·외부적 요인— 엘리아스는 "내적internal" 및 "외적external" "강제restraint"("자기강제" 및 "외부 강제Fremdzwänge")라 부르고 핑커는 "내생적edogenous" 및 "외생적exogenous" "힘force"이라 부르는 것—의 통합을 통해 장기간에 걸친 인간행동의 변화를 설명하려 한다.[3] (엘리아스와 핑커 둘 다 감정이 표출하기와 억누르기 두 유형으로만 일어난다는 가정하에 연구하는 것 같다.)[4] 핑커에게는 "문명화과정 the Civilizing Process"(그는 이 용어에 항상 대문자를 사용한다) 이론이 "현대의 폭력의 감소를 상당 부분 설명해주는바 그 이론이 유럽에서 현저한 살인율의 급락을 예측했을 뿐만 아니라" 문명화과정the civilizing process이 결코 완전히 침투하지 못한 다른 두 영역에 대해서도 올바른 "예측"을 했기 때문으로, 그 하나는 노동자계층이고 다른 하나는 핑커가 "지구에서 살기에 부적당한 영토"라고 달리 언급한 개발도상국이다.[5] 《우리 본성의 선한 천사》 3장은 거의 전적으로 엘리아스의 문명화과정 이론과 그 후기 개념인 "비공식화informalization"를 근대 초기에서 현재까지의 살인율 분석에 적용하는 것을 전제로 하고 있으며, 여기에는 외견상으로 유럽 사회의 하향 궤적을 따르지 않는 곤란한 사례인 오늘날의 미국 살인율도 포함된다. 실제로 엘리아스가 핑커의 논지 전반에 중심이 된다는 사실은 핑커가 왜 엘리아스의 연구와 그 해석을 비판하는 적지 않은 학자와의 진지한 논박을 꺼려하는 것처럼 보이는지 설명해준다.[6]

이 장에서 우리는 엘리아스 및 그의 문명화과정 이론에 대한 서구 학계의 반응, 그 이론에 대한 주목할 만한 비판, 핑커의 엘리아스에 대한 해석이 《우리 본성의 선한 천사》에서 제기된 낙관적 입장을 형성하는 방식 등을 살펴보고자 한다. 핑커가 "당신이 전혀 들어보지 못한 가장 중요한 사상가"라고 설명하는 것과는 전혀 다르게, 엘리아스는 1970년 대에 그의 대표 저작들이 재발견된 이후 주요 이론가로서 널리 인정받 았다.[7] 이 시기부터 엘리아는 독일어권, 프랑스어권, 영어권 학계에서, 앞서 언급한 범죄학자들과 범죄역사학자들 사이에서뿐 아니라 거대 규모의 사회적 변환을 아우르는 설명을 찾는 사회학자들과 정치이론가들 사이에서도 상당한 명성을 누렸다. 앤서니 기든스Anthony Giddens가 몇년 전 지적했듯, 많은 학자를 바쁘게 만드는 "노르베르트 엘리아스 산업Norbert Elias industry"이 실재한다.[8] 역사학자들, 특히 감정emotion의 역사연구자나 예절civility〔시빌리테civilité〕및 매너manner의 역사 연구자들 역시엘리아스의 발상을 다뤄왔는데, 이들은 의견이 훨씬 더 분분하다.[9] 많은이가 엘리아스의 연구가 갖는 영향력과 독창성을 인정하는 반면, 다른많은 이는 그 이론이 의존한 경험적 근거를 반박하고, 또 어떤 이들은모든 것을 포괄하는 단일한 메커니즘으로 과거의 복잡성을 설명할 수있다는 발상 자체를 완전히 거부한다. 따라서 핑커가 엘리아스를 두고서구의 폭력의 감소에 대한, 비록 과소평가되었을지언정, 논박당하지않은 권위자로 선전하는 것은 얼마간 부정직한 일이다. 이와 같은 해석은 엘리아스가 그의 경력 후반기에 마침내 받게 된 찬사를 축소할뿐더러 그의 연구에 대한 거세고 현재진행중인 비판을 모호하게 할 위험이있는바 엘리아스 그 자신을 엄청나게 당혹케 한 그의 이론의 불가결한당연적 귀결〔필연적 결과〕corollary이 이에 포함된다—곧 국가의 강제력 사용 독점.

　엘리아스는 국가가 폭력수단을 공고히 하는 것이 가져올 결과에 대해 비극적이고 개인적인 지식이 있었는바 이러한 전후사정들은《문명화과정》과 이후 그의 저작들의 해석에서 떼어놓을 수 없다. 나치 점령

이후 대학에서 쫓겨난 수많은 유대계 독일인 지식인 중 한 명이었던 엘리아스는 런던에서 망명생활을 하면서 《문명화과정》을 저술했다. 브레슬라우(브로츠와프)에서 존경받던 유대인 가정의 외동아들이었던 그는 전쟁 중 부모를 모두 잃었는바, 아버지는 1940년에 자연사했고 어머니는 1941년에 아우슈비츠에서 살해당했다. 핑커는 《우리 본성의 선한 천사》에서 이 중요한 엘리아스의 개인사적 정황을 언급하기는 하지만, 그 혹독한 경험들이 폭력과 국사 사이 상관관계에 대한 엘리아스의 생각에 어느 정도로 영향을 주었는지, 또 계속 진행 중인 "문명화과정"의 맥락에서 제2차 세계대전과 홀로코스트the Holocaust는 어느 정도로 설명될 수 있을지에 대해서는 굉장히 소극적으로 다룬다. 앞으로 살펴보겠지만, 엘리아스가 인류의 향상human betterment에 관한 핑커의 태평한 낙관주의나 아울러 20세기에 국가가 승인한 살인의 규모에 관한 《우리 본성의 선한 천사》의 보다 광범위한 무사안일주의를 공유했을 것이라고는 믿기 어렵다. 엘리아스가 보기에 인간은 언제나 문명화"하는 중"이었다—그 과정은 끝이 없으며, "결코 완료되지 않고 항상 위태롭다."[10] 바로 이런 점에서, 엘리아스의 문명화과정 이론과 핑커가 그에 관해 내놓는 설명을 구별하는 것이 중요하다.

노르베르트 엘리아스와 《문명화과정》

노르베르트 엘리아스가 직접 이야기한바, 《문명화과정Über den Prozeß der Zivilisation》은 그가 1935년 망명자로서 런던에 도착한 이후 거의 매일 방문했던 영국박물관의 도서관 목록에서 시작되었다. 그는 유대인 난민

위원회에서 받은 약간의 보조금과 자신이 저술할 만한 책에 대한 "다소 막연한" 발상을 가지고 목록을 훑어보면서 흥미로워 보이는 책을 모두 찾아보기 시작했다.[11] 이 방법으로 발견한 "에티켓 책들"과 사교수완 설명서들manuels de savoir-faire은 《문명화과정》 1권 2부에서 매우 중요한 역할을 했는바, 이 부분에서 그가 초점을 둔 것은 중세에서 근대 초기까지의 "행동, 매너, 당혹감의 변화"였다.[12] 엘리아스에게는 이 주제들의 발달사가 두 가지 측면에서 중요했다. 첫째, 테이블 매너와 생리작용 같은 것들에 대한 태도의 변화는 그와 관련된 사람들의 정동적情動的, affective 생활의 변화, 특히 자기통제self-control 및 자기강제 능력의 변화를 나타내는 신호였다. 둘째, 정교한 에티켓 규칙이 확산된 데에는 뚜렷이 정치적 측면이 있었다. 그것은 귀족의 "궁정화courticization (Verhölichung)"에 대한 증거 즉 절대주의 국가가 귀족으로부터 군사적 특권을 박탈하고 그 특권을 왕의 명령과 법률에 종속한 과정에 대한 증거였다. 자치권이 감소되고 폭력 사용권이 축소되자 귀족들은 명예규율code of honour과 결투duelling 등을 통해 대對인간 폭력을 제한하고 의식儀式화하면서 자신들의 공격성을 엘리트 신분을 쟁취하기 위한 경쟁으로 치환했다. 여기에서 엘리아스는 프랑스 궁정의 작동 방식을 전형典型으로 제시하며 16, 17세기 동안 높은 지위의 표식으로 세련된 행동규범과 자기강제에 대한 애착이 전투 기량을 대체했다고 주장한다. 이런 행동들은 사교수완 설명서들을 참고해 올바른 행동의 지침으로 삼았던 유럽의 하위 궁정 및 프랑스의 신흥 부르주아지에게 복제되었다. 수 세기에 걸쳐, 그리고 더욱 복잡한 사법체계 및 치안의 발전과 병행해 엘리트층의 남성다운 행동이라는 개념은 대對인간 폭력을 더는 "문명화한" 행동에 적합하지 않는 것으로 보는 전반적 경멸로 발전했다.

제1부 해석

엘리아스는 이것이 서유럽의 "감정경제emotional economy"에 주요한 전환이 일어났음을 보여준다고 주장하며 지크문트 프로이트Sigmund Freud의 용어로 초자아〔슈퍼에고〕superego의 집합적 강화collective strengthening로 특징지었다.[13] 사실 "문명civilization"에 대한 엘리아스의 발상은 프로이트가 1930년 출판한《문명 속의 불만Civilization and Its Discontents》〔독일어 원제Das Unbehagen in der Kultur〕에서 상세히 설명한 것과 밀접하게 연관되어 있다. 프로이트는 문명화가 일어난 것은 인간이 자신들의 생물학적 추동이나 본능instinct을 억제할 수 있었기 때문이라고 주장했다. 문화에 대한 가장 큰 장애물, 문명의 해체를 야기할 수 있는 것은 인간의 공격적 성향이며 이는 선천적인 것이었다.[14] 이러한 본능들, 특히 공격성을 "내면화함 internalizing"으로써 문명이 발생할 수 있었다. 엘리아스는 이 정신구조를 한 단계 더 발전시켜 국가와 국가 통제의 발생을 자기통제—엘리아스가 "예측〔선견先見〕 또는 숙고foresight or reflection"라고 표현한 것을 통해 충동성을 제어하는 것—의 발달과 연결했다.[15] 문명이 생물학적 작용에 바탕을 두고 있다고 믿었던 프로이트와는 달리, 엘리아스는 정동 조절affect regulation이 타인과의 특정한 관계 속에서 학습된다고 믿었다.[16] 엘리아스가 보기에 이 개인적 층위의 "정동적 변화들affective changes"은 영토와 권위 둘 다를 공고화하는 경향을 띤 정치적·경제적 발전을 반영·강화했다. "물리적 강제력 혹은 폭력의 독점(게발트모노폴Gewaltmonopol)"이 하나요, 보다 커진 상업에의 상호의존(성)을 상징하는 조세 독점권이 또 하나라면, 이러한 경향이 내부적으로 일관된 정치적·경제적 구조가 형성될 때 최고조에 달하는 것이 세 번째였다. 달리 말하면, 문명화과정의 주요 교리 중 하나는 감정emotion의 내면화 즉 자기강제의 부과가 국가의 복잡성 및 시민에 대한 국가의 통제의 복잡성의 진화와 결부되어 있다는 것이다. 따라서 문명화과정은 근대화modernization, 또는 엘리아스가 칭한 것처럼, "서구의 진보the progress of the west"와 함께 진행된다.[17]

이와 같은 주장을 펼치는 데서 엘리아스는 단순히 과거를 해석하는 것에 그치지 않았거니와 경험적 정보에 입각하고 역사를 의식하는 사회학 즉 개인의 심리생활과 감정 및 행동이 사회 전반에 끼치는 영향을 진지하게 고려하는 사회학을 주장했다. 엘리아스는 독일 학계에서의 오랜 견습 기간 동안 학문의 최선봉에 있는 주제들이 사회와 사회적 과정을 해석하는 데서 여전히 카를 마르크스Karl Marx의 유물론적 역사 개념에 사로잡혀 있다고 생각하게 되었다. 하이델베르크대학의 알프레트 베버Alfred Weber는 문화를 경제보다 우위에 두는 자유주의적 휴머니스트의 입장을 견지했으나 뒤틀린 "개인적 형이상학personal metaphysics"은 거의 숨기지 않았다. 엘리아스의 멘토 카를 만하임Karl Mannheim(헝가리 태생의 독일 사회학자)은 엘리아스의 눈에는 "모든 것을 상대화"하겠다고 위협하는 것으로 보인 인식론theory of knowledge을 추구했다.[18] 그 대신 심리적 과정과 사회구조 사이 진화하는 관계에 초점을 맞추면 시간에 따른 변화뿐 아니라 당대 사회 내부의 역학도 설명할 가능성이 있었다.

이 상호의존(성)interdependency을 명료하게 설명하고 방어하는 것이 핵심이었다. 엘리아스에게 사회란 서로와의 관계 속에 있는 개인들의 집합으로서만 존재할 수 있었으며, 이 개인들은 경제적 용어이자 사회적 용어로 "상호 신뢰의 사슬chains of mutual reliance"이라고 하는 일종의 상호의존적 인간들의 그물망network으로 한데 묶여 있었다.[19] 그런데 엘리아스가 《문명화과정》의 방법론적 장점이라고 주장한 것에는 서로 연관되어 있으나 대부분 해결되지 않은 더욱 광범위한 두 가지 문제도 있었다. 첫 번째는, 엘리아스가 중세와 근대 초기 서유럽(그리고, 어쩌면 더 정

제1부 해석

확하게는, 프랑스 궁정과 그 모방자들)이라는 특정한 맥락을 넘어 어느 정도 범위까지 자신의 이론이 적용된다고 생각했는가 하는 것이다. 두 번째 는, 엘리아스가 어느 정도로 문명화과정을 인류 발전에 바람직하고 필 요한 단계라고 여겼는가 하는 것이다. 이에 대해서는 증거가 엇갈리는 데 아마 엘리아스가 계속해서 자신의 입장을 재검토한 때문일 것이다. 물론 때때로 엘리아스는 선형적線形的, linear 역사 진보 같은 것을 믿지 않 는다고 강조했음에도 문명화과정 이론은 보통 그런 식으로 해석되었 다.[20] 이러한 관점에서 문명화 메커니즘은 맹목적이고, 단속적斷續的으로 작동하며, 궁극적으로 성공할 것이라는 보증도 종점이 어딘지에 대한 전망도 없고, 어떤 도덕적 해설도 첨부되어 있지 않다.[21] 이와 같은 해석 에서도, 역시, 엘리아스는 자신이 기술하는 문명화과정에 대해 양가적 인바 특히 국가의 승리에서의 문명화과정의 정점과 치명적 힘을 행사 하는 문명화과정의 능력에 대해서 그러하다.

그러나 다른 관점에서 보면, 《문명화과정》은 "문명"을 서구의 이데올 로기적 발명품 즉 "야만인the barbarian"이 만들어지는 수단으로 다루는 것 과 존재being의 정상적이고 심지어 바람직한 상태로 다루는 것 사이에서 머뭇거린다.[22] 《문명화과정》을 뒷받침하는 연대표는 "방향성이 있는" 서 사 즉 르네상스가 유럽인의 정동적 생활의 전환점이고 따라서 그들을 과거의 유럽 사회 및 아직 유럽을 뒤쫓는 비서구 사회와 분리하는 서사 를 필연적으로 암시할 수밖에 없다.[23] 이것은 수많은 비평가 엘리아 스가, 그 이전의 막스 베버처럼, 일종의 유럽 중심의 결정론을 조장할 뿐더러 "문명화한civilized" 사람과 "미개인savage"이라는 인종주의적 위계 racialized hierarchy를 재생산한다고 그를 비난하는 근거가 되었다.[24] 엘리아 스의 지지자들은 이와 같은 혐의에 대해 그를 옹호했고 일부 학자들은 그의 이론을 세계 다른 지역에 적용하려고 시도했지만 이런 비난은, 그럼에도, 여전히 엘리아스에 대한 비평에서 핵심으로 남아 있다.[25] 엘리아스의 이론은 서구 세계 이외의 역사서술historiography에서는 거의 반향을 불러일으키지 못했다.

반응과 비평

《문명화과정》의 유럽중심주의Eurocentrism에 관한 고찰은 1970년대에 신판과 번역본이 나온 이래로 학자들이 얼마나 많이 노르베르트 엘리아스의 연구를 다뤘는지 잘 보여준다. 《문명화과정》은 1939년에 재정 곤란에 처한 스위스의 한 출판사에서 두 권으로 출판되었는데 초판이 제2차 세계대전의 발발이라는 상황 속에서 크게 주목받지 못한 것이 사실이다. 학계에서 안정된 직장을 찾지 못한(아울러 한때는 적국인敵國人 인턴으로 일한 적도 있는) 엘리아스는 정말 아무도 들어본 적 없는 중요한 사상가였다. 그러나 엘리아스가 1950년대 중반 레스터대학에 자리를 잡으면서, 그의 교사와 학자로서 명성은 급상승했고 그의 전전戰前 저작들의 주제에 대한 관심 또한 커졌는바 스포츠와 "비공식화", 더욱 일반적으로는 "결합태figuration" 이론 등을 동시대 언어로 분석한 내용이었다. 엘리아스의 영국 동료들은 —특히 에릭 더닝Eric Dunning과 스티븐 메넬Stephen Mennell— 중요한 논의 상대였다. 네덜란드 학자 요한 구즈블롬Johan Goudsblom도 엘리아스의 연구를 선전하고 옹호하는 일을 많이 했다.[26] 《문명화과정》의 1969년 독일어 신판 출판과 1970년대, 1980년대 초반 프랑스어 번역본 및 영어 번역본의 출판은 엘리아스가 사회학 분야에서 이론가로 점점 인정받고 있음을 반영하는 일이었다〔1권의 영어 번역본은 1969년 출간〕. 《문명화과정》의 요소들은 역사 이론 및 현실의 발전상과도 잘 들어맞았다. 프랑스에서는, 일례로, 매너의 진화에 대한 엘리아스의 박식한 작업이 1973년에 《매너의 문명La Civilisation des moeurs》으로 출판되었는데, 이 연구는 망탈리테mentalité에 대한 아날학파의 몰두와 꼭 닮아 있었으며, 둘의 유사한 느낌 때문에 엘리아스는 다수의 감정 연구 역사학자에게 계속해서 인기가 있어왔다. 〔"망탈리테"란 특정한 시대에 개인들이 공유하는 집합적 사고방식(집합적 정신자세, 집단정신자세), 생활 습관, 사회문화 현상 저변의 집합적 무의식 등을 지칭한다〕.[27] 지식의 창출에 대한 숙고와 "문명"과 서구 자아상the self-image이라는 발상 사이 연관관계에 대한 숙고에서, 《문명화과정》은 또한 당대에 명성을 얻고 있던 프랑스의 포스트구조주의 및 포스트모더니즘 사상의 요소들을 반영했음에 거의 틀림이 없을 것이다. 강력하게, 프랑수아 퓌레François Furet〔프랑스 역사학자〕, 로제 샤르티에Roger Chartier〔프랑스 역사학자〕, 피에르 부르디외Pierre Bourdieu〔프랑스 역사학자〕 모두 문명화과정 이론에 찬사의 노래를 소리 높여 불러댔다―이 초超학제적인 통합적 지지는 아마도 역사학자 아를레트 파르주Arlette Farge의 냉소적 관찰이 반영되었을 것으로 파르주는 문명화과정 이론을 두고 "prêt à porter"(프레타 포르테, 기성복)라는 용어에 장난을 친 "un prêt à penser"(앵 프레타 팡세, 기성사고)라고 표현한바, 이는 문명화과정 이론의 광범위하지만 얄팍한 매력을 암시했다. 《문명화과정》에서 근대 초기의 프랑스 궁정에 대한 대체로 호의적인 묘사(이제는 역사학자들에게 논박당하는 견해)를 독일 공국들의 더 조잡한 규범들과 가차 없이 비교·병치한 것 역시 도움이 되었다.[28] 독일에서는 엘리아스의 저작에 대한 반응이 좀 더 혼재해서, 게르트 슈베르호프와 마르틴 딩게스Martin Dinges〔독일 역사학자〕가 엘리아스의 역사와 심리학 모두 시대에 뒤떨어졌다는 이유로 거친 비판을 내놓았다.[29]

이미 언급했듯, 1980년대부터는 범죄역사학자들 역시《문명화과정》이 자신들이 데이터 기록에서 본 현상을 설득력 있고 편리하게 설명해준다고 생각했다. 이는 대對인간 폭력(살인이나 폭행 같은)에 대한 엘리아스의 논의가 국가의 폭력의 독점과 그것의 당연적 귀결〔필연적 결과〕, 예컨대 전쟁행위warfare의 변천 같은 것에 대한 그의 논의에 비해 철저함이 떨어지고 좀 더 일반화한 것임에도 그러했다. 엘리아스는 "Angriffslust(안그리프스루스트)"(글자 그대로 "누군가를 공격하고 싶은 욕망" 혹은 호전성)라는 용어를 매우 광범위하게 사용해 전시戰時 기사knight들의 잔혹성, 중세 시민들의 반목, "곧장 칼을 뽑아드는" 보통 사람들ordinary people의 충동성 등을 포괄했다.[30] 그럼에도 엘리아스의 이론을 차용해 대對인간 폭력의 장기적 패턴을 설명하려고 시도한 학자가 많았는바 로버트 반 크리켄Robert van Krieken, 조너선 플레처Jonathan Fletcher, 에릭 A. 존슨Eric A. Johnson, 에릭 몽코넨Eric Monkkonen, 제프리 애들러Jeffrey Adler 등을 들 수 있고, 특히 피터르 스피렌뷔르흐는 엘리아스를 범죄역사학자들에게 처음으로 소개한 사람의 하나이자 그의 가장 열렬한 옹호자가 된 사람의 하나였다.[31]

그러나 모든 범죄역사학자가 엘리아스의 이론을 전폭적으로 지지한 것은 아니었다. 프랑스 역사학자 로베르 뮈샹블레Robert Muchembled는 모든 것을 문명화과정으로 설명할 수는 없고, 궁정 에티켓〔쿠르투아지(궁중예절)〕을 시작한 귀족의 중요성에 대해서는 엘리아스와 의견을 같이하면서도, 프랑스에서 살인의 감소는 전적으로 궁정 에티켓〔쿠르투아지〕과 관련된 것은 아니며 아울러 살인의 감소는 훨씬 이전인 1580년대부터 시작되었다고 주장했다.[32] 제임스 샤프James Sharpe는 잉글랜드에서 폭력의 역사를 다룬 책에서 일부 동료보다 문명화과정에 더 비판적이며, 랜돌프 로스Randolph Roth는 폭력의 감소와 급증은 "문명"에 의해서가 아니라 사람들을 법에 따라 처벌하고 사람들의 생명과 재산을 보호하는 국가의 능력에 의해서 설명된다고 주장한다.[33]

이러한 유보적 태도는 좀 더 광범위한 개념적 문제를 가리키는바 《문명화과정》이 기초하는 가정들에 대한 역사적 해석이 수정되는 경우 문명화과정 이론이 그 해석을 어느 정도까지 수용할 수 있느냐다. 엘리아스는 〔《문명화과정》〕 초판 머리말에서, 자신은 "문명화 이론의 공중누각"을 만들고 싶지는 않으며 "역사적 경험의 문서 자료"로부터 주장을 진척시켜나갈 것이라고 밝혔다.[34] 역사적 요소들에 논란의 여지가 있다면 이제 그 이론은 어떻게 부응할까? 일례로, 엘리아스는 중세 사람들을 "어린애 같고" "감정적"이며 자기통제력이 결여된 인물로 묘사하는바 이는, 스티븐 핑커가 의심할 바 없이 받아들이는 부분으로, 엘리아스가 요한 하위징아Johan Huizinga〔네덜란드 역사학자〕의 《중세의 가을Herfsttij der Middeleeuwen》(1919)에 크게 기초하는 것이다.[35] 현재는 〔엘리아스와 하위징어의〕 두 책의 설명 모두 감정 생활이 이후 시대의 그것만큼 복잡하고 다양했던 사람들을 1차원적으로 희화했다고 평가한다. 또한 우리는 중세의 자연발생적 폭력으로 여겨지는 상당 부분이 비합리적〔비이성적〕이거나 미성숙한 것과는 거리가 멀고 대개는 문화적 규범에 의해 정의되고 예측가능한 문화적 각본에 따라 전개되었다는 사실을 알고 있다.[36] 중세에 관한 이와 같은 부정확한 사실들이 문명화과정 이론을 전부 무효화할까? 엘리아스가 주관적 경험의 요소로서 종교를 상대적으로 무시하고, 부르주아지를 단순한 모방자의 역할로 강등하고, 노동자 계급에 주변적 역할을 부여한 것은 어떤가?[37] 편년編年, chronology 및 시대구분 periodization과 관련된 문제점들은 중요한가? 근대 초기의 폭력의 특징과 정도가 중세의 폭력 충동의 감소가 아니라 증가를 시사한다면? 16세기 종교전쟁, 절멸적 성격을 띤 수많은 제국주의적 시도들, 17세기 전반기에 정점을 찍은 유럽 살인율의 증가 이 모두가 엘리아스가 자기강제의 증가기라고 칭한 시기에 일어났다. 이 문제들이 엘리아스의 이론을 무가치하게 만들지는 않긴 해도 그것을 다룰 여지를 많이 만들고 이론 자체의 본질적 일관성과 그로부터 나온 결과에 의문을 제기하게끔 하는 것이 사실이다. 더욱이 역사, 정치학, 심리학 분야는 엘리아스의 책이 처음 출판된 이후 80년 동안 상당히 진화한 만큼 "문명화과정"의 기저에 깔린 경험적 근거는 물론 대부분의 전제가 완전히 파기되지는 않더라도 적어도 논박될 수 있다. 1930년 이후 학자들은 여러 개념을 재고해왔다. 예컨대 시민과 국가 사이 관계, "[물리적] 폭력의 독점"이라는 [막스] 베버식 개념과 형벌이 가해진 방식, 근대 초기와 현대에서 자기the self의 발전과 그것의 폭력 및 여러 감정 사이 관계, 프로이트식 발상과 역사 사이 상관성 등이다. 오늘날에는 문명화과정 이론의 기초가 되었던 교훈들이 근거가 부족해 보이기 시작하고 있다.

스티븐 핑커의 《문명화과정》의 이용

노르베르트 엘리아스의 저작에 대한 학자들의 연구와 비평이 방대하기는 하나, 스티븐 핑커는 《문명화과정》을 확대 해석 하고 무비판적으로 적용함으로써 인류 역사상의 폭력에 대한 자신의 해석을 뒷받침했다.

제1부 해석

예를 들어, 핑커는 《문명화과정》이 역사범죄학자들의 연구를 "예견한 anticipated" 유일한 이론이라고 주장하면서 엘리아스의 예지력에 대단한 중요성을 부여하는바 테드 로버트 거, 마누엘 아이스너, J. S. 콕번J. S. Cockburn이 실증적으로 발견한 살인율 하락이 1970년대와 1980년대에 들어 눈에 띄기 시작하고 기정사실화했다는 것이다. 이러한 점에서 엘리아스의 이론은 "과학적 가설에 대한 엄격한 시험"을 통과했다.[38] 그런데 핑커는 이것을 거꾸로 해석한다. 《문명화과정》은 살인율 감소를 "예측하지predict" 않는다. 그리고 우리가 살펴보았듯이, 엘리아스가 이러한 종류의 대對인간 폭력을 언급한 것은 그저 몇 번 정도에 지나지 않는다. 《문명화과정》에서 대對인간 폭력의 감소에 대한 가능성possibility을 암시하기는 하지만 그것은 좀 더 광범위한 메커니즘의 당연적 귀결[필연적 결과]로서의 가능성일 뿐으로, 서유럽인들은 이 메커니즘을 통해 내적 충동의 외적 표출을 통제하는 방법을 배웠고 그 과정에서 결과적으로 국가의 권위와 수단이 강화되었다. 이것이 살인율 감소의 원인이 되었다caused는 것은 다른 사람들의 외삽外挿, extrapolation이지 그 이론 자체의 핵심은 아니다[외삽은 이용가능한/주어진 자료의 범위가 한정되어 그 범위 이상의 값을 구할 수 없을 때 관측된 값을 이용해 한계점 이상의 값을 추정하는 것을 말한다].

핑커는 또한 엘리아스가 프로이트를 참고한 것은 대충 얼버무리고 자신이 선호해 마지않는 "마음의 이론theory of mind"에 대해 숙고한다. 《우리 본성의 선한 천사》에서 설명하길 이 이론은 "인지과학cognitive science, 정동신경과학affective neuroscience 및 인지신경과학cognitive neuroscience, 사회심리학social psychology 및 진화심리학evolutionary psychology, 그리고 인간 본성human nature에 대한 이런저런 과학 분야들을 종합한 것"이다.[39] 엘리아스의 프로이트주의[프로이트학설]Freudianism는 철저한 것이었지만—그는 오랫동안 런던에서 정신분석을 받았고, 정식으로 집단 (심리) 요법 교육을 받았으며, 이에 더해 얼마간 집단 상담 치료사로 활동하기도 했다—, 핑커는 독자들에게 엘리아스가 "프로이트의 좀 더 색다른 주장과는 거리를 두었다"라고 장담하며 엘리아스의 프로이트주의가 《문명화과정》에 끼친 영향을 축소했고, 자기통제와 감정이입empathy에 관한 심리학을 해석하는 데에만 엘리아스의 이론들을 사용했다. 마찬가지로, 엘리아스를 그를 추종하는 포스트모더니즘 이론가들(늘 핑커가 합리적[이성적]rational 탐구에서 획일적 암종bête noire으로 질색했던 이들)로부터 떼어 놓으려는 다소 빤한 시도에서, 핑커는 또한 엘리아스가 인간 행동의 변화를 설명하는 데서 생물학만 아니라 문학에 의존하는 정도를 최소화한다. 핑커는 이렇게 말한다. "인정할 만한 점은, 엘리아스가 학계의 유행을 뛰어넘어 근대 초기 유럽인이 자기통제를 '발명'했다거나 '구축'했다고 주장하지 않았다는 것이다." 외려 "[그는] 늘 인간 본성의 일부였으나 중세 사람들은 충분히 사용하지 않았던 정신적 능력을 근대 초기 유럽인들이 더욱 활성화했다고 주장했을 뿐이다."[40] 한때 의대생이기도 했던 엘리아스가 생물학을 중요시했다는 것은 사실이다. 그런데 《문명화과정》에서는 자기통제를 위한 생물학적 능력과 자기통제에 부가된 문화적 의미는 그렇게 확정적으로 분리되지 않는다. 사실 엘리아스에게 자기통제 및 자기통제 연습에 관한 발상들ideas은 서유럽 사회들의 평화화pacification를 설명할 때 적어도 메커니즘 자체만큼 중요했다. 특히 그 발상들은 자신들을 "문명화한" 사람으로 보는 서유럽인들의 관점 곧 유럽인들끼리 공유하는 자아상의 중심에 자리하며, 이 자아상의 근저에는 자기통제와 그 의미들에 대한, 문화를 매개로 한 상호 이해가 있었다(그리고 그러한 측면에서 상호 이해의 일부는 객관적 현실만큼이나 믿음에 의해 "구축"되었다). 생물학과 문화의 상호 강화관계에 대한 이와 같은 주장은, 상황이 바뀌는 경우 자기통제와 그것에 의한 폭력 억제가 취약하다는 것을 강조함은 물론, 더욱 은밀한 형태의 폭력을 감추려는 광범위한 자기통제를 공개적으로 알리는 역량 역시 강조한다. 핑커는 또한 문명화과정의 내용들을 최근의 과거에, 그리고 특히 1960년대부터의 살인사건 데이터의 추세에 적용하려 갖은 애를 쓰는바 이 시기는 미국의 살인율이 1960년대 이후 뚜렷이 증가해 1970년대 초반에 정점을 찍은 때로, 살인율은 이후 하락하다가 다시 증가해 1991년에 또 다른 정점에 이른다.[41] 핑커가 궁금했던 것은 이것이다. 반反문화〔대항문화, 카운터컬처〕counterculture의 "방종dissoluteness에 대한 예찬" 및 그에 수반하는 매너의 퇴보와 1960년대와 1970년대 초반 일상에서의 폭력의 증가 사이에 연관성이 있을까? 여기서 그의 추론reasoning은 약간 혼란스러워진다. 핑커는 "비공식화"라는, 엘리아스와 (핑커가 인용하는) 카스 바우터르스Cas Wouters〔네덜란드 사회학자〕 같은 협력자들이 개발한 개념을 열심히 끌어들여 이 시기에 근대 일상생활에서 에티켓이라는 형식적 규범의 중요성이 감소된 것을 설명하려 한다. 그러나 비공식화의 핵심은 그것이 문명화과정의 역전을 시사한 게 아니라, 외려 그 반대로, 자기통제가 사람들의 심리 속에 너무 깊이 배어든 나머지 자기통제를 하고 있음을 표시하는 행동—예컨대 식탁에서의 복잡한 규칙, 복장과 화법에서의 격식 등—이 더는 필요 없게 되었음을 시사한다는 것이었다.[42]

그러나 핑커는 미국 살인율에 대한 분석에서 비공식화를 "비非문명화decivilization"와 결합해 1960년대를 〔감정·행동 등의〕 억제inhibition의 감소, 자기강제의 감소, 그리고 그에 따른 도덕의 감소의 시기로 특징짓는다. 쇠퇴되는 가치들—예컨대 이혼율과 혼외출산의 증가처럼 핑커가 터무니없게 정치적으로 보수적인 방식으로 정의한—과 저속한 대중문화가 폭력의 증가의 직접적 원인이 아니었을 수 있어도 "인과관계의 화살표는 비문명화적 사고방식에서 실제적 폭력의 조장 쪽을 향한다고 보는 게 타당하다."[43] 이와 같은 비문명화의 영향들은 (핑커가 스치듯 인정하는 가난과 차별이라는 사소하지 않은 영향과 맞물려) 아프리카계 미국인 지역사회에 특히 심각한 타격을 입혔다.[44] 다행스럽게도, 1990년대에는 "재문명화recivilizing" 운동이 일어났다.[45] 반문화가 점차 시들해지자 문명화과정은 "진보 쪽으로 자신의 방향을 복원"했다.

이와 같은 전환은 부분적으로는 대량수감mass incarceration ("물샐틈없이 확고한" 주장은 아니라고 핑커도 인정하지만 "살인율을 떨어뜨린 것이 거의 확실한"), 치안policing의 증가, 감수성sensibility의 변화로 말미암아 일어났다.[46] 이 부분에서 핑커는 대량수감이 흑인 지역사회에 끼친 좀 더 장기적인 영향에 대해서는 물론, 이제 문명화 궤도로 돌아온 미국 살인 통계의 지속적 연속성에 대해서도 자신만만해 보인다. 실제 미국의 살인율은 1999년에서 2008년 사이에 안정적 상태를 유지했던 것 같다. 그러나 역사가 반복해 증명하다시피, 섣부른 결론을 내릴 가능성은 항상 있다. 2015년 이후 [미국의 살인율의] 또 다른 경미한 증가세가 시작되는 것으로 보이긴 해도 얼마나 높이 올라갈지는 아직 말하기 이르다.

덧붙여, 자살suicide—자기 자신에게 가하는 폭력행위이나 살인의 역사에 대한 논문에서는 충분히 연구되지 않은—의 비율은 지속적으로 증가하는 것으로 보임에도 이와 같은 동향을 핑커는 완전히 무시한다. (《우리 본성의 선한 천사》에서 유일하게 언급되는 자살은 자살테러suicide terrorism에 한정된다.)[47] 최근 연구에 따르면, 살인homicide과 자살은 역관계가 있어서 살인 건수가 감소함에 따라 자살 건수는 증가한다. 이 현상은 17세기 중반에서 18세기로 접어드는 시기 유럽에서 발생하기 시작해 오늘날에는 세계적으로 매년 약 80만 명이 자살을 하며, 반면 38만 5000명이 살인을 한다. 살인과 자살 사이 연관성은 보편적이지는 않으나 스리랑카 같은 개발도상국을 비롯해 많은 현대 사회에서 명확하게 나타나며, 남성의 명예라는 개념이 내면화한 것과 관련 있을 수 있다.[48] 〔이것이〕 "문명화과정"에 끼친 영향은 아직 설명되지 않았다.

핑커는 1960년대의 미국이 비문명화되었다고 서슴없이 단언하면서도 그 개념에 영감을 준 사례인 나치 독일에 대해서 똑같이 하는 데에는 이상하리만치 저항한다. 실제로 핑커는 20세기 역사학자들에게 고통스러울 정도로 명확하며 엘리아스 본인에게도 평생 고통의 원인이었던 것—1933년에서 1945년까지 나치가 자행한 종류를 비롯한 국가 주도 폭력에 대한 우리의 이해에 문명화과정이 끼친 영향—은 대수롭지 않게 생각한다. 엘리아스는 평생의 이력 동안 이 "독일 문제German question"를 해결하려 고심했다. 말년에 그는 《문명화과정》을 쓴 동기가 부분적으로는 나치의 부상을 더욱 잘 이해하기 위해서라고 밝혔다. 엘리아스는 프랑크푸르트대학의 젊은 학자였을 때 나치의 최초의 월권행위를 지근거리에서 목도한 바 있었다.[49] 이 주제에 관한 엘리아스의 가장 최종적인 진술은 그가 사망하기 직전인 1989년에 나온 에세이 모음집 《독일인에 대한 연구Studien über die Deutschen》에 나와 있다. 이 글들에서 엘리아스는 나치즘Nazism과 홀로코스트를 독일 사회의 "퇴행regression" 또는 "재再야만화rebarbarization"로 규정했다—이후 논평가들은 이것을 일종의 "비문명화의 분출spurt"(독일어로는 Schub) 또는 반전反轉, reversal으로 해석했다.[50] 엘리아스는 나치즘이 18세기부터 시작된 귀족층의 명예규율

satisfaktionsfähigkeit에 대한 독일인 특유의 깊은 노스탤지어를 활용했다고 주장했다—명예규율은 범죄에는 결투duelling를 통해 사죄를 요청해야 한다는 규약이었다.[51] 모욕을 인지하면 폭력적으로 (의식儀式에 맞게) 반응해야 한다는 이 널리 퍼진 합의는 〔독일의〕 제1차 세계대전에서의 패배와 비무장화에 암시된 종속을 통렬히 고통스럽게 했다. 1918년 패전 이후 등장한 민간 극우 준군사조직 자유군단自由軍團, Freikorps은 이와 같은 경향의 완벽한 본보기였다. 이후 나치는 자유군단을 확장하고 자유군단이 인종주의적 성격을 띠게 했다. 수 세기에 걸쳐 정제된 자제력은 이러한 조건하에서, 불안한 "문명의 취약성"을 입증하는 과정 속에서 급속히 해체되었다.[52]

엘리아스가 《독일인에 대한 연구》에서 제시하는 설명에 문제가 있기는 하지만—수 세기 동안의 아비투스habitus〔특정한 시간·공간·환경에서 사회적 문맥에 따라 형성된 사고, 인지, 판단, 행동 체계〕가 그렇게 빨리 전복된다면 애초부터 그게 얼마나 실재하는 것이었을까?—그는 이론을 세우면서 《문명화과정》 자체에서 기술된 메커니즘을 통해 나치즘이라는 재앙을 설명해야 할 필요성은 적어도 인정했다. 어쨌든 《문명화과정》은 심리적 충동에 대한 전반적이고 철저한 지배에 기반을 두고 있으며, 개인과 사회 전체에 모두 적용할 수 있는 평화화과정을 입증한다고 알려져 있었다. 문명화한 유럽의 심장부에서 벌어진 대재앙적 전쟁과 제노사이드genocide는 이 모든 것에 의문을 제기했다. 반면, 핑커는 문명화과정을 마치 그것이 의도적으로 살인율에만 적용하도록, 달리 말해, 지금 돌아보았을 때 그 이론의 타당성을 입증하는 것처럼 보이는 딱 한 가지 종류의 폭력에만 적용하도록 만들어진 것처럼 취급한다. 엘리아스의 문명화과정 이론을 이용해 살인의 역사를 설명한 다른 이야기들과 마찬가지로, 폭력의 감소라는 추정을 증명하기 위해서는 핑커도 국민국가[민족국가]nation-state 범위 내에서 벌어진 이 "일대일 살인one-on-one homicide"을 (흔히 단일 국민국가[민족국가]가 "타인들others"에게 자행했으며, 그래서 범죄통계에 잡히지 않은) 제노사이드와 분리해서 생각해야 한다. 이를 기초로 핑커는 아마 엘리아스가 《독일인에 대한 연구》에서 그가 제시한 주장에 신경 쓸 필요가 없었을 것이라고 주장하는바, "나치 시절 독일에서도 일대일 살인의 감소 추세는 계속되었기 때문이다."[53] 이러한 논리로 문명화과정은 계속되어 마치 시간의 화살처럼 1930년대의 정치적 폭력을 거쳐 제2차 세계대전을 관통해 홀로코스트까지 이어진다. 문명화과정이 경로를 벗어난 것은 유럽의 시체더미에 의해서가 아니라 히피와 그들의 나쁜 예절에 의해서였다. 숫자가 그렇게 말하고 있다.

독일 내 공식 살인율은 감소했어도 동일한 시기에 일부 독일 시민 및 그들의 협력자가 수백만 명을 대규모 묘지 가장자리에서 살해하거나, 처음에는 차량 안에서, 그다음엔 특정 목적을 위해 지은 죽음의 수용소 안에서 가스로 질식사시켰다고 생각하면 전혀 마음이 편하지 않다. 또한 이것은 살인율 수치를 사회 내 폭력에 대한 모종의 단일 척도로 사용하는 것이 얼마나 큰 문제인지도 강조한다.[54] 그러나 그런 특이한 척도를 고집하는 것은 핑커 특유의 경향 즉 20세기 전반기에 있었던 국가 주도의 파멸적 폭력을 그것만 아니면 고무적이었을 궤적의 일시적인 통계적 이탈로 축소하는 경향의 전형적 특성이다. 핑커는 그런 일이 발생했다는 사실에 절망하기보다 1945년 이후 수십 년 동안 비슷한 규모의 또 다른 제노사이드가 없었음에 기뻐해야 한다고 주장하는 것처럼 보인다.[55]

마찬가지로, 그리고 이와 같은 통계적 관점의 맥락에서, 엘리아스의 나치즘에 관한 글에 핑커가 제시한 대안—나치즘과 홀로코스트는 "비문명화"의 예가 아니라, 도덕감각moral sense의 구획화가 높은 수준의 이데올로기 및 강제와 맞물리는 경우 "다른 측면에서는 문명화한 사회에서조차" 어떻게 전쟁과 제노사이드로 이어질 수 있는지 입증하는 사례라는 것—은 해석의 틀을 자신의 데이터 윤곽에 맞게 개조하려는 더욱 폭넓은 의지를 시사한다. (여기에는 "히틀러가 없었다면 홀로코스트도 없었다No Hitler, No Holocaust"는 식의 논지도 포함된다.[56]) 실제로, 홀로코스트를 숫자상으로 맥락화함으로써, 핑커는 수많은 학자가 엘리아스가 그랬던 것처럼 서구 세계의 폭력과 진보의 역사 속에서 제노사이드를 이해하고 해석하려는 노력은 대체로 개의치 않는 것 같다. 실제로,《우리 본성의 선한 천사》와《지금 다시 계몽》두 책의 비평가들이 지적했듯, 핑커는 홀로코스트라는 산업화한 살인과 근대성modernity이라는 "합리적[이성적]" 교훈들 사이에 연관성이 있을 수 있다고 시사하는 설명에 격렬히 저항함으로써, 핑커는 (민주주의를 제외한) 모든 공상적 이데올로기를 반反계몽주의[대항계몽주의]the counter-Enlightenment의 산물로 잘못 특징짓게 된다.[57] 대담한 주장보다 뉘앙스를 중시하도록 훈련된 역사학자들 사이에서, 이 사례는 어떤 쪽으로든 종결되기에는 한참 멀다.

결론

설령 우리가 수 세기에 걸쳐 부단히 작동하고 있는 문명화 메커니즘의 실재를 인정한다고 해도, 그 개념은 양가적인 것으로 그 안에는 "전례 없는 규모로 '야만적'이라고 이름표 붙일 만한 힘을 방출할 잠재력"이

제1부 해석

내재해 있다.[58] 실제로 양차 세계대전modern state의 잔혹성brutality과 20세기 독재〔독재정권〕dictatorship는 근대국가modern state 부상의 역설 중 일부다. 다시 말해, 국가의 팽창과 국가의 〔물리적〕 폭력의 독점(〔막스〕 베버와 엘리아스 식으로 말하면)은 공공질서 및 국민의 안전을 증진하는 원인이면서, 동시에 국가의 파괴적 역량이 극적으로 증가한 나머지 일부 20세기 최악의 범죄―제노사이드, 대규모 인종청소ethnic cleansing, 아사starvation 〔유발〕, 집단학살massacre, 대량살인mass murder―의 원인이기도 하다.[59] 노르베르트 엘리아스는 근대국가의 이 파괴적 잠재력―평화화의 수단 그리고 "위험한 도구" 모두―이 우려스러운 것이라고 생각했다.[60] 스티븐 핑커는 그 우려가 훨씬 덜한 것 같다.

그러나 엘리아스가 핑커에게만 아니라 학자들이 서구의 폭력의 역사를 비롯해 심리적 작용과 사회적 변천 사이 연관성을 이해하는 방식에도 상당한 영향을 끼친 것은 분명하다. 이러한 의미에서 문명화과정은 복원력이 있는 것으로 판명되었으며, 아직도 여러 분야의 학자들이 문명화과정의 이론의 기본 원리를 연구하고 있고, 엘리아스의 모델을 재검토하고 수정하고 개선할 방법들을 제시하고 있다. 그런데 우리가 이제껏 살펴보았듯, 엘리아스의 모델을 폭력의 해석에 적용할 수 있는지에 대해서는 의문점들이 곧 핑커가 언급했어야 할 문제들이 남아 있다. 많은 역사학자가 주장해오길, 근대경제, 근대국가, 근대예절, 근대과학이 인류의 폭력 성향에 장기적 영향을 조금이라도 끼쳤다는 경험적 증거는 없다. 외려 학자들은 집합적 잔혹성collective brutality의 규모가 근대 사회조직들의 부상과 함께 극적으로 증가하고 있는 반면, 대對인간 폭력의 규모와 특성은 여전히 본질적으로 동일하다고 주장해왔다.[61] 마찬가지로, 국가가 자신의 영향력을 증대함에 따라 그리고 일부 형태의 폭력이 감소함에 따라 어떤 형태들은 훨씬 덜 공개적이고 훨씬 더 사적인 것이 되었다는 주장이 있다.[62] 달리 표현하자면, 폭력은 단순히 정량적으로뿐 아니라 정성적으로도 진화하고 변화한다. 하지만 그러한 사적 폭력의 형태들—특히 가정폭력domestic violence, 아동학대child abuse, 성폭행sexual assault 및 강간rape—을 어느 정도 정확하게 측정하기란 불가능한바, 사적 폭력들은 보고되지 않거나 상당한 정도로 축소된 채로 보고되기 때문이다. 그러나 국가가 고도로 중앙집중적이거나(전체주의국가에서 볼 수 있듯) 또는 반대로 국가가 부재할 때 폭력이 심한 경향은 있는 것 같다.[63]

현재의 순간을 우리는 어떻게 볼 것인가? 오늘날의 유럽인은 예나 마찬가지로 대對인간 폭력을 불사하며 특정한 상황에서는, 지난 세기 많은 전쟁과 내전에서 본 것처럼, 자신들의 선조들만큼 많은 사람을 죽일 수 있다. 문해력〔리터러시〕literacy, 세련된 매너, 국내·국제 경제시장 참여 등이 확산되었지만 지난 200년 동안의 살인율에는, 핑커는 반대로 주장했음에도, 별로 큰 차이를 만들지 못했다. 핑커에게는 두 가지 선택지가 있다. 세상을 "범죄, 테러, 제노사이드, 전쟁의 악몽을 겪는 곳"으로 해석하느냐, 아니면 "역사적 기준으로 볼 때 […] 전례 없는 수준의 평화로운 공존이라는 축복을 받은 곳"으로 보느냐.[64] "역사적 기준"으로 판단하면, 특혜 받은 서구 세계의 많은 사람이 우리의 16, 17세기 동일 상대들과는 완전히 다른 삶을 사는 것이 사실이다. 그러나 우리가 그 변화에 어떤 의미를 부여하는지는 분명 곰곰이 생각해볼 가치가 있다. 우리가 주장하는 바처럼, 핑커와 엘리아스는 이 지점에서 의견이 상당히 갈린다. 엘리아스가 생각하는 문명화과정은 조건부적contingent이고 가역적reversible이다. 반면, 핑커는 엘리아스의 문명화과정 개념을 실제로는 결코 의도되지 않은 방식으로 이용한다—자신이 추정하는 폭력의 장기적 감소를 설명하고 그것을 미래로 투사한다. 이것이 엘리아스를 노골적으로 왜곡한 것이 아니라면, 핑커는 엘리아스의 이론을 특별히 심사숙고해 이용하거나 지적으로 이용한 것이 아니다. 문명화과정 이론이 게르트 슈베르호프의 말처럼 "마지막 이론적 공룡[과거의 거대한 유물]"이라고 생각하든 혹은 폭력을 설명할 수 있는 "유일한 이론적 틀"이라고 생각하든, 아무래도 이제는 노르베르트 엘리아스를 "오늘날 역사연구의 안내자로서가 아니라 1930년대와 1940년대의 중요한 사회적·문화적 인물로서" 대접해야 할 시간이 된 것 같다.[65]

주

1 다음을 참조하라. Steven Pinker, *The Blank Slate: The Modern Denial of Human Nature* (New York: Viking, 2002), 166-9, 320, 330-6. [한국어판. 스티븐 핑커, 김한영 옮김, 《빈 서판: 인간은 본성을 타고나는가》, 사이언스북스, 2004]; Steven Pinker, *The Better Angels of Our Nature: The Decline of Violence in History and Its Causes* (London: Allen Lane, 2011), xxiv [한국어판. 스티븐 핑커, 김명남 옮김, 《우리 본성의 선한 천사: 인간은 폭력성과 어떻게 싸워 왔는가》, 사이언스북스, 2014]. 핑커의 통계 사용법에 대한 비판은 이 책의 3장 〈스티븐 핑커와 폭력의 역사 기술에서 통계의 사용과 오용〉을 참조하라. 뉴캐슬대학 폭력연구센터Centre for the Study of Violence의 지원으로 예비 연구를 수행한 Markos Carelos에게 감사한다.

2 Pinker, *Better Angels*, xxvi-xxvii. 다음을 참조하라. Ted Robert Gurr, "Historical Trends in Violent Crime: A Critical Review of the Evidence", *Crime and Justice: An Annual Review of Research*, 3 (1981): 295-353.

3 엘리아스는 Selbstzwänge(자기강제)와 Fremdzwänge(외부강제)를 언급한다. 강제가 없다면 인류는 "야만적 동물brutish animals"로 남을 것이다. Norbert Elias, *The Civilizing Process: Sociogenetic and Psychogenetic Investigations*, trans. Edmund Jephcott (Oxford: Blackwell, 1994), 117-19, 156-7, 159-60, 168-9, 365-87, 415-21, 447 [한국어판. 노르베르트 엘리아스, 박미애 옮김, 《문명화과정Über den Prozeß der Zivilisation》(전 2권), 한길사, 1996]; Pinker, *Better Angels*, xviii, xxv, 73-4, 174, 278, 292, 440, 476, 477, 578, 585, 609, 686.

4 Carolyn Strange and Robert Cribb, "Historical Perspectives on Honour, Violence and Emotion", in Carolyn Strange, Robert Cribb and Christopher E. Forth (eds), *Honour, Violence and Emotions in History* (London: Bloomsbury, 2014), 11-13.

5 Pinker, *Better Angels*, 81.

6 Benjamin Ziemann에 대한 핑커의 반응에 대해서는 다음을 참조하라. Benjamin Ziemann, "Histories of Violence", *Reviews in History* (review no. 1232). 이 글에서 Ziemann은 역사학자들이 엘리아스가 중세 유럽 사회를 "단순"하고 "순진"하다고 특징지은 것을 대체적으로 거부한다고 언급하며 그것을 입증하는 중요한 논문으로 Gerd Schwerhoff의 것을 인용했다. 핑커는 이에 대한 답변에서 Schweroff의 논문에 인용된 이전의 수많은 비판적 문헌은 무시하면서 Schweroff를 가리켜 "그런 혐의 제기를 한 유일한 역사학자"라고 칭했다. 다음을 참조하라. Steven Pinker, "Author's Response", point 6 and Gerd Schweroff, "Zivilisationsprozess und Geschichtswissenschaft. Norbert Elias Forschungsparadigma in

historischer Sicht", *Historische Zeitschrift*, 266 (1998): 561-605. 〔관심 있는 독자는 다음
도 참조할 만하다. https://reviews.history.ac.uk/review/1232〕

7　Pinker, *Better Angels*, 59.

8　Anthony Giddens, "*The Society of Individuals*: Norbert Elias, Michael Schröter and
Edmund Jephcott", *American Journal of Sociology*, 98, no. 2 (1992): 338.

9　예를 들면 다음을 참조하라. Keith Thomas, *In Pursuit of Civility: Manners and Civilization
in Early Modern Europe* (New Haven and London: Yale University Press, 2018), xiii-xiv,
19-21, 53-6. Thomas는 엘리아스가 그 분야에서 "존재감 있는 지식인"이라고 표현하는 동
시에 그의 연구에는 "몇 가지 잘 알려진 한계"도 있다고 인정한다(p. xiii). Penny Russell,
Savage or Civilised? Manners in Colonial Australia (Sydney: NewSouth Books, 2010),
9-10에서는 엘리아스가 매너의 역사의 논의에서 근간이 되는 인물이긴 해도, 그가 활자
화된 에티켓 규칙에 초점을 맞춘 것은 행위준칙rules of conduct들이 본국에서 멀리 떨어진
곳에서 주조된 정황상 그 가치가 제한적이다.

10　Elias, *The Civilizing Process*, 447; 그리고 idem., *The Germans: Power Struggles and the
Development of Habitus in the Nineteenth and Twentieth Centuries*, trans. Eric Dunning and
Stephen Mennell (Oxford: Polity Press, 1996), 173.

11　Norbert Elias, *Reflections on a Life*, trans. Edmund Jephcott (Cambridge: Polity Press,
1994), 53-5.

12　Elias, *The Civilizing Process*, 63.

13　Elias, *The Civilizing Process*, 106.

14　Sigmund Freud, *Civilization and Its Discontents*, trans. Joan Riviere (London: Hogarth
Press, 1930), 85-6, 102, 105 〔한국어판. 지크문트 프로이트, 김석희 옮김, 《문명 속의 불
만Das Unbehagen in der Kultur》, 열린책들, 1997〕. 동일한 중요성을 가졌던 것으로 보이는
책 중에는 1927년 첫 출판된 프로이트의 *The Future of an Illusion*도 있다. 다음을 참조하
라. Robert van Krieken, *Norbert Elias* (London: Routledge, 1998), 18.

15　Elias, *The Civilizing Process*, 239.

16　다음을 참조하라. Jonathan Fletcher, *Violence and Civilization: An Introduction to the Work
of Norbert Elias* (Cambridge: Polity Press, 1997), 42-4.

17　Elias, *The Civilizing Process*, 7

18　Elias, *Reflections on a Life*, 104-20; Van Krieken, *Norbert Elias*, 14-18.

19　Robert van Krieken, "Norbert Elias and Emotions in History", in David Lemmings and
Ann Brooks (eds), *Emotions and Social Change: Historical and Sociological Perspectives*
(London: Routledge, 2014), 22; J. Carter Wood, *Violence and Crime in Nineteenth-
Century England: The Shadow of Our Refinement* (London: Routledge, 2004), 15-16.

20　Pieter Spierenburg, "Elias and the History of Crime and Criminal Justice: A Brief

Evaluation", *IAHCCJ Bulletin*, 20 (Spring 1995): 20-3; Eric Dunning, Patrick Murphy and Ivan Wadding ton, "Violence in the British Civilizing Process", in Eric Dunning and Stephen Mennell (eds), *Norbert Elias*, 4 vols (Sage: London, 2003), ii. 5-34, 이 부분은 5-9.

21 Elias, *The Civilizing Process*, 383-4. See van Krieken, *Norbert Elias*, 65-6; Fletcher, *Violence and Civilization*, 44.

22 Elias, *The Civilizing Process*, 39, 41; Fletcher, *Violence and Civilization*, 45-7.

23 Nicole Pepperell, "The Unease with Civilization: Norbert Elias and the Violence of the Civilizing Process", *Thesis Eleven: Critical Theory and Historical Sociology*, 137, no. 1 (2016): 6 and throughout; Jack Goody, *The Theft of History* (Cambridge: Cambridge University Press, 2006), 161-2.

24 Goody, *The Theft of History*, 154-79.

25 예를 들면 다음을 참조하라. Eiko Ikegami, *The Taming of the Samurai: Honorific Individualism and the Making of Modern Japan* (Cambridge, MA: Harvard University Press, 1995); Johan Goudsblom, Eric Jones and Stephen Mennell, *The Course of Human History: Economic Growth, Social Process and Civilization* (London: Routledge, 1996), 특히 chap. 6; Stephen Mennell, *The American Civilizing Process* (Cambridge: Polity, 2007); 그리고 Roderic Broadhurst, Thierry Bouhours and Brigitte Bouhours, *Violence and the Civilising Process in Cambodia* (Cambridge: Cambridge University Press, 2015).

26 예를 들면 다음을 참조하라. Stephen Mennell and Johan Goudsblom, "Civilizing Processes—Myth or Reality? A Comment on Duerr's Critique of Elias", *Comparative Studies in Society and History*, 39, no. 4 (1997): 729-33.

27 다음 에세이집도 참조하라. Lemmings and Brooks, *Emotions and Social Change*.

28 Daniel Gordon, "The Canonization of Norbert Elias in France: A Critical Perspective", French Politics, *Culture & Society*, 20, no. 1 (2002): 68-94, 이 부분은 69. 근대 초기 프랑스에 대한 엘리아스의 묘사에 대해서는 다음을 참조하라.Stuart Carroll, *Blood and Violence in Early Modern France* (Oxford: Oxford University Press, 2006), 5-6, 307-11.

29 다음을 참조하라. Hans Peter Duerr, *Nacktheit und Scham* (Frankfurt am Main: Suhrkamp Verlag, 1988) 〔한국어판. 한스 페터 뒤르, 차경아 옮김, 《나체와 수치의 역사》, 까치, 1998〕; Schwerhoff, "Zivilisationsprozess und Geschichtswissenschaft"; 그리고 Martin Dinges, "Formen wandel der Gewalt in der Neuzeit. Zur Kritik der Zivilisationstheorie von Norbert Elias", in Rolf Peter Sieferle and Helga Breuninger (eds), *Kulturen der Gewalt. Ritualisierung und Symbolisierung von Gewalt in der Geschichte* (Frankfurt am Main: Campus, 1998), 171-94.

30 예를 들면 다음을 참조하라. "On Changes in Aggressiveness," in Elias, *The Civilizing*

제1부 해석

Process, 161-72.

31 Robert van Krieken, "Violence, Self-discipline and Modernity: Beyond the Civilizing Process", *Sociological Review*, 37 (1989): 193-218; Fletcher, *Violence and Civilization*; "Introduction", in Eric A. Johnson and Eric H. Monkkonen (eds), *The Civilization of Crime* (Urbana: University of Illinois Press, 1996), 1-13; 이와 더불어 Helmut Thome, "Modernization and Crime: What Is the Explanation?", *IAHCCJ Bulletin*, 20 (Spring 1995): 31-48도 참조하라. 스피렌뷔르흐는 암스테르담의 노르베르트엘리아스재단과 관련되어 있었다. (Norbert Elias Foundation: http://norbert-elias.com/en/). Jeffrey Adler는 미국 도시들의 살인을 조사하는 데서 문명화과정의 유용성을 의심한다. 예컨대, 시카고에서는 폭력적 행동을 줄이기 위한 노력이 사실상 살인율의 상당한 증가로 이어졌다―그런데도 종국에는 그것이 문명화과정의 성공을 보여주었다고 결론 내린다. Jeffrey S. Adler, "'Halting the Slaughter of the Innocents': The Civilizing Process and the Surge in Violence in Turn-of-the-Century Chicago", *Social Science History*, 25, no. 1 (Spring 2001): 29-52; 그리고 idem., *First in Violence, Deepest in Dirt: Homicide in Chicago, 1875-1920* (Cambridge, MA: Harvard University Press, 2006).

32 Robert Muchembled, *A History of Violence: From the End of the Middle Ages to the Present* (Cambridge: Polity, 2012), 28-9. 엘리아스는 국가의 발전 단계에 관해 매우 모호한 입장을 취한다. 학자들은 궁정식 행동의 기원이 엘리아스가 알았던 것보다 훨씬 이전이며 프랑스가 아니라 독일이라고 주장해왔다. 다음을 참조하라. C. Stephen Jaeger, *The Origins of Courtliness: Civilizing Trends and the Formation of Courtly Ideals, 939-1210* (Philadelphia: University of Pennsylvania Press, 1985).

33 다음을 참조하라. *A Fiery & Furious People: A History of Violence in England* (London: Random House, 2016), 29; Randolph Roth, "Does Better Angels of Our Nature Hold Up as History?", *Historical Reflections/Réflexions Historiques*, 44, no. 1 (2018): 94-5.

34 Elias, *The Civilizing Process*, x and xiv.

35 Van Krieken, *Norbert Elias*, 28. Krieken은 더 나아가 엘리아스의 《문명화과정》을 잘 이해하려면 《문명화과정》을 하위징아의 《중세의 가을The Waning of the Middle Ages》과 함께 읽어야 한다고 주장한다. 중세에 대한 핑커의 잘못된 설명에 대해서는 이 책의 8장 사라 버틀러, 〈중세의 시각에서 본 스티븐 핑커: 폭력과 중세 잉글랜드〉를 참조하라. 〔하위징아의 책은 중역판으로 몇 권이 나와 있다. 요한 하위징아, 이종인 옮김, 《중세의 가을》, 연암서가, 2012 등.〕

36 Jonas Liliequist, "Violence, Honour and Manliness in Early Modern Northern Sweden", in Mirkka Lappalainen and Pekka Hirvonen (eds), *Crime and Control in Europe from the Past to the Present* (Helsinki: Hakapaino, 1999), 174-207.

37 종교에 대해서는 다음을 참조하라. George Mosse, "Review: Norbert Elias, *The Civilizing*

Process: *The History of Manners*", *New German Critique*, 15 (1978): 180-1; 그리고 Andrew
M. McKinnon, "The Sacramental Mechanism: Religion and the Civilizing Process in
Christian Western Europe with Particular Reference to the Peace of God Movement and
Its Aftermath", in Andrew McKinnon and Marta Trzebiatowska (eds), *Sociological Theory
and the Question of Religion* (Farnham: Taylor & Francis, 2014), 105-26. McKinnon은
가톨릭교회가 엘리트 기사들의 폭력에 대한 추동을 억제하고, 방향 짓고, 전달하는 요소
로 작용했다고 주장한다. 책에서 다룬 계급 사이 관계에 대한 비판에 대해서는 다음을 참조
하라. R. J. Robinson, "'The Civilizing Process': Some Remarks on Elias's Social History",
Sociology, 21, no. 1 (1987): 1-17.

38 Pinker, *Better Angels*, 78.

39 Pinker, *Better Angels*, xxi.

40 Pinker, *Better Angels*, 73.

41 Nathan James, "Recent Violent Crime Trends in the United States", Congressional
Research Service, 20 June 2018, https://fas.org/sgp/crs/misc/R45236.pdf; 그리고 Alexia
Cooper and Erica L. Smith, "Homicide Trends in the United States, 1980-2008", U.S.
Department of Justice, November 2011, https://www.bjs.gov/content/pub/pdf/htus8008.
pdf.

42 Cas Wouters, *Informalization: Manners and Emotions since 1890* (Los Angeles: SAGE
Publications, 2007).

43 Pinker, *Better Angels*, 114, 115, 127.

44 Pinker, *Better Angels*, 115.

45 Pinker, *Better Angels*, 116-28.

46 Pinker, *Better Angels*, 125.

47 Pinker, *Better Angels*, 353-61.

48 Pieter Spierenburg, *A History of Murder: Personal Violence in Europe from the Middle Ages to
the Present* (Cambridge: Polity, 2008), 158-61 〔한국어판. 피테르 스피렌부르크, 홍선영
옮김, 《살인의 역사: 중세에서 현대까지 살인으로 본 유럽의 풍경》, 개마고원, 2011〕; Peter
Mayer, "Comparative Reflections on The Civilizing Process", in Lemmings and Brooks
(eds), *Emotions and Social Change*, 233-51, 이 부분은 241-4; Hugh P. Whitt, "The
Civilizing Process and Its Discontents: Suicide and Crimes against Persons in France,
1825-1830", American Journal of Sociology, 116 (2010): 130-86.

49 Elias, *The Germans*, xi, 445-6.

50 Elias, *The Germans*, 1; Jonathan Fletcher, "Towards a Theory of Decivilizing Processes",
Amsterdams sociologisch Tijdschrift, 22, no. 2 (October 1995): 283-97; 그리고 Stephen
Mennell, "Decivilizing Processes: Theoretical Significance and Some Lines for Research",

International Sociology, 5, no. 2 (1990): 205-23.

51 Eric Dunning and Jason Hughes, *Norbert Elias and Modern Sociology: Knowledge, Interdependence, Power, Process* (London: Bloomsbury, 2013), 107-8.

52 Elias, *The Germans*, x.

53 Pinker, *Better Angels*, 79. 나치 독일의 범죄에 관한 문제에 대해서는 다음도 참조하라. Eric A. Johnson, *Nazi Terror: The Gestapo, Jews and Ordinary Germans* (New York: Basic Books, 1999), on the question of crime in Nazi Germany.

54 다음을 참조하라. Barbara A. Hanawalt, "Obverse of the Civilizing Process in Medieval England", *IAHCCJ Bulletin*, 20 (Spring 1995): 49-60, 이 부분은 52.

55 Pinker, *Better Angels*, 377. 스티븐 핑커는 20세기의 대량 전쟁행위에 관련해서도, 수많은 전쟁 사망자 및 그와 연관된 제노사이드를 제외하면 그 시대의 "지속적인 도덕적 경향"은 "폭력을 꺼리는 휴머니즘"이라고 언급하면서 비슷한 주장을 펼친다. (p. 192) 〔한국어판 347쪽〕

56 Pinker, *Better Angels*, 209 and 343.

57 다음을 참조하라. Pinker, *Better Angels*, 777-8; 231-2 and 643; Benjamin Ziemann, "Histories of Violence", https://reviews.history.ac.uk/review/1232; Peter Harrison, "The Enlightenment of Steven Pinker", *ABC Religion & Ethics*, 20 February 2018, https://www.abc.net.au/religion/the-enlightenment-of-steven-pinker/10094966 and Paul Corey, "Steven Pinker and the Ambivalence of Modernity", http://anamnesisjournal.com/2014/01/steven-pinker-ambivalence-modernity-critique-better-angels-nature-violence-declined/.

58 Ian Burkitt, "Civilization and Ambivalence", *British Journal of Sociology*, 47, no. 1 (1996): 135-50, 이 부분은 142.

59 Pieter Spierenburg, "Toward a Global History of Homicide and Organized Murder", *Crime, Histoire & Sociétés / Crime, History & Societies*, 18, no. 2 (2014): 102-3; Alvin W. Gouldner, "Doubts About the Uselessness of Men and the Meaning of the Civilizing Process", *Theory and Society*, 10, no. 3 (May 1981): 413-18.

60 다음에서 인용됨. Burkitt, "Civilization and Ambivalence", 140.

61 Siniša Malešević, "Forms of Brutality: Towards A Historical Sociology of Violence", *European Journal of Social Theory*, 16, no. 3 (July 2013): 1-19.

62 Mark Cooney, "The Privatization of Violence", *Criminology*, 41, no. 4 (2003): 1377-406.

63 성폭력sexual violence 측정의 어려움에 대해서는 다음을 참조하라. 이 책의 14장, 조애너 버크, 〈성폭력의 증가일변도〉; 그리고 Mark Cooney, "From Warre to Tyranny: Lethal Conflict and the State", *American Sociological Review*, 62 (1997): 316-38.

64 Pinker, *Better Angels*, xix.

65 Schwerhoff, "Criminalized Violence and the Process of Civilisation", 11; Spierenburg, "Violence and the Civilizing Process: Does It Work?", 90; Barbara H. Rosenwein, "The Uses of Biology", *Cultural and Social History*, 4, no. 4 (2007): 553–8.

제2부

시대

Periods

제7장

스티븐 핑커의 "선사시대의 무정부 상태": 생물고고학적 비판

Steven Pinker's 'prehistoric anarchy': A bioarchaeological critique

린다 피비거

Linda Fibiger

스티븐 핑커의 《우리 본성의 선한 천사》가 생물고고학적 증거(즉 인골에 대한 과학적 분석에서 얻은 데이터)를 과거에는 폭력의 수위가 높았다는 주장의 핵심으로 삼은 최초의 책은 아니다.[1] 로런스 H. 킬리Lawrence H. Keeley도 《문명화 이전의 전쟁: 평화로운 미개인의 신화War Before Civilization: The Myth of the Peaceful Savage》(1996)에서 똑같은 일을 했다. 킬리는 선사시대 폭력의 서사를 재검토해 평화화된pacified 과거라는 이미지를 배척할 때 골격 연구와 민족지학적 연구를 사용했다.[2] 핑커는 단순히 킬리의 책에 포함된 골격 연구 대부분을 재사용했을 뿐이다. 핑커의 책은 2011년 출판된 이후, 선별된 고고학적·민족지학적 연구에서 60퍼센트나 되는 전쟁사망률을 이용한 통계적 추론statistical inference의 논지에 대해 거센 비판을 받아왔다.[3] 최근 들어 학자들은 킬리와 핑커의 백분율 기반의 접근법 즉 단순히 폭력 분쟁violent conflict에 가담한 사람들의 수와 폭력행위로 살해당한 사람들의 비율만 고려하는 백분율 기반의 접근법이 시간에 따른 비교에서는 충분히 강력한 지표는 아님을 입증했다. 이들은 인구 규모가 더 큰 집단(대부분은 국가)의 부대가 "민족지학적으로 관찰된 소규모 사회나 역사적 국가historical state에서보다 전투원 1명당" 더 많은 사상자를 낸다고 제시하는바, 이는 곧 근대국가들이 그들의 고고학적 선조들 못지않게 폭력적이었다는 의미다.[4]

숫자number와 백분율percentage은 핑커가 펼치는 논지의 핵심에 있지만, 그것에 대한 계산 방법 그리고 맥락화의 결여는 핑커를 공개적으로 비판하는 근거가 된다. 숫자와 빈도 계산 문제는 앞으로 나올 생물고고학적 분석의 맥락에서 다시 대두될 테니, 우선 전문용어terminology를 살펴보고 난 다음에 생물고고학적 데이터의 생성, 분석, 해석을 비판적으로 탐구해보려 한다. 이것들이 선사시대 폭력에 대한 핑커의 주장 대부분을 뒷받침하는 것이다. 우리가 잔혹한 과거인 (선사)역사시대로부터 별 탈 없이 훨씬 더 평화로운 현재로 진화했다는 핑커의 논지는 그의 핵심 발상 및 개념에 대한 피상적 처리와 이해로 말미암아 그 충격이 약화한다. 핑커는 폭력 사건의 경험적·맥락적 특성을 탐구하는 데서 생물고고학(그리고 더 정확히는 역사)의 잠재성을 고려하지 않음으로써 (선사)역사시대라는 과거와 그 과거에 거주한 사람들을, 과거의 삶에 대한 가장 직접적이고 예리한 증거로 자신이 언급하는 개개인의 유골들을 고려하기보다는, 자신의 더 큰 서사를 위한 단순한 통계적 소도구로 전락시키고 있다.

선사시대 기록 읽기

선사시대란 무엇인가?

선사시대prehistory란 기록이 쓰이기 이전의 시대를 말한다. 그러나 당대의 문서〔문헌 기록〕가 없다고 해서 선사시대가 아무 소리도 내지 않는다는 뜻은 아니다. 물질적 유물을 통한 과거 인간사회 연구의 중심에 있는 선사시대의 고고학적 기록은 그것을 구성하는 자료들만큼 풍부하고 다양하다.[5] 그 범위도 광물에서부터 유기물에 이르기까지, 휴대물(도구, 장식물)에서부터 기념적 건축물(신전〔사원〕)에 이르기까지, 세속적인 것(경작제도)에서부터 신성한 것(봉분)에 이르기까지, 영구적인 것(거석)에서부터 좀 더 일시적인 것(계절별 야영지)에 이르기까지 다양하다—이들 범주와 영역 사이 경계는 혼합이 일어나는 매우 유동적인 공동 영역이다. 고고학과 선사시대를 특히 다지역적 혹은 전 지구적 차원에서 중요한 학문으로 만드는 것이 바로 이 다양성이다. 인류의 확산과 정착, 환경 변화와 적응, 분쟁 및 협력과 같이 중요하고 대개는 시대를 초월한 문제들은 장기적 관점에서 살펴야 한다.[6] 아주 먼 선사시대, 다시 말해 호미니드hominid〔현생인류의 선조 격으로 직립보행을 한 영장류〕가 현생인류modern human로 진화하는 시기까지 포함하려면 대략 200만 년 전까지 거슬러 올라가는 기록이 있어야 한다는 말인데, (인간이 만든) 고고학적 유적은 약 1만 2000년 전 마지막 빙하기가 끝난 후에라야 더욱 광범위하게 나타난다.[7]

학문으로서의 고고학archaeology은 골동품 수집 즉 공예품 중심의 접근법에서 발전해 나온 터라 이론이나 해석을 위한 자리는 거의 없었다. 그러던 것이 고고학을 과학으로 재정의한 과정고고학processual archaeology

또는 신新고고학new archaeology이 나왔고, 이 둘은 변화와 적응을 추동하는 복잡한 문화적·환경적 역동성을 이해하는 것을 목표로 삼았다. 후기과정고고학post-processual archaeology적 접근법도 뒤를 따랐다. 신고고학은 자연과학 데이터가 지배적인 상황을 비판했고, 무엇보다도 젠더gender·물질성materiality·정체성identity에 대한 문제를 포함하게끔 해석의 범위를 넓혔다.[8] 오늘날의 고고학은 다학제적multidisciplinary 학문이며 그 주제도 점점 더 전문화하고 있다. 특히 고대 DNA 분석은 자연과학에 고고학과 선사시대의 최전선의 자리를 되찾아주었다.[9]

선사시대 기록이 편향되지 않은 것은 결코 아니다. 증거가 시간과 공간에 고르게 분포되어 있지 않고, 선사시대 및 그 이전 시대 고고학자들도 사회인류학자들과 마찬가지로 "객관적 지식objective knowledge 같은 것은 없다"거나 "고고학적 해석은 사회적, 문화적, 자기이익self-interest의 영향을 받는다"라는 견해와 싸워왔다.[10] 이것(편향성)은 선사시대를 연구할 때 피하기가 한층 더 어려워질 수 있는데, 선사시대가 우리 자신의 경험으로부터 훨씬 더 멀리 떨어진 사람·장소·사건을 포함하고 있다는 단순한 이유에서다—이 점은 스티븐 핑커가 선사시대를 어떻게 다루는지 살펴볼 때 다시 검토할 것이다. 동시에 선사시대 고고학prehistoric archaeology은 방법적 측면과 사용가능한 증거의 성격 및 범위 모두에서 끊임없이 진화해 이 중 일부 문제를 극복했다. 장기적이고 포괄적인 접근법은, 특히 생물고고학적/골격적 증거의 경우 완벽하다고 주장할 수는 없으나, 수많은 역사시대 문헌자료보다 모든 성별, 전 연령대, 다양한 사회적·경제적 집단 등 사회의 폭넓은 영역들을 우리에게 알려줄 가능성이 훨씬 더 크다.

선사시대와 생물고고학에 관한 이야기

선사시대 고고학과 생물고고학bioarchaeology은 과거의 인간 활동을 재구성하기 위해 많은 경우 파편화하고, 불완전하고, 복잡한 기록들을 확인·분류·분석·해석할 때 명확하고 명백한 언어에 의존하는 다양한 사회적·자연과학적 접근법을 결합한다. 그렇다고 해서 고고학이나 고고학 전문용어가 보편적이라는 뜻은 아니다. 변이variation의 예로 지역의 편년chronology과 시대구분periodization 체계가 있으며, 이는 더 광범위하게 수용되는 관례, 윤리적·전문적 틀, 운영 절차(일례로. 〔1989년 미국 사우스다코다주 버밀리언에서 열린 세계고고학대회WAC에서 채택된 규약인〕 "인간 유해에 관한 버밀리온 합의The Vermillion Accord on Human Remains") 등에 의해 뒷받침된다. 고고학적 용어로, 선사시대는 수만 년의 광대한 시간을 아우른다. 고고학의 전통적 시대구분은 물질문화적(석기시대, 청동기시대, 철기시대) 측면의 뚜렷한 변화를 부각시키고, 생계subsistence(농경의 도입), 정착settlement 패턴(계절적 정착보다는 영구적 정착) 그리고 사회의 조직화 및 관리(도시화urbanization)의 전환에 의해서도 그 구간이 결정된다.[11]

반면 핑거는 "선사시대"를 보편적 용어, 통합적 또는 포괄적 표현으로 제시하는바, 〔"선사시대"는〕 비非국가 사회와 "약 5000년 전부터 시작되었으며 도시와 정부를 갖춘 최초의 농경문명까지 우리 종種이 대부분의 진화 역사를 보낸 수렵, 채집, 원경 사회의 무정부 상태"를 언급하는데 사용하고 있다.[12] 그의 주요 관심사는 수렵-채집hunter-gatherer/원경園耕, horticulture 사회 및 그 이후이며, 이는 시간과 지역에 따라 서로 다른 것을 의미한다. 예를 들어 유럽에서는 역사시대가 남동쪽의 고대 그리스에서 시작되지만, 더 북쪽의 바이킹은 중세에도 여전히 선사시대인 철기시대에 속해 있었다.[13] 또 다른 사례인 농경agriculture으로의 전환은 절대로, 핑커가 패턴과 예외가 (선사)역사시대 담론의 길잡이기 되는 특징임을 강조하면서 주장하는, 도시와 정부의 보편적 출현에 상당하는 것이 아니었다. 이것은 폭력이 감소했다는 핑커의 주장의 주춧돌이 되는 인류 역사시대에 대한 그의 문해력〔리터러시〕literacy과 이해도에 아주 희미한 빛만 비춰준다.

일례로, 선사시대 사회와 수렵-채집 사회가 국가 사회에 비해 얼마나 폭력적이었는지 입증하려 핑커가 (49쪽에서〔《우리 본성의 선한 천사》 한국어판 113쪽〕) 제공하는 비국가 사회 및 국가 사회에서 전쟁행위로 인한 사망자 비율을 나타내는 도표를 보라. 도표에는 선사시대 유적지 22곳의 전쟁행위 사망자가 나타나 있다. 전반적으로 이 장소들은 다소 일관성이 없는 표본을 구성한다.[14] 한 유적지는 덴마크의 작은 묘지 베드베크Vedbæk로, 이곳에는 개인 유해 총 21구 중 2구에만 폭력을 암시하는 골격 변화가 나타났다. 이를 백분율로 환산하면 폭력에 의한 사망자 비율은 9.5퍼센트가 된다(그런데 어떤 이유에서인지 핑커의 도표에는 〔폭력에 의한 사망자 비율이〕 대략 12 혹은 13퍼센트로 나와 있다. 사람들이 이곳에 묻힌 때는 기원전 제5천년기〔기원전 5000~기원전 4001〕로, 이는 곧 그들이 중석기시대(즉 수렵-채집인이 우세했던) 에르테뵐레층Ertebølle horizon(유틀란트반도의 표준 유적지 이름을 따서 명명되었다)에 속한다는 것을 의미하며, 복수의 정착지(그중 일부는 십중팔구 일 년 내내 점유되어 있었을 것이다)를 사용한 복잡한 수렵-채집-어로 집단들이었음을 나타낸다.

덴마크의 유적지 한 곳이 북유럽의 비국가 시기 선사시대층의 대표 사례가 될 수 없고, 그것을 지역적·시대적으로 동떨어진 인도·아프리카·북아메리카 유적지들과 비교하거나 심지어 이들을 같은 그룹으로 분류하는 것은 분명 심각한 문제가 있음에도 핑커의 도표에서는 그 각

지역의 사례가 베드베크의 사례와 함께 들어 있다. 이 모든 유적지가 선택된 것은 순전히 연구 결과가 영어로 발표된 때문이라고 생각해볼 수 있다. 실제로 비국가에 대한 모든 전거reference는 두 권의 책 곧 하나는 이미 언급한 로런스 킬리의 것이고 다른 하나는 아자 가트Azar Gat의 것으로 둘 다 영어로 요약한 책들이다.[15] 1차 데이터는 전혀 없다.

선사시대 기록의 변동성에 대해서는, 북해를 건너 영국으로 들어가면 완전히 다른 중석기시대의 그림이 등장한다. 영국에서는 지금까지 중석기시대 무덤이 발굴되지 않았다. 인간 유해human remains는 일반적으로 탈구되어 있고 장례를 지낸 형태가 아닌 것이 대부분인 다양한 상황 속에서 발견되므로 전체 시대(대략 기원전 4000~기원전 2300)에 대한 골격 자료를 모두 합해도 베드베크 단일 유적지보다 더 적은 골격 유해로 구성되어 있다. 골격 유해는 선사시대의 폭력에 대해서 가장 직접적인 증거를 제공해주는바, 특히 전문적인 무기가 존재하지 않을 수 있고 요새화한 건축물이 부재한 시기 및 장소의 폭력에 대해서 그러하다.[16] 물론 우리는 인간 유해들을 발견한 곳에서만 그것들을 분석할 수 있을 뿐으로, 작은 무덤에서 발견된 21구의 개인 유해만으로 선사시대의 폭력적 상호작용에 대한 범지역적 혹은 대륙적 추세를 광범위하게 논하기는 어려울 것이다. 이에 유념해서 살펴보면, 내가 중석기시대의 유럽을 생물고고학적으로 분석한 연구에는 3000년 이상의 시기에 걸친 150곳 이상의 유적지에서 출토된 1000구 이상의 개인 유해 자료가 포함되었다. 이와 같이 훨씬 더 큰 규모에서조차, 이것은(이 정도 자료는) 연구에서 다루는 특정 지역에서만의 폭력의 만연성 및 중요성에 유의미하게 반영될 뿐으로, 나의 연구에서는 치명적fatal 사건과 비치명적 사건 모두를 포함하는 폭력적 상호작용이 그 지역에 국한된 수준인 것으로 보았다.[17]

이는 폭력의 지표를 전적으로 사망자 수에만 초점을 맞추는 매우 제한된 증거에 기초해 전 대륙을 언급하는 핑커의 대담한 진술과 상충된다. 핑커의 이러한 접근법이 폭력의 영향과 의미를 어떻게 곡해하는지는 이 장의 뒷부분에서 더 논의한다.

폭력과 전쟁의 정의

이와 같은 종류의 수치들은 다른 흥미로운 질문도 불러일으킨다. 폭력이란 무엇인가, 우리는 폭력을 어떻게 정의하고 인식하고 측정하는가? "폭력violence"이라는 용어의 1차적, 사전적 의미는 "사람 혹은 재산에 상해를 가하거나 손상을 입히는 물리적 강제력[힘]physical force의 행사"다.[18] 이 정의는 폭력에 대한 현재의 많은 인류학적 정의와 일치한다.[19] 물론 신체적 피해보다 "감정적, 심리적, 성적, 혹은 물질적 피해"를 수반하는 이러저러한 형태의 폭력도 있다. 육체적 상해는 종종 감정적·심리적 피해를 초래하기도 하고, 실제로 폭력을 구성하는 요소가 무엇인지를 놓고도 감정적·심리적 학대나 구조적 폭력을 비롯한 다양한 문화적 규범이 존재한다.[20] 이러한 맥락에서 핑커의 사망자 수만을 통한 폭력 측정 방법은, 비록 죽음이 가시적 폭력에 의한 상해의 결과이기는 해도, 다소 한정적이다.

특정한 무기와 특정한 강제력으로 가해진 유해 골격의 상해 흔적은 그것이 선사시대에 생겼든 오늘날 생겼든 동일할 수 있어도 상해의 "폭력적violent"이라는 의미는 보편적이라 가정할 수 없고, 과거 선사시대에는 그 의미를 오늘날 우리가 보는 방식과는 다르게 해석·정의했을 가능성이 높다. 이렇게 이야기하는 이유는 다른 (하나의) 인간(들)이 가한 피해에 의한 고통, 괴로움, 보다 장기적인 잠재적 영향 등의 충격을 반박하려 함이 아니라, 주어진 특정한 맥락에서 이 특정한 유형의 상호작용이 어떻게 정의되었을지 생각해보려 함이다. 우리는 폭력을 어떻게 정의하는가? 특히, 현대 관찰자의 편견을 통해 선사시대를 볼 때 폭력은 어떻게 정의되는가?

핑커의 저서〔《우리 본성의 선한 천사》〕의 부제〔역사에서 폭력의 감소와 그 원인The Decline of Violence in History and Its Cause〕는 폭력의 역사를 언급하고 있긴 해도 그의 서사 대부분은 전쟁행위가 차지하고 있다. 이것은 선사시대 무덤 유적지의 폭력 관련 골격 외상 데이터violence-related skeletal trauma data에서부터 양차 세계대전의 사망자 통계에 이르기까지 다양한 맥락 및 데이터 세트에 보편적으로 적용되어 있다. 그렇다면 전쟁행위라는 개념, 전쟁행위의 존재에 대한 진정한 증거가 되는 것은 실제로 무엇인지, 전쟁행위는 맥락과 시대에 따라 어떻게 달라질 수 있는지 등에 의문을 갖게 된다. 이러한 문제는 핑커의 주장에서 충분히 논의되지 않았어도 중요한 측면이다.

현재 통용되는 전쟁행위warfare의 정의들은 인류학, 고고학, 역사학, 군사학에서 나오며, 그 정의들이 강조하는 바도 사회적·전략적·물리적 측면에 따라, 특이성 및 복잡성의 다양한 정도에 따라, 분쟁의 규모에 따라 각기 다르다. 전쟁과 집단 또는 정의된 단위와의 연관성과 마찬가지로, 물리적 강제력과 지배는 전쟁행위에 대한 기존의 설명에서 반복적으로 나타나는 특징이다.[21] 많이 연구되는 추가적 식별 특징으로 치사율lethality, 영토권,territoriality, 지속기간duration 등이 있다.[22] 다른 시대의 경우, 전쟁행위는 오로지 국가 활동으로만 정의된다.[23] 이 모든 속성은 유효하고 중요한 고려사항임에도 핑커의 데이터 표본에서는 변형되어 있거나 보편적이지 않다.

반목feuding과 습격〔急襲〕raiding은 초기 선사시대 사회 같은 산업화 이전, 문자 사용 이전 소규모 사회의 흔한 분쟁conflict 표출 방식이었으며, 이것은 계획, 지시, 예상되는 지속적 결과 등을 포함한 "조직화한 싸움organised fighting"이었다고 그 규모를 특징지어도 무방하다.[24] 반목과 습격은 "독립적인 집단들 간의 조직화한 강제력의 사용"으로 볼 수 있으므로 일부 현재의 인류학적 정의에 따라 전쟁행위로 정의해도 될 것이다.[25] 그렇다고 해서 전쟁행위의 존재 및 결과를 일회성 폭력사건 및 예컨대 일대일 싸움one-to-one fight, 형벌punishment, 고문torture, 가정폭력domestic violence 같은 여타 형태의 대인간對人間 폭력interpersonal violence과 항상 구별할 수 있다는 뜻은 아니다. 적어도 고고학적으로는 말이다. 분쟁의 규모 및 강도가 고고학 자료에 반드시 정확히 반영된다는 법이 없으므로, 규모가 크고 조직적이며 장기적인 집단 간 분쟁으로서의 전쟁행위가 고고학적으로 그리고/또는 생물고고학적으로 눈에 띄려면 엄청난 수준의 사상자나 물질적 피해가 있어야 할 것이다.[26]

실제의 전쟁행위에 관해서는 물론 기본적 개념에 관해서도 이토록 다양한 견해가 있음에도 핑커는 전쟁행위라는 용어를 시간과 공간 전체에 대해 보편적으로 활용하는바, 그렇게 하는 것이 대중과 학계의 경계를 넘나드는 영역에 자리 잡은 그의 책이 피상적으로 단순해지고, 친숙해지고, 대중 접근성이 높아지는 데 주요한 역할을 하는 것 같다. "전쟁행위"라는 용어는 규모가 있다는 느낌도 주기 때문에 —핑커의 책에서 베드베크 관련 논의와 일부 데이터의 통계적 유효성 관련 논의를 생각해보면— 오해를 불러일으킬 수 있다. 또한 전쟁행위는 "폭력"이라는 용어가 할 수 있는 정도보다 이 주제를, 심지어 본의 아니게, 과장하고 어쩌면 선정적으로 보이게까지 한다.[27]

제2부 시대

우리는 왜 싸우는가?

대對인간 폭력에 대한 유해 골격의 증거가 인류 자체의 기원으로까지 거슬러 올라간다는 데에는 의심의 여지가 없고, 그 증거는 다수의 호미니드와 초기 현생인류의 골격 표본에서 비非우발적일 가능성이 있으며 그 대부분은 두개頭蓋 외상의 흔적으로 나타난다.[28] 호모사피엔스*Homo sapiens*의 역사 내내 "어떠한 형태의 사회적 조직, 생산방식, 혹은 환경적 조건도 대對인간 폭력으로부터 자유로웠던 기간은 길지 않았던 것 같다"—이것은 스티븐 핑커의 책과 광범위하게 일치하는 주장이다.[29]

공격적 행동, 물리적 폭력, 전쟁행위에 대한 잠재적 이유와 설명은 분쟁에 관한 인류학적 담론의 핵심이며, 크게는 생물학적, 문화적, 물질주의적 세 가지 모델로 나눌 수 있다.[30] 안타깝게도 이 모델들을 논의한다고 해서 문제를 푸는 데에 항상 성공하는 것은 아닌바 예컨대 결과로부터 원인을 구별해내거나, 혹은 폭력적 또는 비폭력적 행위가 벌어지는 특정 과정에서 나타나는 장기적인 "차등적 생존가능성differential survivability"으로부터 폭력을 쓰려는 단기적인 개인적·집합적 동기부여individual and collective motivation를 구별해내는 등이 그러하다.[31] 이는 대對인간 폭력과 전쟁행위의 기원, 기능, 만연성에 대한 핑커의 좀 더 일반적이고, 거의 단일원인적monocausal 진술들 중 일부를 위태롭게 한다. 여러 층위의 인과관계, 다양한 맥락, 특정 문화와 관련된 요인들이 인과관계를 불확실하게 하고 생물학적, 문화적, 생태적 요인 간의 복잡한 상호작용을 손상시킨다고 판명될 수 있다.[32] 이 문제는 매우 중요하게 고찰할 만함에도 핑커에게서 그만 한 관심을 받지 못한다.

생물학적 관점의 폭력

1940년대와 1950년대까지 거슬러 올라가며 공격성aggression과 폭력이 인류 진화의 동력이라고 주장한 레이먼드 다트와 로버트 아드레이Robert Ardrey의 "킬러 유인원 가설killer ape hypothesis"은 신빙성이 떨어진 지 오래지만, 공격성과 폭력에 일부 생물학적biological 근원이 내재해 있다는 견해는 DNA 분석을 통해 최근 더 많은 지지를 받으며 여전히 지속되고 있다.[33] 공격성은 동물 행동의 자연적인 부분이며 공격성에 대한 생물학적 설명에서는 경쟁자 제거를 통한 번식 성공률의 극대화에 따른 잠재적인 진화적 이점을 강조한다─공격성에 선행인류prehuman의 일부 기질에서 유래하는 기능적 역할을 부여하는 것이다.[34] 많은 종이 대체적으로 자기와 동종同種인 일원을 죽일 수 없는데 이는 중뇌midbrain에 있는 "폭력 면역 체계violence immune system" 때문이다.[35] 따라서 인간들 사이의 전투와 살인에는 조건형성conditioning〔자극과 자극, 또는 자극과 반응의 관계를 형성하는 절차나 과정〕과 훈련training은 물론 강력한 동기부여가 필요하다.[36] 생물학적 모델에 따르면, 자연선택natural selection은 잠재적으로 살인까지 할 수 있는 성향을 선호하는바, 결과 이익이 충분히 클 경우에, 주로 집단 간〔대對집단〕intergroup 관계 체계에서 그렇다. 이것은 사회적 동물, 주로 영장류 종들에 대한 관찰에 의존한 것으로, 일부 영장류 종은 선사시대 인간 개체군에서 기록된 것과 매우 유사한 대對인간 폭력에 대한 유해 골격 증거를 보여준다.[37]

그러나 인류 역사를 관통하는 폭력, 공격성, 평화로운 상호작용의 가변성은 진화적 혹은 유전적 세습 이외의 요인들이 "평화와 폭력에 대한 인간의 잠재력"에서 중요한 역할을 한다는 견해를 강력히 뒷받침한다. 이는 유엔UN〔좀 더 정확히는 유네스코〕으로 하여금 인간은 천성적으로 폭력적이라는 믿음을 규탄하는 1986년 "[폭력에 관한] 세비야선언Seville statement [on Violence]"을 발표하도록 했다.[38] 사람들은 특정한 시간과 특정한 맥락에서 자신들이 하는 행동을 하기에 분쟁과 폭력을 이해하기 위해서는 매우 개인적이고 맥락적인 고려가 필요하다. 대부분 심리 진화적 렌즈를 통해 제시되는 핑커의 서사 전반에는 개별성에 대한 이와 같은 고찰이 빠져 있다.

문화적 관점의 폭력

폭력을 문화적cultural으로 설명할 때 가장 중요한 것은 물리적 행위로서 폭력의 정의뿐 아니라 사회적 행위, 소통수단, 상호작용, 학습된 문화적 행동 패턴으로서 폭력의 정의다.[39] 이와 같은 접근법은 문화적 맥락을 폭력과 분쟁의 성격을 결정하는 주요 요인으로 만든다. 그 접근법은 인간의 폭력의 잠재력을 받아들이긴 하지만 그것을 궁극적으로는 규칙과 사회적 행위를 통해 개발되고 억제되는 것으로 여긴다.[40]

개인의 발달은 생애 초기에 습득한 사회적 학습 및 기술social learning and skill에 엄청난 영향을 받고, 그것들이 폭력적이든 비폭력적이든 간에 성인기의 행동 패턴 및 반응을 결정짓는 기초를 일부 제공한다는 데에는 의심의 여지가 없다.[41] "평화는 아이방nursery에서 시작된다"라는 더글러스 프라이Douglas Fry의 주장에 확실히 어느 정도 타당한 점이 있긴 해도, 개개인의 육아 방식은 폭력의 잠재력에 관한 영향력 있는 한 가지 요소일 뿐이다.[42] 폭력에 대한 용인과 억제는 물론 지역사회의 환경과 장려는 [폭력의] 중요한 동기가 되는 사회적 요인이며 따라서 문화적 요인이다.[43] 인간이 지역사회 및 집단을 자신과 동일시하는 것은, 그 집단에는 이방인stranger이고 외부자outsider인 이들을 향한 학습된 불신 혹은 공포의 영향에 대한 민족지학ethnography적 기록과 결합되어 "우리us"와 "그들them" 식의 태도 즉 이분법dualist적 세계관이라는 개념을 조장할 수 있으며, 아울러 이것은 대對집단 폭력intergroup violence에서 궁극적 정점을 찍는다.[44] 특정한 상황적 역학은 차치하고라도, 예컨대 중앙집권 권력이 없는 정치체계political system 또는 사회체계social system처럼 문화적으로 결정된 구조적 조건은, 비폭력적 해결책의 협상을 책임지는 개인이나 집단이 부재한 경우 분쟁이 폭력적 상호작용으로 확대하는 것을 용이하게 할 수 있다. 반면 중앙집권 권력은, 물론, 훨씬 더 큰 규모의 분쟁을 위해 많은 수의 전투원을 동원할 수 있다.[45] 이는 사회적·정치적 복잡성이 폭력적 상호작용의 전개와 규모에 대한 기여 요인임을 강조하는바, 이 점은 핑커도 분명히 지지하는 관찰이나 안타깝게도 그는 분쟁의 전개와 규모에 관한 한 이것이 양방향으로 작동할 수 있음을 고려하지 못한다(즉 더 복잡하다고 해서 덜 폭력적인 것은 아니다).

물질적 관점의 폭력

물질적material〔물질주의적〕이해관계와 자원 경쟁은 생태적·환경적 요인들과 더불어 소규모 사회의 폭력 분쟁의 이유로 가장 자주 인용되고 민족지학적으로 기록된 설명의 일부다. 농작물, 가축, 토지, 물, 교환네트워크·교역에의 접근성 등은 모두 탐나거나 필요하고, 잠재적으로 한정되어 있고, 흔히 일부 지역에 집중된 천연자원 및 사회적 자원이며, 싸울 만한 가치가 있는 것들이다. 여성과 노예 같은 인적 자원을 위한 경쟁도 이 목록에 추가할 수 있겠다.[46] 지위, 명성, 복수와 같은 수많은 사회적 목표는 폭력적 상호작용의 잠재 비용을 보상하는 물질적 목적에 의해 분명히 드러나는 경우가 많다.[47] 방금 거론한 모든 것이 핑커가 말하는 선사시대 집단에서 중요한 구성요소였을 것이다. 그리고 바로 이 광범위하게 물질적인 이해관계 속에서, 그 물질적·개인적 이익 둘 다에서 우리는 당대에 기록된 대對인간 폭력의 유해 골격 증거에 대한 설명을 발견할 수 있다.

자연경제natural economy 자원의 균형을 흔들 수 있는 두 가지 요인으로 환경적·생태적 변동, 그리고/또는 인구의 압박이 있는데, 이 둘 다 자원 균형에 변화를 가져오고 〔자원을 둘러싼〕 경쟁과 분쟁을 심화할 수 있다. 이것들은 모두 선사시대에 대해서도 반복적으로 강조된 문제들임에도 핑커의 서사에서는 별로 언급되지 않는데, 추측하자면 그 대부분은 앞에서도 확인되었듯 선사시대 기록을 읽고 이해하는 것에 관한 한 핑커가 문맹이어서다.[48] 일부 연구자는 전쟁행위를 가리켜 특정 지역의 인구수를 통제함으로써 잠재적 환경 불균형과 국지적·지역적 천연자원에 대한 압박을 바로잡는 메커니즘이라고 소개한다. 인구 성장은 사상자를 통해 제한되고 균형을 다시 찾게 되고, 그리고/또는 분쟁 과정에서 인구는 더 넓은 지역으로 흩어진다. 자원의 압박이 〔인구 통제에〕 일정 역할을 했다는 기록이 있기는 해도, 폭력의 사용은 꼭 인구 통제에 의식적으로 활용된 방법이라고 정의할 수는 없지만 특정한 경우에서는 폭력적 상호작용과 분쟁으로 생긴 우연한 부산물일 수 있다.

폭력의 복잡성complexity

앞서 개괄한 폭력적 상호작용에 대한 생물학적, 문화적, 물질주의적〔물질적〕 설명이 보여준 점은, 주어진 맥락에서 어느 특정 요인을 폭력 사건의 명확한 근원으로 콕 집어내거나 사람들이 싸우는 이유와 빈도에 대해 보편적으로 적용할 수 있는 설명을 찾기가 어렵다는 것이다. "인간은 본성상 평화롭지도 호전적이지도 않으며, 어떤 상황은 전쟁으로 이어지고 어떤 상황은 그렇지 않다"라는 폭력에 대한 설명이 〔인간의 폭력이〕 본성nature이냐 양육nurture이냐를〔선천성이냐 후천성이냐를〕 결정하는 문제가 되어서는 안 된다.[49] 외려 인간 행동의 가변적 형태로서의 폭력은 그 원인과 결과 사이의 경계를 모호하게 할 수 있는 생물학적 요인, 환경적 조건, 사회적 경험의 복잡한 상호작용에 의해 그 모양이 결정된다.[50] 사회적, 경제적, 인구학적, 심리적 욕구들은 치명적이든 아니든 물리적 강제력의 활용에 대한 사회의 궁극적인 목표와 보다 개인적인 쪽에 가까운 동기부여에 영향을 끼칠 수 있다. 과거로 거슬러 올라갈수록 이 복잡한 거미줄을 풀기란 더 어려울 것이다.[51] 여기에서 명심해야 할 주요 메시지는, 어떤 한 사회 혹은 인구집단의 폭력적 상호작용을 설명하는 모델들을 다른 사회에 바로 적용할 수 없다는 점과, 폭력에 대한 설명으로 제시된 욕구나 목표가 다소 단기적 특성을 가질 수 있다는 점이다. 이는 핑커가 폭력을 논의하면서 시대와 맥락을 막론하고 보편성을 주장한 것을 생각하면 중요한 점이다. 개인이나 집단은 한 사람의 일생을 넘어서는 장기적 개념이나 발상을 파악하기 어려울 수 있다.[52] 과거에 폭력행위가 어떤 결과를 가져왔건 그렇지 않았건, 그런 우려보다 장기적 기억과 경험에 기초한 절차를 우선시하는 공인된 중앙권력이 부재한 사회에서는 개인적 동기부여와 잠재적인 단기적 이익이 상대적으로 더 강력한 역할을 할 수 있다.

생물고고학적 기록

지금까지 논의한 방법론과 윤리적으로 건전한 전문용어의 문제들 역시 유해 골격 분석에서 매우 핵심적인 것들이다. 골격 데이터 사용에 영향을 주는 수많은 주의사항과 제한사항은 스티븐 핑커가 합쳐놓은 데이터 세트data set의 유효성과 적합성에 직접적 영향을 끼친다. 이와 같은 측면 중 일부는 표본의 대표성 부족을 비롯해서 니얼 퍼거슨이 핑커에 대해 내놓은 최근 논평에서도 언급된 바 있으나 더욱 상세히 톺아볼 가치가 있다.[53]

사라진 신석기시대

선사시대를 연구하는 생물고고학자들은 로런스 킬리가 해당 주제를 다루기 훨씬 전부터 당대에 폭력이 있었을 가능성에 대해 알고 있었다. 여기에는 특히 독일 〔남부〕 탈하임Talheim의 (핑커는 언급하지 않은) 신석기시대 집단 무덤에 대한 요하임 발Joachim Wahl과 H. G. 쾨니히H. G. König의 1987년 논문이 톡톡한 역할을 했다. 신석기시대 가장 이른 시기의 후기(기원전 5000년경)로 추정되는 그 유적지에서는 폭력적 살인의 흔적이 남은 유해 34구가 발굴되었으며, 이 중에는 조심성이나 배려로 보이는 흔적 없이 어떤 결과로 구덩이에 묻히게 된 남성, 여성, 그리고 어린이도 포함되어 있었다.[54] 전반적으로, 특히 서유럽 및 북유럽과 또한 유럽의 여타 지역 신석기시대에 대한 최신의 유해 골격 데이터 세트는 핑커가 초점을 맞추는 중석기시대(대략 기원전 1만 3000~기원전 4000년)의 유물군보다 사실상 더 포괄적이고 더 잘 합의되며 따라서 더 유용한 데이터 세트를 제공한다.

연대기적으로 신석기시대는 핑커가 수렵-채집인의 "무정부 상태anarchy" 시대(구석기시대와 중석기시대를 아우르는)라고 보았던 시기와 그가 "도시city와 정부government를 갖춘 최초의 농경문명agricultural civilization"(대부분 청동기시대와 철기시대에 출현한)이라고 칭한 시기 사이에 들어간다. 핑커에 따르면, 농경민들이 최초로 영구적으로 정착한 시기에 폭력 분쟁의 감소가 시작된 흔적이 있어야 한다. 그러나 생물고고학 연구로부터 우리가 아는바, 중석기시대와 신석기시대 둘 다의 골격 유해가 있는 몇몇 지역의 경우 폭력과 관련된 골격 외상의 빈도가 크게 다르지 않은 것으로 보이며 핑커가 암시하는 정점도 나타나지 않는다.[55] 핑커의 유해 골격 데이터 세트에서 당대가 인류 역사상 생계subsistence와 문화적 변화가 가장 심오했던 시기의 하나였음에도 신석기시대가 누락된 것은 의아하고 미심쩍은 일로, 특히 바로 쓸 수 있는 데이터 가용성data availability을 고려할 때 그러하다. 어쩌면 (핑커가) 이 데이터 원천자료data source를 몰라서였다고 해명할 수 있겠으나 그랬을 가능성은 낮아 보인다. 이 누락은 그토록 다양하고 방대한 신석기시대 데이터 자료를 어떻게 제시할 것인가라는 문제와 더 관련 있을 수 있다. 이어지는 텍스트에서는 이 점과 더불어 핑커가 1차 데이터 사용을 꺼려하는 양상과 그가 영어 출판물에 의존하는 정도를 더욱 상세히 다룰 것이다.

폭력 관련 외상에 대한 차등적 진단과 데이터 세트의 수집

생물고고학자들은 외상trauma에 대한 유해 골격 증거를 포함해 골격의 변형 패턴을 조사하고, 관찰된 골격 변형의 잠재적 원인을 논의하고, 그 패턴의 가장 공산이 큰 원인이 무엇인지 유해들과 관련한 더욱 광범위한 맥락(연대기적, 생물학적 연대 및 고고학적 맥락)을 고려해 판단함으로

써 병리病理, pathology를 진단한다. 발사물이 박혀 있는 경우처럼 폭력의 도구가 여전히 남아 있는 [폭력에 의한 사망] 의심 사례에서는, 이것이 명백한 과정일 수 있다. 그 외 모든 사례에서는, 관찰된 상처가 우연이 아니라 의도에 의한 것으로 판단될 가능성은 상처의 모양만큼이나(뼈는 가해진 충격 유형에 따라 특정한 방식으로 부러진다. 둔기에 의한 가격을 떠올려 보라) 상처의 관찰된 위치와 관련 있다(예컨대 머리는 몸 전체에서 작은 부분을 차지해도 폭력적 공격에서 주요 표적이 되는 경향이 있다). 이 분석 과정에는 유골의 문화적 맥락은 물론 임상, 법의학, 실험 데이터가 모두 고려된다.[56] 그럼에도 상처가 폭력과 관련되었다고 항상 100퍼센트 확실하게 말할 수 있는 것은 아니다. 맥락과 분석에 관한 세부사항이 많이 제공될수록 진단의 확실성도 높아진다.

수집된 유해 골격 외상 데이터는 그 발표 시기가 매우 다를 경우 서로 다른 연구 방법과 대개는 다양한 연구 문제가 데이터에 반영된다는 점에서 제한적인 자료로 취급해야 한다. 폭력적 외상의 증거는 주요 관심사가 아니라 부수적 발견이었을 수 있고 전혀 다른 기준에 따라 식별·판단되었을 수 있다. 생물고고학적 분석 방법은 끊임없이 바뀌는 중이고 특히 [유해 골격의] 폭력 외상 분석은 최근 몇십 년 동안 급속히 발전했다.[57] 이 중 많은 부분은 데이터의 일관성 및 그 선택 기준과 관련한 문제로 되돌아가는데, 핑커의 경우에는 영어 출판물들과 사전 선택 된 바로 쓸 수 있는 [데이터] 가용성에 명백히 집중되어 있음이 나타난다. 신석기시대의 폭력 관련 외상에 관한 최근 연구에서는 근래에 발견된 유적지의 새 데이터 이외에, 기존 데이터를 모은 것을 현재의 분석 프로토콜에 따라 재분석하는 사례가 늘고 있다.[58] 이를 통해 보다 철저하고 보다 쉽게 이용가능하고 비교가능한 데이터 세트가 나왔고 그 양도 계속 증가하는 중이며, 예전에 분석했던 데이터를 재검토하게 되었을 뿐 아니라 폭력 관련 상처의 증거가 있는 경우 그리고 핑커는 대부분 무시했지만 그것이 부재한 경우 그 모두에 대한 진단도 수정되었다.[59] 따라서 핑커의 선사시대 고고학 유적지 목록은 폭력에 의한 부상의 표시가 전혀 없는 사례들을 추가함으로써 쉽게 보완할 수 있을 것이다. 불균등한 지리적 범위와 표본의 크기는 고고학 연구에 영향을 끼치며 이는 폭력의 만연성에 대한 핑커의 설명도 마찬가지다. 폭력의 불균등한 분포는 과거와 현재의 특징이고, 내전civil war은 후자의 폭력을 평가하는 데서 특히나 혼동하게 하는 요인임에도 핑커는 이 사실을 자신의 통시적通時的, diachronic 비교에서 충분히 인정하지 않는다. 많은 수의 개인이 잔혹하고 효율적인 방식으로 살해당하고, 접근성이 열악한 다수의 장소에 매장·재매장되는 일이 종종 벌어진다. 정치적 의제와 아울러 생존자의 외상, 공포, 죄책감 등은 종종 유해 관련 정보를 얻고 그 위치를 파악하는 것은 물론이거니와 총 사망자 수를 산정하는 것을 결정하기 어렵게 하며, 정치적 의제는 아예 범죄 사실이 대중에게 알려지고 통계에 잡히지 못하게까지 할 수 있다.[60]

심사숙고해야 할 또 다른 중요한 사안은 사건 관련 유적지에서 나온 데이터들을 혼합하는 일—예컨대 1325년으로 거슬러 올라가는, 유럽인 접촉 이전의 토착 아메리카인 유적지 크로크릭Crow Creek에서 벌어진 일회성 폭력 분쟁 혹은 집단학살massacre[지금의 미국 미주리강 상류 사우스다코타주 크로크릭 인디언보호구역에서 토착 아메리카인 부족들 사이에 벌어진 집단 학살 사건]에서 나온 데이터 같은—로서, 이러한 데이터는 그 지역 및 기간에 전형적일 수도 그렇지 않을 수도 있는 대규모 폭력 사건을 대표한다—이는 사회 내의 일상적 폭력 수준을 좀 더 잘 나타낼 수 있는 중석기시대 베드베크의 초기 사례와 같이 정식적 매장지 또는 묘지로부터 얻은 데이터와 대비된다.[61] 폭력적 상호작용에 대한 이 데이터들은 별개의 세트이고 인간 행동과 사회의 서로 다른 측면들, 예컨대 대규모 집단학살과 그에 대비되는 이를테면 일대일 싸움, 습격〔급습〕, 복수살인 revenge killing 등 여러 시나리오에서 기인했을 수 있는 지역사회 내의 폭력적 죽음 같은 것들이 반영되어 있다. 이러한 서로 다른 데이터들은 연령이나 젠더와 밀접하게 관련될 수 있는 매우 다른 부상 및 사망 패턴을 만들 수도 있고 사회의 일부 집단을 통째로 포함하거나 혹은 배제할 수도 있다.[62] 여기에서 문제는 단순히 수치가 아니라 이 수치들이 사회의 어떤 부분을 대표하는지에 대한 정보가 부족하다는 것이다.

폭력의 경험적 특성과 생물고고학

이에 반反하는 확언에도 불구하고,[63] 선사시대 폭력에 대한 핑커의 설명에서는 이 논의의 가장 중요한 측면의 하나를 도외시하는바, 어떤 폭력 사건이든 그것의 경험적experiential·맥락적contextual 특성이 중요하다는 점이다. 책 전반에 걸쳐 핑커는 폭력의 시대를 살고 있다는 느낌을 현재 실재하고 경험된 폭력의 실제적 정도에 대비해 이야기하면서도 자신의 선사시대 연구에서는 이 문제를 비판적으로 검토하지 않는다. 먼 과거의 사람들은 자신들의 일상적 존재였던 삶을 어떻게 경험했을까? 우리는 중석기시대 베드베크의 수렵-채집-어로 집단이 자신들의 삶을 특별히 폭력적이라고 여겼는지 여부를 알지 못하고, 여전히 제한적인 중석기시대의 유해 골격 데이터 세트를 갖고는 베드베크가 좀 더 광범위한 유럽의 중석기시대를 얼마나 대표하는지 확실하게 말할 수 없다. 그러나 가장 중요한 점은 연대적으로 또 사회문화적으로 다양한 맥락에서 발생하는 폭력의 다양한 유형과 규모를 종합해서 비교하는 작업이 핑커가 제시하는 것보다 더 복잡하고 도전적인 일이라는 것이다. 소규모 집단 싸움의 직접성immediacy과 좀 더 즉각적인 이득이 21세기의 기계화전mechanized war보다 더 폭력적이고 냉혹한 것일까? [폭력과 관련한] 중요한 질문들은 무엇이며 우리는 무슨 기준으로 사회가 더 폭력적이라고 판단하는가?

분명한 바는 과거의 폭력을 진정으로 이해하는 데서 사망자 수는 폭력의 정도에 대한 주요 척도로서는 꽤 무디고 다소 결함이 있는 수단이며, 폭력을 단순히 숫자나 백분율과 같이 보편적으로 측정할 수 있는 무언가로 축소하는 것이라는 점이다(그렇다고는 해도 이 장 도입부에서 약술했듯 서론의 이 접근법에 내재하는 어려움에 대해 유의하자). 폭력적 죽음이 분쟁의 중요한 측면들을 전달하는 것은 분명하지만, 폭력의 정확한 정도, 잔혹성, 영향 등을 이해하려면 폭력이 반복해서 일어났는지 여부 같은 폭력의 여파를 고려하지 않으면 안 된다. 상습 부상자들 곧 반복적으로 부상을 입은 사람들에게서는 폭력과 분쟁에 대한 일회성 노출 대비 지속적 노출이 두드러질 수 있고 반복적인 폭력적 상호작용에서는 젠더 및 연령 편향성이 드러날 수 있다.[64] 사상자에게 제공된 돌봄과 치료의 면면을 탐구하면 사회적 지원과 [개인들 사이] 사회적 관계에 대한 통찰을 얻을 수 있고, 전체 그림의 균형을 맞춰 폭력을 사건이 아니라 과정으로 고찰할 수 있다. 생물고고학자들은 가장 최근에 이 문제를 검토할 때에 좀 더 전체적인 접근법을 취해 [유해 골격의] 부상의 속성과 영향을 판단하는 데서 임상 데이터에서 나온 진단 기준을 적용하는 한편, 회복 과정 동안 혹은 그보다 오래 계속될 장애로 인해 돌봄이 필요했을 가능성도 살펴본다.[65] 최근 스웨덴의 사례 연구에서는 단기적인 간병뿐 아니라 장기적인 사회적 돌봄이 필요했을 가능성이 있는, 외상성 두부 손상에 의한 인지적·기능적 영향을 조사했다. 저자들의 결론에 따르면, "개인은 사회적으로 지속가능한 사회의 일부였으며 그 사회에서는 개인을 돌보는 것이 사회가 퇴화되지 않기 위해 꼭 필요한 일이었다."[66]

또한 이러한 연구들은 인류의 먼 과거를 연구할 때 무심코 적용할 수 있는 "타자화othering"에서 벗어나 폭력에 대한 개인적·집합적 경험 individual and collective experience에 더욱 가깝게 공감할 수 있게끔 해준다.[67] 또한 쇠약해지거나 죽음을 초래하는 부상을 통해 나타나는 폭력(핑커의 사망자 수 계산)을 시간상의 한 순간으로 축소하는 덫에 빠지지 않게끔 방지해주고, 그것을 개인과 그의/그녀의 사회적 관계망에 중대한 결과를 낳는 과정으로 인식하게 한다.

결론

앞서 요약한 여러 고려사항과 비판이 스티븐 핑커의 포괄적 논지를 해칠 수 없는 의미상의 사소한 문제들을 다루고 있다고 주장할 수 있겠으나, 통계 및 학제간 연구의 부족과 그의 피상적인 초학제적 접근 사이에서 사소한 문제들이 더해지다 보면 결국 그것들은 무시되어서는 안 되는 의미 있는 총체가 된다. 이것은 선사시대뿐 아니라 역사시대를 다룬 핑커의 방식에도 함축하는 바가 있다. 핑커의 논지가 대중과 학계 양쪽에서 높은 명성을 얻고 있음에도 그것이 폭력의 본질에 대한 고고학적 혹은 생물고고학적/물리적 인류학 담론에서 두각을 나타내지 못하고 외려 (생물)고고학적 기록의 복잡성과 과거 생활방식의 식별을 오

해한 사실에 관한 주석으로 두각을 나타내고 있음은 약간 놀랍다.[68]

과거를 특별히 근접해서 살피는 고고학의 관점은 과학과 인문학을 포함해 항상 본질적으로 학제간 연구와 관련되어 있었다. 생물고고학의 경우 몇 가지 예를 들자면, 해부학, 고(생물)병리학古(生物)病理學 palaeopathology, 법의인류학法醫人類學, forensic anthropology, 생물분자화학, 의학사, 사회인류학 등이 포함될 수 있다. 핑커의 광범위한 연구는 대조적으로 세부사항이 많이 빠져 있는 조감도를 제공한다. 관련 학문들이나 먼 과거까지 가져와 전용하고 궁극적으로 "식민화colonizing"하는 사람은 누구나 포스트식민주의적postcolonial 태도를 지양해야 한다. 과거 인류의 행위의 배후에 자리한 의미와 동기부여를 이해하려는 시도와 마찬가지로, 진정한 다학제적 연구는 우리가 항해하려는 주제에 깊이 뿌리내린 사람들의 도움과 안내 없이 탐구했다가는 정말로 낯선 나라가 될 수 있다. 흑백논리식의 서사는—이 경우, 선사시대 같은 무질서한 과거가 더욱 평화롭고 문명화한 현재를 향해 꾸준히 나아가고 있다는 서사— 이상치異常値, outlier, 변이variation, 다양성diversity을 회피하고 단순함simplicity이라는 환상을 주는 편리한 접근법이다. 폭력과 분쟁은 결코 그런 것이 아니다.

1   Steven Pinker, *The Better Angels of Our Nature* (New York: Viking, 2011). 〔한국어판. 스티븐 핑커, 김명남 옮김, 《우리 본성의 선한 천사: 인간은 폭력성과 어떻게 싸워 왔는가》, 사이언스북스, 2014〕

2   Lawrence H. Keeley, *War before Civilization: The Myth of the Peaceful Savage* (New York and Oxford: Oxford University Press, 1996) 〔한국어판. 로렌스 H. 킬리, 김성남 옮김, 《원시전쟁》, 수막새, 2014〕

3   Pasquale Cirillo and Nassim N. Taleb, "On the Statistical Properties and Tail Risk of Violent Conflicts", *Physica A: Statistical Mechanics and Its Applications*, 452 (2016): 29-45; 그리고 Dean Falk and Charles Hildebolt, "Annual War Deaths in Small-Scale versus State Societies Scale with Population Size Rather than Violence", *Current Anthropology*, 58, no. 6 (2017): 805-13.

4   Rahul C. Oka, Marc Kissel, Mark Golitko, Susan Guise Sheridan, Nam C. Kim and Agustí Fuentes, "Population Is the Main Driver of War Group Size and Conflict Casualties", *Proceedings of the National Academy of Sciences*, 114, no. 52 (2017): E11101-E11110.

5   Chris Scarre (ed.), *The Human Past: World Prehistory & the Development of Human Societies*, 2nd edn (London and New York: Thames & Hudson, 2009), 27.

6   Scarre, *The Human Past*, 28.

7   Chris Stringer and Peter Andrews, *The Complete World of Human Evolution* (London: Thames & Hudson, 2005), 10.

8   Bruce Trigger, *A History of Archaeological Thought* (Cambridge: Cambridge University Press, 2006) 〔한국어판. 브루스 트리거, 성춘택 옮김, 《고고학사》(개정 2판), 사회평론아카데미, 2019〕

9   Kristian Kristiansen, "Towards a New Paradigm? The Third Science Revolution and Its Possible Consequences in Archaeology", *Current Swedish Archaeology*, 22 (2014): 11-34.

10 Trigger, *History of Archaeological Thought*, 2.

11 Scarre, *The Human Past*.

12 Pinker, *Better Angels*, xxiv.

13 Scarre, *Human Past*, 27.

14 Pinker, *Better Angels*, 49.

15 Keeley, *War before Civilization*; Azar Gat, *War in Human Civilization* (New York: Oxford

University Press, 2006) 〔한국어판. 아자 가트, 오숙은·이재만 옮김, 《문명과 전쟁》, 교유 서가, 2006〕

16 John Robb, "Violence and Gender in Early Italy", in Debra L. Martin and David W. Frayer (eds), *Troubled Times: Violence and Warfare in the Past* (Amsterdam: Gordon & Breach, 1997), 111-44; Philip L. Walker, "A Bioarchaeological Perspective on the History of Violence", *Annual Review of Anthropology*, 30 (2001): 573-96.

17 Linda Fibiger, Torbjörn Ahlström, Pia Bennike and Rick J. Schulting, "Patterns of ViolenceRelated Skull Trauma in Neolithic Southern Scandinavia", *American Journal of Physical Anthropology*, 150 (2013): 190-202; Linda Fibiger, "Conflict and Violence in the Neolithic of North-Western Europe", in Manuel Fernández-Götz and Nico Roymans (eds), *Conflict Archaeology: Materialities of Collective Violence in Late Prehistoric and Early Historic Europe* (New York: Taylor & Francis, 2018), 13-22.

18 옥스퍼드 영어사전. 다음을 참조하라. at: https://www.oed.com/oed2/00277885, 2020년 1월 15일 접속함.

19 Jon Abbink, "Preface: Violation and Violence as Cultural Phenomena", in Jon Abbink and Göran Aijmer (eds), *Meanings of Violence: A Cross Cultural Perspective* (Oxford: Berg, 2000), xi-xvii; John Archer, "Introduction: Male Violence in Perspective", in John Archer (ed.), *Male Violence* (London: Routledge, 1994), 1-20; David Riches (ed.), *The Anthropology of Violence* (Oxford: Basil Blackwell, 1986).

20 Claus Bossen, "War as Practice, Power, and Processor: A Framework for the Analysis of War and Social Structural Change", in Ton Otto, Henrik Thrane and Helle Vandkilde (eds), *War fare and Society: Archaeological and Social Anthropological Perspectives* (Aarhus: Aarhus University Press, 2006), 89-102; Dave Grossman, *On Combat: The Psychology and Physiology of Deadly Conflict in War and Peace* (PPCT Research Publications, 2004) 〔한국어판. 데이브 그로스먼·로런 W. 크리스텐슨, 박수민 옮김, 《전투의 심리학: 목숨을 걸고 싸우는 사람들의 심리와 생리》, 열린책들, 2013〕; Christian Krohn Hansen, "The Anthropology of Violent Interaction", *Journal of Anthropological Research*, 50(1994): 36781.

21 Göran Aijmer, "Introduction: The Idiom of Violence in Imagery and Discourse", in Abbink and Aijmer (eds), *Meanings of Violence*, 1-21; Quincy Wright, "Definitions of War", in Lawrence Freedman (ed.), *War* (Oxford: Oxford University Press, 1994), 69-70; R. Brian Ferguson, "Introduction: Studying War", in R. Brian Ferguson (ed.), *Warfare, Culture and Environment* (Orlando: Academic Press, 1984), 1-81.

22 Joshua S. Goldstein, *War and Gender: How Gender Shapes the War System and Vice Versa* (Cambridge: Cambridge University Press, 2001); Carol R. Ember and Melvin Ember,

"War, Socialization, and Interpersonal Violence: A Cross-Cultural Study", *Journal of Conflict Resolution* 38 (1994): 620-46; James R. Kerin, "Combat", in Lester R. Kurtz (ed.), *Encyclopedia of Violence, Peace and Conflict*, 2nd edn (San Diego: Academic Press, 1998), 349.

23 David Warbourton, "Aspects of War and Warfare in Western Philosophy and History", in Otto, Thrane and Vandkilde (eds), *Warfare and Society*, 37-55.

24 Robert O'Connell, *Ride of the Second Horseman: The Birth and Death of War* (Oxford, Gordon & Breach, 1995).

25 Herbert D. G. Maschner and Katherine L. Reedy-Maschner, "Raid, Retreat, Defend (repeat): The Archaeology and Ethnohistory of Warfare on the North Pacific Rim", *Journal of Anthropological Archaeology*, 17 (1998): 19-51.

26 Donald F. Tuzin, "The Spectre of Peace in Unlikely Places: Concept and Paradox in the Anthropology of Peace", in Thomas Gregor (ed.), *A Natural History of Peace* (Nashville: Vanderbilt University Press, 1996), 3-33; Patrick S. Willey, *Prehistoric Warfare on the Great Plains: Skeletal Analysis of the Crow Creek Massacre Victims* (New York: Garland, 1990).

27 Robert K. Dentan, "Recent Studies on Violence: What's in and What's Out", *Reviews in Anthropology*, 37 (2008): 41-67.

28 Charles F. Merbs, "Trauma", in Mehmet Y. Işcan and Kenneth A. R. Kennedy (eds), *Reconstruction of Life from the Skeleton* (New York: Alan R. Liss, 1989), 161-89; Christoph E. Zollikofer, Marcia S. Ponce De Leon, Bernard Vandermeersch and François Lévêque, "Evidence for Interpersonal Violence in the St. Cesaire Neanderthal", *Proceedings of the National Academy of Sciences of the United States of America*, 99 (2002): 6444-8.

29 Walker, "A Bioarchaeological Perspective on the History of Violence", 573.

30 Maschner and Reedy-Maschner, "Raid, Retreat, Defend (repeat); Pia Nystrom, Aggression and Nonhuman Primates", in Mike Parker Pearson and Nick J. N. Thorpe (eds), *Warfare, Violence and Slavery in Prehistory* (Oxford: Archaeopress, 2005), 35-40; Andrew J. Strathern and Pamela J. Stewart, "Anthropology of Violence and Conflict, Overview", in Lester Kurtz (ed.), *Encyclopedia of Violence, Peace and Conflict*, 2nd edn (San Diego: Academic Press, 2008), 75-86.

31 Simon Harrison, "War", in Alan Barnard and Jonathan Spencer (eds), *Encyclopedia of Social and Cultural Anthropology* (London: Routledge, 2002), 561-2; Ferguson, "Introduction: Studying War", 1-18.

32 Bruce Knauft, "Violence and Sociality in Human Evolution", *Current Anthropology*, 32 (1991): 391-428; Ton Otto, "Conceptions of Warfare in Western Thought and

Research: An Introduction", in Otto, Thrane and Vandkilde (eds), *Warfare and Society*, 23-8; Strathern and Stewart, "Anthropology of Violence and Conflict, Overview", 80.

33 Robert Ardrey, *African Genesis: A Personal Investigation into the Animal Origins and Nature of Man* (London: Collins, 1961); Frans B. M. De Waal, "Primates: A Natural Heritage of Conflict Resolution", *Science*, 289 (2000): 586-90; Keith F. Otterbein, *How War Began* (College Station: Texas A&M University Press, 2004), 22f.; Richard W. Wrangham, "The Evolution of Coalitionary Killing", *Yearbook of Physical Anthropology*, 42 (1999): 1-30; Christopher J. Ferguson and Kevin M. Beaver, "Natural Born Killers: The Genetic Origins of Extreme Violence", *Aggression and Violent Behaviour*, 14 (2009): 286-94; José María Gómez, Miguel Verdú, Adela González-Megías and Marcos Méndez, "The Phylogenetic Roots of Human Lethal Violence", *Nature*, S38 (2016): 233-7.

34 Nystrom, "Aggression and Nonhuman Primates"; Goldstein, *War and Gender*, 135; Deepa Natarajan, Han De Vries, Dirk-Jan Saaltink, Sietse F. De Boer and Jaap M. Koolhaas, "Delineation of Violence from Functional Aggression in Mice: An Ethological Approach", *Behavior Genetics*, 39 (2009): 73-90; Wrangham, "The Evolution of Coalitionary Killing".

35 Kenneth R. Murray, Dave Grossman and Robert W. Kentridge, "Behavioral Psychology of Killing", in Kurtz (ed.), *Encyclopedia of Violence*, 166-73.

36 Grossman, *On Combat*; Barry Molloy and Dave Grossman, "Why Can't Johnny Kill?: The Psychology and Physiology of Interpersonal Combat", in Barry Molloy (ed.), *The Cutting Edge: Archaeological Studies in Combat and Weaponry* (Cheltenham: History Press, 2007), 188-202.

37 De Waal, "Primates: A Natural Heritage of Conflict Resolution"; Robert Jurmain and Lyn Kilgore, "Sex-Related Patterns of Trauma in Humans and African Apes", in Anne L. Grauer and Patricia Stuart-Macadam (eds), *Sex and Gender in Paleopathological Perspective* (Cambridge: Cambridge University Press, 1998), 11-26.

38 Bruce Bonta, *Peaceful Peoples: An Annotated Bibliography* (Metuchen: Scarecrow, 1993); Walter Goldschmidt, "Peacemaking and Institutions of Peace in Tribal Societies", in Leslie E. Sponsel and Thomas Gregor (eds), *The Anthropology of Peace and Nonviolence* (Boulder: Lynner Rienner Publishers, 1994), 109-31; David Adams (ed.), *The Seville Statement on Violence: Preparing the Ground for the Construction of Peace* (UNESCO, 1991).

39 Aijmer, "Introduction"; Bossen, "War as Practice, Power, and Processor"; Otto, "Conceptions of Warfare in Western Thought and Research".

40 John Keegan, *A History of Warfare* (New York: Knopf, 1993), 387; Maschner and Reedy Maschner, "Raid, Retreat, Defend (repeat)".

41 Ember and Ember, "War, Socialization, and Interpersonal Violence", 620-46; Goldstein, *War and Gender*, 135.

42 Douglas Fry, "Maintaining Social Tranquility: Internal and External Loci of Aggression Control", in Sponsel and Gregor (eds), *The Anthropology of Peace and Nonviolence*, 133.

43 Alfred Blumstein, "Violence: A New Frontier for Scientific Research", *Science*, 289 (2000): 545.

44 R. Brian Ferguson, "Explaining War", in Jonathan Haas (ed.), *The Anthropology of War* (Cambridge: Cambridge University Press, 1990), 26-55.

45 Blumstein, "Violence"; Jürg Helbling, "War and Peace in Societies without Central Power", in Otto, Thrane and Vandkilde (eds), *Warfare and Society*, 113-39.

46 Harrison, "War"; Helbling, "War and Peace in Societies without Central Power"; Keegan, *A History of Warfare*; 9; Knauft, "Violence and Sociality in Human Evolution", 391-428; Keith F. Otterbein, "Killing of Captured Enemies: A Cross-Cultural Study", *Current Anthropology*, 41(2000): 439-43.

47 Ferguson, "Explaining War", 29.

48 Jean Pierre Bocquet-Appel, "Paleoanthropological Traces of a Neolithic Demographic Transition", *Current Anthropology*, 43 (2002): 637-50; Rebecca C. Redfern, *Injury and Trauma in Bioarchaeology: Interpreting Violence in Past Lives* (Cambridge: Cambridge University Press, 2017), 62ff; Martin Smith, Rick Schulting and Linda Fibiger, "Settled Lives, Unsettled Times: Neolithic Violence", in Garrett G. Fagan, Linda Fibiger, Mark Hudson and Matthew Trundle(eds), *The Cambridge World History of Violence, Vol. I: The Prehistoric and Ancient Worlds*(Cambridge: Cambridge University Press, 2020), 79-98.

49 Keith F. Otterbein, "The Origins of War", *Critical Review*, 2 (1997): 251-77.

50 Martin Enserink, "Searching for the Mark of Cain", *Science*, 289 (2000): 575-9; Knauft, "Violence and Sociality in Human Evolution".

51 Gregor (ed.), *A Natural History of Peace*; Ingo W. Schröder and Bettine E. Schmidt, "Introduction: Violent Imaginaries and Violent Practices", in Bettina E. Schmidt and Ingo W. Schröder(eds), *Anthropology of Violence and Conflict* (London: Routledge, 2001), 1-12.

52 Steven A. LeBlanc and Katherine E. Register, *Constant Battles: Why We Fight* (New York: St.Martin's Griffin, 2003), 27

53 R. Brian Ferguson, "Pinker's List", in Douglas Fry (ed.), *War, Peace, and Human Nature. The Convergence of Evolutionary and Cultural Views* (Oxford: Oxford University Press, 2013), 112-31; 그리고 R. Brian Ferguson, "The Prehistory of War and Peace in Europe and the Near East", in Fry (ed.), *War, Peace, and Human Nature*, 191-240.

54 Joachim Wahl und H. G. König, "Anthropologisch-traumatologische Untersuchung der Menschlichen Skelettreste aus dem Bandkeramischen Massengrab bei Talheim, Kreis Heilbronn", *Fundberichte aus Baden-Württemberg*, 12 (1987): 65-193.

55 Fibiger et al., "Patterns of Violence-Related Skull Trauma"; Pia Bennike, *Palaeopathology of Danish Skeletons* (Copenhagen: Akademisk Forlag, 1985).

56 Fibiger et al., "Patterns of Violence-Related Skull Trauma"; Meaghan Dyer and Linda Fibiger, "Understanding Blunt Force Trauma and Violence in Neolithic Europe: The First Experiments Using a Skin-Skull-Brain Model and the Thames Beater", *Antiquity*, 91, no. 360 (2017): 1515-28.

57 Vicki L. Wedel and Allison Galloway, *Broken Bones. Anthropological Analysis of Blunt Force Trauma*, 2nd edn (Springfield: Charles C. Thomas Publisher Ltd, 2014).

58 Rick Schulting and Mike Wysocki, "'In this Chambered Tomb were Found Cleft Skulls . . .': An Assessment of the Evidence for Cranial Trauma in the British Neolithic", *Proceedings of the Prehistoric Society*, 71 (2005): 107-38; Martin Smith and Megan Brickley, *People of the Long Barrows. Life, Death and Burial in the Earlier Neolithic* (Stroud: The History Press, 2009), 102-12.

59 Chris Knüsel and Martin Smith (eds), *The Routledge Handbook of the Bioarchaeology of Human Conflict* (Abingdon: Routledge, 2014).

60 Roxana Ferllini, "Recent Conflicts, Deaths and Simple Technologies: The Rwandan Case", in Knüsel and Smith (eds), *The Routledge Handbook of the Bioarchaeology*, 641-55; Christopher Knüsel and Martin J. Smith, "The Osteology of Conflict—What Does It All Mean?", in Knüsel and Smith (eds), *The Routledge Handbook of the Bioarchaeology*, 657; 이 점을 지적해준 Alan Robinson에게 감사한다.

61 Knüsel and Smith, "The Osteology of Conflict", 656-94.

62 Linda Fibiger, "Misplaced Childhood? Interpersonal Violence and Children in Neolithic Europe", in Knüsel and Smith (eds), *The Routledge Handbook of the Bioarchaeology*, 27-145.

63 Pinker, *Better Angels*, 696.

64 Redfern, *Injury and Trauma in Bioarchaeology*, 164-7.

65 Lorna Tilley, *Theory and Practice in the Bioarchaeology of Care* (Cham: Springer, 2015).

66 Anna Tornberg and Lars Jacobsson, "Care and Consequences of Traumatic Brain Injury in Neolithic Sweden: A Case Study of Ante Mortem Skull Trauma and Brain Injury Addressed through the Bioarchaeology of Care", *International Journal of Osteoarchaeology*, 28 no. 2(2018): 196.

67 Christoph Antweiler, "Fremdheit, Identität und Ethnisierung: Instrumentalisierung des

Anderen und ihre Relevanz für Archäologie und Ethnologie", in Tobias L. Kienlin (ed.), *Fremdheit—Perspectiven auf das Andere* (Boon: Verlag Rudolph Habelt, 2015), 25-40.

68 Rebecca C. Redfern and Linda Fibiger, "Bioarchaeological Evidence for Prehistoric Violence: Use and Misuse in the Popular Media", in Jane E. Buikstra (ed.), *Bioarchaeologists Speak Out: Deep Time Perspectives on Contemporary Issues* (Cham: Springer, 2018), 59-77; Knüsel and Smith, "The Osteology of Conflict", 656-7.

제8장

중세의 시각에서 본 스티븐 핑커:
폭력과 중세 잉글랜드

Getting medieval on Steven Pinker:
Violence and medieval England

사라 M. 버틀러

Sara M. Butler

《우리 본성의 선한 천사》에서 스티븐 핑커는 암울하고 무시무시한 중세의 광경을 우리 앞에 펼쳐놓는다. 그의 표현에 따르면, "중세의 기독교왕국Christendom은" "잔혹성brutality"으로 "일상생활의 구조가 짜인" "잔인함의 문화culture of cruelty였다"[1] 핑커가 일상생활의 모습이라고 설명하는 것을 묘사한 《중세 가정의 책Das Mittelalterliche Hausbuch》의 한 그림에서는 군 지도자들이 하층계급 사람들을 공포로 몰아넣는다. "한 농민이 병사의 칼에 찔린다. 그 위로 다른 농민이 옷자락이 잡혀 끌려가는 가운데 한 여인이 두 손을 쳐든 채 소리를 지른다. 오른쪽 아래에서는 예배당 안에서 농민이 칼에 찔리고 있고 그사이 사람들은 그의 소유물을 약탈하고 있으며, 바로 옆에서는 족쇄가 채워진 또 다른 농민이 기사에게 곤봉으로 맞고 있다."[2] 폭력violence은 삶의 모든 측면에 만연해 있었는바, 종교("피투성이의 십자가, 영원한 지옥살이라는 위협, 신체가 절단된 성인聖人들의 외설적 묘사"), 여행("산적들 때문에 목숨이라도 걸지 않고서는 여행을 할 수 없었고, 인질을 잡아 보상금을 타내는 것이 큰 사업이었다"), 가정생활("심지어 소시민—모자 만드는 사람, 재단사, 목동—조차도 모두 곧바로 칼을 뽑아들었다"), 여흥(자루 속에 고양이 던져 넣기, 돼지 때려 죽이기) 등이었다.³ 정부는 신민들보다 더 나은 행동을 보이지 않았다. 중세 유럽인들은 고문torture이 잔혹예술cruel art로서 행해지고 "처형이 가학증의 진탕 나는 잔치orgies of sadism"였던 "수 세기 동안의 제도화한 가학증institutionalized sadism"에 고통받았다."⁴

의심할 여지 없이, 핑커에게, 이 중세에 대한 극도로 폭력적인 묘사는 쓸모 있는 과거usable past다. 핑커는 자신의 독자에게 충격적인 얘기를 들려주고 싶은 마음이 간절하다. 그는 노르베르트 엘리아스의 고색창연한 논지에 앉은 먼지를 털어내면서 역사를, 경우에 따라 멈출 때도 있고 뚜렷한 퇴보의 순간들도 있으며 인류가 서서히 그러나 단호히 문명화과정에 참여하는 진보의 이야기로 본다. 우리는 우리의 매너manner와 위생hygiene(핑커가 즐겁고 상세하고 생생하게 숙고하는 주제)을 개선했을뿐더러 감정과 신체적 반응에 대해서는 억제의 필요성을 학습했다. 이 진화의 중심에는 감정이입empathy의 발견이 있다. 핑커의 설명에 따르면, 이성의 시대the Age of Reason가 시작되면서 "사람들은 동료 인간들에게 더 많이 공감하기sympathize 시작했고 그들의 고통에 더는 무관심하지 않았다."⁵ 핑커가 감정이입의 시대the Age of Empathy라고 표현하는 21세기에 우리의 연민은 동물에 대한 처우로까지 확장한다. 그 결과, 핑커에 따르면 오늘날 우리는 인류가 존재한 이래 가장 평화로운 시대를 살고 있다. 많은 사람에게 이 이야기는 타당해 보이지 않을 것이다. 어쨌든 우리의 파괴 능력은 타의 추종을 불허한다. 미국에서는 거의 매일같이 총기 난사 소식을 듣고, 정치학자들은 정기적으로 근대가 제노사이드의 시대the Age of Genocide라고 말한다. 어떻게 과거 사람들이 오늘날의 우리보다 훨씬 더 피에 더 굶주려 있었다는 것이 가능할 수 있나?

이러한 놀랍고도 반反직관적으로 보이는 서사를 성공시키기 위해서 핑커에게는 야만적 중세가 필요하다. 실제로, 폭력적 출발점 없이《우리 본성의 선한 천사》의 핵심 주장은 성립될 수 없다. 그러니 핑커가 조사 중에 야만적 중세를 발견하는 게 놀라운 일은 아니다. 그러나 희망하건대 내가 입증하려는 바처럼, 중세 세계에 대한 이와 같은 터무니없는 캐리커처는 자신의 통계에 들어간 원천자료source에 대한 핑커의 무지가 중세 사법체계에 대한 변변찮은 이해와 결합된 것에 전적으로 의존하고 있다.

원천자료

자신의 가설에 대한 스티븐 핑커의 뻔뻔한 자신감은 중세에 관해 그가 아는 것이 하나도 없다는 사실로부터 크게 힘입는다. 사실 우리의 중세 선조들이 도덕적으로 충분히 성숙하지 않았다는 핑커의 주장 자체가 본인이 중세에 대해 기본적인 것도 모른다는 사실을 드러내는 일이다. 중세 기독교인들은 흔히 이웃 사랑으로 가장 잘 이해되는 자선charity (카리타스〔애덕〕caritas)을 소중하게 여기고 핵심 덕목으로 생각했다. 남성과 여성은 교회의 십계명Ten Commandments뿐 아니라 당시의 예술작품 어디에나 등장하고 교회의 유명한 환대의 기반이었던 자비〔자선〕의 육체적 활동 일곱 가지Seven Corporal Works of Mercy도 진지하게 따랐다.[6] 진짜 역사학자들의 연구를 읽지 않는 핑커의 암묵적 거부가 그의 목적에 요긴하다는 것은 금세 밝혀진다. 핑커의 참고문헌 목록에 오른 중세 연구 역사학자는 단 5명에 불과하며(패트릭 J. 기어리Patrick J. Geary, 발렌틴 그뢰브너Valentin Groebner, 바버라 A. 해너월트Barbara A. Hanawalt, 리처드 W. 케어퍼Richard W. Kaeuper, 조제프 페레스Joseph Pérez), 이들의 연구마저 중세에 대한 핑커의 역사적 분석에는 미미한 역할밖에 하지 못한다.[7]

세상을 떠들썩하게 하는 역사서를 쓰기 위해서는 세상을 떠들썩하게 할 자료가 필요한바, 핑커는 아무런 어려움 없이 자신의 전망에 부합하는 중세에 관한 원천자료를 찾았다. 중세 세계의 폭력에 대한 그의 지식은 다음 네 가지 범주의 원천자료에 기초한다.

1. 소름끼치는 처형execution 및 고문기구 그림들. 핑커가 "커피테이블용 책coffee table book"〔꼼꼼히 읽기보다는 그냥 넘겨보도록 만든, 그림·사진 중심의 탁상용 대형 호화판 책〕이라고 지칭하는 책들은 물론, 고상하지만 의도적으로 비역사적〔반/몰역사적〕ahistorical 목표를 지향한다고 하는 이탈리아의 고문 "박물관" 홈페이지에서 가져온 것들이다. 이 박물관의 홈페이지는 자랑스레 다음과 같이 선언한다. "이 기구들을 보는 우리 관람객들에게 유발되는 공포 덕분에 우리는 그들이 우리의 고문 반대 동맹에 참여하게 할 수 있다." 그 과정에서 그들의 전시는 "인간 본성human nature의 최악의 측면을 까발린다. 모든 이가 잠재적 잔인한 살인마butcher〔의 기질〕를 숨기고 억제하고 있다는 것이다."[8]

2. 핑커가 역사적 사실로 취급하는 아서왕의 로맨스. 아서왕의 로맨

스는 기사 이야기를 좋아하는 독자층의 관심을 끌 요량으로 만들어졌다. 현대로 치면, 영화 〈람보Rambo〉 시리즈를 미국 베트남 참전 용사의 삶에 대한 정확한 묘사로 여기는 것쯤 될 것이다.

3. 가짜 통계. 중세 자료로서 핑커는 튀는 제목에 그것의 거짓성이 드러나는 매우 비정통적인 연구 두 개를 사용한다. 자칭 "잔혹행위연구가atrocitologist" 매슈 화이트Matthew White는 저서 《끔찍한 것들의 대사전The Great Big Book of Horrible Things》과 그에 딸린 웹사이트 "대중 악감정에 의한 죽음Death by Mass Unpleasantness"에서 사실일 성싶지 않을 정도로 구체적이며 믿을 수 없을 정도로 높은 "네크로메트릭스necrometrics"(역사를 통틀어 시대별 사망자 수)를 독자에게 제공한다.[9] 정치학자 루돌프 J. 러멜Rudolf J. Rummel의 《정부에 의한 죽음Death by Government》에서는 국가 시스템의 살해행위를 묘사하기 위해 "데모사이드democide"라는 용어를 주조한다("데모사이드"는 "demo(인민/민중)"와 "-cide(살해/살인)"를 합성한 말이다). 각 장의 제목은 특정 정부와 관련된 사망자 수에서 따왔다(예컨대, "살해된 6191만 1000명: 소비에트 굴라크〔강제수용소〕 국가61,911,000 Murdered: The Soviet Gulag State" "살해된 1021만 4000명: 부패한 민족주의 정권10,214,000 Murdered: The Depraved Nationalist Regime" 같은 식이다).[10] 러멜의 수치들은 부풀려진 것이기도 하다. 그는 스페인 종교재판에서 유대인 35만 명이 살해당했다고 주장하는데 이는 당시 스페인에 실제로 있었던 유대인 인구보다 1.7배나 많은 수치다.[11]

4. 정치학자 테드 로버트 거Ted Robert Gurr와 범죄학자 마누엘 아이스너Manuel Eisner가 집계·분석한 역사적 범죄 통계의 결함. 두 사람이 의존하는 자료는 제임스 B. 기븐James B. Given(13세기 잉글랜드)과 바버

라 A. 해너월트(14세기 잉글랜드)가 집필한 중세 역사책에 나온 수치다.[12] 두 저자 모두 중세 잉글랜드에서 벌어진 폭력의 성격에 대해 과장된 주장을 펼쳤다. 기븐의 주장에 따르면, 13세기 잉글랜드에서는 모든 사람이 "살인행위를 직접 목격하지는 않았더라도 살해당한 누군가를 알거나 그에 대해 들어본 적이 있었다."[13] 한편 해너월트는 중세의 옥스퍼드나 런던에서는 사고로 죽을 가능성보다 살해당할 가능성이 더 높았다고 주장한다.[14] 이 범주가 네 가지 범주 중 문제가 가장 많다. 화이트와 러멜의 통계를 비롯한 여타 증거의 대부분은 과장된 난센스로 치부하고 쉽게 무시할 수 있어도, 특성상 학문적이고 겉으로 보기에 훨씬 더 신뢰감이 가는 거와 아이스너의 연구에 대해서는 그렇게 할 수 없다. 그럼에도 이들 연구의 기반이 된 중세 데이터에는 본질적으로 결함이 있다. 기븐과 해너월트 모두 자신들이 취한 접근법과 관련해 호된 비판을 받아왔고, (그들의 책은 아니더라도) 그들의 통계는 대체로 신뢰를 잃었다.[15] 기븐과 해너월트의 통계 사용을 둘러싼 논쟁에 대해서는 이어지는 텍스트에서 상세히 다루겠다. 그러나 더 중요한 점은 이것이다. 거와 아이스너는 이 수치들이 어떤 맥락에서 뽑혔는지에 대해 이해가 거의 없고 핑커는 전혀 없다는 점.

중세의 숫자들

통계statistics는 스티븐 핑커의 분석에서 가장 중요한 요소다. 통계는 또한 [핑커와 같은] 심리학자의 연구에서도 가장 기본적인 것이다. 핑커는 "정

제2부 시대

크 통계]junk statistics"를 이용하고 〔입증되지 않은〕 일화〔또는 개인적 진술〕逸話 중심의anecdote-driven 주장을 펼치는 활동 그룹에 대해 격분하면서도, 커피테이블용 책에 대한 애정과 자신이 사용하는 통계의 이면에 있는 원천자료에 대한 호기심 부재 사이에서 완전히 똑같은 덫에 빠졌다.[16] 의심할 여지 없이, 핑커의 목표는 칭찬받아 마땅하다. 시간과 공간에 따른 폭력 발생률을 추적하면 인류와 폭력 사이 관계의 역학을 더 잘 이해하고 특히 인류로 하여금 폭력적 행위를 저지르게 하는 사회적·문화적 요인들이 무엇인지 판별할 가능성이 높다. 따라서 핑커가 그러한 비교를 시도한 최초의 학자가 아님은 전혀 놀랄 일이 아니다. 그러나 제임스 B. 기븐과 바버라 A. 해너월트를 향한 비판에서 밝혀진 바처럼, 그것은 달성할 수 없는 목표다. 중세 유럽의 원천자료들로부터 실용적 데이터를 구축하려는 우리의 바람이 아무리 크다 해도 그것들을 우리의 필요에 부합하게 만들 수는 없다.

범죄학자들은 인구 10만 명당 연간 살인 건수로 폭력을 측정한다. 신뢰할 수 있는 인구 데이터가 있고 법무부(혹은 선진국의 그에 상당하는 기관)의 기록 관리가 철저한 시대에는 이와 같은 접근법을 통해, 현대의 범죄 폭력률이 정확히 반영된 것처럼 보이는 신뢰할 수 있는 통계를 생산한다. 그러나 우리는 범죄학자들의 도구가 근대의 데이터와 근대 법체계에 대한 대응으로 개발되었다는 점을 인지해야 한다. 중세 기록들에는 몇몇 극복할 수 없는 장애물이 있는바, 아마 가장 심각한 장애물은 우리가 당시의 정확한 인구수를 모르고 인구 추정치에도 문제가 많다는 점일 것이다. 중세 잉글랜드가 우리에게 좋은 사례가 될 수 있다. 중세의 인구에 대해 우리가 그나마 가장 잘 알 수 있는 자료는 토지대장인〔윌리엄 1세William I세에 의해 징세를 목적으로 1086년에 작성된〕《둠즈데이 북Domesday Book》으로, 이 책의 방법론은 인구수 추정에 도움이 되지 않는다. 저자들이 가구주〔세대주〕head of household만 계산해서 부양가족─여성, 자녀, 독신자, 노인 등 인구의 더 많은 부분을 차지하는 사람들 모두─은 누락되었다. 수도회 회원들과 성城 안에서 일하고 거주한 인원들도 마찬가지다. 런던이나 윈체스터 같은 주요 도시들도 조사에 등장하지 않는다. 14세기 인두세人頭稅, poll tax 데이터 3년치도 있지만 이 기록 또한 동일한 복잡한 문제들을 안고 있다.[17] 그런데도 이 중 어느 것도 기븐이 본인의 1977년 책에서 인구 추정치를 계산하는 것을 막지 못한바, 짐작하건대 이 점이 테드 로버트 거와 마누엘 아이스너 모두 기븐의 연구에 그렇게 매료된 이유일 것이다. 기븐의 대담한 계획은 한 비평가의 말처럼 "어림짐작guesswork과 다름없는" 수치를 산출해낸다.[18]

인구 수치의 결함은 중세의 범죄율을 계산하는 데 단지 하나의 걸림돌에 불과하다. 중세 기록의 코퍼스corpus〔말뭉치, 집적集積〕는 좋아봐야 파편적이고, 그 기록 중 현존하는 명부가 차지하는 비율이 어느 정도인지는 명확하지 않다. 일례로 캐리 스미스Carrie Smith는 〔잉글랜드〕자치주 햄프셔에 대해 다음과 같이 설명한다. 에드워드 3세Edward III〔재위 1327~1377〕와 리처드 2세Richard II〔재위 1377~1399〕 대代에는 검시관이 12명이었다고 전해지나 "클로즈 롤스Close Rolls"(왕이 보낸 봉인서를 모아둔 공식 기록물)에는 그 72년의 기간에, 선발된 검시관이 47명 더 있다고 나와 있다는 것이다.[19] 검시관 등록 명부는 뚜렷한 목적하에 만들어졌다. 명부는 이른바 "촌락법원Hundreds Courts"("hundred"는 주county의 행정단위)의 배심원 활동을 확인하는 기능을 했으며, 배심원들은 범죄행위를 보고하지 못한 경우 벌금을 물어야 했다. 따라서 일단 명단이 용도를 다 하고 나면 명단은 말소 처리 되었고, 추정하건대, 그에 따라 폐기되었다.[20]

일부 기록이 왜 남았는지, 현존하는 명단이 전형적인 것이라고 판단할 수 있는지, 혹은 거기에 뭔가 예외적인 것이 있어서 살아남았다고 가정해야 하는지 등 아무것도 명확하지 않다.[21]

문제를 더욱 복잡하게 만드는 바는 남아 있는 기록에 동일한 사례가 정기적으로 여러 차례 등장하는 경우로, 이는 피고인이 다양한 단계의 사법 절차를 거쳤음을 나타낸다. 수치를 부풀리지 않기 위해서는 동일한 범죄와 관련된 모든 현존하는 기록을 확인하고 분류해야 한다. 그러나 중세의 인명 명명 관습으로 인해, 갖가지 유형으로 정리된 엑셀 시트에서조차 그런 사례들을 찾아내기란 험난할 수 있다. 잉글랜드의 경우, 표준화한 이름은 중세 이후의 산물이다. 기록에서 확인된 중세 남성과 여성 중에는 정해진 성姓, surname이 있는 사람도 일부 있지만 그렇지 않은 사람이 많아서, 관습법 기록에서는 한 피고인이 그의 직업("존 스미스John Smith")이나 고향 마을("애플트리윅의 존John of Appletreewick"), 현 거주지("존 바이더브룩John Bythebrook")로 기재되거나, 아버지와의 관계("존 쿡의 아들 존John son of John Cook"), 어머니와의 관계("존 쿡의 미망인 모드의 아들 존John son of Maud widow of John the Cook"), 혹은 정의定義적 특성defining characteristic("블라인드 존Blind John")을 빌려 기재되기도 한다["스미스"는 "대장장이"를, "애플트리윅" "바이더브룩"은 "사과나무 마을" "시냇가 옆"이란 뜻의 지명을, "블라인드"는 "장님"을 지칭한다]. 이 모든 존이 사실은 동일인임을 알아차리는 일에는 인내심을 갖고 세부사항을 되풀이해 읽어야 하는 엄청난 작업이 수반되며, 표준 철자법 역시 근대의 발명품이니 그것에 도움을 받을 수 있을 리도 만무하다. 이 중 어떤 것도 중세의 원천자료가 쓸모없음을 뜻하지 않는다. 외려 그 자료에는 논거의 힘을 약화할 (혹은 약화하지 않을) 수 있는 여러 주의사항이 항상 따라옴을 뜻한다. 그런데 더욱 중요한 점은, 그로 인해 현대 통계와의 비교가 불가능해진다는 것이다. 간단히 말해, 중세의 통계에는 현대의 기록 관리를 정의하는 포괄성 comprehensiveness과 정밀성precision이 부족하다.

우리가 총 인구수를 정확하게 알고 있고, 모든 기록이 읽을 수 있는 상태로 현전한다고 해도, 우리는 여전히 곤란한 상황에 처하게 될 것이다. 기븐과 해너월트는 평결verdict이 아니라 기소起訴, indictment를 바탕으로 데이터를 작성했다. 기븐과 해너월트가 왜 그런 접근법을 택했는지는 이해할 만하다. 중세 잉글랜드에서는 범죄자의 거의 72퍼센트가 도주했는데, 잉글랜드인은 지역사회 자체의 치안에 의존한 터라—14세 이상의 모든 남성은 지역사회와 서로를 지키겠다는 서약을 했다— 그들은 결코 재판을 받는 법이 없었다.[22] 그러므로 법정 평결로는 실제로 발생한 범죄 중 미미한 부분만 드러난다. 중세의 재판관들은 악명 높을 정도로 유죄평결conviction을 꺼렸던 만큼 비율 계산은 더욱 복잡해진다. 살인에 대한 유죄평결 비율은 12.5퍼센트에서 21퍼센트 사이였다 (이와 비교해 2015년 미국 범죄 사건의 유죄평결 비율은 97.1퍼센트다).[23] 사형 death penalty을 꺼림칙하게 여겼던 중세의 배심원들은 일반적으로 기소 자체가 가해자 대부분에게 충분한 형벌이라고 생각했다. 기소되는 사람들은 재판을 기다리는 동안 감옥에서 지내며 불편함과 감옥살이 비용을 감당해야 했음은 물론이며 수입도 잃고 지역사회 내 자신의 평판에 복구할 수 없는 손상을 입을 가능성도 있어서였다.[24] 이것을 알고 나면 기븐과 해너월트가 비교 분석을 위해 유죄평결 대신 기소를 선호한 것이 이해가 된다. 그런데 그로 인해 우리는 사과와 오렌지를 비교해야 하는〔곧 비교할 수 없는 것을 비교해야 하는〕난감한 상황에 놓인다.

오늘날에는 기소 기준이 높다. 주州 검사가 증거 기준에 대한 법적 요건을 충족시켜도 대배심大陪審〔또는 기소배심〕grand jury에서 피고인被告人, defendant의 죄를 설득하지 못해 사건이 재판에 회부되지 못할 수 있다. 대배심 단계에서, 중세 잉글랜드의 사법체계는 절차와 기준이 상당히 달랐다. 무엇보다도 중세의 대배심원들은 법정에 소환되어 유급 변호사 팀이 제시하는 증거를 평가하는, 편견 없는 제3자가 아니었다. 중간계층 남성 12~24명으로 구성된 이 집단은 외려 희생자의 이웃이자 (필시) 사회 선배들로, 마지막 순회법정 이후 자신들의 지역사회에서 일어난 범죄를 보고하는 것이 임무인 사람들이었다. 지역사회의 범죄행위에 관련한 그들의 정보는 각각이 주로 개인적으로 알던 정보원의 불평, 소문, 지역사회의 의혹 등에서 나왔다. 게다가 로마법 기반의 법과는 달리 심의 때 대배심원이나 소배심원에게 지침이 될, 확고한 증거규칙rules of evidence이 없었다. 유일하게 필요한 것은 배심원 만장일치의 평결이었는데 어떻게 그렇게 되었는지는 역사학자들에게 미스터리로 남아 있다. 고소告訴, accusation가 용이했다는 점에서 잉글랜드 법정이 악의적 기소장을 충분히 심각한 문제로 여겨서 전문화된 영장과 그에 수반한 재판 절차를 개발할 수밖에 없었다는 사실은 놀랍지 않다.[25] 실제로 13세기에 살인에 대한 무고誣告, false accusation는 범죄일 수 있는 죽음에 대해 항소인〔상고인〕抗訴人/上告人, appellor(사인소추자)이 법정 외 합의를 끌어내려 이용하는 일반적 도구였다〔"사인소추私人訴追, private prosecution"는, "국가소추"와 달리, 개인이 형사소송을 제기하는 일을 말한다〕. 물론 그것〔살인〕은 우발적 사건이었을 수 있으나, 가족들은 그것이 어떤 의미에서는 범죄일 수 있다는 점을 이용해 피고인에게 책임을 물었다. 처벌보다는 보상을 갈망하는 영악한 고소인accuser은 협상이 교착 상태에 빠진 후에만 가해자를 다시 생산적 대화로 끌어내는 수단으로 항소(사인私人고소private accusation)

를 제기했다. 양측이 합의하면 고소인은 항소를 포기했다. 애써 소송을 끝까지 가져가지 않은 항소인이 굉장히 많았다는 것은 —대니얼 클레르만Daniel Klerman에 따르면 57퍼센트가 사건이 순회재판소까지 가기도 전에 항소를 중단했다— 살인 누명을 씌우는 것이 법정 외 합의를 성공시키는 데에 효과적이었음을 증명한다.[26] 허위 항소가 너무 흔해지자 1275년 웨스트민스터법Statute of Westminster에서는 살인 또는 여타 중죄에 대해 허위 항소를 제기하는 이들에게 1년 자유형自由型, imprisonment〔수감〕을 명했다. 고소된 범죄자 수를 크게 부풀리는 고소 절차의 이 대담한 오용은 중세/근대의 통계 비교를 쓸모없게 만드는 원인이었다. 〔"자유형" 은 형을 받는 사람을 일정한 곳에 가두어 신체적 자유를 빼앗는 형벌이다. 참고로 우리나라에는 "징역, 금고, 구류"의 3가지 자유형이 있다.〕

공식적 고소의 요건이 느슨한 데다 조사 과정 역시 변변찮은 자료에 근거한 초보적 수준이었다면, 석방된 이들 중 일부는 실제로 결백했다는 뜻이다. 〔피고소인의〕 도주율이 높았던 것을 감안하면, 남아서 재판을 받은 소수의 사람들이 그렇게 하기로 선택한 이유는 (1) 그들이 혐의가 없거나 (2) 그들이 죄를 짓기는 했어도 자신들의 동료인 배심원단이 사형을 선고할 만큼의 죄는 아니었기 때문이다. 둘 중 어느 쪽이든, 통계 분석에서 유죄평결이 아니라 기소에 의존하는 경우, 결국 기븐과 해너월트가 겪은 "피고소인이 석방되었는데도 그에게 유죄가 선고되는" 난감한 상황에 놓이게 된다.[27]

덧붙여, 현대 의학의 발달은 의심할 여지 없이 치명적 폭력의 발생률에 중대한 영향을 끼쳤다. 1979년 폴 E. 헤어Paul E. Hair가 기븐의 책 서평에서 언급했듯, 중세 잉글랜드에서는 "요즈음이라면 병원에 가거나 며칠 입원하면 될 간단한 일로 죽는 사람이 많았다."[28] 우리가 당연하게 여기는 현대 의학계의 경이로움 중 몇 가지만 꼽아보자면, 〔미생물〕 병원(체)설病原(體)說, germ theory〔미생물을 전염병의 원인으로 보는 학설. 세균설. 매균설媒菌說〕에 대한 지식과 외과적 위생의 가치, 수혈, 마취제를 이용한 수술, 엑스레이 및 초음파 기술, 항생제, 통증 완화 등을 들 수 있다. 오늘날에는 총에 맞거나 칼에 찔려도 대부분 살 수 있지만 중세 때는 그렇지 않았다. 〔중세에는〕 마취제가 없었으니 치료 목적의 수술이 일부 환자들을 쇼크에 빠뜨렸다. 항생제가 없었으니 곪은 상처가 치명상으로 변했다. 더 심각한 문제는 당시의 의학이론에서, 감염infection을 치유 과정의 중요한 단계로 이해했다는 점이다. 상처가 자연발생적으로 감염되지 않는 경우, 영국 외과의사들은 치유 과정을 더 빠르게 진행하기 위해 상처를 오염시키라는 조언을 받았다.[29] 영아살해infanticide는 또 어떤가? 중세 세계는 오늘날 연간 신생아 10만 명당 92.6명의 생명을 앗아가는 영아돌연사증후군sudden infant death syndrome, SIDS에 대해 전혀 알지 못했다.[30] 필립 개빗Philip Gavitt의 주장에 따르면, 중세 후기에는 SIDS에 의한 사망을 관례적으로 질식사로 오인했고, 그 책임은 유모에게 돌아갔다.[31] 아이의 "압사overlaying"(우연히 질식시킬) 위험성에 대한 중세 교회의 거듭된 경고 역시 여기서 고려해볼 필요가 있다. 한때 역사학자들은 압사를 "고의적 영아살해를 공손하게 표현한 허구〔곧 모르는 척 넘어가주는 진실〕polite fiction"로 보았으나, 더욱 최근에는 그런 죽음을 고의가 아닌 것으로, 환기 장치가 열악한 건물 안, 울퉁불퉁한 표면(밀짚 침대) 위에서 다 같이 잘 때 수반할 수 있는 위험성의 부산물로 재고再考하고 있다.[32] 중세의 의학 지식과 기술의 차이만으로도 〔중세와 현대〕 두 시기를 통계적으로 비교하기란 명백히 불가능해진다.

중세 잉글랜드의 범죄율(살인사건뿐만 아닌)을 파악할 때 가장 큰 걸림

돌은 중세의 기소장을 액면 그대로 받아들일 수 없다는 간단한 사실이다. 사인소추자는 엄격한 관습법의 제약을 우회하려는 전략으로 "법적 허구legal fiction"[영미법에서 실제로는 사실이 아니나 법원에서는 사실로 간주하는 일. 법적 의제擬制]를 자주 이용했다. 두 가지 전형적 사례를 소개해보겠다.

1. 일반적으로 소송 당사자들은 지방[현지]의 판결보다 국왕재판소king's court의 공평무사한 정의와 신속한 해결을 선호했다. 따라서 그들은 왕의 재판관들king's justices에게 사건을 판결받으려 고소의 성격을 교묘하게 과장했다. 사건이 왕의 평화에 위반된다고 하거나 contra pacem, 힘과 무기vi et armis가 사용된 공격이라고 하거나, 40실링 상당 이상의 절도였다고 주장되면, 왕의 관할로 사건이 송치되는 법적 허구로 인정되었다.[33]

2. "미들섹스 법안bill of Middlesex"의 이용은 아마도 가장 널리 알려진 법적 허구일 것이다. 고소인은 채무사건을 왕좌재판소[왕좌부王座部] the King's Bench(민사소송법원Court of Common Pleas보다 훨씬 효율적인 선택지)로 가져가기 위해 왕좌재판소가 지방법원으로서 형사재판권 [형사관할권]criminal jurisdiction을 가지고 있었던 웨스트민스터 내에서 범죄성 침입[범죄성 침해]criminal trespass 소송을 꾸며냈다. 일단 피고인이 교도소에 갇히면 허위 소송은 모두 취하되었고 고소인은 채무소송을 왕좌재판소로 갖고 갔다.[34] 두 상황 모두 범죄혐의에는 근거가 없었다.[35]

사인고소인들만 법을 농간한 것은 아니었다. 배심원들은 살인의 정황상 사형이 타당하지 않다고 생각되는 경우, 기록의 세부사항들을 기꺼이 각색해 사면해주었다. 따라서 자기 아내의 불륜 현장을 발견하고 곧바로 아내의 애인을 난도질해 죽여버린 사내는 든든한 기소 배심원의 지도하에, 코너에 몰려 목숨이 긴박한 상황에서 선택의 여지없이 달려들 수밖에 없었던 희생자로 바뀌었다.[36] 사실관계의 변경이 모든 또는 대부분의 기소장에서 일어났던 것은 아니다. 하지만 소송 기록 전체에 대해 (사인심문死因審問, inquest부터 기소를 거쳐 재판까지) 사건의 세부사항들을 나란히 놓고 대조하지 않고서는—기록의 생존율이 낮아 거의 불가능한 위업— 배심원들이 사실관계에 손을 댔는지 여부를 식별할 방법이 없다. 법적 허구는 중세 잉글랜드의 성직자를 겨냥한 강간 고소에도 만연했다. 분노한 신도들은 자기 교구의 성직자가 정결 서원을 지키며 살지 못한 무능함에 불만을 품고 그들을 강간죄로 고발함으로써 사적 재제를 가했다. 그렇게 하면서도 고소인들은 제멋대로인 사제들이 범죄자로 처형당하지 않을 것이라는 사실을 충분히 잘 알고 있었다. 유죄평결이 나온 성직자는 국왕재판소 재판을 면책받는 "성직자의 특전benefit of clergy"을 요구했다. 그 대신 그에게는 자신의 동료들 즉 동료 성직자들에게 재판받을 권리가 주어졌다.[37] 따라서 그의 사건은 국왕재판소에서 주교재판소bishop's court로 이관되었는바, 그곳의 처벌 목록에는 성직자는 피를 흘려선 안 된다는 금지조항이 있어서 처형이 포함되어 있지 않았다. 다만 방탕한 성직자는 주교재판소에서 자신의 성적 일탈에 대해(합의된 것이라 할지라도) 속죄로 답해야 했으며, 사실 그것이 애초에 그를 기소한 목적이었다.[38]

상황을 더 복잡하게 하는 문제는, 당시의 범죄의 의미가 오늘날의 그것과 반드시 동일하지 않다는 점이다. 강간죄the crime of rape를 예로 들어보자. "rape(강간)"을 뜻하는 라틴 동사는 *rapio*, *rapere*(라피오, 라페레)로

"seize"〔"꼭 잡다" "움켜쥐다" "장악하다" "빼앗다" "덮치다" 등〕라는 뜻이다. 법적 기소장에서는 이렇게 더욱 광범위한 의미에 기초해 이 용어를 주로 다음 두 가지 시나리오에서 사용한다. (1) 동의 없는〔비非동의〕 성교 coitus without consent, 그리고 (2) 약탈ravishment 즉 비非동의〔부녀자〕유괴non-consensual abduction가 그것이다. 두 경우 모두 문제의 동의consent가 꼭 희생자의 동의를 뜻하는 것은 아니었고 그녀의 남편 혹은 그녀의 아버지의 동의도 뜻했다. 때때로 전자의 범주에는 아버지의 뜻에 거스르는 결혼을 선택한 고집 센 여성들도 포함되었다.[39] 후자의 상황에서는 여성이 유괴에 동의했을 뿐 아니라 가방을 다 싸놓고 갈 준비를 해놓은 경우가 대부분이었다.[40] 실제로, 여성의 "강간범"은 그 여성을 학대받는 결혼생활에서 벗어나게끔 도운 가족의 일원인 경우가 너무나 많았다.[41] 기소장에 쓰인 언어를 면밀히 살펴보면 "강간"에 성폭행sexual assault도 포함된 것인지 분별하는 데 도움이 된다. 범죄의 성격을 명확히 하기 위해 배심원단의 발표에는 예컨대 *rapuit et cognovit carnaliter*("그는 그녀를 강간하고 육적肉的으로carnally 그녀를 알았다") 대 *rapuit et abduxit*("그는 그녀를 강간하고 유괴〔약취유인〕했다")와 같이 캐럴라인 던Caroline Dunn이 만든 문구인 "어휘적 쌍형어雙形語, lexical doublets"가 포함되어 있었다.[42] 그러나 앞서 언급한 여타 문제들은 여전히 현존하는 기록과 관련 있다.

오늘날 우리가 범죄로 분류하는 이러저러한 법률 위반은 중세 세계에서는 좀 더 느슨하게 정의된 민사재판권〔민사관할권〕civil jurisdiction에 속했으며 따라서 형사소송에 기록되지 않은 범죄들도 있었다. 피 뽑기, 난투극, 폭행, 흉기로 상처 입히기, 폭동, 신체상해mayhem 등은 여러 종류의 법원에서 소송을 제기할 수 있었고, 그런 만큼 지방법원, 왕립법원, 교회법원 등에 산재해서 나타난다. 형사재판권〔형사관할권〕에는 성

제2부 시대

직자를 대상으로 자행되거나 성직자가 연루된 범죄도 포함되지 않았다. 따라서 오로지 국왕재판소에서 가져온 중범죄 기록에만 초점을 맞춘 연구는 폭력에 대한 온전한 그림을 제시할 수 없다.

핑커는 결코 중세 법원의 기록을 본 적도 없고 중세에 법이 어떻게 작동했는지 이해하지도 못한다. 그러므로 앞서 언급한 어떤 것도 그의 중세 수치를 기반으로 한 논의에 포함되지 않은 일이 놀랍지는 않다. 핑커는 중세 통계를 측정해 현대에 대비하면서도 그 통계들이 굉장히 다른 것들을 측정하고 있다는 사실을 전혀 모른다. 그리고 유효한 통계가 없다면 핑커의 주장은 전부 허물어진다. 그는 중세 이후 폭력이 감소했다고 주장할 수 없다. 그것을 증명하는 실제적 증거가 없다는 점에서다. 사실 중세가 실제로 얼마나 폭력적이었는지는 전혀 명확하지 않다.

역사서술적 맥락

스티븐 핑커의 생각에는 독자들에게 중세의 잔혹성을 설득하는 것이 엄청나게 힘든 일이다. 그러나 중세연구가들에게 더 일반적인 불만은 "중세적인medieval"과 "야만적인barbaric"이 외양상 서로 자연스럽게 결합된다는 것이다. 이것은 노르베르트 엘리아스가 핑커에게는 새로운 학자인 반면 역사학자들에게는 새롭지 않은 탓이 크다(핑커는 엘리아스를 두고 "당신이 전혀 들어보지 못한 가장 중요한 사상가"라고 표현한다).[43] 엘리아스의 문명화과정the civilizing progress 이론[《문명화과정Über den Prozeß der Zivilisation》]은 역사적 폭력에 대한 연구 분야에서는 기본서의 하나이며, 1939년 출판되고 1969년 영어로 번역[1권]된 이후, 여러 차례 새로운 개념화를 통해 다시 활력을 얻었다. 의심의 여지 없이, 가장 많은 생각을 불러일으키는 책은 미셸 푸코Michel Foucault의 《감시와 처벌: 감옥의 탄생Discipline and Punish: The Birth of the Prison》(1975)이다〔책의 프랑스어 원제는 "Surveiller et punir: naissance de la prison"이다〕. 푸코는 위험 충만 하게도, 중세 군주제 monarchy가 공포를 휘두르는 것을 국가 건설state building의 수단으로 본다. 국가는 중앙집권 정부의 계속되는 권한 확대에 대한 저항을 제압하기 위해, 권위에 적절한 존경을 표하지 않는 사람들의 신체에 형벌을 가하는 폭력의 공공적 스펙터클〔볼거리〕public spectacle을 후원했다.[44] 푸코의 연구는 핑커의 참고문헌 목록에 등장하지 않는다. 그러나 데모사이드〔"국가 시스템의 살해행위"〕가 책의 초점인 만큼 푸코의 그림자는 핑커의 연구 위에 짙게 드리워져 있다.

중세연구가들은 지난 45년 동안 푸코의 똑같이 선정적이고 비역사적인〔반/몰역사적인〕 견해와 씨름하다가 푸코의, 또 엘리아스의 중세 인식이 실제로 얼마나 정확한 것인지 의문을 품게 되었다. 중세가 폭력적이었다는 견해에 동의하지 않는 사람은 아무도 없다. 실제로 그랬으니까. 중세의 설교 설화에서는 신이 질병을 퍼뜨리고, 폭풍을 일으키며, 집과 마을에 불을 지르고, 급사를 일으킴으로써 인간에게 복수하는 장면을 정기적으로 묘사한다. 못 박힌 침대 위에서 자고 8년 동안 등신대等身大의 십자가를 등에 묶고 다닌 교회 박사Doctor of the Church 헨리 수소Henry Suso〔하인리히 조이제Heinrich Seuse(1295~1366)〕의 삶이 암시하는 것처럼, 십자가형과 그리스도의 고난에 초점을 둠으로써 신도들 사이에서는 단식에서부터 채찍질 그리고 그 이상까지 광범위한 자기학대self-violence가 조장되었다.[45] 교회는 죄의 속성상 필요한 경우 주저하지 않고 채찍질형이나 징역형을 내렸다. 세속법에서는 중범죄에 대해 공개 교수형, 화형,

눈 멀게 하기, 거세형을 명했고, 성직자들은 범죄적 생활방식을 택하지 않게 하는 방편으로 모든 신실한 신도에게 처형식에 참석하는 것을 진심으로 권했다. 남편은 엄격한 규율을 통해 아내·아이·하인들을 다스리게 되어 있었다는 점에서, 폭력이 학습되는 특성이라면 중세 사람들은 그것을 집에서 배웠을 게 틀림없다.[46] 그래도 이 모든 것은 푸코가 개괄한 파놉티시즘panopticism의 태동과는 전혀 거리가 멀다(˝파놉티시즘˝은 소수에 의한 다수의 감시 및 통제, 또는 감시의 내재화/내면화에 따른 자기검열을 의미한다. 규율사회의 기본원리로 작동한다.).

핑커가 푸코의 논지에 대한 중세 역사학계의 반응을 하나라도 읽는 노력을 기울였더라면, 그들의 반응이 그 책(《우리 본성의 선한 천사》)을 쓰지 말라는 경고가 되었을지도 모르겠다.[47] 푸코의 역사는 증거가 아니라 이론으로부터 주장을 끌어낼 때 태생적으로 내재하는 위험의 패러다임이며, 이로써 핑커의 책은 푸코적 이론과 실제 역사적 경험 사이의 커다란 간극에 주목하기를 망설이지 않은 고문서 학자들의 비난을 받을 수밖에 없게 되었다. 현실에서 중세의 폭력은 전혀 ˝스펙터클〔볼거리〕spectacle˝이 아니었다. 잉글랜드인들은 가장 흉악한 범죄자들만 사형대로 보냈다. 누군가를 고용해놓아야 할 정도로 일이 많지 않은 터라 중세 잉글랜드에서 ˝교수형집행인hangman˝은 직업도 아니었다.[48] 중세 잉글랜드인들도 이 점에서 유럽 다른 지역〔의 사람들〕과 특별나지 않았다. 트레버 딘Trevor Dean이 인지하는 바처럼, 유럽인들에게는 일반적으로 ˝처형 시 피를 흘리는 것에 대한 공포˝가 있어서 ˝피를 흘리게 하는 경우가 정당화되려면 특별히 비인간적 행위, 재범, 공공도덕public morality에의 심각한 위협처럼 범죄의 성격이 예외적이어야 했다.˝[49] 중세의 처형은 핑커가 그토록 상세히 묘사한 ˝가학증의 진탕 나는 잔치orgies of sadism˝와는 거리가 먼, "보통은 목격자가 거의 없는 내밀한 행사"였다. 그리고 형의 집행은 방문자들에 대한 경고로서 도시로 들어가는 성문 앞에서 행해지는 것이 일반적이어서 국가권력에 관련한 모든 메시지는 도시 주민들을 완전히 피해갔다.[50] 아마 가장 중요한 점은, 참석자들 입장에서는 사형수의 고통을 즐기기보다는 죽음 앞에서 참회자와 기독교 공동체를 화해시키려고 계획된 가슴 아픈 구원 드라마에 참여했다는 것이다.[51] 이 법칙에 딱 한 가지 예외가 있다면 반역죄 재판이었다. 그들의 처형은 혹시라도 미래의 반역자들이 횃불을 집어 들지 못하게끔 하려고 의도적으로 모골이 송연하게 행해졌다.[52] 다피드 압 그리피드Dafydd ap Gruffydd〔1238~1283〕가 처형될 때, 그는 사형장으로 끌려 나가 산 채로 내장이 불태워졌고 교수형에 처해지고 목이 잘린 뒤 시신이 네 부분으로 절단되었으며, 절단된 신체의 여러 부분은 잉글랜드 전역에 보내져 경고의 의미로 전시되었다〔다피드 압 그리피드는 웨일스의 마지막 대공으로 잉글랜드 국왕 에드워드 1세가 웨일스를 정복할 때 잉글랜드군에 사로잡혀 처형되었다〕.[53] 중세를 거치면서 이와 같은 종류의 대우를 받은 정치 반역자는 소수에 불과하며, 다시 한번 말하건대, 핑커의 상상력 충만한 기준에 못 미친다.

게다가 중세 때 사용한 고문은 푸코나 핑커가 제시한 것보다 좀 더 온건했다. 주목해야 할 중요한 사실은, 잉글랜드인들이 고문을 활용한 것이 아니라, 13세기 일부 유럽 대륙의 법정에서 핑커의 말처럼 형벌 자체로서보다는 오로지 자백을 끌어내려는 목적에서 로마 관습을 부활시켰다는 점이다.[54] 고문은 정상적 법 절차의 일부가 아니었다. 외려 고문은 피고인이 유죄로 추정되는데도 증거가 증인 2명 또는 자백을 요하는 보통법〔공통법〕ius commune의 높은 증거기준을 충족하지 않는 경우에

행하는 최후의 수단이었다. 더욱이 이 법에서는 고문을 집행할 때 다음과 같은 제한을 두었다. 고문은 [처형에 처할 만한] 중죄capital crime에만 사용되어야 하고, 피고인은 [고문으로] 불구가 되거나 죽임을 당하지 않아야 하며, [고문을 행하는 자리에] 의사가 항상 입회해야 하고, 고문 시간은 기도 시간보다 더 오래여서는 안 된다는 것 등등이었다.[55] 이단자나 마녀 등 특별히 우려스러운 속성의 범죄에 대한 법적 처리에서 이 규칙들이 완화되는 경우가 불가피하게 발생했지만 그렇다고 심문관에게 자신의 마음대로 할 수 있는 전권이 위임된 것은 아니었다.

폭력이 주로 신체the body를 겨냥한 것만도 아니었다. 푸코는 중세 사법체계가 체형體刑, corporal punishment을 사용한 것을 두고 이를 봉건경제의 산물이라고 합리화한다. "화폐와 생산력이 […] 아직 발달 초기 단계"였던 국가는 유의미한 형벌을 찾던 중 신체를 "접근가능한 유일한 재산"으로 정했다.[56] 핑커는 대체로 이 논지에 동의하는 것으로 보인다. 당대의 법전이 이와 같은 인상을 주고도 남음은 인정할 수밖에 없다. 12세기까지 거슬러 올라가는 잉글랜드 법전 윌리엄법Leis Willelme, Laws of William에서는 강간, 반역, 불법침입[침해. 침범]poaching, 여타 범죄에 거세와 눈멀게 하기를 명했다. 그러나 맥락 속에서 이를 살펴보면 그보다 관대한 접근법이 눈에 들어온다. 신체절단physical mutilation은 사형capital punishment의 자비로운 대안으로서 고안된 것이지만 이 형벌이 실제로 실행된 사례를 문헌 밖에서 찾아내기란 생각만큼 쉽지 않다.[57] 더 일반적으로는 국가가 법규화한 폭력은 사람들의 지갑을 겨냥했으며 이와 같은 선고마저도 예컨대 평화협정을 맺은 경우, 가난하다고 주장하거나 자백한 사례처럼 개연성이 있는 경우에는 보류될 수 있었다.[58] 심지어 근대 초기 폭력에 대한 역사관이 핑커나 푸코가 해야 했던 이야기와 흡사한 로베르 뮈상블레Robert Muchembled조차 중세 국가가 공표한 비폭력적 형벌과, "그 체계의 중심에 사법적 벌금judicial fines이 있었다"는 것을 인정하지 않을 수 없다.[59] 엘리아스, 푸코, 핑커의 독자들에게 벌금과 보상compensation은 범죄자를 벌하는 데서 훨씬 덜 "섹시sexy"한 수단이긴 해도 법 집행에서는 효과적 수단이었다.

이 역사서술historiography 중 어떤 것도 역사학자들이 만장일치로 엘리아스나 푸코나 핑커를 거부했다고 주장하고자 함은 아니다. 특히 근대 초기 역사학자 중에는 오랜 시간에 걸쳐 사회가 점점 덜 폭력적으로 되었다는 견해를 강력히 지지하는 분견대가 있다. 가장 최근의 학자로는 로베르 뮈상블레(2011),[60] 제임스 샤프(2016),[61] 매슈 로크우드Matthew Lockwood(2017)[62] 등이다. 근대 초기 학자들은 중세연구가들이 놓치고 있는 폭력의 감소 이론에서 무엇을 보는 것일까? 그 설명은 16, 17세기에 강렬해진 폭력의 속성에 있을 수 있다. 종종 중세로 잘못 연결된 폭력의 대부분은 사실 근대 초기에 벌어졌다. 일례로, 채찍질형flogging은 중세 국가가 가한 형벌이 아니다. 외려 그것은 헨리 8세〔잉글랜드 왕(재위 1509~1547)〕의 1530년 부랑자법Henry VIII's 1530 Vagabonds Act(22 Hen. VIII. c. 12)에 따라 부랑을 막으려는 방편으로 관습법 법정에 최초로 도입되었다. 16, 17세기에 입법을 통해 채찍질형의 적용을 확대해 사생아 임신, 구걸, 만취, 성범죄, 심지어 정신이상까지 그 범위에 포함한 것을 보면 의회는 이 형벌이 효과적이라고 판단했음이 틀림없다.[63] 확실히, 튜더Tudor왕조〔1485~1603년 잉글랜드를 지배한 왕조〕는 잔인하고 비상식적인 형벌의 경계에 있는 새 형태의 광범위하고 다양한 형벌을 개척했다. 헨리 7세Henry VII〔재위 1485~1509〕 대에 의회는 사람에게 낙형烙刑, human branding〔낙인 찍기〕을 형벌 관행으로 제정했다. 1487년 법령에서는 성직자의 특전을 요청

한 사람들의 엄지손가락에 T(thief, 도둑)나 M(murderer, 살인자) 자 낙인
을 한바, 이는 유죄평결을 받은 중죄인의 신체가 그의 전과를 공개적으
로 알리는 것을 확실하게 하는 수단이었다(이와 같은 측면에서, 유죄평결을
받은 사람은 실질적으로 자신의 "서류paperwork"를 몸에 지니고 다니게 된다). 16,
17세기 관리들은 이 관행의 기능성을 확대해 낙형을 광범위하고 다
양한 범죄 원인遠因을 표시하는 데 사용했다. 예를 들면, A(abjuror, 맹
세·신앙·고국 따위를 저버린 자), V(vagabond, 부랑자), F(fraymaker, 싸움꾼),
B(blasphemer, 신성모독자) 같은 낙인이 범죄자의 엄지, 뺨, 이마, 가슴 등
다양한 위치에 찍혔다. 귀를 형틀에 못 박는 것 역시 튜더의 혁신이었
다. 왕의 죽음을 둘러싼 소문을 유포해 선동적 명예훼손으로 유죄평결
을 받은 토머스 배리Thomas Barrie는 뉴베리 시장에서 두 귀를 형틀에 박
힌 채 하루 동안 서 있고 나서 1538년 쇼크로 사망했는바, 그의 불명예
스러운 죽음이 최초의 확인가능한 사례일 것이다.[64] 헨리 8세의 통치기
에는 수많은 범죄에 대해 두 귀와 두 손을 자르는 형벌도 시행되었다.
게다가 이 악명 높은 왕은 계약노예제indentured slavery와 팽형烹刑, death by
boiling의 도입에도 책임이 있었다. 그의 딸 엘리자베스 1세Elizabeth I의
통치기(1558~1603)에 의회는 문서 위조에 가담한 자의 두 귀를 자르고
두 콧구멍을 세로로 베라는 법령을 통과시켰다.[65] 잉글랜드 관습법에 폭
력적 형벌이 증가한 것은 유럽 대륙의 추세를 본뜬 것이었을 수 있다. 독
일어권 세계에서는《카롤리나 형사법전Constitutio Criminalis Carolina》(1532년
경)이 "사법 [체계 내에서의] 고문judicial torture 및 체형의 이용을 늘리는 길
을 열었다." 가이 겔트너Guy Geltner에 따르면, 이와 같은 경향은 근대 초
기의 프랑스와 네덜란드에서도 발견된다.[66] 물론 그러한 대대적 규모
의 사법적 실험은 종교개혁, 광기witch craze, 가끔씩 발생하는 전염병 및

열병, 고질적 전쟁, 경제 불황 등 근대 초기를 괴롭힌 무수한 재난에서 발생해 널리 퍼진 긴장을 반영한다. 이 힘든 시대 속에 단단히 빠져 있던 근대 초기 역사학자들에게는 짐작하건대 그 이후 오는 모든 것이 신선한 공기처럼 여겨졌을 것이다. 물론 중세연구가들의 관점에서는 이 시대가 존재한다는 것만으로도 핑커의 선형적線形的, linear 역사관을 뒤엎기에 충분하다.

결론

중세연구가들이 스티븐 핑커의 책〔《우리 본성의 선한 천사》〕과 관련해 가장 심기 불편 해 하는 점은 그가 중세에 특별히 관심이 없다는 사실이다. 외려 중세는 핑커 자신만의 심리학적 반전을 더하면서 닳아빠진 역사 이론을 적용하기 위한 출발점일 뿐이다. 그러나 핑커는 그렇게 함으로써 역사를 만드는 장난을 쳤고, 역사가 고유한 규칙과 방법이 있는 학문임을 인정할 생각도 안 했다. 추측하건대, 심리학 이론에 기초적 지식조차 없는 아마추어 심리학자가 지크문트 프로이트Sigmund Freud가 오래전까지 차지했다가 떨어진 지위를 복구하려 한다면 핑커도 역사학자의 분노에 공감할지도 모른다. 그럼에도 그런 면에서 역사학자들은 문제는 핑커가 아니라는 것을 인정해야 한다. 그는 하나의 징후a symptom에 불과하다. 오늘날 역사학은 학식 있는 사람들 사이에서조차 물리학이나 수학처럼 훈련과 경험이 필요한 구체적 학문으로 인식되지 않는 경우가 많다. 역사학자들은 우리가 하는 일이 무엇인지를, 특히 다른 역사학자들의 연구를 약간 다른 각도에서 읽기만 하는 사람들이 아

제2부 시대

님을 세상에 전달하는 데에 충분히 힘쓰지 않았다. 나의 경우에 역사학자라는 것은, 저 먼 곳의, 때로는 접근불가능한 기록보관소 안에서 며칠, 몇 주 동안을 보내며 손으로 축약해서 쓴 라틴어 혹은 앵글로-노르만 법률용 프랑스어 문서를 읽는 일이고, 층층이 쌓인 역사학자들의 연구를 읽으며 나의 생각이 그들의 생각과 어떻게 들어맞는지 (혹은 그렇지 않은지) 확실히 파악하는 작업이며, 기록보관소에서 읽은 모든 내용이 이해되게 만드는 역사적 분석을 수행하는 능력이 있다는 것이다.

스티븐 핑커의 역사서는 성격은 모호함에도 그에 대한 반응에는 역사학자들을 위한 중요한 교훈이 있다. 핑커의 메시지는 대중에게 도달하는 반면 우리의 메시지는 그렇지 못하다는 것이다. 왜 학문적 역사서들은 북아메리카의 대중 역사서들만큼 열렬히 읽히지 않는가? 이 점이야말로 우리가 다음에 톺아봐야 할 문제다.

주

1   Steven Pinker, *The Better Angels of Our Nature: Why Violence Has Declined* (New York: Penguin Books, 2011), 132, 1. 〔한국어판. 스티븐 핑커, 김명남 옮김, 《우리 본성의 선한 천사: 인간은 폭력성과 어떻게 싸워 왔는가》, 사이언스북스, 2014〕

2   Pinker, *Better Angels*, 65-6.

3   Pinker, *Better Angels*, 67-8.

4   Pinker, *Better Angels*, 130, 132.

5   Pinker, *Better Angels*, 133.

6   그리스도의 가르침에 기초한 육체적 활동 일곱 가지는 다음과 같다. (1) 굶주린 이에게 먹을 것 주기 (2) 목마른 이에게 마실 것 주기 (3) 헐벗은 이에게 입을 것 주기 (4) 집 없는 이 맞아들이기 (5) 병든 이 돌보아주기 (6) 감옥에 갇힌 이 찾아주기 혹은 사로잡힌 이 몸값 내주기 (7) 죽은 이 묻어주기.

7   Patrick Geary, *The Myth of Nations: The Medieval Origins of Europe* (Princeton: Princeton University Press, 2002) 〔한국어판. 패트릭 J. 기어리, 이종경 옮김, 《민족의 신화, 그 위험한 유산》, 지식의풍경, 2004〕; Valentin Groebner, "Losing Face, Saving Face: Noses and Honour in the Late Medieval Town", *History Workshop Journal*, 40 (1995): 1-15; Barbara A. Hanawalt, "Violent Death in Fourteenth-and Early Fifteenth-Century England", *Contemporary Studies in Society & History*, 18, no. 3 (1976): 297-320; Richard W. Kaeuper, "Chivalry and the 'Civilizing Process'", in Richard W. Kaeuper (ed.), *Violence in Medieval Society* (Rochester: Boydell & Brewer, 2000), 21-35; 그리고 Joseph Pérez, *The Spanish Inquisition: A History* (New Haven: Yale University Press, 2006).

8   예를 들면, Robert Held, *Inquisition: A Selected Survey of the Collection of Torture Instruments from the Middle Ages to Our Times* (Aslockton: Avon & Arno, 1986), 그리고 Museo della Tortura e della Pena di Morte (San Gimignano, Italy), http://www.torturemuseum.it/en/, 2017년 10월 12일 접속함.

9   Matthew White, *The Great Big Book of Horrible Things: The Definitive Chronicle of History's 100 Worst Atrocities* (New York: Norton, 2011). 핑커의 책이 저술된 이후, 화이트의 웹사이트는 다음 주소로 이전됐다: Matthew White, "Necrometrics" (2010-2014), http://necrometrics.com/, accessed 7 January 2020년 1월 7일 접속함.

10 Rudolph J. Rummel, *Death by Government* (New Brunswick: Transaction Publishers, 1994).

11 Pinker, *Better Angels*, 141; Helen Rawlings, *The Spanish Inquisition* (Malden: Blackwell,

2006), 48.

12 James B. Given, *Society and Homicide in Thirteenth-Century England* (Stanford: Stanford University Press, 1977), 그리고 Barbara A. Hanawalt, *Crime and Conflict in English Communities, 1300-1348* (Cambridge, MA: Harvard University Press, 1979).

13 Given, *Society and Homicide*, 40.

14 Hanawalt, "Violent Death", 302.

15 제임스 B. 기븐의 책에 대한 리뷰에서 Hunnisett는 기븐의 통계가 "오류투성이"임을 발견했다. Roy F. Hunnisett, review of *Society and Homicide in Thirteenth-Century England*, History, 63, no. 209 (1978): 444-5, 이 부분은 445.

16 Pinker, *Better Angels*, 401, 403.

17 이해를 약간 돕자면, 1948년 Josiah Cox Russell는 1377명의 인두세 증거 자료를 이용해 잉글랜드 도시에 대해 인구 추정치를 계산했다. 그의 추정치는 많은 사람으로 하여금 역사학자들이 흑사병Black Death의 충격을 과장했다고 믿게 했다. Russell이 사용한 인두세 자료는 흑사병이 처음 창궐했을 때 사망한 사람이 [잉글랜드 전체] 인구의 20퍼센트라는 수치를 뒷받침했다. 다음을 참조하라. Josiah Cox Russell, *British Medieval Population* (Albuquerque: University of New Mexico Press, 1948), 198. 오늘날은 그 어떤 역사학자도 그렇게 낮은 사망률을 지지하지 않을 것이다.

18 Edward Powell, "Social Research and the Use of Medieval Criminal Records", *Michigan Law Review*, 79, no. 4 (1981): 967-78, 이 부분은 975.

19 Carrie Smith, "Medieval Coroners' Rolls: Legal Fiction or Historical Fact?", in Diana E. S. Dunn (ed.), *Courts, Counties and the Capital in the Later Middle Ages* (New York: St. Martin's Press, 1996), 97-8.

20 David Crook, *Records of the General Eyre*, Public Record Office Handbooks, no. 20 (London: Public Record Office, 1982), 36.

21 중세 검시관 등록 명부에 관한 좀 더 상세한 논의에 대해서는 다음을 참조하라. Roy F. Hunnisett, *The Medieval Coroner* (Cambridge: Cambridge University Press, 1961), chap. 6.

22 Bernard William McLane, "Juror Attitudes toward Local Disorder: The Evidence of the 1328 Trailbaston Proceedings", in James S. Cockburn and Thomas A. Green (eds), *Twelve Good Men and True* (Princeton: Princeton University Press, 1988), 36-64, 이 부분은 56.

23 John G. Bellamy, *The Criminal Trial in Later Medieval England* (Buffalo and Toronto: University of Toronto Press, 1998), 69: Patti B. Saris, et al., "Overview of Federal Criminal Cases Fiscal Year 2015" (Washington, DC: United States Sentencing Commission, June 2016), 4, http://www.ussc.gov/sites/default/files/pdf/research-and-publications/research-publications/2016/ FY15_Overview_Federal_Criminal_Cases.pdf,

2017년 1월 6일 접속함.

24 Susanne Pohl-Zucker도 중세 후기 뷔르템베르크와 취리히에 대해 비슷한 주장을 펼친다. 범죄행위로 기소된 사람은 사형집행인에게 끌려가 (그 사람이 처형되든 아니든) 그와 접촉하게 되는바 이 자체가 피고와 피고의 가족을 "망신시키는" 일이었다. 그녀의 다음 책을 참조하라. *Making Manslaughter: Process, Punishment and Restitution in Württemberg and Zurich, 1376-1700* (Leiden: Brill, 2017), 93.

25 Susanne Jenks, "The Writ and the Exception *de odio et atia*", *Journal of Legal History*, 23, no.1 (2002): 1-22.

26 Daniel Klerman, "Settlement and Decline of Private Prosecution in Thirteenth-Century England", *Law and History Review*, 19, no. 1 (2001): 1-65, 이 부분은 12.

27 Powell, "Social Research", 969; 강조는 원문에 의한 것임.

28 Paul E. Hair, review of *Society and Homicide in Thirteenth-Century England*, *Population Studies*, 33, no. 1 (1979): 196-7, 이 부분은 196.

29 R. Theodore Beck, *The Cutting Edge: Early History of the Surgeons of London* (London: Lund Humphries, 1974), 12. 상처를 감염시켰는지 여부는 논쟁의 여지가 있는 주제다. 다음을 참조하라. Carole Rawcliffe, *Medicine and Society in Later Medieval England* (London: Sandpiper Books, 1995), 74.

30 Center for Disease Control and Prevention, "Sudden Unexpected Infant Death and Sudden Infant Death Syndrome", US Department of Health and Human Services, https://www.cdc.gov/sids/data.htm, 2020년 1월 7일 접속함.

31 Philip Gavitt, "Infant Death in Late Medieval Florence: The Smothering Hypothesis Reconsidered", in Cathy Jorgensen Itnyre (ed.), *Medieval Family Roles: A Book of Essays* (New York: Garland, 1996), 137-57.

32 Sara M. Butler, "A Case of Indifference: Child Murder in Later Medieval England", *Journal of Women's History*, 19, no. 4 (2007): 59-82, 이 부분은 67-8.

33 Stroud F. C. Milsom, "Trespass from Henry III to Edward III", *Law Quarterly Review*, 74(1958): 195-224, 이 부분은 222-3; Michael Lobban, "Legal Fictions before the Age of Reform", in Maksymilian Del Mar and William Twining (eds), *Legal Fictions in Theory and Practice* (Heidelberg: Springer, 2015), 199-223, 이 부분은 200.

34 Stroud F. C. Milsom, *Historical Foundations of the Common Law* (London: Butterworths, 1969), 54-9.

35 당시 중세 잉글랜드인들이 범죄를 조작한 유일한 유럽인들은 아니었다. Claude Gauvard는 범죄를 두려워했던 중세 후기 프랑스인들에 대한 분석에서, "장황한" 범죄들이 종종 정치적 프로파간다에 삽입되어 왕이 정치범들을 사면하기 더 어렵게 했다고 주장한다. 예를 들면, 1411년, 아르마냐크 용병들은 "방화하고, 교회를 샅샅이 뒤지고, 사람들을 유괴하

고 죽이고, 인체를 훼손하고, 유부녀와 소녀를 강간하는 등 사람이 할 수 있는 모든 악을 행했다'라고 전해졌다. (9). 이런 범죄 목록은 정치적 상황 속에서 등장했으며, 왕이 발표한 중죄범의 사형선고에 관한 성명에 포함되는 것이 전형적인 일이었다. 게다가 백년전쟁 Hundred Years' War[1337~1453] 동안 벌어진 정치 범죄인 경우, 이런 장황한 목록은 매우 정형화되어 있어서 똑같은 목록이 되풀이해서 나타난다. 이 장황한 목록이 통계 데이터베이스를 구성하는 경우 역사학자는 그것을 어떻게 다뤄야 할까? 유죄평결을 받은 사람이 실제로 저지른 범죄는 어떤 것일까? 다음을 참조하라. Claude Gauvard, "Fear of Crime in Late Medieval France", in Barbara A. Hanawalt and David Wallace (eds), *Medieval Crime and Social Control* (Minneapolis: University of Minnesota Press, 1999), 1-48.

36 Thomas A. Green, *Verdict According to Conscience: Perspectives on the English Criminal Trial Jury, 1200-1800* (Chicago: University of Chicago Press, 1985), 42-3.

37 남성만 성직자 특전을 주장할 수 있었다. 이 특전은 17세기까지 여성에게는 —수녀에게 조차— 확대되지 않았다.

38 Robin L. Storey, "Malicious Indictments of Clergy in the Fifteenth Century", in Michael J. Franklin and Christopher Harper-Bill (eds), *Medieval Ecclesiastical Studies: In Honour of Dorothy M. Owen* (Woodbridge: Boydell, 1995), 221-40.

39 James A. Brundage, "Rape and Marriage in the Medieval Canon Law", in James A. Brundage(ed.), *Sex, Law and Marriage in the Middle Ages* (Aldershot: Variorum, 1993), 62-75, 이 부분은 74.

40 Sue Sheridan Walker, "Punishing Convicted Ravishers: Statutory Strictures and Actual Practice in Thirteenth-and Fourteenth-Century England", *Journal of Medieval History*, 13, no. 3(1987): 237-49, 이 부분은 238.

41 Sara M. Butler, *Divorce in Medieval England: From One to Two Persons in Law* (New York: Routledge, 2013), 66-71.

42 Caroline Dunn, *Stolen Women in Medieval England* (Cambridge: Cambridge University Press, 2013), 33.

43 Pinker, *Better Angels*, 59.

44 Michel Foucault, *Discipline and Punish: The Birth of the Prison*, trans. Alan Sheridan (New York: Pantheon Books, 1977) 〔한국어판. 미셸 푸코, 오생근 옮김, 《감시와 처벌: 감옥의 탄생Surveiller et punir: naissance de la prison》, 나남출판, 2020(번역개정 2판)〕

45 헨리 수소에 대해 더 알고 싶다면 다음 책의 12장을 참조하라. Jerome Kroll and Bernard Bachrach, *The Mystic Mind: The Psychology of Medieval Mystics and Ascetics* (New York: Routledge, 2005).

46 Sara M. Butler, *The Language of Abuse: Marital Violence in Later Medieval England* (Leiden: Brill, 2007).

47 트레버 딘은 다음 책의 6장에서 푸코의 《감시와 처벌》을 한 단계 한 단계 훌륭하게 반박한다. 그의 책을 참조하라. Trevor Dean, *Crime in Medieval Europe* (Harlow: Longman, 2001).

48 Henry Summerson, "Attitudes to Capital Punishment in England, 1220-1350", in Michael Prestwich, Richard Britnell, and Robin Frame (eds), *Thirteenth Century England VIII: Proceedings of the Durham Conference 1999* (Woodbridge: Boydell, 2001), 123-33, 이 부분은 128.

49 Dean, *Crime in Medieval Europe*, 125.

50 Summerson, "Attitudes to Capital Punishment", 130. 통계에 따르면, 주민들이 참석할 처형식이 거의 없었다는 것이 확인된다. 1387년에서 1400년 사이, 파리고등법원이 심리한 형사사건은 200건이 넘었으나 그중 4건만 처형으로 귀결되었다. 다음을 참조하라. Patricia Turning, *Municipal Officials, Their Public, and the Negotiation of Justice in Medieval Languedoc: Fear not the Madness of the Raging Mob* (Leiden: Brill, 2013), 139.

51 Trisha Olson, "The Medieval Blood Sanction and the Divine Beneficence of Pain: 1100-1450", *Journal of Law and Religion*, 22, no. 1 (2006): 63-129.

52 Katherine Royer, *The English Execution Narrative: 1200-1700* (London: Pickering and Chatto, 2014).

53 Katherine Royer, "The Body in Parts: Reading the Execution Ritual in Late Medieval England", *Historical Reflections*, 29, no. 2 (2003): 319-39, 이 부분은 328-9.

54 Pinker, *Better Angels*, 146.

55 Edward Peters, *Torture* (Philadelphia: University of Pennsylvania Press, 1985), chap. 2.

56 Foucault, *Discipline and Punish*, 25.

57 이것은 유럽 대륙 쪽 자료도 마찬가지다. 다음을 참조하라. Joanna Carraway Vitiello, *Public Justice and the Criminal Trial in Late Medieval Italy: Reggio Emilia in the Visconti Age* (Leiden: Brill, 2016), 164-5.

58 Daniel Lord Smail, "Violence and Predation in Late Medieval Mediterranean Europe", *Comparative Studies in Society and History*, 54, no. 1 (2012): 7-34; Vitiello, *Public Justice and the Criminal Trial*, 163.

59 Robert Muchembled, *Le temps des supplices de l'obéisance sous les rois absolus, XVe-XVIIIe siècle* (Paris: Armand Colin, 1992), 28.

60 Robert Muchembled, *A History of Violence: From the End of the Middle Ages to the Present* (London: Polity Press, 2011).

61 James Sharpe, *A Fiery & Furious People: A History of Violence in England* (London: Arrow Books, 2016).

62 Matthew Lockwood, *The Conquest of Death: Violence and the Birth of the Modern English*

State (New Haven: Yale University Press, 2017).

63 Guy Geltner, *Flogging Others: Corporal Punishment and Cultural Identity from Antiquity to the Present* (Amsterdam: Amsterdam University Press, 2014), 64-5.

64 P. H. Ditchfield and William Page (eds), *A History of the County of Berkshire*, vol. II (London: Victoria County History, 1907), 93-4.

65 Krista J. Kesselring, *Mercy and Authority in the Tudor State* (Cambridge: Cambridge University Press, 2003), 26-40.

66 Geltner, *Flogging Others*, 64-5.

제9장

역사, 폭력, 계몽주의

History, violence and the Enlightenment

필립 드와이어

Philip Dwyer

《우리 본성의 선한 천사》 4장〔인도주의 혁명〕에서 스티븐 핑커는 왜 우리가 인류 역사상 가장 평화로운 시대를 살고 있는지 그 이유 중 하나를 설명한다. 이 모든 일은 17세기 후반에서 18세기 말까지 "역사상으로 극히 짧은 기간" 동안 서구the West뿐 아니라 나머지 세계the rest of the world 대부분에서도 일어났다. 핑커는 계몽주의로 알려진 시기를 언급하는 바, "사회적으로 승인된 형태의 폭력, 예컨대 전제정치despotism, 노예제, 결투, 사법〔체계 내에서의〕고문, 미신적 살해, 가학적 형벌, 동물 학대 등을 타파하려는 최초의 조직적 운동과 더불어 최초의 체계적 평화주의systematic pacifism가" 모두 태동한 때다.[1] 계몽사상가들은 제도화한 폭력 institutionalized violence—핑커가 인신공양〔인신희생, 인간제물〕human sacrifice, 고문, 이단자와 마녀에 대한 박해를 뜻하기 위해 쓴 단어—에 문제를 제

기하기 시작했고 이는 그 제도들의 신속한 폐지로 이어졌다.[2]

이 변화는 발상들ideas—핑커에게 계몽주의는 "정합적整合的 철학coherent philosophy"이었다—뿐 아니라, 사람들이 공감하기sympathize(강조는 핑커) 시작하고 더는 타자의 고통에 "무관심"하지 않게 된 감수성sensibility의 혁명으로부터 영감을 얻고 그것에 의해 추동되었다. 이 두 가지 동력—이성과 공감—이 합쳐져 "삶과 행복을 가치의 중심에" 놓는 "새로운 이데올로기"를, 궁극적으로 "이성reason"이 미신을 이기게 한 이데올로기를 만들어냈다. 폭력이 전반적으로 감소한 궁극적 원인은 이성—핑커가 "지식knowledge과 합리성rationality을 인간사에 적용하는 것"으로 정의한—이 승리한 때문이었다. 일단 이성이 승리하면, 그다음에는 이성의 반대인 무지와 미신이 모두 사라질 것이다. "신들은 희생제물을 요구하고, 마녀들은 마법을 걸며, 이단자들은 지옥에 가고, 유대인들은 우물에 독을 타고, 동물들은 감각이 없고, 아이들은 귀신에 들리고, 아프리카인들은 짐승 같고, 왕들의 통치권은 신으로부터 받은 것"이라는 등의 발상은 "헛소리hogwash"라고 그 정체가 폭로될 수밖에 없고, 그렇게 되면 폭력에 대한 모든 이론적 근거는 허물어진다.[3] 이것이 핑커가 "진보progress"라고 부르는 것이다. "이성"은 사람들로 하여금 "폭력의 순환의 무용無用함을 깨닫"게 하고 "폭력을 일종의 풀어야 할 문제로 재구성"하게 할 수 있고, 사실 그렇게 강제할 수 있다.[4]

이것이 말하자면 《우리 본성의 선한 천사》의 중심에 있는 본래의 주장으로 즉 폭력violence은 문제의 일종이고, 비합리적[비이성적]irrational이며, 합리적[이성적] 사고rational thought를 활용함으로써 풀 수 있다는 것이다. 핑커는 역사적 설명으로서 "이성"이라는 만트라mantra[슬로건, 모토]를 이용하거니와 이성을 자신의 직업생활 속으로까지 갖고 들어간다.

그렇게 핑커는 자신을 자신의 비평가들에게 대항하는 "이성의 목소리 voice of reason"로 내세운다. 이에 대해서는 핑커의《지금 다시 계몽: 이성, 과학, 휴머니즘, 그리고 진보를 말하다Enlightenment Now: The Case for Reason, Science, Humanism, and Progress》(2018)에서만큼 명확하게 표현된 곳이 없을 것이다. 부분적으로는《우리 본성의 선한 천사》의 비평가들에 대한 응답으로 쓰인 이 책에서, 핑커는 자신을 계몽주의 가치의 수호자로 소개하는바 이는 다른 어떤 이도 "그 가치를 옹호하려고" 하지 않았기 때문이다.[5] 이 선언의 오만함에 대해 잠시 생각해보자. 핑커는 스스로를 계몽주의의 옹호자로 임명하는바, 이는 계몽주의의 의미와 중요성에 대해 연구 및 저술 활동을 하고, 더욱 많은 사람에게 설명하는 데 평생을 헌신한 많은 학자를 무시하는 것처럼 보인다.[6]

어떠한 논점을 증명하려 작정을 한 모든 논객이 그렇겠으나, 핑커의 주장도 그들에게 신뢰감을 줄 정도는 된다. 사실 계몽주의 역사서술historiography에 정통하지 않은 사람들이라면 동의할 법한 핑커의 주장도 있다. 그러나 앞으로 내가 입증할 수 있기를 바라건대, 핑커는 계몽주의 역사의 특징과 계몽주의가 실제로 무엇을 대표하는지 잘못 규정하고 있다. 계몽주의는 20세기는 말할 것도 없고 18세기의 사상가들로부터 아무 이의도 제기되지 않은 채 살아남은 "정합적 철학"이 결코 아니었다. 핑커는 계몽주의를 "이성"과 휴머니즘의 시대로 소개함으로써 반反계몽주의[대항계몽주의] 역시 잘못 특징짓고 있어서 자코뱅주의Jacobinism, 나치즘Nazism, 볼셰비즘Bolshevism 같은 이데올로기를 이성의 반대되는 것으로 규정한다. 이는 곧 핑커의 주장이 본질적으로 계몽주의＝이성＝폭력의 감소이고 그런 까닭에 반反계몽주의[대항계몽주의]＝이성에 대한 거부＝폭력의 증가임을 뜻한다. 그러나 이제 우리가 살펴보겠지만, 이러한 공식들에는 폭력과 근대성에 대한 논쟁을 비롯해 많은 중요한 역사서술적 문제들이 무시되어 있다.

마지막으로, 역사 속의 이성과 인과관계에 대한 핑커의 발상은 순진하기 짝이 없다. 발상이 역사를 추동한다는 개념은 증명하기가 불가능하지는 않더라도 이견이 분분한 반면, 살인과 고문 같은 일부 형태의 폭력이 줄어든 이유는 대개 평범하고 실용적인 것과 연관되어 있다. 유럽 강대국들에서 살인homicide과 사법〔체계 내에서의〕고문의 이용은 18세기 후반기 훨씬 전부터, 다시 말해 계몽주의적 생각thinking이 통계에 어떤 영향도 주기 훨씬 전부터 감소하기 시작했다. 반면, 다른 형태의 폭력 예컨대 노예제, 공개처형, 성폭행 등은 19세기 내내 지속되었고 20세기까지 이어졌다. 지난 200년 동안 일부 형태의 폭력에 대해 감수성의 변화가 있기는 했어도, 감수성과 실제의 폭력률 사이에는 입증가능한 상관관계가 없다. 폭력은 나치가 세상에 입증한 바처럼 미신이나 무無이성〔불합리〕unreason에 의해서가 아니라 대개는 완벽히 "합리적인〔이성적인〕" 동기에 의해 추동되는 훨씬 복잡한 개념이다. 다른 말로 표현하자면, 우리는 인간의 동기부여motivation에서 합리적인〔이성적인〕 것과 비합리적인〔비이성적인〕 것을 명확하게 구별할 수 없다.

스티븐 핑커의 계몽주의

스티븐 핑커는 17세기 후반에서 19세기 초반까지 지속된 방대하고 복잡한 지성 운동이었던 계몽주의the Enlightenment에 대해 지나치게 단순하지는 않더라도 다소 구식의 견해를 갖고 있다. 핑커가 이해한 계몽주의는 르네상스the Renaissance와 종교개혁the Reformation에서 비롯한 서유럽의 특유한 발전의 결과다. 그것은 17, 18세기 유럽에서 출현했고 이후 나머지 세계로 전파되었으며 실험에 입각한 과학문화the experimental scientific culture에서 탄생했다. 핑커가 내세우는 주요 주장의 하나는 계몽주의가 과학을 기꺼이 받아들였고 그 과정에서 계몽주의가 종교 혹은 신앙을 거부했다는 점이다. 복잡한 과정을 단순화한 이 케케묵은 해석에서는 종교와 계몽주의의 다면적 역할을 완전히 무시하고 있지만, 이 점에 대해서는 글 후반부에서 다시 다루겠다.[7] 계몽사상의 다양성에 대해서는 암묵적으로 인정하는 바이나, 계몽주의가 정확히 무엇인지에 대해서는 핑커가 자기모순을 초래하는 지점들도 있다. 일례로 핑커는《지금 다시 계몽》의 어떤 부분에서는 계몽주의를 "모순되는 부분도 있으나 여러 발상의 풍요의 뿔[보고寶庫]cornucopia"이라고 부르고, 어떤 부분에서는 "프로젝트project"라고 표현한다.[8] 우익 "반골contrarian"이라는 표현이 십중팔구 가장 잘 어울릴 온라인 잡지《퀼레트Quillette》에 실린 인터뷰에서 핑커는 자신이 "일련의 이상에 대한 편리한 표제로서 '계몽주의'를 사용했음을 인정했다.[9] 이 이상들ideals(강조는 핑커)은 이성, 과학science, 휴머니즘humanism이다. 이어 그는 다음과 같이 말한다. "아마도 볼테르나 라이프니츠나 칸트가 타임머신에서 나와 오늘날의 정치적 논쟁에 대해 논평한다면, 우리는 그들이 딴 세상에 있다고 생각할 것이다." 그렇다면 이렇게 물을 수밖에 없다. 잠깐, 저 "이상들"은 뭐였더라?[10] 이상들이 보편적이고 시대를 초월한 것이라면 왜 우리는 그들이 "딴 세상에 있다out to lunch"라고 생각하겠는가?

핑커를 읽으면서 분명해지는 바는, 그가 계몽주의를 연구 대상으로 삼아온 여러 학문—역사, 문학, 정치, 과학사, 사회학, 경제학—에 퍼져 있는 방대한 역사서술을 전혀 모르는 것 같다는 점이다. 계몽주의는 지난 10년 혹은 20년 동안 지리학적 관점에서는 물론이거니와 온갖 종류의 다양한 관점―젠더, 여성의 역할, 과학, 인종, 섹슈얼리티sexuality―에서 연구되면서 우리에게 그에 대한 훨씬 더 복잡한 생각을 남겨주었다. 이 분야는 이론異論도 반론도 엄청나게 많다. 그리고 핑커가 생각하는 것처럼 불변의 독립체가 아니다. 〔《지금 다시 계몽》에서는〕 계몽주의에 대해 연구하고 있고 연구한 적 있는 로제 샤르티에Roger Chartier, 로버트 단턴Robert Darnton, 피터 게이Peter Gay, 존 그레빌 에이가드 포칵John Greville Agard Pocock, 로이 포터Roy Porter, 대니얼 로슈Daniel Roche, 프랑코 벤투리Franco Venturi 등 보다 주류 쪽에 가까운 학자들의 연구는 언급되지 않는다. 조너선 이즈리얼Jonathan Israel이 이제는 일곱 권으로 늘어난 여러 권의 책으로 방대하게 계몽주의를 다룬 것도 언급되지 않기는 마찬가지다. 이즈리얼의 견해에 대해서는 의견이 분분하나, 어떤 계몽주의 논쟁에서든 그를 언급하지 않고 지나가기란 어렵다. 당연한 일 아니냐고 주장할 수 있다. 핑커가 역사학자도 아니고, 대부분의 사람과 마찬가지로 역사학계 내부의 격심한 논쟁들을 이해하기 힘들뿐더러 지난 50여 년 동안 계몽주의 역사에서 이뤄진 발전이 계몽주의에 대한 주류적 해석에 영향을 준 것 같지도 않으니 말이다.

계몽주의에 대해 우리가 당연하게 여겼던 것 중 많은 부분이 뒤집혔다. 이제는 국가적, 종파적宗派的, confessional, 지역적, 개념적 차이에 중점을 둔 계몽주의의 다양성에 관심의 초점이 맞춰지고 있다―프랑스, 오스트리아, 잉글랜드, 스코틀랜드, 독일, 이슬람의 계몽주의 등이다. 그럼에도 18세기에 대한 우리의 해석에 전 지구적 전환이 적용되면서 유럽중심적 계몽주의 관점에 광범위하게 의문이 제기된 터라 오늘날 우리는 계몽주의를 초국가적인 것으로, 전 지구적 운동과 추세에 반응한 전 세계 여러 지역의 여러 사상가에 의해 만들어진 것으로 생각하고 있다.[11] 계몽주의 학계에서는 최근 몇 년간 급진적, 종교적, 온건적, 가톨릭적, 세속적 계몽주의 등 계몽주의를 일정한 주제에 따라 톺아보는 책들을 많이 출판했다.[12] 계몽주의의 의미가 오랜 시간에 걸쳐 바뀌었다는 점에서 18세기 때의 계몽주의가 의미한 바가 19세기나 20세기 때의 그것과 동일하지 않다는 인정 또한 있다. 게다가 18세기 계몽사상가들의 관점은 예컨대 정치, 표현의 자유, 관용과 같이 매우 광범위한 쟁점에 대한 우리의 그것과 불가피하게 매우 달랐다.[13]

핑커의 계몽주의 이해가 1차 자료의 방대한 독해를 바탕으로 한 것 같지도 않다. 핑커가 장−자크 루소Jean-Jacques Rousseau와 이마누엘 칸트 Immanuel Kant 같은 일부 계몽사상가와 에드먼드 버크Edmund Burke와 요한 고트프리트 폰 헤르더Johann Gottfried von Herder 같은 일부 보수주의 사상가를 참고하는 것은 사실이다. 존 로크, 바뤼흐 스피노자Baruch Spinoza, 아이작 뉴턴Isaac Newton, 볼테르, 몽테스키외, 드니 디드로Denis Diderot, 체사레 베카리아Cesare Beccaria〔이탈리아의 형법학자·경제학자(1738~1794)〕가 몇몇 곳에서 언급되긴 함에도 대개 이들의 책이 특정적으로 인용되지는 않는다. 다시 말해, 계몽주의(와 반反계몽주의〔대항계몽주의〕) 사상가들은 핑커 고유의 의제에 복무하는 데에 활용된다. 이 과정에서 핑커는 계몽주의 시대에 벌어졌던 논쟁들의 결코 단순하지 않은 여러 뉘앙스를 간과하며, 이제 살펴보겠지만 이는 곧 과학과 종교, 이성과 감정 사이 잘못된 이분법을 사실로 상정하는 것으로 이어진다.

계몽주의와 폭력

스티븐 핑커가 근대 세계의 폭력률의 감소를 주장하면서 계몽주의를 가장 중요한 주춧돌로 삼지 않았더라면 그의 해당 학문에의 무지는 용서받을 수 있었을 것이다. 계몽주의의 대표적 옹호자라고 자처하는 사람이 그렇게 했다는 것은 용납할 수 없는 일이기도 하다. 《우리 본성의 선한 천사》에서 핑커는 자신이 추정하는 폭력률의 감소를 설명하는 데서 계몽주의를 이용한다. 핑커는 미처 깨닫지 못하고 있는데, 사실 이 문제의 중심은 역사에서의 인과관계다. 무엇이 역사를 추동하며, 무엇이 태도와 관습의 변화를 추동하는가? 이것은 역사학자들이 몇 세대 동안 씨름해온 질문이다. 그러나 핑커에게 답은 명백하다—발상이 역사를 추동하며 그것이 폭력의 감소의 원인이다.[14]

이러한 종류의 생각에는 두 가지 문제점이 있다. 첫째는 읽기reading, 사고thinking, 행위action 사이 인과관계를 입증하는 것이 불가능하지는 않더라도 어렵다는 점이다. 핑커는 인과관계가 전무하다고 볼 수 있는 곳에서 인과관계를 가정하고 있는바, 이 경우 그 인과관계는 이성에 입각한 계몽주의적 생각이 핑커 생각에 본질적으로 비합리적인〔비이성적〕 폭력의 감소로 이어졌다는 것이다. 하나의 사건 혹은 하나의 발상이 반드시 또 다른 사건 혹은 발상으로 이어진다고 믿는 것은 역사의 복잡성과 읽기 및 내면화 과정의 복잡성을 완전히 과소평가하는 일이다.[15] 특히 18세기와 프랑스혁명the French Revolution에 관한 한, 이런 방식으로 생각하는 사람이 핑커 혼자만은 아니라는 점은 명백하다. 학자들은 이와 같은 점들에 관해 수십 년간 싸워왔다.[16] 일례로 린 헌트Lynn Hunt는 최근의 책에서, 감정이입empathy과 우리의 이러저러한 문화적 경험에 대한 상상력 사이에 상관관계가 있으며, 이 상관관계가 폭력의 감소의 요소로 작용했을 것이라고 주장했다.[17] 헌트는 더 나아가 "고문 이야기를 읽는 것"은 물론 소설, 특히 서간체소설epistolary novel〔편지 형식을 빌려 쓴 소설〕을 읽는 것에 "뇌의 변화로 전환되는 물리적 효과가 있다"라고 주장하기까지 한다. 이러한 뇌의 변화들은 결국 "사회·정치 생활 조직에 관한 새로운 개념들로 다시 발현되었다."[18] 다르게 표현하자면, 헌트는 역사의 변화를 설명하는 데서 역사학자들은 개인의 마음에 생긴 변화를 설명해야 한다고 생각한다. 그 변화를 다음과 같이 설명할 수 있겠다. 읽기(그리고 듣기)는 새로운 이해를 창출하며, 그 이해는 새로운 감정을 창출하고, 그 감정은 변화를 불러일으킨다는 것이다(이것이 증명하거나 측정하기 어려운 주장임은 헌트도 인정한다). 핑커는 헌트의 주장을 대부분 차용하면서 세속적인 책과 문해율〔리터러시〕literacy의 증가가 인도주의 혁명 the Humanitarian Revolution의 촉발에 도움이 되었다고 되풀이해 말한다.[19]

조너선 이즈리얼은 발상이 역사를 추동한다고 믿는 또 다른 학자다. 그는 자칭 급진적 계몽주의the radical Enlightenment—민주주의적, 공화주의적, 무신론적 사고—가 "논란의 여지 없이 프랑스혁명의 유일한 "큰" 원인"이었다고 주장한다.[20] 이즈리얼에 따르면, 정치적 차원에서는 발상만으로도 혁명 지도자에게 영감을 줄 수 있었다. 헌트와 이즈리얼의 견해 모두 매우 논쟁의 여지가 있다. 프랑스혁명의 기원을 연구하는 다수의 주요 학자가 지적하는 대로, 담론이 반드시 실제를 형성하지는 않는다.[21] 역사가 생각을 바꾸는 것이지 생각이 역사를 바꾸는 것은 아니라고 주장하는 사람도 있다. 핑커는 발상이 행위에 선행한다고 가정하나 —그 편이 핑커의 목적에 부합한다— 발상이 변화를 추진함을 증명하기란 불가능하다.

이 논쟁들은 역사에서 인과관계causality의 판단이라는 더욱 광범위한 난제의 전형이다. 어째서 어떤 종류의 폭력은 사라지거나 감소했고 어떤 종류의 폭력은 그렇지 않았는지 설명하려면 갖가지의 다른 요인들—사회적, 정치적, 경제적—도 고려해야 한다. 계몽주의가 폭력의 감소의 원인이라는 생각에는 다음과 같은 가정이 함께한다. 휴머니스트 개혁가들에게 동기가 된 바는 동료 인간들의 고통에 대한 관심이었으며, 또한 공개처형과 노예제 등이 타파된 것까지도 18, 19세기의 인도주의 운동의 공으로 돌려야 한다는 것이다. 그런데 경우가 꼭 그러했을까? 일부 역사학자에 따르면, 이는 변화의 원천을 완전히 오인한 것이다. 작동을 시작하고 폭력적 관행에 변화를 일으킨 것은 인도주의humanitarianism가 아니라 다른 더 실용적이고 훨씬 덜 이상주의적인 이유들이었다. 세 가지 사례—고문, 공개처형, 노예제—를 집중적으로 살펴보려 한다. 이 사례들은 고상한 이상이 아닌 평범하고 실용적인 요인들이 일부 형태의 폭력에 어떤 영향을 주었는지 예시해주며 서구 세계에서 폭력의 감소에 대한 대안적이고 더 복잡한 연대기 또한 제시해준다.

공개적으로 고문당하는 신체tormented body라는 스펙터클〔볼거리〕spectacle은 적어도 프랑스혁명 이전의 유럽의 사회생활에서 핵심 부분이었다. 유럽의 법전은 고대 로마 전통의 영향을 받아 증거를 얻기 위해 고문에 의존하는바, 프랑스에는 두 가지 종류의 고문이 있었는데 하나는 재판장에서 행해지는 "준비고문preparatory torture"으로, 자백을 받아내려는 목적으로 고안된 것이고 다른 하나는 공개 장소에서 유죄평결 범죄자의 신체에 가해지는 "예비고문preliminary torture"으로, 자백을 받아내거나 단순히 유죄평결 죄수의 신체를 벌하기 위해 고안된 것이었다.[22] 어느 쪽이든, 리사 실버만Lisa Silverman이 "고통의 인식론epistemology of pain"이라고

칭한 것에는 신체, 고통, 진실의 상호 연관성에 대한 믿음이 깊이 자리 잡고 있었다.[23]

　이러한 상황은 고통, 죽음, 폭력, 고난에 대한 태도가 변했다고 추정되는 18세기에 바뀔 수밖에 없었다. 적어도 이것이 미셸 푸코의 1975년 저서 《감시와 처벌: 감옥의 탄생Discipline and Punish: The Birth of the Prison》에 영향을 크게 받은 일반적 견해다(책의 프랑스어 원제는 "Surveiller et punir: naissance de la prison"이다). 푸코는 통치권력sovereign power이 그 정당성을 강화하려는 목적으로 신체를 볼거리적 공개처형public execution과 같이 폭력을 행사해 보이는 무대로 이용했다고 주장했다. 이와 같은 폭력은 교도소, 병영, 학교, 공장 같은 또 다른 종류의 규율권력disciplinary power으로 바뀌었다. 나는 한 세대의 학자들에게 영감을 준 복잡한 주장을 단순화하고 있지만, 이제 우리는 푸코가 다 맞지는 않았다고 생각한다. 1750년에서 1850년 사이에 자유형自由刑, imprisonment이 대부분의 다른 형벌을 대체한 것은 사실임에도 이것이 계몽주의 때문인지 아니면 그보다 이전에 있었던, 법제 개혁이 가져온 형사사법 체계 자체의 변화 때문인지에 관해서는 논란이 있다. 물론 체형體刑, corporal punishment의 유용성에 의문을 갖기 시작하고 국가가 더 효과적인 형태의 사회 통제를 개발한 시기인 17세기의 유럽에서는 고문과 처형률 모두 이미 감소하는 중이었다. 그러나 그 감소를 계몽주의 덕분으로 돌리는 것은 존 랭바인John Langbein이 지적했듯 "동화 같은 이야기fairy tale"다.[24]

　랭바인을 비롯한 다수의 주장에 따르면, 유럽의 형사 절차는 훨씬 이전인 16, 17세기에 개발되었으며 이는 증거법, (파렴치 죄에 의한) 공민권 박탈infamy의 법적 역사, (예컨대) 수감incarceration을 포함해 더는 강압적으로 자백을 얻어낼 필요가 없는 새로운 형사 제재의 발달에 대한 태도 변화와 관련 있다. 1754년에서 1788년 사이 대부분의 서유럽 국가에서 고문이 공식적으로 폐지된 것은 사실이나 몇몇 예외를 제외하고 이것은 대체로 상징적 행위로 보인다.[25] 실제로, 17세기에 이르러서는 이미 많은 유럽 국가에서 고문의 사용이 대부분 중단된 상태였다. 잉글랜드에서 사법〔체계 내에서의〕고문judicial torture이 마지막으로 사용된 것은 1640년이었다. 프랑스는 예외였던 것 같다. 프랑스에서 고문은 대체적으로 쓰이지 않게 되었어도 여전히 가끔씩은 시행되었고 1788년이 되어서야 군주정에 의해 공식적으로 폐지되었다. 프랑스 혁명가들은 1791년에 고문을 다시 폐지해야 할 필요성을 느꼈는바 고문이 잔혹행위atrocity로 여겨져서 아니라 고문이 "절대주의absolutism의 사회적 장악"과 불가분하게 연결되어 있어서였다[26]

물론 고문이 합법적〔법률에 입각한〕legal이냐 아니냐는 별반 중요하지 않다. 국가가 고문이 필요하다고 여기면 그것을 쓸 테니까. 스웨덴에서 고문은 결코 합법적이지 않았어도 십중팔구 16세기와 17세기 초반에는 시행되었을 것이다.[27] 따라서 고문이 폐지되었기에 더는 문제가 안 된다고 생각한다면 순진한 것이다. 핑커는 그렇게 생각하는 것처럼 보이지만 말이다. 130개국이 인준한 1987년유엔고문방지협약1987 United Nations Convention Against Torture에도 불구하고 고문 혹은 적어도 협약에 포함된 "잔혹하고, 비인도적이며, 굴욕적인 대우cruel, inhuman or degrading treatment"는 미국·영국·이스라엘을 비롯한 전 세계 141개국에서 여전히 실행되고 있다.[28] 달리 표현하자면, 고문은 거의 어디에서나 금지되어 있고 거의 어디에서나 자행되고 있다. 어떤 이들은 고문 사용을 "단지 고문just torture"이라는 이론으로 정당화하려는 시도까지 했다.[29]

종종 역사학자들이 상세하게 설명하기 좋아하는 공개적이고 때로는 스펙터클적〔볼거리적〕사형 집행에 관해서 말해보자면, 국가의 폭력 사용권과, 일부 경우에 행해지는 수레바퀴형과 화형火刑 같은 극단적 형태의 폭력은 대중은 말할 것도 없고 계몽사상가들에 의해서도 한 번도 이의가 제기된 적이 없다. 볼테르의 유명한《관용론Treatise on Tolerance》〔1763〕—고문당하고 수레바퀴형을 받은 장 칼라스Jean Calas가 사망한 이후 저술된—은 형벌의 잔혹성이 아니라 애초에 칼라스의 유죄평결을 초래한 종교적 편협성에 항의한 책이었다(다수가 가톨릭교도인 프랑스에서 칼라스는 개신교도였다). 물론 공개처형과 전시된 시신을 보고 싶어 하는 취향은 18, 19세기에도 시들해지지 않은 것으로 보인다.[30] 외려 19세기까지도 처형이 인기가 있었다거나 적어도 모든 사회계급으로부터 많은 군중을 끌어들일 수 있다고 시사하는 증거가 많이 있다.[31] 예를 들어 1811년 브레슬라우〔브로츠와프〕에서는 최근 처형된 사람의 시신이 공개적으로 전시된 것을 보려 지역 주민 수천 명이 모여들었다.[32]〔"장 칼라스"는 가톨릭교로 개종하려는 아들을 살해한 혐의로 고문·처형당한(1762) 개신교도다. 가톨릭교도들에 의해 그 혐의가 제기되었으나 칼라스의 처형 이후 1764년에 그의 무죄가 밝혀졌다.《관용론》의 원제는 "장 칼라스의 죽음을 계기로 한 관용론Traité sur la Tolérance : À l'occasion de la mort de Jean Calas"이다.〕

프랑스에서는〔처형식에〕사람들의 높은 참석율을 보장하고자 처형이 장날과 같은 날인 이른바 "정의의 날〔또는 재판의 날〕justice days"에 집행되는 경우가 많았다.[33] 훨씬 더 합리적〔이성적〕이고 효율적이며 인도적인 살해 방식으로서 1792년 도입된 기요틴guillotine〔단두대〕은 프랑스 혁명가들이 얼마나 계몽되었는가를 입증하려는 것이었다.[34] 프랑스의 공개처형은 많은 군중을 끌어들이다가 1870년 무렵부터 대중의 시야에서 대체로 보이지 않게 되었고 1939년에 공식적으로 없어졌다.[35] 한 예로,

1909년 프랑스 북부의 마을 베튄Béthune에서는 3만 명이 모여 수년 동안 시골 지방을 공포에 떨게 한 폴레Pollet 갱단의 처형을 지켜보았다. 인파는 파리를 비롯한 주변 지역은 물론 벨기에와 독일에서까지에서 왔다. 프랑스 영화회사 파테 악튀알리테Pathé Actualités는 폴레 갱단을 비롯한 여러 처형 장면을 찍고 상영하다가 1909년 결국 당국으로부터 이를 금지당했다.[36]

런던에서는 공개처형이 마침내 금지된 1868년까지도(핑커가 1783년이라고 쓴 것은 잘못이다) 수만 명이나 되는 군중이 교수형을 지켜보려 꼬박꼬박 나오곤 했다. 그리고 그런 일이 꽤 여러 번 있었다. 영국 의회는 계몽주의적 가치가 자신들의 가치가 되는 동일한 시기에 사형으로 처벌할 수 있는 범죄의 수를 늘려, 사형 처벌이 가능한 범죄 수가 1688년에는 50개에서 1820년에 약 240개로 5배 증가했다.[37] 물론 많은 사람이 처형을 면할 수 있었기에 1770년에서 1830년 사이 처형이 집행된 건수는 "비교적 적은" 7000건으로 감소했다. 런던에서는 처형의 수준이 범죄에 관한 도덕적 공황과 연관되어 있었던 것으로 보인다. 19세기 초반 몇십 년 동안에는 스튜어트Stuart왕조〔잉글랜드(1603~1714)〕 이후 어떤 시기보다 더 자주 처형이 집행되고 있었다.[38] 이것은 18, 19세기에 사법 및 법제 개혁을 주도했다고 추정되는 "계몽된" 태도와 일치한다고 할 수 없다.

그런데 문제는 여기에 있다. 1830년대 무렵 잉글랜드에서는 사형제가 사실상 붕괴된 상태였고 처형과 공개 교수형의 집행 건수가 급감했다. 왜 이렇게 되었는지는 아직도 잉글랜드 형법사에서 가장 큰 의문의 하나로 남아 있다. 역사학자들은 이것이 부분적으로는 감수성의 변화로 일어난 인도주의적 개혁 운동에 크게 기인한다고 주장해왔다.[39] 태도의 변화가 일정 역할을 했다는 것도 전적으로 가능하지만, 사형수는 정해진 기독교 의례儀禮를 더는 따를 필요가 없다는 믿음과 더불어 집권층 엘리트 사이에 대중의 행동과 태도에 우려가 있었던 것 역시 모종의 역할을 했다.[40] 잉글랜드인들은 교수형을 보려 모인 군중이 지나치게 소란스럽고 지나치게 방종하다고 생각했다. 특별히 우려스러웠던 바는 뉴게이트Newgate 교도소에서 전통적 공개처형 장소인 타이번Tyburn까지 행진하는 군중의 행동이었다. 민간 당국은 행진에 대한 통제력을 잃은 것에 두려워했다. 이것이 1783년에 공개 교수형 장소가 타이번에서 뉴게이트 교도소 앞으로 옮겨진 이유의 하나였다. 당국은 군중의 규모를 제한함으로써 공공질서가 회복되길 바랐던 것이다. 그렇게 되지는 않았다. 군중의 난동 사건은 반복해서 발생했다. 1849년 찰스 디킨스Charles Dickens는 프레더릭 매닝Frederik Manning과 마리아 매닝Maria Manning의 교수형을 목격한 후《타임스The Times》에 기고한 글에서 사형보다 "어마어마한 군중의 사악함과 경거망동"에 격분했음을 토로했다.[41]

중요한 점은 변화란 여러 요소의 복잡한 혼합물에서 태동한다는 것이다. 그 요소들에는 사법 절차의 변화, 난동 무리의 혁명 가능성이 생생한 경우 폭도들에 대한 두려움도 포함되었고, 문화적 가치의 변화 즉 군중이 폭력의 스펙터클[볼거리]에 무관심해졌다는 것, 다르게 표현하자면 "진보적progressive" 사회에서는 폭력이 사회가 필요로 한 교육적 효과를 더는 내지 못했다는 점도 포함되었다. 그렇다고 19세기로 접어드는 시기에 군중이 시각적 잔혹성brutality에 관심을 잃었다는 말은 아니다. 외려 그 반대로, 군중의 규모가 명백히 말해주듯 그들은 여전히 죽음의 스펙터클[볼거리]에 한창 매료되어 있었다.

마지막으로, 노예제와 노예제 폐지 운동에 대해 간략하게 얘기하고

자 한다. 노예제slavery는 폭력의 편재성遍在性, omnipresence을 기반으로 만들어졌다. 사실 노예제는 노예 인구를 노예 상태로 유지하려는 폭력의 끊임없는 실행 혹은 공포를 통해서가 아니면 존립할 수 없다. 플랜테이션plantation〔값싼 노동력의 대규모 농장〕의 폭력 수위가 18세기를 거치면서 증가했는지 여부는 명확히 알 수 없으나 노예무역slave trade이 절정에 이른 것은 바로 그 시기 즉 1760년 이후 수십 년 동안이었다. 실제로 프랑스의 노예무역은 1783~1792/1793년에 정점에 달했고 프랑스혁명 정부와 나머지 유럽 사이에 전쟁이 발발했을 때에야 비로소 중단되었다.[42] 노예제가 프랑스의 많은 계몽사상가(몽테스키외, 기욤 토마 프랑수아 레날Guillaume Thomas François Raynal, 볼테르, 마르키 드 콩도르세Marquis de Condorcet)로부터 비난받은 것은 사실이나, 일반적으로는 노예에게 행해지는 부당한 대우나 도덕적 근거에 대한 비판은(몽테스키외처럼) 아니었다. 일부 프랑스 계몽사상가들이 생각하기에 속박된 사람들은 어디에나 있었다. 노예제는 프랑스혁명 초기의 사상가들이 집착했던 다른 형태의 "폭정tyranny"과 질적으로 다르지 않았다.[43] 잉글랜드는 사정이 달랐는바 그곳에서는 반反노예제 운동의 최전선에 복음주의 전통 특히 퀘이커Quakers 전통이 있었다. 노예제 폐지 운동에서 종교는 잉글랜드에서, 그리고 종국에는 프랑스에서 엄청난 역할을 했으며, 노예제 반대논거는 도덕적인 것 못지않게 경제적인 것이었다. 노예제 폐지로 일자리가 없어지거나 경제에 악영향을 끼치지는 않을 것이라는 실질적 논거가 제시되어야 했다.[44]

노예제가 폐지되었음에도 불법 노예제는 계속되어 적어도 1831년 프랑스가 노예상들에 대한 조치를 강화할 때까지는 노예무역이 기승을 부렸다. 불법 노예제는 유럽의 많은 항구에서 공공연한 비밀이어서

제2부 시대

1880년대까지도 노예선이 아프리카와 아메리카 대륙을 정기적으로 오가며 노예무역을 계속했다.[45] 최근 연구에서는 전 세계의 다양한 노예제 폐지 사례를 분석해 인도주의라는 외투에 가려진 〔노예제 폐지의〕 다른 동기들이 어느 정도의 역할을 했는지 밝혀냈다.[46] 궁극적으로 노예제 폐지는, 데이비드 브라이언 데이비스David Brion Davis가 오래전 발표한 것처럼, 인도주의적 우려만큼 정치적·경제적·이데올로기적 동기와 관련 있다.[47] 노예제 폐지와 인도주의 운동 사이에 강한 연관성이 있긴 했어도 다른 동인들 역시 노예제 폐지에 일정 역할을 한 만큼 우리는 그것들을 고려해야만 한다. 19세기 중반부터 시작된 영국 해군의 반노예제 군사작전은 노예제 폐지를 시행하려는 욕망이, 그렇다, 그 동기였는바 해상 지배에 대한 영국의 욕망은 물론, 상금을 타내려는 해군 함장 측의 개인적 욕망 또한 동기가 되었다. 노예선에서 구출한 노예 한 사람 한 사람마다 "포상금bounty"이 지급되었다. 1810년에서 1828년 사이에 영국왕립해군the Royal Navy, RN은 생포한 노예에 대한 "포상금"으로 57만 파운드 이상을 받았다.[48] 그리고 우리는 언제나 자본주의 체계에 의지해 노예무역 폐지로 인한 공백을 메울 수 있다. 노동력 수요가 더는 노예제로 충족되지 않자 "쿨리무역coolie trade"이라고 알려지게 된 것을 통해 특히 인도와 중국의 일꾼들을 대상으로 한 다른 형태의 구속이 증가했다〔"쿨리"(중국어 쿠리苦力)는 육체노동에 종사하는 하층의 중국인·인도인 노동자를 가리킨다. 19세기에 아프리카·인도·아시아의 식민지에서 혹사당했다〕. 1807년 영국이 노예제를 폐지한 후 90년 안에 200만 명 이상이 계약노동자indentured labourer가 되었다.[49] 콩고민주공화국의 사례는 더 심각해서 1880년에서 1920년 사이 약 1000만 명이 살해당하고 혹사당하고 굶어 죽었다. 핑커는 이것이 제노사이드genocide였다고 인정하긴 해도 그것이 노예노동slave labour의 한 형태였다는 것은 명백히 그러함에도 인정하지 않는다. 심지어 미국 노예제의 종말조차 많은 노예가 또 다른 명칭으로 재再노예화하는 것으로 이어졌으며 이는 1940년대까지 계속되었다.[50]

역사에서 합리적인 것과 비합리적인 것

스티븐 핑커는 계몽주의를 잘못 특징지은 것처럼 반反계몽주의[대항계몽주의] 또한 잘못 특징짓는다. 그렇게 하는 방식 역시 거의 동일해서 시대에 뒤쳐진 발상과 자료를 이용하는 식이다. 반계몽주의의 경우 핑커는 1970년대 후반 저술활동을 하며 21세기의 발명품 "반反계몽주의[대항계몽주의]the Counter-Enlightenment"라는 용어를 처음으로 대중화한 사람 중 한 명인 라트비아 태생의 영국 철학자 아이제이아[이사야] 벌린Isaiah Berlin[1909~1997]에 의존한다.[51] 학자들은 벌린의 책보다 훨씬 더 연구를 진척시킨 상태라 "반계몽주의[대항계몽주의]"를 더 복잡하게 이해하고 있는데도[52] 핑커는 늘 그렇듯, 자신에게 적합하지 않아서인지 그냥 논문들을 읽지 않아서인지 이 점을 고려하지 않는다. 십중팔구 두 가지다 조금씩 이유가 되었을 성싶다. 이것이 대니얼 로드 스메일Daniel Lord Smail이 이야기하는 종류의 예 즉 핑커가 진흙투성이 부츠를 신고 누군가의 집에 들어가 거만하게 식탁 위에 발을 뻗어 올려놓음으로써 예의 없게 행위하는 한 예다.

반계몽주의[대항계몽주의]는 일반적으로 프랑스 필로조프들philosophes이 모든 종교를 무너뜨리려 작정했다고 믿은 기독교 저술가들 사이의 운동 또는 단순히 계몽주의에 반대하는 운동으로 간주된다. 핑커와 마찬가지로 벌린에게 반계몽주의[대항계몽주의]란 명백히 후자 즉 객관성과 합리성을 비롯한 계몽주의 원칙에 대한 거부였다.[53] 계몽주의의 적과 옹호자 사이 논쟁이 새로운 것은 아니다. 이 논쟁은 적어도 18세기 중반까지 거슬러 올라가지만 논쟁을 정말로 지속시킨 것은 세계를 산산조각 낸 역사의 두 시기 곧 프랑스혁명과 제2차 세계대전(더 정확히는 볼셰비키혁명Bolshevik Revolution을 포함한 양차 대전의 폭력성)이었다. 그 결과 사상가들은 두 사건에 대해 본질적으로 동일한 질문을 던졌다. 도대체 어디에서 잘못된 것이었을까? 프랑스혁명에 반대하던 19세기 전반기의 보수적 사상가들에게는 답이 명백했는바, 그것은 루소의 잘못이었다. 홀로코스트the Holocaust에 반대한 20세기 후반기의 급진적 사상가들에게도 답은 마찬가지로 명백했는바, 그것은 루소의 잘못이었다.[54]

물론 지금 나는 모든 것을 단순화하고 있지만 어떤 면에서 이것은 이데올로기적으로 전혀 다른 두 지점에서 출발한 사람들이 어떻게 동일한 결론에 도달할 수 있는지를 보여주는 전형적 사례다. 19세기 초반의 보수적 사상가와 20세기의 급진적 사상가, 극단적 폭력과 "근대적modern"이라는 것이 무슨 의미인지에 대해 고심했던 양 측은 모두 조심스럽게 이성을 대좌臺座의 자리에 올려놓았다. 제2차 세계대전 이후 수십 년 동안 어떤 이들은 계몽주의가 나치즘과 볼셰비즘으로 이어졌다고 주장했다. 이 논평이 처음 등장한 것은 계몽주의가 아돌프 히틀러Adolf Hitler와 이오시프 스탈린Iosif Stalin으로 이어진 것이라고 비난한 야코브 탈몬Jacob Talmon의 1952년 저작 《전체주의적 민주주의의 기원The Origins of Totalitarian Democracy》에서였다. 오늘날에는 아무도 탈몬의 책을 그다지 진지하게 받아들이지 않는다. 그 부분적 이유는 피터 게이가 탈몬의 주장을 완전히 분쇄하는 작업을 수행한 때문이지만, 그런 게이조차

도 1960년대의 저술을 통해 극단으로 치단 합리주의〔이성주의〕rationalism
의 결과물이 전체주의totalitarianism이고 그래서 계몽주의가 홀로코스트로
이어지게 되었다고 주장한 막스 호르크하이머Max Horkheimer와 테오도어
비젠그룬트 아도르노Theodor Wiesengrund Adorno 같은 독일 지식인들을 설
득해내지는 못했다.[55] 홀로코스트가 서구 근대문명에 깊이 뿌리를 두고
있다는 논지를 지지하는 가장 유명한 사람은 십중팔구 지그문트 바우
만Zygmunt Baumann일 것이다.[56]

　이 역시 학자들이 더는 진지하게 다루지 않지만, 이미 언급했듯, 본
질적으로 사람들은 "진보"의 어느 지점에서 혹은 달리 표현하자면 "근
대성modernity"의 어느 지점에서 잘못 틀어진 것인지 즉 표면상 이성에
기초한 운동이 왜 "공포정치〔시대〕the Terror"로, 그리고 20세기의 참상들
로 이어질 수 있었는지 의문을 품고 있었다. 이것은 핑커 개인의 세계
관의 핵심으로 바로 이어진다. 그는 계몽주의적 생각 내의 강력한 비非
자유주의적illiberal 흐름을 거부한다. 계몽주의적 생각에는 적어도 서구
의 경우 자코뱅주의, 볼셰비즘, 나치즘 등 인간과 인간사회가 폭력적
수단을 통해 개선될 수 있다는 믿음이 핵심인 모든 정치이데올로기가
포함되어 있다. 이 이데올로기들은 모두 폭력을 옹호했을뿐더러 사회
에 혁명적 변화를 일으키기 위해 조직적methodical 방식으로 폭력을 실행
했다. 반면 핑커에게는 폭력이 필연적으로 비합리적인〔비이성적인〕 것인
터라 그는 "이성의 발명품"인 이데올로기와 폭력적 목적을 위해 이용되
는 "이성" 사이에 연결 고리가 있다는 발상에 찬성할 수 없다.

　그것은, 내가 주장하고 싶은바, 폭력의 근본적 속성을 오해하는 것
이다. 외부 관찰자에게는 아무리 "비합리적〔비이성적〕"이거나 "야만적
barbaric"이거나 "미개한savage" 것처럼 보이는 행위라도 해도, 폭력은 목적

과 기능을 수행한다. 과거에도 그랬고 오늘날에도 그러하다. 비합리적인[비이성적인] 것처럼 보이는 폭력행위가 어떻게 합리적[이성적] 목표를 염두에 둔 냉혹하고 계산적인 방식으로 수행될 수 있는지 말해주는 (셀 수 없이 많은 사례 가운데) 두 가지 사례를 들어보겠다.

이스라엘의 건국으로 이어진 1947~1948년의 전쟁 중에 유대인군 및 이스라엘군은 수많은 집단학살massacre은 물론 팔레스타인 여성에게 수많은 강간과 살인을 자행했다. 게다가 지도에서 그냥 사라져버린 팔레스타인 마을도 대략 450~500곳이 된다. 우리가 이 사실을 아는 것은 전통적 역사관에 도전한 이스라엘인들로 구성된 "신역사학자들New Historians"이라는 집단의 연구 덕분이다. 이들 중 가장 잘 알려진 사람은 베니 모리스Benny Morris로, 그의 1948년 전쟁 연구는 유대인 원천자료가 대부분인 방대한 기록 연구에 기초한다.[57] 집단학살과 강간으로 수십만 명의 팔레스타인인이 고향을 떠났는데 대개는 자신들에게 무슨 일이 생길지도 모른다는 두려움 때문이었다. 이것은 역사를 통틀어 줄곧 발견되는 집단학살의 이용 사례로, 외부에서 볼 때는 비합리적인[비이성적인] 일로 보일 수 있으나 명백하게 정의되는 목적이 있다.

또 다른 사례는 전쟁 중의 강간rape으로, 강간은 논쟁의 여지는 있어도 지난 세기들보다 오늘날 훨씬 더 체계적으로 자행된다. 모잠비크에서는 병사들이 그 지역 남성들로 하여금 자신들이 여성을 강간하는 장면을 강제로 지켜보게 하는 경우가 흔하다. 희생자에 대해서는 코, 가슴, 성기 따위를 자르는 의례적 신체절단ritual mutilation이 저질러진다. 그들은 부모들에게 자기 자식을 불구로 만들거나 죽이도록 강요하고, 강제로 그 주검을 익히고 먹게끔 한 뒤 부모들을 처형한다.[58] 이것들은 모두 주민에게 공포를 주입하고 그렇게 함으로써 주민들이 조직적 저항에 참여하지 못하도록 고안된 "합리적[이성적]"이고 계산된 기술들이다. 폭력 뒤에 숨겨진 인간의 동기부여를 이해하려는 시도의 중심에는 공포로 귀결되는 모든 정치이데올로기에 관해 던질 수 있는 질문이 있다— 무엇이 보통 사람들ordinary people로 하여금 폭력을 선택하게 하는가?[59]

물론 그 과정은 복잡하다. 그 답을 찾는 일은 단지 수사법rhetoric과 발상을 이해하는 것만이 아니라 그것들을 당시의 사회적·정치적 맥락에서 바라보아야 하는 작업이다. 내 생각에 더 나은 질문 순서는 폭력과 비합리적인[비이성적인] 것을 동치하는 게 아니라 이성이 "비합리적[비이성적]"일 수 있는지 여부를 제시하는 게 아닐까 한다. 그러나 "이성"을 어떻게 정의하든, 그것이 핑커가 주장하는 폭력의 감소로 이어질 수 있을까? "이성"이 정말로 비합리적[비이성적] 충동으로부터 분리될 수 있기는 한 걸까? 많은 학자가 신경과학의 최근 발달을 이용해 "이성"과 "감정emotion"의 전통적 구분이 더는 유지될 수 없다는 것과 감정이 의사결정 과정에 상당한 영향을 행사한다는 것을 입증하려 해왔다.[60]

종교religion는 핑커가 미신이라며 거부하는 흥미로운 사례다. 계몽주의가 그 자체의 본질상 세속적이고, 따라서 반反종교적임은 학자들이 오랫동안 갖고 있던 흔하디흔한 오해다. 이러한 관점에 따르면, 사람들은 새로 획득한 과학과 비판적 사고 역량 덕분에 종교를 버리고 합리적[이성적] 사고를 취했다. 사실은 그렇지 않다는 것을 우리는 알고 있다. 계몽주의는 결코 감정sentiment과 열정passion을 거부하지 않았고 당대의 종교관 속에도 깊숙이 스며들어, 일부이기는 해도 묘지에 모여 홀린 듯 무아지경에 빠지며 경련을 일으켰던 사람들을 일컫는 "경련자들the convulsionnaires"과 최면술 같은 운동을 통해 신비주의를 탐구하는 이들도 있었다("경련자들"은 얀선Jansen파[장세니슴Jansénisme]의 광신자들을 말한다.

1731년 성메다르Saint-Médard 묘지에 안치된 부제 프랑수아 드파리스François de Pâris
의 무덤 앞에서 경련을 일으킨 광신도들에게서 비롯되었다).[61] 핑커는 종교와
"미신superstition"을 동일시함으로써 종교가 18세기 서구 문화의 많은 부
분에 공고화한 정도와 종교가 계몽주의에서 수행한 역할을 무시한다.

　계몽주의는 단순히 세속화 운동이 아니었다. 당대 많은 이가 종교적이
었으며 동시에 계몽주의 개혁 및 계몽주의 생각을 지지했다.[62] 1930년
이후, 역사학자들은 종교가 이성의 반대가 아니었고, 종교가 결코 피
터 게이 같은 일부 사람들이 상상했던 것만큼 일반적이지 않았다고 주
장해오고 있다.[63] 많은 저명한 사상가가 스스로 종교를 갖고 있던 까닭
에 종교와 이성의 구분이 결코 명확하지 않았다. 스코틀랜드에서는 계
몽주의가 교회에서 일어나 많은 성직자가 진보적 발상을 설파했다.[64] 일
부는 더 나아가 "계몽주의는 종교적 믿음과 양립가능했을 뿐 아니라
종교에 도움이 되었다"라고까지 주장한다.[65] 잉글랜드의 계몽주의 문
화는 두드러지게 "합리주의적[이성주의적]"이었다기보다는 극도로 기
독교적이고 복음주의적이었다. 초기 형태의 기독교적 인도주의Christian
humanitarianism는 17세기에 등장한바 처음에는 자국의 가난한 이들을 돕
자는 것이었다. 종국에는 기독교적 도덕률Christian morality과 인권human
rights이 결합되면서 보다 넓은 개념의 연민compassion과 이에 더해 억압받
는 피해자들, 예컨대 노예나 1820년대의 경우 오스만제국 통치하의 그
리스인들에 대한 동정pity까지 불러일으켰다.[66] 아이작 뉴턴도 신앙심이
매우 깊은 사람이었다.[67] 데이비드 흄David Hume은 핑커가 종종 계몽주
의를 대표하는 합리주의[이성주의] 사상가의 전형으로 인용하나 실제로
는 그렇지 않았다. 흄은 반反합리주의자[반이성주의자]였다. 유사한 사례
로, 존 로크는 발상이 "전적으로 감각sense에서" 얻어지며 지식은 "우리

의 모든 발상에 대한 동의의 인식the Perception of the Agreement 혹은 부동의 Dis-agreement의 인식"에 불과하다고 믿었다.[68] 미국독립혁명〔미국독립전쟁 the American Revolution〕당시 사람들을 행동에 동원하는 데 감성적 수사법이 이용된 북아메리카에서는 이성〔적 수사법〕보다는 감정적 수사법이 많은 사람의 마음속을 파고들었다.[69] 프랑스 혁명가들도 마찬가지였다고 말할 수 있을 것이다. 그들의 수사법은 감정적 호소에 치중되어 있었고, 당시 진정성sincerity과 느낌feeling은 덕virtue의 표징이었으며 따라서 정치적 정당성political legitimacy의 표징이었다.

결론

이 장의 초점은 역사에서 "이성"을 매도하려 함이 아니라 계몽주의가 스티븐 핑커가 고려하는 것보다 훨씬 더 복잡하며, 사실 계몽주의가 핑커와 이러저러한 학자가 주장하는 일부 형태의 폭력의 역사적 감소에서 가장 중요한 전환점이 아닐 수도 있음을 보여주는 데 있었다. 많은 자료에서 나타나길, 그 전환점은 핑커가 믿는 것보다 훨씬 이른 약 1650년경에, 계몽사상가들에 의해서가 아니라 세계적 상황은 물론 지역적 상황과 관련된 여러 외부 요인에 의해서 발생했다. 살인사건, 사법〔체계 내에서의〕고문은 물론 유럽 핵심 국가들에서의 결투duelling가 (이 점은 강조할 만한데, 유럽 주변국에서는 그렇지 않았다) 그런 경우였다. 반면 공개처형과, 1807년 영국에서 불법화되기 전 18세기 말 절정에 이른 노예제와 같이 어떤 형태의 폭력은 19세기까지도 계속되었다. 고문과 노예제 같은 또 다른 형태의 폭력은 사실상 결코 사라지지 않았다.

달리 말하자면, 읽기, 생각, 행위 사이에는, 혹은 계몽주의적 생각과 폭력 사이에는 어떠한 명백한 상관관계도 없어 보인다. 더욱이 사람들은, 핑커도 인정하리라 확신하는데, 합리적〔이성적〕이면서도 비합리적〔비이성적〕(혹은 영적靈的, spiritual)일 수 있고, 실용적이면서도 이상적일 수 있으며, 다른 이들의 운명에 대해 우려하면서도 무관심할 수 있다. 간단히 말해, 사람들은 다소 모순적 충동에 의해 동기를 자극받지만, 변화는 복잡한 역사적 동력들의 결합에 의해서만 일어날 수 있다. 그런데 핑커는 이를 대체로 무시하는 것 같다.

어떤 측면에서 핑커는 마르크스주의자, 포스트모더니스트, "문명의 충돌clash of civilizations" 옹호자 즉 자신들의 목적에 맞게 계몽주의를 전용하고 그 과정에서 그것을 재정의한 사람들과 나란히 —아이러니하게도 핑커가 경멸하는 사람들과 함께— 지식인 전사intellectual warrior라는 범주에 들어간다.[70] 계몽주의에 대한 핑커의 발상은 18세기 계몽사상가 사이에서 흔히 얘기된 주제들인 진보, 세계 평화, 상업 및 세계시민주의〔세계주의, 코즈모폴리터니즘〕cosmopolitanism가 평화에 긍정적 동력으로 작용할 것이라는 믿음 등에 대한 순진한 신념을 생각나게 한다. 민주국가들은 서로 싸우지 않기에 민주주의의 확산이 평화를 가져다줄 것이라는 핑커가 추구하는 발상조차 그 기원은 18세기다. 그렇다면 20세기의 야만행위barbarity를 사실상 고려하지 않은 핑커의 세계관은 18세기로 약간 퇴행한 세계관처럼 보인다. 20세기의 폭력은 이례적 상황에 놓인 사람들이 충분히 잔혹행위를 저지를 수 있다는 사실을 정말로 뼈저리게 느끼게 한다. 이것은 과거 수 세기에 그랬던 것처럼 오늘날의 사람들의 행동에도 유효한 이야기다. 그리고 바로 여기가 핑커가 궁극적으로 실패하는 지점이다. 스티븐 핑커에게는 역사와 역사적 방법론에 대한 깊은 이해가 거의 없다. 자신이 언급하는 역사시대와 사람들에 대한 깊은 지식이 없는 핑커의 책은 그저 역사에 대한 오해에 근거한 일반화 모음집에 불과할 수밖에 없다.

주

1 Steven Pinker, *The Better Angels of Our Nature: Why Violence has Declined* (New York: Allen Lane, 2011), xxiv, 133 [한국어판. 스티븐 핑커, 김명남 옮김, 《우리 본성의 선한 천사: 인간은 폭력성과 어떻게 싸워 왔는가》, 사이언스북스, 2014]. 예리한 논평을 해준 나의 동료이자 공동편집자 마크 S. 미칼레와 유용한 의견을 제시해준 엘리자베스 로버츠-피더슨에게 감사를 보낸다.

2 Pinker, *Better Angels*, 180, 183.

3 Pinker, *Better Angels*, 645.

4 Pinker, *Better Angels*, xxvi.

5 Andrew Anthony, "Steven Pinker: 'The way to deal with pollution is not to rail against consumption'", *The Guardian*, 11 February 2018, https://www.theguardian.com/science/2018/feb/11/steven-pinker-enlightenment-now-interview-inequality-consumption-environment.

6 피터 게이가 일생 동안 연구한 것은 제쳐두고, 수백 권의 책을 참고한 저서를 통해 계몽주의를 옹호하는 학자 중에는 다음과 같은 사람들이 있다. Gertrude Himmelfarb, *The Roads to Modernity: The British, French, and American Enlightenments* (New York: Knopf, 2004); Tzvetan Todorov, *In Defense of the Enlightenment*, trans. Gila Walker (London: Atlantic Books, 2009); Anthony Pagden, *The Enlightenment: And Why It Still Matters* (Oxford: Oxford University Press, 2013), 이 책은 명백히 핑커의 첫 책 이후에 나왔고 《지금 다시 계몽》에서 짧게 언급된다.

7 종교와 계몽주의의 관계에 관한 최근 논쟁의 개요에 대해서는 다음을 참조하라. Jonathan Sheehan, "Enlightenment, Religion, and the Enigma of Secularization: A Review Essay", *American Historical Review*, 108 (2003): 1061-80.

8 Steven Pinker, *Enlightenment Now: The Case for Reason, Science, Humanism, and Progress* (New York: Penguin Books, 2019), 8. [한국어판. 스티븐 핑커, 김한영 옮김, 《지금 다시 계몽: 이성, 과학, 휴머니즘, 그리고 진보를 말하다》, 사이언스북스, 2021]

9 "Steven Pinker: Counter-Enlightenment Convictions are 'Surprisingly Resilient'", *Quillette Magazine*, 20 April 2018, https://quillette.com/2018/04/20/steven-pinker-counter-enlightenment-convictions-surprisingly-resilient/.

10 이 쟁점은 다음에서도 지적되었다. Aaron R. Hanlon, "Steven Pinker's New Book on the Enlightenment Is a Huge Hit: Too Bad It Gets the Enlightenment Wrong", Vox, 17 May 2018, https://www.vox.com/the-big-idea/2018/5/17/17362548/pinker-enlightenment-

now–two–cultures–rationality–war–debate.

11 최근의 학문적 경향에 대한 개요에 대해서는 다음을 참조하라. Charles W. J. Withers, *Placing the Enlightenment: Thinking Geographically about the Age of Reason* (Chicago: University of Chicago Press, 2007), 1-6, 41; Sebastian Conrad, "Enlightenment in Global History: A Historiographical Critique", *The American Historical Review*, 117, no. 4 (2012): 999-1027; 그리고 Annelien de Dijn, "The Politics of Enlightenment: From Peter Gay to Jonathan Israel", *The Historical Journal*, 55, no. 3 (2012): 785-805.

12 Margaret C. Jacob, *The Secular Enlightenment* (Princeton: Princeton University Press, 2019); Ulrich L. Lehner, *The Catholic Enlightenment: The Forgotten History of a Global Movement*(Oxford: Oxford University Press, 2016); David Sorkin, *The Religious Enlightenment: Protestants, Jews, and Catholics from London to Vienna* (Princeton: Princeton University Press, 2008); Jonathan Israel, *Radical Enlightenment: Philosophy and the Making of Modernity, 1650-1750* (Oxford: Oxford University Press, 2001).

13 Dan Edelstein, *The Enlightenment: A Genealogy* (Chicago: University of Chicago Press, 2010), 52-60.

14 Pinker, *Better Angels*, 477.

15 Timothy Tackett, *The Coming of the Terror in the French Revolution* (Cambridge, MA: Belknap Press, 2015), 29-30, 33-8.

16 Robert Darnton, "An Enlightened Revolution?", *New York Review of Books* (24 October 1991), 33-6. 이 글에서 저자는 질문을 약간 다르게 제기한다—"앙시앵레짐의 문화체계는 1789년의 정치적 폭발에 어떻게 기여했나?" Roger Chartier, *Les Origines culturelles de la Révolution française* (Paris: Seuil, 1990), 86-115 〔한국어판. 로제 샤르티에, 백인호 옮김, 《프랑스혁명의 문화적 기원》, 지만지(지식을만드는지식), 2015〕. 이 책에서는 질문을 다시 다르게 제기한다. "책이 혁명을 일으키는가?" Darnton 이전에는, 다음 책에서 동일한 질문을 미국독립혁명에 대해 던졌다. Bernard Bailyn, *The Ideological Origins of the American Revolution* (Cambridge, MA: Belknap Press, 1967) 〔한국어판. 버나드 베일린, 배영수 옮김, 《미국 혁명의 이데올로기적 기원》, 새물결, 1999〕. 그보다 수십 년 전, Daniel Mornet, *Les origines intellectuelles de la Révolution française, 1715-1787* (Paris: Armand Colin, 1933)에서는 혁명의 지적 원천이 순전히 책과 관련된 것*purement livresques*은 아닐 것이라고 주장했다.

17 Lynn Hunt, *Inventing Human Rights: A History* (New York: W. W. Norton and Co., 2006), 32.

18 Hunt, *Inventing Human Rights*, 33.

19 Pinker, *Better Angels*, 172-7.

20 Jonathan Israel, *Revolutionary Ideas: An Intellectual History of the French Revolution from the*

Rights of Man to Robespierre (Princeton: Princeton University Press, 2014), 708.

21 Roger Chartier, "The Chimera of the Origin: Archaeology, Cultural History, and the French Revolution", in Jan Goldstein (ed.), *Foucault and the Writing of History* (Oxford: Blackwell, 1994), 175-7; Keith Michael Baker, *Inventing the French Revolution: Essays on French Political Culture in the Eighteenth Century* (Cambridge: Cambridge University Press, 1990), 5.

22 Lela Graybill, *The Visual Culture of Violence After the French Revolution* (London: Rouledge, 2016), 11.

23 Lisa Silverman, *Tortured Subjects: Pain, Truth, and the Body in Early Modern France* (Chicago: University of Chicago Press, 2001), 51-68.

24 John H. Langbein, *Torture and the Law of Proof: Europe and England in the Ancien Régime* (Chicago: University of Chicago Press, 1977), 45-69; Bernard Schnapper, "Les Peines arbitraires du XIIIe au XVIIIe siècle: Doctrines savantes et usages français", *Tijdschrift voor Rechtsgeschiedenis/Legal History Review*, 41, nos. 3-4 (1973): 237-77, 그리고 42, nos. 1-2(1974): 81-112; 그리고 John H. Langbein, "The Legal History of Torture", in Sanford Levinson(ed.), *Torture: A Collection* (Oxford: Oxford University Press, 2006), 93-103. 랭바인에 대한 응답은 Edward Peters, *Torture*, expanded edn (Philadelphia: University of Pennsylvania Press, 1996)를 참조하라. 린 헌트는 랭바인이 자신의 사례를 과장한다고 생각한다. (Lynn Hunt, "The Paradoxical Origins of Human Rights", in Jeffrey N. Wasserstrom, Lynn Hunt and Marilyn B. Young (eds), *Human Rights and Revolutions* (Lanham: Rowman and Littlefield, 2007), 16-17, n. 25).

25 Peters, Torture, 89-91; Langbein, "The Legal History of Torture", 98-9. A few German states were slow on the uptake, with Baden abolishing torture in stages between 1767 and 1831. 몇몇 독일어권 국가는 도입이 더뎠고 바덴Baden에서는 1767년에서 1831년 사이에 단계별로 고문을 폐지했다. Hunt, *Inventing Human Rights*, 75-6; Langbein, Torture, 61-4, 177-9.

26 Graybill, *The Visual Culture of Violence*, 27.

27 이 부분에 대해서 Heikki Pihlajamäki에게 감사한다.

28 Amnesty International, "Torture", https://www.amnesty.org/en/what-we-do/torture/; Oona Hathaway, "The Promise and Limits of the International Law of Torture", in Levinson (ed.), *Torture*, 199-212. 이 글에서 저자는 이 조약[유엔고문방지협약]을 승인한 국가가 그렇지 않은 국가보다 종종 더 악하게 행동한다는 것을 발견한다.

29 Shunzo Majima, "Just Torture?", *Journal of Military Ethics*, 11, no. 2 (2012): 136-48. See also, Michael Walzer, "Political Action: The Problem of Dirty Hands", in Levinson (ed.), *Torture*, 61-76.

30 다음을 참조하라. Richard J. Evans, *Rituals of Retribution: Capital Punishment in Germany, 1600-1987* (London: Penguin, 1996), 135, 214, 193-6, 225-6; 그리고 Mark Hewitson, *Absolute War: Violence and Mass Warfare in the German Lands, 1792-1820* (Oxford: Oxford University Press, 2017), 128-31.

31 Matthew White, "'Rogues of the Meaner Sort'? Old Bailey Executions and the Crowd in the Early Nineteenth Century", *The London Journal*, 33, no. 2 (2008): 135-53.

32 Evans, *Rituals of Retribution*, 226.

33 Graybill, *The Visual Culture of Violence*, 7.

34 Daniel Arras, *La Guillotine* (Paris: Flammarion, 1987), 25-54.

35 Emmanuel Taïeb, *La guillotine au secret. Les exécutions publiques en France, 1870-1939* (Paris: Belin, 2011).

36 Albert Montagne, "Crimes, faits divers, cinématographe et premiers interdits français en 1899 et 1909", *Criminocorpus*, http://journals.openedition.org/criminocorpus/207, accessed 18 August 2020.

37 Simon Devereaux, "The Promulgation of the Statutes in Late Hanoverian Britain", in David Lemmings (ed.), *The British and their Laws in the Eighteenth Century* (Woodbridge: Boydell Press, 2005), 85-6; Sharpe, *A Fiery & Furious People*, 393, 394, 396.

38 Simon Devereaux, "Execution and Pardon at the Old Bailey, 1730-1837", *American Journal of Legal History*, 57 (2017): 447-94; idem., "The Bloodiest Code: Counting Executions and Pardons at the Old Bailey, 1730-1837", *Law, Crime and History*, 6 (1, 2016): 1-36; idem., "Inexperienced Humanitarians? William Wilberforce, William Pitt, and the Executions Crisis of the 1780s", *Law and History Review*, 33 (2015): 839-85; idem., "England's 'Bloody Code' in Crisis and Transition: Executions at the Old Bailey, 1760-1837", *Journal of the Canadian Historical Association*, 24/2 (2013): 71-113; idem., "Recasting the Theatre of Execution: The Abolition of the Tyburn Ritual", *Past & Present*, 202 (February 2009): 127-74.

39 V. A. C. Gatrell, *The Hanging Tree: Execution and the English People, 1770-1868* (Oxford: Oxford University Press, 1994), 21에서는 사형선고를 받는 사람들의 수와 처형되는 사람들의 수가 놀랄 만한 비율에 도달해 이 시스템이 '실행불가능하고 인내불가능'해졌다고 주장하나, 저자의 시스템 붕괴에 대한 설명은 불충분하다.

40 고통 받는 피해자는 그리스도의 수난을 따르는 것이고 그렇게 함으로써 자신의 운명에 대한 일종의 금욕적 수용을 통해 구원을 얻게 되는 것으로 여겨졌다. 그러므로 형벌은 구원 의식이었다. 다음을 참조하라. Paul Friedland, *Seeing Justice Done: The Age of Spectacular Capital Punishment in France* (Oxford: Oxford University Press, 2012), 91; Mitchel B. Merback, *The Thief, the Cross and the Wheel: Pain and the Spectacle of Punishment in*

Medieval and Renaissance Europe (London: Reaktion Books, 1999), 19-20. This religious interpretation of executions has been contested by Pascal Bastien, *L'exécution publique a Paris au XVIIIe siècle: Une histoire des rituels judiciaires* (Seyssel: Champ Vallon, 2006).

41 *The Times*, 13 November 1849. 이 부분을 지적해준 Una McIlvenna에게 감사한다.

42 James A. Rawley, with Stephen D. Behrendt, *The Transatlantic Slave Trade: A History* (Lincoln: University of Nebraska Press, 2005), 15, 111, 113.

43 Daniel P. Resnick, "The Société des Amis des Noirs and the Abolition of Slavery", *French His torical Studies*, 7, no. 4 (1972): 558-69. 이 부분은 561.

44 Resnick, "The Société des Amis des Noirs", 563-4; Alan Forrest, *The Death of the French Atlantic: Trade, War, and Slavery in the Age of Revolution* (Oxford: Oxford University Press), 109-11.

45 Forrest, *The Death of the French Atlantic*, 248, 250-69; Marika Sherwood, "The British Il legal Slave Trade, 1808-1830", *British Journal for Eighteenth-Century Studies*, 31, no. 2 (2008): 293-305. 이 부분은 298-300.

46 Hideaki Suzuki, "Abolitions as a Global Experience: An Introduction"; 그리고 Benaz A. Mirzai, "The Persian Gulf and Britain: The Suppression of the African Slave Trade", in Hideaki Suzuki(ed.), *Abolitions as a Global Experience* (Singapore: NUS Press, 2015), 7-9.

47 David Brion Davis, *The Problem of Slavery in the Age of Revolution, 1770–1823* (Ithaca: Cornell University Press, 1975), 49.

48 Sherwood, "The British Illegal Slave Trade", 294.

49 David Northrup, *Indentured Labor in the Age of Imperialism, 1834–1922* (Cambridge: Cambridge University Press, 1995), 156-61.

50 Douglas A. Blackmon, *Slavery by Another Name: The Re-Enslavement of Black People in America from the Civil War to World War II* (New York: Doubleday, 2008).

51 Isaiah Berlin, *Against the Current: Essays in the History of Ideas* (London: Hogarth Press, 1979), 특히 1-24. 다음을 참조하라. Eva Piirimäe, "Berlin, Herder, and the Counter-Enlightenment", Eighteenth-Century Studies, 49, no. 1 (2015): 71-6. 다음도 참조하라. Joseph Mali and Robert Wokler (eds), *Isaiah Berlin's Counter-Enlightenment* (Philadelphia: American Philosophical Society, 2003).

52 Darrin M. McMahon, *Enemies of the Enlightenment: The French Counter-Enlightenment and the Making of Modernity* (Oxford: Oxford University Press, 2001); Graeme Garrard, *Counter-Enlightenments: From the Eighteenth Century to the Present* (London: Routledge, 2005); Zeev Sternhell, *The Anti-Enlightenment Tradition*, trans. David Maisel (New Haven: Yale University Press, 2010).

53 Pinker, *Better Angels*, 186; Isaiah Berlin, "The Counter-Enlightenment", in Henry Hardy (ed.), *Against the Current: Essays in the History of Ideas* (New York: Penguin, 1982), 19-20. 벌린은 자신이 이 용어를 만들었다고 믿지만, Sternhell, *The Anti-Enlightenment Tradition*, 3에서 보인바, 그것은 적어도 15년 전부터 존재했다.

54 이 논쟁에 대한 더 상세한 분석에 대해서는 다음을 참조하라. Dijn, "The Politics of Enlightenment", 787-8.

55 반계몽주의 추세에 대한 훌륭한 요약으로 다음을 참조하라. Hunt, "The Paradoxical Origins of Human Rights", 4-5.

56 Zygmunt Bauman, *Modernity and the Holocaust* (Cambridge: Polity Press, 1990) 〔한국어 판. 지그문트 바우만, 정일준 옮김, 《현대성과 홀로코스트》, 새물결, 2013〕. 이 접근법에 대한 비판에 대해서는 다음을 참조하라. Marsha Healy, "The Holocaust, Modernity and the Enlightenment", *Res Publica*, 3, no. 1 (1997): 35-59.

57 Benny Morris, *1948: A History of the First Arab-Israeli War* (New Haven: Yale University Press, 2008).

58 예를 들면 다음을 참조하라. K. B. Wilson, "Cults of Violence and Counter-Violence in Mozambique", *Journal of Southern African Studies*, 18, no. 3 (September 1992): 527-82; 그리고 John Keane, *Violence and Democracy* (Cambridge: Cambridge University Press, 2004), 54-65.

59 이 질문은 다음과 같이 다양한 책들에 동기를 주었다. Marisa Linton, *Choosing Terror: Virtue, Friendship, and Authenticity in the French Revolution* (Oxford: Oxford University Press, 2013); 그리고 Christopher R. Browning, *Ordinary Men: Reserve Police Battalion 101 and the Final Solution in Poland* (New York: HarperCollins, 1992); 그리고 더욱 최근 의 책으로는, Thomas Pegelow Kaplan, Jürgen Matthäus and Mark W. Hornburg (eds), *Beyond 'Ordinary Men': Christopher R. Browning and Holocaust Historiography* (Leiden: Ferdinand Schöningh, 2019).

60 예를 들면 다음을 참조하라. Rose McDermott, "The Feeling of Rationality: The Meaning of Neuroscientific Advances for Political Science", *Perspectives on Politics*, 2, no. 4 (2004): 691-706.

61 Robert Darnton, *Mesmerism and the End of the Enlightenment in France* (Cambridge, MA: Harvard University Press, 1968) 〔한국어판. 로버트 단턴, 김지혜 옮김, 《혁명 전야의 최 면술사: 메스머주의와 프랑스 계몽주의의 종말》, 알마, 2016〕; 그리고 B. Robert Kreiser, *Miracles, Convulsions, and Ecclesiastical Politics in Early Eighteenth-Century Paris* (Princeton: Princeton University Press, 1978).

62 수년 전 다음에서 보인 바 있다. Carl Lotus Becker, *The Heavenly City of the Eighteenth Century Philosophers* (New Haven: Yale University Press, 1932).

63 다음을 참조하라. Anton M. Matytsin and Dan Edelstein, "Introduction", in Anton M. Matytsin and Dan Edelstein (eds), *Let There Be Enlightenment: The Religious and Mystical Sources of Rationality* (Baltimore: Johns Hopkins University Press, 2018), 1-6.

64 Sorkin, *The Religious Enlightenment*.

65 Sorkin, *The Religious Enlightenment*, 5, 3.

66 예를 들면 다음을 참조하라. Howard G. Brown, *Mass Violence and the Self: From the French Wars of Religion to the Paris Commune* (Ithaca: Cornell University Press, 2018), 이 책에서는 연민과 동정이 어떻게 대량폭력mass violence에 대한 반응에서 탄생하는지 보여준다.

67 Jacob, *The Secular Enlightenment*, 32.

68 다음에서 인용됨. Nicholas Hudson, "Are We 'Voltaire's Bastards?' John Ralston Saul and Post-Modern Representations of the Enlightenment", *Lumen*, 20 (2001): 111-21. 이 부분은 115.

69 Nicole Eustace, *Passion Is the Gale: Emotion, Power, and the Coming of the American Revolution* (Chapel Hill: University of North Carolina Press, 2008).

70 Conrad, "Enlightenment in Global History", 1004, n. 19. 다음을 참조하라. Keith Michael Baker and Peter Hans Reill (eds), *What's Left of Enlightenment? A Postmodern Question* (Stanford: Stanford University Press, 2001).

제3부

장소

Places

제10장

역사의 복잡성:
러시아와 스티븐 핑커의 논지

The complexity of history:
Russia and Steven Pinker's thesis

낸시 실즈 콜만
Nancy Shields Kollmann

지난 6세기 정도에 걸쳐 세계 역사에서 면대면 폭력face-to-face violence이 감소했다는 스티븐 핑커의 〔우리를〕 기분 좋게 해주는 주장과 의견을 달리하자니 심술궂은 일처럼 느껴진다. 사실 핑커가 통계적 증거statistical evidence와 〔선별적으로 취해져 증거가 빈약한〕 일화逸話적 증거anecdotal evidence 를 통해 여러 지역에서 근대 세계가 개인의 생존 측면에서 전근대 세계보다 덜 위험하다는 것과, 많은 사회에서 태도가 변했다는 것을 보여주기는 한다. 하지만 역사학자들은 심술궂은 무리일 수 있는 법이라, 핑커의 책을 읽고 나자 나는 더 많은 특수성specificity과 더 많은 차이difference를 알고 싶어졌고 너무나 길고 광범위하고 보편적인 주장에 미심쩍은 마음이 생겼다. 사실 그 책《우리 본성의 선한 천사》)에서 가장 흥미진진하다고 생각되는 부분은 핑커가 인용하는 자신이 관찰한 패턴에 대한 예외사항들이다. 근대 초기 러시아를 고려할 때, 내게 무척 인상적으로 다가오는 것은 동일한 영향이 일부 작동하고 있었음에도 러시아가 폭력에 취한 매우 다른 접근법이다.

핑커는 방대한 규모로 글을 쓴다—면대면 폭력 및 조직화한 전쟁행위의 발생률이 떨어졌고 "문명화한" 사회에서는 사람들의 태도도 폭력에 반대하는 것으로 변했다고 주장한다. 이러한 변화들의 근원으로 핑커는 1970년대 이후 마구 쏟아진 논문들 덕분에 역사학자들에게 익숙한 현상인 근대 초기 유럽의 국가 형성, "문명화과정", 살인율의 감소 등을 지목한다.[1]

핑커가 내세우는 주장의 핵심에는 폭력의 독점권을 차지하고 치안 관리와 사법적 형벌을 통해 그것을 강화한 중앙집권식 국가("리바이어던Leviathan")의 부상이 있다. 여기에서 중요한 점은 이 국가가 잘 운영되었고, 시간이 흐름에 따라 되도록이면 민주주의democracy와 다원주의pluralism를 지향했다는 것이다. 정치체계political system를 받아들임으로써 시민들은 평화를 유지하도록 장려되었다. 두 번째 핵심 요소는 지역 간 상업의 확대로, 이는 지역사회와 개인에게 개인 및 공동의 이익을 위해 협력할 인센티브를 제공했다. "온화한 상업gentle commerce" 역시 핑커가 농촌 지역사회보다 통계적으로 덜 폭력적이라고 생각하는 도시의 성장을 촉진하는 데 도움을 주었다. 세 번째는 문명화한 행동의 확산으로, 문명화한 행동은 처음에는 왕의 부하들 간의 폭력을 가두어두고, 훈련된 왕실 하인들의 "궁정식의courtly"〔곧 예의바른〕 문화를 만들고자 고안된 에티켓etiquette을 통해 주입되었다. 이후 이런 경향은 인권의 보편성에 대한 계몽주의the Enlightenment의 주장으로 강화되었고, 그 주장은 이후 살아 있는 피조물(동물과 인간)의 육체적 위해에 대한 반감, 나중에는 소수자 권리에 대한 감정이입empathy을 불러일으켰다. 이 변화들의 동력에 관한 논의에서 핑커는 집단과 개인 둘 다의 심리학을 이용해 사람, 집단, 국가가 비용-편익 분석cost-benefit analysis을 통해 폭력의 가치를 평가한다고 주장한다. 사람·집단·국가는 폭력에 가담하거나 폭력의 실행을 미룰 때에 수반하는 자기이익self-interest, 명예, 기본적 생존에 대한 위험성을 계산한다. 따라서 핑커는 개개인이 그런 계산을 할 수 있는 토대로서 이성reason의 부상도 극찬한다. 그의 주장에 따르면, 16세기부터 이러한 동력들이 한데 합쳐져서 더욱 "문명화한" 세계 즉 건강한 경제를 갖춘 도시화한 민주국가에 사는 교육받은 사람들이 점점 폭력을 피하게 된 세계가 시작되었다. 핑커는 살인율, 전쟁 사망률, 무장 전투의 빈도에 대한 풍부한 통계적 증거는 물론 폭력에 대한 반감의 증가를 예시해주는 일화적 증거를 정리해 보인다. 아주 큰 그림에서 보면, 틀에 박힌 유럽 문명사회의 삶은 실제로 개선되었다.

핑커는 또한 예외를 인정한다. 그는 19세기의 지배적 이데올로기—종족적 민족주의ethnic nationalism—가 보편적 권리에 대한 주장의 기반을 약화한다는 것에 주목하며, 아울러 폭력의 감소의 영향을 훨씬 덜 받은 지리적 영역들을 찾아낸다. 대개는 산악지대인 고립된 지역 이외에도, 핑커는 더욱 폭력적인 현 집권세력으로부터 치명적 괴롭힘을 당하는 동시대 국가들이 중앙아프리카 및 동아프리카에서부터 북인도를 거쳐 동남아시아에 이르기까지 호弧처럼 펼쳐져 있음을 발견한다. 빈곤, 약하고 부패한 국가들, 문해력〔리터러시〕literacy 교육 및 효과적 시민civic 교육의 부재는 이 지역들을 보다 평화로운 길로부터 이탈시킨다. 가장 중요한 점은, 핑커가 폭력의 감소가 "불가피한 것이 아니다not inevitable"라고 주장한다는 것이다. 다시 말해, 이러한 폭력의 감소 추세는 늘 합리적[이성적]rational 선택에서 비롯하며 이른바 인간 본성human nature의 내면의 악마들inner demons에 좌우되지 않는다는 것이다. 사회와 개인은 자기이익이라고 판단되면 더 많은 전쟁, 더 많은 차별, 더 많은 인종청소ethnic cleansing, 더 많은 주변에의 폭력을 선택할 수 있다. 그것은 우리에게 달렸다.

넓게 보면 핑커의 주장은 오늘날 우리 중 많은 수가 경험하는 것과 일치한다. 그러나 내 안의 역사학자는 걱정한다. 핑커의 유럽중심주의Euro-centrism는 다음과 같이 경고 깃발을 올린다. 핑커는 유럽 모델을 따르고 평화로운 근대성modernity에 이르는 길은 단 하나임을 암시하고 있는바 이는 아무도 가지 않은 길 혹은 정해진 길이라는 개념 자체에 대한 의문을 갖게 한다. 그리고 핑커는 합리적[이성적] 행위자에 초점을 맞추는바, 이는 다른 국가나 사회도 자신이 인용한 요인 및 이러저러한 요인을 다양한 목적에 결합할 수 있음을 암시한다. 여기에 해당하는 사례가 근대 초기 러시아인 것 같다.

나는 폭력 문제에 주안점을 두고 16~18세기 근대 초기 러시아의 형법 관행을 분석해왔다.[2] 폭력violence은 두 가지 이유에서 내 관심을 끈다. 첫째, 16세기 이후 (그리고 냉전식 수사에서도 반복되지만) 유럽인들은 러시아인과 러시아 사회가 전제적despotic이고, 잔인하고, 유럽 "서구"보다 덜 문명화했다고 특징지어왔다.[3] 둘째, 나는 [미셸] 푸코[Michel] Foucault식 패러다임에 관심이 있었다. 푸코식 패러다임은 일부 유럽 국가가 17세기까지도 "처형의 스펙터클[볼거리]spectacle of execution"을 연출함으로써 공포를 통해 통치하고, 법, 치안 유지, 시민 협력을 통한 통치 능력의 결여를 공식적 잔혹성brutality의 전시로 벌충했다는 것으로 피터르 스피런뷔르흐Pieter Spierenburg, 피터 라인보Peter Linebaugh 리하르트 반 뒬멘Richard van

Dülmen과 여러 학자의 지지를 받았다. 종국에 유럽 국가들은 연극 같은 공개처형, 잔인하고 기이한 형벌, 사법〔체계 내에서의〕고문, 그 외 폭력의 공개 전시 행위를 금지할 수 있었으며, 그 이유는 다음 두 가지 상호 연관된 동향 때문이었다. 곧 일탈행위를 관리하고 시민적 가치를 자국 시민들에게 주입하는 국가의 역량의 증대와, 인도주의적 이상에 대한 대중의 수용의 증가가 그것이다.[4]

폭력만이 내가 관심을 둔 유일한 문제는 아니었다. 나는 차르의 형사 법원이 어느 정도까지 법과 소송 절차에 따라 판결을 내렸는지도 분석했다. 살인, 상습 절도 및 강도, 주요 정치·종교 범죄(모스크바대공국大公國, Muscovy〔13세기 후반~16세기 중반〕에서 신정神政적 이념, 주술, 이단, 반역, 반란은 모두 국가에 대한 공격에 해당되었다) 등에 대한 법과 판례를 읽었다. 재판기록들은 그 범위가 17세기 초반부터 18세기, 그리고 제정帝政 시기〔1917년의 혁명이 일어나기 이전〕까지 포함되었으며, 당시 우세한 세력이었던 동東슬라브족 주민뿐 아니라 시베리아, 볼가강 중류 지역(타타르족과 핀-우그리아어족), 우크라이나의 피지배 민족과 여기에 더해 러시아에서 복무하는 유럽 외국인들까지 망라했다.

나는 근대 초기 러시아의 사법체계가 어떤 면에서는〔근대 초기〕유럽의 사법체계보다 덜 폭력적이었음을 발견했다. 나로서는 통계를 근거로 이 주장을 펼칠 수는 없다. 범죄율은 이용가능하지〔입수가능하지〕않다. 통계 데이터가 전혀 보관되지 않은 것이다(경찰력은 19세기 후반까지 제국〔러시아제국〕 전역에서 효율적으로 작동하지 않았다). 특정 유형의 범죄가 시간이 흐르면서 각별한 주목을 받았는데, 이는 새로운 사건이 돌발했을 가능성을 암시한다. 예상대로, 러시아의 초기 형법에서는 정치 범죄 및 종교 범죄는 물론, 살인, 방화, 이런저런 주요 범죄에 대해 고소 및 사형까지의 처벌을 승인했다. 16세기에 국가가 관료의 지배권을 그러모으기 시작하면서, 대개는 시골의 전문 강도단 소행으로 밝혀진 상습적 강도 및 절도가 특별한 관심사로 대두했다. 소송 절차와 형사 경찰 제도들이 만들어졌고 17세기까지 지속되었다. 1649년에 처음으로 방대한 법전〔소보르노예 울로제니예Соборное уложение, 소보르 의회 법전〕이 편찬되어 국가에 반反하는 정치적·종교적 범죄에 대해 처음으로 상세한 법적 처리를 지시한바, 이 일은 농민의 노동·조세·일상에 대한 모스크바대공국의 확대된 통제를 반영하는 것이었다. 이에 대한 반동으로 17세기 러시아에서는 농민들이 지주에게서 도주하는 사건이 증가했다. 표트르 1세Pyotr I(재위 1682~1725)가 농민에게 과중한 인두세를 부과하고 대대적으로 늘어난 상비군과 창설하는 해군의 신병 모집을 시작하자, 탈주한 병사들과 선원들은 형사 고소의 대상이 되어 탈주 농노 대열에 합류했다. 정교회의 신학적 분열 이후 17세기 후반부터는 종교적 이단에 대한 박해가 급증했다. 이후 1세기 넘게 "구교도Old Believer" 공동체에 대한 공식적 박해가 늘고 줄기를 반복했다. 이 종파 분리론자들 중 가장 반항적인 사람들은 이단자라는 혐의로 수감되고 화형에 처해졌다. 이런 범죄들의 발생률을 첨부할 수는 없어도, 국가가 팽창함에 따라 근대 초기 러시아가 노동력을 통제하고 세금을 징수하고 공공질서를 유지하고 이데올로기를 강요하는 데서 폭력적 도전과 맞닥뜨린 것은 분명하다. 〔"구교도"는 17세기 중반 러시아정교회의 모스크바 및 전全 루스(루시) 총대주교 니콘Nikon(1605~1681)의 (강제적) 동방정교회 개혁에 반대해 분리해 나온 종파다. 개혁 이후 국교회를 따르는 신교도와 달리, 개혁 이전 본래의 옛古 예식과 의식儀式을 고수하는 구교도 종파로 고의식파古儀式派, 스타로오브랴트체스트보старообрядчество로도 불린다.〕

다른 근대 초기 유럽 국가들도 비슷한 도전에 직면했으나, 러시아의 거버넌스governance〔권위 그리고/또는 통제의 일반적 행사〕와 형사사법 형태는 그 대처에서 공공연한 폭력에 비교적 덜 의존한 것 같다. 이것은 여러 영역에서 볼 수 있다. 하나는 폭력 수단을 독점하는 국가의 능력이다. 15세기와 16세기에, 모스크바의 통치자들은 이전 주권자인 군주들과 지방 엘리트 및 그들의 개인 시종들을 대공大公의 군대에 체계적으로 통합했다. 통치권을 빼앗긴 군주들과 엘리트들은 그 대가로 사회적 지위, 영지, 그 외 후한 상급을 받았다. 이득을 얻을 다른 기회가 거의 없는 환경에서 보상을 충분히 받은 러시아 엘리트층은 차르tsar´〔царь〕를 섬기는 것을 받아들였고 18세기까지 매우 안정적이었으며, 〔엘리트층이〕 왕조에 반대하는 사건은 놀라울 정도로 적었다.

이와 같은 방식으로 폭력 수단을 독점하는 것에 더해, 모스크바대공국 대공(1547년부터는 차르라고 자칭했다)들은 개인, 부족, 여타 사회집단들 간의 사私적 폭력을 끈질기게 단죄했다. 결투duelling와 〔피의〕 복수vendetta는 금지되고 혹독하게 처벌되었다. 그 대신 국가는 명예훼손 소송을 통한 보상책을 제시했다. 차르의 모든 신민은 최고위 교회 성직자 및 세속 엘리트에서부터 농노와 심지어 노예에 이르기까지 모든 사회적 지위의 사람들을 상대로 소송을 제기할 수 있었고, 또한 그들은 그렇게 했다. 위법행위들은 대개 언어적 모욕이었고, 가끔은 여성의 모자를 쳐서 그것을 떨어뜨리거나 남성의 수염을 잡아당기는 행위 같은 것도 있었다. 그런 모욕은 보통 물리적 폭력과 함께 일어났음에도 이 범죄들은 따로따로 재판을 받았다. 일반적으로 승소한 사람은 벌금(모욕당한 사람의 사회적 지위에 따라 그 금액이 올라갔다)과 회복된 명성에 대한 만족감으로 보상을 받았다. 17세기 후반 유럽인들이 결투를 도입하자,

국가는 즉시 결투를 엄중하게 단속하며 〔결투를 사형에 처할 만한〕 중죄로 처벌했다. 심지어 표트르 1세는 결투의 승자를 교수형에 처하라고 했을 뿐 아니라 그 결투 상대의 시신 또한 매달라고 명했다.[5]

　러시아에서는 형법의 범위가 의도적으로 좁게 설정되어 있었다. 형법에는 살인, 상습 절도 및 강도, 방화, 여타의 극악무도한 범죄, 정치적·종교적 중범죄 등이 포함되었다. 경범죄는 당시 일부 유럽 국가에서는 사형으로까지 처벌되었으나 러시아에서는 지역사회에서 처리하도록 맡겨졌다. 마찬가지로, 중앙정부의 범위는 의도적으로 제한되어 있었다. 중앙정부는 폭력 독점, 자원 채취, 형법 집행에 중점을 두고 있었다. 반면, 다민족 유라시아Eurasia의 "차이의 제국empire of difference"으로서 〔러시아〕 중앙정부는 피지배국 국민들에게 언어·종교·사법 체계, 엘리트, 공공서비스 등을 예전대로 유지할 수 있게끔 허용했다. 마찬가지로 동슬라브족 농민 대부분은 지주나 촌락 지역사회의 관할하에 살았다. 이 모든 지역사회는 경범죄와 무질서에 대해 체형體形, corporal punishment을 사용할 권한을 지역 전통에 따라 부여받았다. 그러나 어떤 지역사회도 형법 절차를 어기는 일은 허용되지 않았다. 마을, 귀족 사유지, 〔현지〕 토착 부족native tribe 부족 내에서 살인, 강도, 주술 혐의, 이런저런 중범죄가 벌어진 경우는 국가 사법의 판단을 받기 위해 지역 주지사에게 용의자를 넘겨야 했다. 중대 사건을 자체적으로 해결하려 하거나 고문을 행한 이들은 엄격히 처벌되었다. 형법의 범위를 좁게 규정한 러시아는 그 영역을 통제하려 부단히 노력했다.[6]

　러시아도, 모든 제국이 그러했듯, 부패·폭력·학대를 막기 위한 관료층 감찰에 분투했다. 총독의 그야말로 지독한 부패 사건들, 대개는 모피와 중국 무역이 가져다주는 부富에 따른 수뢰의 유혹으로 작용하는 오지의 시베리아에서 벌어진 이와 같은 사건들은 엄격하게 기소되었다. 이에 대한 예방 조치로 국가는 2년마다 총독을 교체했고, 절대로 관직을 팔지 않았으며, 절대로 현지 유명 인사가 지방권력을 창출하도록 놔두지 않았다. 국가의 요구가 지나칠 경우 시베리아 및 국경 스텝지대 예속 민족들이 숲이나 초원으로 사라질 수 있음을 국가도 알고 있던 만큼 지역 주민들을 학대하지 말도록 총독들에게 명시적으로 명령을 내렸다. 이러한 처방도 〔현지〕 토착민에 대한 폭력은 거의 막지 못했다. 정복 초기 단계가 피비린내 났던 데다 러시아 주둔군 때문에 폭력 위협이 끊어질 수가 없었다. 그러나 로컬 거버넌스local governance에 대한 이러한 접근법에는 국가가 목적에 반하는 폭력을 혐오했음이 반영되어 있다.[7]

비슷한 이유로 근대 초기 러시아 국가는 기독교화Christianization에 대한 접근법에서 많은 유럽 국가들과 선명하게 대비된다. 러시아는 정교회 the Orthodox Church〔그리스정교회, 동방정교회〕가 비非정교회 신자를 강제로 개종하는 것을 허용하지 않았으며, 이 역시 납세자 집단을 소외시키지 않으려는 실용적 목적에서였다. 정교회는 여하튼 강력히 선교를 애쓰는 신앙이 아니었다. 정교회는 십자군처럼 종교적으로 승인된 폭력의 수사학을 전혀 개발하지도 않았고, 정교회의 도덕철학moral philosophy 또한 개개인의 강제restraint, 내적 개심改心, inner reformation, 자비mercy를 옹호했다. 예외가 있다면 18세기 볼가강 중류 지역과 바시키르에서 무슬림을 강제로 개종시켰던 두 시기로, 당시 두 사건이 촉발된 것은 어느 정도는 궁정에서의 가톨릭 영향력과 연결된 종교적 열의 때문이었으나, 일차적으로는 러시아인들이 이 비옥하고 가치 높은 농경지로 이주한 때문이었다. 개종은 비협조적인 무슬림으로부터 땅을 도용하는 데서 무기의 역할을 했다. 그러나 대체적으로는 제국 전역에서 안정된 거버

넌스와 조세 수입을 유지하려 강제 개종을 억제했다.[8]

　러시아는 국가에 영향력을 끼칠 대의기구 또는 참정권이 주어진 사회적 계급이 없는 독재정autocracy이었다는 점에서 국가의 사법체계가 임의적이고 전제적이었으리라 생각할 수 있다. 물론 외국인 방문자들은 그렇게 주장했다. 그러나 내가 연구한 바에 따르면, 〔러시아에서〕 형법은 법에 따라 체계적 방식으로 적용되었다. 형사 처벌 및 형사소송 절차를 포함한 법전은 1497년, 1550년, 1649년, 1669년에 공표되었고, 이후 사법권이 있는 관청들의 무수한 법령에 의해 보완되었다. 이 법과 법령들은, 간결하고 실용적이었으며 좀처럼 학리적이지도 않고 일반화하지 못했는데도, 재판관들에게 재판과 판단의 근거를 제공했다. 그런데 재판관들 자체가 법 교육을 받지 않은 사람들이었다. 군 장교들이 판결권을 가진 만물박사가 되도록 임명되었으나, 좀 더 긴급한 군사·재정·행정 임무들 중에서 우선순위가 낮은 분야였다. 따라서 법률 전문 지식은 그들의 사무실에 배정된 서기들에게 있었다. 모스크바에서 나오는 절차 및 문서 작성에 대한 일률적 기준에 따른 법 교육을 받은 지역 서기들은 재판관들이 선고 절차 및 법률 인용 지침을 지키며 일을 순조롭게 행할 수 있게 도왔다. 제국 전역에서 법원 기록은 동일한 양식을 따르고, 동일한 언어를 사용하며, 동일한 법을 인용해 적절한 평결을 내린다—그 일관성은 당시 많은 유럽 국가가 직면했던 법의 다중성과 비교하면 거대한 제국 전역에 걸쳐 놀라울 정도였다. 법에서는 형벌에서 폭력의 정도를 구분해놓아 사형capital punishment은 최고 중범죄를 위해 유보되었다. 한 가지 사례를 인용하자면, 시베리아 동부에 사는 퉁구스족이 재판관에게 자기네 왕자 중 한 명을 살해한 혐의로 기소된 러시아인을 자기네 부족의 법에 따라 처형할 수 있게 자신들한테 넘겨달라고 요구한 일이 있었다. 총독은 차르의 법이 우선한다고 주장했고, 기소된 러시아인은 살인죄가 아닌 과실치사죄로 유죄평결을 받고 "무자비한" 채찍질형flogging을 선고받은바, 이 일은 퉁구스족으로서는 매우 불만족스러운 결과였다.[9]

형사재판 관행 중에는 폭력 사용을 완화하는 다른 측면들도 있었다. 한 가지는 자비를 베푸는 것이었다. 재판관들은 지역사회의 간청에 답하거나 사회적 안정을 유지하고자 종종 차르의 이름으로 형을 감해주었다.[10] 러시아에서 자비는 차르는 백성이 해를 입지 않게끔 백성을 보호하는 공정한 재판관이라는 모스크바대공국의 대대로 내려오는 정치이데올로기를 강화했다. 두 번째로, 17세기 후반부터 법에서는 사형death penalty의 범위를 줄이고 많은 중범죄자를 시베리아나 이러저러한 국경 마을로 유배 보냈다. 유형流刑, exile은 자유형自由刑제도[수감제도]imprisonment system가 아니었다. 죄수들은 [자신들의 본거지에서] 엄청나게 멀리 떨어진 일정 장소에 머물렀고 그중 가장 무거운 벌을 받은 이들에게는 낙인을 했다. 범죄자들은 유배 생활 동안 노역을 했다. 농민은 농사를 짓고, 장인은 기술 쓰는 일을 했으며, 많은 이가 지역 총독의 민병대에 가입했다. 사형을 줄이고 유형을 택함으로써 러시아는 만성적 노동력 부족을 해결했다.[11]

동료 유럽 국가들과는 매우 다르게, 러시아는 공개처형public execution이라는 정교하고 연극적인 "고통의 스펙터클[볼거리]spectacle of suffering"을 행하지 않았는바, 이 일은 근대 초기 유럽의 형사법에서 아주 많은 관심을 끌었다. 러시아에서 사형은 간소한 행사였다. 재판관은 평결 이후 되도록 빨리 군중을, 보통은 장날에, 모으게 되어 있었다. 그는 평결을 큰 소리로 읽게 한 뒤 즉시 (일반적으로는 교수나 참수로) 형을 집행했다.

1649년 법전에서는 죄수에게 6주의 참회 기간을 주라고 명했으나 판례를 보면 이것은 거의 지켜지지 않았다. 법원은 대량처형mass execution을 위해 다수의 사형수를 모으거나, 관람석과 인상적인 처형대를 짓느라 시간을 보내지도 않았다. 사형수의 마지막 식사, 사형 집행인에 대한 용서, 처형대에서의 [사형수에 대한] 추가적 고문, 사지四肢찢기quartering라는 끔찍한 처형 같은 공식적 의식 또한 없었다. 그보다 모스크바대공국에서 사형이 주는 공포는 속도였을 것이다. 모스크바가 워낙 멀고 중앙법원과 지방법원 사이 협의로 소송이 몇 달씩이나 걸린 터라 지역사회에 차르의 법이 정말로 엄격하다는 것을 상기시킬 필요가 있었다. 재판관들은 "차르의 업무를 지연시키지 말라"라는 지시를 받았고(어쩌면 뇌물 수뢰에 대한 방지책이었을 수 있다) 그들은 자신들이 정말로 얼마나 신속하게 사형을 집행했는지 모스크바에 보고하려 애를 썼다.

형사소송에서 폭력에 대한 러시아의 실용적 접근법은 유럽의 관행을 접하면서 약간 바뀌었다. 1690년대 이전, 사지찢기는 끔찍한 형벌에 대한 몇몇 사례가 인용된 게 있지만 그것은 예외적 경우였다.[12] 표트르 1세는 1682년 10세의 나이에 정식으로 권력을 잡았고 이후 성장하면서 자신 주변에 유럽인 관리를 둔 것으로 유명했다. 그러니 그의 통치 때 유럽식 고문 및 처형이 등장한 일도 놀랍지는 않다. 1696년, 한 탈영병이 수레바퀴형breaking on the wheel을 선고받았는바 러시아에서 이와 같은 처형이 언급된 것은 이때가 처음이었다. 1697년 표트르 1세는 참수를 연극적 방식으로 연출해, 처형된 자의 피가 유죄평결을 받은 사형수의 정치적 공범자의 무덤에서 파낸 시신 위를 흐르게끔 했다. 그러나 "처형의 스펙터클[볼거리]" 모델을 완전체로 러시아에 들여온 것은 유럽에서의 직접적 경험이었다. 표트르 1세는 사절단으로 외국에 나가 있

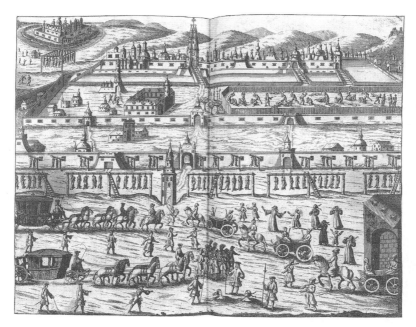

[그림 10.1] 러시아 최초의 "처형의 스펙터클(볼거리)." "머스킷총병의 처형, 1698년, 모스크바." 출처: *Johann-Georg Korb*, Diarium itineris in Moscoviam *(Vienna, 1700). Library of the Hoover Institution, Stanford, CA.*

을 당시(1697~1698) 암스테르담에서 대량처형을 목격한 적이 있어서, 1698년 머스킷총병銃兵, musketeer의 반란을 제압하려 러시아로 황급히 돌아왔을 때 모스크바에서 비슷한 스펙터클(볼거리)을 연출했다. 1000명에 이르는 사람이 고문당하고 700명 이상이 집단으로 나뉘어 "며칠"에 걸쳐 대량처형을 당했다(다른 이들은 채찍질형이나 유형을 받거나 다른 방식으로 처벌받았다). 수레바퀴형, (통례적인 러시아 도끼가 아니라) 칼을 이용한 참수형은 러시아에서는 유럽식 혁신이었고, 스펙터클(볼거리) 자체의 거대한 규모 또한 마찬가지였다. 수백 명이 크렘린 벽에 매달리는 교수형을 당했고 그들의 시신은 겨울 내내 방치되었으며, 수백 명이 더 참수되고, 사제들이 수레바퀴형을 당했다.[13] [표트르 대제는 1697년에 영국·네 덜란드·오스트리아 등 서유럽 국가들에 대규모 사절단을 파견했는데 이때 자신 또한 가명을 사용하고 변장한 채 사절단의 일원으로 참가해 서유럽의 문명과 기술 을 직접 체험했다.]

표트르 1세는 자신의 통치기 동안 대역죄high treason와 관리의 부패 사 건과 같은 몇몇 예외적 사건에 그런 스펙터클[볼거리]을 활용했으나, 시 골 환경에서는 사형 집행이 계속해서 간소하고 신속한 행사였다. 그러 나 역으로 표트르 1세는 각각의 사형선고를 재검토하게 하고, 시베리아 유형이나 자신의 많은 신규 건설 프로젝트(운하, 항구, 상트페테르부르크) 에서 강제노동으로 처벌되는 중범죄를 늘림으로써 사형의 사용을 더욱 제한했다. 18세기로 접어들 때 러시아에서 사형의 사용은 감소하고 있 었다.

러시아는 어떤 유럽 국가들과도 달리 표트르 1세의 딸 엘리자베타 페트로브나Elizaveta Petrovna(재위 1741~1761) 여제의 명령에 따라 1740년 대에 사형을 완전히 폐지하고 그것을 유형으로 대체했다. 뒤이어 유배 및 강제노동 제도가 대대적으로 확대되었고 유배 중인 중대 범죄자에 대한 낙인branding 및 신체절단mutilation이 더욱 정교해졌다. 사형제 폐지 의 동기는 설명된 적이 없고 사형제 폐지가 명확하게 성문화하지도 않 았다. 법령에서는 그렇게 유배된 중범죄자가 사건의 회부를 기다리는 것일 뿐임을 명확히 했다. 그럼에도 사실상 일반 범죄에 대한 사형은 끝이 났다. 엘리자베타 여제에게 [사형 폐지 정책의] 동기부여motivation가 된 것은 종교적인 것이었을 수 있고, 아니면 권좌에 오르게 된 상황에 대한 반응이었을 수 있다. 1730년대 후반 안나 이바노브나Anna Ivanovna 여제(재위 1730~1740)의 치하에서 지배 파벌이 귀족들을 충격에 빠트린 전례 없는 폭력의 전시를 통해 정치적 라이벌을 숙청한 바가 있었는바, 또 다른 파벌이 그 파벌에 반대하는 쿠데타를 일으켜 엘리자베타를 권좌에 올렸던 것이다. 엘리자베타의 사형 폐지 정책은 귀족들의 두려움을 누그러뜨리려 의도한 것일 수 있다. 사형 폐지 정책은 예카테리나 2세 Catherine II(재위 1762~1796) 대에서 귀족들의 유럽화 및 계몽주의적인 인도주의적 가치의 확산이 계속됨으로써 그 지속이 보장되었다. 체사레 베카리아Cesare Beccaria〔이탈리아의 형법학자·경제학자(1738~1794)〕로부터 영감을 받은 예카테리나 여제는 고문 폐지(1801 시행)를 위한 로비도 벌였다. 알렉산드르 1세Aleksandr I(재위 1801~1825)는 사형이 여전히 집행되고 있는 새로 획득한 지역(예컨대 그루지야〔지금의 조지아〕)에서 러시아의 보다 자애로운 법을 시행하는 것을 자랑스레 말했다. 19세기 전반기의 법을 통한 잔혹성은 점차 줄어들어 사회의 특권층은 체형을 면책받았고, 여성 유배자에 대한 낙인이 폐지되고, 궁극적으로는 신체절단 및 채찍질형이 완전히 끝났으며, 〔이를 대신하는〕 다른 완화 조치들이 생겼다.[14]

그렇다고 사형이 완전히 없어졌다는 뜻은 아니다―비록 1845년까지는 법에 명시적으로 표현되지 않았으나 사형은 예카테리나 2세 통치기에 몇몇 처형과 1825년 데카브리스트Decembrist의 난 주동자 5명의 유명한 처형에서처럼 반역죄에는 여전히 허용되었다〔"데카브리스트의 난"은 러시아의 청년 장교들이 1825년 12월(러시아어로 "데카브리스트")에 상트페테르부르크에서 농노제의 폐지와 입헌정치의 실현을 요구하며 일으킨 무장봉기 반란이다〕. 보수적인 니콜라이 1세Nikolai I(재위 1825~1855) 대에서 사형이 마침내 1845년 형사법전에 체계적으로 제시되었을 때, 그것은 차르 본인, 그의 가족, 국가에 대한 공격에 한정되었다. 이단, 존속살인, 살인에는 유형이나 더 낮은 형벌이 인가되었다. 따라서 차르는 국가의 완벽한 전형이었으며 조상 대대로 그랬던 것처럼 그토록 가혹한 형벌로부터 백성을 보호했다. 사형에 대한 그와 같은 접근법은 종교적 열정, 계몽주의적 인도주의Enlightenment humanitarianism, 전통적 러시아의 가부장적 이데올로기가 결합된, 뚜렷하게 비非근대적 인상이 든다. 러시아는 어떤 학자가 "비교적 관대한comparatively lenient"이라고 칭하는 방식으로 형벌의 사용을 계속했다. 조너선 데일리Jonathan Daly는 19세기 후반 미국, 러시아, 유럽 간 형벌레짐punishment regime에 관한 비교 연구에서, 러시아가 인구당 사용한 사형, 자유형, 여타 형태의 형벌이 비교 국가들보다 눈에 띄게 적었음을 발견했다.[15]

따라서 19세기까지 러시아의 사법 관행은 폭력에 대한 혐오를 반영하고 있는 것처럼 보일 수 있다. 그러나 이러한 경우에 핑커가 생각하는 추동 요인은 여기에서 극소수만 작동했고 그마저도—서구의 에티켓 규칙과 계몽주의적인 인도주의적 이상— 늦게 나타났으며, 이미 진행 중인 것을 보완했다. 상업을 평화화하는pacifying 추진력은 거의 아무런 역할을 하지 못했다. 왜냐면 러시아는 국가가 생산 자원과 경제 교류를 가능한 많이 통제하며 농노 기반의 자립 경제 체제의, 자원이 부족한 사회였기 때문이다. 러시아와 사법적 폭력judicial violence 사이 관계와 동시대 유럽과 사법적 폭력 사이 관계에서 가장 큰 차이는 십중팔구 그 점에 있을 것이다. 러시아는 핑커의 순탄한 〔폭력의〕 감소의 경로보다 폭력과의 더 복잡한 관계에 의존했다.

인적·물적 자원은 러시아에서 항상 국가권력에 핵심이었고 국가는 그것들을 동원하는 데서 의도적으로 폭력을 행사했다. 러시아의 근대 초기 국가는 14, 15세기에 이웃 국가들을 정복·흡수함으로써 공고해졌다.

15세기 말경, 러시아는 새로운 영토를 통치하고 점점 늘어나는 기병대를 지원할 자금을 모으고자 관료제를 뼈대로 한 중앙집권 국가의 설립에 나섰다. 유럽 국가들과 마찬가지로, 모스크바대공국의 자원 요구는 화기로 무장한 기병대와 궁극적으로는 유럽식 상비군을 지향하는 군 개혁 및 제국의 팽창과 함께 계속해서 확대했다. 제국은 더 많은 자원을 요구했고 또한 그것을 제공했다. 17세기 말 유럽 러시아에서 태평양까지 뻗어 있는 요새들의 골격망은 모피가 풍부한 시베리아 토착부족들에게 부과하는 러시아의 세금 징수 권한을 공고화했다. 러시아로서는 볼가강에 접한 카잔(1552)과 아스트라한(1556)의 정복으로 통과무역 transit trade이 확장되었고, 스텝지대를 가로질러 흑해·카스피해·캅카스를 향해 느리되 거침없이 밀고 나아갈 수 있는 길이 열렸다. 러시아는 오스만제국으로부터 흑해 연안을 점령하고 폴란드를 분할하며 우크라이나와 벨로루시아[지금의 벨라루스]를 러시아의 통치하에 놓는 등 18세기 말에는 이미 유럽의 지정학적 강국이었다. 이 모든 성공이 가능했던 바는 군 인력과 무기를 갖추고 엘리트를 지원하며 제국의 관료 체제를 유지하려 오로지 외골수로 천연자원과 인적자원을 추구하고 통제한 때문이었다.

그러한 정책 추진은 폭력에 대한 다면적 접근법을 낳았다. 형법상의 폭력이 외면상 덜 폭력적이라는 논의와는 대조적으로, 우리는 러시아가 폭력적 국가이자 사회였던 여러 측면도 인용할 수 있다. 고문을 사례로 들어보자. 러시아는 16세기에 유럽 전역에 전파되며 부활된 로마법의 일부를 차용한바 거기에는 사법[체계 내에서의] 고문judicial torture도 포함되어 있었다. 합스부르크의 1532년[경] 《카롤리나 형사법전》 같은 유럽 형사법전에서는 고문의 사용에 제한을 두었다(증인, 의사[의 입회],

고문 횟수 제한, 고문당한 자는 이튿날 자신의 자백에 서명해야 한다는 요건 등이다).
그러나 러시아에는 유럽의 법학적 유산이 부족했다. 변호사 길드 혹은
공증인 길드도 없었고, 법대나 신학교도, 과거로부터 내려온 로마법이
나 교회법도, 전문 조언을 의지할 법대 교수진(《카롤리나 형사법전》에서 규
정한 것처럼)도 없었다. 러시아의 형법에서는 지나가는 말로만 고문을
언급했지 그 제한 사항을 일일이 명시하지 않았다. 〔러시아〕 판례법에서
밝혀진바, 가장 중대한 범죄 이하의 사건에서는 고문 횟수를 사실상 3회
로 제한했어도 반역·이단·주술의 경우에는 고문 사용에 제한이 없었
다. 이 부분에서는 러시아 형사법정도 사실 폭력적 장소였다.[16]

그런데 그곳은 핑커가 그토록 섬뜩하게 묘사한 유형의 중세 고문실
이 아니었다. 러시아 법원은 스트라파도strappado〔두 손을 뒷짐결박해 높은
데서 떨어뜨린 형벌〕 자세에서 채찍질형을 가했을 뿐 희한한 고문도구를
사용하지 않았다. 몸에 추를 올려놓음으로써 고통을 가중할 수는 있었
다. 불은 가장 중대한 사건에 사용되었다. 모스크바대공국의 고문은 정
교하거나 기계적이지 않았으나 그 임무에 적합했다.

16, 17세기에 러시아는 조치를 취해 농민의 이동(성)mobility을 통제했
다. 농민의 절반 정도는 지주의 농노였고 나머지 절반은 귀족층을 먹여
살리기에는 너무 척박한 지역의 마을에 속박되었다. 이렇게 강제된 이
동 제한은 기병대 및 군사 엘리트층에 노동력이 공급되고 조세가 더 용
이해지는 결과를 낳음으로써 국가에는 도움이 되었다. 폭력은 농노제
와 농민재판에서 고질적이었다. 역시 국가의 발명품인 유형流刑제 또한
잔혹하고 종종은 치명적이었다. 게다가 러시아는 도적떼, 무질서, 저항
을 진압하려 캅카스, 스텝지대, 중앙아시아 국경지대에 일상적으로 계
엄령(체형 및 사형으로 가득한) 등 1740년대에 사형이 금지된 이후로도 필

요하면 언제 어디서든 계속해서 폭력을 휘둘렀다.[17]

사회에서는 똑같이 혼잡한 그림이 더욱 광범위한 규모로 나타났다. 러시아 귀족과 상인 계급은 유럽식 에티켓과 계몽주의적 가치를 흡수하고 있었고, 제국의 일부 엘리트층—우크라이나 귀족 및 카자크 귀족, 폴란드 귀족, 발트 독일인 융커Junker(보수적 지주 귀족층)—은 이미 문화적으로 유럽화한 상태에서 제국에 들어왔다. 그러나 18세기 후반과 19세기 초반에는 러시아 귀족 역시 거듭된 칙령을 무시하고 결투라는 유행에 푹 빠져버렸다. 게다가 핑커에 따르면 폭력의 감소를 촉진했을 수 있는 문해율과 유럽적 가치들은, 1861년의 농노 해방과 사회 상층 계급에 배심 재판을 제공한 사법개혁(1864) 이후에도 여전히 농민 공동체와 관습법에 구속되어 있던 대다수 국민들에게 전파되지 않았다. 더욱이 차이를 용인하는 제국의 통치 전략이 유지됨으로써 많은 지역사회가 학교, 공공서비스, 문해력(리터러시) 교육, 도시화, 좀 더 분화한 경제가 결여된 채 방치되었다. 19세기 후반에야 국가는 러시아화를 시도해 전全 제국적으로 언어·교육·문화에 일정한 통일성을 갖추려 했다. 19세기 중반의 개혁 후 수십 년이 지나서야 산업화, 도시화, 교통망, 지역적 경제개발이 확대했고 그러면서 핑커가 인용하는 연화軟化 효과softening effect(문해율, 교육, 이성, 상업 교류)의 일부가 나타났다. 그리고 이 과정들은 1917년 혁명으로 갑자기 종료되었으며 그 결과는 오늘날 보다시피 명백하다. 핑커의 관찰에 따르면, 오늘날의 러시아와 동유럽은 유럽 중심지 밖에서 그들보다 폭력적인 외곽지대를 구성하고 있으며(《우리 본성의 선한 천사》 89, 229쪽(한국어판에서는 175, 403쪽)), 20세기에 러시아는 소비에트 인민에게 상상할 수 없을 정도의 고통을 안겨준 공상적 이데올로기 아래에서 고난을 겪었다.

이처럼 이질적 관계들을 폭력으로 통합한 붉은 실the red thread은 자원 동원에 대한 압박이다. 국가의 확실한 생존을 위해 러시아 국가는 형법과 명예훼손 소송을 이용해 개인들 간과 집단들 간의 폭력을 통제하는 데에 외골수로 매진했다. 국가는 처형보다는 유형을 택함으로써 노동력을 확보했다. 차르의 권력을 강화하기 위해서는 신속히 사형을 집행했으나, 연극적 의식〔의례〕을 연출하기에는 시간도 자원도 문화적 영감도 없었다. 러시아는 유럽의 지정학적 경쟁자들에 뒤쳐지지 않으려 귀족과 교육받은 계층을 강제로 유럽화했으나 경제적 이익과 정치적 안정을 위해서는 농노제를 유지했다. 제국의 정책이었던 "차이의 정치politics of difference"는 많고 다양한 식민지적 주체colonial subject들의 일상에 거의 간섭하지 않으며 안정성을 확보했지만, 많은 사람을 가혹한 관습적 훈육에 맡겨놓았다. 국가는 전략적 선택으로서 폭력을 합리적〔이성적〕으로 활용하거나 최소화해 인적자원을 극대화했다.

근대 초기 러시아 형법상의 폭력의 역할에 대한 이와 같은 고찰이 시사하는 바는 국가마다 폭력의 유용성을 다르게 평가하고 자신들에게 맞게 폭력을 이용하거나 제한한다는 점이다. 스티븐 핑커 자신도 지리학적 고립과 빈곤이 사회의 폭력의 감소를 저해한다고 언급하는 것처럼, 제한된 자원에 대한 외골수적 추구는 러시아로 하여금 무수한 방식으로 폭력을 전개하게끔 압박했고, 러시아는 결코 폭력의 꾸준한 감소 행진에 다가가지 못했다. 이렇게 우연히 발생한 복잡한 결과야말로 역사에서 가장 흥미로운 점이다.

주

1 국가 형성 연구에 대한 찰스 틸리의 수많은 공헌 중 초기의 것에 대해서는 다음을 참조하라. Charles Tilly and Gabriel Ardant (eds), *The Formation of National States in Western Europe* (Princeton: Princeton University Press, 1975). 에티켓에 대해서는 다음을 참조하라. Norbert Elias, *The Civilizing Process*, 2 vols. (New York: Urizen Books, 1978-82) Norbert Elias, *The Civilizing Process: Sociogenetic and Psychogenetic Investigations*, trans. Edmund Jephcott (Oxford: Blackwell, 1994) 〔한국어판. 노르베르트 엘리아스, 박미애 옮김, 《문명화과정Über den Prozeß der Zivilisation》(전 2권), 한길사, 1996〕. 범죄율에 대해서는 다음을 참조하라. Pieter Spierenburg, *The Spectacle of Suffering. Executions and the Evolution of Repression: From a Preindustrial Metropolis to the European Experience* (Cambridge and London: Cambridge University Press, 1984); Richard van Dülmen, *Theatre of Horror: Crime and Punishment in Early Modern Germany*, trans. Elisabeth Neu (Cambridge: Polity Press, 1990); Peter Linebaugh, *The London Hanged: Crime and Civil Society In the Eighteenth Century* (Cambridge: Cambridge University Press, 1992).

2 Nancy Shields Kollmann, *Crime and Punishment in Early Modern Russia* (Cambridge: Cambridge University Press, 2012).

3 Marshall Poe, *"A People Born to Slavery": Russia in Early Modern European Ethnography, 1476-1748* (Ithaca: Cornell University Press, 2000); Larry Wolff, *Inventing Eastern Europe: The Map of Civilization on the Mind of the Enlightenment* (Stanford: Stanford University Press, 1994).

4 Michel Foucault, *Discipline and Punish: The Birth of the Prison*, trans. Alan Sheridan (New York: Vintage Books, 1979). 〔한국어판. 미셸 푸코, 오생근 옮김, 《감시와 처벌: 감옥의 탄생Surveiller et punir: naissance de la prison》, 나남출판, 2020(번역개정 2판)〕

5 엘리트의 안정성에 대해서는 다음을 참조하라. Kollmann, *Crime and Punishment*, chaps. 14-15. 명예 소송에 대해서는 다음을 참조하라. Nancy Shields Kollmann, By *Honor Bound: State and Society in Early Modern Russia*(Ithaca: Cornell University Press, 1999). 결투에 관한 표트르 1세의 법에 대해서는 다음을 참조하라. Kollmann, *Crime and Punishment*, 406.

6 Nancy Shields Kollmann, *The Russian Empire, 1450-1801* (Oxford: Oxford University Press, 2017), Introduction.

7 Kollmann, *Crime and Punishment*, chap. 4.

8 강제 개종에 대해서는 다음을 참조하라. Kollmann, *Russian Empire*, 262-3, 397-402. Less violent religious rhetoric: Kollmann, *Crime and Punishment*, 424-5. 도덕철학에 대해서는

다음을 참조하라. Elise Kimerling Wirtschafter, *Religion and Enlightenment in Catherinian Russia: The Teachings of Metropolitan Platon* (DeKalb: Northern Illinois University Press, 2013).

9   사법 관련 전문 지식에 대해서는 다음을 참조하라. Kollmann, *Crime and Punishment*, chap. 2. 203의 퉁구스족 사건.

10   Kollmann, *Crime and Punishment*, chap. 7.

11   Kollmann, *Crime and Punishment*, chap. 11.

12   방화성 물질을 채운 나무 옥사에 이단자를 넣고 화형시키는 끔찍한 형벌은 15세기부터 기록되어 있다. 반역자 스테판 라진Stepan Razin은 1671년 몸이 네 부분으로 절단되는 형을 당했고, 조각난 시신은 창에 꽂혀 1년 동안 전시되었다.

13   Kollmann, *Crime and Punishment*, chaps. 17-18 and "Pictures at an Execution: Johann Georg Korb's 'Execution of the Strel'tsy'", in Brian Boeck, Russell E. Martin and Daniel Rowland (eds), *Dubitando: Studies in History and Culture in Honor of Donald Ostrowski* (Blooming ton: Slavica Publishers, 2012), 399-407.

14   Abby M. Schrader, *Languages of the Lash: Corporal Punishment and Identity in Imperial Russia* (De Kalb: Northern Illinois University Press, 2002).

15   Jonathan Daly, "Russian Mirror", in Michael Melancon (ed.), *Russia in the European Context 1789-1914: A Member of the Family* (Gordonsville: Palgrave Macmillan, 2005), 161-88, 이 부분은 176.

16   로마법의 부활에 대해서는 다음을 참조하라. John H. Langbein, *Prosecuting Crime in the Renaissance: England, Germany, France* (Cambridge, MA: Harvard University Press, 1974). 러시아의 사법 [체계 내에서의] 고문에 대해서는 다음을 참조하라. Kollmann, *Crime and Punishment*, chap. 6; Valerie A. Kivelson, *Desperate Magic: The Moral Economy of Witchcraft in Seventeenth-Century Russia* (Ithaca: Cornell University Press, 2013).

17   John LeDonne, "Civilians under Military Justice during the Reign of Nicholas I", *CanadianAmerican Slavic Studies*, 7 (1973): 171-87.

제11장

사망한 천사들의 명부:
비판의 렌즈로서 일본 역사에서의 폭력

A necrology of angels:
Violence in Japanese history as a lens of critique

마이클 워트

Michael Wert

2019년 현재, 《우리 본성의 선한 천사》〔2011〕가 출판되고 나서 충분한 시간이 흐른 만큼 이제는 그 책을 적절하게, 그러니까 학문을 다룬 책으로서가 아니라 논쟁적이고 이데올로기적인 책으로서, 당시의 맥락을 밝혀주는 1차 원천자료primary source 텍스트로서 다룰 때가 된 것 같다.[1] 스티븐 핑커는 자본주의의 문제점들을 부인할 수 없게 된 시점에 등장해서는, 자본주의는 그 모든 결점에도 최소한 폭력을 야기하지는 않는다며 자본주의의 지지자들을 안심시킨다. 이것은 적어도 19세기까지 거슬러 올라가는 낡은 주장이다. 따라서 《우리 본성의 선한 천사》는 오늘날의 책인 동시에 시간을 초월한 책이기도 하다. 핑커의 논지에 관해 빌 게이츠Bill Gates 같은 사람, 《워싱턴 포스트Washington Post》, 여타 등등으로부터 표출된 흥분은 마치 교령회交靈會, séance〔산 사람이 죽은 사람의 혼과 소통하는 모임〕와 비슷하다. 서로 손에 손을 잡고 〔동류同類가 되어〕 오래 전에 수명을 다한 주장들 즉 "온화한 상업gentle commerce", 문명화과정the civilizing process〔Prozeß der Zivilisation〕, 계몽주의the Enlightenment, 그리고 더 많은 부, 비폭력, 이데올로기의 포기를 향한 서구의 진보적 행진 등에 내재된 본질적으로 평화로운 특성에 관한 주장들의 영혼을 불러내는 것이다. 이러한 주장들은 틀렸다고 증명된 지 오래임에도 여전히 어떤 독자들 사이에서는 가치가 있다. 핑커는 개인의 합리적〔이성적〕 선택과 서구 기술의 위대함이 부 대對 빈곤 혹은 폭력을 가르는 결정적 역할을 한다고 이야기하는 데이비드 랜즈David Landes의 《국가의 부와 빈곤: 왜 어떤 나라는 그렇게 부유하고 어떤 나라는 그렇게 가난한가The Wealth and Poverty of Nations: Why Some are So Rich and Some So Poor》〔1995〕와 니얼 퍼거슨Niall Ferguson의 《시빌라이제이션: 서양과 나머지 세계Civilization: The West and the Rest》〔2011〕 등을 아우르는 학문적 전통에 가장 최근 합류한 학자일 뿐이다. 달리 표현하자면, 게이츠가 핑커의 논지를 왜 사랑하는지는 쉬 설명된다—핑커 버전의 세계사에서는 게이츠가 그것의 예언자다.

　나는 폭력violence과 관련해 역사history와 역사서술historiography의 평행한 전개를 반영하는 거울로서 일본 역사상의 폭력을 사용할 것을 제안한다. 그 과정에서 폭력, 역사 및 이데올로기의 기능, 자본주의의 추정상 비폭력적 성격에 관한 이제는 무효한 주장들이 나의 사망한 천사들의 명부에 하나씩 오를 것이다. 〔그 무효한 주장들이란〕 자기 자신의 이데올로기적 성향을 모르는 이들에게는 19세기 이후부터 진실처럼 들려온 주장들이다. 폭력은 일본 역사를 통틀어 특이하지 않다. 일본에서 일어난 폭력에 일본적 특징은 없다. 일본에서의 폭력은 핑커의 "사실들facts"이 어떻게 틀렸는지에 대한 연구 사례를 제공하지 않는다. 나의 연구는 실증주의적 비판이 아니다.

나의 사망한 지식의 명부는 핑커의 논지를 고찰함으로써 비평하는 세 가지 상호 연결된 접근법을 따른다. 곧 역사적 메타서사, 구조, 개별 행위자다. 첫째, "문명화과정"에 관해서는 대중의 문화 또는 행위보다 엘리트의 문화와 특권층의 문헌에 초점을 맞춘 비슷한 주장이 근대 초기 일본에 대해 제기된 바 있다. 둘째, 19세기 후반과 20세기 초반에 일본의 산업자본주의industrial capitalism를 이용해 자본주의가 어떻게 징후적으로 폭력적이었는지 보이겠다. 달리 표현하자면, 폭력은 자본주의에 내재하는 긴장의 한 증상이다. 19세기 후반 입헌정부에 대한 진정한 흥분에도 불구하고 그 꿈들은 1920년대에 와서야 소수의 부유한 중산층에, 게다가 너무 적고 너무 늦게 현실화했다. 마지막으로, 핑커의 논지에서는 어느 정도 "자기통제self-control"가 있는 자유분방한 개인에게 책임을 지우므로 우리는 한 개인의 행위에 끼치는 영향을 적어도 한 가지는 살펴봐야 한다―곧 이데올로기적 판타지ideological fantasy.

내가 의미하는 이데올로기ideology는 현실에 반대하는 어떤 것으로서 전통적 의미의 이데올로기 즉 "현실적으로 일어나고 있는" 것을 감추는 일종의 허위의식으로서의 이데올로기도 아니고, 정치학에서 사용하는 특정 집단이나 정당의 정치적 세계관으로서의 이데올로기도 아니다. 이 예전 용례의 "이데올로기"에는 부정적 함의가 들어 있다. 핑커에게는 역사적 악당들, 파시즘, 공산주의만이 이데올로기를 갖는다. 핑커가 이용하는 개념에 따른 이데올로기는 가시적이다―우리는 그것을 수용하거나 거부할 수 있다. 따라서 감정이입empathy, 지능intelligence, 개인의 자기통제는 이데올로기를 능가할 수 있다. 그러나 이데올로기는, 슬라보예 지젝Slavoj Žižek을 비롯한 여러 사람이 정의한 것처럼, 일상생활에 영향을 끼치는 뼈대다. 계몽주의, 더 위대한 지성, 증대된 번영, 그리고 폭력을 더는 찬양하지 않는 "태도attitudes"의 변화로 우리가 현재 운명적으로 도래할 수밖에 없었던 위대한 평화great peace의 시기를 살고 있다는 〔스티븐 핑커의〕 주장은 사실 이데올로기적 주장이다.

학자들은 20세기 내내 철학, 사회학, 역사를 이용해 핑커의 가정에 영향을 끼친 주장의 많은 것을 반증反證했다. 예를 들어, 핑커는 자신의 접근법이 과학적이라고 주장하지만 그것은, 사실상, 과학만능주의적 scientistic이다. 핑커의 접근법은 실증주의positivism의 외양을 흉내 내면서 이성reason과 경험적 사실empirical fact이 "그것들을 파악하려고 시도하는 사상가들의 심리적 기질과 무관"하다고 주장한다. 이는 대체로 근거 없는 통념myth이다. 핑커 책의 엄청난 두께는 "충분히 많이 말하면 사실이 된다"의 과학만능주의적 버전이나 마찬가지다—이 정서는 〔《우리 본성의 선한 천사》에 대한〕 과학저널리스트 팀 래드퍼드Tim Radford의 뼈 있는 찬사에 훌륭하게 포착되어 있다. "나는 그가 옳은지 모르겠으나 이 책은 대大성공작이라고 생각한다."[2] 제이슨 조지프슨-스톰Jason Josephson-Storm이 보인 바대로, 이성은 결코 미신superstition을 몰아내지 않았고 또한 우리는 "부족주의〔부족중심주의〕tribalism 〔그리고〕 권위authority로부터 멀어지고 있"지도 않다.[3]

"사실"의 추정적 중립성은 사실이 어떻게 전개되는지 무시한다. 사실은 그대로 제시되는 법이 없다. 미셸 푸코가 이를 가장 잘 설명하고 있다. "일단 역사적 감각이 초역사적suprahistorical 관점의 지배를 받게 되면, 형이상학이 그것을 자기 목적에 맞게 악용할 수 있고 그것을 객관적 과학의 요구와 일치하게 조정함으로써 그것만의 "이집트주의Egyptianism"를 강제할 수 있다."[4] 핑커는 자신의 목적론적 주장에 스스로도 의구심이든다고 밝힌다. "이것이 휘그주의식Whiggish이고, 현재중심적이며, 역사적 관점에서는 순진한 것처럼 보일 수 있다. […] 그러나 그것〔나의 목적론적 주장〕은 사실에 의해 뒷받침된다."[5]

목적론teleology("휘그주의식")의 문제점은 그것이 이른바 근본적 인과관계의 변화 가능성을 배제한다는 것이 아니라 현재의 역사적 순간은 시간에 따른 변화에 의해, 그 변화에도 불구하고 이미 정해져 있다는 것이었다. 이 "연대표의 도덕화moralizing of chronology"는, 벌린 클링켄보그Verlyn Klinkenborg가 능변으로 진술한 바대로, 역사학자들에게 문제가 될 뿐 아니라 과학자들에게 더욱 그러하다. "요즘 과학은 진화evolution에 방향성direction이 있음을 조금이라도 암시하는 것을, 그에 대한 일말의 흔적이라도 찾으려고 계속 노력한다. 우리 안에서 […] 혹은 다른 끝점이라도 아마도 바람직한 곳에서 끝나는 경향이 있는 방향성 말이다."[6] 목적론의 끝점end point, 그야말로 궁극적 목적인目的因, telos은 역사에서 막다른 길을 무시한다. 바로 이것이 역사학자들이 핑커의 논지에 갖는 주된 불만이다. 너무 많은 역사가 무시된다는 것이다. 더 심각한 바는 목적인의 낙관주의optimism가 예측에서 빗나간 것들을 두고, 평화를 향한, 그것들만 아니었으면 순조로웠을 진보에서의 단순히 비극적인 일탈로 묘사한다는 점이다. 지젝은 이 문제에 대해 다음과 같이 간명하게 설명했다.

진화론적 낙관주의자evolutionary optimist(샘 해리스Sam Harris, 스티븐 핑커)라는 신新종족new breed은 긍정적 통계를 나열하기를 좋아한다. […] 그것들은 (대부분) 사실이긴 해도 우리는 그런 절차에서 생겨나는 문제점들을 쉽게 볼 수 있다. 서유럽의 유대인의 처지와 지난 한 세기 동안의 유대인의 처지를 비교해보면 진보propress가 이뤄졌음은 명확하다. […] 그러나 그사이에 홀로 코스트the holocaust가 일어났다.[7]

외견상 평화로운(곧 외견상 전쟁이나 폭력 따위가 없는) 긴 시간의 토막들 사이에 발생하는 폭력의 폭발을 설명해주는 것은 폭력을 행사할 수 있는 잠재력이 사회의 정상적 기능의 일부라는 점이다.

핑커의 논지 같은 유형은 역사서술에서 새로운 것이 아니며, 일본 역사 분야에서 되풀이되는 것이다. 1960년대에 그것은 "근대화론modernization theory"이라고 알려져 있었다. 근대화론 지지자의 많은 사람이 서구가 경험한 자본주의와 민주주의를 향한 비슷한 진보를 일본 역사에서 목격했다. 형태와 내용만 다를 뿐 그 결과는 비슷했다. 이 근대화의 꿈은 메이지유신(1868), 메이지헌법(1889), 관료화, 1910년대와 1920년대의 정당 정치의 발전에 의해 가속했지만, 1930년대와 1940년대 일본의 전시戰時 동안 핑커의 "비非문명화decivilization" 주장의 메아리인 "비합리성〔이성이 없음〕irrationality" 및 "퇴행retrogression"에 의해 내동댕이쳐졌다.[8] 하버드대학의 역사학자이자 우연찮게 존 F. 케네디John F. Kennedy 행정부의 일본대사를 지내기도 한 에드윈 라이샤워Edwin Reischauer가 이끄는 이 학자들은 일본을 전前 적국敵國에서 아시아의 공산주의의 행진에 대항하는 지정학적 동맹국으로 탈바꿈시켰다. 한 저명한 일본 역사학자의 조언대로 일본 역사의 "더 밝은 쪽 면"에 중점을 둔 연구는 일본 현지 내 근대화론의 접근법에 영향을 끼쳤다.[9]

핑커의 논지는 동아시아에서의 폭력을 주로 다루는 학문에서는 서서히 주목받고 있을 뿐이다. 일례로, 핑커처럼 알렉스 벨러미Alex Bellamy도 냉전the Cold War이 한창이었을 때 동아시아가 전 세계 대량 잔혹행위mass atrocity의 80퍼센트를 차지했음을 나타내는 폭력의 추세를 연구한다.[10] 벨러미는 전근대 유럽에서의 폭력과 그것의 감소 이유로 식별한 경향 중 많은 부분이 전근대 동아시아에서도 나타나는 것 같다는 점에서 핑커와 의견을 같이한다.[11] 벨러미도, 핑커와 마찬가지로, "이데올로기"의 강요를 근대 시기 거시적 폭력macro violence의 주요 원인으로, 경제발전을 폭력의 감소의 결정적 요인으로 본다. 그러나 벨러미는, 핑커와는 달리, 자신의 연구 초점이 최소 1000건에 이르는 비전투원에 대한 고의적이고 직접적인 폭력사건인 대량 잔혹행위라고 명확하게 정의한다. 벨러미의 주장에 따르면, 핑커가 말하는 가장 천사 같은 본성들의 하나인 민주주의democracy는 폭력의 감소로 이어진 것이 아니라 아시아 전역에서, 특히 동티모르와 필리핀에서 불안정성의 원천이었다. 그러므로 근대 아시아의 체험은《우리 본성의 선한 천사》에서 요약한 모든 전 지구적 추세를 나타내지는 않는다.[12] 더욱이 대량 잔혹행위로 살해당한 사람들의 수는 인구 성장에도 감소했다. 이것은 서구의 통계와는 다른 점으로 서구에서는 20세기 상반기 내내 대량 잔혹행위로 살해당한 절대수가 증가했는바, 핑커에 따르기로 〔폭력의〕 상대적 수치는 감소했음에도 그러하다. 핑커가 세계적 추세라고 보는 폭력의 감소는 아시아에서는 보다 최근의 일이다.[13]

전근대 일본의 거시적 폭력

역사가 기록되기 이전 세계에 대한 여타의 연구들과 마찬가지로, 폭력에 관한 일반적 결론은 도출되지 않는다. 스티븐 핑커의 논지를 다룬

노바NOVA〔미국 PBSPublic Broadcasting Service, 공영방송서비스)의 과학 TV 프로그램〕다큐멘터리〈폭력의 역설The Paradox of Violence〉에서 한 출연진은 전 세계에서 발견된 유골 발견물과 높은 폭력률에 대해 이렇게 주장했다. "구석기시대의 증거는 호러 쇼 같다." 고고학자들이 고대 일본의 유골 발견물에 대한 최근 연구에서 알아낸 폭력률은 비교적 낮았다. 실제로, 고고학 유적지가 더 많이 발견될수록 폭력의 발생은 감소했다. 저자들은 폭력이 많이 발생한 유적지가 몇 군데 있긴 해도 그것들은 집단학살masscare의 드문 사례일 수 있고 따라서 그것들이 대표적 경우로 수용되어서는 안 된다고 지적했는바,〈폭력의 역설〉에서 주장한 것과는 모순된 이야기였다.[14]

16세기까지 초기 및 중세 일본에서 타당하게 측정할 수 있는 유일한 폭력의 유형은 전쟁행위warfare와 반란rebellion이다. 중세 세계 전체의 사례처럼, 데이터가 드문드문 있는 터라 전쟁행위의 인구학적 영향은 판단하기가 어렵다. 10세기부터 대략 14세기까지의 군사작전은 반란군을 제압하고, 교토京都의 귀족 궁정의 적을 추격하고, 귀족을 위해 영지의 치안을 관리하는 등 대부분 징벌적 성격을 띠었다. 최초의 대규모 "전쟁war"이었던 이른바 겐페이전쟁源平合戰. Gempei〔Genpei〕War(1180~1185)은 두 무사 귀족 집안이 황실 계승이라는 미명하에 서로 맞붙은 사건이었다. 퇴위한 고시라카와後白河天皇 천황의 이름으로 싸운 미나모토씨〔겐지〕源氏 가문 및 그들의 동맹도, 교토에서 정권 강탈 시도를 했던 조상을 둔 다이라씨〔헤이시〕平氏 가문도 대규모 군사를 전투에 내보낸 것이 아니었다. 사회 엘리트인 무사들 수십 명이 현대 조랑말 크기의 말을 탄 채 서로에게 총을 쏘고 보병들은 상대 보병 및 기병들과 싸웠다. 전투 중 즉사는 많은 경우에 드물었고, 또한 생명을 위협받을 정도의 부상자도 전쟁 보고서에 따르자면 적은 것으로 나타난다.[15] 무사들이 식량을 모으기 위해 일본 전역에서 가는 곳마다 약탈하면서 정치적 불안정이 인구수에 약간의 영향을 끼치긴 했어도, 700년에서 1150년 사이 인구 성장은 대부분 기근과 대륙발 감염에 대한 약한 면역력으로 인해 정체되었다. 14세기 초반 무사 정권은 무사들이 지역민들을 약탈하는 것을 금지하는 포고령을 내렸으나 그조차 현대적 의미의 "법law"이라고는 할 수 없었고, 무사가 피해자로부터 받을 빚이 있음을 입증할 수 있으면 포고령은 무시되기도 했다.[16]

14세기 중반 정쟁의 시기에 교토 주변과 일본 중부의 정치적 폭력political violence은 일본 역사상 가장 많은 사망자를 전투보다는 부수적 피해로부터 발생시켰다. 군대는 전투원이 수백 명에 심지어 수천 명에 이를 정도로 규모가 커졌다. 기근이 같은 시기에 확산했으나 신뢰할 만한 자료가 거의 없어 가장 최근의 중세 연구 인구통계학자demographer가 주장한 것처럼 "기근과 전쟁 사이 인과관계는 추정만 가능할 뿐"이다.[17]

교토를 초토화하다시피 한 오닌의 난応仁の乱, Ōnin War(1467~1477)과 함께 시작된 전국시대戰國時代, Warring States period(15세기 중반에서 16세기 후반) 동안 전쟁행위로 인한 사망자는 전근대 일본 역사상 최고 수준까지 다다랐다(오닌의 난"은 일본 무로마치시대室町時代 오닌 원년(1467)에 쇼군의 후계 문제를 둘러싸고 벌어진 내전이다). 16세기 중반까지 일본 전역의 군벌軍閥, warlord들은 평민들로 병력을 채우고 총기와 대포로 군대를 무장시키며 영토를 획득·유지하려 싸웠다. 더는 징벌의 임무를 띤 소수 엘리트 집단이 아닌 이 군대들은 병사 수가 많게는 5만 명에 이르기도 했다. 전쟁에는 불탄 토지, 화재로 무너진 도시에서의 많은 부수적 피해가 포함되었다. 그럼에도 인구는 계속해서 성장했다.[18]

내전civil war은 오다 노부나가織田信長〔일본 전국시대 무장(1534~1582)〕와 도요토미 히데요시豊臣秀吉〔일본 전국시대 무장(1536~1598)〕 두 정복자 치하에서 끝났으나 전근대 세계 역사상 가장 큰 국제전international war이 이제 막 시작되려던 참이었다. 1590년대 초반 히데요시는 일본을 통일한 후 중국 정복을 목표로 한반도를 침략했다. 1592년과 1597년에 다시 한번 그의 군대는 조선군과, 더 중요하게는 명明군과 충돌했다. 조선에 있는 일본 군대와 중국 군대는 각각 10만 명과 12만 명으로 당시 유럽의 가장 큰 군대들보다도 규모가 컸다. 이는 많게는 8만 명으로 추산되는 조선군과 게릴라 부대는 포함하지 않은 수치다. 한국에서는 "임진왜란壬辰倭亂"으로 부르는 이 전쟁은 한반도를 초토화했고 히데요시가 일본에서 자연사했을 때야〔1598〕 비로소 끝이 났다〔1597년에 일본이 재침략한 것을 "정유재란丁酉再亂"으로 달리 부르기도 한다〕. 세 번째 정복자 도쿠가와 이에야스德川家康〔일본 에도막부江戶幕府 제1대 쇼군(1543~1616)〕가 일본의 헤게모니를 장악했고, 1615년 히데요시의 아들〔도요토미 히데요리豊臣秀賴〕을 마침내 패퇴시킴으로써 통치권을 확보했다.

일본의 전국시대와 조선 침략은, 인구통계학적으로 일본의 근대 전쟁들만큼의 재앙은 아니었으나, 잔혹성brutality의 전형으로 특징지을 수 있다. 오다 노부나가는 불교 사원을 파괴하며 거의 1만 명에 이르는 승려와 신도들을 살해했다. 불교는 명맥을 이어갔어도 사원들은 더는 노부나가의 맹습 이전과 같은 정도의 물질적 부, 군사력, 정치력을 갖지 못했다. 임진왜란 때 도요토미 히데요시의 군대는 활약의 증거로 조선에서 벤 〔조선 병사나 민간인의〕 코와 귀를 일본으로 갖고 돌아가서 보상을 받았다. 전국시대와 임진왜란의 잔혹성은 핑커의 피비린내 나는 일화가 중세 유럽에 대해 똑같은 주장을 하는 것처럼 우리로 하여금 중세 일본이 극도로 폭력적인 시기였다고 믿게 할 수 있다. 그러나 사라 버틀러가 이 책에서 논증하듯[8장], 중세 일본도 중세 유럽도 폭력으로 인해 대재앙적 인구 손실을 겪은 것으로 보이지 않는다.[19]

근대 일본의 폭력에 비해 전근대 일본의 폭력이 상대적으로 덜한 것은 무엇으로 설명할 수 있을까? 불교는 전근대 동아시아 역사를 관통하며 엘리트층의 삶에 영향을 끼쳤다. 불교는 일부 국가에서 국가의 지배 이데올로기를 구상하는 방식에 통합되었다. 다른 많은 종교와 마찬가지로 불교도 생명의 신성함을 중요시하며 살상행위를 죄로 여겼다. 일본에서는 연민과 자비慈悲, mercy가 "이성reason"(도리道理)이라는 개념과 짝을 이룬다. "연민compassion"은 무사나 귀족의 영지에서 벌어진 범죄를 처리하는 방법에 관한 전근대 시기 칙령과 지침에서 자주 사용되는 용어였다. 하지만 다른 불교권 국가에서와 같이 〔일본에서〕 군주들은 불교와 국가를 보호하는 것을 폭력을 정당화하는 구실로 이용했다. 불교 사원들은 폭력에 특화한 집단과도 접촉할 수 있었다. 그렇다면 이데올로기와 집단정체성group identity은, 핑커의 주장을 이용하자면, 폭력과 연관되어 있었다고 보일 수 있다.

그러나 일상을 특징짓는 상징 및 가치의 지평으로서의 이데올로기, 이 경우 엘리트 무사다움이라는 것 즉 전투의 판타지로서의 이데올로기는 폭력 행동violent behaviour을 억제할 수 있었다. 모르텐 옥센뵐Morten Oxenboell의 주장에 따르면, 무사들은 전쟁 설화를 탐닉함으로써 폭력에 가담하는 방법을 학습했고, 역사적 전투담을 소설화했고 공연했다. 과거에는 역사학자들이 전쟁 설화를 실제 전투를 이해하는 원천자료로 이용했다. 그 대신 최근 연구에서는 전쟁 설화를 실증적 자료로서 사용하지 않고 그것을 귀족 엘리트층의 문화를 분석하거나, 옥센뵐과 마찬가지로 무사들이 자신들의 전임자들을 어떻게 생각했는지, 또 자신들 스스로는 무사로서 어떻게 생각했는지 등을 연구하는 데에 사용한다. 다시 말해, 전쟁 설화는 중재된 안전공간safe space으로서 폭력을 즐기는 수단으로 기능했고 전투를 남성다운 활동으로 찬양했으며, 동시에 제대로 된 전투 수행 방법에 대한 전형典型을 제시했다. 전쟁 이야기에 묘사된, 예컨대 자신의 혈통을 큰 소리로 외치는 것 같은 전투 의례가 후대 무사들의 폭력행위에 영향을 주었을 수 있다. 일례로, 13세기에 몽골이 일본을 침략했을 때 말을 탄 일본 무사들은 전쟁 소설의 장면들을 모방해 해변에서 자신들의 이름과 혈통을 큰 소리로 알리면서 몽골군과 싸웠다.[20] 따라서 옥센뷜은 역사상의 폭력에 관한 보다 광범위한 연구의 풍부한 산물을 따르는바 그 연구에서는 어째서 폭력이 내재하는 [생득적]inherent 특성이 아니라 일상의 "상식common sense"을 특징짓는 보이지 않는 힘, 이 경우 무사 귀족의 가치관에 의해 영향을 받은 어떤 것임을 보여준다.

"태평"의 시대

도쿠가와德川 혹은 에도江戶 시대(1603~1867)라고 불리는 일본 역사의 마지막 무사 정권 시기는 비교역사적 측면에서 두 가지 주요 특징으로 유명하다. 첫 번째 특징은 일본 외 나머지 세계the rest of the world로부터 고립되는 이른바 쇄국정책으로, [일본이] 기독교와 그것을 들여온 유럽인들의 [일본에 대한] 영향을 제한하고자 유럽과 자발적으로 단절한 것이다. 두 번째 특징은 거시적 폭력으로부터의 상대적 자유다. 도쿠가

와 가문의 수장 도쿠가와 이에야스가 세키가하라전투関ヶ原の戦い, Battle of Sekigahara(1600)에서 승리해 쇼군將軍이라는 칭호를 거머쥠으로써(1603) 〔가문의〕 헤게모니를 공고히 하고, 오사카성大阪城 포위로 마지막 경쟁자를 격파하고 나서, 일본은 정권이 점차 붕괴해간 1860년대까지 어떠한 전쟁행위도 겪지 않았다. 남서부에서 거의 1만 명이 일으킨 시마바라의 난島原の亂, Shimabara Rebellion(1637~1638)은 4개월 만에 끝났고, 이후 정권에 위협이 된 반란은 없었다〔"시마바라의 난"은 일본 규슈 북부의 시마바라에서 기독교인 가운데 농민을 중심으로 일어난 난이다. 시마바라번 번주藩主 마쓰쿠라 가쓰이에松倉勝家의 혹독한 세금 부과와 기독교인 탄압이 난의 주요 원인이었다〕. 이제 전국적 헤게모니로서 에도(도쿄)에 입성한 군벌과 도쿠가와 가문은 평화협상을 이뤄 16세기의 고질적 국지전으로부터 자유로워졌다. 도쿠가와 가문은 그 공의 대부분을 자신들 것으로 돌리며 이에야스를 신격화하고 자신들이 "천하태평"을 가져온 정권임을 홍보했다.

"천하태평天下太平〔天下泰平〕, the great peace of the land"이라는 문구는 이중으로 이데올로기적이다. 도쿠가와 정권은 자신들의 통치를 정당화하고자 정치이데올로기로서 이 개념을 이용했다. "태평"이라는 문구는 지도책의 제목에, 칙령의 언어에, 동시대의 역사서에 등장한다. 그러나 "태평"은 근대 초기뿐 아니라 일본 〔역사〕 전반에 걸쳐 일본에 관한 "학문적 합의"이자 상식으로서 오늘날까지도 계속해서 이데올로기적이다. 두 번째 이데올로기적 전개는 스티븐 핑커가 사용한 것과 동일한, 다시 말해 "알려지지 않은 알려진 것들unknown knowns" 곧 우리가 인식하고 있음에도 인식하지 못하고 있는 것들〔이미 알고 있는 것을 모르는〕로서, 이는 슬라보예 지젝이 한때 이데올로기가 어떻게 작동하는지에 관해 말하면서 도널드 럼즈펠드Donald Rumsfeld의 유명한 "알려지지 않은 것unknown's"이라는 표현에서 차용한 것이다〔여기서 "unknown's"는 2002년 2월 기자 브리핑 자리에서 (이후 미국이 이라크를 침공한 이유가 된) 이라크 정부와 테러집단의 대량살상무기WMD 보유와 관련해 그 증거가 부족한 것 아니냐는 질문에 답하면서 나온 표현이다〕.

표면적으로는 "태평"이라는 표제가 당시 시대를 정확하게 묘사하는 것처럼 보인다. 아무도 일본을 침략하지 않았고 군벌은 "영주lord"가 되었으며, 비록 도쿠가와 이에야스에게 조상들이 패한 것, 일종의 전근대 일본의 "명분 상실Lost Cause"을 애도하는 사람들이 있기는 했어도 도쿠가와 정권에 반기를 든 영주는 없었다. 도쿠가와막부는 구심력으로 작용했다. 영주들은 한 해 걸러 에도에서 살았던 반면 그들의 아내와 후계자는 반역을 예방하기 위해 인질로서 그곳에서 영구히 살았다. 그러나 일본 전역에 분포된 270여 개의 번藩, domain〔많은 영지를 보유했던 다이묘大名가 지배했던 영역〕은 비교적 자치적으로 운영되었다. 이에 더해 어떤 번에서는 가까운 이웃 나라들과, 특히 조선과 외교정책을 추진했다. 영주들이 동정 어린 영주들을 조언자로 둔 정부인 막부에 대한 공경 예식에 참여하는 한, 그들은 자기들 뜻대로 하게 허락되었고, 최근 한 작가가 서술했듯, "태평을 수행"했다.[21]

전국시대에 있었던 폭력의 대부분에 대해서는 무사들을 비난해야 하겠으나, 17세기 전반기 그들이 시골에서 나와 그 지역 성도省都로 쏟아져 들어갔고 그런 추세가 마을사람들에게 환영받았음에는 의심의 여지가 없다. 어느 누구도 무사인 동시에 평민으로 활동할 수 없었고 사람들은 신분을 선택해야 했으며, 그 결정은 대체로 후손들이 바꿀 수 없었다. 이전의 패권자 도요토미 히데요시가 추진했던 유명한 "칼사냥sword hunt"〔가타나가리刀狩り, 가타나가리레이, 도수령刀狩令〕은 도쿠가와 정권

에서도 실행되어 무사가 아닌 사람들에게서 〔칼이나 창 등〕 많은 무기가 몰수되었다. 폭력의 수단 및 폭력의 실행자가 정권에 의해 대부분 독점되면서 시골에서는 거시적 폭력이 감소했고, 반면 도시화urbanization가 증가했는바 특히 유럽의 어느 수도보다도 규모가 컸던 에도에서 그러했다. 여행은 더 안전해졌고 상업은 확산했으며, 스다 쓰토무須田努가 지적한 대로, 막부는 평민들에게 문제를 해결하고자 서로를 죽이지 말고 지방 당국에 불만사항을 고하라고 권했다—"그것이 폭력을 방지한 사회의 지혜였다."²²

근대 초기 일본 역사학자들이 주장하듯 강력한 국가가 폭력의 감소를 가져온 한 가지 원인으로 꼽히고 있다면, "문명화과정"은 사무라이さむらい, 侍, samurai의 평화화pacification를 설명하는 데에 쓰여왔다. 전근대 동아시아 정치철학political philosophy에 따르면 이상적 정부는 "문文, civil"과 "무武, martial" 사이에 균형을 갖춰야 했는바, 중국과 한국 역사 전체를 보면 문을 좀 더 선호했다. 중국이나 한국과는 달리 일본에는 상당한 규모의 순수 민간 문인 전통이 부족했다. 전근대 일본 역사 중 많은 시기 동안 문인 귀족과 성직자가 관료로 봉직했지만, 17세기에 들어서면서부터는 많은 번과 막부에서 사무라이가 그 자리를 대신했다. 사회사학자social historian 이케가미 에이코池上英子의 주장에 따르면, 무사의 정체성은 호전적 폭력에 의거한 명예와 자부심이라는 관념에서 자기통제와 교육이라는 관념으로, 무사에서 문인으로 바뀌었다. 의식儀式, ceremony은 최상위 엘리트 무사들에게 오랜 관심사였으나, 이제는 지위가 낮은 무사들까지도 기본적인 것을 알아야 했다. 국가는 결투duelling를 비롯한 모든 형태의 사적 싸움을 범죄로 규정했고 자신의 주군이 사망하면 그를 따라서 자살하는 순사殉死(준시じゅんし)를 불법화하는 등 전체적으로

사무라이를 "길들였다."[23] 18세기 초반의 한 사무라이 전문가는 후배 무사들을 가리켜, "요새는 여성의 맥박脈搏을 가진 것 같은 남자가 너무 많다"라고 한탄하기까지 했다.[24] 확신하건대, 핑커는 이 여성화feminization를 달가워할 것이다.

시시각각 바뀌는 "오늘"의 사무라이는 더는 무사다운 것이 뭔지 모른다는 선배 사무라이의 불평은 사무라이 정체성에 대한 주요한 갈등을 예증해준다. 그들은, 무사계급 집단의 일원으로서, 폭력이 절제된 방식으로라도 유지되어야 하는 필요성을 설파했다. 폭력은 완전히 사라질 수 없었으나, 그 대신, 절차가 만들어졌다. 사무라이 간의 싸움과 결투는 죽음으로 처벌할 수 있었지만, 싸움의 명분을 제공하거나 싸움을 건 사람이 누구냐에 상관없이 사무라이는 지방 관청의 창구를 통해 신청을 하고, 증인을 모으고, 죽여도 된다는 허가증을 받으면 공격을 가한 비非사무라이를 베거나, 불륜을 저지른 아내와 그 정부情夫를 죽이거나, 살해당한 아버지 혹은 삼촌에게 복수할 권리가 생겼다. 악명 높은 "의식자살ritual suicide"(셋푸쿠, 할복[자살]切腹) 형태의 처형은 제도화했고 사무라이에게만 따로 집행되었다. 이 방식은 더욱 문명화해 17세기 때는 실제로 할복을 하는 것에서 단검이나 부채를 향해 손을 뻗으면 그것을 신호로 집행인이 목을 베는 단순한 제스처로 바뀌었다. 이케가미의 주장에 따르면, 도쿠가와시대 말에 가서는 "사무라이로서의 명예와 폭력 행사 사이 직접적 연관성은 점차 약화했고 법을 준수하는 '조직인organizational men'으로서 사무라이의 새로운 윤리가 명확하게 부상했다."[25]

사무라이가 계속해서 점점 더 "길들고", 기괴한 처벌이 시야에서 사라지고, 인仁, benevolence이라는 개념이 널리 퍼질수록 무질서와 폭력이 점점 더 많이 발생했다. 달리 표현하자면, "길들이기taming" 혹은 "문명화

civilizing"를 생각할 때 우리는 문명화과정에서 누가 길들었는지 물어야 할 것이다. 다음과 같은 질문도 해야 한다. "폭력"을 어떻게 정의하느냐에 따라 다르겠지만, 행동이 더 "문명화"했고 "전쟁"이 적었던 표면적 모습에도 불구하고 유럽이, 혹은 이 경우 일본이 정말로 폭력을 덜 겪었을까? 덧붙여, 문명화과정 이전의 유럽 사람들이 그렇게 폭력적이었을까? 그리고 비슷한 질문으로, 애초에 사무라이들은 감정적으로 너무나 공격적이고, 폭력을 요구하는 명예의 영향을 받아서 길들어야 한 것일까? "평화의 시대era of peace"라는 논법은 스스로를 평화를 가져온 정권으로 내세운 도쿠가와 정권의 이념적 주장을 단순히 오인하고 도쿠가와 이전의 무사들의 야만적 본성barbaric nature을 지나치게 강조할 수 있다.[26] 거시적 폭력이 없었음에도 도쿠가와 사무라이가 그 전임자들보다 더 폭력적이었을 수 있다. 심지어 이케가미가 전형적인 하급 무사의 사례로 든 분자에몬이라는, 순응적 삶을 산 비교적 가난한 사무라이는 "자신의 일기에 장안의 화제나 그 지역의 모든 살인사건, 정사情死사건, 치정癡情 범죄, 성추문, 복수행위 등 안 쓴 게 없었다. 또한 그는 칼 훈련의 일환으로 자신의 칼을 시신에 시험해보기를 고대했다."[27] 〔분자에몬 곧 아사히 분자에몬朝日文左衛門(1674~1718) 또는 아사히 시게아키朝日重章는 오와리번尾張藩 번사藩士로 일기 기록《오무로추기(앵무농중기)鸚鵡籠中記》를 남긴 에도시대의 하급 무사다. 책은 에도시대 무사, 특히 하급무사의 일상성을 파악하는 데서 중요한 자료로 평가받고 있다.〕

17세기 내내, 떠돌이 개를 죽이고 이에 더해 범죄자를 대상으로 검술을 연습하는 일이 10대 사무라이를 위한 교육적 "발판"에 포함되었다는 게 이례적인 일이 아니었다. 범죄자의 참수를 거부하면 비겁함으로 간주되었고, 어떤 끔찍한 사례에서 한 사무라이 작가는 "동류 인간의 목을 베자 즐거운 기분이 들었다고 주저 없이 말했다."[28] 18세기의 또 다른 작가는 17세기를 돌아보면서, 범죄를 저질러 유죄가 선고된 하급 부관이나 수하手下는 사무라이로 하여금 본인 집에서 사적으로 자신들의 사형을 집행하게 함으로써 사무라이들의 칼날을 시험할 기회를 주었지만 그런 관행은 더는 유지되지 않거나 "영주들이 더욱 자비로워져서 옛 관습은 사멸했다"라고 언급했다.[29]

강한 국가로 무사들 사이에서 거시적 폭력이 감소했을 수 있지만, 국가는 유럽식 계몽주의 없이도 가장 폭력적인 처벌의 강도와 빈도 둘 다를 감소시켰다. 대니얼 보츠만Daniel Botsman이 보인 대로, 유혈이 낭자한 사형과 무시무시한 고문은 17세기 말까지 점차적으로 사라졌고 남아 있던 것도 안 보이는 곳에서 집행되었다. 고문과 처벌이 공공장소에서 사라진 것에 대한 노르베르트 엘리아스의 이야기에서 종종 잊어버리는 일은 사람들이 폭력을 더는 지지하지 않아서라기보다는 단순히 폭력을 보고 싶어 하지 않는 데서 비롯한다. 배리 본Barry Vaughn이 웅변적으로 설명하듯, 엘리아스는 "문명화의 시작을 폭력의 소멸extinction과 결부하지 않고 단지 그것의 폐색occlusion과 결부한다."[30]

근대 초기 일본 역사에서 특정 형태의 폭력이 감소했다면, 그 일은 일본이 서구와 교류하기 이전에 일어났다. 증거에 따르면, 일본이 서구 형법 개혁의 영향을 받기 훨씬 이전인 17세기부터 일본 무사 정권은 관리들과 간수들에게 학대보다는 연민을 가질 것을 가르쳤고, 임신한 여성들을 고문하는 일을 자제했으며 아이들을 절대로 살인죄로 사형시키지 않았다.[31] 불교와 유교의 덕德, virtue, 예禮, propriety, 인, 자비 개념은 수감과 처벌 과정에서 국가의 행동에 영향을 주었으나, 정권으로 하여금 보츠만이 "피의 인仁, bloody benevolence"이라고 칭한 취지에서 참수된 머리를 전시해 사람들에게 자신들이 국민 보호의 임무를 수행하고 있다는 신호를 보내게 한 것도 동일한 이상들이었다. 막부가 수도 에도에서 도시를 드나드는 사람들을 위해 "표지로서의 시신bodies as signs"으로 머리를 전시한 것은 바로 인간애, 인, 안정 유지에 대한 염려라는 명목하에 한 일이었다. 다시 말해, 근대국가가 폭력적 수감incarceration 관행을 이용해 국가가 국민을 투사하려 제 역할을 하고 있음을 시민들에게 보여주는 것과 마찬가지로, 정권의 정치이데올로기는 폭력을 왕국의 조정자[화해자]pacifier로 이용해 그것이 행하고 있는 선the good을 논증했다.

근대 초기 일본은 "태평의 시대泰平時代, era of great peace"라는 별칭을 얻어낸 것 같다. 그러나 "평화의 시대" 개념의 함정은 그것이 일반적으로 전쟁의 부재를 통한 무사들 간의 평화를 지칭했다는 점이다. 그렇다면 다른 이들은 어땠을까? 도시화는 경제적 역동으로 이어졌어도 에도에서는 실직한 사무라이 갱단이 재미 삼아 평민을 공격했고 평민들도 앙갚음을 하려 갱단을 만들었다. 한 학자는 18세기까지 "팍스 도쿠가와pax Tokugawa"("도쿠가와의 평화")라는 호칭을 받을 만한 도시는 아마 오사카가 유일했을 것이라고 주장했다.[32] 또 다른 역사학자는, 기록으로 남은 농민 봉기만 3000건 이상, 주요 반란 2건, 실패한 두어 차례의 막부 전복 시도 등을 보면 이 시대가 "결코 2세기 반의 평화의 시대"였던 것 같지는 않다고 강조한다.[33] 봉기uprising에 참여한 농민들은 일반적으로 사람을 목표로 삼지 않았고 가끔씩 재산을 파괴했을 뿐이다. 그들은 보통 행진을 했을 뿐 "혁명적revolutionary" 성격을 띠지도 않았다. 그러나 폭력의 빈도와 정도는 시간이 흐름에 따라 증가해 1590년에서 1720년까지는 봉기가 1년당 5.3건밖에 안 일어나던 것이 1830년에서 1871년 사이에는 1년당 거의 24.4건으로 봉기가 늘어났다.[34] 18세기 후반부터 이 봉기들은 사람들이 피해를 입는 일은 없게끔 하자고 모두가 받아들인 규범에 순응하지 않았고 개인적 공격, 절도, 방화를 수반했다. 봉기중 무기보다는 신분의 상징으로서 농기구를 휴대하는 대신 그들은 이제장대와 검을 갖고 다녔다. 촌락 사람들이 칭한 이들 새로운 "악도惡徒, evil bands"는 불만에 찬 젊은 남성들로 구성되어 있었고, 원래는 축제를 계획·개최하고 지방 공공 프로젝트를 수행하고 분쟁의 중재자 역할을 함으로써 시골사회를 도우려 한 반半공식 "청년단"을 통해 스스로를 조직했다. 그들은 경제적으로 어려운 시기에 자신들의 분노 대부분을 지방 당국에 표출했다.[35] 이 봉기들의 정도와 심각성 모두 경제의 거시적구조 변화에 기인했다. 더 많은 부가 상인들 손에 집중된 바로 그 시기에 가난한 이들 사이에서는 더 많은 불안정성이 폭력으로 이어졌다. 다른 말로, 더 위대한 "문명화"가 일어났고 자기통제가 일부 사람들을 누그러뜨렸다는 점을 인정한다 해도, 구조적 측면에서의 "온화한 상업"은항상 다른 어떤 이에게는 온화하지 않다. 게다가 스다 쓰토무가 주장한대로, 이 폭력에 기여한 것은 핑커가 비폭력의 확산에 대해 집단보다개인을 칭송하는 일과는 달리 집합적 정체성collective identity이 아니라 이현상을 특징짓는 집합체 붕괴the breakdown of the collective였다─개인들은 집단보다 먼저 자신을 보살피려 했다.[36]

사실 청년들의 폭력은 도쿠가와시대 내내 지속되었다. 동시대 관찰자들에 따르면, 대규모 모의전쟁에 가담하는 아이들의 수가 한 번에 수백 명에 달했다고 한다. 그들은 죽창으로 무장하고 서로에게 싸움을 걸었다. 19세기 초반 에도에서 그런 아이들의 "전쟁"이 몇 차례 발발했다. 봉기와 비슷하게 청소년 폭력─한 학자는 "악동의 시대an age of malevolent youth라는" 별명을 붙였다─의 빈도와 강도의 증가 역시 무질서, 자연재해, 그리고 1890년대부터 시작된 경제 문제와 동시에 일어난 것으로 밝혀졌다.[37] 그러한 폭력이 인구에 끼친 영향 즉 이 사건들이 상당한 인구의 감소를 가져왔는지 아니면 거주 인구의 성장을 가져왔는지 여부에 관해서는 통계가 없지만, 영아 폭력—영아살해infanticide 풍습—은 적어도 일본 북동부에서는 최악의 수십 년 동안 인구의 감소에 큰 영향을 끼칠 만큼 심했다.[38] 그럼에도 난데없이 터져 나온 것 같은 이 폭력은 무엇으로 설명할 수 있을까? 도쿠가와의 일본이 시행한 수익화monetization와 상업화commercialization의 확대는 비非무사 엘리트 부유층에 이득이 되었다. 그러나 사업가의 경제적 이득이 더 많은 정치참여로 옮아가지는 않았다. 게다가 소규모 집단 하나의 경제적 이득마다 많은 경제적 패자loser가 포함되어 있었다. 불완전 고용에다 기회도 없는 불만에 찬 청년들이었다. 정치적으로 최상위층인 세습 무사계급은, 얼마나 길들었든 간에, 자신들의 존재를 폭력적 과거에 빚지고 있었다. 그러한 폭력은 대중문화에서 찬양받았으며 아울러 모든 사람이 기존 질서에 대한 자신들의 저항을 정당화하는 데서 전유專有할 수 있었다.

더 피비린내 나는 17세기 세계로부터의 전환은 5대 쇼군 도쿠가와 쓰나요시德川綱吉(재위 1680~1709)의 통치하에서 시작되었다. 이후 그는 동물을 해치는 경우, 특히 에도에서 골칫거리가 된 떠돌이 개를 해치는 경우에 그 행위자를 사형으로 처벌할 수 있게 하는 "연민령憐愍令, laws of compassion" 때문에 조롱거리가 되었다〔쓰나요시는 평시는 물론 기근 때에도 일체의 동물을 죽여서 먹으면 안 된다는 "쇼루이 아와레미노 레이生類憐れみの令"(일련의 "겐로쿠 살생금지령")를 포고한 쇼군이다("겐로쿠"는 연호다)〕. 시민의 돈으로 수많은 개 사육장을 지은 덕분에 그는 "개犬쇼군"〔이누쿠보犬公方〕이라는 별명도 얻었다. 이 법령은 인간에 대한 자애로운 대우로도 확대되

었다. 궁극적으로, 이 법령은 너무나 엄격하게 시행되었고, 비용이 많이 들고 관리가 불가능한 것은 말할 것도 없었으며, 도쿠가와 쓰나요시의 통치기 직후 폐지되었다. 그러나 전반적으로 도쿠가와 쓰나요시는 문文-무武 쌍문화를 문화 쪽으로 전환하려 노력했다. 그는 무사의 행동을 엄중하게 단속하고, 새로운 세금을 부과하고, 주화의 가치를 절하하고, 여타 개혁을 실행하는 등 경제적 안녕과 문화적 번영의 시대의 막을 열었다. 적어도 한 유학자는 쓰나요시의 통치기 동안 공격적 평민을 그 자리에서 죽이는 일은 드물어졌고 "사람을 죽이는 일은 비인간적이라고 떠드는 것이 유행이 되었다"며 한탄했다.[39]

근대 초기 일본에 대해 통용되는 서사는 평화의 시대가 19세기 중에 끝났다는 것이다. 상호 연관된 일련의 사건이 일본 안팎에서 발생했다. 서구 국가는 미국을 적대국으로 하며 수 세기 동안 서구와의 접촉이 거의 없던 일본에 불평등 조약을 강제했고, 이 조약으로 인해 일어난 도쿠가와 쇼군을 향한 분노, 제국주의 제도에 대한 새로운 충성심, 도쿠가와 가문 내의 승계 논쟁, 자연재해 및 경제난 등 이 모든 것이 극으로 치닫다가 번의 내전 발발, 봉기, 암살과 함께 막을 내렸다. 도쿠가와막부는 1868년(1603~1868)에 붕괴했고, 어린 메이지 천황明治天皇의 이름으로 싸운 군에 대한 저항은 1869년까지 계속되었다(보신전쟁戊辰戰爭[무진전쟁이라고도 한다. 1868년 무진년에 일어난 에도막부 세력과 교토의 천황에게 권력을 반환하라는 막부 타도 세력 사이의 내전(1868~1869)이다]). 이 메이지유신 시대에 얼마나 많은 사람이 살해당했는지는 불명확해도 대략 3만명에 이르는 것으로 추산된다.

메이지유신

슬라보예 지젝은 프랑스혁명the French Revolution의 역사서술에 대한 논평에서, 정치관에 상관없이 폭력을 해명하려고 하는 욕망은 항상 존재한다고 썼다. 보수적인conservative 쪽에서는 폭력은 단순히 민주주의를 향한 행진에서 이례적인 것으로 간주하고, 진보적인liberal 쪽에서는 폭력이라면 모두 대단치 않게 생각하고 싶어 한다. "모든 이가 1793년 없는 1789년을 원하"는데 이것은 마치 카페인 없는 커피나 설탕 없는 초콜릿을 원하는 것과 같다〔여기서 "1793년 없는 1789년"은 "자코뱅파의 공포정치가 없는 프랑스혁명"의 의미다〕.⁴⁰ 메이지유신明治維新, Meiji Restoration〔1868〕에 관한 태도도 비슷하다. 2016년 에도도쿄박물관江戶東京博物館에서 유명 사무라이 예술가이자 검술사 야마오카 뎃슈山岡鐵舟〔1836~1888〕를 주제로 전시회가 열렸다. 이 전시회에서 특별히 강조된 것은 "에도성의 무혈항복"에서 그가 한 역할이었는바, 이 슬로건은 보통 메이지유신을 비교적 비폭력적 혹은 온건한 것으로 특징지을 때 사용되는 것이었다. 일반적으로 역사학자들은 메이지유신의 특징으로 프랑스혁명과 비교해 유혈사태가 상대적으로 적었다는 점을 들며, 이는 일본 근대사에서 메이지유신과 다른 근본적 사건을 비교할 때 흔히 나오는 설명이다. 놀랄 것도 없이, 일본 정치인들은 대개 메이지유신을 긍정적 측면에서 기념한다. 예컨대 1968년 메이지유신 100주년 때 정치인들은 〔역사학자〕 도야마 시게키遠山茂樹가 언급한 것처럼, 일본의 성공에 공헌한 메이지의 에너지를 보여줌으로써 메이지유신 100주년이 젊은이들 사이에 애국심을 고취하기를 바랐다.⁴¹ 달리 표현하자면, 지젝 논평의 일본 버전은 사람들이 1869년 없는 1889년 메이지헌법明治憲法, Meiji Constitution〔대일본

제국헌법大日本帝國憲〕 공포를 원한다는 것일 수 있다〔"1869년"은 "보신전쟁"을 말한다〕.

"태평"에 관한 이 두 번째 이데올로기적 전개는 보신전쟁 직후인 1871년, "이와쿠라 사절단岩倉使節團"이 서구에 파견되었을 때 시작되었다 〔"이와쿠라 사절단"은 외무대신이자 우대신右大臣 이와쿠라 도모미岩倉具視를 특명 전권 대사로 하고 사절단·수행원·유학생 등으로 구성되었다〕. 가장 권력이 센 메이지 과두정치 지배자 중 한 명인 이토 히로부미伊藤博文〔1841~1909〕는 샌프란시스코에서 청중에게 다음과 같이 말했다.

수 세기 전 확고히 수립된 봉건제가 1년도 채 안 되어, 한 발의 총알도 쏘지 않고 한 방울의 피도 흘리지 않고 완전히 폐지되었다. 이 엄청난 결과는 정부와 국민의 일치된 행위로 달성되었으며 이제는 협동해서 진보의 평화로운 길을 전진해 나아가라고 재촉하고 있다. 중세의 어떤 국가가 전쟁 없이 봉건제를 무너뜨렸던가?

도쿠가와의 "평화의 시대"처럼, 이 독특하게 평화로운 일본에 대한 새로운 묘사에는 예상치 못한 폭발로 드러나는 이데올로기적 폭력 ideological violence의 암류暗流가 감춰져 있다. 보신전쟁이 상대적으로 얼마나 평화로웠든 간에 해결되지 않은 것이 있었으니, 19세기 후반기 내내 더욱 거시적인 폭력을 야기한 무사 판타지warrior fantasy였다.

난데없이 등장한 것 같은 폭력을 잘 예증해주는 사례가 새로 개소된 〔1869〕 공의소公議所"〔"고기쇼." 일종의 입법자문기관. 의안제출권이 있었다〕의 사무라이 멤버이자 젊고 희망에 찼던 모리 아리노리森有禮〔1847~1889〕에 관한 사건이며, 공의소는 새로운 근대 정부의 시작을 돕고자 만들어졌고 그 구성원은 모두 사무라이였다. 1869년 모리 아리노리는 경찰, 군, 정부 관리를 제외하고는 더는 공공장소에서 칼을 휴대하지 말 것을 공의회에 제안했다(“폐도안廢刀案”). 이 의안을 제출한 관리는 모리 아리노리가 정부나 법의 변화로는 충분하지 않고 핵심 인물들이 바뀌어야 한다는 점을 지적하고 싶은 것뿐이라고, 확신하건대 주저하며, 말했다.

모리 아리노리의 제안에 대한 반응은 즉각적이고 신랄했다. 그는 공의소에서 퇴출되었고, 지위가 강등되었으며, 생명에 위협을 받았다. 비교적 알려지지 않은 이야기지만, 공의소에서는 셋푸쿠(할복[자살])에 대한 논의도 있었다. 일본이 서구 국가들과 어떻게 교류할 것인지를 둘러싼 논쟁보다 셋푸쿠가 폐지되어야 하는지 여부를 둘러싼 논쟁에 더 많은 시간을 썼다(200 대 3으로 부결되었다). 무사 정체성warrior identity의 마지막 흔적이자 사무라이에 대한 내적 자아감을 고정시킨 토템상像[한 사회의 숭배되는 표상이나 상징]의 제거는 일련의 폭력 충돌이 발발하는 계기가 되었고 이는 “세이난전쟁西南戰爭, Rebellion of the Southwest”(1877)에서 극에 달했다(“세이난전쟁”은 사이고 다카모리가 주도한 사쓰마번 사무라이의 무력 반란이다). 메이지유신의 영웅이자 황제-충성파 사이고 다카모리西鄕隆盛[1828~1877]는 조선에 메이지 황제의 새 역할을 인정하라고 강제함으로써 신출내기 정부가 국가의 명예를 수호하기를 원했다. [일본의] 과두 집권층은 그의 의견을 거부했다. 두 개의 칼을 차고 특이한 사무라이 헤어스타일을 유지할 권리를 보전하고 싶어 한 사이고의 많은 사무라이 추종자들은 과두 집권층에 곧 스스로 이제는 전前 사무라이가 되어 이런 특권을 폐지한 그들에게 배신감을 느꼈다. 무사 판타지의 위협을 인식한 정부는 가공의 인물 겐지[미나모토씨]가 헤이케平家[다이라씨] 가문과 겨루는 아이들 100인 규모의 전쟁놀이 같은 종류를 금지하기까지

한바, 그것이 도쿠가와시대에 많은 문제를 야기한 과도하게 "소년다운boyish" 활동인 겐페이전쟁을 너무나 폭력적으로 재연한 때문이었다.[42]

아이러니한 것은, 평화화 및 문명화과정으로 해석되게 마련이었고 이케가미 에이코에 따르면 도쿠가와시대 동안 자기통제와 문화로 재정의된 명예honour가 19세기 중반 무사 신분 집단의 내전적 분쟁의 특징이 되었다는 것이다. 무사들이 한편에서는 황제의 명예를 다른 한편에서는 도쿠가와막부의 명예를 수호할 필요성을 느꼈던 것처럼, 영향력 있는 지도자들도 일본이 조선에 맞서 명예를 수호해야 한다고 주장했다. 스티븐 핑커의 문구를 사용하자면, 이들은 "폭력적 명예문화를 간직한, 정부의 손길이 닿지 않는 곳에 있는 무정부 상태의 고립 집단"이 아니었다. 추정하건대, 폭력을 야기한 것은 무사가 지배적이던 정부의 핵심의 일부인 "길든" 명예문화'tamed' culture of honour였다.

의심의 여지 없이 메이지유신과 보신전쟁의 종결은 폭력으로 피해 입은 지역에 사는 이들에게 환영받았다. 하지만 20세기 내내 많은 철학자는, 예컨대 발터 벤야민Walter Benjamin, 미셸 푸코, 프랑크푸르트학파 사상가 등 핑커가 겹따옴표를 붙여 망각 속으로 집어넣고 싶어 하는 "비판이론가들critical theorists"과 마찬가지로, 전쟁은 폭력을 종식시키는 게 아니라 단지 그것을 바꿀 뿐이라고 주장했다. 푸코는 이렇게 말했다. "인류는 전투combat에서 전투로 점진적으로 진보progress하다가 보편적 상호 호혜에 도달하는 것이 아니다. […] 인류는 각각의 폭력을 법제도에 설치하고 그로써 지배domination에서 지배로 선행先行, precede하며 […] 어떤 목적을 향해서든 방향을 틀 수 있다." 파시즘하에서 살고 파시즘하에서 사망한 벤야민 역시 우리에게 이렇게 상기시킨다. "문명civilization의 문헌이면서 동시에 야만barbarism의 문헌이 아닌 것은 없다.

그리고 그런 문헌이 야만에서 자유롭지 못하기에, 야만은 그것이 한 소유자에서 또 다른 소유자로 전달되는 방식 또한 오염시킨다."[43] 모든 계급의 사람들에게 사적 교역을 허용하고, 대의정부representative government를 약속함에 덧붙여 일본에서 "과거의 악습"을 타파하고 "지식을 추구하고 […] 제국 통치를 강화"하겠다는 "5개조의 서약문五箇条の御誓文"(1868)은 공적 담론public discourse을 촉발했고 "교육에 관한 칙어〔교육칙어〕教育ニ関スル勅語"(1890)와 메이지헌법으로 이어졌다. 이와 같은 문헌들, 천황에 대한 강조, 어떤 역량을 가진 누가 정부에 참여할 수 있는가에 대한 열린 질문들, 정부가 어떻게 "악습"을 타파할 것인가의 문제 등으로부터 물론 좋은 결과들이 생기긴 했어도 그 모든 것은 앞을 향한 진보의 발걸음마다 어두운 면이 존재한다는 벤야민의 통찰을 드러낸다.

제국주의의 시대

무사 정권의 종말과 과두정치oligarchy의 성장은 가짜 대의정부와 더불어, 위생, 정부 개혁, 상업 발전, 서구 열강의 국제협력이라는 새로운 개념을 형성했다. 지식인들은 시민들에게 황제를 존경하고, 정부에 협력하며, 남녀관계에 대한 사고방식을 개혁하고, 자기 자신을 통제하고, 전근대적 정신을 과학으로 즉 메이지시대明治時代(1868~1912)의 슬로건 "문명과 계몽Civilization and Enlightenment"〔"문명개화文明開化"〕에 함축된 발상으로 대체하도록 설득하려고 노력했다. 영감을 얻기 위해 벤저민 프랭클린Benjamin Franklin〔1706~1790〕의 생애와 사고에 주목한 후쿠자와 유키치福澤諭吉〔1835~1901〕 같은 〔일본〕 대중 지식인들은 이 문구를 이용해 서구식의 과학적 탐구 방식과 정치적 자유주의를 장려했다. 이 개념은 메이지시대의 많은 개혁의 배후가 된바 한 사례로, 형법개혁 추진력은 일본의 문명화하지 않은uncivilized 형벌에 대한 서구의 시각에 기초한 불평등 조약을 재협상하려는 욕망에서 비롯했다. 메이지 과두 집권층은 더욱 인도적인 형벌을 통해 일본을 문명화함으로써 유럽 열강의 눈에 일본이 동료 문명국가로서 위상이 높아지길 희망했다.

우리가 "근대성의 폭력modernity's violence"이라고도 부를 수 있는 것의 가장 중요한 변화는 과학적, 관료적, 경제적 진보라는 개념들에 의해 가려진 그것의 비가시성invisibility이었다. 슬라보예 지젝은 이 역학을 가리켜 가시적이고, 명백한 매개자(군대, 테러리스트, 살인자)가 있는 "주관적 폭력subjective violence"과 비가시적이어도 주관적 폭력의 근본 원인이 되는 "객관적objective"이고 체제적이며 상징적인 폭력 사이 상호작용이라고 표현했다.[44] 현재에도 이것이 작용하고 있는 모습을 우리는 쉽게 상상할 수 있다. 서구에 기반을 둔 기업은 비서구 국가의 원재료를 필요로 한다. 서구 기업은 토지를 직접 전유하거나, 목표국가target country에 기반을 둔 회사로부터 재료를 구매함으로써 토지에서 간접적으로 이익을 얻는다. 토지는 현지인들로부터 합법적으로[법률에 입각해] 빼앗아 새로운 (더욱 효율적이고 수익성 좋고, 여타 등등의) 공급망을 통한 원재료 공급에 사용하려 불도저로 밀어버리며, 현지인의 저항은 잔혹하게 탄압한다. 주관적 폭력은 현지인의 "테러 같은terroristic" 폭력적 저항이나 비서구 정부에 의한 자국인의 폭력적 진압을 부각시킨다. 모든 주관적 폭력은 서구 기업을 위해 일어나며 막상 서구 기업의 객관적 폭력objective violence은 무시된다.

체제적 폭력systemic violence은 언제나 이데올로기적이고 역사적이다.

이데올로그ideologue는 의식하지 못한다 해도, 체제적 폭력은 나쁜 놈과 좋은 놈이 누구인지 공표한다. 스티븐 핑커의 작동 방식은 다음과 같다. 즉 "공산주의communism"는 20세기 전반에 걸친 잔혹행위atrocity에 대해 비난받는 반면, 자본주의("온화한 상업")는 폭력에 대한 대항counter으로서 칭송받는다는 식이다. 인도의 의류노동자나 중국의 공장노동자의 고통은 핑커의 폭력 계산법에 들어가는 법이 절대 없으며, 전쟁에서나 나올 수 있는 많은 사상자를 낸 인도 유니온카바이드Union Carbide사의 1984년 보팔Bhopal 가스 누출 사고〔재난〕 같은 산업공해, 또는 제국주의imperialism와 자본주의capitalism 사이 관계에 의한 죽음 역시 마찬가지다. 핑커가 지적하길, 시장경제에서 지도자의 호전적 야심과 그로부터 암시되는 거시적 폭력은 "생산수단을 통제하고, 사업에 악재가 되는 국제무역의 붕괴에 반대할 이해당사자들에 의해 억제된다"라고 한바 부분적으로 옳은 말이다. 생산수단을 통제하는 이해당사자들은 지도자와 그의 정부를 압박해 폭력이 자신들의 무역을 망치지 못하도록 막으면서도, 자신들이 원재료와 값싼 노동력을 구할 때는 폭력을 지지한다.

그러므로 서구 세계를 모델로 삼은 메이지 초기 과두 집권층은 자본주의와 폭력 사이 연관성을 알고 있었다—"부국강병富國强兵, rich nation, strong military"이 또 다른 대중 슬로건이 되었다. 정부는 중공업계에 법·노동력 관련 장애물을 없애주었고 그 대가로 중공업계(광산, 철강, 조선)는 국가에 군대를 창설할 수단을 공급했다. 경공업은 규제를 받지 않은 채 멋진 에인 랜드Ayn Rand식으로 시골 전역에 퍼져나갔다〔에인 랜드는 러시아 태생의 미국 소설가이자 경제철학자로 자유시장경제를 철저히 옹호한 인물이다. 대표작은 《아틀라스Atlas Shrugged》(1957)다〕. 예상대로, 소녀와 여성이 대부분인 견직물 공장 노동자들의 급여가 급락했다. 수많은 노동자가 계약하인〔계약노동자〕indentured servant으로 살았고 급여는 전혀 받지 못했다. 낮 시간의 유해한 환경으로 폐렴 등 호흡기질환에 의한 사망률이 기준보다 높아졌다. 그들은 밤 시간 내내 기숙사에서 감금된 채 보냈다. 군사적 측면에서는, 오토 폰 비스마르크Otto von Bismarck가 폭력이 없는 법은 공허한 의미를 가질 뿐이라며 일본 과두 집권층에 폭력을 지지하는 충고를 했다. "국제법에 자국에 유리한 사항이 있으면 강대국은 그 법을 글자 그대로 적용하려 했으나 매력적인 점이 없으면 법은 버려지고 전술에 상관없이 무력이 동원되었다."[45]

이 두 슬로건〔"문명과 계몽"("문명개화"), "부국강병"〕의 배후에 있는 개념은 일본 제국주의 팽창의 특징이기도 했다. 첫 번째로, 일본은 타이완 침략(1874)을 통해 〔표류한〕 류큐국琉球國의 어민들을 공격한 타이완 토착민을 상대로 징벌적 원정을 개시했다. 정부는 이 식민주의적 순간을 타이완 토착민을 "문명화"하는 활동이라고 표현했다.[46] 두 번째이자 더욱 처참한 일은, 자본주의와 그에 기생한 개념들인 과학적 효율성 및 이익이 전쟁행위라는 주관적 폭력으로 살해당한 이들 외에도 수백만의 중국인을 살해했다는 것이다. 민족적 자부심이나 민족주의nationalism, 인종주의racism에서만 일본이 대對중국 폭력을 조장한 것은 아니었다. 자본주의의 논리도 그 폭력에 한몫을 했다. 중국에서 수송선에 오른 이주노동자들은 그 명단이 승객이나 승무원과 함께 기재되지 않고 "콩 및 경공업 기계류"와 나란히 기재되었다.[47] 적어도 1만 명의 중국인이 일본인이 운영하는 중국 광산에서 사망했다. 일본에 있는 광산노동자들도 환경이 크게 나은 것은 아니었다. 그러나 최악의 가해자는 제약회사들이었을 것이다. 제약회사들은 제1차 세계대전 중에 유럽인들에게 모르핀morphine을 판매해 수익을 올렸으나 전쟁 후에는 높은 수익을 유지하려 한국에서 모르핀을 합법화해야 했고 그 결과 1만 명의 한국인 모르핀 중독자를 만들었다.[48] 일본의 괴뢰국 만주국滿洲國은 사정이 더 나빠서 500만 명의 중국인이 약물에 중독되었고 약물 판매 수익이 총수익의 절반을 웃돌았다.[49] 만주국 복지 부서는 아편 중독자를 체포해 암페타민amphetamine〔각성제의 일종〕을 투여한 후 일본인 공장에 보내 일하다가 죽게 했다. 모두 과학발전이라는 미명하에 실시된 일이었다.[50] 이것을 단순히 전시폭력wartime violence의 일부로 치부하지 않게끔 최근의 연구에서는 미국에서조차 정부, 대기업, 아편에 의한 사망 사이에 연관성이 있음을 강조하고 있다.[51]

보다 분명한 출처인 전쟁행위로부터의 폭력과 사망자는 계산하기 약간 더 쉽다. 첫째, 전쟁행위는 일본의 제국적 유산에서 특유한 것이었다. 일본은 청일전쟁清日戰爭. Sino-Japanese War(〔제1차 중일전쟁the First Sino-Japanese War〕 1894~1895)에서 청과 싸워 타이완을 장악했고 이후 러일전쟁露日戰爭. Russo-Japanese War(1904~1905)에서 러시아와 싸워 조선의 통치권을 처음에는 보호국으로서 나중에는 식민지로서(1910) 얻었다. 청일전쟁은 겨우 6개월 만에 중국의 항복으로 끝났고 다른 사건들과 비교해 사망자 수가 적었다. 대략 1만 5000명이 전투, 부상, 질병으로 사망했다. 러일전쟁은 훨씬 더 치명적이어서 전투원의 총 사망자수가 15만 명에 달했고 민간인도 거의 2만 명이 죽었다.

동아시아 최초의 두 근대 국제전으로 일본제국은 성장 기반을 정립했고 아시아−태평양전쟁Asia-Pacific War〔태평양전쟁太平洋戰爭, 1941~1945〕의 태세를 갖췄다. 대공황the Great Depression 전까지 일본의 군사적, 산업적, 상업적 이익이 한반도와 중국 북부 전체에서 증가했다. 철도는 이와 같은 팽창에서 핵심이었으며, 특히 남만주철도주식회사南滿州鐵道株式會社는 회사명과는 달리 호텔, 제분소, 창고, 화학 연구 및 개발 등 여러 사업을 운영했다. 일본군은 중국 북부뿐 아니라 조선에도 지부를 설치해 자국 산업과 민간인을 보호했다. 북중국의 과격한 군벌주의warlordism는 혼란에 한몫 거들어 어떤 군벌은 중국에 있는 일본인을 돕고, 어떤 군벌은 그들과 싸웠으며, 또 어떤 군벌은 둘 다 했다. 북중국에 있던 일본 관동군關東軍은 한 중국 군벌〔장줘린張作霖〕을 암살하고, 〔만주〕 침략에 선수를 치고자 일본 〔남만주철도주식회사〕 철로를 공격하는 자작극을 벌이기도 했다. 일본은 마지막 청나라 황제〔푸이溥儀, 선통제宣統帝〕를 만주국이라는 괴뢰국의 수장으로 앉혔다. 이로 인해 중일전쟁〔제2차 중일전쟁〕中日戰爭, the Second Sino-Japanese War(1937~1945)이 발발했다.

중국 자료에 따르면, 중국 측 사상자는 부상은 입었으되 사망하지 않은 이들까지 포함해 2000만 명에서부터 많게는 3500만 명까지 다양하다. 일본 측 사상자는 150만 명보다 약간 높다. 여기에는 9000만 명 이상의 난민 혹은 공장에서 일본제국을 위해 일하다 죽은 이들은 포함되지 않는다. 이 수치는 이와 같은 폭력 중에 작동되는 계몽적 가치들 즉 사회적 다윈주의Social Darwinism〔또는 사회진화론〕와, 산업에 대한 효율적인 포드식Fordist 접근법 등이 어떻게 그들의 죽음을 야기했는지 알려주지 않는다.

전후戰後 일본 헌법 제9조〔"전쟁 포기" "전력戰力 불보유" "교전권交戰權 불인정"〕에서는 일본이 가질 수 있는 군사적 야망을 억제하고 있으나, 그 조항은 그것이 쓰인 직후 이미 지정학적 이해에 의해 도전받고 있었다. 미국은 일본이 군대를 재건해 동아시아에서 부상하는 공산주의에 대항해주기를 원했다. 자위대自衛隊〔지에이타이〕는 법리적 절충안이었다. 자위대는 육·해·공군의 외양을 갖췄음에도 엄밀히 따지면 "군대"가 아니고 국외 전투에 관여하지도 않는다.

그러나 일본의 많은 보수주의자는 헌법을 개정해 자위대를 모든 법적 구속에서 자유롭게 하고 그렇게 함으로써 일본이 이른바 "정상국가 normal country"가 되기를 원한다. 이것이 전근대, 근대 초기, 근대 일본이라는 여러 가닥의 실을 하나로 묶는, 어쩌면 확장을 통해 세계까지도 묶을 수 있는 주제라 할 수 있다—국가의 폭력의 사용에 대한 잠재적 능력은 정상국가라면 보통 갖고 있는 것이다. 그러나 국가들은 형벌제도를 통해서든 경찰력이나 군사력을 통해서든 폭력의 사용을 정당화하는 가시적이거나 그렇지 않은 어떤 이념 없이는 결코 폭력을 사용하지 않는다.

결론

일본 역사 전반과, 좀 더 작은 범위의, 근대 동아시아 역사에서 폭력을 요약한 이 장에서 다음 두 가지 쟁점에 관한 스티븐 핑커의 논지에 내재된 몇몇 문제점이 지적되었길 바란다. 첫 번째는 극도로 폭력적인 과거로부터 그보다 덜 폭력적인 근대, 현재까지의 선형(적) 추세liner trend를 보여주려는 욕망이고, 두 번째는 역사가 사고thought와 논증argumentation의 학문으로서 어떻게 기능하는지에 관한 가정이 갖는 결함이다.

폭력적이었다고 추정되는 과거에 관해서라면, 간단히 말해서 선사시대·고대·중세가 정확히 얼마나 폭력적이었는지 권위 있게 주장할 수 있을 만큼 신뢰할 만한 정보가 없다. 그나마 존재하는 미소한 정보로부터 알 수 있는 바는 전근대가 그 시기가 보이는 것만큼 폭력적이지는 않았다는 점이다. 더욱이, 일화anecdote들은 통계적 증거를 대체할 만한 것이 아니다. 예를 들어, 불교 사원과 수도원에 대한 공격이 아무리 끔찍했다 해도 우리는 이 공격으로 얼마나 많은 사람이 살해당했는지 결코 확신할 수 없다. 임진왜란이나, 이 장에서는 다루지 않았으나, 있음직하지 않은 3600만 명이 살해당했다고 추정되는 결과를 낳은 중국의 안사의 난安史之亂, An Lushan Rebellion(755~763)에 대해서도 똑같은 말을 할 수 있다.

일본의 경우, 여러 차례의 폭력의 급증은 확실히 비非선형적non-linear으로 보인다. 17세기 이전, 증감을 반복한 거시적 폭력이 시사하는바 인간애, 자유, 여타의 그런 "선한 천사들better angels"의 개념을 뛰어넘는 힘이 폭력 사건들을 야기했다. 그리고 "평화의 시대"가 도쿠가와시대에 도래한 것처럼 보인 당시, 유럽 중심부로부터 비유럽 주변부로 흘러나가는 계몽주의 또한 없었다. 일본의 거시적 폭력은 "평화의 시대" 이전인 전국시대와 비교해 감소했으나, 군벌 출신 영주들과 도쿠가와 정권 사이에 협상을 통한 유용하게 모호한 평화가 존재해, 이것은 한편으로는 안정으로 이어졌고 다른 한편으로는 인덕의 통치라는 개념으로 이어져 더욱 평화로운 관료체제를 탄생시켰다. 그렇다고는 해도, 농민 봉기와 도시 폭력을 포함한다면 어떤 면에서는 도쿠가와시대가 전국시대까지 포함한 그 이전의 몇 세기보다 더 폭력적이었을 수 있다. 그리고 유럽의 계몽주의적 가치들과 마찬가지로, 인과 덕이라는 개념 역시 폭력을 정당화할 수 있었다.

스티븐 핑커의 논지와 마찬가지로, 이데올로기는 도쿠가와시대[에도시대] 일본이 항상-이미always-already 평화로웠다는 관념을 모호하게 한다. 흔히 평화로웠을 뿐 아니라 쇄국적이었다고 묘사되는 도쿠가와시대 일본이 "근대 초기early modern" 일본이라고 칭해지기는 십중팔구 우연이 아닐 것이다. 이 시기 일본은 계몽되지 않았음이 확실하고 일본과 동아시아를 전쟁으로 몰아넣은 군국주의자들의 지배를 받는 고유하게 독특한 사람들과 문화를 세계에 알리는 상태에 있었다. 폭력은 아이폰과 언론의 자유만큼이나 근대성modernity의 일부다. 계몽시대 즉 "거의 근대적almost modern"인 시대가 그 시대와 함께 오로지 좋은 것들만 가져온다는 주장은 논리적으로 참일 수 없다.

주

1 스티븐 핑거의 비논리적 주장에 대한 분석, 데이터의 잘못된 설명, 이런저런 비슷한 것들이 아주 많은데 다음 사이트에 잘 요약되어 있다. https://www.currentaffairs.org/2019/05/the-worlds-most-annoying-man.

2 Tim Radford, "The Better Angels of Our Nature by Steven Pinker: Review", *The Guardian* 19 November 2012.

3 Jason Josephson-Storm, *The Myth of Disenchantment: Magic, Modernity, and the Birth of the Human Sciences* (Chicago: University of Chicago Press, 2017).

4 Michel Foucault, "Nietzsche, Genealogy, History", in *The Foucault Reader* (New York: Pantheon, 1984), 87. 이것은 "심리적 귀환psychological returnings" 같은 형이상학적 언어가 풍부한 핑커에게 더욱더 적용된다.

5 Steven Pinker, *The Better Angels of Our Nature: The Decline of Violence in History and Its Causes* (London: Allen Lane, 2011), 938-40. 〔한국어판. 스티븐 핑커, 김명남 옮김, 《우리 본성의 선한 천사: 인간은 폭력성과 어떻게 싸워 왔는가》, 사이언스북스, 2014〕

6 Verlyn Klinkenborg, "What Were Dinosaurs For?", *New York Review of Books*, 19 December 2019.

7 Slavoj Žižek, *Sex and the Failed Absolute* (New York: Bloomsbury Academic, 2020), 7-8.

8 다음을 참조하라. Sheldon Garon, "Rethinking Modernization and Modernity in Japanese History: A Focus on State-Society Relations", *The Journal of Asian Studies*, 53, no. 2 (1994): 346-66.

9 Marius Jansen, "On Studying the Modernization of Japan", in Kokusai Kirisutokyo Daigaku and Ajia Bunka Kenkyu Iinkai (eds), *Studies on Modernization of Japan by Western Scholars* (Tokyo: International Christian University, 1962), 11.

10 Alex Bellamy, *East Asia's Other Miracle: Explaining the Decline of Mass Atrocities* (Oxford: Oxford University Press, 2017), 1.

11 Bellamy, *East Asia's Other Miracle*, 76.

12 Bellamy, *East Asia's Other Miracle*, 51.

13 Bellamy, *East Asia's Other Miracle*, 76.

14 Nakao Hisashi et al., "Violence in the Prehistoric Period of Japan: The Spatio-Temporal Pattern of Skeletal Evidence for Violence in the Jomon Period", *Biology Letters*, 1 March 2016, https://doi.org/10.1098/rsbl.2016.0028.

15 William W. Farris, *Japan's Medieval Population: Famine, Fertility, and Warfare in a*

Transformative Age (Honolulu: University of Hawai'i Press, 2009), 120.

16 Farris, *Japan's Medieval Population*, 60.

17 Farris, *Japan's Medieval Population*, 109.

18 Farris, *Japan's Medieval Population*, 165.

19 Sara Butler, "Getting Medieval on Steven Pinker", 125-41.

20 Morten Oxenboell, "Epistemologies of Violence: Medieval Japanese War Tales", *History and Theory*, 56, no. 4 (2017): 44-59.

21 Luke Roberts, *Performing the Great Peace: Political Space and Open Secrets in Tokugawa Japan.* (Honolulu: University of Hawai'i Press, 2015).

22 Suda Tsutomu, "Advice from History", Meiji University online.

23 Ikegami Eiko, *The Taming of the Samurai: Honorific Individualism and the Making of Modern Japan* (Cambridge, MA: Harvard University Press, 2003). 〔한국어판. 이케가미 에이코, 남명수 옮김, 《사무라이의 나라: 집단주의와 개인성의 이상한 조합》, 지식노마드, 2008〕

24 Yamamoto Tsunetomo, *Hagakure*, trans. Alexander Bennett (Tokyo: Tuttle, 2014), 6

25 Ikegami, *The Taming of the Samurai*, 260.

26 David Eason, "The Culture of Disputes in Early Modern Japan, 1550-1700" (PhD diss, UCLA, 2009), 80.

27 Ikegami, *The Taming of the Samurai*, 262-3.

28 Beatrice Bodart-Bailey, *The Dog Shogun: The Personality and Policies of Tokugawa Tsunayoshi* (Honolulu: University of Hawai'i Press, 2006), 130-1.

29 From "Tales from Long, Long ago", in Gerald Groemer, *Portraits of Edo and Early Modern Japan: The Shogun's Capital in Zuihitsu Writings 1657-1855* (Singapore: Palgrave Macmillan, 2019), 95.

30 Barry Vaughan, "The Civilizing Process and the Janus-Face of Modern Punishment", *Theoretical Criminology*, 4, no. 1 (February 2000): 71-91. 이 책에서 필립 드와이어와 엘리자베스 로버츠-피더슨이 쓴 장[6장]도 참조하라.

31 Daniel Botsman, *Punishment and Power in the Making of Modern Japan* (Princeton: Princeton University Press, 2013), 45.

32 Gary Leupp, "Five Men of Naniwa: Gang Violence and Popular Culture in Genroku Osaka", in James L. McClain and Osamu A. Wakita (eds), *Osaka: The Merchant's Capital of Early Modern Japan* (Ithaca: Cornell University Press, 1999), 131.

33 Peter Nosco, *Individuality in Early Modern Japan: Thinking for Oneself* (New York: Routledge, 2018), 43.

34 Nosco, *Individuality in Early Modern Japan*, 43.

35 Suda Tsutomu, *'Akutō' no Jūkyūseiki: Minshū Undō no Henshitsu to 'Kindai Ikōki'* (Tokyo: Aoki Shoten, 2002), 37-42.

36 Tsutomu, *'Akutō' no Jūkyūseiki*, 71.

37 W. Puck Brecher, "Being a Brat: The Ethics of Child Disobedience in the Edo Period", in Peter Nosco (ed.), *Values, Identity, and Equality in Eighteenth and Nineteenth Century Japan* (Leiden: Brill, 2015), 94-6.

38 다음을 참조하라. Fabian Drixler, *Mabiki: Infanticide and Population Growth in Eastern Japan, 1660-1940* (Berkeley: University of California Press, 2013).

39 Bodart-Bailey, *The Dog Shogun*, 130, 145.

40 Slavoj Žižek, *In Defense of Lost Causes* (London: Verso, 2017), 158. 〔한국어판. 슬라보예 지젝, 박정수 옮김, 《잃어버린 대의를 옹호하며》, 그린비, 2009〕

41 100주년에 대한 전체적 평가에 대해서는 다음을 참조하라. Toyama Shigeki, *Meiji Ishin to gendai* (Tokyo: Iwanami Shoten, 1968).

42 Brecher, "Being a Brat", 53.

43 Foucault, "Nietzsche, Genealogy, History", 85-6; Walter Benjamin, "Thesis on History", in *Illuminations: Essays and Reflections* (New York: Harcourt, Brace & World, 1968), 256.

44 Slavoj Žižek, *Violence* (London: Profile, 2008), 1-2. 〔한국어판. 슬라보예 지젝, 정일권·김희진·이현우 옮김, 《폭력이란 무엇인가: 폭력에 대한 6가지 삐딱한 성찰》, 난장이, 2008〕

45 다음을 참조하라. Ando Nisuke, *Japan and International Law: Past, Present and Future: International Symposium to Mark the Centennial of the Japanese Association of International Law* (The Hague: Kluwer, 1999), 354-5.

46 Robert Eskildsen, "Of Civilization and Savages: The Mimetic Imperialism of Japan's 1874 Expedition to Taiwan", *The American Historical Review*, 107, no. 2 (April 2002): 388-418.

47 Mark Driscoll, *Absolute Erotic, Absolute Grotesque: The Living, Dead, and Undead in Japan's Imperialism, 1895-1945* (Durham: Duke University Press, 2010), 55.

48 Driscoll, *Absolute Erotic, Absolute Grotesque*, 117.

49 Driscoll, *Absolute Erotic, Absolute Grotesque*, 237.

50 다음을 참조하라. Driscoll, *Absolute Erotic, Absolute Grotesque*, 289-303.

51 Michael Porter et al., "A Recovery Squandered: US State of Competitiveness", Harvard Business School, December 2019, 28.

제12장

영국제국의 폭력과 중동

British imperial violence and the Middle East

캐럴라인 엘킨스

Caroline Elkins

1938년 여름까지는, 영국 위임통치령 팔레스타인에서의 아랍반란the Arab Revolt은 2년 넘게 걷잡을 수 없이 계속되었고 영국은 이 상황에 대한 통제력을 상실한 상태였다. 제국에 의해 분할된 양측 모두 아랍 마을 주민들에게 테러를 가했고, 반군은 자신들이 팔레스타인 인프라의 상당 부분을 파괴한 시골 지방을 장악했다. 영국이 이번 기회에 책임지고 반군을 완전 진압 할 새 핵심 지도부를 재조직할 때, 독행獨行하는 정보장교 오드 윈게이트Orde Wingate(1903~1944) 대령이 "테러리스트를 테러해 […] 그들을 잡아 그냥 전멸시키자"라는 발상을 들고 나왔다.¹ 최고위층 관리들은 윈게이트의 독창적 생각—특수야간부대Special Night Squads, SNS—과 더불어 "시스템을 구축하고, 군 및 경찰 인력이 야간에 들판을 가로질러 마을 속으로까지 은밀하게 이동할 수 있게 해 폭력 무리를 기습하고 농민들에게 신뢰를 회복하며 시골 지방에 대해 정부의 통제력을 장악하는" 계획도 승인했다.[2] 윈게이트와 그의 상급 장교들에게는, 영국의 우월한 "국민성"과 뛰어난 훈련 역량 및 타고난 공격 역량을 아랍 반군 말살을 단일 목표로 한 고도록 훈련된 대對테러 작전으로 전환하는 것이 영국의 식민 통치를 재건하는 데서 열쇠였다.

윈게이트의 제3의 부대Third Force는 부대의 상표인 대테러 작전을 아랍 마을들의 중심부에 바로 적용했다. 시신 수와 탄압이 성공의 바로미터가 되자 특수야간부대는 곧 전설적 지위를 획득했다. 대위의 명령에 따라 윈게이트의 부대원들은 총탄보다는 피가 낭자하게끔 사지를 잘라내는 총검과 폭탄으로 〔적군의〕 신체에 해를 가하기를 선호했다. 리더의 "징벌의 도덕률morality of punishment"도 부대원들에게 영감을 주었다.[3] 보복행위reprisal는 특수야간부대 전술목록의 일부가 되었고, 비협조적인 아랍인들은 입 속에 기름을 흠뻑 먹인 모래가 처넣어졌다. 윈게이트는 "불법적 목적으로 송유관 주변에 얼쩡대는 사람은 모두 쥐도 새도 모르게 사라질 것"이라며 뻐겼다.[4]

영국제국은 내전을 일으키는 것만큼 내전을 후유증 속에 방치하는 것으로도 유명했는바, 팔레스타인도 예외는 아니었다. 특수야간부대는 영국 사람들뿐 아니라 궁극적으로는 아랍 사람들에게 대항하는 미래의 유대인 반군을 위한 훈련장이 될 터였다. 따라서 특수야간부대는 다양한 부류의 영국 보안대 대원들을 받아들였으며 개중에는 프레드 하우브룩Fred Howbrook 하사와 렉스 킹-클라크Rex King-Clark 중위처럼 사살 훈련을 받은 전문 군인도 있었다.[5] 그 외에도, 특수야간부대가 확대되었을 때에는 직장을 찾던 무경험자 시드니 버Sydney Burr 같은 사람들이 들어왔다. 그는 치안 하청으로 팔레스타인에 있으면서 아랍인들을 "와그wog"

〔유색인종 외국인, 중동〔아랍〕인 등 백인이 아닌 사람을 비하하는 대단히 모욕적인 표현〕라고만 생각했고, 당시 아무렇지도 않게 "우리가 얻는 정보 대부분은 엄한 고문으로 빼내는 것으로 이 사람들에게는 그 방법밖에 없다"라고 경험담을 말하던 사람이었다.[6] 입대자 중 다수는 젊고 거칠고 준비된 신병들이었으며, 이들은 많은 아일랜드군이 1922년 이후의 위임통치기 때 보직을 차지한 후 팔레스타인 경찰에 만연한 "블랙앤탠스Black and Tans"〔아일랜드 독립 운동을 진압하기 위해 파견된 영국군〕전통에 물들어 있었다.

국제연맹League of Nations의 팔레스타인아랍대표단Palestine Arab Delegation 단장 자말 알후세이니Jamal al-Husayni〔1894~1982〕를 비롯한 아랍 정치인들과, 아울러 유럽 선교사, 현지 식민지 관리, 팔레스타인 주민, 군과 경찰 등은 팔레스타인의 아랍 주민들을 주요 표적으로 삼은 영국의 강압적 조치들을 초기부터 문서로 기록했다—특수야간부대뿐 아니라 영국군, 경찰, 식민지 행정부 등에서 모두 기꺼이 채택한 조치들이었다.[7] 고문torture과 모욕humiliation, 살인〔살해〕murder과 체계화한 괴롭힘systemized suffering에 관한 이야기들이 팔레스타인에 잇따라 파견되는 영국 고위 관료들과, 아울러 성공회 대주교, 영국 육군부 및 식민부 등에 비공식적으로 전달되었다.[8] 진부한 후렴구가 공식 답변으로 자유주의liberalism의 부인否認의 반향실에서 울려 나왔다—이전의 제국 드라마에서 충분히 리허설된 부인이었다. 이 경우에, 수많은 영국 관리에 따르기로, 그런 거짓말과 과장은 아랍 선동가들의 소행이자 영국과 그 제국의 명성을 깎아내리려는 유럽 파시스트 물결의 기회주의적 감언이설이 적지 않게 부추긴 것이었다.[9] 영국 총리 네빌 체임벌린Neville Chamberlain〔재임 1937~1940〕의 내각은 팔레스타인에서 쇄도하는 탄원들을 "완전히 근거가 없다"라고 일축하기까지 했고 "영국 병사의 특징은 너무나 잘 알려져 있으니 해명할 필요도 없다"라고 단언했다.[10]

그럼에도 알후세이니는 굴하지 않고 국제연맹에 호소했다. 그는 역사적 유추historical analogy를 통해 상황의 엄중함을 나타냈다.

> 지난 3년의 대부분 동안 이 성지the Holy Land〔팔레스타인〕에서는, 범죄를 조사하면서 사람들을 고문하고 자기 집에서 편안하게 누워 있는 평화로운 사람들을 공격하고 그들의 재산을 완전히 파괴하는, 지금 돌아보면 인류가 혐오감과 공포를 갖게 되는 암흑시대the dark ages의 그러한 잔혹행위atrocity들이 매일 자행되고 있습니다.[11]

서신의 번뜩이는 유추는 이후 구체적 사항들로 바뀌었다. 알후세이니가 묘사한 도를 넘는 행위에는 신체 부위를 "뜨겁게 달군 인두로 지지기" "채찍으로 심하게 때리기" "손톱을 뽑고 손톱 밑 피부를 특수한 기구로 지지기" "성기 잡아당기기"도 있었다. 그는 영국군이 집을 샅샅이 뒤지고 약탈하는 행위가 만연한 점, 즉결 처형, 실종, 무고한 시민들에 대한 식량 및 물 공급 거부, 여성과 소녀 겁탈, 가축 살생 등 영국군의 행태를 상세하게 설명했다. 이 외교 대사는 그런 다음 자신의 호소를 마무리하면서 국제연맹에 이렇게 상기시켰다. "위임통치국〔영국〕이 이런 과잉행위들에 대해 결백하다면, 모든 관련자는 우리가 요구하는 중립적 조사를 기꺼이 받아들여야 마땅할 것입니다."[12]

알후세이니의 호소에 대한 결과가 파시즘facism의 진격이라는 현실정치realpolitik에 짓눌린 국제정세 속에서 해결되지 않은 채 남아 있는 동안, 그것은 허용된 규범이라는 자유주의의 틀 안에서 조정되기도 했다. 이 규범들은 1930년대 후반 유럽의 절박하고 긴급한 사태에서 갑자기 나온 것이 아니라 자유주의적 제국주의liberal imperialism의 장기적 확산에, 특히 영국과 그 제국에 깊이 뿌리박고 있었다. 여기서 빅토리아시대Victorian era〔영국 빅토리아 여왕이 통치한 1837~1901년〕 전까지 더 거슬러 올라가보면, 식민지의 유색인 및 흑인에 대한 관념, 폭력violence의 ―필요성까지는 아니더라도― 정당화, 우월한 문명이라는 도덕적 주장 등이 여러 발상의 태피스트리를 만들어냈고, 이처럼 복잡하게 짜인 발상은 식민지 행정부, 제국 보안대, 권한을 부여하는 법적 발판, 분할통치 정책, 영국에 대한 민족주의적 관념들, 그 관념들을 숨긴 시혜 신화로 표출되었다. 또한 그러한 발상은 국제연맹의 상설위임통치위원회Permanent Mandates Commission, PMC에서도 나타났는바, 이 기구는 자유주의적 제국주의 의제가 반영된 기구이기도 했으나 그 의제의 위반 혐의를 감독하는 대리자이기도 했다.

상호 영향을 주고받는 이념적, 정치적, 구조적 세력들이 자신에게 불리하게 작동하고 있다는 사실을 알후세이니가 어느 정도로 알고 있었는지는 명확하지 않다. 그럼에도 이 노련하고 신중한 외교관이 전간기戰間期에 팔레스타인이 어떤 면에서는 제국 세계의 다른 지역에서 배양된 발상·제도·인물의 〔펄펄 끓는〕 솥단지cauldron〔곧 불안정한 상태〕임을 어느 정도 좋아했음은 분명하다. 그 세계란 폭력이, 가장 가혹한 형태의 경우에도, 단지 정당화하는 틀로만 진화한 것이 아니라 결정권자인 최고층에서부터 사형을 집행하는 최하층까지 권력을 행사하는 많은 이에 의해 관례로서 내면화한 틀로도 진화한 세계였다.

제2차 세계대전 직전까지, 영국제국의 방대한 지역을 관통하며 수십 년 동안 발달한 자유주의적 제국주의 발상과 관행이 전해져 가장 극적이고 지배가 강화된 곳이 바로 영국 위임통치령 팔레스타인Mandatory Palestine이었다. 이 발상 및 관습의 범위와 영향, 아울러 그것을 실행하는 개인들의 범위와 영향은 알후세이니의 팔레스타인과 위임통치령 기록들에 오점을 남긴 탄압과 관련한 서신에 국제연맹이 응답을 보류한 것을 훨씬 뛰어넘어 제2차 세계대전 이후의 미래까지 미치게 된다. 이 전쟁에서 영국은 제국을 끝까지 고수하고 "신新세계질서New World Order"에서 자국의 자리를 확보하려는 최후의 노력으로서 체계적으로 폭력을—수 세기까지는 아니더라도 수십 년에 걸쳐서야 정상화한— 전개하게 된다.

팔레스타인의 사례에서 그리고 실제로 20세기 앵글로-식민지 대부분의 사례에서, 영국의 자유주의는 제국 내 폭력에 대해 허용된 규범과 논리의 틀을 만들어냈는데 수많은 학자는 이를 조사한다고 하더라도 종종 오해하는 경우가 있다. 스티븐 핑커는 21세기에 폭력이 감소하고 있고 인도주의humanitarianism가 증가하고 있다고 주장하면서 실증적 조사를 버텨낼 리 만무한 학문적 자극제인 영국제국의 시혜benevolence의 신화를 제시한다. 핑커는 1930년대 팔레스타인과 영국제국의 여타 지역에서 영국이 일으키고 전개한 폭력적 억압을 기록한 수많은 문서를 비롯해 방대한 양의 역사적 증거를 무시하며, 수많은 흑인과 유색인이 실제 겪은 경험은 말할 것도 없다. 그러한 역사적 증거의 일부는 예컨대 회고록, 영국 위원회 및 국제 위원회에의 호소, 영국 식민부Colonial Office에 보낸 편지와 신문기사 등을 통해 21세기 영국제국 전역에서 벌어진 체계적 폭력systematic violence의 이야기들을 상세하게 제시한다.

핑커가 영국제국의 폭력을 충분히 조사했더라면, 더불어 나의 《제국의 응보: 케냐의 영국판 굴라크에 관한 알려지지 않은 이야기Imperial

Reckoning: The Untold Story of Britain's Gulag in Kenya》(2005)를 참고했더라면, 영국이 자국 식민지 케냐의 마우마우 비상사태Mau Mau Emergency 때 전개한 체계화한 폭력systemized violence을 알게 되었었을 수 있다("마우마우" 또는 "마우마우단(團)"은 아프리카 케냐의 원주민 키쿠유족Kikúyú tribe이 조직한 반反백인 비밀 무장 투쟁 단체다. 영국 식민지 시기 케냐 민족 운동의 선구적 역할을 한 단체로 1952년경 반란을 시작했고 1957년 영국이 군대를 투입해 무력으로 마우마우단을 진압했으나 이를 계기로 케냐 독립 운동이 더욱 고조되었다).[13] 핑커는 또한 최소한, 1950년대 케냐 사태와 제2차 세계대전 전후 팔레스타인에서 벌어진 영국제국의 다른 폭력극 사이의 연관성을 지적했을 수 있다. 그가 자신의 시야를 넓혔다면, 자유주의적 제국주의의 탄생과 제국 내 법률화한 무법legalized lawlessness의 진화라는 두 과정에서 20세기 영국의 식민지 폭력colonial violence의 기원이 어디에 있는지 찾아냈었을 수 있다. 두 과정은 영국이 세상의 오지에서 체계화한 폭력을 거듭 전개하는 데에 필요한 이데올로기적·법적 기구들을 함께 제공했다.

다르게 표현하자면, 자유주의적 제국주의 곧 19세기의 자유주의와 제국주의라는 쌍생의 탄생은 자유주의적 권위주의liberal authoritarianism를 낳았다. 결과적으로 영국의 문명화 사명을 뒷받침한 이 이데올로기는 권한을 부여하는 다양한 법적 발판을 통해 구체화되었다. 계엄령이 비상 규정 혹은 법에 명시된 계엄으로 진화된 것뿐 아니라 강제력에 관한 쟁점들을 둘러싼 군사 교리와 법이 나란히 강화된 것도 여기에 포함된다. 이와 같은 강화 과정은 19세기에 접어들면서부터 전간기를 거쳐 제2차 세계대전 이후 탈식민화decolonization 시대까지 전개되었다. 현지에서는 수단전쟁(마흐디전쟁the Mahdist War)과 남아프리카전쟁the South African War(제2차 보어전쟁), 이후 암리차르의 부활절봉기(곧 "인도의 부활절봉기"로 불리는 암리차르집단학살]와 아일랜드의 부활절봉기the Easter Rising, 이라크 내 항공 통제, 이집트 봉기, 아일랜드독립전쟁the Irish War of Independence, 현재 진행 중인 벵골에서의 폭력행위, 서벽Western Wall〔통곡의 벽Wailing Wall〕 폭력사태, 아랍반란 등 다양한 형태로 체계화한 폭력이 발전했으며, 아랍에서는 이 여러 형태의 폭력의 결합과 성숙이 영국제국으로부터 영감 받은 법률화한 무법이라는 특별한 형태를 만들어냈다. 한번 구체화되었으니, 동일한 정책과 관행—대개 식민부 관리, 군 장교, 종복들이 공통적으로 속한 핵심 집단에 의해 한 분쟁 지대에서 다음 분쟁 지대로 이전되는—이 1940년대 후반과 1950년대에 말라야·케냐·키프로스 같은 〔영국의〕 식민지에서 대대적 규모로 펼쳐진 것도 놀랄 일은 아니다. 재판 없는 구금, 고문, 강제노동, 굶주림 등은 영국의 식민통치로부터 독립을 요구하는 이른바 테러리스트를 진압할 때 일상적으로 사용하는 전술이 되었다.

영국제국의 체계화한 폭력에 대한 이데올로기적 틀의 기원을 찾다 보면 19세기로 거슬러 올라간다. 영국의 전 지구적 권력과 지배의 확장은 그것과 함께 보편적 원칙, 자유시장free market, 재산의 보호 및 법의 지배rule of law, 그리고 중요한 문제인 시민권의 권리와 책임을 부여받은 사람과 그렇지 않은 사람에 대한 역사에 남을 논쟁을 불러일으켰다. 자유주의적 사상이 유럽에서 발전하면서 제국의 융성과 교차했다. 자유주의와 제국주의는 서로의 구성 요소가 되는 관계에 있었고, 이는 자유liberty, 진보progress, 국내외 거버넌스governance〔권위 그리고 또는 통제의 일반적 행사〕에 대한 영국의 이해방식에 심오한 결과를 가져올 터였다.[14]

영국의 사고thought 대부분을 정의하는 것은 지역적으로는 국한되어 있으나 본질적으로는 보편적 서구 자유주의Western liberalism가 전 세계 모든 사람에게 속한다는 범주적 상정이었다. 그러나 자유주의적 제국주의 프로젝트에는 심한 모순이 있었고, 그 모순들은 갈수록 인종주의적 렌즈를 통해 해석되고 있었다. 존 스튜어트 밀John Stuart Mill(1806~1873)은 문명civilization과 야만barbarism을 병치해 새로운 이데올로기적 어법을 창시했다. 그는 시민권[시민성, 시민상]citizenship이라는 진보적 개념과, 영국의 문명화 사명과 밀접하게 연결된 인간 발전이라는 서사를 옹호했다.[15] 밀은 제국의 자녀를 가르치는 가부장적 형태의 전제정치despotism를 옹호했으므로 제국의 선량한 정부는 현지의 "문명화 단계"에 맞춰 조정되어야 했다. 밀에 따르면 "문명화한 정부는, [신민들에게] 정말로 이롭기 위해서는, 상당한 정도로 전제적이어야 할 것이다. 즉 그들이 정부를 직접 통제하지 않아야 하고, 정부가 그들의 행위에 대대적인 강압적 억제책을 시행할 정도는 되어야 한다."[16] 사실상 잉글랜드에는 책임까지는 아니더라도 세계의 야만인 집단을 개혁하기 위해 전제적으로 통치할 권리가 있었다.

보편주의적 발상은 인간의 개성을 좌우하는 문화와 역사로 바뀌었다. 새로 부상하는 세계 시민들 속에서 포용정책은, 등장한다면, 단계적으로 등장할 터였다. 밀은 신민에 대한 영국의 정치적 우위와 더불어 "문명화한 국가들 사이에서와, 또 문명화한 국가와 야만인 사이에서 적용되는 국제적 도덕률이라는 규칙은 동일하지 않다"라고 공언했다.[17] 빅토리아시대 중반에 쓰이기는 했으나, "문명화한 국가들"의 "국제적 도덕률international morality"에서 "야만인들barbarians"을 배제한 밀의 이 말은 제국적 주체imperial subject에 대한 인권법의 거부에서뿐 아니라 20세기에 벌어진 탄압에 대한 정당화 및 부인 속에서도 메아리치게 된다.[18] 제국이 팽창하고 신민들이 영국식 관념의 진보와 문명화적 박애에 순응하기를 거부함에 따라, 밀의 자유주의적 제국주의―개혁의 약속은 견지하면서도 전 세계 유색인 및 흑인의 개인 주권을 부정하는―는 식민 통치의 도구로서 폭압을 정당화하는 문을 열었다.[19]

제국에서 발생한 일련의 폭력적 사건들은 제국적 주체와 그들의 권리에 대한 생각들을 굳히게 된다. 영웅적 문명화 사명은, 핑커가 책에서 그토록 능숙하게 담아낸 수사修辭적 저력에도 불구하고, 현실에서는 그 골자가 상당 부분 제거되고 제국의 후진 민족을, 적어도 부분적으로는, 탈바꿈시킨다는 자유주의의 역량에 대한 도덕적 환멸과 거부로 대체된다. 그 자리에는 여전히 문명화 사명의 도덕적 주장을 내세우고, 차이를 강조하고 성문화하며, 다양한 형태의 폭력의 위협 및 전개를 묵인하는 영국의 제국의 통치가 들어선다. 1857년의 인도반란the Indian Rebellion of 1857에 이어 자메이카 모런트베이반란the Morant Bay Rebellion과 〔그 반란을 진압한〕 에드워드 존 에어Edward John Eyre 총독 사태는 이러한 방향 전환을 촉발했다〔"1857년 인도반란"은 영국동인도회사 용병들이 일으킨 반영反英 행쟁인 세포이Sepoy의 항쟁을 말한다. "모런트베이반란"은 1865년에 한 흑인이 오랫동안 방치된 설탕농장에 무단 침입 한 혐의로 수감된 것이 도화선이 되어 흑인들이 영국 식민지 정부에 대항해 일으킨 반란으로, 에어 총독은 반란을 진압하는 데서 지역에 계엄령을 선포하고 과도한 폭력을 사용해 많은 수가 사망하고 처형되었다. 당시 영국에서는 에어 총독의 과잉 진압 대응을 둘러싸고 찬반양론이 분분했다〕. 영국제국의 추이는 이 사건을 이용해 제국의 통치에 대한 권위주의적 견해를 강화하려는 토머스 칼라일Thomas Carlyle과 제임스 피츠제임스 스티븐James Fitzjames Stephen 같은 사람들과 함께 보수 쪽으로 기울었다. 그들은 제국과 본국의 정치적 안정성을 좀먹고 있다는 평판을 받는 밀의 "감성적 자유주의sentimental liberalism"를 혹평했다. 스티븐은 인종적 우월성을 당당하게 주장하며 식민지에 대한 절대 통치와 그에 따른 폭압의 필요성을 옹호하는 등 일말의 굽힘도 없었다. 밀이 사랑하는 법의 지배—핑커의 논지에서도 중요한—에 관해서, 스티븐은 에두르지 않고 이렇게 말했다. "강제력〔힘〕force은 어떤 법이든 모든 법에서 절대적 필수 요소다. 분명 법은 특정 조건의 지배를 받고 특정 대상을 향한 규제된 강제력〔힘〕일 뿐이다."[20] 〔밀은 (부정의injustice가 아닌) "법의 지배"를 회복하려는 의도에서 에어 총독을 살인죄를 적용해 재판에 회부하려 했다.〕

돌이켜 생각해보면, 영국의 자유주의적 권위주의에서 자유주의적 측면을 제국에서는 보통 찾아보기 어렵다. 최초의 정복 행위들은 20세기에는 정교한 법률로, 경찰과 보안군의 급격한 확대로, 식민지의 자유시장 경제에 대한 제한으로, 그리고 전체 인구〔신민〕를 주변화하고 억압하는 행정기구들로 바뀌었고, 동시에 그들 〔전체 신민〕 내부와 서로 간에 인종적·민족적 분열을 부채질했다. 영국이 제국 내에서 졌던 부담의 구체적 현실은 영국의 자기표상self-representation과는 판이했을 것으로, 이러한 자기표상은 집합적으로 국가의 과거를 삭제하고 칭찬받을 만한 형태로 만드는 데 능숙하고 또 그만큼 자유주의의 공식·비공식 경로를 통해 이런 발상을 유포하는 데에도 능수능란했던 역사의식에 근거를 둔 것이었다.

핑커가 자유주의의 눈 가리기 능력을 인지했다면, 그는 식민지 사람들이 산 제국적 경험과 영국의 문명화 사업에 대한 찬양적 주장이 서로 모순됨을 발견했을 것이다. 사실 자유주의의 눈 가리기 능력은 오늘날 영국 대중문화에서도 지속되고 있는 영국제국의 신화에서뿐 아니라 삭제erasure와 부인否認, denial—아랍반란 때 내밀었던 것과 같은—을 심도 있게 조사하지 못한 핑커의 책 같은 학술적 저작에서도 그 흔적을 찾을 수 있다. 그런 책들은 자유주의와 제국주의의 상호 구성을 분석하는 것도 아니고, 또한 보편적 인간 해방human emancipation, 평등equality, 권리right, 그리고 특히 진화론적 사고evolutionary thought·인종주의racism·계급class·성차별주의sexism에서 드러나는 억압의 이면裏面과 동시에 구체화한 문명화 사명의 지배적 서사를 분석하는 것도 아니다. 자유주의는 특권이 주어진 매개체를 통해 작동하곤 하는바—관료제, 매스미디어, 법, 문해력〔리터러시〕, 전문적 학회를 비롯한— 이 특권적 매개체는 해방과 포용의 수단이 되었을뿐더러 억압과 눈 가리기의 도구가 되었다.

법률화한 무법의 진화와 진화하는 군사 교리教理, military doctrine의 공존은 여러 측면에서 자유주의적 권위주의의 부수 현상이었다. 인종적·문화적 차이는 영국제국의 행정, 입법, 사법 통치의 모든 수준에서 제도화한다. 그 군사 교리가 또한 본토와 제국의 영국식 담론, 관행, 제도에 스며든 "식민적 차이의 지배rule of colonial difference"를 반영했다는 사실이 별반 놀랍지는 않다.[21] 영국이 제국주의의 전쟁 및 소규모전과 이런저런 폭력사태들을 하나하나 처리해나감에 따라, 군은 이른바 항거하는 〔현지〕 토착민recalcitrant natives, 혹은 흔히 쓰는 용어로 테러리스트들terrorists을 처리할 최선의 방안을 놓고 고심이 깊어갔다. 결과적으로 이 실행 방안들은 폭력의 보다 광범위한 제도화에서 핵심 부분이 되고, 이와 관련해서는 20세기를 통틀어 대분란전對紛亂戰, counter-insurgency, COIN 실전 연구의 권위자인 찰스 에드워드 콜웰Charles Edward Callwell 대령의 책에 가장 잘 포착되어 있다("대분란전"은 게릴라(유격대), 비정규군, 테러리스트 등의 분란세력(비非국가적 적)에 취해지는 군사적 작전 또는 정치적 행위를 지칭한다. "대반란전" "대반군전"이라고도 한다). 콜웰의《소규모전: 그 원칙과 실전Small Wars: Their Principles and Practices》은—초판은 1896년에, 업데이트판은 콜웰이 남아프리카전쟁에서 참모장교와 사령관으로 복무한 후 나왔다— 오늘날까지도 거의 모든 대분란전 이론가들과 실전가들에게 출발점이 된다.[22] 콜웰의 포괄적인 책에는 제국 전역에 걸쳐 영국군의 전쟁들이 종합되어 있을 뿐 아니라 프랑스·영국·미국·러시아의 군사작전에서 가져온 많은 교훈도 담겨 있다. 이 모든 참고사항은, 억제되지 않은 강제력의 효과가 단기적이라고 인지되었다는 것을 뒷받침하거니와 그렇게 억압적인 조치가 자유주의의 약점을 반영하는 것이라고 해석하는 이데올로기적 틀도 뒷받침하는 다양한 역사적 사례를 콜웰에게 제공했을 것이다.

콜웰이 보기에, 유럽 부대들이 문명화한 군대가 아니라 세계의 "문명화하지 않고uncivilised" "미개한savage" 인구 집단을 상대로 한 전쟁에 참전할 때에는 다른 일련의 법칙이 필요했다.[23] 콜웰은 유럽 우월주의를 뒷받침하는 "문명의 도덕적 강제력〔힘〕moral force"과 "미개한" 민족들에 "절대로 잊지 못할 교훈"을 가르쳐주어야 할 필요성을 강조했다.[24] 콜웰이 적의 섬멸을 수행하는 데서 공개적으로 지지한 것은 그러한 조치들의 전략적 이점뿐이 아니었다. 그보다 그는 논문에서 잔혹성brutality이 "문명화하지 않은" 사람들에게 형성할 "도덕적 효과"를 강조하며 다음과 같이 말했다.

목표는 누가 더 강한지 상대 군에 확실하게 증명하는 것뿐 아니라 무기를 집어든 자들에게 벌을 가하는 것이다. […] 적에게 도덕적 열등감을 느끼게 해주어야 한다. […] [미친놈과 미개인은] 벌하고 겁박해야지 그렇지 않으면 다시 들고일어날 것이다.[25]

콜웰의 "도덕적 효과moral effect"는 세계 곳곳의 제국의 교전들과는 모순된 폭력의 도덕성morality of violence을 만들어내려 군이 백인의 짐the White

Man's Burden과 전장의 전략을 손쉽게 융합하고 있음을 반영했다〔"백인의 짐"은 필리핀-미국전쟁Philippine-American War(1899~1902)에 관한 러디어드 키플링Rudyard Kiplin의 시(1899)로, 미개한 인종을 문명화하는 것이 백인의 짐이자 의미라고 주장하면서 제국주의적 정복을 정당화하는 데 쓰인 문구다〕. 그럼에도 콜웰의 도덕주의적 용어들은 한때 인종주의적이고 뻐딱하게 가부장적이었으며, 그 안에는 영국의 군사 교리가 빅토리아시대의 자유주의적 제국주의 규범들을 재생산한 방식들이 제시되어 있는바 곧 폭력 조치의 사용이 질서의 확립과 낙후된 세계의 인종들의 문명화에 필요한 부분임이 함축된 규범들이 그것이다.[26] 제국 내 폭력을 선과 악의 이분법적 틀에 넣어 정당화하는 자유주의적 제국주의는 단순히 해명의 이데올로기가 아니었다. 자유주의적 제국주의는 예컨대 의회의 토론, 여러 미디어 매체, 대중문화, 기념행사 등에서 그 자체뿐 아니라 그에 대한 국가적 이해도 형성·반영했다. 또한 자유주의적 제국주의는 미래의 식민지 분쟁에서 콜웰과 그의 많은 계승자—최고위급 장교에서부터 일반 병사에 이르기까지—에게서 군사적 사고와 실행을 형성했다.[27] 향후 수년 동안 중요한 쟁점은 콜웰의 징벌적 폭력을 수용하는 데 필요한 법적·정치적 틀이 될 것이다. 콜웰에 따르면, 재래식 전쟁 방법이 폐기되면, "바로 그때 정규군은 소를 훔치고 마을에 불을 지를 수밖에 없게 되고 전쟁은 인도주의에 충격을 줄 수 있는 국면을 띠게 된다."[28]

제국〔영국제국〕의 역사로 돌아가보면, 콜웰의 논문에서 구체적으로 표현된 폭력의 전개를 영국이 현지에서 어떻게 실행할지를 반영한 법적·정치적 규범은 평행진화parallel evolution 했다. 19세기 잉글랜드, 스코틀랜드, 웨일스에서는 갈수록 국민 동의에 의한 정치가 특징이 된 반면, 아일랜드에서는 예컨대 일련의 반란법〔내란법〕Insurrection Act, 인신보호유예법Habeas Corpus Suspension Act, 계엄령martial law 선포 등을 통해 명령이 부과되었다. 이런 법들로 충분치 않자, 강제집행법Coercion Act들을 도입해 특히 무기를 통제하고, 특별재판제를 시행하고, 맹세 행위를 범죄로 간주하는 정책을 실시했다. 당시 법관이자 헌법학자 앨버트 다이시Albert Dicey는 강제집행법이 법의 지배와 시민의 자유라는 이상과 완전히 모순된다는 점을 명확히 지적했다.

> 원칙적으로 […] 철저히 악의적인 […] [그 법은] 사실상 아일랜드 행정부에 무제한적 체포 권한을 부여했다. 그것은 그들 안에 전제적 정부를 세웠다. […] [그것은] 영구적인 것으로 만들 수 없고, 모든 시민에게서 개인의 자유 보장권을 박탈하지 않고서는 연합왕국United Kingdom 전체에 적용할 수 없을 법이다.[29]

궁극적으로 강제집행법은 법률에 따라 억압 권한을 민간 당국에 이전하고 이어 민간 당국이 비상사태 또는 영국의 계엄상태와 동등한 것을 선포할 수 있는 근대 비상사태state of emergency의 선행先行이 되었다. 이것은 계엄령 선포와는 별개의 것이었고, 특히 아일랜드와 제국의 다른 지역의 경우 비상사태와 유사한 권한을 부여하는 강제집행법하에서는 법정에서 거의 아무런 이의도 제기할 수 없었다.[30]

제국의 다른 지역의 경우를 보면, 1915년에 인도방위법Defence of India Act이 통과되었고 억압의 범위가 압도적으로 넓어졌다. 이 법은 인도 행정부로 하여금 공공의 안전과 영국의 통치를 보장하는 모든 법률을 통과할 수 있게 만들었다. 벵골에서만 800여 개 명령이 집행되어 시민적 자유와 정치적 자유를 그나마 있던 것도 빼앗았다.[31] 영국이 1916년 부활절봉기와 이후 아일랜드독립전쟁으로 전개된 사태를 계기로 아일랜드섬의 문민국가를 무력 진압 하기 시작했을 때, 그들은 다수의 대단히 권위주의적인 법을 통해 그렇게 했다. 화이트홀과 더블린성城 당국〔곧 영국 정부와 아일랜드 당국〕은 법적으로 가능해진 강압 전략을 휘두르며 전쟁을 부추겼고 상황은 살인, 보복행위, 재보복행위의 격렬한 유혈사태로 급변했다. 악명 높은 블랙앤탠스 부대와 보조 부대를 비롯한 군과 경찰의 전개도 목격되었다. 이들은 아일랜드독립전쟁〔1919.1~1921.7〕의 마지막 몇 달 동안 여타 다수의 강압적 조치와 함께 법률화한 보복행위의 수행을 도왔으며 그중 많은 대원은 전쟁이 끝날 무렵 팔레스타인으로 이동했다.

1930년대의 위임통치로 돌아가보면, 실제로 영국 정부는 일련의 단계를 밟아나가면서, 수십 년 동안의 법률화한 무법을 일련의 비상지휘권으로 통합했다. 이것은 미래의 대분란전〔대반란전, 대반군전〕 군사작전의 대표적 모델이 된다. 1931년 팔레스타인 (방위) 추밀원칙령(Defence) Order in Council이 통과되었고 고등판무관高等辦務官, high commissioner에게 지금까지의 어떠한 유사한 제정법도 능가하는 일련의 권한을 부여했다〔"고등판무관"은 영연방 구성국 상호 간에 파견하고 받아들이는 (외교 임무를 처리하는) 대표다. 문장에서는 영국이 파견한 경우를 말한다〕. 아일랜드와 인도의 기존 법전을 바탕으로 하며 1833년의 아일랜드법Irish Act of 1833까지 거슬러 올라가는 이 칙령은 고등판무관에게 계엄을 선포할 권한과 더불어 체포, 재판 없는 구금, 검열, 국외 추방, 군사재판 등에 관한 법률을 공포하고 개정〔수정〕할 권한을 부여했다. 1936년 아랍 총파업으로 고등판무관은 팔레스타인에서 비상사태를 선언하고, 마을과 주택을 비롯해 건물을 파괴할 권한과, 총기 발사와 전화선·선로 파괴 행위에 사형death penalty을 선고하는 것을 포함한 일련의 비상조치 중 첫 번째 것과 수정명령안을 발표했다.[32]

그런데도 군에서는 아랍인 주민들에 대한 전면적 공격을 펼칠 수 있는 더 광범위한 법적 보호 장치를 원했다. 최고위층 장교들은 비상조치가 불충분하다고 생각했으며, 특히 아일랜드에서는 허용되었던 재산의 징벌적 파괴 및 보복 행위의 실행과 비교하면 더 그렇다고 생각했다. 런던의 식민부 법조계 인사들의 안달 끝에, 아직 팔레스타인에서 민사법원이 운영되고 있는 만큼 현재 상태로 실시되고 있는 비상조치는 군에, 또 병사들의 징벌적 행위에 지나치게 제한적이므로 강압적 군사작전을 펼쳐도 좋다는 판단이 내려졌다. 그 자리는 1936년 9월 26일의 팔레스타인 계엄 (방위) 추밀원칙령과 그 후속으로 새로운 1937년 3월 18일의 팔레스타인 (방위) 추밀원칙령으로 대치되었다. 그와 더불어 칙령 제6절에서 명시되길, 고등판무관은

자신의 무제한적 재량을 통해, 공공안전, 팔레스타인 방위, 공공질서 유지, 반역·반란 및 폭동 진압을 확실하게 하기 위해서, 그리고 지역사회의 생활에 필수적 물품 공급과 서비스를 유지하기 위해서 필요하거나 적당한 것으로 여겨지는 규정들을 만들 수 있다.[33]

"법은 규제된 강제력[힘]일 뿐"이라는 스티븐의 19세기 공언이 팔레스타인에서 논리적, 자유주의적, 권위주의적 결론을 내리는 데에 적용되면서 제국의 빅토리아시대 과거의 그림자가 위임령의 현재에 드리웠다. 이제 고등판무관과 치안 관련 모든 보안 부대는 —경찰과 군을 포함해— 이미 법에 적힌 모든 조치뿐 아니라 재산에 대한 징벌적 파괴,

항소권이 없는 군사재판을 포함해 무엇이든 원하는 대로 할 수 있었다. 법정法定 계엄령이 발효되었고, 계엄령 시행 중에는 ―고등판무관의 지원하에― 군 사령부가 주도권을 잡게 되었다.[34] 무법의 법제화legalization of lawlessness―이데올로기적으로는 자유주의적 제국주의의 탄생에 뿌리를 두었고 수십 년에 걸쳐 제국의 다양한 전역戰域에서 진화한―가 이제 완전히 농익었다.[35]

영국 식민부와 나란히 작전을 수행한 육군부는 야전장교와 병사에게 강제력〔힘〕의 사용을 정의하고 적용하는 데서 넉넉한 여지를 확보해주었다. 1929년에, 〔인도 편자브주〕 암리차르에서 발생한 사건들을 참작해 군사교범이 개정되었으나 실제로 변한 것은 거의 없었다〔"암리차르 사건" 또는 "암리차르집단학살the Amritsar Massacre"은 1919년 4월 13일 인도 주둔 영국군 지휘관 레지날드 에드워드 해리 다이어Reginald Edward Harry Dyer의 명령으로 영국군이 영장 없는 체포나 재판 없는 수감 등 일련의 억압적 비상권한을 가능하게 한 식민지 통치법인 롤럿법Rowlatt Act에 반대하는 집회에 참가한 인도의 비무장 민간인 수백 명(많게는 1000명 이상)을 살해한 잘리안왈라 바흐 집단학살the Jallianwala Bagh Massacre을 말한다. 앞서 나온 "인도의 부활절봉기"가 이 사건이다〕. 교범에서는 "무장반란이 있는 경우에는, 반란에 효과적으로 맞서고 대처하는 데 필요한 모든 수준의 강제력〔힘〕의 사용이 정당화된다"는 점을 분명히 했고, "연좌連坐, collective punishment" "보복행위reprisal", "징벌retribution" 등 "무고한 개인에게 고통을 가할" 수 있고 "최후의 수단으로서 없어서는 안 되는" 모든 것을 느슨하게 정의했다.[36] 영국 군대는 군 고유의 행동 수칙과 법적 보호를 제공하는 민간의 비상조치 사이에서 현지 경찰과 더불어 사실상 어떤 제한이나 기소의 두려움 없이 작전을 수행했다. 1930년대 후반 팔레스타인에서 잔혹행위에 대한 이야기와 항의가 끊임없이 흘러

나와 팔레스타인의 수석장관과 런던의 식민부 및 육군부 관리들의 책상 위에 쌓였을 때—1950년대의 영국제국을 형성하고 정의한 제국 말기의 여러 전쟁에서도 비슷하게 쌓였다—, 법적으로는 거의 아무것도 할 게 없었다. 시간이 지나 기소된 몇몇 사건의 경우에도 무죄판결은 예외라기보다는 일반적인 것이었다.

제2차 세계대전의 후유증은 흔히 인권레짐human rights regime의 전조로 여겨진다. 파시스트 잔혹행위의 여파로 인도법humanitarian law이 개정된 것이 아마도 스티븐 핑커를 잘못된 방향으로 이끌었던 것 같다. 제2차 세계대전 이후의 시대와 폭력 사이 관계에 대해 손쉬운 해석을 제시하는 것이 궁극적 목표인 이들의 역사의식 속에는 특정한 순간들이 새겨져 있다. 가장 상징적인 순간의 하나는 1948년 12월 10일 웅장한 파리 트로카데로궁에서 펼쳐졌다. 그곳에서 영국을 포함한 58개 유엔 회원국 중 48개국은 결의안 217Resolution 217〔유엔총회결의 217A〕에 찬성표를 던졌다. 전 세계 신문들은 가결된 세계인권선언Universal Declaration of Human Rights, UDHR이 역사의 전환점이라고 보도했다. 세계인권선언 초안위원회 위원장 앨리너 〔애나〕 루스벨트Eleanor 〔Anna〕 Roosevelt 같은 이 선언의 주역들에게 그 30개 조는 앨리너의 남편이 말한 "네 가지 자유Four Freedoms"〔의사표현의 자유, 신앙생활의 자유, 결핍으로부터의 자유, 공포로부터의 자유〕의 완성이었으며, 프랭클린 D. 루스벨트Franklin D. Roosevelt 대통령 〔재임 1933~1945〕이 미국의 제2차 세계대전 참전 전〔1941. 1. 6〕 의회에서 옹호한 개인의 기본권에 대한 보편적 신념이 담긴 것이었다. 전前 퍼스트레이디는 세계인권선언이 채택되기 전날 유엔총회 연설에서 보편적 권리에 대한 약속을 가리켜 다음과 같이 말했다. "[이 선언은] 장소를 불문한 모든 사람의 국제적 마그나카르타Magna Carta가 될 것입니다.

우리는 총회에서 이 선언이 반포되는 것이 〔1789년 8월 26일 프랑스 제헌국민의회가 채택한〕 인권선언〔인간과 시민의 권리선언Déclaration des droits de l'Homme et du citoyen〕 [⋯] [그리고] 미국 국민에 의한 권리장전the Bill of Rights의 반포〔미합중국헌법에 포함, 1791년 12월 15일 발효〕에 버금가는 사건이 되기를 희망합니다."[37] 앨리너 루스벨트가 작고한 남편을 대신해 인권의 횃불을 들고 있는 동안 앨리너는 대통령 유산의 전달자 이상의 사람이었다. 당시 세계인들의 보편적 권리의 의미에 동조하면서도 전후 상위정치〔하이폴리틱스〕high politics〔제2차 세계대전 이후 20여 년간 국제정치의 중심이었던, 군사 또는 좁은 의미의 외교를 이르는 말〕를 조정한 위원장의 역할을 과소평가한 사람은 거의 없었다. 연설 후반에 앨리너는 이렇게 묻는다. "그렇다면 보편적 인권은 어디에서 시작될까요?" 그리고 정확히 다음과 같이 답한다.

작은 장소들, 집에서 가까운 곳들—너무 가깝고 너무 작아서 세계의 어떤 지도에도 보이지 않는 [⋯] 그런 곳들이야말로 모든 남성, 여성, 아이가 어떤 차별도 없는 평등한 정의, 평등한 기회, 평등한 존엄성을 구하는 곳입니다. 이 권리들이 그러한 곳에서 의미가 없다면 이 권리들은 어느 곳에서도 큰 의미가 없습니다.[38]

오늘날까지도 우리는 12월 10일을 인권의 날Human Rights Day로 기념하면서, 과거에 그랬듯, 기본적 인간성과, 다른 무엇보다도, 부여된 것이 아니라 생득적으로 소유된 양도될 수 없는 권리를 보호할 필요성에 대한 새로운 신념의 도래를 축하한다.

당시 화이트홀은 패배주의적 분위기라고 할 수는 없었으나 침울했

제3부 장소

다. 정부의 많은 사람에게 개인의 권리와 제국의 신민들에게 그 권리를 점차적으로 부여하는 문명화 사명의 역할은 거의 변하지 않았음에도, 전 세계적 정서는 전쟁과 전쟁이 야기한 황폐화의 결과로 변하는 중이었다. 12월 10일의 표결을 앞둔 몇 달 동안 영국 고위 관료들은 선언 Declaration—헌장의 전문과 마찬가지로 법적 강제력이 없는—과 그 초기 버전으로 어느 정도 법적 강제력을 갖게 될 협약Covenant 사이에서 묘책을 짜내고 있었다. 영국으로서는 다행스럽게도 협약은 협상에 상당한 시간이 걸리는 중이었고 종국에는 선언에서 분리되었으며, 이 일은 〔영국〕 노동당 의원 에릭 플레처Eric Fletcher를 회의적으로 만들었다.

[유엔] 헌장에서 숙고된바, 지난 전쟁 이후 어떤 종류의 국제기구가 설립되어 인권을 —루스벨트 대통령의 고전적 문구로 네 가지 자유를— 정의하고 보호하게 될 터였다. […] 파시즘과 나치즘의 경험에 비춰, 인권의 인식과 세계 평화의 보존 사이에는 밀접한 관련이 있다는 인식이 생겼다.

플레처는 자신의 우려를 다음과 같이 강조했다. "구속력도 강제력도 없을 경건한 선언을 계속 진행해나가는 것은 그저 시늉과 사기에 불과하다고 생각할 수밖에 없다."[39] 결국 적어도 단기적으로는 정확히 플레처의 말대로 되었다. 〔영국〕 식민부는 부처의 성격상 상황이 이와 같이 전환된 것을 낙관적으로 생각했고, 식민부 장관 아서 크리치 존스Arthur Creech Jones는 다음과 같이 말했다. "협약과 그 시행에 대한 결론이 […] 시간을 꽤 끌 수 있다. 식민부의 관점에서는 그렇게 되어도 특별히 불리하지 않을 것 같다."[40]

협약이 타결되고 발효되기까지에는 30년이 더 걸렸고, 그때에도 협약은 선언 자체만큼 야심찼다. 그럼에도 〔세계〕인권선언 중 제13, 21, 25조—이동의 자유, 민주 정부에의 참여의 자유, 사회보장의 자유—는 제국〔영국제국〕에서 "받아들이기 매우 어려울 수 있다"는 것이 식민부의 표현이었다.⁴¹ 이 점에 대해 존스는 제국의 입장에서는 세계인권선언이 제국을 "당황스럽게 만들" 잠재적 가능성이 있다고 퉁명스럽게 말했다.⁴² 여하튼, 법적 구속력 장치가 없다는 사실은 보편적 권리라는 전제 자체에 의문을 제기하는 사람들에게는 인권선언의 도덕적 목적의 많은 부분을 빼버린 것이었으며 또한 인권선언을 기껏해야 그 신봉자 사이에서의 신조로 만드는 것이었다. 1년 후 세계인권선언의 축제 분위기가 열어졌을 때, 케임브리지대학교 국제법 웨웰 교수Whewell Professor of International Law이자 국제인권 보호를 옹호하는 최초의 영어 책〔《국제인권 장전An International Bill of the Rights of Man》(1945)〕을 저술한 허시 라우터파흐트Hersch Lauterpacht는 다음과 같이 한탄했다.

> 인권선언을 채택할 당시에는 선언에서 선포된 인권의 근본적 성격을 열광적으로 승인하는 것과 인권을 행동 범위를 구속하는 법적 의무의 원천으로 인정하기를 거부하는 것 사이의 부조화에 대해 당혹감이 전혀 없었다. 이 사실은 그 자체로 국제적 도덕률에 관한 근본적 문제를 제기한다.⁴³

라우터파흐트가 인권선언의 비구속적 성격에 환멸을 느꼈다면, 1949년 제네바협약the 1949 Geneva Conventions하에서 제공된 보호책들은 라우터파흐트와 여러 세계인권선언 회의론자들에게, 적어도 서구 세계에 있는 사람들에게 더 많은 용기를 주었다. 〔세계〕인권선언 협상과 나란히 진행된 제네바협약의 추진과 초안 작성은 전쟁에서 인도주의 원칙을 강화하는 책임을 떠맡았다. 세계인권선언에서 형태를 갖추기 시작한 인권 보호의 중요성은 인도법과 처음으로 교차하면서, 전시 기간 병사들의 권리를 보호하는 것에서 민간인의 권리를 보호하는 것으로 옮아간 "법적·도덕적 변화"를 가져왔다. 보이드 반 디크Boyd van Dijk에 따르면, 이 "변화"는 "부분적으로는 "문명화한" 유럽인을 위한 식민지 방식의 대對분란전을 비난하는 연합국 전시 선언의 결과였으며, 이것은 이후 자신들에게 부메랑으로 되돌아가게 된다."[44] 이보다 앞선 1899년과 1907년의 헤이그협약the Hague Convention of 1899 and 1907〔헤이그만국평화회의〕은 보복행위, 인질 포획, 연좌連坐를 엄격하게 금하지 않았고 집단수용소 사용을 포기하지 않는 등 대체적으로 병사들을 민간인들로부터 보호한 것이었지 그 반대는 아니었다. 게다가 국제법학자들과 유럽 정치인들에 따르면, 식민지민들은 문명화하지 않아서 전시 기간 국제법과 보호의 대상이 아닌 것으로 간주되었다.[45] 전간기戰間期에 국제적십자위원회International Committee of the Red Cross, ICRC 대표단은 모나코와 도쿄에서 회의를 열어 전쟁을 인도적으로 만드는 훨씬 많은 내용이 들어간 일련의 원칙을—공중폭격의 제한을 포함한— 공들여 작성했지만 유럽 열강은 두 초안 모두를 그 등장 즉시 무력화했다.

　제2차 세계대전의 여파로 도쿄초안the Tokyo Draft이 소생했다는 사실은 이전에 식민지 사람들을 위해 따로 만들어진 나치 독일의 정책들의 대상 같은 민간인과 전쟁의 규칙에 대한 세계적 정서가 변화하고 있었음을 반영한다〔"도쿄초안"은 "교전국에 속하거나 교전국에 의해 점령된 영토에 있는 적국 민간인의 생활 및 보호에 관한 국제협약 초안, 도쿄, 1934Draft International Convention on the Condition and Protection of Civilians of enemy nationality who are on territory belonging to or occupied by a belligerent. Tokyo, 1934"를 말한다〕.

그것은 역사적으로 특별한 순간이었고 루스벨트식 자유 발상('네 가지 자유')은 세계인권선언 협상 밖의 영역에서 견인력을 얻었다. 이에 수반한 파급 효과는 개정되고 확장된 제네바협약의 최초 초안에서 명백하게 나타난다. 이 초안에서 노르웨이 법학자 프레데 카스트베르그Frede Castberg는 전시 인도법을 국가 간 분쟁에만 아니라 내전과 식민지 전쟁에도 적용하려 했었다. 이러한 움직임은 권리에 대한 보편적 주장들—동시대 인권 담론에서 발의된 주장들—을 인정하고 유럽 식민자colonizer들[곧 식민국들]의 제국 내 통치권에 제한을 두게 한 주요한 출발점이었다.[46]

그러나 결국 영국, 프랑스, 미국—영국·프랑스는 식민지에서의 특권과 엄격한 통치 규칙을 보호하는 데 몰두했고 미국은 냉전 걱정에 사로잡혀 있었다—의 감언이설로 제네바협약의 최종 문서에서는 모든 중요한 인권 관련 표현이나 식민지 보호책에 영구적 빨간 줄이 그어졌다. 라우터파흐트 같은 사람들은 구속력 있는 협약 중에서 "도덕적 원칙과 이상적 행동 기준의 단순한 공표와 구별되는 법적 권리 및 의무를 규정하는 도구들"을 찬양할 수 있었다.[47] 하지만 이러한 의무와 원칙이 식민지의 대분란전 시도들을 어떤 실질적 방식으로든 변화시킬지 여부는 여전히 미해결 문제로 남아 있었다. 제네바협약 서명국들은 보편적 인권에 대한 모든 언급을 삭제하고 이전의 초안에서 "식민지 전쟁colonial wars"을 지칭하는 용어를 "비非국제적 무력분쟁non-international armed conflicts"으로 대체했으며, 특히 비전투원과 투항자들을 정의한 [제네바협약] 공통 제3조Common Article 3도 채택했다. 이 조항에는 비전투원과 투항자들에 대한 보호책도 제시되어 있었고 그중에는 "때와 장소를 불문하고" "생명 및 신체에 대한 폭행, 특히 모든 종류의 살인, 신체절단mutilation,

학대 및 고문"을 금지하는 것은 물론 "존엄성에 대한 침해, 특히 모욕적이고 치욕적인 대우"를 금지하는 것도 포함되어 있었다.[48]

〔제네바협약〕서명국들은 공통 제3조에 의거해, "비국제적 무력분쟁 non-international armed conflicts"이 일어나는 경우 제국 내에서, 그리고 그러한 이유로 자국 내에서 협약 규정들에 구속을 받았다. 실제적으로 이것은 국가의 비상사태 혹은 이런저런 민간 소요사태에 대해 공통 제3조의 적용 여부를 판단할 재량이 영국 같은 식민자들에게 있음을 뜻했다. 화이트홀은 제국〔영국제국〕말기의 전쟁들이 〔전쟁의〕 "강도強度, intensity"라는 임의적 척도에 달려 있고 "비국제적 무력분쟁"이라는 막연한 기준을 충족하는지 여부를 판단하는 데에 많은 재량이 있었다. "무력분쟁"이 있었는지 여부를 판단하는 국제 감독 기구가 있는 것도 아니었다. 영국과 다른 국가들이 자신들의 제국과 그 밖의 장소에서 하고자만 하면 공통 제3조를 우회할 수 있었던 것은 "무력분쟁"에서 폭력이 존재했던 곳의 "강도"를 정의하기가 모호했기 때문이다.[49]

1949년의 제네바협약은 전쟁포로와 민간인 모두에게 많은 보호 장치를 제공한다는 점에서 〔1899년과 1907년의〕 헤이그협약으로부터 한참 더 나아간 것이기는 했으나, 최종 실행 뒤에 감춰진 정서는 앞서의 인도법에 대한 해석의 골조가 된 인종주의적 위계 및 주권 방어와 거의 다르지 않았다. 그러나 세기의 전환과 1949년 사이에 역사적 맥락상 차이가 있다는 점은 "문명화한" 인구집단과 "문명화하지 않은" 인구집단을 명시적으로 지칭하는 표현을 피했다는 것에서뿐 아니라 식민주권colonial sovereignty에 대한 최초의 침해행위들의 하나를 희미하게나마 가리킨 공통 제3조가 있다는 것만으로도 명백했다. 동시에, 권리에 대한 모든 보편적 주장을 심지어 분쟁 시의 민간인들을 위한 내용까지 폐기한 일은 식민국의 자기이익self-interest과 그 저변에 깔린 문명 및 시민에 대한 위계적 관념이 결합된 지속적 압박의 또 다른 증거였을 뿐 아니라 그것("식민국의 자기이익")의 영속 여부가 걸린 법률화한 무법의 또 다른 증후였다. 자유주의적 제국주의는 인권 규범의 짧은 개화기 때 시험을 거쳤으나 전후戰後 국제 인도법international humanitarian law과 그 법의 배제의 시대 때 건재한 모습으로 등장했다.

유럽이 유럽인권조약the European Convention on Human Rights, ECHR으로 유럽 전후 시대 중 가장 진보적이고 법적 구속력이 있는 인권 관련 문서의 하나를 만든 만큼, 영국 같은 식민 열강도 유럽인권조약의 바로 그 표제하에, 지배하고 억압하고 배척하는 자신들의 그 역사가 오랜 능력을 유지했다("유럽인권조약"의 정식 명칭은 "인권 및 기본적 자유를 보호하기 위한 조약the Convention for the Protection of Human Rights and Fundamental Freedoms"이다). 국제 인도법과 마찬가지로 유럽의 전후 인권 관련 조약들은 제2차 세계대전의 전체주의의 위기로부터 출현했다. 영국은 유럽평의회Council of Europe와 평의회의 조약 협상에서 주도적 역할을 한바, 이는 부분적으로는 영국의 제국 중심 경제정책과 통합에 대한 무관심의 여파로 증가한 [유럽] 대륙으로부터의 고립주의에 가해지는 비난에 대응하기 위함이었다. 영국 정부가 유럽의 자유를 확보하는 데 노력을 집중하고, 잠재력이 무한해 보이던 공산주의의 전복이 늦춰지는 것을 유럽 대륙의 정부들과 함께 막았으니, 궁지에 몰린 어니스트 베빈Ernest Bevin[영국 외무장관(재임 1945~1951)]의 영국 외무부로서는 손쉬운 승리였을 것이다. 또는 유럽평의회 영국 측 협상 대표 레이턴 경[월터 레이턴, 제1대 레이턴 남작Walter Layton, 1st Baron Layton]이 강조한 것처럼,

[유럽인권조약은] 우리의 민주주의적 생활방식을 내부 또는 외부로부터 잠식하려는 은밀한 시도에 대해 우리의 모든 국가에서 저항을 강화하는 수단이며, 그러한 만큼 서유럽 전체에 더욱 큰 정치적 안정을 가져다줄 것이다.[50]

영국은 1951년 3월 유럽인권조약에 첫 번째로 서명한 국가였다. 유럽인권조약이 효력을 발생한 것은 1953년 9월 [3일] 룩셈부르크가 10번째로 [조약을] 비준하면서부터였으나 스트라스부르[프랑스. 유럽평의회 사무국 소재지]는 명백히 축제 분위기로 떠들썩했고, 유럽 대륙의 가장 열렬한 통합 옹호론자 중 한 사람인 [벨기에의] 폴-앙리 스파크Paul-Henri Spaak는 유럽평의회의 노력에 대한 상징적 피날레로서 발표한 〈다하우의 유럽에서 스트라스부르의 유럽까지From the Europe of Dachau to the Europe of Strasbourg〉라는 연설에서 유럽인권조약의 역사적 의의를 담아냈다.[51]

다른 무엇보다도, 유럽인권조약은 유럽의 인권법으로 의도된 것이었고, 영국은 조약을 보장하기 위해 모든 노력을 기울였다.[52] 동시에 깊은 우려 또한 있었는바, 특히 냉전the Cold War이 심화함에 따라 서구의 자유를 보전하는 데 정말 필요한 조약이 [서구 아닌] 다른 곳에서 반란이나 전복 진압에 필요한 강압적 수단을 쉬 약화할 수 있다는 점이었다. 유럽인권조약 서명 다음 날, 노동당[영국]의 미디어 수완가 허버트 모리슨Herbert Morrison이 와병 중인 베빈을 대신해 외무장관이 되었는데, 그는 유럽인권조약과 제국에 관한 한 영국의 책무를 강화할 작정이었다. 그의 외무부에서는 인권 신봉자들을 달랠 만큼만 양보했고 동시에 영국 제국의 많은 지역이 의존하고 있던 법률화한 무법을 용이하게 할뿐더러 정당화하는 국제법 체계를 확실히 만들었다.

유럽인권조약 협상 당시 영국은 말레이반도를 비롯한 다수 지역에서 발생한 비상사태로 곤경에 처해 있었다. 조약이 서명되었을 때[1950년 11월 4일. 발효 1953년 9월 3일] 제63조 또는 "식민지 관련 조항colonial cause"은 유럽 제국 내 효력의 선先, a priori 적용을 보류시켜주었다. 그러나 영국 정부의 입장에서 유럽인권조약은 식민지적 주체colonial subject에 관한 한 인권의 두 악惡, evil 중 그 정도가 덜했는바, 자체적 규약들을 협상하고 있던 비참한 유엔보다는 유럽의 영국 동맹국들이 훨씬 더 예측가능한 때문이었다[유엔은 세계인권선언 채택 후 인권과 관련한 법률적 강제력이 있는 두 규약을 협상 중이었는바, 경제적·사회적·문화적 권리에 관한 국제규약the International Covenant on Economic, Social and Cultural Rights, ICESCR(서명 1966년 12월, 발효 1976년 1월)과 시민적·정치적 권리에 관한 국제규약the International Covenant on Civil and Political Rights, ICCPR(서명 1966년 12월, 발효 1976년 3월)이었다]. 모리슨은 이보다 더 선명할 수 없을 정도로 선명한 입장을 취했다. "식민주의적 관점에서 당혹스럽기만 한 [유엔과의] 활동에서는 손을 빨리 뗄수록 좋다."[53] 그러므로 [영국] 외무부가 유럽인권조약을 [자국의] 45개 식민지 및 영토로 확대하기로 결정한 이유가, "식민지적 주체의 운명을 개선"하기 위해서가 아니라 어떤 역사학자가 관찰한 대로, "식민지 정부들이 인권을 존중하겠다는 것과 유엔 규약이 행여 채택된다 해도 그것을 수용하지 않을 논거를 제시하겠다는 것을 공개적으로 약속함으로써 영국의 식민 정책 및 관행을 [자국에] 유리한 방향으로 제시"하려 한 때문이었음이 놀랍지는 않다.[54]

게다가 영국은 유럽인권조약을 제국으로 확대할 때 포기한 게 아주 적었다. 첫째, 유럽인권위원회the European Commission of Human Rights에는 개인 청원individual petition의 권리가 없었는바 곧 유럽인권위원회는 1959년 4월 유럽인권재판소the European Court of Human Rights, ECHR 설립 이후로 진정complaint을 접수하고 [진정의] 본안이 있는 경우 그 진정을 재판소에 제기하는 기구체였다. 영국이 개인 청원을 받아들인 1966년까지 정부 관료들은 국제법이 오로지 국가에만 적용된다고 주장하며 이 논리를 합리화했다. 하지만 A. W. B, 심슨A. W. B. Simpson이 지적하듯, "[개인 청원을 받아들이지 않은] 영국의 진짜 이유는 식민지와 보호령의 반격에 대한 두려움이었다."[55] 둘째, 유럽인권조약의 초기 초안에서 영국 정부는 "전시 또는 국민의 이익을 위협하는 여타의 공적 긴급 상황에서" 체약국을 협약에서 면해주는 예외derogation 조항을 도입했고 강하게 요구했다.[56] 결국 제15조Article 15["비상시의 (의무) 예외Derogation in time of emergence"]로 명시된바, 국가들은 단 몇 개의 조항만 제외하고는 조약의 대부분으로부터 일탈이 허용되었다. 그중 가장 잘 알려진 것은 제3조 혹은 "고문의 금지Prohibition of torture" 조항으로 다음과 같이 쓰여 있다. "어느 누구도 고문을 당하거나 비인도적 혹은 굴욕적 대우나 처벌을 받아서는 안 된다."[57] 보편적 권리는 유럽인권조약의 청원 절차의 성격상 그 범위가 이미 제한된 상태였음에도, 예외 조항은 단숨에 대부분의 보편적 권리를 조건부적인 것으로 만들어버렸다. 몇 년 후 유사한 예외 조항과 조건부적 권리가 두 유엔 협약에도 기입되게 되는데, 이는 영국의 찬성 표를 얻기 위한 탓이 컸다.

영국은 유럽인권조약의 제15조에 제일 먼저 서명한 국가였는바, 제15조는 세칭 테러리스트든 그들을 지원하는 민간인이든 간에 이들을 대상으로 자유주의적 제국주의의 억제되지 않은 강제력의 사용을 행사하는 거대한 허점loophole[곧 빠져나갈 구멍]이 될 준비를 짜놓고 있었다. 영국 식민부는 유럽인권조약을 [자국의] 해외 속국으로까지 확대하는 것이 공공관계에서의 대단한 성취임을 잘 알고 있었고, 내부 메모에 따르기로, "사실상 [조약] 전체를 무효화하는 예외 조항 목록을 보내"기로 했다는 점에서 식민부는 명백히 부정직했다.[58] 시간이 지남에 따라 예외적이고 일시적인 것이 식민지들에서 규칙이 되어 말라야와 케냐 같은 [영국의] 식민지들은 법률적으로 발동된 비상상황에 포위되었으며 그곳들에서 법정 계엄령은 경찰국가police state를 만들었는바 그것[경찰국가]은 반대 의견을 진압하는 한편 제국[영국제국]의 말기와 그 이후에도 영국의 이익을 용이하게 할 [영국의 입장에서] 정치적으로 수용가능한 체제를 세우는 것을 목표로 한 것이었다. 더욱이 한 국가가 제15조의 발동을 뒷받침할 최소한의 증거를 이용해 취할 수 있는 예외는 그 수에서 아무런 제한이 없었다. 유럽인권조약이 영국제국의 대부분에 발효된 지 6주 이내에 영국은 말라야와 싱가포르를 일탈의 대상으로 삼을 것이었고 케냐, 영국령 기아나, 우간다의 부간다 식민지Buganda Province가 곧 그 뒤를 따를 터였다. 사실 유럽인권조약이 서명된 후 첫 10년 동안 영국의 예외 건수—모두 30건에 이른다—는 다른 45개 유럽평의회 회원국 모두의 조약 발효 이후 첫 60년 동안의 예외 사례를 다 합친 것보다 많다. 법학자 존 레이놀즈John Reynolds가 지적하듯, 사실상 영국은 전 세계 수많은 식민지적 주체가 겪는 경험을 형성하고 정의했거니와 국제법과 관행에서 이례異例, exception를 정상적인 것으로 간주하는 "예외레짐derogation regime"의 막을 올렸다.[59]

예외가 인권의 보편적 개념을 따른다고 공언하는 레짐[체제]에 치부 가리개를 제공하기 훨씬 전, 발터 벤야민Walter Benjamin은 팔레스타인의 아랍반란의 여파에서 어떻게 "억압당하는 이들의 전통이 우리가 살고 있는 '비상사태'가 이례가 아니라 법칙임을 우리에게 가르쳐주는지"를 목격했다. 이어 그는 이렇게 읊조렸다. "우리는 이와 같은 통찰에 부합하는 역사 관념을 획득해야 한다."[60] 실제로 제2차 세계대전 이전 시대와 그 여파 사이에는 중요한 차이가 있다. 다른 전략들 중에서도 재판 없는 구금, 연좌, 민간인에 대한 아사 유발의 허용가능성은, 전후 국제 인권법들의 예외 조항에 암호화되어 있다가, 이후 인도법들에서 더욱 배제되었으며, 식민지적 주체들과의 전시戰時 "동반자관계partnership"와 인권이라는, 궁극적으로 영국 같은 국가들을 사실상 어떤 것에도 구속되지 않게 하는 수사법修辭法, rhetoric을 통해 표면상 교화된 자유주의적 제국주의의 핵심 부분이 되었다. 전전戰前과 전후戰後 시대 사이에 연속성이 있는 한, 어떤 역사학자가 지적하듯, 늘 맹목적으로 숭앙받아온 "법의 지배"는 "강력한 허구potent fiction"로서 계속되었고 영국제국 전역에 걸친 다양한 강압행위를 정당화했다.[61] 전쟁의 여파 속에서는, 그리고 모리슨과 총리 클레멘트 애틀리Clement Attlee〔재임 1945~1951〕의 내각의 입장에서는, 비상사태를 선포할 때마다 국가 주도의 폭력 전개가 기하급수적으로 확대·진화하는 제국 내의 개입에 관한 한, 개인 청원 배제와 더불어 유럽인권조약의 예외 규정이 조약을 최대한 완벽한 것으로 만들어주었다.

결국 상설위임통치위원회는 〔영국 위임통치령〕 팔레스타인에서의 영국의 행위들을 결코 조사하지 않았다. 자말 알후세이니의 서신은 회신되지 않은 채 국제연맹의 편지함에 남았다. 위원회가 답하기 전에 제2차 세계대전이 발발한 것도 있지만, 영국이 팔레스타인에서 행한 식민지 폭력을 상세히 알리는 이전의 진정 제기 때와 마찬가지로 위원회는 알후세이니의 진정 제기 역기 기각했을 가능성이 높다. 사실 제국주의적 국제주의imperial internationalism 시대에 어떤 이들은 적어도 팔레스타인에서는 반란을 초기부터 충분히 강압적으로 진압하지 않았다고 영국을 책망한 상설위임통치위원회가 문제의 일부라고 결론 내릴 수 있다.[62] 감시를 하게 되어 있는 상설위임통치위원회는 윈게이트·콜웰 같은 이들을 상기시키는 유사한 도덕적 후렴구를 되풀이하며 식민지적 주체들을 상대로 한 폭력의 사용을 사실상 승인했다.

그래도 알후세이니의 서신이 전혀 헛된 것은 아니었다. 그것은 기록보관소에 버려진 수천 개의 서신과 함께 영국이 20세기 영국제국에서 전개한 체계적 폭력의 하나의 발자국을 제공한다. 그리고 알후세이니와 아랍 팔레스타인인들은 결코 자신들의 진정 제기에 대한 적절한 심리를 받지 못했으나, 다른 제국적 주체들은 끝내 그것을 받게 되었다. 2009년 영국제국은 처음으로 재판정에 세워졌다. 노령의 키쿠유족 원고 5명이 케냐 식민시대 후기에 구금 수용소에서 고문과 폭력 체계를 감독한 영국 정부를 상대로 런던고등법원에 소송을 제기한 것이다. 〔나의〕《제국의 응보》가 이에 대한 역사적 근거가 되어 나는 원고 측의 전문가 증인이 되었다. 소송 당시, 외무·영연방부Foreign and Commonwealth Office, FCO—이 사건에서 피고로 지명된 측—는 지난날 팔레스타인의 〔영국〕 네빌 체임벌린 정부와 마찬가지로 과거 영국제국의 어떤 악행도 격렬하게 부인했고 소송에 맞서 끝까지 싸우겠다고 맹세했다. 이외에도 그들은 똑같이 격렬히 국제 인도법과 유럽인권조약이 런던 고등법원과 관련이 없다고 주장했다—당시 재판장 리처드 매콤비Richard McCombe 판사의 관심을 끌 만한 주장이었다.

스티븐 핑커도 〔사건이〕 영국의 주요 신문에 도배가 되었으니 역사적인 마우마우사건을 분명 알고 있었을 것이다. 하지만 〔영국〕 외무장관 윌리엄 헤이그William Hague〔재임 2010~2014〕와 마찬가지로 그의 선택은 〔영국의〕 식민 통치 시기 케냐에서의 체계적 폭력에 대한 천인공노할 이야기를 말해주는 산더미 같은 증거를 무시하는 것이었다—영국의 동아 프리카 식민지에서는 폭력이 이례적 사건이라 할 수 없었음에도 말이 다. 그러나 궁극적으로 영국 정부는 4년간의 법정 다툼 끝에 진로를 바 꿨다. 매콤비 판사가 외무·영연방부의 두 건의 기록 삭제 요청strike-out motion〔motion to strike〕〔법정에서 상대방의 답변을 기록에서 삭제해달라고 판사에게 요청하는 것〕에 불리한 판결을 낸 후 영국이 "주의의무注意義務, duty of care" 〔타인을 해칠 수 있는 행위를 하는 경우 그에 상응하는 합리적 수준의 주의를 기울 여야 하는 법적 의무〕를 이행하지 않았다고 믿는 쪽으로 크게 기울었음이 명백해졌다. 달리 표현하자면, 매콤비의 판결에 따르면, 케냐의 식민지 정부는 판사가 생각하는 영국의 문명화 사명을, 그것이 어떤 식으로 이 상화되었고 또 계속해 이상화되었을 것인지 간에, 받드는 데 실패했다.

2013년 6월, 영국 외무장관 헤이그는 하원 의사당에서 영국 최초로 〔영국〕제국 내에서 영국의 체계적 폭력의 사용을 인정하고 그에 대해 사 과했으며, 이와 함께 케냐 억류 수용소에서 자행된 영국의 고문에 의한 5000명 이상의 키쿠유족 피해자에게 2000만 파운드를 배상하겠다고 밝혔다. 사실상 영국 정부는 자유주의의 눈 가리기와, 자신들의 문명화 사명과 중첩된 폭력을 부인하는 도덕적 주장 뒤로 더는 숨을 수 없었 다. 증거—그중 대부분은 핑커도 연구 중에 접근할 수 있었다—는 간단 히 말해 너무나 압도적이었다. 마찬가지로 이전의 영국의 수많은 다른 식민지—알후세이니의 팔레스타인 같은 식민지들—에서의 증거를 이 용할 수 있었음에도 핑커는 이를 무시하거나, 아마 그 증거의 타당성을 부인하는 쪽을 택했다. 그런데 바로 이렇게 증거—특히 수많은 예전의 유색인 및 흑인 식민지적 주체로부터의—를 부인하는 것이야말로 핑커 의 책 같은 종류가 포스트식민 시대인 현재에 그토록 악영향을 끼치게끔 하는 것이다. 자신들이 겪은 체험을 부정당한 이들 남성과 여성은 그럼에도 전 세계인의 기억 속에 각인되어 있으며, 이 집합적 기억collective memory은 20세기 영국 통치기 중 식민지 환경에서 폭력이 감소했다는 스티븐 핑커의 서구 중심적 주장을 폐기하는 데서 기록보관소의 자료로 무장한 역사학자들을 필요로 하지 않는다.

주

1   Imperial War Museum (IWM), Sound Archive, Accession 4619, Fred Howbrook.

2   IWM, Document Collection, 4623, Private Papers of Major General H. E. N. Bredin, "Appreciation by Captain OC Wingate, of Force HQ Intelligence on 5.6.38 at NAZARETH of the possibilities of night movements by armed forces of the Crown with the object of putting an end to terrorism in Northern Palestine".

3   John Bierman and Colin Smith, *Fire in the Night: Wingate of Burma, Ethiopia, and Zion* (New York: Random House, 1999), 115.

4   Bierman and Smith, *Fire in the Night*, 115-16; 그리고 Liddell Hart Centre for Military Archives (LHCMA), King's College London, United Kingdom, Captain B.H. Liddell Hart Papers, GB0099, 11/1936-1938, Captain O.C. Wingate OCSNS, "Report of Operations carried out by Special Night Squads on Night of 11/12 July 1938".

5   R. King-Clark, *Free for a Blast* (London: Grenville Publishing Company Limited, 1988), 157.

6   IWM, Department of Documents, 88/8/1, Private Papers of S. Burr, Letter c. June 1937; "와그"의 사용에 대한 자료는 파일에서 다음을 포함한 다수의 서신을 참고하라. 9 July 1937; 20 December 1937; c. March 1938, 그리고 c. April 1938.

7   예를 들면 다음을 참조하라. Middle East Centre Archive (MECA), St. Antony's College, Oxford, United Kingdom, GB165-0161, Jerusalem and East Mission, Boxes 61 and 66.

8   Middle East Centre Archive (MECA), St. Antony's College, Oxford, United Kingdom, GB165-0161, Jerusalem and East Mission, Boxes 61 and 66.

9   예를 들면, Hansard, *House of Commons Debate*, vol. 341, cc 1988, 24 November 1938.

10 TNA, WO 32/4562, Memorandum from G.D. Roseway to C.G.L. Syers, 12 January 1939.

11 TNA, WO 32/4562, Letter from Jamaal Husseini, president, Palestine Arab Delegation, to His Excellency, the president of the Permanent Mandates Commission, 12 June 1939.

12 TNA, WO/32/4562, Letter from Jamaal Husseini, president, Palestine Arab Delegation, to His Excellency, the president of the Permanent Mandates Commission, 12 June 1939.

13 Caroline Elkins, *Imperial Reckoning: The Untold Story of Britain's Gulag in Kenya* (New York: Henry Holt, 2005).

14 이후의 분석은 다음을 포함한 다양한 연구에서 비롯한 것이다. Thomas R. Metcalf, *Ideologies of the Raj* (Cambridge: Cambridge University Press, 1994); Uday Singh Mehta,

Liberalism and Empire: A Study in Nineteenth-Century British Liberal Thought (Chicago: Chicago University Press, 1999); Karuna Mantena, *Alibis of Empire: Henry Maine and the Ends of Liberal Imperialism* (Princeton: Princeton University Press, 2010); 그리고 Jennifer Pitts, *A Turn to Empire: The Rise of Imperial Liberalism in Britain and France* (Princeton: Princeton University Press, 2005).

15 예를 들면 다음을 참조하라. Eileen P. Sullivan, "Liberalism and Imperialism: J.S. Mill's Defense of the British Empire", *Journal of the History of Ideas*, 44 (1983): 599-617.

16 John Stuart Mill, *Considerations on Representative Government* (New York: CreateSpace, 2014 (first published, 1861)) 4. 〔한국어판. 존 스튜어트 밀, 서병훈 옮김, 《대의정부론》, 아카넷, 2012〕

17 다음에서 인용됨. Sullivan, "Liberalism and Imperialism", 610.

18 Karuna Mantena도 다음에서 비슷한 점을 지적한다. *Alibis of Empire*, 33.

19 예를 들면 다음을 참조하라. Nadia Urbinati, "The Many Heads of the Hydra: J. S. Mill on Despotism", in Nadia Urbinati and Alex Zakaras (eds), *J. S. Mill's Political Thought: A Bicentennial Reassessment* (Cambridge: Cambridge University Press, 2007), 74-5.

20 James Fitzjames Stephen, *Liberty, Equality, Fraternity*, ed. Stuart D. Warner (Indianapolis: Liberty Fund, 1993), 111.

21 Partha Chatterjee, *The Nation and Its Fragments* (Princeton: Princeton University Press, 1993), 10.

22 Colonel C. E. Callwell, *Small Wars: Their Principles and Practices* (Lincoln: University of Nebraska Press, 1996).

23 "문명화하지 않은uncivilised"과 "미개한savage"이라는 용어는 콜웰의 저작들에 전반적으로 사용된다.

24 Callwell, *Small Wars*, 102.

25 Callwell, *Small Wars*, 41, 72, 148.

26 Ian F. W. Becket suggests a similar point in *Modern Insurgencies and Counter-Insurgencies: Guerrillas and their Opponents since 1750* (London: Routledge, 2001), 25, 183.

27 Daniel Whittingham, "'Savage Warfare': C. E. Callwell, the Roots of Counterinsurgency, and the Nineteenth-Century Context", in Matthew Hughes (ed.), *British Ways of Counter-insurgency: A Historical Perspective* (London: Routledge, 2013), 13-29, 이 부분은 14.

28 Callwell, *Small Wars*, 40.

29 A. V. Dicey, *The Case against Home Rule* (London: John Murray, 1886), 117.

30 A. W. Brian Simpson, *Human Rights and the End of Empire: Britain and the Genesis of the European Convention* (Oxford: Oxford University Press, 2011), 78-80; 그리고 Gerard Hogan and Clive Walker, *Political Violence and the Law in Ireland* (Manchester:

Manchester University Press, 1989), 12-14.

31 Simpson, *Human Rights and the End of Empire*, 82.

32 Simpson, *Human Rights and the End of Empire*, 84-5.

33 Simpson, *Human Rights and the End of Empire*, 86.

34 Matthew Hughes, "The Banality of Brutality: British Armed Forces and the Repression of the Arab Revolt in Palestine, 1936-39", *The English Historical Review*, CXXIV, 507 (April 2009): 318.

35 Simpson, *Human Rights and the End of Empire*, 85-6.

36 *Manual of Military Law* (London: HMSO, 1929), 103, 255; 그리고 Hughes, "The Banality of Brutality", 316-17.

37 Eleanor Roosevelt, 인권선언 채택에 관한 유엔총회 연설, 1948년 12월 9일, https://awpc.cattcenter.iastate.edu/2017/03/21/adoption-of-the-declaration-of-human-rights-dec-9-1948/.

38 A. Reis Monteiro, *Ethics and Human Rights* (New York: Springer, 2014), 434.

39 *HCD*, Volume 447, columns 2263-5, 26 February 1948.

40 Simpson, *Human Rights and the End of Empire*, 456.

41 Simpson, *Human Rights and the End of Empire*, 458.

42 Fabian Klose, "'Source of Embarrassment': Human Rights, State of Emergency, and the Wars of Decolonization", in Stefan-Ludwig Hoffman (ed.), *Human Rights in the Twentieth Century* (Cambridge: Cambridge University Press, 2011), 242.

43 Simpson, *Human Rights and the End of Empire*, 460.

44 Boyd van Dijk, "Human Rights in War: On the Entangled Foundations of the 1949 Geneva Conventions", *The American Society of International Law*, 112, no. 4 (2018): 556.

45 Frederic Megret, "From 'Savages' to 'Unlawful Combatants': A Postcolonial Look at International Humanitarian Law's 'Other'", in Ann Orford (ed.), *International Law and Its Others* (Cambridge: Cambridge University Press, 2006), 265-317; 그리고 Marco Sassoli, *International Humanitarian Law: Rules, Controversies, and Solutions to Problems Arising in Warfare* (Cheltenham: Edward Elgar Publishing, 2019), 1-14.

46 van Dijk, "Human Rights in War", 567-8.

47 van Dijk, "Human Rights in War", 555.

48 "Geneva Convention Relative to the Treatment of Prisoners of War 12 August 1949", Article III, 91-2, https://www.un.org/en/genocideprevention/documents/atrocity-crimes/Doc.32_GC-III-EN.pdf, accessed 3 January 2020.

49 M. Gandhi, "Notes and Comments: Common Article 3 of Geneva Conventions, 1949 in the Era of International Criminal Tribunals", ISIL Year Book of International

Humanitarian and Refugee Law, 2001, http://www.worldlii.org/int/journals/ISILYBIHRL/2001/11.html.

50 John Reynolds, *Empire, Emergency, and International Law* (Cambridge: Cambridge University Press, 2017), 118.

51 Simpson, *Human Rights and the End of Empire*, 808-9.

52 유럽인권조약이 국내 사법권에 끼치는 영향에 관해 영국 정부의 고위 관료들 내에서 상당한 협상과 토론이 있었다. 특히 영국은 재판 없는 구금을 포함해 DORA(Defence of the Realm Act, 국토방위법)하에서 발효될 수 있는 미래의 법에 대한 집행권을 유지하고 싶어 했다. Andrew Moravcisk에 따르면, 영국 관리들은 개인 제소를 없앰으로써 이 쟁점을 해결했다고 믿었다. 다음을 참조하라. Andrew Moravcisk, "The Origins of Human Rights Regimes: Democratic Delegation in Postwar Europe", *International Organization*, 54, no. 2(Spring 2000): 238-43.

53 Simpson, *Human Rights and End of Empire*, 813.

54 Simpson, *Human Rights and End of Empire*, 825.

55 A. W. B. Simpson, "Round Up the Usual Suspects: The Legacy of British Colonialism and the European Convention on Human Rights", *Loyola Law Review*, 41, no. 4 (Winter 1996): 685. 심슨은 또한 유럽인권조약의 정확한 사항들을 다음과 같이 상세하게 다룬다. "1966년까지는 위원회에 국가 간 신청만 할 수 있었다. 협약 25조(1)에 따라, 위원회는 위반의 피해자라고 주장하는 이들로부터 개인 제소를 받을 권한을 갖게 되었으나, 이는 관련 국가가 동의할 경우에 한했다. 1959년 4월 20일 설립된 유럽인권재판소의 사법권에 대한 수용 역시 선택적인 것이었다. 1959년 12월 31일까지 아일랜드를 포함한 9개의 체약국은 개인 제소를 수용했으나 영국은 아니었다."

56 Reynolds, *Empire*, 119.

57 European Convention on Human Rights, Article 3, "Prohibition on Torture", 7, https://www.echr.coe.int/Documents/Convention_ENG.pdf, 2020년 1월 3일 접속함.

58 Reynolds, *Empire*, 131.

59 Reynolds, *Empire*, passim.

60 Walter Benjamin, *Selected Writings, Volume 4*, 1938-1940, trans. Edmund Jephcott, ed. Howard Eiland and Michael W. Jennings (Cambridge, MA: Belknap Press, 2003), 392.

61 Edmund S. Morgan의 "저 강력한 허구that potent fiction"라는 "법의 지배"를 지칭하는 표현은 다음에서 인용된 것이다. Nasser Hussain, *The Jurisprudence of Emergency: Colonialism and the Rule of Law* (Ann Arbor: The University of Michigan Press, 2003), 8.

62 국제연맹을 "대단히 빅토리아시대적인 기관"으로 본 논의에 대해서는 다음을 참조하라. Mark Mazower, *No Enchanted Palace: The End of Empire and the Ideological Origins of the United Nations* (Princeton: Princeton University Press, 2009), 21.

제4부

주제

Themes

제13장

폭력의 역사와 토착성:
스티븐 핑커와 토착 아메리카

A history of violence and indigeneity:
Pinker and the Native Americas

매슈 레스톨
Matthew Restall

2019년 3월, 스페인-아스테카 만남encounter 500주년 행사를 시작하며 멕시코 대통령 안드레스 마누엘 로페스 오브라도르Andrés Manuel López Obrador는 스페인 국왕과 교황에게 사과를 요구하는 공개 서신을 보냈다. "원주민들의 인권을 침해한 것과, 오늘날 알려진 것처럼 집단학살을 자행하고 칼과 십자가를 통한 이른바 정복Conquest에 대해 원주민들에게 사과"하라는 것이었다.[1] [1519년 스페인(카스티야연합왕국 메데인) 출신의 멕시코 "정복자" 에르난 코르테스가 멕시코고원에 자리한 아스테카제국의 수도 테노치티틀란에 입성했고, 아스테카제국은 1521년에 "정복"되었다.]

이러한 사건은 스티븐 핑거가 우리가 살고 있다고 주장하는 멋진 신세계the brave new world의 특성이 반영된 것으로 보일 수 있다. 정복 전쟁이 폐지되고, 세계의 지도자들이 과거의 잔혹행위atrocity를 공개적으로 인정하라고 고집스럽게 요구할 수 있는 세계 말이다. 즉 핑커는 수십 년 심지어 수백 년 전의 폭력행위에 대한 종교 및 정치 지도자들의 공개 사과는 1980년대 이후 국제 정치 문화에서 꾸준히 늘어나는 특성이라고 지적한다.[2] 침략 및 잔혹행위의 역사에 대해 사과를 요구하거나 혹은 표명하면서, 지도자들은 그러한 범죄가 폭력적인 과거에나 있었지 평화로운 현재의 일부는 아니라는 사실을 효과적으로 기념하고 있다.

스페인 당국은 로페스 오브라도르 멕시코 대통령의 성명을 마땅찮게 여겼으나, 그럼에도 그들의 반응에는 과거와 현재의 폭력에 관한 동일한 가정이 반영되었다. 마침 당시 스페인은 총선거를 몇 주 앞둔 때라 멕시코 대통령의 서신은 언론에 대대적으로 보도되었고, 선거 캠페인 중이던 좌파와 우파 정치인들은 그 요구를 ([스페인] 보수층 지도자 파블로 카사도Pablo Casado가 표현한 대로) "스페인에 대한 모욕"이라고 맹비난했다.[3] 그러나 방어적 민족주의와는 별개로, 스페인 정치인들의 발언에는 역사상의 폭력행위에 대해 오늘날 손가락질을 하는 것이 터무니없이 시대착오적이라는—세계는 폭력적인 곳이곤 했기 때문에— 의미가 내포되어 있었다. 이와 같은 핑커식 관점에 따르면, 오늘날이야 모든 (혹은 거의 모든) 국가가 공통적으로 비폭력적 목표를 지향해도 과거 수 세기 동안에는 모든 국가가 침략과 이러저러한 잔학행위를 행한 만큼 다른 국가들에 행한 과거의 범죄에 대해 어느 한 국가만 비난의 대상으로 삼는 것은 말이 되지 않는다.

이후 2019년에 로페스 오브라도르가 콩키스타도르[정복자]conquistador 에르난 코르테스Hernando Cortés[1485~1547]를 비판하는 말을 했을 때, 정복자의 스페인 고향의 사가史家, official historian는 [로페스 오브라도르] 대통령이 "5세기 전의 사건들을 21세기 기준으로 판단하는" "현재주의presentism"

에 빠져 있다고 항의했다.[4] 다른 말로, 스페인 역사학자는 핑커식으로 선과 악의 경계가 공간적인 것이 아니라 시간적인 또는 연대기적인 것이라고 가정했다. "문명과 계몽의 힘"(핑커의 책 마지막 줄에서 인용하자면)의 승리는 야만적이고 끔찍한 과거로부터 우리를 분리해 완전히 다른 도덕적 기준을 가진 두 세계를 만들어낸다.[5]

로페스 오브라도르와 그의 스페인 비방자 사이 대서양 횡단 설전舌戰은 이 장의 주제이기도 한, 핑커의 논거의 보다 특정한 측면을 환기한다. 멕시코 대통령의 서신은 핑커가 사용한 것과 유사한 일종의 이탈행위로 볼 수 있으며, 특히 핑커가《우리 본성의 선한 천사》에서 아메리카 대륙의 [현지] 선주민을 다루면서 차용한 것과 유사하다. 토착 아메리카인으로부터 인권을 박탈한 것에 대한 모든 책임을 스페인과 가톨릭교회로 돌림으로써, 로페스 오브라도르는 지난 5세기 동안의 [현지] 반反선주민 폭력에 관한 쟁점—광범위하게 정의된—을 회피했다. 그 대신, 로페스 오브라도르의 지지자들 및 비판자들 모두는 총체적으로 잘못 전달되고 잘못 해석된 과거에 대해 계속해서 집중했다.

그 사실은 마드리드를 거점으로 활동하는 영국 저널리스트 마이클 리드Michael Reid가 로페스 오브라도르의 사과 요구가 왜 잘못되었는지에 대해 제시한 매우 핑커적인 이유에 의해 깔끔하게 설명된다—핑커적이라 함은, 핑커가 책에서 아메리카대륙의 역사에 관해 전개하고 영속시키는 광범위하고 흔한 오해를 리드도 똑같이 이용하고 있다는 점에서 그렇다는 것이다. 사실 리드가 제시한 두 가지 이유는 핑커가 토착 아메리카인의 과거를 묘사한 것 중 두 가지 측면과 매우 일치한다. 리드의 첫 번째 이유는 다음과 같다. "1519년의 멕시코 사람들은 '원래부터' 살았던 사람들이 아니라 나중에 도착한 사람들이었다. 그들 역시 요즈음으로 치면 인도에 반反한 죄crime against humanity라 칭할 수 있는 일들을 저질렀다—아스테카의 경우는 체계적 인신공양[인신희생, 인간제물]이다."⁶ 마찬가지로 핑커는 [크리스토퍼] 콜럼버스 이전의Pre-Columbian [아메리카대륙 발견 이전의] 모든 [현지] 선주민 사회가, 그중에서도 아스테카인이 극도로 폭력적이었다고 특징짓는다—시대에 뒤떨어진, 식민주의적 (그리고 신식민주의적) 고정관념이다.

리드는 두 번째 이유를 다음과 같이 설명한다. 스페인제국이 "흠잡을 데 없는 피조물은 아닐 수 있으나 유례없이 악한 것도 아니었다. 토착 아메리카인의 사망자는 대부분이 면역력이 없는 질병으로 인한 것이었다."⁷ 이것은 핑커의 입장과는 다르나, 리드는 유럽의 아메리카대륙 식민화를 소홀히 다룸으로써 스페인제국이 [현지] 토착 사회Native society 보다 덜 폭력적이었다는 인상을 주며 미국의 역사 중 대량학살 사건에 한정된 폭력의 극단적 발현 사례를 제시한다. 아메리카대륙의 여타의 지역보다 미국에 더 많은 지면을 부여하는 것은 명백하고 일반적인 의미에서도 문제가 되지만(앵글로중심주의Anglocentrism와 서구중심주의West-centrism를 시사한다), 보다 특정적으로는, 《우리 본성의 선한 천사》에서 아메리카의 과거가 계몽주의the Enlightenment와 문명civilization의 최근의 승리에 미국이 역할을 했다는 이유로 실질적으로 구원을 받고 있다는 점에서도 문제가 된다.

그에 따른 결과는 토착 아메리카Native America를 역사의 쓰레기통에 던져 넣는 것이다. 마치 [현지] 선주민들은 과거의 유럽인들에 의해 유감스럽게도 폭력적이고 또 유감스럽게도 멸절된 그 야만적 과거의 일부였지 우리 선한 천사들의 승리에는 관여하지 않았다는 듯이.

"의심할 여지 없이 위험한 곳": 스티븐 핑커의 토착 아메리카

그렇다면 《우리 본성의 선한 천사》에서 토착 아메리카인Native Americans은 정확히 어떻게 묘사되었을까? (이 장에서 내가 쓰는 토착 아메리카인이란 현재의 미국뿐 아니라 모든 아메리카대륙의 [현지] 선주민先住民, indigenous peoples을 말한다.) 《우리 본성의 선한 천사》에서 [현지] 토착 사회들은 비교적 거의 주목을 받지 않는바 지면상 대략 4퍼센트 정도의 비중이며 간접적이거나 지나가는 말로 언급될 뿐이다. 그러나 내 관심사는 언급된 양이 아니다—스티븐 핑커가 다루는 범위는 어쨌든 인류 역사 전체이니, 그런 책이 이런저런 문화나 지역에 지면을 쓴다고 비난하는 것은 쉬운 일일 터다. 외려 내 관심은 핑커가 언급하는 유형과 어조, 그것들이 [현지] 선주민의 아메리카 문명에 대해 주는 인상에 있다.

그 인상은 앞서 언급한 두 측면에 의해 형성된다—곧 토착 아메리카가 유럽인과 접촉하기 이전에 폭력을 다룬 방식과 [유럽인과의] 접촉과 식민화colonization에서 비롯한 폭력을 다룬 방식이다. 첫 번째로, 핑커의 책에서 토착 아메리카인에 대한 논의의 대부분은 콜럼버스 이전 시대와 관계가 있다—1490년대 유럽 식민자colonist들이 아메리카대륙에 최초로 도착하기 수천 년 전이다. 핑커의 어조는 어느 특정한 토착 아메리카인에 대한 최초의 언급에서 설정되는바 그는 유형을 막론하고 핑커의 책에서 최초로 언급되는 [현지] 선주민이기도 하다. 이 초기 아메리카인에 대한 중대한 사실은 다음과 같이 소개된다. "케너윅맨Kennewick Man은 무언가에 맞았다."[8] 폭력violence과 토착성indigeneity 사이 연관성에 관한 최초의 씨앗은 이렇게 심겨서 핑커의 책 내내 뿌리를 내리고 자라게 된다.

토착 아메리카인에 대한 그다음 언급은 미국독립선언서〔1776. 7. 4〕
에서 잉글랜드 국왕이 "연령, 성별, 상태를 가리지 않고 모두 파괴하는
것을 전쟁행위의 규칙으로 아는 무자비한 인디언 미개인들Indian Savages"
을 후원했다고 불평한 것을 인용하는 것으로 시작한다. 핑커는 오늘날
이야 이런 식의 성격 규정이 "구식이고 당연히 모욕적"으로 느껴진다는
점에 주목하면서, 계속해서 사실 "비국가 사회의 남성들은" 정확히 그
런 종류의 제한 없는 폭력에 일상적으로 가담했고, 고문torture, 강간rape,
신체절단mutilation, 카니발리즘cannibalism〔인간이 인간을 먹는 식인풍습〕 등에
참여했을뿐더러 특히 마을 전체에 대한 집단학살을 자행했다고 주장한
다. 5쪽에 걸쳐 뉴기니 및 오스트레일리아의 선주민뿐 아니라 뉴잉글랜
드의 선주민, 야노마뫼〔야노마미. 베네수엘라와 브라질 국경의 남아메리카 선
주 민족〕 및 이누이트의 선주민에 대한 언급이 나오며, 이는 다음과 같은
세 가지 강렬한 인상을 남긴다. 토착 아메리카인과 비국가 민족은 본질
적으로 동일한 범주라는 것, 그들의 사회는 근본적으로 그리고 끊임없
이 폭력적이었다는 것, 아울러 그들은 폭력적 과거에 압도적으로 존재
했고 평화로운 현재에는 그렇지 않다는 것이다.[9] 세 가지 인상 모두 명
백하게 거짓이다.

이어지는 500여 쪽에서 이러한 언급(《우리 본성의 선한 천사》 앞부분 절
반가량이 토착 아메리카인 내용이다)은 대략 10여 차례 더 나오면서 그럴듯
한 세 가지 인상을 강화한다. 비국가 〔현지〕 토착민nonstate Native peoples이
저지른 명백한 폭력행위만 취사선택한 사례들은 폭력 시대의 증거 혹
은 생득적 폭력문화와 동치된다—핑커는 서구 및 최근 역사에 대해서
는 둘을 구별하지만 선사시대나 토착 아메리카에 대해서는 구별하지
않는다.[10] "전쟁행위warfare로 인한 사망자 비율"을 정량적으로 나타낸 그

래프는 사회를 세 가지 범주의 비국가 사회와 한 가지 범주의 국가 사회로 나눈다. 토착 아메리카인 집단이 비국가 [사회] 세 범주 모두에서 최상위를 차지했으니, 그들이 인류의 가장 폭력적인 비국가 사회라는 인상을 뒷받침하는 확실한 데이터를 제공하는 것처럼 보인다.[11]

핑커는 과거 토착 아메리카에 국가가 존재했음을 잠시 인정하며, 이때 그는 아스테카제국에 의존하거니와 아스테카 사회에 대한 아주 시대에 뒤떨어지고 틀에 박힌 편파적 개념에—"콜럼버스 이전의 멕시코를 […] 의심할 여지 없이 위험한 곳"으로 만드는 개념에— 의존한다. "전쟁행위 사망자" 수를 정량화하고 순위 매김 한 그 그래프에서 국가 범주의 맨 꼭대기에는 "고대 멕시코, 1500년 이전"이 "전全 세계, 20세기 (전쟁 및 제노사이드)" "유럽, 1900~1960년" 같은 경쟁자들을 넉넉히 제압하고 있다[한국어판 113쪽]. 제1차 세계대전 및 제2차 세계대전은 물론 그 시대에 행해진 홀로코스트the holocaust, 숙청purge, 포그롬pogrom [인종이나 종교를 이유로 자행하는 조직적 집단학살] 등이 인류의 가장 폭력적인 모습을 보여주었다고 생각한다면 오산이다. [핑커의 책에서는] 아스테카가 20세기를 이긴다. 이 명백한 사실은 "멕시코 중부, 1419~1519년"이 "독일, 20세기"를 간단히 뛰어넘는 또 다른 "전쟁 사망자" 수 그래프에서 데이터로서 다시 제시된다[한국어판 118쪽].[12]

핑커의 책에서 아스테카인들은 등장할 때마다 역사상 가장 가혹한 고문 및 사디스트적 폭력을 추종한 사람들 중 하나로 묘사되며, 대개는 데이터라고 하기엔 터무니없을 정도로 잘못된, (사라 M. 버틀러가 유럽 중세에 대한 유사한 와전 사례를 논하며 사용한 문구를 빌리자면) "사실일 성싶지 않을 정도로 구체적이며 믿을 수 없을 정도로 높은" 수치의 데이터가 참고자료로 함께 제시된다.[13] 일례로, "아스테카는 매일 40명, 총 120만

명을 제물로 바쳤다"라고 한다. 이에 우리는 아스테카가 모든 "희생자를 불 속에 내려뜨리고, 죽기 전에 들어 올린 후, 뛰고 있는 심장을 가슴에서 도려냈다"는 인상을 받는다. 아스테카는 책의 말미에서는 자신의 아이들을 고문하는 자로서 등장한다.[14]

아스테카(혹은 마야 혹은 메소아메리카)의 문화를 비디오게임이나 멜 깁슨Mel Gibson[감독]의 [영화] 〈아포칼립토Apocalypto〉[2006]를 통해 접한 독자라면 한 세기 동안 아스테카가 매일 40명의 고동치는 심장을 도려냈다는 말을 받아들일 수 있다. (메소아메리카는 연구가 잘되어 있는 문명 지역이며 여기에는 아스테카, 마야, 그 외 다수의 [현지] 선주민 사회가 포함된다.) 그러나 요즘에는 그와 같은 명백한 난센스를 믿는 아스테카 [연구] 학자는 하나도 없고 과거에도 아주 소수였다. 그렇다면 핑커는 어떻게 그와 같은 결론에 도달하는 것일까? 아스테카 역사에 박식한 사람이라면 곧바로 답을 추측할 수 있을 테지만 대부분의 독자에게 그것을 기대할 순 없다. 핑커는 역사학자 겸 사서 매슈 화이트가 수집한 전시 사망과 처형—전통적으로 서구에서 "인신공양[인신희생, 인간제물]human sacrifice"이라고 칭하는 전쟁포로의 제의적祭儀的[의례적] 처형ritual execution—에 대한 추정치를 사용하는데, 아스테카나 토착 아메리카인 역사의 전문가가 아닌 화이트 자신이 사용한 것도 19세기에서 20세기 중반까지 수집된 (시대에 뒤떨어진 자료라고 보는 학자들이 점점 많아지는) 추정치였다.[15]

이 추정치들 자체도 프란체스코회 수사들과 이런저런 가톨릭교회의 주석자들이 아스테카제국의 멸망 후 수십 년 동안 주장한 것을 외삽外挿, extrapolation한 것으로, 아스테카문명을 폄하하고—글자 그대로 악마화하고— 그로써 스페인의 [아스테카제국] 정복과 식민화에 한몫하는 데 사용된 모든 방법을 정당화하기 위해 만들어진 주장이었다. 아메리카

대륙의 초기 유럽인들은 괴물 같은 인간과 악마 같은 문화를 발견할 것이라 예상하며 도착했고, 성급하게 그와 같은 〔현지〕 선주민과 사회를 상상·발명·매도했다.[16]

토착 아메리칸인 문화에 대한 극단적 왜곡은 정량적quantitative일 뿐 아니라 정성적qualitative이기도 했다. 이는 곧 폭력 관련 수치가 굉장히 과장되거나 그냥 꾸며낸 것이라는 뜻이다. 예를 들어, 멕시코의 초대 주교인 프란체스코회의 후안 데 수마라가Juan de Zumárraga〔1468~1548〕는 자신도 아스테카 사제들이 매년 "제물로 바친" 사람의 수와 똑같이 1년 동안 2만 개에 이르는 아스테카의 "우상"을 파괴했다고 주장했다—이 꾸며낸 수치는 곧 2만 명의 어린이children로 둔갑하며 이후 "10만 명 이상의 영혼을 끔찍한 지옥 불에 공물로 바치는" 상상으로 옮아간다.[17] 수 세기 동안의 반복과 선입견을 통해 수마라가는 핑커까지 곧장 연결되었다(주교는 기뻐했을 것이다). 동시에 아스테카에서 (그리고 다른 〔현지〕 선주민 사회들에서) 발견된 것으로 추정되는 폭력의 특성과 유형은 서구의 시각에서 최대한 기괴하게 표현되었다. 예컨대, 카니발리즘에 물들어 있었다는 것(이에 대해서는 증거가 거의 없고 증거가 있다 해도 모두 간접적이고 유럽인의 필터를 거치며 오염된 것이다), 유럽에서는 사용하지 않는 고문 및 처형 방법(일례로 심장적출), 모든 처형이 "인신공양"의 형식을 띠었다는 것 등이다—자기민족중심적ethnocentric이고 판단이 잔뜩 실린judgement-laden 이 용어는 아직도 서구에서는 〔인간이〕 종교적 제물로 의도된 것인지 범죄자나 전쟁포로의 처형으로 의도된 것인지 여부에 상관없이 다른 문화의 살인행위를 설명할 때 남용되고 있다.

사실 모든 〔현지〕 선주민 사회(아스테카 사회 포함)에서 종교 제물은 대부분 동물과 식물이었다. 나우아족〔나우아틀인〕(아스테카인을 포함하는 더 광범위한 인종집단)도 마야인도 "인신공양"을 의미하는 용어를 사용하지 않았다. 이 용어는 그 대부분의 의미와 마찬가지로 유럽인들이 처음 사용했다. 처형execution은 아스테카와 마야 세계에서 압도적으로 전쟁과 관련 있었고, 전쟁war은 정치적 야심 및 "경제적 이득economic gain이라는 목표를 우주적 정당성cosmic justification과" 뒤섞였다(과거 서구가 그랬다—논란의 여지는 있긴 해도 현재도 여전히 그렇다). 그러므로 서구에서는 아스테카인을 "세상에서 희생제물을 가장 많이 바친 이들"로 꼽지만, 종교역사학자(그리고 핑커의 하버드대학 동료) 데이비드 카라스코David Carrasco의 말을 빌리자면, "고고학적으로나 문헌적으로나 그들이 다른 문명보다 제의祭儀로서ritually 더 많은 사람을 죽였다는 실질적 증거는 없다."[18]

공개처형public execution이 아스테카의 경우가 유럽의 경우보다 더 일상적인 행사도 아니었다. 아스테카 사람들의 일상생활은 다른 메소아메리카 사람들의 그것과 마찬가지로 농경 노동과 지역사회 및 가족의 사회적 제의가 그 특징이었다. 손꼽히는 아스테카 연구자 카밀라 타운센드Camilla Townsend의 최근 발표에 따르면, "아스테카 사람들은 우리가 만든 책과 영화에 등장하는 아스테카 세계의 묘사에서 자신들을 결코 알아보지 못할 것이다." 그런 묘사는 아스테카인들에게서 인간성을 벗겨낸, 식민주의적 캐리커처다. 우리는 너무나 "아스테카인을 두려워하고 심지어는 혐오하는 데 익숙해져 있어"서 그들을 잔인한 폭력을 자행할 수 있지만 깊이 사랑할 줄도 아는 사람들로, 서로를 죽이는 방법을 발명했지만 멋진 도시와 찬란한 예술작품을 만든 사람들로, 싸웠지만 글도 쓴 사람들로, 서로에게 잔인하게 굴었지만 함께 음악을 연주한 사람들로, "우리와 똑같이 한바탕 웃음"을 즐긴 사람들로, 결함도 있지만 다른 모든 점도 갖고 있는 온전한 사람들로 보고 〔아스테카인을〕 우리와 동

일시할 수 있다는 생각을 전혀 하지 못한다.[19]

핑커가 사용한 아스테카 멕시코의 전쟁 사망자 수는 따라서 몹시 과장된 수치다. 그러나 더 고질적인 문제는, 아스테카인에게 극도로 폭력적인 야만인이라는 오명을 씌우려 그 수치를 날조하고 전개하는 것이 오래되고 해로운 식민주의적 전통이라는 것이다. 나는 핑커가 그 전통을 영속시키려 의도했다는 것을 조금도 믿지 않으며 또 핑커가 널리 재생산되는 경멸적 묘사를 곧이곧대로 받아들인 것을 비난하지도 않는다. (마찬가지로 나는 화이트의 말을 믿어주지 않을 까닭도 없다). 그럼에도 핑커가 따라간 정보-문헌의 경로는 시작점과 끝점이 명백하며, 오해의 소지가 다분하다.

물론, 콜럼버스 이전의 마야 세계와 모든 토착 아메리카인 사회가 그랬듯, 아스테카 세계에도 폭력이 존재했다. 아무도 그 명백한 사실을 부정하지 않는다. 메소아메리카의 전체 과거 중 폭력이 증가한 시기들이 있었고 그 시기가 보통은 전쟁과 관련 있다는 증거—그중 가장 눈에 띄는 것은 매장지, 벽화, 돌을 쪼아 만든 기념비, 조상影像, glyph 등에서 얻은 고고학적·미술사학적 증거—도 있다. 그럼에도 그러한 시기들이 메소아메리카 사회를 중세나 근대 초기의 유럽[사회]보다 본질적으로 더 폭력적으로 만들었다는 확실하고 입증가능한 증거는 조금도 없다. 일상이 특별히 폭력적이었다거나, 스페인 성직자들—고의적으로 편견을 가졌고, 모순적이고 위선적이게도 제의적[의례적] 폭력ritual violence이라는 방법이 배어 있는 개종 활동에 전념했던 이들—의 주장처럼 정치적 폭력이나 전쟁행위로 인해 막대한 사망자가 나왔음을 시사하는 증거 또한 전혀 없다.

외려 그 반대로, 전쟁행위는 통제되고 계절에 따라 제한되었으며 제의화[의례화]되었다. 일례로, 아스테카와 마야는 전투에서는 적을 살육하기보다는 생포하기를 우선시했다. 그 포로들은 오늘날 보남팍 Bonampak으로 알려진, 멕시코 남부에 자리했던 마야 도시의 8세기 벽화의 묘사에서 알 수 있듯이 때로는 고문을 당했다. 또는 일부 메소아메리카 유적지, 특히 돌로 조각한 해골과 인간 두개골이 모두 발굴된 테노치티틀란Tenochtitlan(오늘날의 멕시코시티에 위치)에서 발견된 두개골[해골] 기단基壇, Skull rack[촘판틀리Tzompantli]에서 알 수 있듯이 정치적·종교적 의미를 띤 공개 예식에서 처형이 있기도 했다.[20]

그러나 그러한 증거를 취사선택하고 과장하고 부각하고, 또 그것을 전체 문명(더 정확하게는 수천 년에 걸쳐 발달한 문명의 네트워크)에 대한 묘사에서 상징적 중앙 장식물로 만드는 일은 노골적 편견이자 식민주의적 선입견이며 인종에 기반을 둔 프로파간다다. 그렇게 하는 일은 스페인 성직자들의 발자국을 —그것도 아무 생각 없이— 뒤따르는 일이다. 그렇게 하는 일은 제국주의의 폭력성을 감추는 서구의 전통을 선천적으로 폭력적인 다른 이들에 대한 평화화pacification로 분류함으로써 그 전통을 영속화하는 일이다(토머스 매콜리Thomas Macaulay가 영국인을 두고 "일찍이 세상에 없었던 가장 위대하고 가장 고도로 문명화한 사람들"이라고 추켜세우며 "배수로에 피거품이 흐르는" 다른 국가들과 대비한 일을 생각해보라).[21] 그렇게 하는 일은 서구 문명을 그리스도의 고문-처형(인신공양)에서부터 피로 점철된 수천 년을 거쳐 홀로코스트의 시대까지로 요약하면서, 그사이에는 종교재판으로 말뚝에 묶여 산 채로 화형당하고 단두대에서 처형되고 고문대 형벌을 받거나, 열광에 휩싸인 군중 앞에서 교수형을 당하고 내장이 뽑히고 신체가 4분四分된 사람이 수없이 많았던 것 외에 별 일이 없었다고 말하는 일과 동일하다.

"수많은 추방과 집단학살": 정착식민주의라는 해결책

결과적으로, 토착 아메리카인을 바라보는 이와 같은 신식민주의neo-colonialism적 시각은 의도한 바는 아닌 것 같지만《우리 본성의 선한 천사》에서 아메리카대륙의 식민주의colonialism가 소개된 방식과 상관관계가 있다. 책에서 그 주제—유럽 및 유럽-미국 제국주의imperialism의 광범위한 역사와, 토착 아메리카인에 대한 대우 및 그들의 체험에 관한 광범위한 역사—는 콜럼버스 이전 토착 아메리카의 그것보다 주목을 덜 받는다. 〔《우리 본성의 선한 천사》〕 초반부에서 서반구의 유럽인 존재를 지나가는 정도로 언급하고 있기는 하지만, 신민에 대한 식민주의의 영향은 먼저 표에 항목의 형태로 거론하는바 "아메리칸인디언의 전멸annihilation"은 인류 역사상 폭력적인 죽음을 가져온 21가지 가장 큰 원인의 하나로 목록에 올라 있다.[22] 이와 같은 참고사항들은 뒤이어 집단학살massacre과 제노사이드genocide(일례로 "아메리카대륙의 정착민과 정부에 의한 수많은 토착 아메리카인 추방expulsion과 집단학살", 혹은 간단히 "미국에서의 제노사이드"로 요약되는) 목록에 포함된 유사한 항목들과 마찬가지로 놓치기 쉽다. 이 주제에 대한 10여 차례의 언급 중 절반은 본문 내 목록, 표, 그래프에 포함되는 형태를 띤다.[23] 〔"정착식민주의settler colonialism"는 식민자(식민국)가 강압적 침략·억압의 형태보다는 자국의 이주민과 문화 등을 정착시켜 영토(토지) 점유 권리를 확립함으로써 〔현지〕 토착 선주민을 배제하는 형태의 식민화과정을 말한다. "정착형식민주의" "정착민식민주의" 등으로도 번역된다.〕

10여 차례의 언급 중 나머지 절반은 한두 문장의 형태로(한 문단 정도도 되지 않는다) 처리되며 거의 모두 미국에 관한 것이다. 대부분의 경우, 스티븐 핑커는 미국 내 토착 아메리카인의 살육과 학대의 근거가 되었

던, 수그러들지 않는 인종주의racism를 망설임 없이 드러낸다—미국독
립선언서의 "무자비한 인디언 미개인들merciless Indian savages"이라는 말에
서부터 "이louse"를 만들기 전에 "서캐nit"를 박멸한다는 취지로 19세기
〔현지〕 토착민 가족들의 집단학살을 정당화하는 것, "유일하게 좋은 인
디언은 죽은 인디언이다the only good Indians are the dead Indians"라는 시어도어
루스벨트Theodore Roosevelt의 악명 높은 주장까지.[24]

    따라서 정착민들이 선주先主한 아메리카인들에게 가한 학대의 깊고
충격적인 역사가 주는 인상은 핑커의 과장된 주장에 도움이 되며, 그
가 책에서 사용한 데이터와 일화 위주의 논의와 마찬가지로 역사적 증
거와 확실한 상관관계를 이룬다. 16세기 카리브 및 메소아메리카 선주
인구의 대량살상decimation, 1490년대부터 시작되어 4세기에 걸친 〔현지〕
토착민의 노예화, 캘리포니아의 제노사이드 같은 주제를 지나가는 말
로라도 언급하는 것을 보고 싶어 했을 사람도 있을 것이다. 그러나 다
시 한번 상기시키는바, 핑커의 책에 그 범위가 누락되었다고 트집을 잡
는 것은 안이한 비평이다.[25]

    외려 내가 이의를 제기하는 부분은, 책〔《우리 본성의 선한 천사》〕에서 핑
커가 포함하는 것과 그가 그렇게 하는 방식의 총합이 주는 인상에 있
다. 첫째, 정착민의 폭력과 아메리카대륙 전역에 걸친 식민화의 폭력적
영향을 겉핥기식으로만 다룬 것은 "비국가"든 "국가든" 토착 아메리카
인 사회에 대한 더 상세하고 생생한 일화 중심의 서술과는 전혀 균형이
맞지 않는다. 둘째, 그 인상이 1637년부터 18세기까지 ("무정부 상태였던
국경지대가 —부분적으로— 국가의 통제를 받게 되면서 부분부분 문명화해") 극적
으로 감소하는 뉴잉글랜드의 살인율 그래프 같은 사례와 결합되는 경
우 그것이 어떤 효과를 줄지 생각해보라.[26] 곧 유럽인들의 정착은 폭력

적 과정이기는 했으나 유럽인 도착 이전의 토착 아메리카보다는 덜 폭력적이었고 일단 유럽의 "문명화과정"이 반구에서 자리를 잡자 그 폭력은〔유럽인들의 폭력은〕곧 소멸되었다는 것이 요점인 듯하다(핑커는 "문명화과정Civilizing Process"이라는 문구를 노르베르트 엘리아스와 동일 제목의 1939년 저작으로부터 빌리면서 자신 책의 핵심 개념으로서 대문자 C와 P를 사용한다).[27]

나의 세 번째 이의는, 토착 아메리카인이 근대modern era(내가 의미하는 근대란 1900년 이후다)에 관한 책의 구절에서 문명화한 세계—특히 20세기 초반에서 중반까지의 캐나다 북극지방 및 아마존—의 변방에 남아 있던 수렵-채집인 집단으로서 그리고 비국가 및 〔현지〕 선주민 사회의 본래의 폭력성intrinsic violence에 대한 예시로서만 등장한다는 것이다.[28] 그 외에, "문명화과정"을 접한 후의 토착 아메리카인은 사라져버린다. 사실상, 토착 아메리카인의 존재가 중단되는 것이다. 그렇지 않다는 것을 몰랐던 독자라면 토착 아메리카인이 인류의 폭력적 과거의 한 원인이었다고, 그러나 그들은 문명화하고 평화로운 현재에는 완전히 부재하다고 결론 내릴 것이다.

그러나 당연히도 토착 아메리카인은 현재 부재하지 않다. 미국 내 토착 아메리카인의 수—대략 700만 명—는 유럽인들이 도착하기 이전의 동일 지역 인구수와 견줄 만하다. 오늘날 800만 명 정도 되는 마야어 사용자의 경우도 광범위하게 보면 마찬가지다. 거의 200만 명이 아스테카제국의 언어인 나우아틀어를 사용하고, 안데스산지 국가들에 사는 그보다 4배 많은 사람들이 잉카제국의 언어 케추아어를 쓰고 있다.

숫자놀음을 하는 것으로 이 쟁점을 해결할 수 있다는 말이 아니다. 숫자놀음은 그런 확실성이 전혀 없는데도 정확하고 확고한 데이터라는 인상을 너무 쉽게 준다. 그러나 그것이 핑커의 주장의 대부분을 뒷받침하는 놀이이자 방법론이다.[29] 그보다 내가 강조하고 싶은 것은 오늘날 아메리카대륙에 사는 선주민들의 생존·성장·역동성이라는 눈부신 사실과, 핑커의 책에서 암시된 그들 존재 자체에 대한 부정을 넘어서는 다음과 같은 한 쌍의 핵심이다. [그 한 쌍의 하나는] [현지] 토착민 집단과 그들의 문화가 지속되는 것이, 우리의 21세기가 평화로운 이유라고 여겨지는 계몽된 발상과 전 지구적 승리의 주인인 바로 그 동일한 문명이 [현지] 토착민 집단에 가한 다면적이고 대대적인 폭력에도 불구하고 성취되었다는 점이다. [그 한 쌍의 다른 하나는] 그러나, 아이러니하게도, 서구 세계는 자신들이 (그리고 핑커가) 폄하하거나 부정하는 [현지] 선주민 문화로부터 ─서구세계가 발명했다고 주장하는 것들, 예컨대 민주주의, 평화적 분쟁 타결, 친환경적 지속가능성에 관해─ 배울 것이 많다는 점이다. 록산느 던바-오르티스Roxanne Dunbar-Ortiz가 주장한 대로, "[현지] 선주민들은 제국 이후의 삶에 대한 가능성 즉 식민주의의 범죄를 삭제하거나 식민화한 원주민의 소멸을 필요로 하지 않아도 될 가능성을 제공한다."[30]

핑커는 폭력의 전 세계적 감소가 자신이 보기에도 터보건toboggan 썰매 슬로프(핑커의 메타포metaphor) 같지 않고 오르락내리락하는(들쭉날쭉한 [뾰족뾰족한] 선, 롤러코스터, 역류, 여타 등등) 특징이 있었음을 확실히 인식하고 있다. 그러나 대체적으로, 핑커의 주장의 보다 광범위한 목적론적 취지를 복잡하게 만들거나 문제시하거나 심지어 약화할 수 있는 예시들은 없거나 경시되거나, 그의 법칙을 증명하는 예외 사항으로 사용된다. 이 기법의 사례로는 "카리브해의 스페인 사람들이 토착 아메리카인을 소름끼치도록 끔찍하게 다룬 것"에 항의한 안토니오 데몬테시노스Antonio de Montesinos[스페인 도미니크회 수도사(1540년 몰)]를 언급한 것을 들 수 있는바, 이는 "최근까지 대부분의 사람이 제노사이드가 자신들에게 일어나지 않는 한 특별히 잘못된 일이라고 생각하지 않음"을 보여주는 유일한 예외 사례였다.[31]

핑커가 보다 광범위한 요지는 잘 짚었지만, 16세기 스페인 대서양 세계에서 대두되었던 〔현지〕 선주민의 권리를 둘러싼 논쟁(대표적 인물 바르톨로메 데 라스카사스Bartolomé de Las Casas〔스페인 도미니크회 수도사, 역사가 (1474~1566)〕는 언급되지 않는다)을 무시하기로 한 그의 결정은 아메리카대륙의 인종에 근거한, 식민주의적 폭력의 역사에 있었던 기복을 인위적으로 평평하게 만드는 효과를 가져왔다. 아메리카대륙의 주요 인구 밀집 지역(멕시코 중부와 페루 중부)의 경우는 16세기보다 17, 18세기가 덜 폭력적이었다고 강력히 주장할 만하겠으나, 이것은 반구 전체에 대해서는 사실이 아니다.

더욱이, 18세기 후반과 19세기에는 일시적 역류의 출렁임을 확실히 뛰어넘는 보다 큰 흐름이 있었다. 낡은 제국레짐imperial regime과 새로운 국가레짐national regime은 피지배 인구 집단에 대해서 인종 및 계급 기반의 패권이라는 새로운 이데올로기에 의해 보강된 폭력체계를 만들어 냈다. 유례없이 많은 수의 사하라 이남 아프리카인들이 아메리카대륙에서 노예화되었고, 독립적 토착 아메리카인 정치 조직체들이 괴멸되었으며, 폭력 및 감시 신기술이 〔현지〕 토착민 및 혼혈인종 인구 집단을 죽이고 통제하는 데 이용되었다. 대부분의 사람에게, 특히 〔현지〕 토착민 그리고/또는 아프리카인 후예들에게 삶은 더 나빠졌지 더 좋아지지 않았다.[32]

사실 핑커가 인류 역사의 전환점이라고 주장하는 "계몽주의적 휴머니즘Enlightenment humanism" 이후의 시대 곧 서구가 세계를 어두운 과거로부터 밝은 미래로 이끌기 시작했을 때 상황은 더 악화되었다. 핑커는 "계몽주의적 휴머니즘은 처음에는 성공하지 못했다"라고 인정하나, 이는 미국독립선언서에 뒤이은 2세기 동안의 아메리카대륙 및 전 세계의 제국empire들과 국민국가[민족국가]nation state들이 초래한 체계적 폭력systematic violence과 착취exploitation를 사소한 것으로 만드는 역할을 할 뿐이다. 핑커는 미국독립선언서에 담긴 "휴머니즘humanism"의 "철학philosophy"에 토대적 지위를 부여한다. 그 선언서가 권리가 내재된 휴머니티humanity로부터 아프리카인 노예들과 "인디언 미개인들"을 배제하고 있음은 명시적으로 무시하면서 말이다.[33]

"믿거나 말거나": 선주민의 비가시성이 갖는 함의

논쟁의 여지는 있지만, 스티븐 핑커가 그토록 많은 사람에 뒤이어 토착 아메리카인에 대해 편향적이고 식민주의적인 관점이라는 길을 따른다고 비난할 수는 없다. 핑커의 흔들리지 않는 초점은 인류 역사상의 폭력에 맞춰져 있기에, 그가 [현지] 선주민 사회를 다른 모든 과거 사회들과 더불어 폭력적 사회로 소개하는 것은 불가피하고 이해할 만한 일이다. 게다가 핑커가 다루는 세계사적 범위가 방대하다 보니 [그 논의는] 결국 여러 분야를 요약하는 선별된 자료에 의존해야만 하고, 그 요약본 중에는 오해를 불러일으키는 게 있을 수밖에 없다. 하지만 그렇다고 해서 우리가 《우리 본성의 선한 천사》에서 토착 아메리카인의 역사와 문화를 심각하게 와전한 것을 무시해도 된다는 뜻은 아니다. 그 왜곡된 초상은 세 가지 이유에서 중요하다.

첫째, 아메리카대륙의 선주민들은 모든 유형의 —식민주의적, 제노사이드적, 국가-정치적·문화적— 폭력에 정면으로 맞섰고, 살아남았으며, 오늘날까지도 계속 그렇게 하고 있다. 나는 이 점을 앞에서도 넌지시 언급했지만, 인종에 기반을 두며 대개는 국가가 후원하는, 〔현지〕 토착민에 대한 폭력은 빈번히 제노사이드적 성격을 띠었다는 점과 — 단순히 수사적 의미에서뿐 아니라 유엔의 정의[34]에 따라서도— 그러한 폭력이 유럽의 계몽주의 발상이 개발·전파되고 나서 몇 세기 안에 증가했으며 세계가 —일부 사람에게— 덜 폭력적이 된 20세기 후반까지도 지속되었다는 점은 강조할 가치가 있다. 《우리 본성의 선한 천사》에서는 완전히 무시되었으나 한 가지 생생한 사례가 과테말라의 마야 가구들이 20세기 후반 50년의 대부분 동안 겪은 어마어마한 폭력이다. 핑커의 책은 폭력적 사망에 대한 통계로 가득함에도 핑커는 다음을 누락했다. 곧 36년간의 내전으로 20만 명이 사망한 일이다. 이는 모든 마야 가구가 "적어도 가족 1명을 잃었음을 의미한다—그렇게 누구나 한 사람을 상실했다."[35]

핑커는 콜럼버스 이전과 근대 초기(식민시대)의 토착 아메리카인 사회를 왜곡하고 근대 토착 아메리카인들을 완전히 무시함으로써 (무의식적으로) 〔현지〕 선주민의 과거에 대한, 현재에도 계속되고 있는 편견과 부당한 대우를 뒷받침하는 신식민주의적 인식을 영속화한다. 사라 버틀러가 언급한 대로 "핑커의 메시지가 대중에게 가닿고 우리 것은 그렇지 않다면", 토착 아메리카인의 과거와 현재에 관한 "대중"의 모든 편견은 교육과 계몽을 통해 없어지고 있지 않고 강화하고 있다.[36]

둘째, 아메리카대륙은 수 세기 동안 폭력행위들과 서구의 제국주의적 자본주의의 발전에서 중요한 장場이었다. 핑커는 자신이 언급한 "온화한 상업gentle commerce" 및 "계몽주의적 휴머니즘"의 "문명화" 효과라는 렌즈를 통해 그 역사를 본다. 그러나 토착 아메리카인의 관점에서 그것을 보면 서구 주도의 지구화〔세계화〕globalization는 훨씬 덜 온화해 보이며 그것의 "문명화과정Civilizing Process"은 훨씬 덜 문명적으로 보인다. 그 결과는 —핑커의 책의 초점을 고려하면 아이러니하게도— 탐험, 정복, 식민화로부터 지속되는 폭력과 그 폭력이 현재의 정치레짐political regime 및 사회적·경제적 구조의 불공평 속에서 반복되는 방식을 경시하는 것으로 나타난다—이는 반구 전체 국가들의 내부에서뿐 아니라 국가들 간에서도 마찬가지다.

마지막으로, 《우리 본성의 선한 천사》의 토착 아메리카인에 대한 왜곡된 초상은 그 책의 핵심 주장에 영향을 끼친다. 토착 아메리카의 폭력에 대한 좀 더 정확하고 정교한 해석은 시간과 지역에 따라 더 큰 편차를 보일 것이며, 폭력의 수위를 결정하는 변수는 선천적 충동이나 문화적 규범이 아니라 기후변화 및 외부의 침략 같은 요소가 될 것이다. 지역마다 전쟁행위 혹은 평화, 빈곤 혹은 풍요, 박해 혹은 관용이 번갈아 나타나는 것이 특징인 시대가 있어왔다. 유럽인의 식민화가 시작된 이후 5세기뿐 아니라 그 이전의 수천 년을 거슬러 올라가도 그렇다.

오늘날 아메리카대륙의 상대적으로 낮은 수준의 폭력은 모든 지역에 해당되지도 않고 모든 지역이 그 혜택을 보고 있지도 않으며, 수백 년 단위의 시간에서 보면 영구적 변화라고 보기에 충분하지도 않다. 따라서 보다 큰 규모의 패턴은 목적론적이라기보다는 주기적일 것이다. 과테말라 마야 원주민에 대한 제노사이드적 성격을 띤 최근의 전쟁을 연구한 학자가 관찰한 것처럼, "그러한 폭력은 극복된다기보다 잠시 잠복에 들어갈 뿐 시간이 지남에 따라 반복되는 경향이 있다."[37] 그리고 반反

선주민 폭력이 전국적 수준에서는 주기적일지언정 국지적 수준에서는 어디에나 존재하고 끊임없을 수 있다―일례로 브라질·볼리비아·페루에서 활동하는 선주민 환경 행동주의자environmental activist들, 마약 카르텔과 정면으로 맞서는 마을 사람들, [현지] 토착민 여성들이 표적화되고 사라지는 일이 수십 년간 반복되고 있는 아메리카대륙 여러 지역의 가구들이 그런 경우다. 토착 아메리카인 사회의 경우가 이렇게 덜 긍정적이고 덜 고무적이라면, 모든 인류 사회가 그런 것 아닐까? 그렇다면 우리 본성의 선한 천사들의 승리, 핑커의 표현으로 단지 몇 세대밖에 안 된 그 승리는 ―무섭게도― 일시적인 것이리라.

핑커는《우리 본성의 선한 천사》의 서문을 여는 문단에서부터 자신의 논지를 행복한 깜짝 선물처럼 설정한다. "믿거나 말거나 ―그리고 대부분의 사람은 안 믿는다는 것을 안다― 폭력은 긴 세월에 걸쳐 감소해왔고 오늘날 우리는 우리 종이 존재한 이래 가장 평화로운 시대를 살고 있는 것인지도 모른다."[38] 이 말은 자동차 범퍼 스티커처럼 재치 있고, 트위터에 안성맞춤인 어구이며, 빈번히 인용되는 빌 게이츠Bill Gates의 코멘트를 통해 2017년에 큰 반향을 불러 일으켰다. ("말도 안 되는 소리 같아도 사실이다." 핑커는 "세상이 어떻게 점점 더 나아지고 있는지"와 "지금이 인류 역사상 가장 평화로운 시기"라는 것을 보여준다.")[39] 그러나 당신은-차마-믿지-못할 그 설정 뒤에는 그보다 덜 온화한 설정, 당신이-이미-알고-있는 초석에 가까운 것이 숨겨져 있다. 그것은 바로, 서구 세계가 비서구 세계보다 낫다는 것이다. 따라서 세상을 더 나은 곳으로 만든 것은 서구가 그 외 다른 문화에 대해 거둔 승리라는 말이다. 이 지속적 태도는 크리스토퍼 콜럼버스의 1492년 항해 500주년에 관한 토론에서 명백하게 나타났고 (이 장을 시작하면서 다룬 것처럼) 스페인의 아스테카 멕시코 침략 500주년에 관한 토론에서도 —국내 및 국제 정치와 미디어 수준에서— 비슷하게 등장했다.

스티븐 핑커의 책이 서구/여타 그리고 현재/과거 식의 판단에 빠졌다는 것은 그가 토착 아메리카를 다룬 방식에서 가장 적나라하게 드러난다. 논쟁의 여지가 있긴 해도, 토착 아메리카인의 대항서사counternarrative는 핑커의 과장된 서사에 대한 지지를 즉각 철회하기에 충분한바 특히 그의 서사와 서구 식민주의 및 신식민주의 사이의 연관성, 그리고 서구가 거둔 승리의 핵심과 핑커의 세계관 사이 연관성 때문에 그러하다. 그러나 토착 아메리카인의 대항서사가 핑커의 과장된 서사—특히 인권의식의 증대, 살인율의 감소, 제3차 세계대전의 방지(여태까지는) 같은 초석들—를 지울 수는 없다고 해도, 핑커의 서사가 주는 획일적 인상을 약화하고 있음은 틀림없으며, 대항서사와 그것이 미래에 끼치는 영향을 더욱 면밀히 고려해주기를 요청하고 있다.

감사의 글

이전 초고에 대해 여러 생각과 의견을 말해준 스코트 되블러Scott Doebler, 필립 드와이어Philip Dwyer, 크리스 레인Kris Lane, 마크 S. 미칼레Mark S. Micale, 로빈 레스톨Robin Restall에게 감사의 마음을 전한다.

주

1 "Envié ya una carta al rey de España y otra carta al Papa para que se haga un relato de agravios y se pida perdón a los pueblos originarios por las violaciones a lo que ahora se conoce como derechos humanos, hubieron matanzas, imposiciones, la llamada Conquista se hizo con la espada y con la cruz"(statement made on 25 March 2019, by Mexican president Andrés Manuel López Obrador, accessed at www.milenio.com/politica/amlo-pide-rey-espana-disculparse-conquista-mexico-video).

2 Steven Pinker, *The Better Angels of Our Nature: A History of Violence and Humanity* (New York: Viking, 2011), 654-60 (내가 기입한 쪽 번호는 2012년 펭귄출판사의 보급판을 사용한 것이다). 〔한국어판. 스티븐 핑커, 김명남 옮김, 《우리 본성의 선한 천사: 인간은 폭력성과 어떻게 싸워 왔는가》, 사이언스북스, 2014〕

3 다음에서 인용되었다. Bello (a column written by Michael Reid), "Blaming the Conquistadors: Mexico's President Is Wrong to Seek an Apology for the Distant Past", *The Economist*, 4 April 2019, accessed at www.economist.com/the-americas/2019/04/04/blaming-the-conquistadors.

4 이 인용은 다음 기사 중 메데인 시사가市史家 토마스 가르시아Tomás García의 것이다 〔"메데인"은 스페인의 식민 지배를 받은, 지금의 콜롬비아 도시다〕. Sam Jones and David Agren, "Cortés: Still Divisive 500 years after Start of Conquest", *The Guardian*, 31 December 2019, longer version accessible at www.theguardian.com/world/2019/dec/31/hernan-cortes-mexico-spain-atlantic.

5 Pinker, *Better Angels*, 841.

6 Reid/Bello, "Blaming the Conquistadors".

7 Reid/Bello, "Blaming the Conquistadors". 앨프리드 크로스비Alfred Crosby의 《콜럼버스의 교환Columbian Exchange》을 지나치게 단순하게 읽은 것에 기초한 그런 논지는 지난 반세기 동안 유럽의 아메리카대륙 식민화를 옹호해온 이들 사이에서 유행한 것이었다. 학자들은 폭력, 노예제, 정복, 식민화의 혼란이 인구의 감소를 악화했고 그 요인으로서 종종 전염병을 능가했다고 분석한다. 예를 들면 다음을 참조하라. Catherine M. Cameron, Paul Kelton and Alan C. Swedlund (eds), *Beyond Germs: Native Depopulation in North America* (Tucson: University of Arizona Press, 2015).

8 Pinker, *Better Angels*, 3.

9 Pinker, *Better Angels*, 51-6.

10 린다 피비거도 같은 지적을 했다. "The Past as a Foreign Country: Bioarchaeological

Perspectives on Pinker's 'Prehistoric Anarchy'", *Historical Reflections/ Réflexions Historiques*, 44, no.1 (Spring 2018): 13: 이 책에서 피비거가 쓴 장(7장)도 참조하라.

11 Pinker, *Better Angels*, 59.

12 Pinker, *Better Angels*, 59, 60, 64.

13 Sara M. Butler, "Getting Medieval on Steven Pinker: Violence and Medieval England", *Historical Reflections/Réflexions Historiques*, 44, no. 1 (Spring 2018): 31.

14 Pinker, *Better Angels*, 159, 162 (인용), 518. 아스테카 수도 테노치티틀란의 인구도 수십만 명이라고 과장되었다. 실제 인구는 5만~6만 명이었을 가능성이 높다. (Matthew Restall, *When Montezuma Met Cortés: The True Story of the Meeting That Changed History* ([New York: Ecco, 2018], 85, 376: Camilla Townsend, *Fifth Sun: A New History of the Aztecs* [New York: Oxford, 2019], 65), 이는 곧 핑커의 수치에 따르면 아스테카가 매년 도시 인구의 25~35퍼센트에 맞먹는 규모의 사람들을 "[인간] 제물로 바쳤다"는 말이 된다. (이보다 더 터무니없는 수치를 보려면 이어지는 본문을 참조하라).

15 핑커는 자칭 "대중 역사서 작가이자 잔혹행위연구가"인 매슈 화이트에게, 특히 참고문헌 목록에는 없는 "인쇄 중인" 책에 전적으로 의존하고 있는바 이는 짐작하건대 목록에 있는 화이트의 저작들, 예컨대 그의 웹페이지나 그의 *The Great Big Book of Horrible Things* (New York: Norton, 2011)의 내용을 말하는 것으로 추정된다.

16 이 주제에 대한 연구는 방대함에도 다음 구절들은 모든 독자가 접근할 수 있어야 할 것이며, 이 정도면 아스테카에 대한 핑커의 엉성하고 매우 부정적인 묘사를 퇴치하기에 충분하기를 바란다. David Carrasco, *The Aztecs: A Very Short Introduction* (Oxford: Oxford University Press, 2012), 61-9, Restall, *When Montezuma Met Cortés*, 78-95: Townsend, *Fifth Sun*은 현재까지 나와 있는 아스테카 문명의 역사에 관한 책 중 가장 균형 잡힌 책이다.

17 Restall, *When Montezuma Met Cortés*, 82: "horrific inferno" 인용구는 *Historia de la Nueva Mexico* (Alcala: Luys Martínez Grande, 1610), folio 30r (당대의 관점을 잘 포착한 서사시)에서 내가 번역한 것이다.

18 Elizabeth Graham, *Maya Christians and Their Churches in Sixteenth-Century Belize* (Gainesville: University Press of Florida, 2011), 40-3: Carrasco, *Aztecs*, 61: Restall, *When Montezuma Met Cortés*, 92.

19 Townsend, *Fifth Sun*, quotes on 3, 212: 또한 다음을 참조하라. 47-50: Matthew Restall, "The Humans Behind the Sacrifice", *History Today*, April 2020, 96-7.

20 Mary Miller and Claudia Brittenham, *The Spectacle of the Late Maya Court: Reflections on the Murals of Bonampak* (Austin: University of Texas Press, 2013): Restall, *When Montezuma Met Cortés*, 93-4: Elizabeth Hill Boone (ed.), *The Aztec Templo Mayor* (Washington, DC: Dumbarton Oaks, 1987).

21 Felipe Fernández-Armesto, *Out of Our Minds: What We Think and How We Came to Think*

It (Oakland: University of California Press, 2019), 308 (*Macaulay's History of England* [1849]와 *Critical and Historical Essays* [1886]에서 인용).

22 Pinker, *Better Angels*, 235-6 (그리고 238쪽 후속 그래프에 있는 자료에 대한 메모)

23 Pinker, *Better Angels*, 인용된 부분은 390. 언급된 모든 내용에 대해서는 다음을 참조하라. 51-2, 113-14, 171, 197, 235, 238, 390, 393, 401-2, 463, 795.

24 Pinker, *Better Angels*, 51, 393, 795.

25 더욱이, 이 주제에 대해 가장 빨리 머릿속에 떠오르는 중요한 저작들 중 일부는 핑커가 책(《우리 본성의 선한 천사》)을 끝낸 이후에 출판되었다. 예를 들면 다음을 참조하라. Benjamin Madley, *An American Genocide: The United States and the California Indian Catastrophe, 1846-1873* (New Haven: Yale University Press, 2016), 그리고 Andrés Reséndez, *The Other Slavery: The Uncovered Story of Indian Enslavement in America* (Boston: Houghton Mifflin Harcourt, 2016). Likewise, Roxanne Dunbar-Ortiz, *An Indigenous Peoples' History of the United States*(Boston: Beacon Press, 2014) 등이 핑커가 책을 쓸 때 있었다면 그에게 좋은 도움이 되었을 것이다. 이어지는 본문에서 나오는 것처럼, 핑커가 지나가는 말로 "카리브해에서 스페인인들이 토착 아메리카인을 끔찍하게 다룬 일" (*Better Angels*, 402)을 언급하기는 한다.

26 Pinker, *Better Angels*, 113-14.

27 핑커의 "문명화과정Civilizing Process"이라는 용어의 대문자 사용과 관련해서는 이 책의 다른 장들에서도 논의된 바 있다. 필립 드와이어와 엘리자베스 로버츠-피더슨이 쓴 6장 〈스티븐 핑커, 노르베르트 엘리아스, 《문명화과정》〉을 참조하라.

28 Pinker, *Better Angels*, 54-5, 64, 392.

29 토착 아메리카인의 역사에서 그러한 수치가 의미하는 위험과 어두운 통렬함에 대해서는(특히 현대 과테말라의 마야) 다음을 참조하라. Diane M. Nelson, *Who Counts? The Mathematics of Death and Life after Genocide* (Durham: Duke University Press, 2015).

30 Dunbar-Ortiz, *Indigenous Peoples' History*, 235.

31 Pinker, *Better Angels*, 402.

32 이 부분에 대해 연구 전체를 인용할 만한 것들이 여럿 있으나 관련도가 높은 것은 19세기 라틴아메리카의 (핑커가 칭하는) "문명화과정"을 냉혹한 것으로 특징지은 E. Bradford Burns의 유명한 다음 책이다. E. Bradford Burns, *The Poverty of Progress: Latin America in the Nineteenth Century* (Berkeley: University of California Press, 1983); 보다 큰 역사적 맥락에서의 Burns의 주장에 대한 이해하기 쉽고 업데이트된 설명은 다음 책을 참조하라. Julie A. Charlip and E. Bradford Burns, *Latin America: An Interpretive History* (London and New York: Pearson, 2016)이다. 다음 책에서 라틴아메리카에 관련한 다양한 장들도 참조하라. Vols. III and IV of *The Cambridge World History of Violence* (Cambridge: Cambridge University Press, 2020).

33 Pinker, *Better Angels*, 221. 핑커의 논지와 "계몽주의의 역설"에 대해서는 다음을 참조하라. Philip Dwyer, "Whitewashing History: Pinker's (Mis)Representation of the Enlightenment and Violence", *Historical Reflections/Réflexions historiques*, 44, no. 1 (Spring 2018): 54-65.

34 Restall, *When Montezuma Met Corté*, 328-30, 347-8; Dunbar-Ortiz, *Indigenous Peoples' History*, 9-10.

35 Nelson, *Who Counts?*, 2.

36 Butler, "Getting Medieval", 38.

37 Nelson, *Who Counts?*, 263.

38 Pinker, *Better Angels*, xix.

39 2020년 현재, 빌 게이츠의 《우리 본성의 선한 천사》에 대한 열렬한 서평은 다음 사이트에서 아직 볼 수 있다. www.gatesnotes.com/Books/The-Better-Angels-of-Our-Nature; 게이츠가 2017년 트위터에 올린 트윗은 다음에서 인용되었다. Mark S. Micale and Philip Dwyer, "History, Violence, and Stephen [sic] Pinker", in *Historical Reflections/Réflexions Historiques*, 44, no. 1 (Spring 2018): 3.

제14장

성폭력의 증가일변도

The rise and rise of sexual violence

조애너 버크

Joanna Bourke

폭력적 관행, 기술, 상징은 우리의 일상생활에 점점 더 많이 스며들고 있다. 스티븐 핑커가 애써 뒤집으려고 하는 것이 바로 이 사실이다. 핑커는 다섯 가지 방법을 통해 이를 시도한다. 데이터를 선별적으로 취하고, 특정한 피해를 축소하며, 진화심리학적 접근법을 채택하고, 새로운 형태의 공격성을 무시하며, 자신의 연구를 지탱하는 정치적 토대를 인정하지 않는 것이다. 이 장에서 나는 성폭력과 관련한 이와 같은 부족한 점들을 탐구할 것이다.

성폭력sexual violence 연구는 본질적으로 어렵다. 우리는 성폭력의 피해자가 얼마나 되는지 가해자가 얼마나 되는지 알지 못한다. 모든 통계 데이터베이스에는 결함이 있다. 핑커가 의존하기로 선택한 자료는 미국 법무통계국Bureau of Justice Statistics, BJS의 범죄피해조사National Crime

Victimization Survey, NCVS다. NCVS에서 사용한 표본에는 "군사기지와 기관시설(교정시설 혹은 병원)에 거주하는 사람들 및 노숙자들"을 비롯해 성폭행sexual assault의 위험에 가장 많이 노출되어 있는 일부 집단이 제외되어 있다는 점에서 이 자료에는 문제의 소지가 많다.[1] 수감자의 배제는 특히 핑커가 미국에서 증가하는 수감률incarceration rate을 긍정적으로 보고하고 있다는 점에서 특히나 많은 것을 말해주는데, 핑커는 강간rape이 감소한 이유의 하나가 "강간 초범들"이 "철장에 갇혔기" 때문이라고 명시하고 있다.[2] 사실 미국은 수감률이 이례적이어서 성인 37명 중 1명은 어떤 형태로든 "교정 관찰"을 받고 있다.[3] 수감incarceration은 "인종에 대한 편견과 무관"하지 않아서, 아프리카계 미국인은 백인보다 5배 이상 수감된다.[4] 성적으로 폭력적인 남성들이 자신들의 습관을 포기할 가능성이 낮다는 점에서, 수감률이 극적으로 증가함에 따라 교도소 내 성폭행의 규모 또한 마찬가지로 증가했다. NCVS는 이러한 교도소 내 성폭력의 증가를 기록하지 않는바, 곧 어떤 신체는 침해되어도 다른 신체만큼 소중하게 여겨지지 않는 것이다.

핑커는 NCVS 데이터를 다른 원천자료source로 보완할 수 있었는데, 이는 매우 상이한 그림을 보여준다. 핑커의 성폭력 통계가 영국과 미국 원천자료에서 가져온 것임을 무시한다 해도 (세계보건기구WHO에 따르면 전 세계 여성의 35퍼센트가 물리적 폭력 혹은 성〔적〕 폭력을 경험한다)[5] 신고된 강간사건들은 극적으로 증가하고 있다. 1985년에서 2007년 사이, 영국 경찰에 신고된 강간사건은 1842건에서 1만 3133건으로 증가했다. 2015~2016년 〔영국〕 왕립경찰감사관실HM〔Her Majesty's〕 Inspectorate of Constabulary, HMIC이 감사관실의 강간 추적 관찰 그룹을 대표해 발표한 데이터에 따르면, 〔영국에서〕 경찰에 신고된 성인 강간사건은 2만 3851건으로 기록되었다.[6] 프랑스에서는 [성인 강간사건이] 같은 기간에 4배의 증가세를 보였다(2823건에서 1만 128건).[7]

강간 신고 건수의 증가에 대해 핑커는 통계가 사실상 자신의 요점을 입증하는 것이라고 반응할 수 있다. 즉 사람들이 성폭력을 점점 더 비난하고 있으며 그 폭행을 신고하는 것을 덜 두려워하고 있다는 것이다. 이를 뒷받침하는 증거는 거의 없다. 성폭력 신고는 아직도 그 장벽이 어마어마하게 높다. 2019년 잉글랜드와 웨일스 범죄 조사에서는 "경찰에 신고된 성범죄는 그러한 유형의 범죄 추세를 나타내는 신뢰할 만한 척도가 아니다"라고 보고했다.[8] "피해자 대부분이 경찰에 범죄 신고를 하지 않아서"다.[9] 영국 통계청Office for National Statistics, ONS에서는 경찰에 범죄 신고를 하는 피해자가 5명 중 1명 미만이라고 추정했고,[10] 잉글랜드·웨일스강간위기연맹Rape Crisis Federation of England and Wales에서는 자신들의 서비스에 연락한 여성 5만 명 가운데 경찰에 강간 범죄 신고를 한 사람이 12퍼센트에 불과하다고 보고했다.[11] NCVS 역시 1992년에서 2000년 사이 여성에 대한 강간 기수既遂 사건의 63퍼센트, 강간 미수未遂 사건의 65퍼센트, 성폭행 기수 및 미수 사건의 74퍼센트는 경찰에 신고되지 않았음을 밝혀냈다.[12] 영국범죄설문조사British Crime Survey, BCS에서 발견한 신고율은 심지어 더 낮아서 강간 피해자의 경찰 신고 비율이 20퍼센트 미만이었다.[13] [강간 피해] 미신고 사례는 소수집단 여성, 가난하고 투표권이 없는 여성, 성매매 여성 사이에서 특히 높았다. 이는 배우자에게 피해를 당한 기혼여성들의 문제이기도 했다. [강간] 피해자는 정서적 의존과 자녀 접견 유지에 대한 우려뿐 아니라 비용과 대안 거주지를 마련하기 어려워 고발을 추진할 수 없다고 느끼는 사례가 많다.

통계적 한계는 핑커가 "폭력violence"을 편협하게 정의하는 데서 더욱 악화한다. 이것이 핑커의 주장의 두 번째 문제점이다. 핑커가 정의하는 폭력은 대체로 법의 규칙에서 끌어낸 것이다. 즉 가해자, 잔인한 행위, 해로운 결과가 있는 식이다. 오늘날의 대부분의 폭력은 이 모델을 따르지 않는다. 오늘날의 대부분의 폭력은 구조적이며 제도적이다. 그것은 만연한 불안정성, 가난, 질병, 불평등과 관련 있다. 이러한 종류의 폭력은, 도전하기에 불가능해 보이는 "피할 수 없는 현실fact of life"이라는 식으로 자연화되었다는 바로 그 이유 때문에 막강하다.[14] 핑커가 적확히 강조한 대로, 이는 현대 생활이 왜 폭력에 관한 떠돌이불안[부동불안浮動不安]free-floating anxiety으로 특징지어지는지를 부분적으로 설명해준다. 이와 같은 만연한 형태의 성폭력은 정치적으로 중립적이지 않다. 곧 그러한 성폭력은 경제적, 사회적 정책에 의해 유지되고 법적, 정치적 절차에 의해 지속된다. 또한 그것〔"만연한 형태의 성폭력"〕은 타라나 버크Tarana Burke 같은 행동주의자activist들에게 문제가 제기되어온 것으로, 버크는 정확히 아프리카계 미국인 및 다른 소수민족 여성들에 대한 체제적 성착취systemic sexual exploitation를 염두에 두고 "미투MeToo" 운동을 시작했다〔"타라나 버크(1973~)"는 아프리카계 미국인으로, 2006년 성학대와 성폭행에 (그녀 자신도 어린 시절 겪은 바 있는) 대한 인식을 높이기 위해 "미투" 문구를 처음 사용한 민권운동가다〕. 젠더gender, 인종적·경제적 우위에 성적 특색을 부여하는 것은 폭력의 한 형태다.

게다가 〔앞 문단에서 언급한〕 이것들은 핑커가 1960년대에 일어난 것과 같은 저항 운동의 "비문명화decivilizing적 효과 없이도 근절될 수 있다고 생각하는 것 같은 형태의 폭력이다. 핑커에게는 폭력적 저항violent protest이 잘못된 것이지만, 체제적 폭력systemic violence을 겪고 있는 집단에는 해방(의) 정치emancipatory politics가 변화를 일으킬 수 있는 유일한 방법일 수 있다. 민권rights은 단순히 평화로운 과정의, 문명화과정the civilizing process〔Prozeß Zivilisation〕의 일부로서 생겨난 것이 아니었다. 문인literary scholar 린 헌트Lynn Hunt의《인권의 발명: 그 역사Inventing Human Rights: A History》 (2006)를 읽어보면, 낯선 이들에 대한 공감 표출이 급증한 것이 소설 출판과 독서가 폭발적으로 증가한 결과라고 믿게 될 것이다. 서간체소설epistolary novel〔편지 형식을 빌려 쓴 소설〕은 독자들에게 다른 사람들도 자신과 비슷한 사람이라고 상상하도록 가르쳤다. 우리는 모두 감정feeling 이라는 내적 공간을 가지고 있다. 고통과 기쁨에 공통적으로 존재하는 신비가 공감〔적〕 반응empathetic response을 일으켰다. 다른 말로 표현하자면, 헌트는 소설이 감성human sensibility을 변화시키는 에뒤카숑 상티망탈education sentimentale〔감정교육〕의 주요 도구였다고 주장한다〔"감정교육"은 귀스타브 플로베르의 소설 제목이기도 하다〕.[15] 그러나 이것은 역사 기록과 맞지 않는다. 민권은 대개는 폭력적이었던 시위를 통해 획득되는 경우가 더욱 일반적이었다는 점에서다. 민권은 세월을 초월한 보편적인 도덕적 진실에서 생기는 게 아니라 현실 세계에서 사회적 분투를 통해 쟁취하는 것이다. 핑커에게 폭력적 저항은 잘못된 것이지만, 체제적 성폭력systemic sexual violence을 겪는 이들에게 폭력적 저항은 자신들의 유일한 생명줄일 수 있다.

핑커가 빠지는 세 번째 덫은 특정 피해를 최소화하는 것이다. 핑커는, 부분적으로는, 역사를 이해하지 못하는 데서 그 덫에 빠진다. 핑커는 "피해자의 관점에서 강간 피해를 인지한 기록을 찾으려면 역사 전체와 문화 전반을 오래 또 면밀히 살펴봐야 한다"라고 기술한다.[16] 이것은 사실이 아니다. 강간은 그 피해자에게 심각한 해를 가한다고 알려져 있었고, 바로 그 때문에 극악한 행위였다. 의료법학 교과서에는 강간이 초래하는 피해에 대한 서술들로 가득했고, (앨프리드 스웨인 테일러Alfred Swaine Taylor가 자신의 영향력 있는 1861년 저작 《법의학法醫學, Medical Jurisprudence》에서 쓴 표현을 빌리자면) 피해자들은 "범죄의 가해가 그녀에게 초래할 수 있는 모든 도덕적·육체적 상해를 입을" 수 있다고 주장했다.[17]

그러나 그 피해를 구체적으로 표현하는 데 사용된 용어가 이전 시대들에서는 달랐다. 1860년대 이전의 폭력 피해자는 어떤 형태의 폭력이든 자신의 감정적emotional 혹은 심리적(정신적)psychological 반응을 언급하는 데에 "트라우마trauma"라는 단어를 쓰지 않았을 것이다. 그 개념은 런던 유니버시티칼리지 병원의 외과교수 존 에릭 에릭슨John Eric Erichsen이 1866년에 창안했다.[18] 그러나 (폭력의) 피해자들은 자신의 고통을 전하는 용어들을 사용했다. 강간 피해의 후유증을 논할 때는 육체적·도덕적 영역이 주목받았다. 여성들은 (1869년 한 작가가 "강제된 사랑forced love" 혹은 부부강간(행위)의 후유증을 설명한 것처럼) "설명할 수 없는 이유로 쇠약해지고, 병들고, 창백해지고, 야위고, 핼쑥해지고, 결국에는 —마치 반도 채 익기 전에 땅에 떨어져 터져버린 과일처럼— 지상의 삶을 끝내고 자신들의 형체를 때 이른 무덤으로 보내곤 했다."[19] 피해자들은 자신의 고통을 전달하는 데서 자주 "무감각insensibility"을 언급했다. 강간 피해자들은 "열병 상태in a state of fever"(1822),[20] "한동안 실신 상태에 있다가 매우 아픔very ill, after lying in a fainting state some time"(1866),[21] "탈진 상태state of prostration"(1877)[22]라고 묘사되었다. 이 표현들은 "피해자 관점에서 강간 피해"를 인지하는 매우 다른 방법들이지만 그 피해자들의 시대에는 강력한 방법이었음에 틀림없다.

핑커는 또 다른 방법으로 피해를 최소화한다. 그는 무고誣告, false accusation의 만연에 관한 오랜 편견을 다시 꺼내듦으로써 강간통념(강간 신화)rape myth에 한몫 거든다. 성폭행에 대해 "여성들이 거짓말을 한다 women lie"라는 믿음은 우리 사회에, 특히 경찰 및 형사사법제도 내에 깊숙이 똬리를 틀고 있다. 일례로, 2008년 미국 남동부 경찰 891명을 대상으로 한 조사에서 밝혀진 바에 따르면, 〔조사 응답자의〕 50퍼센트 이상은 강간을 고소한 여성 중 절반이 거짓말쟁이라고 믿고 있었고, 10퍼센트는 고소인 대부분이 거짓말을 하고 있다고 믿고 있었다.[23] 경찰은 다수의 강간 고소를 아무 조사도 없이 "발견 안 됨unfound"(미국) 혹은 "범죄 아님no-crime"(영국)으로 처리했다.[24] 법률전문가 코리 레이번 융Corey Rayburn Yung의 최근 연구에 따르면, 미국 경찰에서는 "강간 신고를 실제보다 상당히 적게 잡았다."[25] 경찰서에서는 세 가지 방법을 통해 "범죄 기록을 축소"했다. 어떤(혹은 어떤 철저한) 조사도 실행하지 않고 사건을 "근거 없음unfounded"으로 지정했고, 신고된 사건을 더 가벼운 범죄로 분류했으며, "피해자가 강간 고소를 했다는 서면 보고서 작성"을 생략했다.[26] 융의 결론에 따르면, 〔강간 신고를〕 실제보다 적게 잡은 경찰 관할 구역이 1995년에서 2012년 사이 61퍼센트 증가했다.[27]

핑커는 강간 고소인의 진실성 그리고 폭행에 관한 여성 측 설명에 부여되어야 할 가중치에 대해 경찰의 회의론을 공유하는 것 같다. 그는 독자들에게 강간은 "과소신고 되는 동시에 (매스컴에 크게 알려졌으나 종국에는 틀린 것으로 판명된 2006년 듀크대학 라크로스lacrosse 선수들에 대한 고소告訴, accusation 사건의 사례와 같이) 종종 과대신고 되는 것으로 악명 높다"라고 전한다.[28] 〔2006년 3월, 흑인 여성 스트리퍼가 듀크대학 라크로스 팀이 연 하우스파티에서 백인 남성 선수 3명에게 성폭행당했다고 이들을 고소했으나 2007년 4월에 성폭행 가해자로 지목된 선수들에게 성폭행 무혐의 결정이 내려졌다.〕 이와 같은 식의 도덕적 동치는 위험하거니와 그릇된 것이다. 무고의 범위에 관해서는 방대한 양의 학문적 연구가 생산되었다. 예를 들어, 2000~2003년 영국 내무부Home Office, HO는 포괄적 연구 프로젝트를 의뢰한 적이 있는데 이것이 문제에 봉착했다. 처음에 연구원들은 보고된 강간 고소의 9퍼센트가 허위라고 결론 냈다. 그런데 더 면밀한 분석에서는 이 수치가 극적으로 떨어졌다. 그들은 "폭행 증거 없음no evidence of assault"이라고 기재된 사건의 다수가 피해자 이외 누군가가 혐의를 제기한 결과임을 발견했다. 달리 표현하자면, 옷이 벗겨진 채 괴로워하며 술에 취한 여성을 경찰관이나 행인이 보고 강간 의심 사건으로 신고하는 경우가 있었다는 것이다. 그러나 그 여성은 무슨 일이 있어났는지 설명을 할 수 있게 되었을 때, 그녀는 〔자신에게〕 성폭행이 있었던 것이 아니라고 진술했다. 다른 사례에서 어떤 여성은 공공장소 혹은 집에서 의식을 되찾았고, 자신에게 무슨 일이 일어났는지 기억이 나지 않아 자신이 성폭행을 당했을지도 모른다고 걱정했다. 이러한 경우의 여성은 강간 신고를 하기 위해서가 아니라 범죄가 저질러졌는지 여부를 확인하기 위해서 경찰을 접촉할 수 있다. 이와 같은 사례들을 연구에서 제외하고 나니, 허위로 분류해야 했던 사건은 3퍼센트에 불과했다.[29] 이 통계는 다른 연구들과도 일맥상통한다.[30] 남성이 무고를 당할 위험에 처해 있다는 통념과는 달리, 실제의 강간범들은 자신들의 행위로부터 빠져나가는 경우가 훨씬 더 많다.

그러므로 강간이 "과대신고 되었다"는 핑커의 주장은 주지의 사실을 잘못 말한 것일 뿐 아니라 현실에서 다음과 같은 결과들을 초래하는 것이다. 곧 여성이 강간당했다고 거짓말하는 경향이 있다는 견해를 뒷받침하고, 법률체계가 강간사건을 처리하는 방식에 영향을 끼치며, 피해자들이 강간 신고를 하는 순간부터 법정에서 증거를 제시할 때까지 그들에 대한 인식에 편견을 갖게 한다.

핑커가 거듭되는 강간통념의 영향을 과소평가할 수 있는 이유 중 하나는 그가 성학대sexual abuse를 당했다고 신고하는 여성들이 이제는 보살핌과 존중으로 대해진다고 믿기 때문이다. 핑커는 다음과 같이 말한다. "오늘날에는 형사사법제도의 모든 수준에서 성폭행을 진지하게 다루라고 규정되어 있다."[31] 이것은 〔서로 다른 것인〕 규정과 시행을 혼합하는 전형적 사례다. 법집행과 사법제도가 강간을 진지하게 처리하도록 "법에 규정되어" 있는지 모르겠지만 그것은 실제 현장에서는 별 의미가 없다. 킴벌리 A. 론스웨이Kimberly A. Lonsway, 수전 웰치Susan Welch, 루이즈 F. 피츠제럴드Louise F. Fitzgerald의 연구에 따르면, 강간에 관한 감수성 훈련sensitivity training 및 교육이 경찰관들의 행동을 표면적으로 개선하기는 했으나 강간 피해자에 대한 〔경찰관들의〕 태도는 개선하지 못했다.[32] 실제로 제임스 F. 호지스킨James F. Hodgskin은 경찰 조치의 변화는 대개 일종의 "인상 관리impression management"에 불과하며, "내부 운영은 대부분 변화되지도 문제되지도 않은 채 진행된다"라고 주장한다.[33] 경찰과 법원의 대우에 관한 불만은 일상적인 일이다.[34] 앞서 언급한 바대로, 오늘날에도 상당 비율의 경찰과 여성이 고소인의 신고를 심각하게 받아들이지 않는다. 일부 미국 사법 관할구역jurisdiction에서는 강간 고소인들이 관례적으로 거짓말탐지기 테스트를 받는다—이것은 다른 여느 범죄 피해자에게는 상상할 수 없는 절차다.[35] 최근 성폭력 혹은 강간을 당했다고 경찰에 신고하는 여성들은 "사법의 정도를 일탈한 행위perverting the course of justice"로 〔그 자신이〕 기소될 각오를 해야 한다.[36] 2017년, 강간 피해자 수만 명으로부터 채취한 법의학 샘플을 분석 기관에 보내지도 않았다는 증거가 발견되었다.[37] 〔강간사건의〕 유죄평결conviction 비율은 낮고 점점 감소하고 있다. 1977년 영국에서는 신고된 강간사건 3건 중 1건이 유죄 평결을 받았다. 〔유죄평결은〕 1985년에 이르러서는 24퍼센트 곧 5건 중 1건꼴이었고, 1996년에 와서는 10건 중 1건꼴에 불과했다.[38] 오늘날에는 20건 중 1건꼴이다. 오늘날의 사람들이 성폭력을 혐오하는 강도가 과거보다 훨씬 높다면, 〔성폭력 사건의〕 기소율이 이처럼 급격히 감소하는 이유는 무엇일까?

핑커는 이렇게도 주장한다. 오늘날에는 누구도 "여성이 경찰서나 법정에서 창피를 당해야 한다거나, 남편에게 아내를 강간할 권리가 있다거나, 강간범들은 아파트 계단과 주차장에서 여성을 해코지할 것이다라고 주장하지 않는다." 이 세 가지 시나리오를 한 문장에 집어넣으면 오해의 소지를 준다. 아무도 "강간범들은 아파트 계단과 주차장에서 여성을 해코지할 것이다"라고 주장한 바 없다. 이 문구가 아내를 강간할 권리가 있다는 문장과 동일한 문장에 포함되고 있으니 그 시나리오를 똑같이 터무니없게 만들고 있다. 그러나 몇십 년 전까지 실제로 많은 사람이 아내에게는 남편과의 성교sexual intercourse를 거부할 권리가 없다고 공개적으로 주장했다. 1991년만 해도 《뉴로저널New Law Journal》에는 부부강간〔행위〕marital rape 면책을 탄탄하게 정당화하는, 저명한 법률학자 글랜빌 윌리엄스Glanville Williams의 논문이 실렸다.

우리가 이야기하고 있는 것은 본성nature의 강력한 유인을 받고, 인류가 합의를 기반으로 주기적으로 또 즐겁게 행하는 생물학적 활동biological activity이다. 〔…〕 더러 어떤 남편은 아내가 그를 거부함에도 남편의 권리라고 생각하는 것을 계속해서 행사하는데, 이에 대한 〔아내의〕 거부는 필시 부부가 말다툼을 벌인 사실에서 기인했을 가능성이 크다. 남편의 요구에서 잘못된

것은 남편이 요구한 행위가 아니라 [남편이 요구한] 타이밍 혹은 요구의 방식이다.[39]

잉글랜드에서는 1992년에야 부부강간[행위] 면책이 폐지되었다. 그리스에서는 부부강간[행위] 면책이 2006년에 폐지되었고, 아직도 40개국 이상에서 부부강간[행위]는 범죄가 아니다. 남편에게 성학대를 당하고 있다고 신고하는 아내들의 엄청난 시련은 계속되고 있다.

많은 사람의 지지를 받는 여러 다른 형태의 성폭력도 있다. 군에서는 육군 병사와 해병대 병사들을 "단련시키는" 차원에서 신고식이 필요하다고 주장한다. 신고식 관행에는 공개 자위행위masturbation의 강요, 펠라티오fellatio의 모사 또는 이행, "그리징greasing"(발가벗은 남성에게 기계용 그리스grease를 바르고 플라스틱 튜브로 남색男色을 하는 행위) 같은 성적 관행도 포함된다. 사람들이 성적 온전성[통합성]sexual integrity의 권리가 침해되는 것에 꼭 괴로워하는 것은 아니다. [2004년] 이라크 아부그라이브 교도소에서 벌어진 미군에 의한 성학대 사건은 공개적으로 많은 이의 지지를 받았다. 성적 형태로 만들어진 고문을 포함해 고문에 대한 지지도 널리 퍼져 있다.

테일후크 스캔들Tailhook scandal은 성학대가 축소 혹은 수용된 많은 사례의 하나다. 1991년 9월 [미국] 라스베이거스에서 열린 제35차 테일후크회Tailhook Association[군 내부의 비영리 친목단체] 연례 심포지엄에서 미국 해군 및 해병대 공군의 데저트 스토리 작전Operation Desert Story에 관한 보고회가 이틀에 걸쳐 있었는데, 이때 83명의 여성과 7명의 남성이 성폭행과 성희롱[성적 괴롭힘]sexual harassment을 당했다는 주장을 제기했다. 여러 모욕[행위]humiliation 가운데에는, 강제로 복도를 걸어가면 줄지어 서 있는 남자들이 그 사람의 몸을 더듬는, 흔한 "적도赤道 통과crossing-the-line"
의식의 형태를 띤 신고식도 있었다. 뒤이은 주지의 아수라장에서는 신
고식과 성학대의 구별이 모호했다. 예를 들어, 미국의 주요 문화적 보
수주의자 윌리엄 S. 린드William S. Lind는 미국 해병대 군사잡지《마린 코
어 가제트Marine Corps Gazette》1992년 11월 호에 기고한 글에서 이 학대
에 대한 대중의 반응에 당황했다고 고백했다. "어쨌든after all"이라며 그
는 다음과 같이 말했다.

아무도 테일후크에서 강간당하지 않았다. 신문 보도에 따르면 그 사건은 다
트머스 남학생 사교클럽의 금요일 밤이나 토요일 밤과 크게 다르지 않은 것
같았다. 그런 대우에 그렇게 떠들썩하게 항의하는 여성 장교들이 수녀원에
서 나와 곧바로 비행학교로 간 것이 아니라면, 확신하건대 그들도 무슨 일
이 일어날지 어느 정도는 알고 있었을 것이다.[40] 〔"다트머스"는 린드가 졸업한
"다트머스칼리지"로 말한다.〕

린드는 테일후크 학대 사건에 대한 대중의 비난이 페미니스트들이 미국
장교단을 상대로 수행한 "4세대 전쟁fourth generation warfare"의 전형적 사례
라며 이렇게 주장했다. 페미니스트들은 "군의 페미니즘화the femininization
of the Armed Forces라는 자신들의 작전 목표를 거의 다 이뤘다." 군대에서
여성들이 대우를 받기를 원한다면, 그들은 등짝 때리기, 짓궂은 장난,
남성들이 전투기 조종 같은 위험한 임무를 수행하는 장소에서 일반적
으로 만연한 락커룸 분위기를 받아들여야 한다."[41] 〔"4세대 전쟁"은 린드 등
이 처음으로 사용한 말로 전쟁과 정치, 전투원과 민간인 사이 경계가 불분명해지는
특징을 갖는 분쟁을 말한다.〕

핑커는 제국주의의 핵심 부분인 폭력에 관해 자기만족적이다. 물론, 그는 제국주의의 모험이 발생시킨 고통의 일부 주요 형태를 상세히 기술하지만 이와 같은 "비용costs"은 상업commerce을 문명화의 동력으로 보는 그의 분석에서 분리되어 있다. 핑커에 따르면, 재화와 용역〔서비스〕의 거래는 사람들이 타인에 대해 그들이 자신의 이해利害관계에 유익한 존재로, 따라서 〔타인이〕 더 많은 관심을 받을 만한 존재로 대하도록 장려한다. 비평가 랜들 R. 헨드릭슨Randal R. Hendrickson은 이 주장의 문제점을 요약한다. 헨드릭슨은 핑커가 "우리의 악마들을 갖고 노는" 여러 형태의 상업에 대해 "거의 침묵하고" 있음을 알아챈다.

새로이 문명화한 유럽인들의 식민주의는—상업 활동임에 분명하고, 길들지 않은 현지인들에게 문명을 가져다주었다는 계몽주의적 표현으로 정당화되기 일쑤인— 거의 언급되지 않는다.[42]

이 주장을 입증하려 먼 과거까지 들여다볼 필요는 없다. 무엇보다도, 국제노동기구ILO에 따르면, 2016년 어느 시점에서든 4030만 명이 현대판 노예제modern slavery 속에서 살고 있으며 여기에는 강제노동forced labour 중인 2490만 명, 강제결혼forced marriage을 한 1540만 명이 포함되어 있다. 이는 곧 세계 인구 1000명당 5.4명의 피해자가 있음을 뜻한다. 강제노동에 처해 있는 이들 중 480만 명은 강제적 성착취 혹은 상업적 성性산업과 연관되어 있다.[43] 성매매 시장에서 인신매매를 당한 수백만 명의 여성은 역사에서 지워져버렸다. 성매매sex trade 같은 경제활동은 "온화한 상업gentle commerce의 온화함에 의문을 제기한다."[44]

핑커는 기술로 강화된 폭력의 발명 및 확산과 같이 20세기 후반과

21세기 초반에 등장한 성폭력 형태에 관해서도 똑같이 자기만족적이다. 그는 "대중문화에서 강간을 다루는 방식"이 긍정적 측면에서 "몰라보게 달라졌다"라고 주장한다. 핑커는 다음과 같이 말한다. "오늘날 영화 및 텔레비전 산업에서 강간을 묘사하는 것은 피해자에 대한 동정심과 가해자에 대한 혐오감을 불러일으키기 위해서다."[45] 이 주장은 영화와 텔레비전에서 종종 강간 장면이 불필요하게 혹은 성적 자극을 위해 포함되고 있다는 수많은 학계의 주장을 감안하면 놀라운 것이다.

폭력의 성애화sexualization of violence는 핑커가 "수익 면에서 영화 및 음반에 필적하는 차세대 매체"라고 옳게 관찰하는 비디오게임에서 특별히 두드러진다.[46] 그는 컴퓨터게임에는 "폭력과 젠더에 대한 고정관념이 넘쳐나"긴 해도 강간은 "눈에 띌 정도로 없다"라고 믿는다.[47] 이러한 [근거 없는] 통념은 아나스타샤 파월Anastasia Powell과 니콜라 헨리Nicola Henry의 저서 《디지털 시대의 성폭력Sexual Violence in a Digital Age》(2016)에서 타파되었다. 두 저자는 구조적 불평등뿐 아니라 가상 강간virtual rape, 이미지 기반의 성학대image-based sexual abuse("리벤지 포르노그래피revenge pornography" 같은 것), 온라인 성희롱online sexual harassment을 비롯해 기술 매개 성폭력technology-facilitated sexual violence에 의한 한쪽 젠더에 편향된 피해를 분석한다.[48] 어떤 논평가들은 강간 및 여타 공격의 위협은 폭력적인 성적 이미지sexual image의 확산과 마찬가지로 그 장르에서는 일상적이라고 주장한다.[49]

비디오게임video gaming과 가상공간virtual space은 성폭력이 판치는 현저한 사례다. 2013년 남자 대학생을 대상으로 한 설문조사에서는 22퍼센트가 온라인상에서 기술 기반의 성적 강압 행동technology-based sexually coercive behaviour에 관여해본 적이 있는 것으로 나타났다.[50] [인터넷 기반의] 가상환경virtual environment[가상세계] "세컨드 라이프Second Life"에서는 사용자가 돈을 지불하고 다른 캐릭터에게 성적으로 폭행("그리프grief")을 가할 수 있다.[51] 일부 인기 있는 컴퓨터게임에는 (일례로 "그랜드 테프트 오토Grand Theft Auto") 강간 시나리오가 포함되어 있다. 팀 게스트Tim Guest는 자신의 두 번째 저서 《세컨드 라이브즈: 가상세계 여행Second Lives: A Journey through Virtual Worlds》(2007)에서, 로그인한 거주자의 약 6.5퍼센트가 "세컨드 라이프"에서 1건 이상의 학대 신고를 한 적이 있다고 추정했다. 2006년 말 린든 랩Linden Lab("세컨드 라이프" 개발 회사)에서는 "하루에 2000건에 가까운 학대 신고"를 받고 있었다.[52] 이것은 새로운 현상이 아니다. 최초로 기록된 가상 강간사건은 1993년에 사이버스페이스 커뮤니티 람다무LambdaMOO라는, 실시간 다중 사용자 가상세계에서 일어났다. 그 안에서 미스터 벙글Mr Bungle이라는 사용자는 자신의 "부두 파워voodoo power"를 이용해 몇몇 여성 캐릭터를 가학적으로 공격하고 강간했으며, 그 캐릭터들은 마치 그 일을 즐기는 것처럼 보이게끔 만들어져 있었다.[53] 이후 온라인 성폭력online sexual violenc이 급증했다. 페미니스트들은 [온라인 공간에서의] 살해 및 성폭력의 체제적 위협을 보고한다. "리벤지 포르노"(파트너가 [상대방/당사자의] 동의 없이 인터넷에 올리는 성적으로 음란한 사진[과 동영상 등])가 일상적이다. 사이버 성희롱cyber harassment은 흔하다. ["리벤지 포르노"는 주로 관계를 파기한 상대를 복수(리벤지)하려 음란물 사진·영상 등을 업로드되는/유포되는 데서 그 명칭이 유래했다]

사이버범죄cybercrime가 폭력적이라고 생각해야 하는 이유는 무엇일까? 왜냐면 그것이 아바타가-아닌-사람들non-avatar people의 실제 현실 생활에 영향을 끼쳐 [사람들에게] 심리적 장애(불안, 우울증, 외상후스트레스 장애PTSD)를 유발하고 삶을 해치는 결과로 나타나기 때문이다(성적·사회적 기능 장애, 약물 및 알코올 남용, 자해, 자살). 또한 이와 같은 형태의 폭력은 피해자의 가족, 친구, 공동체의 건강에 부정적 결과를 초래한다. 그것은 여성으로 하여금 자신의 행동을 감시하게 만든다. 여성은 집을 옮기고, 직장을 바꾸고, 행방을 감추게 되었을뿐 아니라 "블로그를 폐쇄하고, 전에는 자주 간 웹사이트를 피하고, SNS 프로필을 내리고, 온라인 정치 논평에 참여하기를 자제하고, 수입을 창출할 수 있거나 개인적으로 보람을 느끼는 온라인상의 존재를 유지하지 않기로 선택한다."[54] 이것들은 "현실의real" 피해이지 가상의 피해가 아니다.

마지막으로, 핑커가 성폭력에 대한 진화심리학evolutionary psychology 모델을 이용하는 것에 문제가 있다. 성폭력에 대한 그의 시각은 자기이익self-interest 중심의 경쟁자, "유전자 중심의 셈법genetic calculus" "번식 스프레드시트reproductive spreadsheet"라는 용어로 그 틀이 규정되어 있다.[55] 핑커에 따르면 "인류 역사에서 강간이 만연했던 것"과 "강간을 사법 처리 할 때 피해자의 비가시성invisibility"은

계몽주의적 휴머니즘Enlightenment humanism이 우리의 감수성을 형성하기 전에 진화 과정을 거치며 인간의 욕망desire과 감정sentiment을 형성했던 유전적 이익의 관점에서 보면 모두 이해할 만하다.[56]

핑커는 "희롱harassment, 겁박intimidation, 강제교미forced copulation는 고릴라, 오랑우탄, 침팬지를 비롯한 많은 종에서 발견된다"라고 말한다.[57] 그는 강간이 "남성 섹슈얼리티male sexuality에서 평범한 부분은 딱히 아니지만["딱히 아니not exactly"라는 모호한 표현을 보라], 남성의 욕망은 섹스 파트너를 선택하는 데서 무차별적일 수 있고 상대의 내면에 무관심할 수 있다는 사실로 인해 강간이 가능해진다"라고 주장한다.[58] 또한 "강간의

약 5퍼센트는 임신으로 귀착되며, 이는 곧 강간이 강간범에게 진화적으로 이득일 수 있음을 뜻한다"라는 견해는 이 행동이 진화적 시간에서 남성에게 최고의 전략이었다는 생각과는 어긋난다.[59]

현대사회에 진화론적 통찰을 적용하는 것에 적대적인 이론가들은 계속해서 회의적 입장으로 남을 것이다. 그러나 페미니스트 진화과학자들이 핑커가 신봉하는 특정한 유형의 진화심리학에 이의를 제기해왔다는 점은 주목할 만하다. 그들은 번식 전략 모델의 서구적이고 남성 중심적인 편향을 지적한다.[60] 핑커가 알아챈 것처럼, 생존survival과 번식reproduction이라는 맥락에서 "적합성fitness"은 그의 이야기에서 담아낸 것보다 훨씬 더 복잡한 현상인바, 특히 그것이 경쟁이 심한 환경(강제 성교 forced sex 혹은 물질 자원의 착취적 축적도 이에 포함될 수 있다)에서 개체의 번식 성공뿐 아니라 성선택sexual selection(반대쪽 성의 선호 성향에 대한 고려를 포함한) 및 집단선택group selection(번식 규범 준수하기 혹은 성충동sexual impulse 억제하기 같은)에 영향을 받아서 더 그렇다. 개체선택individual selection, 집단선택, 성선택은 서로 불리하게 작용할 수 있고 종종 그렇게 작용한다. 예를 들어, 성선택을 향상할 수 있는 특성이나 행동은 개체의 적합도라는 측면에서는 비非적응적non-adaptive인 것일 수 있다(일례로 어떤 성적 과시 행동은 먹잇감이 될 위험성을 높인다). 마찬가지로, 종들은 보통 개체의 생존과 번식의 희생을 감수하더라도 집단의 생존과 번식을 증진하는 방식으로 행동한다. 핑커의 다양한 진화심리학자들은 개체의 환경적·유전적 상호작용에 초점을 맞추는 경향이 있고 성선택과 집단선택은 중요하지 않게 생각한다. 그 이유는 후자가 진화 환경으로부터 추론하기 훨씬 더 어렵기 때문이다. 하지만 그렇다고 개체선택이 실제로 진화 메커니즘의 측면에서 우세하다는 뜻은 아니다. 사실 진화론적 설명의 논리에 따르면, 여성이 소유한 "가치 있는 것commodity"이 희소해서—즉 출산과 양육— 성선택에서는 여성의 취향을 특별히 강력히 우대한다.[61] 핑커의 패러다임에서는 선택 메커니즘들 중 하나에만 초점에만 맞춤으로써 뇌의 진화에 대해 남성편향적, 개인주의적, 신자유주의적 설명 즉 집단보다는 주로 자기이익에 관한 설명을 특별히 중시한다.

게다가 핑커의 번식 모델은 젠더라인gender line을 가로지르는 유연한 반응이 진화적으로 유익하다는 것을 인정하지 않는다.[62] 예컨대, 영장류학자primatologist들은 영장류 암컷이 대개 성교에 대단히 적극적이고 상대를 가리지 않는다는 것을 관찰했다.[63] 진화생물학자 퍼트리샤 어데어 고와티Patricia Adair Gowaty와 생태학자 스티븐 허벨Stephen Hubbell은 환경, 접촉 및 생존 확률, 수용성receptivity, 살아온 역사 같은 요인들을 감안한 뒤 번식 행동의 유연성을 강조하는 모델을 개발했다. 수컷은 성적으로 문란한 반면 암컷은 성적 만남에서 "수줍어"할 것이라고 가정하는 대신, 고와티와 허벨은 영장류의 행동이 다른 맥락에 의해 좌우된다는 것을 발견한다. 즉 한 개체의 생존 확률이 감소하면 암컷이든 수컷이든 그들의 "까다로움choosiness" 역시 감소한다는 것이다.[64] 고와티와 허벨의 결론처럼, "암컷뿐 아니라 수컷도 까다롭고 무분별한 행동"을 유연하게 조정하며 선택은 "때로는 까다로운 암컷과 무분별한 수컷에게 불리하게 결정"될 것이다.[65]

또한 핑커의 진화론적 접근법은 그로 하여금 성폭력이 특정 여성들에게 끼치는 영향을 무시하게 한다. 그는 강간이 "세 부류의 관계자를 한데 엮는다"라고 말하며 "강간범, 여성에게 소유 지분을 가진 남성, 여성 자신"이 그 셋이라고 주장한다.[66] 핑커는 나중에 "강간의 두 번째 관계자는 피해 여성의 가족, 특히 여성의 아버지, 남자 형제, 남편"이라고 언급할 때 이 주장을 되풀이한다.[67] 이런 식으로 핑커는 (실제로서의 것이든 위협으로서의 것이든) 강간이 모든 여성 및 다른 취약한 이들의 삶에 끼치는 영향을 생략한다. 어머니, 여자 형제, 딸(세 부류만 언급하자면)은 이러한 형태의 폭력으로 피해를 입는다.

이와 같은 비판의 대부분은 핑커가 심리학 문헌에서 증거를 선별적으로 이용하는 데서 비롯한다. 한 가지 예를 들어보자. 핑커의 특정한 진화심리학적 접근법에서는 여성이 남성보다 성폭력에 의한 피해를 더 많이 받을 것이라고 예측하곤 한다. 핑커는 진화심리학자 데이비드 버스David Buss를 인용하는바 버스의 주장에 따르면, "남성은 성폭력이 여성 피해자에게 얼마나 괴로운 일인지 과소평가하는 반면, 여성은 성폭력이 남성 피해자에게 얼마나 괴로운 일인지 과대평가한다."[68] 사실 버스의 연구는 1980년대에 이뤄졌고, 남성 대 여성의 반응이 갈리는 보편적 패턴을 보여주는 연구가 아니라 미국 중서부의 한 대형 대학에서 심리학 수업을 듣는 남성과 여성 학부생의 표본에 근거한 것이다. 이 설문 조사에 참여한 학생들은 그 수업에서 참여도 점수를 받았다.[69] 응답자들은 심리학의 위어드WEIRD(서구Western의 교육받은Educated, 학부생Undergraduate students으로, 산업화하고Industrialized, 잘사는Rich 민주주의국가Democratic countries 출신)였다. 게다가 이들에게 응답하라고 요청된 질문들에는 학대에 대한 감정적 반응의 진화론적 설명에 대한 강한 가정이 담겨 있었다—당시 심리학 커리큘럼에서 그것이 중요했던 점을 감안할 때 이 학생들은 그 설명을 인지했을 것이다. 학생들은 처음부터 그 프로젝트가 "남녀 사이 불일치"를 조사하는 것이라는 안내를 받았으며 그들이 받아든 설문지의 제목에도 그렇게 되어 있었다. 이 모든 요인은 설문 조사를 매우 편향되게 만든다.

게다가 핑커는 버스의 연구가 "남성의 번식 전략에 성적 공격성sexual aggressiveness이 포함된다는 가정적 특성에 여성은 화가 나고 분노할 것"이라는 가설을 뒷받침하지 않았다는 점을 알리지 않는다.[70] 사실 버스는 "종합적으로, 이 결과들은 상충하는 번식 전략에 기초한 성별 간 부조화에 대한 이론을 부분적으로만 뒷받침할 뿐이다"라고 결론 내린다.[71] 진화론은 어떤 남성/여성이 (그들이) "사귀고 있는" 사람한테 성적 공격성이 얼마나 "거슬리고 짜증나고 화를 나게" 할지 학생들에게 생각해보라고 한 실험에서만 설득력이 있었을 뿐이다. 데이비드 불러David Buller는 《적응하는 마음: 진화심리학과 인간 본성에 대한 끈질긴 탐구Adapting Minds: Evolutionary Psychology and the Persistent Quest for Human Nature》(2005)에서 핑커와 버스의 방법론 둘 다에 결함이 있고 증거는 그 둘의 결론을 뒷받침하지 않는다고 주장한다. 불러는 이렇게 결론을 내린다. "우리의 마음은 홍적세에 맞춰져 있는 것이 아니라, 면역체계와 마찬가지로, 진화적 시간과 개인의 일생 모두에 걸쳐 계속해서 조정되고 있다."[72]

결론적으로, 내가 이 장 전체에서 지적한 것처럼 핑커는 자신의 연구의 이데올로기적 토대를 인식하지 못한다. 진화심리학자들의 가장 일반적인 반응은 과학적 "사실fact"로부터 규범적 결론normative conclusion을 도출하는 "자연주의적 오류naturalistic fallacy"를 저지르는 논평가들을 비난하는 것이다(자연주의적 오류"는 윤리학적이 아닌 전제에서 윤리학적 원리를 이끌어내거나, 윤리학적이 아닌 용어에서 윤리학적 개념을 정의하는 오류 등을 말한다). "무언가가 **실재한다**고 해서 그것이 **실재해야** 한다는 뜻은 아니다"라고 가정하지 않으려고 조심하는 우리조차 이른바 부분적 지식이 낳는 규범적 결과normative consequence를 무시하지 않는 것이 중요하다고 주장한다. 존 뒤프레John Dupré(영국 과학철학자)의 말을 빌려 표현하자면,

진화가 실제로 우리의 행동을 형성한다면, 추정하건대 뇌 내부에서, 그러한 행동의 생산을 일으키는 물리적 구조를 선택함으로써만 그렇게 할 수 있다. 특정한 행동이 자신의 뇌 내부의 물리적 구조에 의해 비롯한다고 말하는 것은 사실상 그에 대한 자신의 책임을 적어도 일부 제거하는 것이다.[73]

핑커의 연구에는 정치적 결과political consequence가 따라온다. 성폭력에 생물학적 근거가 있다는 그의 견해를 받아들인다면, 이는 성폭력에 대한 우리의 반응이라는 측면에서 규범적 결과를 낳는다. 물론 복잡한 사회적·문화적 현상을 다루는 모든 연구가 어느 정도는 이데올로기적 프로젝트다. 그러나 서구 문명에 대한 핑커의 신자유주의적, 진화심리학적 방어에는 더 많은 동의가 필요하다.

핑커는 자신의 비평가들이 이데올로기적 편향을 가졌다고 비난하는 데는 열심이어도, 자신이 서구 문명을 신자유주의적으로 방어하고 있다는 점은 인정하지 않거나 아예 알아채지도 못하고 있다. 페미니스트 과학자들은 종종 자신들의 정치적 견해가 과학적 객관성을 방해하는 것을 묵인하고 있다는 혐의 제기에 맞서 스스로를 방어할 수밖에 없다. 고와티는 자신을 비난하는 이들에게 다음과 같이 설명했다.

과학은 결과result와 결론conclusion에 발생할 수 있는 편향bias을 인지하고 그로 인한 영향을 줄이고 제거하면서(즉 통제하면서) 가설에 따른 예측을 검증하는 수단으로서 체계적 관찰과 실험을 실행하는 것이다. 따라서 자의식적으로 정치적이라 함은 [자의식적으로 정치적인 사람이] 그렇기 [자의식적으로 정치적이기] 때문에 잠재적으로 자신들의 과학에 영향을 끼칠 수 있는 정치적, 사회적 힘을 인식하지 못하는 이들에 비해 과학적으로 더 나은 위치에 있음을 의미한다. […] 우리의 결론은 우리가 인지할 수 있는 잠재적 편향에 대항하는 통제, 더 나은 통제로 보강되었을 때 더욱 신뢰할 만한 것이 된다.[74]

고와티와 마찬가지로, 스티븐 핑커의 프로젝트에도 그의 정치적 견해가 들어 있다. 고와티와는 달리, 핑커는 자신의 이데올로기적 편향을 인정하고 또 통제하는 데 실패함으로써 우리 사회에서 변화하는 폭력의 특성을 설득력 있게 설명할 기회를 놓쳐버렸다.

제4부 주제

주

1 Bureau of Justice Statistics, "Data Collection: National Crime Victimization Study (NCVS)", 2015, at https://www.bjs.gov/index.cfm?ty=dcdetail&iid=245#Methodology, 2019년 11월 12일 접속함. Wellcome Trust, Grant 205378/Z/16/Z의 관대한 지원에 감사한다.

2 Steven Pinker, *The Better Angels of Our Nature: A History of Violence and Humanity* (London: Penguin Books, 2011), 486. [한국어판. 스티븐 핑커, 김명남 옮김,《우리 본성의 선한 천사: 인간은 폭력성과 어떻게 싸워 왔는가》, 사이언스북스, 2014]

3 NAACP, "Criminal Justice Fact Sheet", at http://www.naacp.org/criminal-justice-fact-sheet/seen 12 November 2019.

4 NAACP, "Criminal Justice Fact Sheet", at http://www.naacp.org/criminal-justice-fact-sheet/seen 12 November 2019.

5 World Health Organization, *Global and Regional Estimates of Violence against Women: Prevalence and Health Effects of and Non-Partner Sexual Violence* (Geneva: WHO, 2013), 2.

6 Vikram Dodd and Helena Bengtsson, "Reported Rapes Double in England and Wales in Four Years", *The Guardian*, 13 October 2016, at https://www.theguardian.com/society/2016/oct/13/reported-rapes-in-england-and-wales-double-in-five-years, viewed on 1 December 2017.

7 Nicole Fayard and Yvette Rocheron, "'Moi quand on dit qu'une femme ment, eh bien, ellement': The Administration of Rape in Twenty-First Century France and England and Wales", *French Politics, Culture and Society*, 29, no. 1 (Spring 2011): 74.

8 Office for National Statistics, *Sexual Offences in England and Wales: Year Ending March 2019*, 51, at https://www.ons.gov.uk/peoplepopulationandcommunity/crimeandjustice/bulletins/crimeinenglandandwales/yearendingmarch2019, viewed 12 November 2019.

9 Office for National Statistics, *Sexual Offending: Victimisation and the Path Through the Criminal Justice System*, 13 December 2018, at https://www.ons.gov.uk/peoplepopulationandcommunity/crimeandjustice/articles/sexualof fendingvictimisationan dthepaththroughthecriminaljusticesystem/2018-12-13, viewed 12 November 2019.

10 Office for National Statistics, *Sexual Offending*.

11 H. M. Crown Prosecution Service Inspectorate, *A Report on the Joint Inspection into the Investigation and Prosecution of Cases Involving Allegations of Rape* (London: H. M. Crown Prosecution Service Inspectorate, April 2002), 1.

12 Callie Marie Rennison, *Rape and Sexual Assault: Reporting to Police and Medical Attention, 1992-2000* (Washington, DC: Bureau of Justice Statistics, 2002), 2.

13 Andy Myhill and Jonathan Allen, *Rape and Sexual Assault of Women: The Extent and Nature of the Problem. Findings from the British Crime Survey* (London: Home Office Research, Development, and Statistics Directorate, March 2002), vii. 다음도 참조하라. MOPAC, *Sexual Violence: The London Sexual Violence Needs Assessment 2016 for MOPAC and NHS England* (London)(London: MBARC, November 2016), 26, at www.london.gov.uk/sites/default/files/sexual_violence_needs_assessment_report_2016.pdf.

14 핑커의 책에 대한 서평에서 이 주장을 펼친 바 있다. Joanna Bourke, "We Are Nicer Than We Think", *The Guardian*, 10 October 2011, at http://www.thetimes.co.uk/tto/news/article3188732.ece, 2019년 11월 12일 접속함.

15 Lynn Hunt, *Inventing Human Rights: A History* (New York: W. W. Norton and Co., 2006) 〔한국어판. 린 헌트, 전진성 옮김, 《인권의 발명》, 돌베개, 2009〕

16 Pinker, *Better Angels*, 476. Emphasis in the original.

17 Alfred Swaine Taylor, *Medical Jurisprudence*, 12th edn (London: np, 1861), 687-98.

18 John Eric Erichsen, *On Railway and Other Injuries of the Nervous System* (London: Walton and Maberly, 1866), 9. 또한 다음을 참조하라. John Eric Erichsen, *On Concussion of the Spine, Nervous Shock, and Other Obscure Injuries of the Nervous System in Their Clinical and Medico-Legal Aspects* (London: Longman, Green and Co., 1875), 195.

19 Count de St. Leon, *Love and Its Hidden History*, 4th edn (Boston: William White and Co., 1869), 102.

20 "Scotland: Perth Circuit Court", *The Times*, 21 September 1822, 3.21 "Crown Court", *The Times*, 8 March 1866, 11.

21 "Crown Court", *The Times*, 8 March 1866, 11.

22 "Outrage", *The Times*, 7 September 1877, 8. 더 광범위한 논의에 대해서는 다음을 참조하라. *Rape: A History from the 1860s to the Present* (London: Virago, 2007).

23 Amy Dellinger Page, "Gateway to Reform? Policy Implications of Police Officers' Attitudes Towards Rape", *American Journal of Criminal Justice*, 33, no. 1 (May 2008): 44-58. 또한 다음을 참조하라. Martin D. Schwartz, "National Institute of Justice Visiting Fellowship: Police Investigation of Rape—Roadblocks and Solutions", *U.S. Department of Justice*, December 2012, at http://www.ncjrs.gov/pdffiles1/nij/grants/232667.pdf.

24 Lisa R. Avalos, "Policing Rape Complaints: When Reporting Rape Becomes a Crime", *Journal of Gender, Race, and Justice*, 20 (2017): 466-7.

25 Corey Rayburn Yung, "How to Lie with Rape Statistics: America's Hidden Rape Crisis", *Iowa Law Review*, 99 (2014): 1197.

26 Yung, "How to Lie with Rape Statistics", 1197.

27 Yung, "How to Lie with Rape Statistics", 1197.

28 Pinker, *Better Angels*, 484.

29 Liz Kelly, Jo Lovett, and Linda Regan, *A Gap or a Chasm? Attrition in Reported Rape Cases, Home Office Research Study 293* (London: Home Office Research, Development and Statistics Directorate, February 2005), xi and 46-7.

30 Clare Gunby, Anna Carline and Caryl Beynon, "Regretting It After: Focus Group Perspectives on Alcohol Consumption, Nonconsensual Sex and False Allegations of Rape", *Social and Legal Studies*, 22 (2013): 87 and 106; Kimberley A. Lonsway, Joanne Archambault and David Lisak, "False Reports: Moving beyond the Issue to Successfully Investigate and Prosecute NonStranger Sexual Assaults", *The Voice*, 3, no. 1 (2009): 1-11, at http://www.ndaa.org/pdf/the_voice_vol_3_no_1_2009.pdf; Philip N. S. Rumney, "False Allegations of Rape", *Cambridge Law Journal*, 65, no. 1 (2006): 128-58; Liz Kelly, "The (In)credible Words of Women: False Allegations in European Rape Research", *Violence Against Women*, 16, no. 12 (2010): 1345-55; Kelly, Lovett, and Regan, *A Gap or a Chasm?*; David Lisak, Lori Gardiner, Sarah C. Nicksa and Ashley M. Cote, "False Allegations of Sexual Assault: An Analysis of Ten Years of Reported Cases", *Violence Against Women*, 16, no. 12 (2010): 1318-34.

31 Pinker, *Better Angels*, 482.

32 Kimberly A. Lonsway, Susan Welch and Louise F. Fitzgerald, "Police Training in Sexual Assault Response: Process, Outcomes, and Elements of Change", *Criminal Justice and Behavior*, 28, no.6 (2001): 695-730.

33 James F. Hodgson, "Policing Sexual Violence: A Case Study of *Jane Doe v. the Metropolitan Toronto Police*", in James F. Hodgson and Debra S. Kelley (eds), *Sexual Violence: Policies, Practices, and Challenges in the United States and Canada* (Westport: Praeger, 2002), 173.

34 예를 들면, 다음을 참조하라. MOPAC, *Sexual Violence*, 29.

35 Vivian B. Lord and Gary Rassel, "Law Enforcement's Response to Sexual Assault: A Comparative Study of Nine Counties in North Carolina", in Hodgson and Kelley (eds), *Sexual Violence*, 166; T. W. Marsh, A. Geist and N. Caplan, *Rape and the Limits of Law Reform* (Boston: Auburn House, 1982).

36 Avalos, "Policing Rape Complaints", 460-71.

37 Jill E. Daly, "Gathering Dust on the Evidence Shelves of the US", *Women's Rights Law Reporter*, 25, no. 1 (Fall/Winter 2003): 17-36; Milli Kanani, "Testing Justice", *Columbia Human Rights Law Review*, 42, no. 3 (Spring 2011): 943-92; Cassia Spohn, "Untested Sexual Assault Kits: A National Dilemma", *Criminality and Public Policy*, 15, no. 2

(May 2016): 551-4; Tara Kalar, Elizabeth Meske, Alison Schimdt and Shirin Johnson, "A Crisis of Complacency: Minnesota's Untested Rape Kit Backlog", *Bench and Bar of Minnesota*, 74 (2017): 22-8.

38 Jessica Harris and Sharon Grace, *A Question of Evidence? Investigating and Prosecuting Rape in the 1990s* (London: Home Office Research Study 196, 1999), iii.

39 Glanville Williams, "The Problem of Domestic Rape", *New Law Journal*, 141 (15 February 1991): 205; 그리고 "The Problem of Domestic Rape", *New Law Journal*, 141 (22 February 1991): 246.

40 W. S. Lind, "Tailhook: The Larger Issue", *Marine Corps Gazette* (November 1992), 38.

41 Lind, "Tailhook: The Larger Issue", 38.

42 Randal R. Hendrickson, "Swords into Syllogisms", *The New Atlantis*, 38 (Winter/Spring 2013), 119.

43 다음을 참조하라. International Labour Organization, "Global Estimates of Modern Slavery: Forced Labour and Forced Marriage", at https://www.ilo.org/global/topics/forced-labour/lang--en/index.htm, viewed 12 November 2019.

44 Hendrickson, "Swords into Syllogisms", 119.

45 Pinker, *Better Angels*, 483.

46 Pinker, *Better Angels*, 483.

47 Pinker, *Better Angels*, 484.

48 Anastasia Powell and Nicola Henry, *Sexual Violence in a Digital Age* (London: Palgrave, 2016). 다음도 참조하라. Nicola Henry and Anastasia Powell, "Technology-Facilitated Sexual Violence: A Literature Review of Empirical Research", *Trauma, Violence, & Abuse*, 19, no. 2 (June 2016):195-208; Nicola Henry and Anastasia Powell, "Sexual Violence in the Digital Age: The Scope and Limits of Criminal Law", *Social and Legal Studies*, 25, no. 4 (2016): 397-418.

49 방대하기는 하지만 다음 자료를 참조하라. Jessica Valenti, "How the Web Became a Sexists' Paradise", *The Guardian*, 6 April 2007, 16, at https://www.theguardian.com/world/2007/apr/06/gender.blogging and Cheryl Lindsey Seelhoff, "A Chilling Effect: The Oppression and Silencing of Women Journalists and Bloggers Worldwide", *Off Our Backs*, 37, no. 1 (2007): 18-21; Catherine Holahan, "The Dark Side of Web Anonymity", *Bloomberg Businessweek*, 1 May 2008, at https://www.bloomberg.com/news/articles/2008-04-30/the-dark-side-of-web-anonymity.

50 Martie P. Thompson and Deidra J. Morrison, "Prospective Predictors of Technology-Based Sexual Coercion by College Males", *Psychology of Violence*, 3, no. 3 (2013): 233-46.

51 Michael Bugeja, "Avatar Rape", *Inside Higher Ed*, 25 February 2010, at http://www. insidehighered.com/views/2010/02/25/bugeja, viewed 12 November 2017.

52 Tim Guest, *Second Lives: A Journey through Virtual Worlds* (London: Hutchinson, 2007), 227. 다음도 참조하라. Melissa Mary Fenech Sander, "Questions of Accountability and Illegality of Virtual Rape" (MSc thesis, Iowa State University, 2009).

53 Julian Dibbell, "A Rape in Cyberspace", *Village Voice*, xxxviii, 38, no. 51 (21 December 1993), at http://www. villagevoice.com/2005-10-18/special/a-rape-in-cyberspace/ and Julian Dibbell, "A Rape in Cyberspace or How an Evil Clown, A Haitian Trickster Spirit, Two Wizards, and a Cast of Dozens Turned a Database into a Society", *Annual Survey of American Law* (1994): 471-89. 또한 다음을 참조하라. K. De Vries, "Avatars Out of Control", in Serge Gutwirth (ed.), *Computers, Privacy, and Data Protection* (New York: Springer, 2011), 233-50; G. Young and M. T. Whitty, "Games without Frontiers", *Computers in Human Behavior*, 26, no. 6 (2010): 1228; Michael Kasumovic and Rob Brooks, "Virtual Rape in Grand Theft Auto 5: Learning the Limits of the Game", *The Conversation*, at https://theconversation.com/virtual-rape-in-grand-theft-auto-5-learning-the-limits-of-the-game-30520, viewed 1 December 2017; Mary Anne Franks, "Unwilling Avatars: Idealism and Discrimination in Cyberspace", *Columbia Journal of Gender and Law*, 20, no. 1 (2011): 224-61; Jessica Wolfendale, "My Avatar, My Self: Virtual Harm and Attachment", *Ethics and Information Technology*, 9, no. 2 (2007): 111-19.

54 증거 표본이 작은 경우에 대해서는 다음을 참조하라. D. K. Citron, *Hate Crimes in Cyberspace* (Cambridge,MA: Harvard University Press, 2014); Franks, "Unwilling Avatars", 229; Danielle Keats Citron, "Addressing Cyber Harassment: An Overview of Hate Crimes in Cyberspace", *Journal of Law, Technology, and the Internet*, 6 (2015): 1; Danielle Keats Citron, "Cyber Civil Rights", *Boston University Law Review*, 89 (2009): 64-9; Danielle Keats Citron, "Law's Expressive Value in Combating Cyber Gender Harassment", *Michigan Law Review*, 108 (2009): 373-5; Nicola Henry and Anastasia Powell, "Embodied Harms: Gender, Shame, and Technology-Facilitated Sexual Violence", *Violence Against Women*, 21, no. 6 (March 2015): 758-79; Sander, "Questions of Accountability and Illegality of Virtual Rape". (MSc thesis, Iowa State University, 2009).

55 Pinker, *Better Angels*, 480.

56 Pinker, *Better Angels*, 477.

57 Pinker, *Better Angels*, 477.

58 Pinker, *Better Angels*, 488.

59 Pinker, *Better Angels*, 477.

60 Patricia Adair Gowaty, "Power Asymmetries between the Sexes, Mate Preferences, and Components of Fitness", in Cheryl Brown Travis (ed.), *Evolution, Gender, and Rape* (Cambridge, MA: MIT Press, 2003); Sarah Blaffer Hrdy, "'Raising Darwin's Consciousness': Female Sexuality and the Prehominid Origins of Patriarchy", *Human Nature*, 8, no. 1 (1997): 1-49; Sarah Blaffer Hrdy, *The Woman that Never Evolved: With a New Preface* (Cambridge, MA: Harvard University Press, 1999); Marlene Zuk, *Sexual Selection: What We Can and Can't Learn about Sex from Animals* (Berkeley: University of California Press, 2002).

61 더욱 심도 있는 논의에 대해서는 다음을 참조하라. Amy L. Wax, "Evolution and the Bounds of Human", *Law and Philosophy*, 23, no. 6 (November 2004): 540.

62 다음을 참조하라. Laurette T. Liesen, "Women, Behavior, and Evolution: Understanding the Debate between Feminist Evolutionists and Evolutionary Psychologists", *Politics and the Life Sciences*, 26, no.1 (March 2007): 51-70.

63 Sarah Blaffer Hrdy, "Empathy, Polyandry, and the Myth of the Coy Female", in Elliott Sober(ed.), *Conceptual Issues in Evolutionary Biology* (Cambridge, MA: MIT Press, 1994), 123-9; Hrdy, "Raising Darwin's Consciousness", 8-22; Barbara Smuts, "Male Aggression against Women: An Evolutionary Perspective", *Human Nature*, 3 (1992): 123-9; Barbara Smuts, "The Evolutionary Origins of Patriarchy", *Human Nature*, 6 (1995): 1-32; Zuk, *Sexual Selection*.

64 Patricia Adair Gowaty and Stephen P. Hubbell, "Chance, Time Allocation, and the Evolution of Adaptively Flexible Sex Role Behavior", *Integrative and Comparative Biology*, 4 (2005): 931-44.

65 Gowaty and Hubbell, "Chance, Time Allocation", 940. 다음도 참조하라. Steven Gangestad and Jeffrey Simpson, "The Evolution of Human Mating: Trade-offs and Strategic Pluralism", *Behavioral and Brain Sciences*, 23 (2000): 575-6.

66 Pinker, *Better Angels*, 477.

67 Pinker, *Better Angels*, 478. 필자의 강조.

68 Pinker, Better Angels, 488-9에서는 다음 논문을 참조한다. David M. Buss, "Conflict between the Sexes: Strategic Interference and the Evocation of Anger and Upset", *Journal of Personality and Social Psychology*, 56, no. 5 (1989): 735-47.

69 Buss, "Conflict between the Sexes", 737.

70 Buss, "Conflict between the Sexes", 741.

71 Buss, "Conflict between the Sexes", 741.

72 예를 들면 다음을 참조하라. David Buller, *Adapting Minds: Evolutionary Psychology and the Persistent Quest for Human Nature* (Cambridge, MA: The MIT Press, 2005).

73 John Dupré, *Human and Other Animals* (Oxford: Clarendon Press, 2002), 201.

74 Patricia Adair Gowaty, "Introduction: Darwinian Feminists and Feminist Evolutionists", in Gowaty (ed.), *Feminism and Evolutionary Biology: Boundaries, Intersections, and Frontiers* (New York: Chapman and Hall, 1997), 14.

제15장

천사들이 발 딛기 두려워하는 곳:
포스트 민권 시대 국가폭력으로서의
인종주의적 치안, 대량수감, 처형

Where angels fear to tread:
Racialized policing, mass incarceration and executions as
state violence in the post-civil rights era

로버트 T. 체이스

Robert T. Chase

2020년 5월 25일, 조지 플로이드George Floyd의 살해사건이 비디오로 포착되었다. 플로이드가 "제발요, 숨을 못 쉬겠어"라고 외치는데도 〔미국 미네소타주〕 미니애나폴리스 경찰관 데릭 쇼빈Derek Chauvin이 자신의 무릎을 8분 넘게 플로이드의 목에 대고 누르는 장면이었다. 경찰관 3명이 편의점에서 20달러짜리 위조지폐를 사용한 혐의로 플로이드에게 수갑을 거칠게 채우고 그의 얼굴을 딱딱한 길바닥에 내리눌렀고 쇼빈은 플로이드의 드러난 목에 체중을 다 실어 무릎을 꿇었다. 그러는 동안 네 번째 경찰관은 공포에 질린 구경꾼들이 간섭하지 못하도록 막았다. 사람들이 플로이드의 코에서 피가 철철 쏟아져 나온다고 외치고 어떤 사람은 "이봐요, 그 사람 이미 잡았잖소, 적어도 숨은 쉬게 해줘요"라고 애원하는데도 말이다. 흑인 지역사회community에 대한 국가폭력의 편재성ubiquity을 폭로하듯 이를 보고 있던 또 다른 사람이 외쳤다. "내 절친 중 하나도 똑같은 식으로 죽었어!" 쇼빈 경찰관의 무릎에 자신의 드러난 목을 압박당한 채 수 분分을 보내던 플로이드는 숨이 찬 듯 내뱉었다. "배가 아파요, 목이 아파요, 온 몸이 아파……. 이 사람들 날 죽이겠네." 플로이드가 의식을 잃고 몸이 축 늘어졌는데도 쇼빈 경찰관은 2분 더 무릎으로 플로이드의 목을 계속해서 압박했고, 심지어 도착한 구급대원이 플로이드가 맥박이 안 뛴다는 것을 발견한 뒤에도 압박을 풀지 않았다.[1]

이 국가폭력state violence의 순간에 우리에게 정신적 외상을 안겨준 문구 "숨을 못 쉬겠어I can't breathe"가 반복된다. 이것은 에릭 가너Eric Garner가 2014년 7월 단순히 면세품 담배를 판다는 혐의로 체포당할 때 그가 뉴욕 경찰관 대니얼 판탈레오Daniel Pantaleo에게 목이 졸려 죽으면서 11번 이상 간청하며 했던 말이다. 한 달 뒤에는 〔미국 미주리주〕 세인트루이스 경찰관 대런 윌슨Darren Wilson이 당시 18세의 아프리카계 미국인 마이클 브라운Michael Brown을 총으로 쏴 죽이고 그의 시신을 2014년 8월 9일 무더운 여름날 거리에 방치함으로써 흑인 신체에 대한 국가폭력이 미국에서 여전히 공공적 스펙터클〔볼거리〕public spectacle임을 입증했다. 정치 평론가 찰스 피어스Charles Pierce는 브라운의 시신을 방치한 것이 전체주의적 레짐totalitarian regime이 체제가 공개처형public execution을 통해 국가권력state power의 집행을 입증하고 싶을 때 하는 일과 유사하다고 적확히 논평했다.

독재자들은 거리에 시신을 내버려둔다. 옹졸한 현지 총독들은 거리에 시신을 내버려둔다. 군벌들은 거리에 시신을 내버려둔다. 그런 곳들에서는 반면

교사로서, 혹은 주의를 주기 위해, 혹은 시신을 거두어 화장할 비용이 없어서, 혹은 시신이 거기에 있든 말든 아무도 신경을 쓰지 않아서 시신을 거리에 내버려둔다.[2]

불과 3개월 후인 2014년 11월 22일, 당시 12세의 타미르 라이스Tamir Rice는 〔미국 오하이오주〕 클리블랜드시 공공사업국 공원 쿠델레크리에이션센터에서 장난감 권총을 갖고 놀고 있다가, 공원에서 총을 휘두르고 있다는 한 남자의 911 신고 전화에 출동한 26세 백인 경찰관 티머시 로에만Timothy Loehmann이 공원에 들어서면서 거의 즉시 발포한 총에 맞아 사망했다. 이와 같은 경찰의 과잉진압〔잔혹행위〕을 훌륭하게 분석한 키앙가-야마타 테일러Keeanga-Yamahtta Taylor는 흑인 신체에 대한 치명적 국가폭력이 도처에 존재하고 거의 일상적이며 그 목록은 점점 길어지고만 있음을 다음과 같이 묘사했다.

마이크〔마이클〕 브라운은 거리를 걷고 있었다. 에릭 가너는 모퉁이에 서 있었다. 레키아 보이드Rekia Boid는 친구들과 함께 공원에 있었다. 트레이본 마틴Trayvon Martin은 스키틀즈 사탕 한 봉과 아이스티 한 캔을 들고 걷고 있었다. 션 볼Sean Ball은 이튿날 결혼식을 고대하며 총각파티에서 나오는 참이었다. 아마두 디알로Amadou Diallo는 퇴근길이었다. 이들의 죽음은, 이들처럼 살해당한 다른 많은 이의 죽음은, 때로는 〔그들이〕 단지 흑인이라는 것만으로 용의자가 될 수 있음을—혹은 살해당할 수 있음을 증명한다.[3]

아프리카계 미국인African Americans은 〔미국〕 인구의 12퍼센트에 불과하지만, 〔미국에서〕 2019년 법집행law enforcement에 의해 총에 맞아 사망한

1003명 중 흑인 희생자는 23퍼센트에 이른다.[4]

2012년 트레이본 마틴의 살해사건 이후 "블랙 라이브즈 매터Black Lives Matter, BLM"("흑인의 생명도 소중하다")는 국가 및 반反흑인 폭력anti-Black violence에 대응하기 위해 전국적 시위를 조직했다〔"블랙 라이브즈 매터"는 흑인들에 대한 인종차별, 인종(적) 불평등 등에 대항하는 전 세계적 운동이다〕. 조지 플로이드의 살해를 계기로 여름에 미국 전역에서 항의 시위가 폭발하자, 기자들뿐 아니라 블랙 라이브즈 매터 시위자들에 대한 국가폭력도 급증했다. 2020년 5월 26일에서 6월 2일 조지 플로이드 시위를 취재하던 국내외 기자에 대해 〔미국〕 주州 경찰의 폭력과 체포 사건이 148건 발생했다. 특별히 심각한 한 사건에서는 항구적 손상이 초래된바, 경찰이 미니애폴리스에서 시위를 취재하는 사진기자 린다 티라도Linda Tirado에게 "비非살상less-lethal" 총을 쏘아 그녀의 왼쪽 눈을 영구 실명시킨 것이다. 이 밖에 언론인 명찰을 보이게 단 기자들에 대한 경찰의 과잉진압〔잔혹행위〕의 다른 사례들로는, 고무 탄환, 최루 가스탄, 얼굴 바로 앞에서 최루 스프레이 분사, 방패 및 곤봉을 이용한 물리적 잔혹행위brutality, 기자들을 밀고 때리고 콘크리트 바닥에 내던지는 것 등이 있었으며, 한 번은 경찰이 TV 생방송 중인 한 기자에게 최루 탄환을 잔뜩 쏘아대어 그녀가 방송 중에 "저 지금 맞고 있어요!"라고 생생히 외치는 충격적 사례도 있었다.

언론인에 대한 폭력이 2010년 이래 전 세계적으로 증가하는 동안, 경찰에 의해 미국에서 표현의 자유 및 저널리즘을 상대로 행해진 국가 승인의 자국 내 폭력은 정밀한 조사를 받았고, 독일·오스트레일리아·터키〔지금의 튀르키예〕 같은 국가들로 하여금 미국이 언론의 자유를 존중해야 한다는 공식적 공개 요청을 보내게 했다. 미국 언론인보호위원회

제4부 주제

Committee to Protect Journalists, CPJ 부국장 로버트 마호니Robert Mahoney는 "그 폭력의 규모는 우리 모두에게 충격을 주고 있다"라고 인정했다.

> 지난주로 우리는 300건 이상의 언론자유 침해 사례를 기록했으며, 그 대부분은 공격, 신체 폭행 [⋯], 그리고 전례 없는unprecedented이라는 단어를 사용하고 싶지 않긴 해도, 그것은 십중팔구 1960년대 이후로는 즉 민권 운동이 있었고, 기자들도 열중한 시위를 폭력적으로 탄압했던 때 이후로는 아무도 본 적이 없었을 일임에 틀림없다.[5]

더욱 심각한 것은 반反인종주의자 시위자들에게 행하는 국가폭력으로, 한 데이터베이스는 2020년 여름 5개월의 시위 동안 미국 전역에서 민간인 및 기자에게 행한 경찰의 과잉진압[잔혹행위]이 최소 950건 있었다고 기록했다. [미국 오리건주] 포틀랜드 한 곳만 해도 불과 6주 동안 경찰이 최루가스와 "비非살상" 탄환에 11만 7500달러 이상을 지출했다. 시위자 도너번 라벨라Donavan La Bella의 사례는 아직도 그 영향이 지속되는 국가폭력 사례의 하나로, 경찰이 "비살상" 탄환을 쏘아 그의 두개골을 골절시키는 중상을 입혀 현재에도 그는 긴급히 병원에 가야 하는 일이 계속 생기고 있다. "돈트 슛 포틀랜드Don't Shoot Portland"("포틀랜드에 총을 쏘지 마") 이사회 회장 타이 카펜터Tai Carpenter는 "그건 마치 멈추지 않는 잔혹행위와 같습니다. [⋯] 그 트라우마는 많은 사람에게 엄청나게 큽니다"라고 말했다. "폭력에 항의하는 당신이 폭력으로 대응될 때 [⋯] 그뿐 아니라 우리 모두 고립되어 있는 코로나바이러스감염증-19 시기 동안, 많은 사람이 새로운 생활방식에 적응해야 하고, 생계가 영향을 받고 있으며, 그리고 이제 그들은 시민의 자유가 전혀 중요하지 않음을 깨닫고 있는 것 역시 사실입니다."[6] 이 국가폭력 행위들 중 무작위적이거나 희귀하거나, "썩은 사과bad apple"〔조직을 병들게 하는 행동을 하는 일원〕경찰들에 의해 독자적으로 저질러지는 것은 없으며, 외려 그것들은 수감收監국가권력carceral state power의 폭력적 표현으로서 역사적으로 일관된 반反흑인anti-Black 및 반反유색인anti-Brown 폭력이라는 지속적이고 체계적인시스템의 일부임에 주목하는 일이 매우 중요하다.

물론, 스티븐 핑커의《우리 본성의 선한 천사》에는 이 반反흑인성anti-Blackness과 국가폭력의 역사도 존재하지 않고 미국 흑인Black Americans을겨냥한 국가폭력에 대해서도 아무런 언급이 없다.[7] 그 대신 핑커는 "컬러블라인드colour-blind"〔"색맹의" "인종에 구애되지 않는" "인종을 차별하지 않는"〕서사를 포스트 민권 시대post-civil rights era가 1965년 이래 덜 폭력적인 서구 문명을 상징하는 "새로운 평화New Peace"를 대표한다는 자신의 주장에 필수불가결한 부분으로 삼는다. 핑커는 1950년대부터 1980년대까지의 자칭 "권리혁명rights revolution"에 대한 이 전통적 휘그주의식Whiggish성찰을 시작할 때, 초등학교 운동장에서 피구dodgeball를 금지한 것이 권리혁명으로부터 싹튼 새로운 비폭력 시대의 상징이라는 출처 불명의서사로 문을 연다. 핑커에게는 초등학생 놀이에 대한 이 어이없는 비유가 "그렇다. 피구의 운명은 폭력의 역사적 감소를 나타내는 또 다른 신호"임을 암시하는 것이다. 핑커는 린치lynching〔사형私刑〕와 증오범죄hate crime에 관한 미 연방수사국FBI의 보고서뿐 아니라 학교 통합 및 인종 간결혼에 대한 수용이 폭넓어졌음을 예시해주는 여론조사를 바탕으로, 1965년 이래 지속되고 있으며 널리 잘 알려진 국가폭력의 역사를 무시하는 통계를 몇 개 취사선택해 제시한다. 그러고는 핑커는 다음과 같이 교만하게 결론 내린다. 피구가 없어진 것은, 전 지구적 전쟁global war

및 제노사이드genocide에서부터 "폭동, 린치, 증오범죄"까지 "서구 문화의 폭력 혐오가 점점 더 작은 규모로까지 확대하는 기류의 일부"이며, 그로써 평화로운 삶의 보편적 확장이 "이전 시대에는 보호의 범위 밖에 있었던 피해자들, 예컨대 소수 인종, 여성, 아동, 동성애자, 동물 같은 취약 계층에까지 널리 퍼지게 되었다. 피구가 금지된 것은 이러한 변화의 바람을 나타내는 풍향계다."[8] 〔핑커는 "피구"의 금지는 "인류 계보에서 오랜 역사를 갖고 있는 오락적 폭력"의 금지이며, "〔우리가〕 자발적 모의 폭력을 즐기는 취향을 완전히 잃지는 않았지만, 사회생활의 재편과 더불어 가장 유혹적인 현실의 폭력들은 금지의 영역으로 쫓겨났다"라고 주장한다.〕

핑커의 폭력의 감소에 대한 서사는 학자들이 포스트 민권의 "인종 중립적race neutral" 틀이라고 규정한 지적 도약에 의존하고 있으며, 이 틀에서는 〔미국의〕 1964년의 민권법the Civil Rights Act of 1964과 1965년의 투표권법the Voting Rights of 1965의 승리를 덜 폭력적이고 컬러블라인드적인 시대의 시작으로 본다. 이 컬러블라인드적이고 덜-폭력적인-세계 서사의 신봉자들, 예컨대 핑커 같은 사람들은 인종주의racism와 그것을 지탱하는 인종주의적 폭력racial violence이 더는 체제적인 일이 아니라 독립적인 사건들, 개별적인 "썩은 사과들"의 일로 제한되었으며 점점 드물어지고 있다고 주장한다. 핑커는 만족스레 단언한다. "1965년 이래 민권 반대 운동은 소멸해갔고, 반흑인 폭동은 아득한 기억이 되었으며, 흑인에 대한 테러는 어떤 중요한 지역사회로부터도 더는 지지를 받지 못했다. [⋯] 그것들은 다행히도 현대의 미국에서 희귀한 현상이 되었다."[9]

설령 형사사법제도에 관한 문제를 다룬다 해도, 핑커는 강간rape이 감소했다는 자신의 주장을 뒷받침하는 요인의 하나로 1965년 이래의 수감률incarceration rate 증가를 인용함으로써 인종주의적 범죄화racialized criminalization에 대한 비유 중 가장 일축되는 것을 발전시킨다—〔강간의 감소자〕 "강간 초범들"이 "철창에 갇혔"기 때문이라는 것이다.¹⁰ 핑커는 인종race과 치안policing을 다룰 때, 둘의 대립을 폭력적인 것으로 보지 않고 외려 인종 프로파일링racial profiling〔인종을 기반으로 범죄 용의자를 추적하는 차별적 관행〕을 별것 아닌 일로 일축한다. 그는 짐 크로 사우스Jim Crow South의 "린치, 야간 습격, 반反흑인 포그룸pogrom〔조직적 집단학살〕, 투표소에서의 물리적 위협"을 "오늘날의 전형적인 싸움"과 비교하며 "경찰이 고속도로에서 아프리카계 미국인 운전자들에게 더 많이 차를 세우게 하는 것도 이와 같은 싸움일 수 있다"라고 하면서 그것을 폭력의 위협이라기보다 귀찮은 일에 가까운 것으로 간주한다〔"짐 크로 사우스"는 모든 공공장소에서 흑인과 백인의 인종 분리를 의무화한 짐크로법Jim Crow laws이 시행된 미국 남부 주들을 말한다. 짐크로법은 1870년대 후반에 만들어져 1965년까지 유지된 법으로, "분리하되 평등한separate but equal" 법이라는 미 연방법원의 합헌 판결(1896)이 있었으나 실제로는 흑인을 차별하는 법이었다. "짐 크로"는 백인 배우 토머스 D. 라이스Thomas D. Rice가 민스트럴쇼minstrel show의 〈뛰어라 짐 크로Jump Jim crow〉라는 노래에서 흑인 분장을 하고 연기한 데서 유래해, 이후 흑인에 대한 비칭卑稱이 되었다〕. 스스로도 자신을 도울 수 없었던 게 분명한 핑커는 그러고 나서 태평스럽게 괄호 안에 다음과 같이 덧붙인다. "클래런스 토머스Clarence Thomas는 성공은 했으나 논쟁적이었던 자신의 1991년 연방대법관 인준 청문회를 두고 〔성공적인 흑인을 향한〕 '하이테크 린치high-tech lynching'라고 표현한바, 이 청문회는 천박함의 전형임에도 우리가 얼마나 발전했는지 말해주는 표지이기도 했다."¹¹〔"클래런스 토머스"는 미국 역사상 두 번째 아프리카계 미국인 대법관으로, 소수자 우대조치〔적극적 우대조치〕 affirmative action에 반대하는 등의 보수주의 성향의 인물로 평가받는다.〕 그런 틀로의 사건 규정은 인종 말살 기능으로서 지속되고 증대되는 국가폭력의 힘을 불명확하게 만든다.

UCLA의 역사학자 로빈 D. G. 켈리Robin D. G. Kelley는 2016년에 쓴 글에서, 언어language가 국가가 승인한 폭력을 모호하게 하는 데 어떻게 이용되었는지 폭로했다. 일례로 미디어에서는 마이클 브라운이 경찰의 손에 죽은 것을 국가폭력의 행위로 보기보다 "폭력배thug"라는 용어를 빈번히 사용하며 브라운을 범죄자 취급 했다. "불쾌한 부분이 삭제된 이 국가적 서사는 애초에 민권운동the Civil Rights Movement을 일으킨 주요 쟁점들을 가리고 있다. 국가 및 국가의 자경단自警團 협력자들의 흑인에 대한 폭력적 지배, 대표 없는 과세, 테러 및 행정 수단을 통한 참정권 부여 거부, 흑인의 임금을 억제하고 흑인의 토지 및 재산을 몰수하며 흑인이 공공시설을 〔백인과〕 평등하게 사용하지 못하도록 〔흑인을〕 배제하고 조세 방식을 통한 보조로 백인에게 특혜를 주었던 정부 주도의 인종주의적 경제 등이 그 쟁점들이다. 폭력이 이 불안정한 시스템을 하나로 결합했다."[12] 그리고 이 장에서 논증하겠지만, 폭력은 지속적이고 현재진행형인 유형의 수감폭력carceral violence에 해당하는 대량수감 및 인종주의적 치안이라는 국가 수단을 통해 1965년 이래의 체계적 인종주의systematic racism를 계속해서 떠받치고 있다. 이번 장에서는 수감국가carceral state 연구 학자 루스 윌슨 길모어Ruth Wilson Gilmore가 정의한 체계적 인종주의라는 렌즈를 통해 지속적이고 치명적인 유형의 국가폭력과 인종에 대해 다루려 한다. "인종주의는, 특히, 조기 사망으로 이어지는 집단차별적 취약성을 국가 승인 아래 혹은 초법적으로 생산하고 착취하는 것이다."[13] 핑커가 기각 낙인을 찍은 것과는 달리, 키앙가-야마타 테일러는 "블랙 라이브즈 매터"의 분석에서 현대의 형사사법 체계는 국가폭력을 제정해 1965년 이래의 반흑인성을 달성한다는 좀 더 예리한 주장을 펼친다. 테일러의 주장에 따르면, "국가폭력"에 초점을 맞추면 인종주의를 관련자들의 의도와 행위로 축소하는 통상적 분석으로부터 전략적으로 벗어나게 된다. "국가폭력"이라는 언명은 국가 행위state action에 대한 당연적(필연적) 요구를 합법화한다.[14] 이 장에서는 이 주장을 이어받아 경찰의 과잉진압(잔혹행위)과 대량수감을 분석할 것이다. 피구라는 운동장 놀이를 끝내는 것이 보편적 비폭력의 새로운 시대임을 말해주는 증거라는 핑커의 지나치게 자신만만한 선언에 대한 반박으로, 이 장에서는 1965년 이래 반흑인 및 반유색인 폭력이 미국 수감 주들의 전권 행사를 통해 계속되고 있음을 논할 것이다.

《가두는 주경州境과 수감하는 주: 수감, 이주 구금, 저항Caging Borders and Carceral States: Incarcerations, Immigration Detentions, and Resistance》에서 내가 정의한 수감 주는 다음과 같다. "우리는 "수감 주州, carceral state라는 용어를 사용해, 지리적 차이, 지역별 역사, 각 교도소의 관행, 주법state law, 이민(이주) immigration 및 수감에 대한 현지의 반응 등이 어떻게 주, 현지, 지역, 전국, 심지어 초국가적 수준의 다양한 작용인을 한데 융합한 복잡한 수감망carceral network을 구축했는지 탐구하려고 한다."[15] 조금 더 직접적으로 표현하자면, 수감망은 주州의 징벌 수단들이 서로 연결되고 서로 맞물려 있는 집합체다. 이 수단들에는 치안 유지 활동, 법원, 선고 지침, 교도소, 가석방 및 보호관찰 제도, 이민법(또는 출입국관리법) 집행, 이민 구금 및 국외 추방 등이 포함된다. 미합중국의 경우, 서로 맞물려 있는 이 주州 권한들은 주 "치안권policing power"이라고 알려져 있으며, 교도소 및 개별 주들의 치안 유지에 대한 독점적 통제를 부여한 미국 수정헌법 제 10조the Tenth Amendment to the Constitution에 "잔여권한residual power"으로서 열거되어 있다.[16] 대량수감 및 인종주의적 치안racialized policing 유지를 하고 있는 수감 주들은 미 연방제의 여러 권한을 통해 미국 도시의 거리들을 덜 안전하고 더 폭력적인 장소로, 많은 천사가 발 딛기 두려워 할 곳으로 만들고 있다.

인종주의적 치안과 도시 봉기

《우리 본성의 선한 천사》에서는 경찰폭력police violence에 대해, 특히 흑인과 유색인에 대한 경찰의 과잉진압〔잔혹행위〕police brutality에 대해 완전한 묵살까지는 아니더라도 침묵한다. 스티븐 핑커는 1960년대 중반 로스 앤젤레스, 뉴어크, 디트로이트 및 〔미국〕 여러 도시에서 벌어진 "인종 폭동race riot"에 대한 분석에서 이 모든 도시 봉기urban uprising가 경찰의 과잉진압〔잔혹행위〕 사건에서 비롯했음을 무시하는바, 이 사건들에는 역사학자 사이먼 발토Simon Balto가 특징짓길, "현지 수준의 치안 유지 기관이 철저하게 인종주의적이고, 극심하게 차별적이며, 철저하게 징벌적이된" 오랜 역사적 관행이 반영되어 있었다.[17] 시카고의 치안 역사는 어떻게 진보적 개혁이 국가폭력의 총력적 사용으로 흑인 지역사회를 겨냥한 치안 역량을 가속화하는 결과를 낳는지 드러내준다.

발토가 붉은여름Red Summer(1919)에서 블랙파워Black Power(1969)에 이르기까지 시카고 치안에 대한 연구에서 논증하는 바대로, 흑인 지역에 대한 국가폭력은 20세기 전체에 걸쳐 도시 치안의 일관된 특징이었다〔"붉은여름"은 1919년 여름 미국 35개 이상의 도시에서 일어난, 흑인사회에 대한 백인들의 인종 폭동을 말한다. "블랙파워"는 1960년대와 1970년대에 시작된 혁명적 운동으로, 인종적 자부심, 경제적 역량 강화, 정치 및 문화 기관의 설립을 강조했다. 이 기간에 흑인 역사 강좌에 대한 요구 증가, 아프리카 문화에 대한 더 많은 수용, 아프리카계 미국인의 현실을 있는 그대로 보여주는 예술 표현의 확산 등이 있었다). 시카고경찰국Chicago Police Department, CPD은 도시 백인들이 흑인 지역사회에 테러를 가한 1919년 인종 폭동을 시작으로 연달아 발생한 폭력에 수수방관함에 따라 "CPD 일원들은 모든 인명과 생계수단의 방어자라기보다 백인성Whiteness과 컬러라인color line〔(사회적·제도적) 흑인/유색인종 분리 그리고/또는 차별. 컬러바color bar〕의 수호자임을 스스로 여러 차례 입증했다."[18] CPD는 붉은여름에 뒤이어 1920년대와 1930년대에 시카고의 범죄조직과 연계해 흑인 거주 지역에 범죄와 비행을 집중시켰고, 이로써 CPD의 목표가 흑인 인명을 보호하는 것이 아니라 그들을 공격적으로 감시하는 것임이 입증되었다. 경찰이 흑인 거주 지역에 집중된 범죄에 눈을 돌리기 시작할 때, 그들은 시카고의 민주적 머신정치democratic machine politics 내 자신들의 정치적 영향력을 강화했다〔"머신정치"는 유력한 정치인을 중심으로 명령과 보상 체계를 만들어 지지자를 결집시키는 일종의 보스정치/파벌정치를 말한다). 그러한 정치적 배치에서 흑인 지역의 치안 활동은 예상대로 폭력적이었다. 1965년 이전 국가폭력의 전형적인 사례 중에는 경찰 조사에서 "경찰들이 죄수를 의자에 묶어놓고 머리카락을 당겨 머리를 뒤로 젖힌 후 블랙잭blackjack〔가죽으로 싼 곤봉〕으로 그의 울대뼈를 '피가 솟구쳐 방을 가로지를 정도로' (세 차례) 세게 때리는 사건도 있었다." 또 다른 경찰 조사에서는 몇몇 경찰관이 흑인 용의자를 차에 태우고 지역 치과로 데려가 그가 "자백"할 때까지 "낡고 뭉툭한 치과용 드릴을 골라 그것으로 아래 어금니 치수강齒髓腔〔이의 속에 있는 빈 곳. 이촉의 끝에 구멍이 통하고, 속에는 치수齒髓가 가득 차 있다)의 신경 부위까지 천천히 뚫기 시작했다."[19]

그와 같은 관례, 국가폭력의 일상적 행위에 충격을 받은 민권회의the Civil Rights Congress, CRC[미국의 민권단체. 1946~1956]는 1951년 유엔제노사이드협약the United Nations Genocide Convention에 "우리는 제노사이드를 기소한다: 흑인에 대한 미국 정부의 범죄를 경감시키기 위한 역사적 유엔 청원We Charge Genocide: The Historic Petition to the United Nations for Relief from a Crime of the United States Government Against the Negro people"이라는 제목의 청원서를 제출했다. 폴 로브슨Paul Robeson과 윌리엄 패터슨William Patterson이 전달한 우리는 "제노사이드를 기소한다" 청원은 미국 내 인종주의 폭력을 기록하고 비난한 책 한 권 분량의 논문이었다. 이 청원에 100명에 가까운 민권운동 조직자와 저명한 지식인이 서명했고, 분리segregation, 린치, 경찰 과잉진압[잔혹행위] 등이 미국 내 흑인에 대한 체계적 인종주의의 증거로 인용되었다. 1950년대 민권 조직들은 경찰의 과잉진압[잔혹행위]을 제노사이드적 폭력genocidal violence으로 표현하며 국가폭력에는 짐 크로 시대의 린치만큼이나 인종 불평등racial inequality을 서서히 주입하는 힘이 있다고 주장했다.

한때 린치의 전형적인 방법은 밧줄이었다. 지금은 경찰관의 총알이다. 수많은 미국인에게 경찰은 정부이자, 분명 정부의 가장 가시적 대표자다. 우리는 흑인Negroes 살해가 미국의 치안 정책이 되었고, 그 치안 정책이 정부 정책의 가장 실용적인 표현임을 시사하는 증거를 제출하는 바이다.[20]

이런 강력한 비판에 대한 응답으로 시카고 경찰 당국은 1960년대에 개혁자 올란도 W. 윌슨Orlando W. Wilson을 영입해 "휘청거리는 경찰 당국의 안정화를 돕게" 했다.[21] 처음에 윌슨은 치안 활동과 흑인 지역사회 사이의 벌어진 간극에 다리를 놓는 시도의 일환으로 "오피서 프렌들리Officer Friendly" 프로그램 같은 개혁을 시행해 경찰들이 학생들과 직접 접촉하게 하고, 또한 경찰과 지역사회가 서로 대화할 수 있는 지역사회 워크숍을 갖게 했다. 하지만 "엄격한 법질서 제창자"인 윌슨은 "적극적 예방 순찰aggressive preventive patrol"과 그에 수반한 정지-와-압수stop-and-seize 프로그램을 시작했다. 나중에 이 프로그램은 1961년 "맵 대 오하이오Mapp v. Ohio" 재판에서 미 연방대법원이 부당한 압수수색search and seizure을 통해 습득한 증거를 배제하는 판결을 내린 이후 정지-와-수색stop-and-frisk으로 바뀌었다("맵"은 1957년 5월 오하이오에서 수배자가 숨어 있다는 첩보를 수집하고 가짜 수색영장으로 자신의 집에 들어온 경찰이 발견한 증거물(수배자 관련이 아닌 음란물. 당시 오하이오주에서 음란물 소지는 위법이었다)은 효력이 없으며 자신은 집에서 사생활을 보호받을 권리를 침해받았다고 대법원에 상고한 흑인 여성 "돌리 맵Dollree Mapp"을 말한다). 그러자 윌슨은 자신의 부서를 확장하는 데 필요한 통계적 근거를 만들고자 범죄율(범죄발생율)crime rate로 눈을 돌려 "범죄 통계의 수집 및 보고 방식을 송두리째 뜯어고쳤다. 가장 중요한 것은 실행된 범죄만이 아니라 미수에 그친 범죄까지 보고하도록 했다는 것이다." 이 통계적 "되먹임 순환feedback loop"은, 발토가 그것을 명명한 대로, 의도적으로 도시 범죄율이 증가하게끔 만들어졌고, 그 뒤 재정 지원의 필요성을 입증하는 데 쓰였으며, 그로써 도시 치안 활동을 더욱 강화시켰다. 1965년부터 1970년까지 CPD 순찰 경찰관은 그 수가 25퍼센트 증가했고 CPD 재정 지원도 2배 증가해 1965년 9000만 달러에서 1970년 1억 9000만 달러가 되었다.[22] "경찰이 단순히 법대로 법을 집행한다는 것은 착각이다"라며 발토는 다음과 같이 결론 내린다. "외려 그들은 일상적으로 법의 성격 및 단어 자체를 정의한다."[23] 경찰 개혁 성공의 척도가 체포arrest였던 터라 "적극적 예방 순찰"에서는 체포가 "전략의 제일 중요한 핵심"이 되었다.

뉴욕·샌프란시스코·로스앤젤레스의 [미국] 도시 치안 역사에 대한 수많은 새로운 연구로 충분히 밝혀지고 있듯, 경찰 개혁과 흑인 지역사회에 대한 표적화는 도시 도처에서 동시에 일어났다.[24] 경찰 폭력은 도심에서 만연했거니와 20세기 내내 일관되게 폭력적이었다. 일상적 경찰의 과잉진압[잔혹행위]은 결국 끓어 넘쳐 1960년대 후반 정치적 폭력political violence의 파고 속에서 도시 반란urban rebellion으로 이어졌다. 핑커가 비폭력의 "새로운 평화"와 결부시키는 시대는 사실 그 처음과 끝에 가장 유명한 미국의 도시 봉기 2건 즉 1965년 로스앤젤레스의 와츠Watts 반란과 1992년의 LA 봉기가 자리한다. 20세기 동안 미국의 도시 봉기 대부분이 그랬듯, 이 두 거리 반란도 경찰 과잉진압[잔혹행위]과 거리처형street execution을 통한 오랜 세월의 국가폭력에 의해 촉발된 것이었다. 맥스 펠커-캔터Max Felker-Kantor가 LA 치안 연구에서 밝힌바, 경찰이 흑인에게 발포하는 사건은 역사적으로 사법 처리 된 적도 책임이 지워진 적도 없다. 1965년 와츠 반란이 일어나기 전해에, LA경찰국LAPD은 "64건의 살인을 저질렀고 그중 62건은 정당하다는 판결을 받았다. 피해자가 등에 [LAPD 경찰이 쏜] 총을 맞은 사건이 27건이었는데, 용의자 중 25명은 무기를 갖고 있지 않았고 4명은 총에 맞을 당시 아무런 범죄도 저지르지 않은 상태였다."[25] "정당[방위에 의한] 살인justifiable homicide'이 인종주의적 국가폭력이자 명백한 살해행위임을 폭로하는 것은, 77번가 LAPD 경찰서에서 흔히 쓰던 줄임말 LSMFT가 "Let's shoot a motherfucker tonight. Got your nigger knocker all shined up?

("오늘 밤 개자식을 쏴버리자. 깜둥이 곤봉 다 닦아났지?")"라는 뜻임을 생각하면 겁나는 일이 아닐 수 없다.[26] 그러한 정서는 몇몇 "썩은 사과"에 국한된 것이 아니라 LAPD 전체와 경찰 당국 최고위층에서 널리 공유되는 것이었다. 악명 높기로 자자했던 LAPD 서장 윌리엄 파커William Parker (재임 1950~1965)는 실제로 도시 치안 활동을 "국내 전쟁domestic war"으로 간주했고 그 전쟁에서 경찰이 대표하는 것은 "법의 방어벽이며 […] 그에 의존해 우리는 내부로부터의 침략을 방어해야 한다"라고 말했다.[27]

도시 치안 활동의 남용을 통해 흑인 인명을 공공연히 무시하는 것을 "강경"하고 "법질서"를 중시하는 보수주의자 탓으로만 돌릴 수는 없다. 《LA 치안Policing Los Angeles》에 따르면, 진보 성향의 아프리카계 미국인 톰 브래들리Tom Bradley(재임 1973~1993)의 LA 시장직은 1992년 LA 도시 반란에 불을 당긴, 경찰관 4명에 의한 로드니 킹Rodney King 구타사건과 함께 끝이 났다. "경찰권력의 유연화를 위한 절차적 공정성procedural fairness, 경찰-지역사회 간의 관계 개선, 교육 확대"와 같은 진보적 개혁 시도에도 불구하고 경찰의 과잉진압[잔혹행위]은 없어지지 않고 계속되었는바, 흑인 진보주의자로서 오랫동안 시장을 지낸 브래들리조차 "경찰 및 시 정부가 있는 한쪽과, 흑인 및 유색인 지역사회가 있는 다른 한쪽 사이 근본적 권력관계를 본질적으로 바꾸"려는 시도를 하지 않아서였다.[28] 정치적 의지의 불이행은 결국 곤봉을 든 몇몇 경찰관의 손에 로드니 킹이 구타당하는 사건을 낳았다. 경찰관 중 하나가 동료 경찰들에게 이렇게 지시했다. "관절을 때려, 손목을 때려, 팔꿈치를 때려, 무릎을 때려, 발목을 때려." 1992년 여름, [로드니 킹을 구타한] 경찰관들의 무죄 석방 소식에 도시가 불만으로 폭발한 것은 놀랄 일이 아니었다—수감국가 연구 학자들의 말처럼, 1992년 LA에서 일어난 사건은 무법적

"폭동riot"이 아니라 반反흑인 폭력이 그대로 정당한 합법적 행위로서 계속되도록 허용하는 형사사법제도에 대한 거리 반란street rebellion으로 이해해야 한다. 펠커-캔터는 아무런 법적 결과의 감당 없이 흑인 인명을 마음대로 처분해도 되는 치안권의 법정 자격을 고려할 때, 역사적으로 경찰은 그가 명명한 "합법적 폭력에 대한 독점권the monopoly on legitimate violence"을 갖고 있다고 결론 내린다. "폭력 수단의 독점은 경찰권police power의 핵심 요소이기 때문에 LAPD는 사회질서에 대한 위협으로 인식되는 행위를 공격적으로 징벌했고 그 과정에서 계층적 인종 질서를 생산하고 집행할 수 있었다."²⁹

그러나 핑커는 도시 봉기를 흑인의 범죄성Black criminiality의 증거로 치부해버리지 국가폭력의 함수로 보지 않는다. 핑커는 독자들에게 다음과 같이 상기시킨다. "아프리카계 미국인들은 폭동자였지 폭동의 표적이 아니었고, 사망자 수는 적었으며(폭동자들 대부분은 경찰에 의한 사망을 자초했다) 사실상 모든 표적은 재물이었지 사람이 아니었다. 1950년 이후 미국에서 어느 한 인종이나 민족집단이 지목된 폭동은 없었다."³⁰ 첫째, 이런 식의 치부는 1950년대에 그리고 1970년대에 재차 일어난 백인 폭동은 모르는 척하는 처사다. 당시 도시 북부의 백인들은 학교 및 지역의 인종 통합 정책에 광범위한 폭력으로 반응했으며 여기에는 1950~1960년대 시카고 도시 백인들의 폭동과 같이 적의에 찬 "이웃neighbourhood" 사건들 다수와 1970년대 보스턴에서 "안티버서들anti-bussers"이 흑인 아이들이 가득 탄 통학버스에 돌을 던진 사건도 포함되어 있었다["안티버서"는 "(흑인·백인 공학을 촉진하기 위한) 강제 버스 통학(법) 반대자"를 말한다].³¹ 둘째, 그것["이런 식의 치부"]은 흑인의 도시 소요를 근거 없는 범죄성으로 각하해버리지, "폭동"을 마틴 루서 킹이 칭한, 계속되는 경찰의 과잉진압〔잔혹행위〕에 대한 불만스러운 반응이 정치적 폭력에 대한 총력전이라는 렌즈를 통해 해석되는 "소외된 이들의 목소리the voice of the unheard"로 이해하지 않는다.

1968년 4월 4일 〔미국〕 테네시주 멤피스에서 일어난 마틴 루서 킹 목사의 암살에 뒤이어 125건 이상의 흑인 도시 봉기가 일어났고 1만 5000명 이상이 경찰에 체포되고 50명이 사망하면서 끝이 났다. 예일 대학 역사학자 엘리자베스 힌턴Elizabeth Hinton이 지적하듯, 폭력은 거기에서 끝나지 않고 불안의 파고 속에서 4년에 걸쳐 정점을 향했다. 힌턴은 우리에게 이렇게 상기시킨다. "〔마틴 루서 킹〕 암살 이후 몇 년간 (1968~1972) 분리된 흑인 지역사회 최소 960개 곳에서 언론인들과 국가 보안 당국이 '소란disturbance' '봉기uprising' '반란rebellion' '아수라장melee' '감정폭발eruption' '폭동riot'이라고 표현한 2310건의 독립된 사건이 목격되었다. 오늘날의 미니애폴리스에서 그렇듯, 이와 같은 유형의 집합적 폭력collective violence은 거의 항상 거주자와 최전선에 있는 국가의 대표 (경찰) 사이에 접촉이 일어나면서부터 시작되었고 순식간에 다른 기관들로 옮아갔다."[32] 힌턴은 치안 활동에 대한 계속되는 갈등에 대해, 역사학자들은 1965년 이래의 거리 폭력street violence을 지속적이고 도처에서 발생하는 경찰의 과잉진압〔잔혹행위〕과 연관시켜서 보아야 하며, 또 "범죄성의 파고로가 아니라 정치적 폭력이 지속된 시대로" 해석해야 한다고 주장했다.[33]

치안 기관은 1965년 인종주의적 억압에서는 이미 오랜 기간에 걸쳐 유효성이 검증된 기구였으나 연방정부는 경찰 당국의 무장화를 위해 연방정부의 재정을 지원하는 새로운 "범죄와의 전쟁War on Crime"을 선포함으로써 도시 소요에 대응했다. 예를 들어 LAPD에서는 경찰 예산이

1966~1967년 8870만 달러에서 1972년에 이르러서는 1억 9850만 달러로 두 배 증가했고 "덕분에 LAPD는 폭동 진압 계획, 군사 장비, 전산시스템을 순조롭게 도입할 수 있었다.[34] LAPD 국장 대릴 게이츠Daryle Gates는 베트남전쟁 이후 국내 도심지작전[시가전]urban warfare을 포괄하는 정책의 일환으로 LA가 캘리포니아 방위산업체들과 가까운 것을 이용해 특수화기전술조Special Weapons and Tactics, SWAT 팀을 창설했다. 게이츠의 계획은 최루가스 및 최루탄, 반자동 라이플총, 장갑차, 감시헬리콥터를 비롯한 군대식 장비를 LAPD의 필수 장비에 편입시키고 창설된 SWAT 팀을 순찰 경찰관도 백발백중의 저격수로 바꾸는 폭동용 전술 장비로 훈련시켰다. 동시에 하늘에서는 항공 감시 프로그램 아스트로ASTRO, Air Support to Regular Operations(정규 작전에 대한 항공 지원)를 시작해 경찰 헬리콥터가 소란스럽게 도시 위를 비행하며 미군이 베트남에서 거두지 못했던 국내 치안의 승리를 주장하게 했다.[35]

핑커는 1945년 이후 "새로운 평화"의 시기에 전쟁이 감소했다고 강조하지만, 1965년 이후 도시 치안은 "도시 게릴라전urban guerrilla warfar"이라는 총력전을 수행하고 있었다. SWAT 지휘관은 다음과 같이 간명하게 표현했다. "저기 있는 저 사람들—급진주의자, 혁명가, 경찰혐오자—은 엽총과 폭탄을 사용하고 매복 습격에 엄청나게 능하다. 우리는 그들보다 더 잘해야 한다."[36] [미국에서] "마약과의 전쟁War on Drugs"이 한창이던 1982년에 이르러서는 인구 5만 명 이상의 도시의 59퍼센트가 SWAT 팀이 있었으나 1995년에는 비슷한 규모의 도시의 89퍼센트가 SWAT 팀이 범죄 및 마약과의 전쟁 그리고, 궁극적으로, 흑인 및 유색인과의 전쟁이라는 국내 작전을 수행하고 있다고 자랑했다.[37] 맥스 펠커-캔터의 LAPD 연구에 따르면, 국내 치안 활동을 도시 게릴라전으로 바꾸는 군대화한 사고방식이 발전한 결과, "LAPD는 폭동진압법의 제정, 엘리트 준準군사부대, 폭동 통제 계획 등을 통해 군대식 대분란전對紛亂戰, counter-insurgency, COIN〔대반란전, 대반군전〕병력으로서의 작전 수행 능력을 확충할 수 있었다."[38]

핑커가 주장하는 이른바 "새로운 평화"와는 반대로, 1965년 이래 범죄, 마약, 테러와의 "새로운 전쟁new war"은 미국 국경에서 멈추지 않았다. 냉전이 한창이던 1950년대와 1960년대에 미 정부는 치안 유지 활동을 전 지구적 대분란전 군사작전으로서 수출하고, 냉전시대의 군사 전술과 전략이 미국으로 돌아와 도시 게릴라전에서 자국의 반란자로 인식되는 이들을 상대로 "범죄와의 전쟁"을 벌이는 초국가적 계획을 수립했다. 존스홉킨스대학 사회학자 스튜어트 슈레이더Stuart Schrader는 이 초국가적 연관성을 자신의 연구에서 다음과 같이 적절하게 표현했다. "전 세계에서는 대분란전이 치안이었던 반면, 국내에서는 치안이 대분란전이었다."[39] 흑인 및 유색인 지역사회에 대한 이와 같은 식의 공격적 치안 활동은 사람들을 가두는 일이 수반되는 대량수감 및 수감폭력을 발생시켰다.

대량수감이라는 폭력

대량수감mass incarceration이란 1965년 이후 미국의 수감 인구가 20만 명에서 현대의 수감 인구인 230만 명으로 늘고, 교도소prison·구치소〔유치장〕jail·보호관찰probation·가석방parole을 통한 수감 상태의 보호하에 있는 인구가 610만 명 이상으로 증가한 것을 말한다. 이 어마어마한 인구를 통제하기 위해 현재 미국에는 주州교도소 1719개 곳, 연방교도소 102개 곳, 소년교정시설 2259개 곳, 지역구치소 3283개 곳, 인디언카운티구치소 79개 곳, 이민구금시설 200개 곳 이상이 있다.[40] 스티븐 핑커는 1965년 이후의 세계가 덜 폭력적인 "새로운 평화"를 나타내는 것임을 사실로 상정하나, 민권 혁명civil rights revolution의 이면에는 대량수감 및 치안 유지 활동을 통한 국가폭력이 있어왔다. 대량수감은 민권 혁명에 대한 국가의 강압적 대응으로, 2016년에는 수감된 시민이 230만 명에 육박하는 등 전례 없이 높은 정점을 찍었다.[41]

역사학자 나오미 무라카와Naomi Murakawa와 엘리자베스 힌턴은 1960년대의 자유주의liberalism에 관해 서술한 역사서에서, 대량수감에 대한 시대구분이 "위대한 사회the Great Society"〔린든 B. 존슨 미국 대통령(재임 1963~1969)이 주창한 슬로건〕의 빈곤 퇴치 프로그램이 가난과의 전쟁the War on Poverty에 기여한 만큼 그와 동시에 진행된 범죄와의 전쟁에도 기여한 닉슨 아메리카Nixonian America보다 총체적으로 앞선다고 주장했다.[42] 힌턴은 법집행 행정기관Law Enforcement Administration Agency 및 그 프로그램들에 대한 평가에서, 자유주의자들은 존슨 행정부가 빈곤 퇴치 대책 속에 범죄 감시 프로그램을 집어넣을 때조차 끝까지 "강경한get tough" 범죄 대책을 원했음을 입증했다. 힌턴에 따르면, 존 F. 케네디John F. Kennedy(재임 1961~1963) 행정부와 존슨 행정부 모두 빈곤을 시민 소요와, 도시 폭동을 범죄와 결부시켰다. 그러나 뒤이은 대량수감을 그토록 불가피하게 만든 것은 단순히 존슨 대통령이 1968년의 각종 범죄 단속 및 길거리 치안법the Omnibus Crime Control and Safe Streets Act of 1968에 서명해서가 아니라 존슨의 빈곤 퇴치 프로그램이 지역의 도시공간에 연방권력을 수립해 흑인 지역사회로부터 의사결정decision-making을 빼앗고 흑인 지역사회가 어떻게 빈곤에 대처하고 범죄를 줄일 수 있는지에 대해 스스로 할수 있었던 모든 중요한 역할을 박탈해서였다.

놀랍게도 미국의 수감률은 1920년대에서 1970년대까지 안정적으로 유지되었다. 하지만 1960년대의 민권 운동 이후 지난 40년 동안 미국의 수감률은 4배 이상 증가했다. 역사적으로 전례가 없는 이 수감률은 소수 인종 및 빈곤한 지역사회에서 불균형하게 나온 것이다. 미 연방대법원이 1954년 〈브라운 대 교육위원회Brown v. Board of Education〉 판결을 내렸을 당시, 아프리카계 미국인 남성은 백인 남성보다 4배나 많이 교도소에 갔다〔미국 캔자스주 토피카의 올리버 L. 브라운Oliver L. Brown은 흑인 전용 학교에 다니는 자신의 초등학생 딸이 흑인이라는 이유로 집에서 가까운 학교(백인학교)로의 전학이 거부되자 토피카 교육위원회를 상대로 소송을 제기했고, 이에 대법원은 백인과 유색인종이 같은 공립학교에 다니는 것을 금지하는 주법州法을 불법으로 판결했다. 이로써 교육에서 "분리하되 평등한separate but equal" 원리/정책이 폐기되었다〕. 오늘날 이 수치는 거의 2배로 증가해 백인 남성 경우의 7배가 되었다. 2010년경 수감률은 인구 10만 명당 아프리카계 미국인은 2207명, 라틴계는 966명, 백인은 380명이었다. 수감 중인 230만 명중 거의 60퍼센트가 아프리카계 미국인이거나 라틴계였다(흑인 85만 8000명, 히스패닉 46만 4000명). 아프리카계 미국인의 수감률은 백인의 수감률의 7배고, 히스패닉계의 수감률은 비히스패닉계 백인의 수감률의 3배다.[43] 헤더 앤 톰슨Heather Ann Thompson은 매우 독창적인 논문 〈대량수감이 문제가 되는 이유Why Mass Incarceration Matters〉〔2010〕에서 역사적 맥락에 대해 다음과 같이 명확하게 밝힌다. 대공황에서 위대한 사회까지 연방교도소 및 주교도소에 수감된 수는 5만 2249명(1935~1970) 증가한반면, 포스트 민권 시대(1975~2005) 미국 교도소 및 구치소에 수감된 수는 120만 명 증가했다.[44] 짐크로법의 분리정책을 법제적으로 근절한 민권 혁명에도 불구하고 뒤이은 대량수감의 시대는 민권 시대의 진보를 또 다른 심각한 인종 불균형racial disparity의 시대로 바꿔놓았다.[45]

역사적으로 교도소는 수감자의 몸에 대한 체형體型, corporal punishment이 여전히 주요 징계 수단으로 남아 있는 공간인 만큼, 대량수감에는 국가폭력의 역량 증가가 함께 뒤따랐다. 백인 우월주의white supremacy와 불평등에 반대하는 민권 행동주의civil rights activism를 1965년의 투표권법the Voting Rights Act of 1965 통과에 관한 구절과 함께 끝내버리는 스티븐 핑커의 컬러블라인드[“색맹의” “인종에 구애되지 않는” “인종을 차별하지 않는”] 서사와는 달리, 블랙파워Black Power의 성장은 인종 불평등에 대한 비판을 흑인 빈곤, 북부 도시의 분리 정책, 경찰 과잉진압[잔혹행위]에까지 확대했다. 1960년대 후반과 1970년대 초반의 블랙파워 행동주의Black Power activism가 치안 활동을 체계적 인종주의라고 비판할 때, 수감자들은 교도소와 치안 유지가 실은 백인 우월주의의 폭력 수단이라고 집합적으로 주장하는 “블랙팬더파티Black Panther Party” 같은 단체에 기대를 걸었다. 1960년대와 1970년대에 수감자들은 자신들이 당면했던 일반적으로 처참한 생활 및 노동 환경을 개선해줄 것을 구체적으로 요구했으며, 동시에 그들은 국가 통제의 완전한 보호를 받는 사람들과 마찬가지로 자신들도 시민으로서 헌법상의 보호는 물론 기본적인 인권을 누릴 자격을 부여받았다고도 주장했다. 미국 전역에서, 교도소 봉기는 1967년 5건, 1968년 15건, 1970년 27건, 1971년 37건, 1972년 48건—미국 역사상 어느 해보다 많은—이 있었고, 이는 1960년대 후반의 도시 불안을 반영하는 것이었다.

이 시기에 [미국에서] 언론의 주목을 가장 많이 받은 교도소 봉기는

1971년 9월 9일~11일의 아티카 봉기Attica uprising다. 1971년 9월 9일 뉴욕주〔와이오밍카운티의〕아티카에 위치한 아티카교정시설Attica Correctional Facility의 수감자 1281명이 교도관 및 직원 39명을 인질로 잡고 교도소 운동장 D-야드를 점거했다. 당국과의 긴장된 교착 상태가 거의 일주일 동안 계속되었다. 점거의 직접적 원인은 교도관과 재소자 사이의 갈등이었으나 정치화한 수감자들은 급속하게 조직화해 집합적이고 민주적인 방식으로 의사표현을 한바, 동료 수감자들을 조직화하고 인질을 보호했으며 불만사항 목록을 발표하고 33명의 외부 참관인이 교도소를 방문해줄 것을 요청했다. 아티카교정시설 수감자들의 요구 중 많은 부분은 무급 또는 저임금 강제노역의 중단, 수감자의 기본적인 법적 권리와 인권의 존중 등 실질적인 것이었다. 강경한 범죄 대응 정책으로 유명세를 얻은 넬슨 록펠러Nelson Rockefeller 주지사는 4일 간의 협상 후 주 경찰과 방위군에 교도소 탈환을 명령했다.

톰슨은 《물에 퍼진 피: 1971년 아티카 교도소 봉기와 그 유산Blood in the Water: The Attica Prison Uprising of 1971 and Its Legacy》〔2016〕의 몰입감 넘치는 서사에서 주州정부가 교도소를 탈환함으로써 수감자들의 더욱 인도적인 처우 요구에 대한 응답으로 국가폭력이 공고화했음을 논증한다. 교도소 위로 헬리콥터가 "눈물, 메스꺼움, 구역질"을 유발하는 짙은 안개 가스를 살포해 반란을 일으킨 재소자들을 사로잡기 쉽게 만들었다. 그러나 경찰과 방위군—며칠간 초조하게 기다린 끝에 이제는 "증오, 공포, 공격성이 뒤섞인 독한 칵테일에" 취한—은 구역질을 하는 수감자들을 찾아 체포하는 대신 그들에게 수백 발의 총격을 퍼부었다. 한 수감자는 "총알이 비처럼 쏟아지고 있었다"라고 말했다. 반란 수감자도, 인질도 살아남지 못했다. 톰슨은 끔찍한 한 사례를 다음과 같이 기술한다.

총알 네 발이 인질로 잡힌 경비원 마이크 스미스Mike Smith의 "복부 정가운데, 배꼽과 성기 사이에 박히자마자 터졌고 그 파편들은 척추를 타고 내려갔다."[46] 주경찰, 교도관, 지역보안관, 공원경찰이 합세한 이 연합 포위 팀은 "자신들의 명찰을 떼고" 곤봉을 휘두르며 무력으로 교도소를 습격했다. 교도소가 탈환되자 수감자들은 발가벗겨지고 진흙탕 속을 기어가게 강요당했으며 그러고 나서 경찰 저지선을 지나갈 때는 곤봉으로 구타당했다. 봉기의 주동자로 여겨진 사람들은 훨씬 혹독한 대가를 치렀다. 톰슨은 그들 중 일부가 어떻게 몇 시간 동안 고문을 당하고, 이물질로 비역을 당하고, 권총 룰렛을 하도록 강요당했는지 상술한다. 목격자들이 주장하길, 샘 멜빌Sam Melville은 최초의 공격에서는 살아남았으나 나중에 근접직사近接直射, pointblank로 처형당했다. 대부분의 고문은 인종이 동기가 되었다. 예컨대 주경찰관 한 명은 흑인 죄수 한 명을 쏜 다음 화이트파워식 경례를 했다고 자랑스레 떠벌렸다(화이트파워식 경례White Power salute"는 한 손으로는 W자를, 다른 한 손으로는 P자를 만들어 인종주의적(백인우월주의적) 관점의 White Power를 상징하는 손 신호다). 유혈 공격은 43명의 사망자—재소자 33명과 인질로 잡혔던 교도소 직원 10명—와 89명의 부상자를 내며 종결되었다.

이 끔찍한 국가폭력의 시위에도 불구하고, 록펠러 LA 주정부는 거의 모든 사상자가 수감자에 의해서가 아니라 교도소를 습격한 주 군대에 의해 발생했음을 대중이 알지 못하게끔 막는 데에 성공했다. 실제로 주에서는 수감자들을 도살자로 묘사하고 그들의 정치적 요구를 폄하하는 등 사망자에 대한 비난을 수감자들에게 돌리려는 음모를 꾸미려 했다. 조사 단계마다 주에서는 —교도소 관리자들에서부터 주경찰, 록펠러 주지사에 이르기까지— 살아남은 수감자들과 대중에게 진실의 존엄성과 온전한 책임을 부인한다. 일례로, 사망한 이들 중 자상刺傷으로 죽은 사람은 아무도 없었음에도 처음에 주정부 당국은 언론으로 하여금, 심지어 유서 깊은 《뉴욕 타임스New York Times》에도, 인질들이 수감자들에 의해 난도되었다는 기사를 내도록 설득했다. 더 악독한 사례는 간수 마이크 스미스가 프랭크 "빅 블랙" 스미스Frank 'Big Black' Smith에게 거세 당했고 [스미스의] 입 안에 자신의 고환이 쑤셔 박혀져 있었다는 공식 주장과 오보였다. 실상은 이랬다. 스미스는 주경찰에 의해 네 발의 총상을 입었고, 공격에서 살아남은 "빅 블랙"은 이후 주경찰과 교도관이 축구공을 그의 턱 밑에 넣고 죽을 정도의 고통을 가하며 그 공을 떨어뜨리지 말라고 ["빅 블랙을"] 위협하는 동안 그는 맨몸을 구타당하고 스크루드라이버로 비역을 당하는 등 잔혹하게 고문당했다. 수년 후, 프랭크 스미스는 "아티카 형제들 정당방위Attica Brothers Legal Defense" 민사소송 재판 중 법정에서 눈물을 흘리며, 아직도 "그저 고통스럽기만, 참을 수 없이 고통스럽기만 합니다. […] 전 그저, 고통으로 가득합니다"라고 말했다.[47] 톰슨은 그러한 폭력이 미국 정치인들에게 대량수감 프로젝트가 매우 반흑인적이거니와 본질적으로 폭력적이라고 경고하는 역할을 했다고 결론 내린다.

톰슨은 "특히 수많은 백인 미국인에게 아티카 사태가 시사하는 바는 이제는 그토록 소리 높여 권위에 도전하고 민권을 최대한까지 밀어붙이던 "저들those" 흑인 및 유색인의 고삐를 죌 때가 되었다는 것이었다"라고 결론짓는다.[48] 아티카에서 벌어진 주정부에 의한 폭력의 여파로 "반反민권 및 반反갱생 기조"가 생성되어 "자신의 지역구를 위한 자금을 원하는 모든 정치인은 지역의 형사사법기관을 확대하고 아울러 그것을 더 가혹하게 만들어야 자금을 얻을 수 있음을 알게 되었다."[49] 1971년

제4부 주제

늦은 여름 아티카에서 벌어진 교도소 집단학살massacre과 뒤이은 정부의 은폐행위는 오늘날 현대 미국 폭력의 역사에서 잘 알려진 사건이다. 그러나 핑커는 800쪽이 넘는 자신의 책의 아무데서도 이 고통스러운 사건에 대해 숙고는커녕 언급조차 않는다.

더욱이, 국가폭력은 아티카의 사례처럼 선정적이고 많이 언급된 사건들에서뿐 아니라 징벌의 성격을 띤 인종주의적 훈육 수단으로서 일상적 폭력을 행사하는 교도소의 권한에서도 찾을 수 있다. 나는 《우리는 노예가 아니다: 전후 미국의 국가폭력, 강제노역, 재소자 권리We Are Not Slaves: State Violence, Coerced Labor, and Prisoners' Rights in Postwar America》[2020]에서 1945년에서 1990년까지 미국 남부의 교도소들, 특히 텍사스에서의 국가폭력에 대한 역사적 서사를 제공한다. 텍사스에서 교도소는 그 체계 자체가 본질적으로 폭력적인 공간이며 수감 폭력과 권력을 끊임없이 새로 배치함으로써 형벌레짐punishment regime의 형태·형식·양식을 의도적으로 바꾼다. 《우리는 노예가 아니다》에서는 법원문서, 진술서, 증언, 수감자들의 서신, 60개 이상의 구술사를 이용해 국가가 교도소 폭력을 어떻게 기획했는지 파헤친다. 나는 미국 남부의, 특히 텍사스의 교도소 폭력의 사회적 구조가 수감자들을 국가 주도의 "이중 노예화double enslavement—교도소 들판에서는 국가를 위한 노예로, 교도소 내에서는 노예화된 몸이자 종복으로— 체제"로 만들었다고 주장하는 바다.[50]

내 책의 주제인 텍사스에서는 노역장 감시 수감자가 텍사스 동부 목화농장의 노예제 유산을 이용해 동료 수감자들이 일을 하게끔 감시한다. 교도소에서 교도소 행정 당국은 수감자들에게 간수 역할을 대행시켰고, 수감 인구 통제 및 유지에 강압적이고 폭력적인 방법을 사용했다. 수감자들이 강제적 노예노동으로 농장에서 일할 때, 특혜를 받은 수감자들일명 "방장房長, building tender"들은 내부적으로 노예무역 경제를 구축해 다른 수감자들을 성노예로, 강제적이고 종종은 폭력적 강간의 대상으로, 감방 내의 종복으로 사고팔았다. 텍사스 교도소 행정 당국은 20세기의 대부분 동안 이렇게 선별된 수감자들이 수제 무기를 아예 대놓고 갖고 다니게 허용해 그들이 수감자들의 훈육과 행정적 통제를 확실히 할 수 있게 했다. 부역에 대한 대가로 교도소 행정 당국은 그들에게 교도소의 은밀한 내부 경제체계를 관리하도록 허용하는 특정한 특혜를 제공했다. 교도소 체계가 감독 책임을 맡긴 죄수들은 교도소경제prison economy도 운영한바 이곳에서는 돈·음식·사람·평판·부탁·섹스 등 모든 것이 사고 팔리는 상품이 되었다. 방장제도는 악랄한 성매매를 구축한 위계적 노동 체제로, 방장들은 교도소 행정부로부터 자신의 권력을 이용해 다른 수감자들을 강간하고 그들의 몸을 문화적 위상과 사회적 권력을 상징하는 성 상품으로서 사고파는 데 관여할 수 있는 암묵적 승인을 받았다. 방장제도가 어떻게 운영되었는지 폭로하는 법정 증언에서 한 재소자는 그러한 교도소경제를 국가가 획책한 폭력과 연결하는 통찰력 있는 견해를 제시했다.

보시다시피 [방장제도] 그 모든 것은 굉장히 육체를 기반으로physically-based 하는 것입니다. 그건 매우 포식적인 제도고 이것은, 제 생각에는 주목해야 할 중요한 점인데, 포식성이 그 모든 것의 공통분모라는 것입니다. 강자가 약자를 먹이로 삼으니 약자는 끔찍한 처지에 있습니다. […] 약자가 포식predation 에 굴복하면 그것은 더 나빠질 뿐이고, 포식은 사회적이고, 그것은 성적인 것입니다. 그것은 경제적인 것입니다.[51]

핑커가 《우리 본성의 선한 천사》를 출판한 것은 대량수감이 한창일 때임에도, 그의 이야기에는 미국 교도소가 어떤 측면에서 국가권력 및 인종 비하의 중요한 기능으로서 일상적 폭력이 가득한 공간인지에 대한 성찰을 전혀 제시하지 않는다.

국가폭력으로서의 사형

마지막으로, 스티븐 핑커는 과거와 현재의 치명적 폭력의 원천으로서 국가 처형state execution에도 눈을 감는다. 핑커의 세계관에서 보면, 흔한 공공적 스펙터클〔볼거리〕로서 미국 흑인에 대한 린치의 감소가 인종적 동기의 증오범죄를 "통계적 잡음 수준으로 떨어지게" 했는데도 그의 책은 사형death penalty과 국가 처형에 관해 눈에 띄게 침묵을 유지한다.[52] 1945년 이전, 미국에서 국가 처형은 짐크로법과 백인 우월주의를 위한 폭력 도구로서 린치와 동시에 생겨났다. 1608년에서 1945년 사이 여러 주가 전체 사형 중 절반의 비율로 아프리카계 미국인을 처형했으며, 남부 주들은 거의 75퍼센트의 비율로 아프리카계 미국인을 처형했다. 미국독립혁명the American Revolution에서부터 남북전쟁the Civil War에 이르기까지 "전체 처형의 66퍼센트 이상이 남부에서 발생했고, 거의 80퍼센트가 남부 주 및 경계 주Border states〔노예제를 인정하던 남부 주 가운데 연방 탈퇴보다는 노예제를 폐지했거나 인정하지 않는 북부와 타협했던 주〕들을 합친 곳에서 발생했다."[53] 1945년 이전 미국의 사형에 관한 수많은 연구는 국가 처형이 "짐 크로 인종 예속법의 도구로서 완숙에 이른 형사사법제도의 최악의 유산"의 하나라고 특징지었다.[54] 따라서 린치와 국가 처형은 시간이 흐름에 따라 나란히 작동해 대중으로 하여금 흑인성Blackness을 폭력적 범죄성, 인종적 열등, 그리고 백인사회가 흑인의 생명 자체를 존중하길 거부하게 만든 비인도적 부도덕성inhuman immorality과 연결 지어 생각하게 했다.[55] 세스 코치Seth Kotch가 노스캐롤라이나주의 국가 처형에 관한 연구에서 표현한 대로, "린치는 법처럼 기능했"고 "법 역시 흑인 지역사회를 지배하고 강제하고 분열시키는 등 린치처럼 기능했다."[56]

1972년 6월 30일, 미 연방대법원이 〈퍼먼 대 조지아Furman v. Georgia〉 사건에 대해 5 대 4 판결을 내렸을 때〔곧 사형제 자체에 대해서가 아닌 "차별적이고 임의적인" 사형선고에 대한 위헌(수정헌법 제8조와 제14조 등) 판결을 내렸을 때〕, 그 결정은 전국적으로 일제히 사형에 대한 모라토리엄moratorium〔일시적 정지〕을 발동시킨 동시에 개별 주들이 사형의 사용을 확대할 수 있는 문을 열었다〔"퍼먼" 곧 윌리엄 헨리 퍼먼William Henry Furman은 아프리카계 미국인으로 조지아주에서 살인죄로 사형을 선고받았으나 자신의 살인은 우발적 사고에 의한 것임을 주장했다(그는 정신적으로 장애가 있다는 판정을 받기도 했다)〕. 한편으로, 자주 인용되는 포터 스튜어트Potter Stewart 연방대법관의 보충의견에서 그는 국가 처형이 "번개에 맞는 것이 잔인하고 이례적인 일인 것과 마찬가지로 잔인하고 이례적이다"라고 말하며, 이 사건들에서는 인종race이 "사형선고를 받을 소수를 선택한 이유로 볼 수 있다"라고 언급하면서, 동시에 "인종차별racial discrimination이 입증된 것은 아니다"라고 결론 내렸다〔"포터 스튜어트"는 〈퍼먼 대 조지아〉 판결에 참여한 연방대법관이다. 뒤에 나오는 〈그레그 대 조지아〉 판결에도 참여했다〕.[57] 또 다른 한편으로, 퍼먼 판결은 개별 주들이 임의적이고 차별적인 선고를 없앰으로써 수정헌법 제8조만 충족한다면 개별적으로 새로운 법을 만들어 사형capital punishment을 유지할 수 있게 허용했다. 퍼먼 판결은 인간의 감정이

입empathy의 새로운 물결을 일으키기보다 사형에 대한 정치적 격분을 재개시켰다. 한 가지 사례만 인용하자면, 해리스폴Harris Poll〔미국 시장조사, 여론조사 기관〕에서는 퍼먼 판결 직후 사형을 지지한 사람이 더 많았지 (1972년 59퍼센트 대 1969년 48퍼센트) 더 적지 않았던 것으로 나왔다.[58] 플로리다주가 사형을 부활시키는 데에는 6개월밖에 걸리지 않았고, 3년 이내인, 1975년까지 31개 주에서 유죄평결과 선고를 절차적으로 분리함으로써 사형을 재도입했으며, 이는 1976년 연방대법원의 〈그레그 대 조지아Gregg v. Georgia〉 판결에 의해 확정되었다〔트로이 레온 그레그Troy Leon Gregg는 〈퍼먼 대 조지아주〉 판결 직후인 1973년 11월 조지아주에서 강도살인을 저질러 사형을 선고받은 사형수로 이후 1980년 탈옥한 인물이다〕.

1975년 이후, 사형을 시행하는 주들은 1526명에게 형을 집행했다. 그들 중 약 3분의 1은 아프리카계 미국인이었다. 남부 주들은 여전히 사형 집행을 할 가장 공산이 큰 주로 국가 처형이 1245명에 이르고 텍사스 한 주에서만 569명에게 사형을 집행했다. 8500명 이상이 1970년대 이후 사형선고를 받았다.[59] 처형율은 1965년 이후 감소했으나 처형은 여전히 수감국가가 유색인을 죽일 수 있는 권한에 대한 상징적이고 폭력적인 표현으로 남아 있다. 최근의 연구는 정말 놀라운 통계를 제공한다. "1976년에서 2013년 사이, 흑인을 살해한 죄로 처형된 백인은 17명에 불과했으나 백인을 살해한 죄로 처형된 흑인은 230명으로, 백인을 살해해서 사형이 집행된 흑인이(230건) 흑인을 살해해서 사형이 집행된 흑인보다(108건) 두 배 이상 많았다."[60] 1970년대 이후 사형에 찬성하는 정치적 열기는 흑인성을 범죄성에 계속해서 연결시키고 있고 흑인의 생명은 버려도 되는 것으로 본다. 1975년 이후 재개된 사형은 인간의 감정이입의 "새로운 평화"를 시작한다기보다 역사학자 코치의 결론을 상기시킨다. "사형의 역사는 어떠한 것이든 실패의 역사다."[61]

2010년 이후, 꼼꼼한 조사를 통한 20여 건의 역사연구가 인종주의와 폭력이 미국 형사사법제도에 고질적으로 존재한다는 것이 명명백백히 입증되었다. 도시 치안에서부터 국경 순찰, 대량수감에 이르기까지, 체계화한 폭력systematized violence은 끈질기게 지속되었을 뿐 아니라 1965년 이후에는 그 강도가 심해졌다. 루스 윌슨 길모어의 말을 다시 한번 빌리자면, 20세기 중후반 미국의 수감 주들에서 기인한 이 지속적 폭력의 역사는 사실상 "조기사망으로 이어지는 집단차별적 취약성group-differentiated vulnerability을 국가의 승인하에 혹은 국가가 초법적으로 생산·착취한 것이다."[62] 그러나 스티븐 핑커는 치안과 교도소가 인종주의적 폭력이 기록으로 입증된 현장임을 절대로 인정하지 않는다. 그 대신 핑커는 인종주의적 야만행위racial barbarity가 1965년 이후 감소하기 시작했고 이후 미국에서는 대부분 중지되었다고 주장하며, 인종 간의 관계가 한층 더 행복해진 이 시대와 유사한 사례로서 초등학교 체육시간에 하던 놀이인 피구가 금지된 것을 해맑게 인용한다. 2020년의 사건들이 우리에게 가르쳐준 바가 있다면, 그것은 오늘날 미국 내 폭력의 현장인 인종주의적 치안, 대량수감, 사형을 무시하는 것이 흑인 및 유색인의 생명도 소중하다Black and Brown lives matter는 것을 부정하는 일이라는 사실이다.

1 Christine Hauser, Derrick Bryson Taylor and Neil Vigdor, "'I Can't Breathe': Four Minneapolis Officers Fired after Black Man Dies in Custody", *New York Times*, 26 May 2020; Libor Jany, "Minneapolis Police, Protesters Clash almost 24 Hours after George Floyd's Death in Custody", *Minneapolis Star Tribune*, 27 May 2020.

2 Charles P. Pierce, "The Body in the Street", *Esquire*, 22 August 2014.

3 Keeanga-Yamahtta Taylor, From *#BlackLivesMatter to Black Liberation* (Chicago: Haymarket Books, 2015), 13.

4 "Police Shootings Database", Washington Post, https://www.washingtonpost.com/graphics/investigations/police-shootings-database/, 2020년 10월 25일 접속함.

5 Michael Safi, Caelainn Barr, Niamh McIntyre, Pamela Duncan and Sam Cutler, "Analysis by Guardian and Bellingcat Finds 148 Arrests or Attacks on Media Covering George Floyd Protests in the US", *The Guardian*, 5 June 2020; Elahe Izadi and Paul Farhi, "'The Norms Have Broken Down': Shock as Journalists Are Arrested, Injured by Police while Trying to Cover the Story", *Washington Post*, 31 May 2020; Benjamin Mullin, "Reports of Violence Against Journalists Mount as U.S. Protests Intensify", *Wall Street Journal*, 1 June 2020; Marc Tracy and Rachel Abrams, "Police Target Journalists as Trump Blames 'Lamestream Media' for Protests", *New York Times*, 1 June 2020.

6 Tobi Thomas, Adam Gabatt and Caelainn Barr, "Nearly 1,000 Instances of Police Brutality Recorded in U.S. in Anti-Racism Protests", *The Guardian*, 29 October 2020.

7 이 장에서는 이브람 X. 켄디가 "인종차별적 정책racist policy"과 "반反인종차별적 정책an anti-racist policy"이라고 이름 붙인 것의 렌즈를 통해 반反흑인성을 살펴보고자 한다. 보스턴대학 반인종차별연구센터Center for Antiracist Research를 이끄는 켄디는 다음과 같이 말한다. "인종차별적 정책이란 인종집단 간에 인종 불공평racial inequity을 생산하거나 지속하는 모든 조치를 말한다. 반인종차별적 정책이란 인종집단 간에 인종 공평racial equity을 생산하거나 지속하는 모든 조치를 말한다. 내가 말하는 정책이란, 사람들을 통치하는 성문법·불문법, 규칙, 절차, 과정, 규제, 지침 등을 의미한다. 비非인종차별적 정책nonracist policy 혹은 인종중립적 정책race-neutral policy이라는 건 없다. 모든 나라의 모든 지역사회의 모든 제도의 모든 정책은 인종 집단 간에 인종 불공평 혹은 공평을 생산하거나 지속하고 있다." Ibram X. Kendi, *How to be An Antiracist* (New York: One World, 2019), 39-40. 〔한국어판. 이브람 X. 켄디, 이종인 옮김, 《안티레이시즘: 우리의 관점과 세계관을 왜곡시키는 인종차별주의의 구조를 타파하기》, 비잉Being, 2022〕

8 Steven Pinker, *The Better Angels of Our Nature: Why Violence Has Declined* (New York: Viking, 2011), 380.

9 Pinker, *Better Angels*, 388.

10 Pinker, *Better Angels*, 403.

11 Pinker, *Better Angels*, 381-2.

12 Robin D. G. Kelley, "Thug Nation: On State Violence and Disposability", in Jordan T. Camp and Christina Heatherton (eds), *Policing the Planet: Why the Policing Crisis Led to Black Lives Matter* (New York: Verso, 2016), 43-81, 57.

13 Ruth Wilson Gilmore, *Golden Gulag: Prisons, Surplus, Crisis, and Opposition in Globalizing California* (Berkeley: University of California Press, 2007), 28.

14 Taylor, *From #BlackLivesMatter to Black Liberation*, 167.

15 Robert T. Chase (ed.), *Caging Borders and Carceral States: Incarcerations, Immigration Detentions, and Resistance* (Chapel Hill: University of North Carolina Press, 2019), 4.

16 미국 헌법의 틀에서 본 수정헌법 제10조 "잔여권한"에 대해서는 다음을 참조하라. Jack N. Rakove, *Original Meanings: Politics and Ideas in the Making of the American Constitution* (New York: Alfred A. Knopf, 1996), 192. 치안권에 대해서는 다음을 참조하라. Gary Gerstle, *Liberty and Coercion: The Paradox of American Government–From the Founding to the Present*(Princeton: Princeton University Press, 2015), 55-88.

17 Simon Balto, *Occupied Territory: Policing Black Chicago from Red Summer to Black Power*(Chapel Hill: The University of North Carolina Press, 2019), 5.

18 Balto, *Occupied Territory*, 29.

19 Balto, *Occupied Territory*, 46.

20 Balto, *Occupied Territory*, 105.

21 Balto, *Occupied Territory*, 154.

22 Balto, *Occupied Territory*, 164.

23 Balto, *Occupied Territory*, 160.

24 Christopher Lowen Agee, *The Streets of San Francisco: Policing and the Creation of a Cosmopolitan Liberal Politics, 1950-1972* (Chicago: University of Chicago Press, 2014); Max Felker Kantor, *Policing Los Angeles: Race, Resistance, and the Rise of LAPD* (Chapel Hill: University of North Carolina Press, 2018); Clarence Taylor, *Fight the Power: African American and the Long History of Police Brutality in New York City* (New York: New York University Press, 2019); Carl Suddler, *Presumed Criminal: Black Youth and the Justice System in Postwar New York* (New York: New York University Press, 2019).

25 Felker-Kantor, *Policing Los Angeles*, 21.

26 Felker-Kantor, *Policing Los Angeles*, 23.

27 Parker quoted in Felker-Kantor, *Policing Los Angeles*, 5.

28 Felker-Kantor, *Policing Los Angeles*, 3.

29 Felker-Kantor, *Policing Los Angeles*, 5.

30 Pinker, *Better Angels*, 386.

31 1950년대 시카고의 백인 폭동에 대해서는 다음을 참조하라. Balto, *Occupied Territory*, 91-122; Arnold Hirsch, *Making the Second Ghetto: Race and Housing in Chicago, 1940-1960* (Chicago: University of Chicago Press, 1983); Arnold R. Hirsch, "Massive Resistance in the Urban North: Trumbull Park, Chicago, 1953-1966", *Journal of American History*, 82, no. 2 (September 1995): 522-50. 백인 안티버서들의 폭력에 대해서는 다음을 참조하라. Ronald P. Formisano, *Boston Against Busing: Race, Class, and Ethnicity in the 1960s and 1970s* (Chapel Hill: University of North Carolina Press, 1991), 138-71.

32 Elizabeth Hinton, "The Minneapolis Uprising in Context", *Boston Review*, http:// bostonreview.net/race/elizabeth-hinton-minneapolis-uprising-context.

33 Hinton, "The Minnesota Uprising in Context".

34 Felker-Kantor, *Policing Los Angeles*, 50.

35 ASTRO 이전에는 법집행지원국Office of Law Enforcement Assistance, OLEA의 두 번째로 비용이 많이 드는 프로그램 프로젝트 스카이나이트Project Sky Knight("하늘의 기사")가 있었다. LA 보안관실은 이 프로그램을 통해 경찰용 감시 및 차단 헬리콥터를 제공받았고 이후 LA 8개 도시도 계약을 맺어 경찰 헬리콥터를 제공받았다. Elizabeth Hinton, *From the War on Poverty to the War on Crime: The Making of Mass Incarceration in America* (Cambridge, MA: Harvard University Press, 2016), 90-1. ASTRO에 대해서는 다음을 참조하라. Felker-Kantor, *Policing Los Angeles*, 54.

36 SWAT 지휘관의 말은 다음에서 인용되었다. Felker-Kantor, *Policing Los Angeles*, 53.

37 Radley Balko, *Rise of the Warrior Cop: The Militarization of America's Police Forces* (New York: PublicAffairs, 2014), 175.

38 Felker-Kantor, *Policing Los Angeles*, 54.

39 Stuart Schrader, Badges *Without Borders: How Global Counterinsurgency Transformed American Policing* (Oakland: University of California Press, 2019), 25.

40 Walter A. Ewing, Daniel E. Martinez and Ruben G. Rumbaut, "The Criminalization of Immigration in the United States", American Immigration Council, July 2015, https:// www.americanimmigrationcouncil.org/research/criminalization-immigration-united-states, accessed 12 December 2017; Jeremy Travis, Bruce Western and Steve Redburn (eds), *The Growth of Incarceration in the United States: Exploring Causes and Consequences* (Washington, DC: The National Academies Press, 2014); James J. Stephan, "Census of State and Federal Correction Facilities, 2005", U.S. Department of Justice, Office of

Justice Programs, NCJ222182, October 2008, NCJ 222182; Todd D. Minton, Scott Ginder, Susan M. Brumbaugh, Hope Smiley-McDonald and Harley Rohloff, Census of Jails: Population Changes, 1999~2013, U.S. Department of Justice, Office of Justice Programs, December 2015, NCJ 248627; Todd D. Minton, Jails in Indian Country, 2015, U.S. Department of Justice, Office of Justice Programs, November 2016, NCJ 250117.

41 2007~2008년 경제침체 이후 [미국의] 일부 주에서는 교도소 시스템의 부담스러운 비용을 절감하는 데에 적극적이었다. 10개 주에서는 2006년에서 2011년 사이 수감 인구를 10퍼센트 이상 줄였다. Peter Wagner and Bernadette Rabuy, Mass Incarceration: The Whole Pie, 2017, Prison Policy Initiative (PPI), 14 March 2017, https://www.prisonpolicy.org/reports/pie2017.html, accessed 12 December 2017.

42 Naomi Murakawa, *The First Civil Right: How Liberals Built Prison America* (Oxford: Oxford University Press, 2014); Vesla Weaver, "Frontlash: Race and the Development of Punitive Crime Policy", *Studies in American Political Development*, 21, Issue 2 (Fall 2007): 230-65; Hinton, *From the War on Poverty to the War on Crime*.

43 National Research Council of the National Humanities, *The Growth of Incarceration in the United States Exploring Causes and Consequences* (Washington, DC: National Academies Press, 2014), 1-2.

44 Heather Ann Thompson, "Why Mass Incarceration Matters", *Journal of American History*, 97, no. 3 (December 2010): 704, 703-34.

45 대량수감에서 심각한 인종적 불균형에 대해서는 다음을 참조하라. Michael Tonry, *Malign Neglect: Race, Crime, and Punishment in America* (New York: Oxford University Press, 1995); Jerome G. Miller, *Search and Destroy: African-American Males in the Criminal Justice System* (New York: Oxford University Press, 1996); Marc Mauer, *Race to Incarcerate* (New York: New Press, 1999); Bruce Western, *Punishment and Inequality in America* (New York: Russell Sage Foundation, 2006); Michelle Alexander, *The New Jim Crow: Mass Incarceration in the Age of Colorblindness* (New York: New Press, 2012); 그리고 Lawrence D. Bobo and Victor Thompson, "Racialized Mass Incarceration: Poverty, Prejudice, and Punishment", in Hazel R. Markus and Paula Moya (eds), *Doing Race: 21 Essays for the 21st Century* (New York: W.W. Norton, 2010), 322-55.

46 Heather Ann Thompson, *Blood in the Water: The Attica Prison Uprising of 1971 and Its Legacy* (New York: Pantheon Books, 2016), 181.

47 프랭크 스미스의 말은 다음에서 인용되었다. Thompson, *Blood in the Water*, 488.

48 Thompson, *Blood in the Water*, 561.

49 Thompson, *Blood in the Water*, 561-2.

50 Robert T. Chase, *We Are Not Slaves: State Violence, Coerced Labor, and Prisoners' Rights in Postwar America* (Chapel Hill: University of North Carolina Press, 2020), 105.

51 Chase, *We Are Not Slaves*, 102.

52 Pinker, *Better Angels*, 385.

53 Howard W. Allen and Jerome M. Clubb, *Race, Class, and the Death Penalty: Capital Punishment in American History* (Albany: State University of New York Press, 2008), 52.

54 Stuart Banner, *The Death Penalty: An American History* (Cambridge, MA: Harvard University Press, 2002); Steven E. Barkan and Steven F. Cohn, "Racial Prejudice and Support for the Death Penalty among Whites", *Journal of Research in Crime and Delinquency*, 31, no. 2(May 1994): 202-9; Frank Baumgartner, Marty Davidson, Kaneesha R. Johnson et al., *Deadly Justice: A Statistical Portrait of the Death Penalty* (New York: Oxford University Press, 2017); William J. Bowers, Glenn L. Pierce and John F. McDevitt, *Legal Homicide: Death as Punishment in America, 1864-1982* (Boston: Northeastern University Press, 1984); David Garland, Randall McGowan and Michael Meranze, *America's Death Penalty: Between Past and Present*(New York: New York University Press, 2011). Seth Kotch, *Lethal State: A History of the Death Penalty in North Carolina* (Chapel Hill: University of North Carolina Press, 2020), 21.

55 흑인성과 범죄성의 결부에 대해서는 다음을 참조하라. Khalil Gibran Muhammad, *The Condemnation of Blackness: Race, Crime and the Making of Modern Urban America* (Cambridge, MA: Harvard University Press, 2010). Kotch, *Lethal State*.

56 Kotch, *Lethal State*, 25.

57 *Furman v. Georgia*, 408 U.S. 238 (1972).

58 Kotch, *Lethal State*, 163.

59 "Number of Execution by state and region since 1976", Death Penalty Information Center, https://deathpenaltyinfo.org/executions/executions-overview/number-of-executions-by-stat-and-region-since-1976, 2020년 12월 20일 접속함.

60 Frank R. Baumgartner et al., "#BlackLivesDon'tMatter: Race-of-Victim Effects in US Executions, 1976-2013", Politics, *Groups, and Identities*, 3, no. 2 (2015): 209-21.

61 Kotch, *Lethal State*, 186.

62 Gilmore, *Golden Gulag*, 28.

제16장

어떤 자연의 선한 천사들인가?: 현대 세계의 폭력과 환경의 역사

The better angels of which nature?: Violence and environmental history in the modern world

코리 로스

Corey Ross

《우리 본성의 선한 천사》는 실로 대단한 책이다. 다루는 범위도 넓고, 학구적이며, 문장도 부러울 정도로 유려하다. 그렇게 장대하고 종합적인 책을 쓰기란 최선의 상황에서도 벅찬 도전이며 학문의 경계를 넘는 경우 그 어려움은 급속도로 배가된다. 복잡성의 정수를 뽑아내고 자신의 전문 분야 밖의 것들에 관해 써야 한다는 점에서 그런 책은 쓰기보다 비판하기가 훨씬 더 쉽다. 이 책《우리 본성의 악한 천사》의 다른 장들에서 보인 것처럼, 폭력의 장기적 감소에 관한《우리 본성의 선한 천사》의 핵심 논지는 개념적으로나 방법적으로나 비판의 여지가 많다.

따라서 스티븐 핑커의 두꺼운 책이 누락하고 있는 쟁점에 초점을 맞추는 일이 무례한 일로 보일 수 있다. 그러나 마크 S. 미칼레가 최근 주장한 대로,《우리 본성의 선한 천사》에서 생략된 내용은 책이 담고 있는 내용 만큼이나 주목할 만한 것들이다.[1] [《우리 본성의 선한 천사》에서] 침묵된 일부에는 확실히 서구중심적 관점이 반영되어 있는바, 예컨대 아시아와 아프리카를 관통하는 제국주의적 정복 및 전쟁에 대한 무관심 같은 것이다. 어떤 침묵은 폭력 자체에 대한 그 책의 편협한 개념에 기인한다. 사람들 간의 신체적 공격성physical aggression에 초점을 맞추면, 어떤 방식들을 통해 가장 "문명화하고civilized"(노르베르트 엘리아스) 협력적인 사회들조차 계속해서 다른 형태의 파괴적이고 치명적인 행동에 참여하는지 —그리고 실제로 그에 대한 의존도를 높이는지— 생각해볼 여지가 거의 없어진다. 우리가 "폭력violence"이라는 제목 아래 똑같이 분류할 수 있는 행동 말이다.

인류가 생물물리학적 환경을 다루는 방식을 포함한다면 폭력의 최근 역사는 어떻게 보일까? 800쪽이 넘는 핑커의 책에서는 이 질문을 거의 언급하지 않는다. 이 질문은 책에서 핑커가 기후변화가 국제안보에 큰 위협을 준다는 발상을 거부하는 부분에서 잠시 나타나 맴돌다가, 최근의 무력분쟁armed conflict 사건에서는 생태적 손상이 중대한 요인이 된 경우가 드물다고 주장하는 연구를 인용할 때 다시 언급된다.[2] 이 문제들이 [《우리 본성의 선한 천사》에서] 왜 그토록 대수롭지 않게 취급되었는지에 대한 한 가지 간단한 설명은 이미 긴 책이 더 길어질 수 있어서다. 덜 관대한 해석을 하자면, 그 문제들이 핑커가 그리고 싶어 한 장밋빛 그림에 원치 않는 그림자를 드리우기 때문일 수 있다. 이유야 어찌 되었든, 환경의 역사라는 관점에서, 핑커 논지의 낙관적 어조는 우리가 인간사회와 나머지 물질세계 사이 최근 관계에 대해 알고 있는 것과 양립시키기 어렵다. 사실 모든 종류의 연구가 산업화과정, 제국주의, 인구 성장, 대량소비 등이 어떻게 전 지구적으로 생물 및 무생물 모두의 환경에 전레 없이 대대적 피해를 초래했는지를 강조하고 있다.

이 장에서는 우리가 우리의 관심을 비非인간 세상으로까지 확장할 때 폭력의 역사에 대한 이해를 풍성하게 만들 수 있는 방법의 일부를 제시하고자 한다. 우리는 그로부터 단순히 추가적 영역을 다루는 것 이상의 이득을 얻을 수 있는바, 초점을 확대하면 사람·환경·자원을 대하는 방식이 어떻게 상호 연결 되어 있는지를 통찰할 수 있어서다. 사회체계social system와 생태계ecological system는 언제나 서로 얽혀 있다. 인간사회는 모두 에너지를 활용하고, 자원을 소비하며, 쓰레기를 배출한다. 그리고 끊임없이 제기되는 질문의 하나는 그 부담이 어디에 지워지며 그것이 기존의 관습·사회위계·권력구조와 어떻게 연관되는가 하는 점이다. 다양한 형태의 착취는 사람들로부터 다른 것들로 어느 정도 범위까지 이동되었는가? 생물물리학적 과정과 사회적 과정의 상이한 시간성temporality은 폭력의 패턴을 어떻게 형성하는가? 대량살인mass killing을 거대 규모의 환경적 간섭과 연결한 문화적, 과학기술적, 조직적 연결고리는 무엇이었나? 이어지는 절에서는 이와 같은 질문에 관한 생각이 폭력의 역사에 새로운 시각을 제공하거니와 이른바 폭력의 감소에 의심을 드리운다는 점을 보이려 한다.

느리고 섬세한 폭력

지난 세기 동안, 사람들은 그들의 조상들은 거의 상상조차 못했을 자연nature에 대한 통제력을 어느 정도 획득했다. 육지, 바다, 대기, 생물권 등 어딜 봐도 인간 활동의 흔적이 있다. 인간이 간섭한 영향은 너무나 깊고 포괄적이라서 최근의 과거는 새로운 자연사natural history의 시대, 이른바 인류세人類世, Anthropocene라고 불릴 자격이 있을 정도다(["인류세"는 인간의 활동이 지구 환경을 바꾸는 지질시대를 이르는 용어다. 네덜란드의 대기화학자 파울 J. 크뤼천Paul J. Crutzen이 제안했다].[3] 이러한 변환을 주도한 대부분의 과정은 새로운 것이 아니다. 인간은 오랫동안 농경을 하고, 토지를 개간하고, 광물을 채취하고, 사냥을 하고, 환경을 오염시켜왔다. 새로움novelty은 이전에는 지역적 문제였던 것을 전 지구적 문제로 증폭시킨 환경변화의 범위와 강도에 있다. 물론 인류는 (적어도 우리 중 많은 이는) 이들 변화로부터 더 높은 생활 기준과 더 긴 수명이라는 형태로 상당한 혜택을 입었다. 하지만 이와 같은 변화에는 적지 않는 대가도 따랐고, 사람들은 그 대가를 다른 것들에 ―자기들보다 부나 권력이 적은 이들에게나 물리적 환경에 (혹은 둘 다에)― 전가하는 데에 점점 더 능숙해졌다. 인류가 자연의 주인이 되었다면, 그들은 전치轉置, displacement 기술의 주인도 되었기에 그러한 것이다.

환경에 개입하는 것이 좀처럼 "폭력"의 한 형태로 고려되지 않는 이유의 하나는 흔히 그 개입으로 인한 피해가 갑작스럽기보다는 점차적이고, 바로 드러나기보다는 눈에 띄지 않아서다. 그렇다고 해서 피해가 생기는 경우 그 영향이 피해가 한꺼번에 발생할 때보다 덜 해롭다는 것은 아니다. 그래서 그 피해는 더 막기 힘들고 일단 시작되면 완화하기 더 까다롭다. 생물다양성 손실, 토양 악화, 지구온난화, 유독성 오염의 섬뜩하고 서서히 끼치는 영향은 그것들이 끌어들이는 관심의 정도보다 ―인간 및 여타 유기체에게― 훨씬 더 심각하다. 이와 같은 것들은 전쟁이나 목전의 인도주의적 위기와는 달리, 선정성이 주도하는 24시간 뉴스 사이클의 세계에서 자극적 이미지를 만들어내지 못한다. 공적 담론public discourse에서는 이 주제가 상대적으로 무시되는바, 여기에는 최악의 결과를 가난한 이들이나 가난한 국가, 혹은 상황을 변화시킬 정치적 혹은 경제적 영향력이 결여된 미래 세대들이 짊어지게 되기 쉽다는 사실 탓도 있다. 대규모 환경 파괴라는 짐은 시간과 공간 전체로 옮아가고, 이는 현재 초래되는 피해에 대한 사람들의 민감성을 둔화시킨다.

문학자 롭 닉슨Rob Nixon은 이 현상에 "느린 폭력slow violence"이라는 이름을 붙였다.[4] 이 적절한 명칭은 인류가 직면한 다수의 환경 비상사태의, 닉슨의 표현에 따르면, "마멸적 치명성attritional lethality"을 포착하는 동시에, 그런 비상사태들이 지리적·시간적으로 산재되어 있는 결과적 특성으로 인해 어느 정도로 무시되고 있는지도 부각하는 딱 맞춤한 형용어구다.[5] 닉슨이 보여주듯, 환경 상태가 점차적으로 악화하고 현지 지역사회의 자원접근성이 감소하자, 환경행동주의자environmental activist들은 자신들의 단체들이 맞서 싸우는, 그런 일이 없었더라면 감춰져 있을 생태적·사회적 위기에 대해 매우 적극적으로 의견을 표출하게 되었다. 최근 몇 년 동안 학자들은 국가나 개인의 "개발development" 계획이 현지 지역사회의 보건·토지·물을 전 지구적 자본 혹은 중앙집권 정치 통제라는 더욱 광범위한 이해관계에 희생시킴으로써 환경 악화와 사회 불평등을 어떻게 주도해왔는지 거듭 강조해왔다. 그러한 계획이 그것의 영향을 받는 이들의 숙지 혹은 동의 없이 진행될 때마다, 그 계획들을 환경〔에 대한〕 폭력environmental violence("느린" 것이든 아니든)의 한 형태로 간주하는 것이 점점 더 일반적이 되었다.[6]

"느린 폭력"은 여러 형태로 발현된다. 광물 채취와 석유 추출의 역사는 정도를 넘어선 사례를 제공한다. 지난 세기 동안 전 세계 수천 개의 농촌 지역사회가 채광 작업의 유해한 부산물과 함께 살아야 했고, 많은 이가 광산이 폐쇄된 후에도 유독성 유산을 오랫동안 감당해야 했다. 미국에서는 폐광에서 아직도 매일 약 5000만 갤런의 오염수가 방출되어 인근에 공급되는 지하수 및 지표수를 높은 수준의 중금속으로 오염시키고 있다.[7] 중국에서는 희토류稀土類, rare earth〔rare earth elements/metals〕 채굴 붐으로 장시성江西省 남동부 거의 전체에 유독성 광미 침전지鑛尾沈澱池〔광미장〕tailings pool가 마맛자국처럼 남아 지역 경관을 황폐화한 한편, 네이멍구內蒙古자치구 바이윈어보白雲鄂博에서는 그보다 더 큰 웅덩이에서 나온 폐기물이 주변의 수로로 흘러들어가면서 현지인들과 동물들을 독극물에 중독시켰다〔"광미tailing"는 선광選鑛 중에 분리된, 가치가 없는 광석 부분을 말한다〕.[8] 흔히 오염의 수준은 〔오염〕 규제가 효력이 없거나 집행되지 않기 일쑤인 개발도상국에서 훨씬 높다. 가봉에서는 방사성 폐기물이 프랑스빌 우라늄 광산 주위 수 마일 이내에 있는 토양, 물, 인간의 신체를 오염시켰다. 1975년까지 약 200만 톤의 폐기물을 현지의 강에다 바로 쏟아버린 결과였다.[9] 잠비아 카브웨의 납·아연 광산은 1902년부터 1994년까지 거의 아무런 규제 없이 운영되었으며, 그곳으로부터의 오염은 지역 아동의 혈액 내 납 수치를 최대 권고치의 10배까지 상승시켰다.[10] 이와 같은 사례들은 목록이 길다.

이러한 지역에 사는 사람들 다수에게는 자신들의 발밑에서 석유와 광물이 발견되는 일이 축복이 아니라 파멸의 원천에 더 가깝다. 그들은 〔자신들의 발 밑〕 땅에서 뽑아 올린 부富로부터 이익을 얻는 대신 자신들이 "자원의 저주resource curse"의 희생자임을 깨닫게 된다. 1990년대 널리 영향력을 갖게 된 이 이론의 기본 골자는, 단일 종류의 풍부한 광물 자원에 의존하는 국가일수록 부패하고 비민주적이며 군국주의적일 가능성이 더 높다는 것이다.[11] 모든 사회이론이 그렇듯, 이 일반화가 모든 곳

제4부 주제

에서 동일하게 적용되지는 않는다. 어쨌든 자원이 풍부한 일부 국가는 개발의 측면에서도 민주주의의 측면에서도 모범적이라 할 자격을 갖고 있다(노르웨이, 캐나다). 그러나 이런 패턴은 전 세계 대부분의 지역에서 눈에 띄게 나타난다. 이 문제의 전형적 사례가 앙골라의 석유산업으로, 다국적 석유회사들은 부패와 불투명한 지급 관행 덕에 막대한 이익을 얻는 동시에 정치엘리트들은 수익의 많은 부분을 스스로 챙길 수 있었다. 앙골라의 생산량 대부분은 콩고민주공화국의 영토에 의해 앙골라의 나머지 국토로부터 분리된 카빈다주州 해안의 광대한 유전에서 나온다. 엄청난 석유 자산에도 불구하고 카빈다는 여전히 앙골라에서 가장 빈곤한 지방의 한 곳으로 남아 있으며, 그곳 사람들은 현지 어류 자원량의 급락과 시추로 인한 오염은 차치하더라도 석유 생산으로부터 거의 아무런 수혜도 받지 못했다. 게다가 석유 수익을 둘러싼 긴장은 1960년대 이래 들끓던 분리독립의 갈등을 부추겼을 뿐이다.[12] 카빈다처럼 자원의 저주를 받은 사회의 경우, "광물 공격은 미사일 공격보다 즉각적 볼거리는 덜하지만 장기적으로는 보통 더욱 파괴적이며, 그 여파로 환경 파괴, 토지 강탈, 정치적 억압, 그리고 이의를 달 수 없는 석유 초국적기업 혹은 광물 카르텔을 위한 보안대로서 이중 임무를 수행하는 국군에 의한 집단학살massacre이 초래된다."[13]

농업 근대화agricultural modernization의 역사는 땅과 사람에게 슬로모션으로 피해를 주는 또 다른 주요 원인이었다. 1950년대와 1960년대 이후 개발도상국으로까지 확산한 산업형 농법은 일반적으로는 세계적인 식량난을 막았다는 칭찬을 들었으나, 그러한 농법에는 장기적 문제가 무수히 많이 결부되었다(토양 황폐화, 화석연료 의존성, 지속불가능한 물 사용, 생물다양성 감소, 야생동물군 파괴 등). 인간의 폭력이라는 주제와 가장 많이 연관된 것은 화학비료chemical fertilizer, 특히 살충제pesticide의 사용으로, 세계보건기구WHO에 따르면 그로 인해 약 100만 건의 독극물 중독 사례가 발생했고 1980년대 후반까지 매년 약 2만 명이 생명을 잃었다. 대부분은 장기간 유해물질에 노출되어서였다. 전 세계 살충제의 80퍼센트가량이 부유한 산업국가들에서 사용됨에도, 독극물 중독과 사망 사례의 대부분은 [살충제 관련] 안전 기준이 형편없고 사용법에 대한 제조회사의 지침이 무시되기 일쑤인 개발도상국에서 일어났다(일부 이유는 사용자들이 글을 읽을 줄 몰라서였다).[14] 앵거스 라이트Angus Wright가 멕시코의 녹색혁명the Green Revolution을 맹렬히 고발하며 강조했듯, 다수의 그런 사망 사례는 북반구 시장을 위해 작물을 재배하는 기업 농장과 연결되어 있었다. 그곳의 가난한 농장노동자들은 주변에 뿌려지는 화학약품으로부터 자신들을 보호할 보호장구를 거의 혹은 전혀 지급받지 못했다.[15] 농장관리자들은 직원들의 안녕을 확보하기보다 비용 절감에 더 열심이었고 제조사들은 자신들의 생산품을 공격적으로 시장에 계속 내놓으면서도 그것들이 판매 후 어떻게 쓰일지에 대해서는 거의 관심이 없었다. 오랜 세월 가난한 노동자들은 본질적으로 한번 쓰고 버리는 몸에 지나지 않게 취급되었다. 라이트는 자신의 책에서 책과 동명인 피해자 라몬 곤살레스Ramón Gonzalez 같은 농장노동자들의 죽음이, 혜택 받지 못한 집단을 일상적으로 부주의하고 소홀하게 대하는 것이 어떻게 사회 불평등social inequility과 환경 부정의environmental injustice의 구조 속에 깊이 깔려 있는 물리적 폭력의 한 형태가 되는지 실증한다.

때로는 그처럼 소름끼치는 환경 및 건강 위기가 대중의 의식에 깊은 인상을 남긴 적도 있었으니, 특히 그런 위기가 상대적으로 더 부유하고 그리고/또는 민주적으로 책임을 지는 국가에 위협을 가하는 경우에 그러했다. 레이철 카슨Rachel Carson이 1962년 《침묵의 봄Silent Spring》을 출판했을 때 그 책은 광범위하게 이용되는 현대의 살충제, 농약, 여타 산업화합물을 통한 환경오염의 심각성을 입증해 보임으로써 독자들을 충격에 빠트렸다. 제목이 암시하는 바처럼, 새들은 탄광 속의 카나리아canary in the coalmine[다가올 위험에 대한 징후 또는 경고] 같은 존재였다. 일부 종은 DDT가 알 껍질이 만들어지는 데 영향을 끼쳐 개체수가 급감했는데, 미국의 국장國章[국새](흰머리수리bald eagle)이 거기에 포함되었다는 사실로 [미국] 대중의 충격은 더 컸다. 그러나 당시 《침묵의 봄》을 그렇게 설득력 있게 만들고 현대 환경 운동의 출현에 그렇게 근본적인 토대가 되게 만든 것은, 독극물질이 인간의 신체를 비롯해 생물물리학적 세계라는 망 전체에 어떻게 흐르고 있는지를 보임으로써 인간과 나머지 자연 사이 벽을 허물어뜨린 방식이었다. 간단히 말해, 그 메시지는, 자연에 해로운 것이 궁극적으로 인간에게도 해롭다는 것이었다. 해충을 박멸하거나 작물 생산량을 두 배로 늘리거나 우주시대의 화학제품으로 가사 부담을 더는 일은 국가와 기업이 약속한 건강과 번영으로 가는 티켓일 뿐 아니라 생태계와 인류의 안녕에 엄청난 대가를 치르게 하는 일이기도 했다. 석유화학 산업계에서는 두둑한 자금으로 카슨과 《침묵의 봄을》 폄훼하는 캠페인을 벌였음에도, 이 메시지는 굳건히 살아남았고 많은 잔류성 유기오염물질(DDT, BHC)의 사용이 금지되거나 엄격하게 제한되었다("DDT" "BHC" 모두 농약으로 쓰던 유기 염소계 살충제다. 현재 제조·판매·사용이 금지되었다.)[16]

생물물리학적 세계에 대한 이 점진적 공격들은 과소인지되는under-recognized 경우가 더 많았다(그리고 여전히 그렇다). 이러한 경향은 특히 세계의 수많은 "희생지역sacrifice zones" 즉 경제적 또는 정치적 이유로 황폐화가 용인되고, 가난한 이들이나 혜택 받지 못한 이들(흔히 소수민족)이 거주하는 경향이 압도적으로 많은, 묵살되거나 잊힌 외딴 곳들에서 더 심했다. 부유한 나라도 자신들 버전의 그런 장소들이 있다. 주변 정유 공장의 연기를 마시거나, 상류에 있는 공장에서 방류한 폐수가 흘러든 물을 마시거나, 이미 사라진 지 오래인 산업체의 유독성 잔류물과 함께 사는 가난한 마을이나 도시 인근이 그렇다.[17] 이와 비슷하게 전 지구적 차원에서도 그와 같은 곳들은 선박 해체 작업장이 있는 방글라데시 연안에서부터 전자 폐기물 재활용 하치장이 있는 인도, 습지가 기름으로 뒤덮인 니제르 삼각주에 이르기까지 주로 개발도상국에 몰려 있다. 모든 것 중 가장 큰 문제는 아마 "신흥emerging" 경제일 것이다. 1980년대 이후 무서운 속도로 진행된 중국의 경제성장은 그것이 환경에 끼친 영향과 그 영향이 채굴이나 가공 현장 근처의 가난한 이들에게 전가되는 방식으로 악명 높았다. 스모그smog로 뒤덮인 산업도시에 사는 모든 이의 폐는 말할 것도 없었다. 이 모든 장소에는 가난한 이들이 남겨져 주로 〔자신이 아닌〕 다른 이들에게 이득이 되는 경제활동의 유해한 잔해와 함께 살거나 그것을 치웠다.

지금 이 순간에도 느리게 진행되고 있는 모든 위기 중에서 기후변화 climate change는 아마 장기적으로 건강과 안녕에 가장 큰 위기를 가하는 위협일 것이다. 세계보건기구는 앞으로 수십 년에 걸쳐 기후변화로 인해 매년 25만 명이 초과사망excess death 할 것이며 대부분은 영양실조, 말라리아, 설사, 열 스트레스heat stress로 인한 사망일 것이라고 추정한다 〔"초과사망"은 일정한 기간에 특정 원인으로 평균적 사망자 수를 넘어서는 사망을 말한다〕. 놀랄 것도 없이 이 초과사망의 거의 모두는 애초에 그 문제를 제일 적게 발생시킨 가난한 개발도상국에서 나올 것이다.[18] 최근의 유엔 보고서에 따르면 이와 같은 발견들에는 일종의 "기후 아파르트헤이트climate apartheid"의 위험성 즉 부유한 이들은 돈을 지불해 기후위기로 인한 식량 및 식수 부족을 피하는 반면 가난한 이들은 그로 인한 모든 결과를 마주해야 할 위험성이 증가하고 있음이 보인다.[19] 동시에 강수량이 적어지고, 폭풍이 거세지며, 빙하가 녹고, 해수면이 상승하는 일들은 전 지역을 압도하고 엄청나게 많은 이를 이주시킬 수 있는 위협이 된다. 가장 큰 위험에 처한 곳은 세계에서 인구 밀집도가 가장 높은 아시아 남부 및 동부 해안의 메가시티megacity들이다. 이 중 많은 도시는, 대규모 인프라 투자를 통해 최악의 결과에서 벗어날 수 있는 마이애미·뉴욕·런던과는 달리, 그것을 현실적 선택지로 삼기에 너무 가난하다. 게다가 일부 도시(특히 자카르타, 방콕, 마닐라)는 과도한 지하수 추출과 도시의 스프롤urban sprawl 현상〔대도시의 교외가 무계획적이고 무질서하게 확장되는 현상〕으로 인해 해수면 상승에 따른 지역 침하라는 추가적 문제에 직면해 있다.[20]

적어도 한 국가에서는 지구온난화global warming의 위협이 철저히 실존의 문제다. 세계에서 가장 저지대에 위치한 (평균 고도가 단지 1미터를 조금 넘고 최고 해발 고도가 2.5미터에 못 미치는) 국가 몰디브는 이번 세기 말까지 거의 완전히 침수될 위기에 직면해 있다. 2009년 10월, 코펜하겐 기후정상회의the Copenhagen Climate Summit〔2009년 유엔기후변화회의the 2009 UN Climate Change Conference〕 직전, 몰디브 대통령은 자국이 처한 곤경을 강조하기 위한 노력의 일환으로 스쿠버 장비를 착용한 장관들과 함께 수중 각료 회의를 열었다.[21] 이후 몰디브는 화석연료fossil fuel로 인한 기후변화에 내재하는 폭력inherent violence의 상징이 되었다. 몰디브는 현재와 미래를 막론하고 수백만 명의 안녕과 심지어 생존에 대한 공격이 진행 중인 피해국들 가운데 가장 눈에 띄는 국가의 하나다. 세계 무대에서 영향력이라곤 전무한 마이크로네이션micro-nation〔초소형국가〕 몰디브에는 전 지구적 권력의 불평등이 지난 두 세기 동안 탄화수소hydrocarbon 기반 경제성장의 주요 승자와 패자를 계속해서 결정하고 있는 모습이 함축되어 있다. 물의 운명을 피하기 위해 몰디브 정부가 독자적으로 할 수 있는 일이 거의 혹은 전혀 없다는 사실은 이 문제의 전 지구적 성격과 문제 해결을 위한 국제협력의 필요성을 강조한다. 과학자들로부터 온실가스 배출에 관한 경고가 수십 년간 있었음에도 현재 상당한 정도의 해수면 상승이 불가피하다는 것은, 우리의 정치체계가 어려운 선택을 가능한 한 뒤로 미루려는 경향이 있고, 그것의 문제점들을 후임자에게 미룰 수 있는 경우에는 특히 더 그렇다는 점도 부각시킨다. 우리에게 남겨진 것은, 일련의 행위 및 무無행위가 피해를 초래할 것이라는 끈질긴 경고 앞에서조차 자신들에게 경제적·정치적 이익이 된다고 생각하는 것을 추구하려는 더 강력한 국가들의 결정으로 한 국가의 영토 대부분이 (어쩌면 전부가) 파괴될 것이고 그곳의 주민 다수가 (어쩌면 모두가) 고향을 잃고 난민이 될 것이라는 전망이다. 이 의도되지 않고 계획되지 않고 거의 감지되지도 않는 과정은 폭력적 군사 공격과는 그 스펙터클〔볼거리〕spectacle이 판이하게 다르겠지만 최종 결과는 섬뜩할 정도로 비슷할 것이다.

일상의 도살

인류가 자연을 개조하는 가장 근본적인 측면의 하나는 자연과 동식물종의 분포에 고의적으로 간섭하는 것이었다. 유용성usefulness에 따른 품종과 가축의 선택은 수천 년 동안 계속된 일이고 인간이 유도한 환경변화environmental change의 다른 과정 대부분과 마찬가지로 과거 2~3세기 동안 그 추세가 가속했다. 본질적으로 그 일은 생존을 위한 진화 전쟁에서 승자와 패자를 선택하게 되었다. 어떤 종은 운이 좋지 못했다. 이용 가치가 부정적이라고 인식된 생물체들—우리가 해충〔유해동물〕pest이라고 부르는 것들—은 의도적 제거 대상이 되었다. 어떤 종은 엄청난 혜택을 입었다. 옥수수, 밀, 돼지, 닭, 소 등은 인간의 개입 덕분에 그렇지 않았을 경우보다 비교할 수 없을 정도로 더 많이 퍼졌다. 또 어떤 생물은 다른 이유로 벌어진, 예컨대 남획이나 서식지 파괴를 통한 고의적이지 않은 형태의 선택을 겪었다. 반려동물house pet과 몇몇 종류의 가축livestock(주로 착유나 견인을 위해 기르는 동물)을 제외하고 이들 생물체 대부분의 공통분모는 그 생물체들이 상당히 빠른 시간 안에 죽임을 당한다는 것이다. 보통은 사람들이 먹기 위해서거나, 사람들이 먹고 싶은 다른 것의 생산물을 그 생물체들이 먹거나 손상시키지 못하도록 하기 위해서다.[22]

이와 같은 의미에서 인류는 생물권生物圈, biosphere이라는 더 광범위한 맥락 속에서 예외적으로 폭력적인 종이었으며 앞으로도 그럴 것이다. 스티븐 핑커의 책에서 인간이 매일같이 행하는 방대한 규모의 동물 도축을 인식하지 못했다고 해서 그것을 비난하는 일이 온당할까? 핑커의 책은, 이해할 만하긴 해도 인간중심적 초점을 결연히 유지하고 있다는 점에서 이 주제는 확실히 책의 핵심 관심사를 벗어나 있다. 유일한 예외는 핑커가 동물권動物權, animal right의 부상과 동물 학대의 감소를 논의하는 하위 장이다. 그의 주장에 따르면, 이 변화들은, 오랫동안 인권과 동물권 옹호자들이 두 권리가 상호 밀접하게 연결되었다고 생각했다는 점에서 더욱 넓은 범위의 20세기 "권리혁명rights revolution"의 일부를 형성했다. 우리는 모두 감각을 느끼는 피조물인 만큼, 사람이나 동물에 고통을 가한다고 하면 매우 강력한 유추analogy의 효과를 낳는다. 심지어 핑커는 동물권 옹호자들(인간)이 변화의 영향을 받는 당사자가 아니라서 오직 윤리적 원칙에 입각해서만 행위했다는 점을 고려하면, 동물권의 부상은 "폭력의 감소를 독특하게 상징적으로 나타내는 사례"라고 주장한다.[23] 최근 몇십 년에 걸친 동물권의 변화는 틀림없이 심오한 것이었다. 실험동물laboratory animal의 이용에 대한 통제에서부터 [격투기, 사냥, 투우 같은] 유혈스포츠blood sports의 범죄화, 보다 엄격한 축산 기준의 적용에 이르기까지 실제 많은 사회가 동물은 영혼이나 감각이 없는 태엽장치clockwork mechanism라는 르네 데카르트René Descartes의 동물에 대한 개념[곧 동물기계론bête machine]으로부터 크게 진보했다.

그렇다면 핑커가 동물복지animal welfare에 대한 관심의 증가를 주요한 문화적 변환cultural shift으로 강조하는 것은 분명 옳다. 21세기 초반 이러한 변화는 역사학에도 나타나 적어도 과거 10~15년의 연구 중 이른바 "동물로의 전환animal turn"의 이면에 숨겨진 동기부여motivation를 일부 제공했다.[24] 그러나 환영할 만한 이와 같은 감수성 변화가 일반적 차원의 인간-동물 관계에서는 별로 보이지 않는다. 반려 생물체와 카리스마 있는 종 등 사람들이 선호하는 범주 이외의 것을 볼수록, 그리고 서구중심에서 더 광범위한 세계로 관점을 더 멀리해서 볼수록 이 관계는 더욱 폭력적으로 보인다. 간단히 말해, 대부분의 동물의 운명과 핑커의 논지를 양립시킬 방도를 찾기 어렵다.[25]

전 세계 동물 거의 대부분은 야생이거나 식용을 목적으로 사육되고 있으며, 두 경우 모두 최근에는 전례 없는 규모로 도살되고 있다. 많은 국가에서 농업용 가축이 몇십 년 전보다 더 인도적으로 다뤄지는 것이 사실이긴 하나, 그럼에도 우리는 엄청난 수의 가축을 좁은 곳에 가두고 도살하고 있으며, 결코 동물복지 기준이 모든 농촌 지역 사람들의 최우선 순위에 있지도 않다. 전 세계 농장동물farm animal의 수를 확정적으로 말하기란 어렵다. 유엔 식량농업기구FAO에 보고되는 통계는 신뢰성이 없기로 악명 높다. 어떤 국가들은 추측 이상으로 할 수 있는 수단이 거의 없는 반면, 어떤 국가들은 여러 정치적 이유로 과대 혹은 과소 보고할 수 있다. 진위야 어쨌든, 세계동물보호World Animal Protection, WAP에서는 현재 매년 700억 마리의 동물이 사육되고 식용으로 도축된다고 추정한다. 이 수치는 지구상에서 1인당 거의 10마리의 동물에 해당하며 그중 3분의 2 정도는 (보통은 자유롭게 움직이지 못하게 함으로써) "고통과 괴로움"이 야기된다고 여겨지는 조건 속에서 살고 있다.[26] 인간과 인간이 사육하는 동물의 생물량을 합한 것이 현재 모든 야생 척추동물의 그것보다 더 많다[27]는 것과 이 가축들 대부분이 사료 대 고기의 비율이 최적 수준에 다다르자마자 도축된다는 것을 깨닫게 되면, 인간-동물 관계가 동물권 관련 이야기에서 주장하는 것과 매우 다르다는 인상을 받게 된다.

닭은 특히나 도구적으로 취급받는데, 그 일부는 제2차 세계대전 이후 산업이 발전한 방식 때문이고 또 다른 일부는 닭이 포유류 가축보다 지능이나 감각이 덜하다고 널리 여겨진 때문이다. 닭은 대부분 비좁은 양계장에서 사육되며 약 40일이 지나면 도축된다. 미숙한 연령에 도축됨에도 이미 닭의 다수는 수십 년에 걸친 용의주도한 유전자 조작 및 고영양 사료 개발로 달성한 경이로운 성장률로 병변, 골절, "암모니아 화상ammonia burn"(엄청나게 축적된 배설물로부터 발생한), 호흡곤란 등으로 고통 받고 있는 상태다.[28] 현대의 육계[肉鷄, broiler chicken[(구이용) 영계, 브로일러]]에 대한 지난 60~70년에 걸친 끊임없는 교묘한 조작engineering은 특정한 특징(이 경우에는 엄청난 체질량, 특히 가슴 부위)이 과도하게 부여되고 비정상적으로 너무 빨리(정상 속도보다 약 65배나 빨리) 자라는 닭을 만들어내어 그나마 닭의 짧을 생을 만성통증으로 가득 채웠다. 실제 이들 생명체는 현재 형태학적, 유전학적, 병리학적으로 이들의 조상과는 너무나 달라서 이제는 인간의 간섭 없이는 전혀 생존이 불가능하다.[29] 이들에게는 불행하게도, 혈통견pedigree dog의 극단적 교배에 내재된 잔인함에 대한 대중의 우려는, 지구상에서 가장 유전적으로 조작된 생물체genetically manipulated creature로 대부분 추정하지만 덜 귀여운 것만은 분명한, 육계로까지 아직 확장되지 않았다.[30]

매년 사육·도축되는 가축의 수는 종과 지역에 따라 매우 다르다. 유엔 데이터에 근거한 통계연구에서는 2016년 도살된 동물의 총수를 다음과 같이 추산한다. 소 3억 마리, 염소 4억 5000만 마리, 양 5억 5000만 마리, 돼지 15억 마리, 그리고 닭은 믿기 어려울 정도인 660억 마리.[31] 누구나 예상할 수 있는바 도축이 가장 많이 행해지는 곳은 중국과 미국처럼 인구가 많은 국가다(인도는 예외라는 것이 눈에 띈다). 인구 1인당 [도축되는 동물의] 수치를 통해 밝혀진바, 역사적으로 도살율이 높은 북아메리카 수준을 능가하는 소규모 및 중간 규모의 국가도 다수 있다(소는 우루과이·오스트레일리아·아일랜드, 돼지는 독일·덴마크·스페인). 사하라 이남 아프리카 대부분과 아시아 남부에서는 인구 1인당 도축되는 농장동물의 수가 여전히 상대적으로 낮으며, 당연하게도 [육류 소비와 관련한] 지역별 취향과 관습이 소비 유형을 결정하는 데에 강력한 영향을 끼친다. 일례로, 중동의 많은 지역에서 돼지가 거의 없다는 것은 그에 상응하는 닭고기에 대한 선호도에 반영된다.

육류 소비가 점점 더 개발도상국들로까지 확장하는 도살 관행의 개선을 위한 최근의 노력에도 불구하고, 대부분의 도축은 아직도 실제의 도축행위 전에 혹은 도축 도중에 불필요한 스트레스를 유발하는 공장식 가공센터에서 행해진다.[32] 어느 때보다도 더 많은 동물이 현재 이러한 산업형 도축장에 갇힌 채 인간의 소비를 위해 도살되고 있으며 세계적 〔도축 동물〕 총량은 계속해서 증가하고 있다. 육식인들이 (공교롭게도 특히 북아메리카와 유럽과 같이 현대의 동물권이 가장 많이 진보한 세계와 동일한 지역에서) 동물 사체를 보는 경우는 거의 없으며, 그것을 보는 사람은 식욕이 떨어진다고 느끼는 경향이 있다. 어떤 측면에서는 이것이 핑커가 주장하는 것처럼, 사람들이 근래의 폭력행위 및 살해행위에 더욱 민감해졌다는 증거라고 여겨질 수 있다. 그러나 동물에 대한 전반적 처우에 관한 한, 사람들의 감수성이 얼마나 높아졌든 그것이 대부분의 사람들로 하여금 자신들의 눈 밖에서 죽임을 당한 생물체를 먹는 일을 꺼리게 하지는 않았다.

가축화한 생물의 미래가 어둡다고는 하나, 야생동물Wild animal의 상황도 별반 낫지는 않다. 우리가 지구 역사상 여섯 번째 대멸종the sixth great extinction의 한가운데에 있다는 사실은 이제 널리 알려져 있다. 첫 번째 대멸종은 약 4억 4400만 년 전의 오르도비스기 말이었고 마지막은 (당시의 모든 종 중 4분의 3과 함께) 거대 공룡을 멸종시키고 그로써 포유류에게 새로운 기회의 세계를 열어준 백악기 말이었다. 이번 여섯 번째 대멸종을 특별하게 만드는 것은 그 멸종이 주로 하나의 특정한 종, 바로 우리 인류의 활동에 의해 주도되고 있다는 사실이다.[33] 정확히 언제 이 최근의 멸종이 시작되었는지는 논쟁의 여지가 있는 문제지만, 분명한 것은 지난 세기 남짓 동안 멸종률이 과학자들이 생각하는 더 장기적인 "배경"멸종률보다 훨씬 더 높아졌다는 점이다("배경멸종률background extinction rate"은 지구 생물의 전체 역사에서 인간의 파괴적 행위 등과 상관없이 소멸/멸종한 생물 종의 속도 또는 비율을 말한다. 생물 종의 자연감소율로, "정상멸종률normal extinction rate"로도 쓴다). 육지 척추동물 2만 7600종(우리가 알고 있는 척추동물의 거의 절반)에 대한 최근 연구에 따르면, 지난 세기 동안 약 200종의 척추동물이 멸종했다. 연간 평균 약 2종의 속도로 사라진 것이다. 인간 생애의 관점에서는 대단치 않게 보일 수 있어도, 지난 200만 년 동안 이 200종이 정상적 "배경" 멸종 속도에 따라 사라졌다면 그 과정은 100년이 아니라 1만 년이 걸렸을 것이다(다시 말해, 현재 속도의 100분의 1로 진행되었을 것이다).[34]

어떤 동물 종과 식물 종은 당연히도 훨씬 더 많은 영향을 받았다. 대부분의 멸종 및 멸종위기는 섬island(뉴질랜드는 멸종위기에 빠진 종의 증가세가 세계에서 가장 높다)이나 담수호淡水湖, freshwater lake(예컨대 토착종 어류 시클리드cichlid 개체의 엄청난 감소를 경험한 아프리카 동부의 빅토리아호)와 같이 고립된 서식지에서 발생했다. 20세기에 포유류는 배경 멸종 속도보다 약 40배 빠른 속도로 사라졌고, 조류는 정상 속도보다 1000배나 빠른 속도로 사라졌다.[35] 피해 대부분은 토지 개간, 공해, 침입종invasive species의 영향, 기후변화로 서식지가 상실된 탓으로, 궁극적으로 이 모든 것은 인간의 개체 수 및 소비의 압박 증가에 의해 주도되었다. 그중에서도 해로운 것은 세계 열대림tropical forest(특히 아마조니아와 동남아시아)에 대한 "대맹습great onslaught"으로, 육상 종terrestrial species 전체의 약 절반이 사는 이곳은 20세기 후반기 50년 동안 무려 550만 제곱킬로미터나 줄어들었다.[36] 과학자와 보존주의자conservationist의 가장 큰 걱정의 하나는 과거에 있었던 삼림의 파편화가 생물다양성biodiversity에 끼치는 영향의 많은 부분이 이제 나타날 것이라는 점이다. 다른 개체들과 번식을 위한 접촉을 더 이상 할 수 없는 동물군은 머지않아 멸종할 것이다.[37] 이와 같은 맥락에서 최근 연구에서 더욱 우려되는 발견의 하나는, 모든 육상 포유류의 거의 절반이 1900년부터 2015년 사이 자신들의 서식 면적의 80퍼센트 이상을 상실했다는 것이다.

지난 몇 세대 동안 인류는 미래까지 오래 지속될 슬로모션의 생물학적 열차 충돌의 스위치를 켰다. 이와 같은 과정들이 인간의 폭력이라는 주제 자체와는 거의 관련이 없어 보일 수 있으나 그것들이 전례 없는 생명 손실(그리고 손실의 많은 다양한 형태)을 야기하고 있다는 점과 이 일이 일어나는 속도가 비록 인간의 눈에는 점진적이지만 진화의 시간 척도에서는 엄청나게 충격적이라는 점은 기억해둘 만하다. 이 변화의 속도와 범위가 어느 정도인가 하면, 세계야생동물기금the World Wildlife Fund, WWF[세계자연기금the World Wide Fund for Nature, WWF의 초창기 명칭]의 〈지구생명지표Living Planet Index〉의 추정에 따르면, 전 세계 야생동물 개체수는 1970년부터 2014년까지 절반 이상 감소했다—자연사학자natural historian들에게는 눈 깜짝할 사이밖에 안 되는 시간에 엄청난 생명 손실이 일어난 것이다.[38]

토지 개간, 공해, 서식지 상실을 통한 간접 형태의 살생killing은 최근 식물 및 동물 생명체에 가장 많은 위협을 끼쳤다. 그러나 사냥hunting도 일정 역할을 했고, 실제로 사냥은 특정한 종에 대해서는 핵심적 요인으로 작용했다. 사냥 —특히 상업적 사냥—은 많은 국가에서 확실히 감소 추세에 있기는 해도(핑커가 언급하는 것처럼)[39] 지난 두 세기 동안에 어마어마한 수의 생명을 앗아갔다. 사냥으로 야기된 멸종 또는 멸종위기는 수천 년을 거슬러 올라가지만 그 속도는 상당히 빨라졌다. 아메리카 들소American bison가 19세기 후반 거의 멸종에 다다랐던 것은 아주 잘 알려진 사례다. 19세기 중반 3000만~5000만 마리였던 들소의 개체 수는 가죽을 위한 상업적 사냥으로 인해 1902년에는 100마리 이하로 감소했다.[40] 아프리카코끼리African elephant와 같이 카리스마 있는 기념품이 되는 종은 부분적으로는 장기간 지속된 보존 노력으로 그런 위험한 결과를 피한 경향이 있었지만, 그럼에도 그 수는 급감해 추정치에 따르면 1930년에 개체 수가 1000만 마리나 되던 것이 현재에는 약 35만 마리만 남아 있다. 호랑이tiger, 늑대wolf, 코요테coyote, 여러 "유해동물varmint" 개체를 싹 쓸어버린 포식동물predator 전멸 작전은 덜 알려져 있긴 해도 덜 파괴적이었다고는 할 수 없었다.[41] 완전멸종은 더 희귀하나 결코 생소하지 않다. 여행비둘기passenger pigeon는 19세기 중반 북아메리카에서 (그리고 아마도 세계에서) 개체 수가 가장 많은 조류였으나 야생에서는 1900년경 멸종되었고, 그 종류 중 마지막 개체였던 마사Martha는 1914년 신시내티동물원에서 죽었다.[42] 남아프리카의 콰가quagga, 태즈메이니아의 호랑이, 카리브해의 몽크바다표범monk seal, 캐롤라이나잉꼬Carolina parakeet를 포함해 최근 멸종된 동물의 목록은 계속된다.

그러나 멸종 및 멸종위기가 말해주는 것은 인간의 포식 이야기의 단지 일부일 뿐으로, 가장 많이 사냥되는 종은 엄청난 수가 죽임을 당하는데도 〔종의 멸종〕 위험이 목전에 다다른 상태가 아니어서다. 게다가 지난 세기 사냥 활동은 대부분 사실 바다에서 행해진 터라 앞서 나열한 동물 같은 육상 척추동물에 대한 사냥 역시 그림의 일부만을 보여준다. 어업fishing industry은 —온갖 어업용 과학기술 장비에도— 여전히 야생에서 생물을 사냥하고 포획하는 일이다. 성장하고 있는 양식aquaculture

　　　　　　　　　　　　　　　제4부 주제

부문에서조차 양식 어류에게 먹이를 주는 데서 야생어류의 포획에 크게 의존하고 있다. 19세기 후반 어업이 최초로 산업화한 이후 수생동물 사냥은 엄청난 영향을 끼쳐왔다. 수생동물은 어쩌면 육상생물보다 더 큰 어려움에 빠져 있다고 할 수 있다. 일부는 오염과 해양산성화ocean acidification로 인한 것이지만 대부분은 어류 및 고래 개체 수가 급속히 감소하고 있기 때문이다.[43]

전 세계 어획량에 대한 최선의 추정치에 따르면, 1950년 2800만 톤이었던 것이 증가해 1996년 1억 2600만 톤으로 정점을 찍었고, 이후 생산량[어획량]은 차츰 떨어졌으며 회복할 가능성은 거의 없다.[44] 어류 개체에 대한 전 세계의 역사적 데이터는 추론에 가깝긴 해도, 1880~1890년대에 증기력steam Power과 중장비 어구로의 선구적 전환이 일어난 영국 주변 해양 같은 곳에 대해서는 충분한 기록이 있는 만큼 그에 대한 연구를 통해 전반적 추세와 산업형 어법漁法의 엄청난 영향을 엿볼 수 있다. 잉글랜드 및 웨일스의 트롤선trawler[저인망어선] 포획량을 역사적으로 살펴본 최근의 조사 결과는 저서어류底棲魚類, demersal fish(혹은 바닥고기)의 개체 수에 경천동지할 정도의 역사적 감소가 일어났음을 암시하고 있다. 전체 연간 생산량[어획량]은 1930년대 후반에 80만 톤 남짓으로 정점에 달했고, 제2차 세계대전 말부터 1970년대 초반까지는 어획량이 여전히 많았으나, 그 수치는 그것을 달성하기 위해 필요했던 노력(더 크고 더 빠른 어선, 더 좋은 장비)이 엄청나게 급증했음을 감추고 있었다. 1889년부터 2007년까지 단위 성능당 어획량(단순히 어획량이 아닌 상업적 어업의 실제 생산성에 대한 더 나은 척도)은 94퍼센트(17분의 1) 감소한바, 급감이 처음 나타난 때는 증기식 트롤선이 도입된 1890년대였고, 뒤이어 1920년대부터 1960년대까지 어선이 현대화하면서 단위 성능당 어획량은 서서히 회복세를 보였으나 1960년대 초반과 1980년대 후반 사이에 어획량이 거의 완전히 붕괴하면서 끝을 맞았다.[45] 게다가 저서어류 개체 수의 충격적 감소는 산업형 어업으로 인한 전체 해양생물 손실의 일부일 뿐이다. 대형 트롤선—종종 수중불도저underwater bulldozer로 비유되는—의 사용은 해저 지형을 완전히 변형시켜, 암초 구조물은 파괴되고 한때 번성하고 다양했던 해양생태계는 끝도 없는 진흙 평지로 바뀌어버렸다. 이것은 해양판 삼림 개간과 마찬가지로, 그러한 조건을 좋아하는 몇몇 종에게는 이익이 되었겠으나 상업적으로 가치가 있는 일부 종을 포함해 다른 수많은 종에게는 피난처와 산란 서식지를 파괴해버리는 결과를 낳았다.[46]

고래whale 개체군은 인간 포식행위의 치명적 손길을 어류보다 더욱 훨씬 더 예민하게 느꼈다. 포경산업whaling industry은 잡기 쉬운 어종(너무 크지도 너무 빠르지도 않고, 죽고 난 후에도 물 위에 뜰 만큼 가벼운 어류) 대부분이 전멸된 후인 19세기 후반 거의 자취를 감췄다. 포경산업은 세기가 바뀐 후 일련의 과학기술 혁신(몸속에서 터지는 작살포〔포경포〕harpoon cannon, 뒤이어 등장한 선미船尾가 슬립웨이slipway〔고래 그물이 내려가고 올라가는 일종의 경사로〕로 되어 있는 공선工船, factory ship)을 통해 부활했으며, 그런 기술들이 합쳐진 덕분에 포경선whaler은 가장 큰 종류의 고래까지 목표로 삼을 수 있었고 항구에 대지 않고도 비싼 기름을 가공할 수 있게 되었다. 1904년에서 1985년 사이 남극해에서 죽임을 당한 고래는 모두 합쳐 대략 150만 마리이며, 그로 인해 고래의 전체 생물량은 4300만 톤에서 약 600만 톤으로 감소한 것으로 추산된다.[47] 보존주의자들이 개입해 〔고래에 대한〕 살상 속도를 늦추려 하지 않았다면 결과는 더욱 처참했을 것이다. 고래 개체 수의 급감으로 인해 벌써 1920년대에 포경산업계에 좀 더 지

제4부 주제

속가능한 방침을 마련하려는 조직적 시도가 생겼으나 전반적으로 거의 효과를 거두지 못했다. 국제포경위원회International Whaling Commission, IWC(1946년 설립)가 도입한 [고래 포획 두수頭數] 할당제는 대체적으로 효과가 없었고, 1964년 위원회가 고래 보호 쪽으로 초점을 옮겼으나 그에 완강히 저항하는 국가들에 포경 제한을 강제할 수 없다는 점은 보호 조치가 결정적으로 약화하는 결과를 낳았다. 1990년경에는 문제가 개선된 상태였으나 결과는 이미 국제적 고래 보호 노력의 비극적 실패나 마찬가지였다.[48] 물론 남획에서 보호로의 점차적 전환─육상뿐 아니라 해양에서 위협받는 종의 보호를 위한 더욱 광범위한 운동의 일부를 형성한─은 야생동물의 살상에 대한 문화적 혐오감이 커지고 있는 증거로 볼 수 있다. 그러나 대부분의 동물은 카리스마 넘치는 거대한 포유류와 동일한 수준의 동정심을 끌어내지 못한다. 게다가 흰긴수염고래[대왕고래]blue whale나 혹등고래humpback whale처럼 사랑받는 종을 보호하려는 노력조차도 우울할 정도로 비슷한 패턴을 예시해주는바, 그것은 야생동물 개체군을 보존하려는 시도가 이미 심각한 피해를 입은 지 오랜 뒤에야 구체화되는 경향이 있다는 것이다.[49]

전쟁, 자연, 폭력

글을 마무리하기에 앞서, 폭력의 역사에서 좀 더 전통적인 주제의 환경적 측면을 생각해보자. 사람들은 종종 "총력전total war" 시대의 특징이 군 영역과 민간 영역 간의, 전방과 후방 간의 경계가 허물어진 것이라고 말한다. 이전의 전쟁들과는 다르게 20세기 초반 세계를 휩쓴 분쟁들은 그 승패가 전장에서뿐 아니라 교전국들의 공장과 마을에서도 갈렸다. 사회에서는 폭력의 생산을 위해 자신들의 자원을 총동원하려 함에 따라 적국의 도시와 민간인을 의도적으로 목표로 삼는 것은 현대의 전쟁행위warfare의 필수적 부분이 되었다. 그에 비해 일반적으로 인식되지 못한 것은, 자연을 지배하려는 노력과 현대의 전쟁행위 간의 경계도 점점 더 모호해지고 있다는 점이다. 많은 연구가 보인 것처럼, 이 두 가지 분투는 상호관계 속에서 발전했다. 즉 생물물리학적 세계를 마음대로 다루려는 역량이 커짐으로써 전쟁행위의 규모가 확대되는 동안, "총력전"의 압박이 환경을 지배하려는 좀 더 어마어마한 시도로 이어지기도 한 것이다.[50]

최근 몇 년 사이, 전략자원의 추출에서부터 질병 문제, 산업화한 분쟁의 유산인 유독물질에 이르기까지 현대의 전쟁행위와 환경변화 사이의 연관성에 대한 역사적 연구가 급증했다.[51] 가장 흥미로운 통찰 중에는 과학과 군사력 사이 관계에 초점을 맞춘 것도 있었다. 20세기의 전쟁war은 역사상 그 어떤 분쟁보다도 생물물리학적 세계를 더 많이 포함시켰다. 20세기의 전쟁은 하늘로 수천 피트 날아올랐고 바닷속 깊이 들어갔으며, 아亞북극의 빙하부터 아시아의 열대정글에 걸쳐 벌어졌다. 이와 같은 환경에 대한 지식을 더 많이 습득하는 것은 현대의 전쟁행위의 많은 전역戰域을 지배하는 데서 중요했다. 자연을 더 잘 이해하는 것은, 물론. 더욱 효과적인 살상수단을 고안하는 데에도 필수적이었다. 우리는 "맨해튼 프로젝트Manhattan Project"[제2차 세계대전 당시 실시된 미국의 원자폭탄 개발 계획], 핵무기 경쟁, 심지어 남태평양 핵실험장(예컨대 미국 관할이었던 마셜제도, 프랑스령 폴리네시아의 환초 무루로아와 팡가타우파)의 장기간에 걸친 방사능 오염에 관해서도 잘 알고 있다. 그러나 과학과 군 사이 연관성은 그 이상으로 발전되었을 수 있다. 좀 더 일반적인 수준에서는 대량살상무기[대량파괴무기]weapons of mass destruction, WMD의 개발이 실제적으로나 이데올로기적으로나 생물물리학적 환경에 대한 대규모 개입과 단단히 묶여 있었다.

예들 들어, 화학무기chemical weapon의 개발과 현대 해충 방제의 증가 사이에는 밀접한 연관성이 있었다. 비록 핵무기가 대량살상무기의 대표적 아이콘 역할을 하지만 실제로는 화학무기가 죽인 사람의 수가 훨씬 많았는바 화학무기는 제1차 세계대전에서 9만 명, 제2차 세계대전에서 35만 명(대부분은 소이탄燒夷彈, incendiary bomb에 의한 사망자이며 나치 가스실에서 살해당한 사람들은 제외한 수치다)의 사망자를 냈으며, 그에 비해 두 개의 핵폭탄nuclear bomb은 10만 명의 희생자를 냈다.[52] 화학무기도, 해충 방제용 화학물질도 20세기에 새로 등장한 것이 아니었다. 새로웠던 것은 인간이 인간 적과 자연 적을 파괴하려고 했던 그 규모였다.[53] 에드먼드 러셀Edmund Russell이 획기적 저서 《전쟁과 자연War and Nature》[2001]에서 주장했듯, 그 두 기술[화학무기와 해충 방제용 화학물질]은 여러 차원에서 함께 진화했다. 과학적으로 두 기술은 학문적으로 서로 겹치는 분야를 만들어 서로를 발전시키고 사용 범위를 확장했다. 제도적으로 두 기술은 민간기관과 군기관을 얽는 연결고리에 뿌리를 두고 있어서 한 분야의 중대한 발전이 다른 분야에 급속히 이전되었다. 이데올로기적으로 두 기술은 인간 적과 자연 적의 대규모 절멸을 정당화하는 데 사용할 수 있는 일련의 가치관을 생성했다.

살충제와 화학무기 사이 이 근본적 연관성은 20세기의 많은 시기에 걸쳐져 있다. 1915년 독일의 최초의 염소가스chlorine gas 사용으로 촉발된 화학무기 경쟁은 무기로서뿐 아니라 농업용 및 공중보건용 살충제로서 치명적 화합물을 이용하는 연구에 불을 붙였다. 양차 대전 사이에는 독일의 가공할 신경가스nerve gas가 효과가 더 좋은 살충제를 찾던 과학자들에 의해 우연히 최초로 개발되었다. 제2차 세계대전 중에는 DDT가 곤충매개질병insect-borne disease으로 인한 군 사망자를 줄이는 데 절박했던 미군에 의해 일종의 화학무기로 이용되었다(당시 말라리아malaria는 태평양을 무대로 한 전투에서 사망한 병사보다 10배나 많은 생명을 앗아갔다). 전쟁 후 DDT는 적어도 레이첼 카슨의 개입으로 DDT가 야기하는 엄청난 문제들이 강조되기 전까지 "인류의 곤충 적man's insect enemies"에 대항하는 일종의 기적의 무기로서 무차별적으로 이용되었다. 냉전 기간 두 초강대국이 각각 자국의 무기고를 채울 더욱 강력한 화학무기를 개발할 당시, 미 육군은 살충제에 대한 내충성耐虫性, insect resistance〔농작물 따위가 곤충이나 벌레의 해를 입지 않고 잘 견디는 성질〕의 증가 문제를 해결하려는 노력을 주도한바, 이 문제는 전 세계 말라리아 퇴치 캠페인을 심각하게 방해했고, 단일 작물의 광대한 들판이 특정한 해충에게 은혜로운 성찬을 베푼 산업화한 단일 품종 재배 농장에 광범위한 어려움을 초래했다.[54] 사실상 미 육군은 벌레와 과학자 간 진화의 군비 경쟁에 참여하고 있었던 셈이다. 대규모 과학기술 전쟁행위의 긴급한 필요성은 더욱 강제적으로 자연에 개입할 강력한 동기를 부여했고, 이는 그 자체로 전쟁 수행을 위한 강력하고 새로운 수단을 제공했다.

수년에 걸친 환경과학자와 군사기획가 사이 이 동맹은 전쟁 수행에 자연을 징집할 영원히 어마어마한 수단을 고안해냈다. 핵무기의 파괴적 잠재력이 증대하고 그에 상응하는 만큼 핵무기의 실제적 배치가 상상조차 할 수 없는 일이 되자, 미국과 소비에트연방의 군 지도부는 자신들의 적을 약화하고 전멸시킬 다른 수단을 강구했다. 제이콥 다윈 함블린Jacob Darwin Hamblin은 미국 군사기관들이 어떻게 나토〔북대서양조약기구〕NATO가 "환경전쟁environmental warfare"이라고 칭한 것을 벌이기 위해 완전히 새로운 종류의 무기를 만들려 했는지 흥미진진하고 상세하게 보여준 바 있다. 이 환경전쟁이란 적국의 군사력을 무력화하고 되도록 많은 사람을 죽이려는 목표를 위해 지질구조적, 기후적, 생물학적 과정을 활용하는 것이다.[55] 여러 발상 중 일부는 화학무기나 핵무기의 변용으로, 예컨대 어마어마한 규모의 산불을 일으키기 위한 방화용 장치 incendiary device〔소이탄〕나, 방사성폐기물 비축을 확대해 식용작물 및 상수도를 오염시키는 것이었다. 다른 것들은 인간 질병과 동물 질병을 퍼트리거나, 적국의 생태계에서 특정한 연결고리를 표적 삼아 경제적 혹은 군사적 혼란을 최대화하는 것(예컨대 적국의 작물이나 가축을 철저히 파괴할 수 있는 해충 및 생물침입자의 이입을 통해) 등 생물학적 무기의 범주에 더 가까웠다. 또 다른 것들은 〈닥터 스트레인지러브Dr. Strangelove〉〔스탠리 큐브릭Stanley Kubrick 감독의 1964년 영화〕에서 차용한 것으로, 날씨 패턴을 바꿔 홍수나 가뭄을 일으키고, 핵폭발로 인공 지진과 해일을 유발하며, 심지어 핵무기를 이용해 극지방의 빙하를 녹여 저지대 도시를 침수시키는 일 등이다. 이 모든 계획은 "총력전"의 논리를 생물물리학적 세계 전체로 확장시켰다.

다행히 이 초강대국들은 서로에 대해 그런 악몽적 무기를 사용한 적이 없지만, 그럼에도 이 프로젝트들은 중요한 결과를 낳았고 그 대부분은 의도하지 않은 것이었다. 우선, 그 프로젝트들은 미국과 소련 과학자들이 이미 환경에 대한 대규모 간섭을 실행할 충분한 능력이 있다는 의혹을 불러일으켰으며, 실제로는 실행하고 있지 않았는데도 그렇게 하고 있다는 소문과 혐의를 조장했다. 그들이 완전히 그만둔 것은 아니었다. 미국은 베트남전쟁에서 화학물질로 삼림과 적의 작물을 의도적으로 파괴했고, 실제로 그곳의 날씨에도 간섭을 하려 했다.[56] 〔미국의〕 "전략적 고엽제枯葉劑, strategic defoliant"로서 에이전트 오렌지Agent Orange의 지속적 대량살포는 베트남에서 장기적으로 건강과 환경에 치명적 영향을 끼쳤다. 그럼에도 환경전쟁 프로그램을 둘러싼 비밀은 온갖 잘못된 소문을 생산하기도 했다. 미국이 동구권에 작물해충crop pest을 퍼트렸다거나, 소련이 의도치 않게 자국 영토에 전염병을 퍼트렸다거나, 심지어 1980년대 에이즈AIDS의 유행이 미국의 생물무기 실험이 잘못된 결과였다는 이야기도 있었다.

두 번째이자 어쩌면 더 중요할 수 있는 결과는, 인간이 전 세계적으로 환경 재앙을 유발할 잠재적 가능성에 대한 새로운 인식이 높아진 것이었다. 아이러니한 것은, 적국의 농업 생산에 불리한 살충제와 병을 무기화하려 했던 과학자들 중 다수가 그러한 위협의 위험성을 널리 알리고 그로부터 스스로를 방어하는 수단으로서 생물다양성을 가장 열렬히 지지한 이들 중 일부이기도 했다는 사실이다. 마찬가지로 아이러니한 일은, 날씨 패턴 및 해류를 바꾸기 위한 프로그램을 뒷받침했던 전 지구적 데이터와 모델링 시스템이 과학자들에게 당시 가속화하고 있던 (온실가스greenhouse gas 배출을 비롯한) 전 지구적 환경변화에 대한 더욱 선명한 통찰을 주기도 했다는 사실이다. 환경의 상호작용과 인간의 취약성에 대한 다년간의 연구는 종국에는 함블린이 "파국적 환경주의catastrophic environmentalism"라고 부르는 것 즉 인간은 의도치 않게 세계적 환경재앙을 향해 돌진하고 있다는 이론의 양분이 되었다. 이와 같은 식의 발상은 요즈음 공적 담론의 전형적 특징이며, 그 계보의 시작은 맹렬한 속도의 경제발전과 폭주하는 전후戰後 시대의 인구 성장에 대한 반작용으로 환경의식이 부상했던 때까지 거슬러 올라가고, 그 역사의 방향은 통상적으로 《침묵의 봄》이나, 파울 에를리히Paul Ehrlich의 베스트셀러 《인구폭탄The Population Bomb》〔1968〕, 로마클럽Club of Rome의 1972년 보고서 《성장의 한계The Limits to Growth》의 출판 같은 사건들에 의해 결정된다.[57] 현대의 이와 같은 환경의식이 적국의 인간 그리고 자연에 전례 없는 수준의 폭력을 가하려 했던 냉전시대의 시도에 어느 정도 범위까지 얼마나 깊이 뿌리를 두고 있는지에 대해서는 훨씬 덜 알려져 있다.[58]

결론

스티븐 핑커의 설명이 생략한 폭력의 다양한 차원 중 인간 신체의 살과 피를 넘어선 생물물리학적 세계 전체의 운명은 크게 누락된 부분이다. 최근의 과거를 환경의 역사라는 렌즈를 통해서 본다면, 폭력이 계속 감소했고 우리가 현재 인류 역사상 가장 평화로운 시기에 살고 있다는 발상은 아무리 좋게 본다 해도 낙관주의optimism에 대한 집착이고 최악의 경우 〔현실에 대한〕 고의적 무시의 사례로 보인다. 지난 두 세기의 역사는 ─그리고 특히 20세기 중반 이후의 몇십 년은─ 살아 있는 다른 것들에 대한 배려감의 증가로 특징지어진다기보다 삼림·토양·해양·동물·대기 등 지구 환경에 대한 전례 없는 공격으로 특징지어진다. 권리에 기초한 동물보호와 환경의식의 부상에도 최근 과거의 두드러진 특징은 세상에서 가장 강한 인간사회가 단순히 자신들의 필요에 맞게 자연을 바꾸는 것에 그치지 않고 자연을 완전히 정복하려고, 자연을 자신들의 마음대로 처분할 수 있는 위치에 두려고 점점 더 결연히 노력한다는 것이다. 동시에 자연을 지배하려는 탐구는 사람들에게 "느린" 폭력과 더욱 즉각적인 종류의 폭력 둘 다를 서로에게 휘두를 수 있는 비범한 능력도 쥐어주었다. 무엇보다 최악인 점은 그 손상이 역효과를 내기 시작했다는 것이다. 그럼에도 인간사회는 생물물리학적 환경에 한 구성요소로서 포함되어 있다. 과학기술적 역량을 갖췄음에도 우리는 생존하려 여러 자연과정이 복잡하게 얽힌 망에 의존한다. 이 과정들에 너무 지속적으로 손을 대면, 너무 부주의하게 〔환경을〕 개발하면, 우리는 필연적으로 그 과정들을 해치지 않을 수 없다. 환경〔에 대한〕 폭력은 궁극적으로 인간에 대한 폭력이기도 하다.

주

1   Mark S. Micale, "What Pinker Leaves Out", *Historical Reflections*, 44, no. 1 (September 2018): 128-39.

2   Steven Pinker, *Better Angels of Our Nature: Why Violence Has Declined* (New York: Viking, 2011), 453-4. 〔한국어판. 스티븐 핑커, 김명남 옮김, 《우리 본성의 선한 천사: 인간은 폭력성과 어떻게 싸워 왔는가》, 사이언스북스, 2014〕

3   Will Steffen, Jacques Grinevald, Paul Crutzen and John McNeill, "The Anthropocene: Conceptual and Historical Perspectives", *Philosophical Transactions of the Royal Society*, 369, no. 1938(March 2011): 842-67; John R. McNeill and Peter Engelke, *The Great Acceleration: An Environmental History of the Anthropocene since 1945* (Cambridge: Belknap, 2014); Gareth Austin(ed.), *Economic Development and Environmental History in the Anthropocene: Perspectives on Asia and Africa* (London: Bloomsbury, 2017); Christophe Bonneuil and Jean-Baptiste Fressoz, *The Shock of the Anthropocene: The Earth, History, and US* (London: Verso, 2016).

4   Rob Nixon, *Slow Violence and the Environmentalism of the Poor* (Cambridge, MA: Harvard University Press, 2011) 〔한국어판. 롭 닉슨, 김홍옥 옮김, 《느린 폭력과 빈자의 환경주의》, 에코리브르, 2020〕

5   Nixon, *Slow Violence*, 8.

6   이에 관해서는 방대한 문헌이 있다. 쟁점들을 개괄한 것으로는 다음을 참조하라. Stefania Barca, "Telling the Right Story: Environmental Violence and Liberation Narratives", *Environment and History*, 20(2014): 535-46.

7   미국 내 채광과 그것의 유산에 대해서는 예를 들어 다음을 참조하라. Timothy J. LeCain, *Mass Destruction: The Men and Giant Mines that Wired America and Scarred the Planet* (New Brunswick: Rutgers University Press, 2009); Chad Montrie, *To Save the Land and People: A History of Opposition to Surface Coal Mining in Appalachia* (Chapel Hill: University of North Carolina Press, 2003).

8   Jason C. K. Lee and Zongguo Wen, "Rare Earths from Mines to Metals: Comparing Environmental Impacts from China's Main Production Pathways", *Journal of Industrial Ecology*, 21, no. 5 (2016): 1277-90.

9   Gabrielle Hecht, *Being Nuclear: Africans and the Global Uranium Trade* (Cambridge, MA: MIT Press, 2012), 239-48.

10 http://www.blacksmithinstitute.org/projects/display/3.

11 Richard M. Auty, *Sustaining Development in Mineral Economies: The Resource Curse Thesis* (London: Routledge, 1993); Michael L. Ross, *The Oil Curse: How Petroleum Wealth Shapes the Development of Nations* (Princeton: Princeton University Press, 2012).

12 Alban Monday Kouango, *Cabinda: un Koweit africain* (Paris: L'Harmattan, 2002); Kristin Reed, *Crude Existence: Environment and the Politics of Oil in Northern Angola* (Berkeley: University of California Press, 2009).

13 Nixon, *Slow Violence*, 70.

14 David Pimentel, "Green Revolution Agriculture and Chemical Hazards", *The Science of the Total Environment*, 188, Suppl. 1 (1996): S86–S98.

15 Angus Wright, *The Death of Ramón Gonzalez: The Modern Agricultural Dilemma*, 2nd edn (Austin: University of Texas Press, 2005).

16 Linda Lear, *Rachel Carson: Witness for Nature* (London: Allen Lane, 1998); Lisa S. Sideries and Kathleen Dean Moore (eds), *Rachel Carson: Legacy and Challenge* (Albany: SUNY Press, 2008).

17 Steve Lerner, *Sacrifice Zones: The Front Lines of Toxic Chemical Exposure in the United States* (Cambridge, MA: MIT Press, 2010).

18 https://www.who.int/news-room/fact-sheets/detail/climate-change-and-health.

19 https://news.un.org/en/story/2019/06/1041261.

20 Henrike Brecht et al., "Sea-Level Rise and Storm Surges: High Stakes for a Small Number of Developing Countries"; https://documents.worldbank.org/en/publication/documents-reports/documentdetail/156401468136816684/the-impact-of-sea-level-rise-on-developing-countries-a-comparative-analysis.

21 예를 들어 다음을 참조하라. https://www.reuters.com/article/us-maldives-environment/maldives-sends-climate-sos-with-undersea-cabinet-idUSTRE59G0P120091017; Nixon, *Slow Violence*, 263–8.

22 Susan R. Schrepfer and Philip Scranton (eds), *Industrializing Organisms: Introducing Evolutionary History* (London: Routledge, 2004); Edmund Russell, *Evolutionary History: Uniting History and Biology to Understand Life on Earth* (Cambridge: Cambridge University Press, 2011).

23 Pinker, *Better Angels*, 550.

24 다음을 참조하라. Dan Vandersommers, "The 'Animal Turn' in History", *Perspectives on History* (3 November 2016): https://www.historians.org/publications-and-directories/perspectives-on-history/november-2016/the-animal-turn-in-history; Benjamin Breen, "Animal History: An Emerging Scholarly Trend", *JStor Daily* (29 October 2014), https://daily.jstor.org/animals-in-the-archive/.

25 다음도 참조하라. Micale, "What Pinker Leaves Out", 131-3.

26 https://www.worldanimalprotection.org/our-work/animals-farming-supporting-70-billion-animals.

27 Vaclav Smil, "Harvesting the Biosphere: The Human Impact", *Population and Development Review*, 37 (2011): 613-36.

28 William Boyd, "Science, Technology, and American Poultry Production", *Technology and Culture*, 42 (2001): 631-64.

29 Carys E. Bennett et al., "The Broiler Chicken as a Signal of a Human Reconfigured Biosphere", *Royal Society Open Science* (12 December 2018), https://royalsociety publishing.org/doi/full/10.1098/rsos.180325.

30 Roger Horowitz, "Making the Chicken of Tomorrow: Reworking Poultry as Commodities and as Creatures, 1945-1990", in Schrepfer and Scranton (eds), *Industrializing Organisms*, 215-35; 혈통견 관련 정보는 다음 사이트에서 참조함. https://www.independent.co.uk/voices/crufts-pedigree-dogs-animalcruelty-lives-full-of-pain-why-glorify-them-a8248276.html.

31 https://faunalytics.org/global-animal-slaughter-statistics-and-charts/.

32 https://www.worldanimalprotection.org/our-work/previous-campaigns/humane-slaughter.

33 다음을 참조하라. Elizabeth Kolbert, *The Sixth Extinction: An Unnatural History* (London: Bloomsbury, 2014) 〔한국어판. 엘리자베스 콜버트, 이혜리 옮김, 《여섯 번째 대멸종》, 처음북스, 2014〕; Edward O. Wilson, *Half-Earth: Our Planet's Fight for Life* (New York: Liveright, 2016) 〔한국어판. 에드워드 오스본 윌슨, 이한음 옮김, 《지구의 절반: 생명의 터전을 지키기 위한 제안》, 사이언스북스, 2017〕

34 Gerardo Ceballos, Paul R. Ehrlich and Rodolfo Dirzo, "Biological Annihilation via the Ongoing Sixth Mass Extinction Signaled by Vertebrate Population Losses and Declines", *PNAS*, 114, no. 30 (25 July 2017): E6089-96.

35 John R. McNeill, *Something New under the Sun* (London: Penguin, 2000), 263. 〔한국어판. J. R. 맥닐, 홍욱희 옮김, 《20세기 환경의 역사》, 에코리브르, 2008〕

36 Michael Williams, *Deforesting the Earth: From Prehistory to Global Crisis* (Chicago: University of Chicago Press, 2003), 420-93.

37 Ceballos, Ehrlich and Dirzo, "Biological Annihilation".

38 다음을 참조하라. https://s3.amazonaws.com/wwfassets/downloads/lpr2018_summary_report_spreads.pdf.

39 Pinker, *Better Angels*, 562-3.

40 Andrew C. Isenberg, *The Destruction of the Bison: An Environmental History, 1750-1920*

(Cambridge: Cambridge University Press, 2000).

41 Peter Boomgaard, *Frontiers of Fear: Tigers and People in the Malay World, 1600–1950* (New Haven: Yale University Press, 2001); Peter Coates, "Unusually Cunning, Vicious, and Treacherous': The Extermination of the Wolf in United States History", in Mark Levene and Penny Roberts (eds), *The Massacre in History* (New York: Berghahn, 1999), 163–83; Jon Coleman, *Vicious: Wolves and Men in America* (New Haven: Yale University Press, 2004).

42 Mark V. Barrow Jr, *Nature's Ghosts: Confronting Extinction from the Age of Jefferson to the Age of Ecology* (Chicago: University of Chicago Press, 2009), 96–100, 124–6.

43 Callum M. Roberts, *The Unnatural History of the Sea* (Washington, DC: Island Press, 2007); Carmel Finley, *All the Boats on the Ocean: How Government Subsidies Led to Global Overfishing* (Chicago: University of Chicago Press, 2017).

44 식량농업기구FAO의 데이터 및 여러 자료를 바탕으로 한 최선의 추정치는 다음 기관에서 만든 것이다. Sea Around Us project: http://www.seaaroundus.org/.

45 Ruth H. Thurstan, Simon Brockington and Callum M. Roberts, "The Effects of 118 Years of Industrial Fishing on UK Bottom Trawl Fisheries", *Nature Communications* (4 May 2010), 15. DOI:10.1038/ncomms1013.

46 Roberts, *Unnatural History*, 145–60, 184–98.

47 McNeill, *Something New*, 243; 더 전반적인 내용은 다음에 대해서는 참조하라. J. N. Tønnessen and A. O. Johnsen, *The History of Modern Whaling* (London: Hurst, 1982).

48 Kurkpatrick Dorsey, *Whales and Nations: Environmental Diplomacy on the High Seas* (Seattle: University of Washington Press, 2013).

49 Barrow, *Nature's Ghosts*; William M. Adams, *Against Extinction: The Story of Conservation* (London: Earthscan, 2004).

50 특히 다음을 참조하라. Edmund Russell, *War and Nature: Fighting Humans and Insects with Chemicals from World War I to Silent Spring* (Cambridge: Cambridge University Press, 2001); Jacob Darwin Hamblin, *Arming Mother Nature: The Birth of Catastrophic Environmentalism* (Oxford: Oxford University Press, 2013).

51 Richard P. Tucker et al. (eds), *Environmental Histories of the First World War* (Cambridge: Cambridge University Press, 2018); Simo Laakkonen et al. (eds), *The Long Shadows: A Global Environmental History of the Second World War* (Corvallis: Oregon State University Press, 2017); John R. McNeill and Corinna R. Unger (eds), *Environmental Histories of the Cold War* (Cambridge: Cambridge University Press, 2010); Richard P. Tucker and Edmund Russell (eds), *Natural Enemy, Natural Ally: Toward an Environmental History of Warfare* (Corvallis: Oregon State University Press, 2004); 이 연관성에 대한 통찰은 이

전에 다음에서 제시된 바 있다. Michael Adas, *Machines as the Measure of Men: Science, Technology, and Ideologies of Western Dominance* (Ithaca: Cornell University Press, 1989) 〔한국어판. 마이클 에이더스, 김동광 옮김, 《기계, 인간의 척도가 되다: 과학, 기술, 그리고 서양 우위의 이데올로기》, 산처럼, 2011〕

52 Russell, *War and Nature*, 3, 139-42. 소이탄 희생자 대부분은 일본 도시에서 발생했다. 제2차 세계대전에서 독가스를 이용한 유일한 두 교전국은 독일(유대인말살수용소에서)과 일본(중국에서 사용했다고 전해진다)이었다.

53 Russell, *War and Nature*, 7.

54 이 문단은 다음에 기초해 작성되었다. Russell, *War and Nature*, 87, 114-17, 155, passim.

55 Hamblin, *Arming Mother Nature*.

56 Hamblin, *Arming Mother Nature*, 180-5, 202-6; 다음도 참조하라. Pincus, "To Prostitute the Elements': Weather Control and Weaponisation by US Department of Defense", *War & Society*, 36 (2017): 64-80.

57 Paul R. Ehrlich, *The Population Bomb* (New York: Ballantine, 1968); Donna H. Meadows et al., *The Limits to Growth* (New York: Universe, 1972) 〔한국어판. 도넬라 H. 메도즈·데니스 L. 메도즈·요르겐 랜더스, 김병순 옮김, 홍기빈 해제, 《성장의 한계》, 갈라파고스, 2021〕

58 이 문단은 다음 책에서 가져온 것이다. Hamblin, *Arming Mother Nature*.

제17장

냉철한 이성과 격정적 충동:
폭력 그리고 감정의 역사

On cool reason and hot-blooded impulses:
Violence and the history of emotion

수전 K. 모리시
Susan K. Morrissey

감정은 스티븐 핑커의《우리 본성의 선한 천사: 폭력과 인도주의의 역사》에서 명시적으로 분석한 범주는 아니어도 그의 광범위한 주장에서 중요한 부분이다. 그는 계몽시대 이후 서구에서의 이른바 폭력의 감소의 추동인자 중에서 가장 중요한 단일 요인이 이성reason의 능력이라고 가정하면서, 폭력의 기저에 깔린 원천의 많은 부분을 길들지 않은 감정의 탓으로 돌리기도 한다. 그는 감정을 뇌의 구조·체계·회로 속에 위치시키며, 본능·추동·욕구·충동 등의 측면에서 설명한다. 핑커는 동정심처럼 더 제한적이기는 하지만 잠재적으로 긍정적인 특정한 감정의 역할을 인정하면서도, 그가 칭하는 우리 본성의 "내면의 악마들"을 극복하는 데서는 "인정 많은soft-hearted" 감정이입empathy보다는 "더욱 무정無情한harder-boiled 능력들—이성, 통제control, 공정성fairness—의 중요성을 일관되게 강조한다. 따라서 이성과 감정 사이 이분법적 대립은 핑커의 역사적 서사를 그림자처럼 따라다니며, 그 서사 안에서 조리정연한 자기통제self-control는 점차적으로 감정적 무질서를 대신하는바, 처음에는 서구 엘리트층으로 그다음에는 평민plebian과 비서구 세계로 불균등하게 "똑똑 흘러 떨어지는trickling down" 것이다. 핑커는 지크문트 프로이트Sigmund Freud의 영향을 크게 받은 노르베르트 엘리아스Norbert Elias의 《문명화과정Über den Prozeß der Zivilisation》〔1939〕에서 영감을 얻는다. 이 지적 부채는 3장의 서두를 연 "문명이 본능instinct의 억압을 기초로 해서 세워졌다는 것을 간과하기란 불가능하다"라는 프로이트의 말에서 명확해진다.¹ 또한 핑커는 엘리아스를 이용해 국가("리바이어던Leviathan")의 역할이 힘의 배열에 필수적이라고 강조한다. 그는 그 힘들이 결합해 문명화과정, "온화한 상업"(자본주의) 및 자유민주주의적 규율, 인도주의 혁명humanitarian revolution, 문해력〔리터러시〕과 도시화, 현대과학 및 합리성rationality 같은 우리의 진화적 유산을 평화화했다고 주장한다.

폭력의 감소에 관한 역사적 주장을 펼칠 때, 핑커는 인간의 감정을 비롯한 보편적 인간 본성humannature의 비역사적〔반/몰역사적〕ahistorical 개념화에 의존한다. 이 인간 본성은 그가 진화심리학evolutionary psychology, 인지과학cognitive science, 신경과학neuroscience 등의 학문을 통해 접한 것이다. 그의 책〔《우리 본성의 선한 천사》〕에는 수많은 심리학적 연구와 실험이 요약되어 있다. 그중 일부는 실험동물laboratory animal에 의존한 것이고 다른 많은 것은 그가 스치듯 언급하는 것처럼 언제든 연구 대상으로 활용할 수 있는 대학생들에게 의존한 것이다.² 핑커에게서 보편주의는 어떠한 모순도 일으키지 않는다. "세계에 대해서 우리가 매우 확신할 수 있는 믿음의 하나는 다른 사람도 우리와 마찬가지로 의식적conscious이라는 것이다. 타인도 〔우리와〕 동일한 성분으로 만들어졌고 〔우리와〕 동일한 목표를 좇으며, 우리 각자에게 고통과 기쁨을 불러오는 사건에 대해서는 〔우리와 마찬가지로〕 기쁨과 고통의 외적 신호를 통해 반응한다."[3] 우리 학문에서는 일시성과 변화뿐 아니라 문화적·역사적 우연성contingency도 관심 있게 다루므로, 대부분의 역사학자에게 그러한 믿음은 그저 순진하게 보일 뿐이다. 보통 우리가 학생들에게 첫 번째로 가르치려고 노력하는 교훈의 하나는, 역사(적) 주체historical subject들이 학생들 자신과 같다고 가정하지 말라는 것이다. 그들의 동기와 목표, 고통과 쾌락의 경험, 자아의식 등은 사실 완전히 다를 수 있기 때문이다.[4]

이 책을 비롯한 여러 곳에서 학자들은 특정 주장을 반박하는 역사적 증거를 제시함으로써, 또 핑커의 통계·방법·정의 등등에 의문을 제기함으로써 그의 논지에 광범위한 비판을 제기해왔다. 이 장에서는 그 대신 감정의 역사에 관한 연구를 살펴보면서 핑커의 주장의 기초가 되는 범주의 일부를 조사하고 몇몇 대안적 관점을 제시하려고 한다. 나는 급성장하는 이 분야에 대한 짧은 개괄적 설명과 함께 이 분야가 핑커의 주장에 대한 평가와 어떻게 관련이 있는지 보인 후, 두 개의 사례연구로 넘어가고자 한다. 첫째, 핑커가 인간 감정의 "완력brawn"에 대항함에서 이성을 중대한 힘으로 개념화한 것을 탐구하겠다. 이 이분법적 대립은 폭력의 감소에 대한 핑커의 논지를 뒷받침하거니와 과학적 추론을 대표하는 목소리로서 그의 작가적 입지를 강화한다. 둘째, 핑커가 진화적 "버튼"evolutionary "button"으로 비유하기 좋아하는 "내면의 악마들" 다섯 중 하나인 복수revenge 현상을 살펴보겠다. 핑커의 접근법은 복수의 역사를 단조롭게 하고 탈맥락화뿐더러 역사적 반박과 윤리적 문제를 불러일으킨다.

감정의 역사

스티븐 핑커에게 감정emotion이란 자연선택〔자연도태〕natural selection의 진화 과정에서 생산되고 게놈genome의 생존 및 전파를 증진하기 위해 고안된 생물학적 보편성이다. 예들 들어, 혐오disgust의 감정은 학습되는 것이 아니라 타고나는 것이며, 동물들로부터 나온 위험한 물질들에 대한 회 피반응avoidance response으로 진화한 적응adaptation 특성이다. 마찬가지로, 뱀에 대한 공포fear(학습되는 것이 아니라 아동기에 불완전하게 망각되는 것이라 고 핑커는 주장한다), 그리고 인류 최초의 서식지인 사바나savannah의 지형 에 대한 〔우리의〕 선호 또한 타고나는 것이다. 요컨대 감정은 "지성intellect 과 조화롭게 작동하며 마음mind 전체가 기능하는 데에 꼭 필요한, 상황 에 맞게 적응하는 잘 설계된 소프트웨어 모듈이다."[5] 핑커는 지성intellect 과 감정 사이 "낭만적" 대립을 거부한다고 주장하면서 생각thinking과 느 낌feeling을 분리하는 예리한 선이 없다는 점과, 감정이 그 자체의 "냉철 한 논리cold logic"를 갖는 방식에 주목하지만, 그럼에도 그는 위계를 영속 시키는바 그 〔위계〕 안에서 감정은, 그의 표현으로, "본질적으로 비합리 적〔비이성적〕irrational"이다. 행위주체성agency은 사실상 생물학biology에 위 치하며 생물학에서 감정은 "마침맞은 순간"에 의해 "촉발"되고 그다음 하위목표sub-goal들(생각과 행위acting)의 "잇따른 반응"을 촉발한다. 핑커 는 다음과 같이 요약한다. "각각의 인간 감정은 인지적 적소cognitive niche 에서 마음과 몸을 동원해 삶과 번식이라는 도전에 대처한다."[6] 두 개의 상호연관된 점이 우리의 목적에 필수적이다. 첫째, 핑커는 심리학자 폴 에크먼Paul Ekman의 유명하지만 반박된 발견을 인용하면서 다음과 같이 주장한다. "우리 종의 모든 평범한 구성원의 감정은 동일한 건반으로

제4부 주제

연주된다." 그리고 이른바 "기본" 감정들'basic' emotions―그것이 몇 개인
지는 이 전제를 수용하는 이들 사이에 논쟁의 여지가 있긴 하나 원래는
공포, 분노anger, 혐오, 놀람surprise, 기쁨happiness, 슬픔sadness 등 여섯 개였
다―은 얼굴 표정의 보편적 패턴을 통해 알 수 있었다. 둘째, 감정 표현
혹은 행동에서 나타나는 문화적 차이는 피상적인 것인바, 사람들이 실
제로 어떻게 느끼는지와는 큰 관련이 없다. 간단히 말해, 감정 자체가
생물학적 기질이라는 점에서 어떤 나라의 언어에 특정한 감정을 표현
하는 단어가 있는지 없는지는 중요하지 않다.[7] 이러한 프레임은 핑커의
주장에 발판을 제공해 그로 하여금 현대 심리학의 여러 범주를 역사(적)
주체, 사회, 과정에 적용할 수 있게 한다.

1980년대에 출현했고 다음 수십 년 동안 급속히 성장한 감정의 역사
라는 별개의 하위 분야는 핑커의 보편주의적 접근법과는 공통점이 거
의 없다.[8] 항상 그러했던 것은 아니다. 역사학자들은 자신들의 연구에
서 역사(적) 주체들의 동기부여motivation에 영향을 끼치는 요인으로서든,
혹은 이에 더해 집단이나 사회의 생득적 특성으로서든 감정을 지나가
는 말로 오랫동안 언급해왔으나, 감정을 개념적 범주나 역사적 동력으
로서 명시적으로 파악하려는 ―몇 가지 중요한 예외는 있지만― 시도
는 거의 없었다.[9] 어떤 측면에서 이것은 놀랍지 않다. 1960년대까지도
전문 역사학자들은 이성의 작동을 더 특별하게 취급하는 경향이 있어
서 상위정치[하이폴리틱스]high politics, 전쟁 및 외교, 위인들에 연구의 초
점을 맞춰온 때문이다. 사회사로의 전환과 이어 문화사로의 전환, 여
성사와 젠더사의 부상, 역사학자와 인류학자 간의 대화 등은 세월에
따라 변하거나 선천적이거나 비합리적인[비이성적인] 것이 아니라 문화
적·역사적으로 구축된 것으로 인식되던 감정 자체에 관심을 불러일으

키는 데 도움이 되었다.

　신흥 분야의 중심은 언어language의 영역이었는바, 정확히 핑커는 이를 타당하지 않은 것으로 도외시했고, 학자들은 감정을 예컨대 인지cognition 및 이해understanding, 소통, 사회적 지위 및 관계, 세상의 권력 및 (사회적) 행위 같은 것을 포함하는 복잡하고 다면적인 과정으로 이론화했다. 갈수록 증가하는 인류학적, 역사적, 이러저러한 인문주의적〔인본주의적〕 humanistic 연구들은 곧 시간과 공간에 따른 감정 생활 및 표현의 주요 변화들을 밝혀냈으며, 이와 함께 많은 언어가 쉽게 번역되지 않고 시간에 따라 변하지 않는 고유한 감정 개념을 소유하고 있음을 발견했다. 심지어 영어 단어 "emotion"(감정)은 17세기 들어서야 사용되었으며, 당시 그 단어는 프랑스어에서 들어와 이전에 있었던 열정passion과 정동情動, affection 의 언어를 몰아내기 시작했고 이후 19세기에 심리학psychology이라는 새로운 과학에 의해 중요한 범주로 자리 잡았다.[10] 이 연구는 감정이 담론적discursive 범주로서 어떻게 기능하는지를 더욱 강조하는바, 이는 근대 서구 문화가 이성/감정reason/emotion, 합리적〔이성적〕/비합리적〔비이성적〕 rational/irrational, 마음/몸〔신체〕mind/body, 남성적/여성적masculine/feminine, 문화/자연culture/nature, 문명화한civilized/미개한savage 같은 일련의 상호연관된 이항대립에서 하위요소로 지속적으로 그 지위를 격하해온 범주다. 이 쌍들은 타고나는 것도 변하지 않는 것도 아니지만 여기에서는 핑커 논지의 핵심이기에 중요하다는 점은 강조할 만하다.

　감정 연구 역사학자들은 생명과학과 인문학 사이 관계를 매우 진지하게 받아들인다. 얀 플램퍼Jan Plampe는 이 분야의 개척적 입문서에서, 보편주의universalism와 사회적 구성주의social constructivism 사이 양극단적 대립을 해체해 생명과학과 인류학에 각각 길게 한 장씩을 할애한다. 사회적 구성주의는 1990년대 문화적 전환기에 정점에 달했고, 플램퍼는 이 한 쌍을 일종의 스펙트럼에 가까운 것으로, 생산적 타협의 가능성을 열어놓는 메타포metaphor로 묘사한다. 그러나 수년 동안 과학에 몰두한 끝에 플램퍼는 역사학자와 생명과학자 간에 현실적으로 학제간 연구가 이뤄질 가능성을 비관하며, 보편주의와 구성주의 사이 간극은 더 적게, 방법과 연구 문제 사이 근본적 차이는 더 많이 인용한다.[11] 롭 보디스Rob Boddice 같은 다른 감정 연구 역사학자들은 후성유전학後成遺傳學, epigenetics 및 소小진화microevolution 분야에서 나란히 발전한 뇌 가소성可塑性, plasticity 을 부각시키는 신경과학의 최신 경향을 좀 더 낙관적으로 강조해왔다 〔"후성유전학"은 DNA 서열의 변화 없이도 유전자 발현의 패턴이나 활성이 변화하고, 이것이 다음 세대로 유전되는 현상을 연구하는 학문을 말한다. "소진화"는 돌연변이나 유전자 재조합에 의해 개체군의 유전자 빈도가 변하거나 염색체의 구조와 수가 달라져 일어나는 단기간의 진화를 말한다〕. 다시 말해, 과학적 관심은 갈수록 인체생물학human biology과 환경 및 경험의 복잡한 얽힘에 초점이 집중되어 신체 자체를 생물학적 상수가 아니라 "세계화되고worlded" 역사적인 것으로 보는, 인류에 대한 "생물문화적biocultural" 관점이 막을 열게 되었다. 보디스가 강조하듯, 이러한 접근법들은 경험과 역사적 변화의 결합에 대한 역사학자들의 관심과 대략적으로 맞물린다.[12] 그렇다면 바로 그 순간에, 신경과학과 역사 사이 새로운 대화가 자연과 문화 양극 사이 대립이 더욱 광범위하게 전복되는 가운데에서 펼쳐질 가능성이 있다. 감정은 이와 같은 고려사항 중 최전선에 있는바, 바로 감정이야말로 물질적–신경학적–신체적material-neurological-bodily 그리고 문화적–역사적–실험적cultural-historical-experiential 차원을 가로지르는 것이고, 그래서 이항대립 자체를 극복할 가능성이 있기 때문이다.[13] 핑커—보편주의자―는 이 프로젝트에 참여하지 않는다.

감정의 역사history of emotion는 여기에서 요약하기에 너무나 방대한 분야라 핑커의 논지를 비판적으로 평가할 수 있는 틀을 구축하기 위한 핵심적 윤곽과 주요 인물 일부만 간략히 설명하고자 한다. 감정의 역사를 자신들이 붙인 이름의 학문으로 부르자고 명시적으로 제안한 최초의 현대 학자는 1980년대의 피터 N. 스턴스Peter N. Stearns와 캐럴 스턴스Carol Stearns다. 그들의 주요 혁신은 감정emotion과 "감정학emotionology"을 구분한 일로, 감정은 그들이 정의하기에 느낌feeling을 들게 만드는 생리적physiological 작용과 인지적 작용 모두가 관련된 "일련의 복잡한 상호작용"이고 "감정학"은 "한 사회 혹은 사회 내에 한정할 수 있는 어떤 집단이 기본 감정들과 그것들의 적절한 표현을 유지하기 위한 태도 혹은 기준"을 아우르는 새로운 용어였다. 그들의 주장에 따르면, 역사적 연구에서 "감정"은 접근할 수 없어도 "감정학"은 틀림없이 접근할 수 있었다. 이 접근법이 때때로 감정("기본 감정들"까지도)을 생득적이고 보편적인 영역으로 즉 문화적 상부구조로서의 감정의 규범(감정학)에 대한 일종의 물질적 하위구조로 보는 쪽으로 방향을 갑자기 튼 것은 사실이나, 그럼에도 그 접근법은 일정 사회 내의 감정 표현, 태도, 기준에 대한 역사적 연구의 길을 열었고, 그런 방식들의 역사성을, 또 경험, 사회적 생활, 역사적 변화의 모든 측면에서 그것들〔감정 표현, 태도, 기준〕의 능동적 중요성을 강조했다.[14] "감정학"이라는 용어는 결코 정착되지 못했으나 강령적綱領的 요구programmatic call는 예컨대 분노·공포·사랑love과 같은 특정한 감정의 사회적 역사를 연구하는 데서 새로운 접근법을 장려했고, 감정 강제〔절제〕emotional restraint(통제control) 혹은 발산effusion 유형, 시간에 따른 변화를 비롯한 감정적 규범에 대해 더욱 광범위한 질문을 제기하기 시작했다.

제4부 주제

10년 후, 역사학자이자 인류학자 윌리엄 레디William Reddy가 이 분야에 뛰어들어 가장 중요하고 지속적인 연구의 일부를 남긴바, 감정의 특성을 개인적인 동시에 사회적인 것으로 이론화해 자연/문화nature/culture의 쌍 관계를 사실상 무너뜨린 것이다. 문화적 상대주의cultural relativism라는 극단성을 거부하며 감정변화 이론을 발전시키려 한 레디는 신체적 정동bodily affect으로서의 감정을 담론적 구성물인 감정 표현으로부터 사실상 분리하는 것에 반대하는 주장을 폈다. 그 대신 레디는 "이모티브emotive"(발화된 감정 표현)라는 개념을 발전시켜, 감정을 나타내는 문장들을(예컨대 "나 화났어")이 단순히 서술적descriptive이라거나 진술적constative인 것이 아니라 "세상에 영향을 주며, 이모티브는 그 자체로 감정을 직접 변화시키고, 만들고, 감추고, 격화하기 위한 도구다"라고 주장했다.[15] 보디스는 다음과 같이 간명하게 요약한다. 이모티브란 "한 개인이 문화적 관습을 통해서 내적 감정을 번역해 그 둘을 매치시키려는 시도를 나타낸다. 그것은 자신이 느끼는 것을 자신이 의무적으로 충족시켜야 하는 기준에 부합시키는 길을 찾는 항해의 과정이다.[16] 레디는 이모티브가 어째서 발생적(생성적)generative인지 강조한다. 그것은 "감정적 자기형성emotional self-shaping" 및 "자기탐구self-exploration"의 방식이거니와 감정을 온전히 담아내는 데 일정 정도 불가피하게 실패할 수밖에 없다는 점에서 고통의 근원인 것이다. 비슷한 중요성을 갖는 것은 "감정레짐emotional regime"이라는 개념으로, "일련의 규범적 감정들과 그것들을 표현하고 주입하는 공식 제의祭儀, 관습, 이모티브이며, 모든 안정된 정치레짐political regime에 꼭 필요한 토대"로 정의된 개념이다.[17] 어떤 학자들은 레디가 감정레짐을 정치레짐, 특히 근대 국민국가(민족국가)nation-state와 연결시키는 것을 비판했지만 그의 개념적 장치는 여전히 이 분야의 토대로 남아 있다.

마지막으로, 역사학자 바버라 H. 로젠와인Barbara H. Rosenwein은 "감정공동체emotional communities"라는 또 다른 영향력 있는 개념을 정교히 만들어 낸바 로젠와인은 이를 두고 "자신들 고유의 특정한 가치, 느낌의 양태, 느낌을 표현하는 방식을 갖고 있는 집단—항상 그렇지는 않으나 일반적으로는 사회적 집단"이라고 정의한다. 이들 집단은 역사적으로 특정적이고 형태 및 규모가 매우 다양하다. 일부는 중첩되기도 하는데 일반적으로 개인들이 서로 다른 집단으로 이동할 수 있어서다. 로젠와인이 강조하는 중요한 점은 다음과 같다. "감정공동체라고 해서 꼭 '감정적'인 것은 아니다. 그 공동체들은 그저 자신들이 소중하게 여기고 규탄하는 감정들과 그것의 표현방식에 관한 중요한 규범들을 공유하는 것뿐이다."[18] "레짐regimes"이 톱−다운top-down이라는 의미를 함축하고 있는 것과는 대조적으로 "공동체community"라는 개념은 권력이 여전히 위태로운 상황에 있지만 해당 사회 내에서 더 분산되어 있기도 한 보텀−업bottom-up 모델을 더 특별하게 취급한다. 로젠와인은 언어뿐 아니라 목소리voice, 제스처gesture 및 신체신호bodily sign 등 감정이 표현되는 다양한 방식을 인정하면서도, 다수의 감정 단어(광범위하게는 이모티브의 의미)가 서사 안에서 함께 작동할 수 있는 복잡한 방식들을 비롯해 감정 관련 어휘의 식별과 분석에 대한 방법론을 개발했다.[19] 최근의 논문에서, 로젠와인은 유럽의 포스트 고전 시대〔고전후시대〕post-classical era부터 근대 초기까지의 다양한 감정공동체를 분석하며, 특정한 감정에 대한 이해의 변화와 아울러 표현력과 강제에 대한 평가의 변화를 탐구했다. 한 가지 명시적 목표는 감정 통제emotional restraint가 증가하는 쪽으로 역사가 선형적線形的, linear으로 진행한다는 개념을 논박하는 것이다.[20]

이 마지막 요점은 핑커의 논지, 특히 엘리아스의 문명화과정the civilizing

process[Prozeß der Zivilisation]에 대한 핑커의 무비판적 사용에 대한 고찰과 특정한 관련성이 있는바, 문명화과정은 중세 세계를 감정적으로 통제되지 않고 유아적이며 그래서 폭력적이라고 희화하는 시각에 기댄 감정 규범의 변화에 관한 목적론적 서술이다.[21] 중세연구가이기도 한 로젠와인은 〈역사에서 감정을 걱정하다Worrying about Emotions in History〉(2002)라는 획기적 논문에서 이 지점을 공격하며 모더니스트 철학자들에게 근대성modernity과 감정 둘 다에 대한 그들의 시각을 재고하라고 촉구했다. 엘리아스를 겨냥한 것이기는 하지만 로젠와인의 비판은 핑커의 논지에도 거의 문자 그대로 적용된다.

간단히 말해서, 그 서사는 이렇다. 서구의 역사는 감정 강제가 증가하는 역사였다. 그리스와 로마는 곧 빼도 될 것이다. 호메로스는 분노의 달콤한 즐거움을 노래하지 않았던가? 중세의 감정생활은 아이의 그것이었다. 순수하고, 폭력적이고, 공개적이고, 부끄러움을 몰랐다unshamed. 근대(다양하게 정의되는)는 자기 훈련, 통제, 억압을 가져왔다.[22]

아이러니하게도, 핑커는 호메로스Homer로부터 바로 이 구절을 인용까지 하며[23] 로젠와인이 엘리아스의 책에서 찾아낸〔다음과 같은〕것과 정확히 동일한 종류의 기본적 오류에 빠진 채 여기저기 관여한다. "경력상 좀 늦은 때였으나, 나〔로젠와인〕는 노르베르트 엘리아스를 읽고서 그가 틀렸다는 것을 알았기 때문에 감정의 역사라는 주제를 연구하게 되었다. 가장 기본적인 이유에서 그는 틀렸다. 그는 자신의 원천자료source를 읽는 법을 몰랐던 것이다. 텍스트의 맥락을 파악하기보다 그는 이론에 부합하는 구절들을 골라냈다."[24]

로젠와인의 통찰은 핑커의 역사 프로젝트에서 과학적 연구에 영향을 끼치는 근본적 문제를 명확히 하는 데 도움이 된다. 핑커는 인간의 감정 형성에서 언어의 중대한 역할을 부정하고, 원천자료 비평에 관한 역사적 방법론을 가장 기본적인 것도 고려하지 않고 원천자료를 읽는 동시에 단어들의 투명성과 보편성을 전적으로 가정한다—많은 경우 영어 번역에 의존해 폭력 관련 구절을 골라내어 자신이 바라는 역사적 서사에 끼워 맞추는 식이다. 초기 미국 시기를 연구하는 역사학자 니콜 유스테이스Nicole Eustace는 한 발 더 나아가 감정에 대한 역사적 연구로부터 얻은 통찰은 실험심리학의 관행과 실질적 관계가 있다고까지 주장하는 바 실험심리학experimental psychology에서는 연구에 사용된 동시대의 감정 단어에 보편적이고 투명한 의미가 있다고 잘못 추정했다. "과학자들은 이 점을 이해해야 한다"며 유스테이스는 다음과 같이 말한다. "그들이 '분노anger'의 위치를 어느 한 신경 부위로 특정할 수 없는 것은 그 단어가 (그리고 그것이 새기는 개념이) 문화에 따라 무한히 가변적이기 때문이다." 급진적 사회구성주의자social constructivist가 되기는커녕, 유스테이스는 "자극stimulus을 처리하는 유전자자리locus가 있으며 정동의 기저를 이루는 생물학적 공통성이 있다는 것"을 인정한다. "그 중대한 경고 없이는 감정의 역사적 가변성은 무의미해지며 그저 뇌 속의 무작위적인 전기적elctrical 활동의 결과가 된다."[25]

로젠와인의 주요 목표는 중세 세계를 유아적이고, 폭력적이며, 무절제하다는 부정확한 묘사로부터 구해내는 것이었지만, 로젠와인이 비판하는 (감정의) "거대서사grand narrative"는 유럽의 역사에만 국한되지 않고 여러 형태로 구체화되어 있으며, 그 가장 해로운 형태는 식민주의colonialism의 역사 안에서 찾을 수 있다. 일례로 독립전쟁 때의 미국에 관한 연구에서 유스테이스는 이와 비슷한 말을 했다.

> 〔나는〕 감정과 이성 사이 전통적 대립에, 또 문명화한 사람이 미개인보다 감
> 정을 더 잘 통제한다는 종종 진보적인 주장에 충격을 받았다. 18세기 영국
> 제국주의자들에게 이것은 유럽인이 아프리카인이나 토착 아메리카인보다
> 우월하다는 것을 뜻했다. […] 18세기부터 20세기까지, 문명화하고 근대적
> 이라는 것은 억제되지 않은 감정과 제한받지 않는 본성에서 더 멀어진다는
> 것이었다.[26]

이와 같은 이항대립에 주목하면서, 유스테이스는 진보progress 및 문명
civilization의 서사와 감정 강제가 담론적 연관성을 드러내 보일 뿐 아니라
그것이 미국 식민시대와 독립전쟁 때의 ("미개한") 토착 아메리카인Native
Americans에 대한 대량폭력mass violence의 정당화 등 사회적·정치적 권력 행
사에서 적극적 역할을 했음을 입증해 보인다.[27] 러시아를 연구하는 역
사학자인 내게는 이 범주들도 무척 친숙하다. 종종 러시아는 투사된
(신화적) "유럽"에 비해 "퇴보하는" 나라로 여겨졌고 스스로를 그렇게 여
겨왔는바, 이것은 과도하게 폭력적이고 미개하고 잔혹하다는 고정관
념을 형성한 (그리고 서유럽 고유의 폭력, 특히 식민지에서의 폭력을 감추는 데
에 도움이 된)[28] 이항대립이다. 동시에 러시아는 중앙아시아와 캅카스에
대한 지배를 정당화할 때 문명의 외투를 주장한 식민 강대국이기도
했다.[29] 문명의 지도화mapping는 감정 통제를 둘러싼 규범적 함의를 통해
근대에 어마어마한 영향을 끼쳤다. 젠더주의적, 인종주의적, 사회적,
민족적, 국가적 메커니즘, 그리고 여타의 메커니즘을 통해 작동하는 그
것은 권력관계를 명확히 표현하고, "미개의savage" "원시의primitive" 그리

고/또는 "미성숙의immature" 사람에 대한 "문명화한civilized" 사람의 폭력을 합법화하는 ―그리고 감추는― 역할을 일상적으로 해왔다.

근대성 형성에 대한 이야기에서 핑커는 이 동일한 이항대립에 무비판적으로 의존하고 그것을 시대적, 사회적, 지리적 맥락 전체에 적용하며 그것을 기반으로 "과학적scientific" 결론을 도출한다. 핑커는 중세 유럽인들을 세 살짜리 버릇을 가진 "거친gross" 사람들로 묘사하면서, 서유럽 엘리트층이 점진적으로 자기통제와 배려의 습관을 학습했고, 충분히 사용되지는 않긴 해도 선천적 인간의 능력을 강화했다고 주장한다. 그러나 이러한 문명화과정은 "사회경제적 하층계급과 접근성 혹은 거주환경이 나쁜 지역"에서는 일어나지 않았다.[30] 세계 문명에 대한 핑커의 지도화는 유럽에서 시작하는데, 그중에서도 특정 지역―아일랜드와 핀란드, 이후 유럽 남부와 동부―들은 난폭한 하층계급과 더불어 갈수록 더 "까칠하고stroppy" 폭력적이 되었으며 "바위투성이 언덕과 계곡"에서 "피로 점철된" 역사를 만들었다. 평화로운 강제가 표면적으로는 유럽 북부 산업국가들에서 바깥쪽으로 퍼져나갔다고 주장하는 핑커는 "유럽 동부 및 발칸반도 산악지대로 갈수록 무법lawlessness이 차츰 증가하는 것이 아직도 눈에 띈다"라고 관찰한다.[31] 이 지도화는 역사를 수반하기에 객관적이지도 가치중립적이지도 않다.[32] 일례로 마지막 언급은 발칸반도가 선천적으로 폭력적 성향이 있는 이른바 원시민족primitive peoples 들의 본거지라는 악의에 찬 고정관념을 이용하는 것으로, 이 고정관념은 1990년대의 전쟁들과 〔보스니아전쟁(1992~1995) 시기의〕 보스니아 제노사이드Bosnian genocide에 대한 역사적 이해를 적극적으로 방해해왔다.[33]

그러고 나서 핑커는 문명화한 자기통제의 유사한 결여를 아프리카와 아시아를 비롯한 세계 다른 지역으로 투사하면서 비서구 역사와 문화

제4부 주제

에 관해 처참할 정도의 무지를 드러낸다. 핑커의 서사에서 식민주의는 —불완전하기는 하되 정부government와 적법성legality을 가져다주는— 대부분 긍정적 문명화의 동력이 되는 한편, 탈식민화decolonization는 "비문명화의 무정부 상태decivilizing anarchy"를 만든다.[34] 간단히 말해, 핑커의 설명은 식민주의를 "문명화 프로젝트civilizing project"로 스스로 정당화하는 수사를 재생산하고, 식민주의(적) 레짐colonialist regime의 수많은 폭력과 그것들이 포스트식민postcolonial 사회들에 끼친 장기적 영향을 눈가림한다. 이 주제들은 캐럴라인 엘킨스와 같은 역사학자들에 의해 상세히 입증되었다.[35] 핑커는 지나가는 말로 폭력을 비난함과 동시에 자기통제에 필요한 (성인) 규범의 결여에 대해 정치 개혁의 실패를 비난하는바, 이때 그의 권위주의적 목소리가 특별히 잘 드러난다. 핑커의 어휘 선택(다음 문장의 강조체 표현)은 실로 의미심장하다. "그것들[문명화한 행동의 암묵적 규범들]은 오늘날 미신, 군벌, 봉건 부족을 벗어나지outgrown 못하는 개발도상국들에 자유민주주의를 시행시키는impose 것이 왜 그토록 어려운지 설명할 수 있다."[36] 폭력이 예로부터 내려온 것이고, 지역적이고, 토착화하고, 특정 인구집단에 생물학적 근원을 갖고 있는 (그래서 그 폭력이 "그들"에게 투사되고 "우리"로부터 멀어지는) 경우에는, 서구가 태평하고 평화를 사랑하고 합리적[이성적]이라는 호의적 설명에 이의가 제기될 수 있는 예컨대 인종주의racism, 체제적 경제 착취, 자원 추출, 국제 군산복합체military industrial complex, 억압적 정부에 대한 적극적 지지, 대규모 군사 개입 및 전쟁 유발 같은 이러저러한 인과적 역학을 거의 인지하지 못한다. 감정의 역사는 핑커의 텍스트가 내부적으로 어떻게 작동하는지 드러내는 데에, 특히 이성/감정이라는 이항대립과 그것의 수많은 변형—자기통제/본능발산self-control/instinctual effusion, 문명/미개civilizstion/

savagery, 진보/퇴보progress/backwardness 등—에 기반을 둔 고도로 이데올로 기적이고 정립된 지 오래된 개념적 틀이 반복되고 있음을 폭로하는 데 도움을 줄 수 있다.

냉철한 이성

스티븐 핑커의 폭력의 분석의 핵심에는 인간의 선천적 본성이라는 개념이 있다. 이것은 선천적으로 악하지도 선천적으로 선하지도 않고, "내면의 악마들inner demons"—포식predation, 지배dominance, 복수revenge, 사디즘sadism, 이데올로기ideology[37]—와 "선한 천사들better angels"—감정이입empathy, 자기통제self-control, 도덕감각moral sense, 이성reason—를 모두 가지고 있다. 핑커가 이른바 폭력의 감소의 주요 추동인자driver로 여기는 것은 마지막 요소다. "다른 천사들은 우리가 인간이었을 때부터 우리와 함께했"기에 우리의 "악마들"과 대항할 때 필연적으로 2차적 역할밖에 못한다. 감정이입은 "늘릴 수 있는 원circle"이고 자기통제는 "단련할 수 있는 근육"이지만, 둘 다 궁극적으로는 유한하며 (진화적) 한계와 신경생리학neurophysiology의 제약을 받는다. 반대로 이성은, "무한한 조합 체계로, 새로운 발상을 무제한적으로 생성하는 엔진이다. 일단 기본적 자기이익self-interest과 타인과의 소통 능력이 프로그램되면 이성은 그 자체의 논리logic로 추진되고, 그러다가 때가 되면, 증가일변도인 타인의 이익을 존중하게 될 것이다. 과거 추론reasoning을 발휘했을 때 부족했던 점을 알아차리고 그에 따라 늘 스스로를 업데이트하고 개선하는 것 역시 이성이다."[38] 따라서 핑커의 서사에서 문명화과정은 폭력적 중세 세계에서 그토록 부족했다고 핑커가 주장하는 자기통제 능력을 "강화했다." 그다음 과학혁명the Scientific Revolution과 계몽주의the Enlightenment는 이성에 의해 생성된 일종의 재/프로그래밍을 가동했으며 이는 ─문해력[리터러시]literacy, 도시화urbanization, 지능intelligence의 진보 (핑커는 IQ를 강조한다) 같은 요인에 의해 가속화되어─ 폭력의 감소를 비롯한 진보의 행진을 촉진했다. 핑커가 선택하는 지배적 비유 곧 이성을 (감정이 없는) 컴퓨터로 비유한 것에 주목하라.

이와 같은 이성 개념은 역사적 진보에 대한 핑커의 선형적이고 종종은 승리주의자triumphalist적인 설명을 뒷받침한다. 흔히 인용되는 마틴 루서 킹의 "내게는 꿈이 있습니다I have a dream" 연설에서 동명의 문장을 표제로 사용하면서 핑커는 "때가 되면the fullness of time" 이성의 거대"논리grand ʻlogicʼ"가 펼쳐져, 항상 넓어지기만 하는 포용의 원을 만들어낼 것임을 축하한다.[39] 그러나 핑커는 킹이 1963년 8월 워싱턴행진the March on Washington 때와 다시 4년 후 베트남에 관한 설교 중의 동일한 연설에서 "현재의 격렬한 위급성"을 논리 정연히 설명하며 직접 강조한 것은 무시한다[ˮ워싱턴행진" 곧 "직업과 자유를 위한 워싱턴 행진the March on Washington for Jobs and Freedom은 1963년 8월 28일 미국 워싱턴D.C.에서 아프리카계 미국인의 사회적·시민적·경제적 권리 및 인권 향상 등을 위한 행진으로, 당시 링컨기념관 앞에서 마틴 루서 킹이 인종주의의 종식을 촉구하는 역사적인 "I Have a Dream" 연설을 했다]. 점진주의gradualism를 거부한 킹은 인내심 있게 기다리기를 거부하며 행위할 의무를 주장했고 체제적 형태의 억압에 도전했다.[40] 핑커는 킹의 말을 전후관계와 분리해 인용하면서 서발턴subaltern[하층민, 하위주체]의 요구를 통해 달성한 역사적 변화의 비전, 역사history 및 역사서술historiography이 함께하는 비전을 왜곡하고,[41] 그 대신 1960년대를 "비문명화decivilization"의 시대로 묘사한다.⁴² 이 비전이 가장 강하고 명확하게 표현된 것은 아마 프레더릭 더글러스Frederick Douglass의 1857년 연설일 것이다. 〔프레더릭 더글러스"(1817/1818~1895)는 미국의 노예제 폐지론자, 신문 발행인, 정치가다. 흑인 노예 출신이며, 남북전쟁 당시 흑인 부대를 조직해 남군과 싸웠으며, 링컨 대통령의 고문을 지내기도 했다.〕

인류 자유의 진보에 대한 모든 역사는 위엄 있는 주장에 대해 이제껏 이뤄진 모든 양보가 열렬한 투쟁으로부터 탄생했음을 보여줍니다. […] 자유를 사랑한다고 공언하면서 시위에 반대하는 사람들은 땅을 갈지 않고 수확하길 바라는 사람들입니다. 그들은 천둥 번개가 없는 비를 원합니다. […] 권력은 요구가 없는 한 아무것도 양보하지 않습니다. 과거에도 그러했고 미래에도 그럴 것입니다.⁴³

핑커에게는, 이와는 대조적으로, 위급성이나 요구는 없고 외려 자애로운 선물이 있다. 핑커는 "이성의 시대와 계몽주의는 많은 폭력제도를 갑자기 종결시켰다"라고 하면서 노예제slavery, 고문torture, 사형death penalty 등을 언급한다.⁴⁴ 토머스 제퍼슨Thomas Jefferson의 도덕적 통찰을 인용하며 (제퍼슨이 노예 소유자의 관행을 따랐다는 기록이 많음에도 그것에 대한 언급 없이) 핑커는 진보의 주요 동력으로서 엘리트의 조리정연한, 인도주의적 우려를 더 특별히 취급한다.⁴⁵ 수많은 역사학자가 그런 주장들의 정확성에 대해 논박했음에도 그것과는 별개로, 핑커가 "갑자기sudden"라고 표현한 시간의 틀은 핑커의 작가적 위치를 드러낸다는 점에서 특별히 따져볼 만하다. 명백한 사례를 한 가지만 들자면, 미국에서 노예제의 "갑작스러운" 폐지는 계몽주의 (그리고 미국의 처참한 내전) 이후 수십 년이 지나서였다. 곧 〔노예제 폐지는〕 노예화된 수많은 사람의 평생에 해당하는 시간이 걸렸다는 뜻이다.[46] 물론 이러한 반대 의견은 비과학적(그리고 감정적)이라며 묵살될 수 있다. 수천 년에 걸친 인류의 역사를 면밀히 조사하는 과학자에게 몇십 년이 무슨 의미가 있겠는가? 그러나 핑커의 조감도식 관점은 그의 서사의 중심에 있는 본질적 정적주의靜寂主義, quietism를 드러낸다. 정적주의의 일부를 형성하는 것은 감정경제emotional economy 즉 이성의 자기수정적self-correcting "논리"에 대한 신뢰trust, 국가("리바이어던")의 자애로운 영향력에 대한 확신confidence, "우리we"가 달성한 것에 대한 강도 높은 만족satisfaction 등이다. 핑커는 1인칭 복수대명사를 자주 사용하는데, 이는 때로는 인류를 지칭하지만 보통은 자신을 포함한 특정한 부분집합, 그가 찬양하는 다른 위인들의 직계 후손을 지칭한다.

자유롭고 합리적인 행위자들의 거대한 공동체가 사회 운영 방침에 대해 다함께 협의한다면, 그리고 논리적 일관성과 바깥세상으로부터의 피드백을 그 지침으로 삼는다면, 그때 그들의 합의는 틀림없이 특정한 방향으로 흐를 것이다. 이것은 우리가 분자생물학자들이 발견한 DNA 염기의 종류가 왜 네 가지인지를 설명할 필요가 없는 것과 마찬가지다. 생물학자들이 연구를 제대로 했고, DNA 염기의 종류가 정말로 네 가지라면, 장기적으로는 다른 결론이 발견될 가능성이 거의 없었다. 마찬가지로 계몽된 사상가들이 결국에는 아프리카 노예무역, 잔인한 처벌, 전제 군주, 마녀와 이단자 처형에 반대하는 논증을 펼치게 된 까닭도 어쩌면 구태여 설명할 필요가 없다. 공평무사하고 합리적이고 정보를 지닌 사상가들이 찬찬히 검토하는 이상, 그런 관습들을 무한히 정당화할 수는 없는 법이다.[47]

이와 같은 관점은 핑커의 책이 (역사학자들을 포함한) 한편의 독자들 사이에서는 불안과 명백한 분개의 느낌을, 다른 한편의 독자들 사이에는 추종의 느낌을 불러일으키는 원인이 되었다.[48] 여기서 나의 언어는 의도된 것인바, 느낌feeling은 책(《우리 본성의 선한 천사》)의 중심이기에 그러하다—책의 주장, 책 저자의 어조, 책이 권위 있는 (과학적) 위치에 있다는 주장, 책의 평판 등. 심지어 책을 읽은 한 비평가는 독자로 하여금 세상의 사정에 대해 기분 좋게 느끼게 만들려고 계획된, 자칭 "위로의 역사 comfort history"라고 하는 광범위한 장르에 핑커를 집어넣기까지 한다.[49] 핑커가 최종 결론에서 (1960년대의 "비문명화" 저항 운동과 탈식민화와는 대조적으로) 자본주의capitalism("온화한 상업gentle commerce")와 자유민주주의liberal democracy를 폭력의 해결책으로 묘사함으로써 우리 동시대의 정치·경제 체계를 승인하는 것은 결코 우연이라 할 수 없다. "폭력의 감소는 우리가 음미할 만한 업적이자, 그것을 가능하게 한 문명화와 계몽의 힘을 소중히 여기게 하는 자극제다."[50] 여기서 작동하는 핵심 메커니즘은 독자들로 하여금 스스로를 핑커가 말하는 "우리"—즉 자유롭고, 합리적이고[이성적이고], 계몽되고, 지식도 출중하며, 핑커의 도식에 따르면 때마침 우연히 진보의 동력이 된 사상가들—와 동일시하게 하는 초대다.[51]

핑커는 무無이성[불합리]unreason의 힘들, 특히 휴머니스트humanist들로부터의 힘과 영웅적으로 전투를 벌이는 과학적 이성의 냉철하고 공평무사한 목소리로서 자신의 위치를 정한다. 이것은 그의 최근작 《지금 다시 계몽》[2018]에서 훨씬 더 노골적이 되었다. 《지금 다시 계몽》은 이성의 방대한 업적들에 관한 주장과, 극우 세력 및 특히 좌파의 비합리적[비이성적] 이데올로기("세속종교secular religion")에 담긴 "반反계몽주의[대항계몽주의]the counter-Enlightenment"의 위협에 관한 주장을 확장하며, 좌파에 대한 예로 "인간의 관심사를 초월적 존재 즉 생태계에 종속시키는" "낭만적 녹색 운동romantic Green movement"을 인용한다. 핑커는 "진보공포증progressophobia"이라고 이름 붙인 장[4장]에서, 자신을 비평하는 사람들을 두고 비합리성[이성이 없음]과 감정("공포증phobia")에 자극받은 사람들로 치부할뿐더러 그들의 우려를 풀어내는 게 아니라 희화함으로써 그들을 맹렬히 비난한다.[52] 감정에 지배되지 않은 객관성을 주장하는 과학자들에 대해서는 근대 역사학을 포함해 오랜 역사가 있다. 근대 역사학은 19세기에 형성되었으며 그 배경에는 새로운 "과학적" 방법의 발전과 더불어, 교육받은 전문 역사학자에 대한 이상 즉 그들은 설령 본인이 —그리고 그 사람은 틀림없이 백인이다— 열정에 이끌렸다 해도 논란에 휘말리지 않는 공평무사한 중재인이라는 이상이 있었다.[53]

이 책[《우리 본성의 악한 천사》]에 함께 참여한 동료 조애너 버크가 최근 강조했듯, "과학적 자아scientific self란, 느끼는 자아feeling self이기도 하다. 과학자들의 가장 잘 알려진 특징—'객관성objectivity'—은 그 자체로 감정이며 이 감정에는 강제의 느낌a feeling of restraint과 반복(성)을 향한 분투가 포함되어 있다." 이어 버크는 "'핫한hot' 언어를 거부하고 평정composure을 기르는 것"을 비롯한 "과학의 감정경제emotional economy of science"에 대해 설명한다. 제2차 세계대전 도중과 이후의 탄도학 연구 분야에 관한 논문에서 버크는 과학자들이 자신들 연구의 진짜 주제—덤덤탄dumdum bullet과 네이팜탄napalm [bomb] 같은 무기가 인체에 정확히 어떤 영향을 얼마나 파괴적으로 끼치는지—로부터 스스로 어떻게 거리를 두었는지를 보인다("덤덤탄'은 목표물에 맞으면 탄체가 터지면서 납 알갱이 따위가 인체에 퍼지게 만든 탄알이다. 1886년에 영국이 인도의 덤덤공장에서 처음 만들었으며, 뒤에 그 참혹성 때문에 사용이 금지되었다. 네이팜탄은 네이팜(화염성 폭약의 원료로 쓰이는 젤리 형태의 물질)에 휘발유 등을 섞어 만든 유지油脂 소이탄이다. 아주 광범위한 지역을 불태워 파괴하는 화염무기로, 미군이 개발했다). 그 과정에서 "폭력 행위주체성violent agency"의 귀책은 기술 혹은 군에 있었지 실제로 무기를 개발하고 개량하고 "개선한" 사람들에게 있지 않았다.

탄도학자들의 주요 업무가 "효과적으로 상처 입히기"이기는 함에도 피해자를 제외하면 이 일은 당연히 폭력적인 일로 여겨지지 않는다. 부분적으로, 이 빈틈은 "폭력"과 예컨대 분노 같은 특정한 감정상태 사이에 구축된 이데올로기적 관계에 기인한다. 실제로, 탄도학 과학자들이 자신들에게 돈을 댔던 사람들(즉 군대)에 관해 표출한 주요 비판의 하나는 그들이 감정에 휘둘렸다는 것이다. 이에 반해, 과학자들은 기계에 의한 차분하고 도구적인 폭력을 교묘히 획책했다. 폭력적인 사람들이라는 어떤 혐의로부터 그들이 면제받는 데에는 교육, 젠더, 계급, 지위, 그리고 백인이라는 것이 결정적 역할을 했다.[54]

버크의 논문은 감정의 역사가 우리가 과학과 폭력 둘 다를 이해하는 데서 어떻게 기여했는지, 어째서 이들 과학자가 감정공동체를 형성했다고 해석될 수 있는지 보여주는 훌륭한 사례다. 버크는 일부 관행과 사람들—이 경우에는 탄도학자—이 (폭력) 범주 전체로부터 사실상 제외되는 방식에 주의를 기울임으로써 폭력에 대한 우리의 정의를 확장해야 한다는 주장으로 결론을 내린다.[55]

버크의 발견 덕분에 우리가 돌아볼 수 있게 되는 것은, 핑커가 냉철한 이성cool reason을 찬미했던 것—합리적이고[이성적이고] 공평무사한 사상가인 바로 그 "우리"—과 핑커가 빈번히 폭력을 감정적 열기 탓으로 돌렸던 것, 다시 말해 핑커가 이성의 작동과 폭력의 생산을 분리할 수

제4부 주제

있게 만든 이항대립이다. 핑커는 다음과 같이 말한다. "예상하건대, 집합적 합리성collective rationality이 오랜 세월에 걸쳐 연마될수록, 그것은 폭력을 향한 근시안적이고 다혈질적인 충동impulse을 점차 덜어낼 것이고, 우리는 그렇게 해서 생긴 더 많은 합리적〔이성적〕 행위자들rational agents을 그들이 우리를 대했으면 하는 방식으로 대우할 수밖에 없게 될 것이다." 핑커가 믿는 이 평화화 효과pacifying effect는 1945년 이래 가속화했다.[56] 충분히 아이러니하게도, 핑커는 죽음의 기술—버크 논문의 바로 그 주제—을 과학연구(혹은 군산복합체라는 정치경제)의 차분한 즐거움보다는 감정의 탓으로 돌린다. "사람들은 약탈할 때나 겁이 날 때 필요한 무기를 개발한다. 더 냉철한 쪽의 사람들이 우세해지면, 무기는 평화 속에서 녹슬어버린다." 실제로 핑커의 관점에서는, "개인의 직접적 체험을 배제하고, 편협한 관점으로부터 스스로를 분리하고 추상적이고 보편적인 용어로 자신의 발상을 틀 짓는 능력"이야말로 "폭력의 회피를 비롯해 더 나은 도덕적 헌신moral commitment"을 낳은 것이었다.[57] 그러나 버크가 입증한바, 우리 자신을 분리하는 그러한 능력은 반드시 칭찬한 만한 결과로 이어지리란 법은 없으며 외려 폭력을 가능케 하고 폭력의 극단적 형태조차 비非가시적 역할을 할 수 있다—베트남에서(미국에 의한)와 알제리에서의(프랑스에 의한) 네이팜탄 대량 사용, 이라크전쟁의 이른바 〔외과수술식의〕 "초정밀타격surgical strike", 현대의 드론drone 사용, "선진적 심문 기법enhanced interrogation techniques"이라는 고상한 이름이 붙은 미국의 고문 프로그램 등이 용이해진 것에 과학자들의 역할이 있었던 것이 그 사례다. 실제로, 바로 이 폭력은 핑커의 책 전체에 걸쳐 복제된 문명화(그리고 미개 〔상태〕)라는 동일한 수사학에 내재되어 있고 명시적으로 정당화되어 있다.

이와 같은 주장은 핑커에게 저주인 것이, 그에게는 이성과 과학(핑커가 "세계를 이해하기 위해 이성을 갈고닦는 작업"이라고 정의한)[58]이 진보 및 선good과 연결되어 있어서다. 핑커는 논평에 대한 응답에서 과학, 이성, 계몽주의적 가치에 의문을 제기하는 인문학자들의 "악마화 캠페인a demonization campaign"에 한탄한다. 이 분야들과 폭력 사이 실질적 연관성에 대한 발상 자체를 깡그리 무시한 채, 핑커는 (그 계보가 계몽주의적 합리성Enlightenment rationality으로 이어지는 홀로코스트the Holocaust에 대한 학문과 관련한) "왜곡된 서사twisted narrative", (과학적 인종주의scientific racism와 우생학eugenics을 참고로 한) "의사과학擬似科學, pseudoscience" 및 "과학적 관행상 보편적으로 지탄받는 위반행위"이자 "피해 방지에서 딱 한 번 실패한 사례"로, "당시 기준으로는 정당하다고 볼 수 있었"고 "종종 잘못 보도되어 기소장이 산더미처럼 쌓였던" 사례(터스키기 매독 연구Tuskegee Syphilis Study), 좀 더 일반적으로는 산재해 있는 썩은 사과bad apple들을 인용한다("터스키기 매독 연구"는 1932년부터 1972년까지 40년간 미국 공중보건국USPHS이 미국 앨라배마주 동부의 농촌지역인 터스키기에서 매독을 치료하지 않으면 어떻게 되는지 흑인 600명을 대상으로 시행한 비윤리적 생체실험이다).[59] 여기서 나의 요점은 합리성, 과학, 또는 근대성을 악마화하고, 모든 사회적 병폐에 대해 그것들을 비난하는 게 아니다. 외려 폭력을 식별하는 데서 역사적 이해관계를 부각시키고, 오늘날과 과거 두 시기 모두에서 폭력의 역학에 대해 더욱 상세한 해석을 제시하려는 것이다. 이 역학에 "냉철한" 이성과 겹쳐진 부분이 포함된다고 해서 이성의 능력 전체가 무효화되는 것은 아니다.

따라서 버크를 통해서 핑커를 읽으면 몇 가지 발견을 할 수 있다. 핑커는 자신이 보고 싶어 하지 않는 것과 자신의 논지를 약화하는 것을 폭력의 범주에서 배제하면서 특히 자본주의, 인종주의, 국가, 과학과 관련된 현대의 구조적 형태를 축소한다. 갈수록 범위가 확대되는 환경 파괴든, 독방감금solitary confinement의 대량고문mass torture을 비롯한 대량수 감mass incarceration 체계든 상관없다.[60] 핑커는 객관성—그 자체가 특정한 감정적 규범에 의해 단정된—이 냉철하고 과학적인 것이라고 주장함으로써 자신의 고도로 이데올로기적인 입장에서 이데올로기를 제거하고 그것을 다른 사람에게 쉽게 투사한다.[61] 확실한 것은, 핑커가 인지한 적들—핑커가 생태 및 사회정의의 전사들, 또 학문적 좌파the academic left라고 폄훼하는 이들이 이끄는—에 대한 그의 열정적 공격이 상당히 격렬한 감정의 암류暗流를 드러낸다는 것이다.

복수의 극본 쓰기

스티븐 핑커는 자신의 다섯 가지 "내면의 악마들"의 하나인 복수revenge에 관한 논의를 그것의 보편성을 과시하려 의도한 몇몇 문단으로 시작하면서, 히브리어성경, 호메로스(그도 똑같이 달콤함에 관한 유명한 말을 남겼다), 셰익스피어의 샤일록, 구유고슬라비아 혁명가 밀로반 질라스Milovan Ðilas, 뉴기니의 무명의 남성, 아파치족 추장 제로니모 등을 인용한다. 핑커의 생각에 "복수 욕구urge for vengeance"는 부족 간 전쟁, 살인, 학교 총격 사건에서부터 도시 폭동, 테러, 현대전에 이르기까지 모든 폭력의 주요 원인을 형성한다. 그러면서 그는 진주만공격〔1941. 12. 8〕과 9/11〔2001〕을 인용한다. "복수는 정치적·부족주의적 다혈질들에만 국한된 게 아니라 모든 사람의 뇌에서 쉽게 눌리는 버튼button이다." 따라서 그 욕구urge는 "중뇌中腦, mid-brain—시상하부視床下部, hypothalamus—편도체扁桃體, amygdala로 이어지는 경로 내의 분노회로Rage circuit에서 시작"되고, 그다음 인간 안에서 "분노회로가 뇌섬엽腦섬葉, insular cortex을 활성화하고, 뇌섬엽은 통증·혐오·분노의 느낌을 일으킨다." 핑커는 이와 결부된 예시 및 증거임이 분명한 속담 몇 개를 인용하면서("복수는 식혀서 내놓아야 제맛이다revenge is a dish best served cold"), 어떻게 이 반응이 그 뒤 "회피하고 싶은 분노에서 차분하고 즐거운 탐색"으로 바뀔 수 있는지 설명하며, 덧붙여 어째서 "복수를 하려면 감정이입 기능을 꺼야" 하는지도 언급한다.[62] 위협에 대한 반응뿐 아니라 후각, 시각, 이에 더해 음악지각musical perception과도 연관되는 편도체—양쪽 뇌반구에 있는 건포도 크기의 신경세포 덩어리—에 대한 신경생물학적 연구는 사실 아직 대부분 진행 중에 있긴 해도, 편도체는 19세기 이래 감정에 대한 보편주의적이고 본질화되어 있으며 불변적 견해들이 근거로 삼아온 뇌의 중심부다.[63] 핑커에게 복수 욕구는 우리 뇌를 지속적으로 주조해온 진화의 힘에서 나온 산물이며, 그는 그것의 근원을 폭력에는 폭력으로 답하겠다는 위협 즉 생존survival에 대한 억지抑止, deterrence라는 가치에서 찾는다. 핑커가 생각하는 최선의 해결책에는 강력한 국가, 시민규범, 그리고 문명화과정이 되풀이해 가르친 자기통제 등이 있다.

핑커의 복수관은 복수의 역사적 형태, 문화적 의미, 사회적 작용 등을 이해하기에는 단순하고 부적절하다. 그의 예시 중 절반은 문학이고—호메로스의 **스토리텔링**storytelling, 구약성경, 셰익스피어— 나머지 절반은 질라스[1911~1995]를 가리켜 (발칸반도에 대한 오마주로) "몬테네그로인이라는 불화의 민족 출신"으로 설명하는 등 그 특징이 원시적으로 묘사되어 있다. 한 가지 측면에서는 핑커가 옳다. 곧 복수의 형태는 여러 문화 전반에서 반복되지만, 그것들은 특정한 감정적·문화적 자원 (때로는 구약성경을 포함하는)과 기술(미디어)에 의해 형성되는 의미 있는 서사·대본·전략으로 생각하면 더 잘 이해되며, 다양한 이모티브는 물론 논리와 이성이 그 안에서 일정 역할을 할 수 있다는 것이다. 달리 표현하자면, 복수하고 싶은 욕망desire, 복수의 구현 및 관행은 우리가 감정 공동체라 부를 수 있는 것의 맥락 속에서 출현한다. 좀 더 광범위하게 말하자면, 역사학자들은 맥락적 (사회적, 정치적, 경제적, 문화적) 역학과 요인, 행위주체성과 우연성, 권력과 복종의 관계를 통합시킨다. 그러니까 그들[역사학자들]은 핑커의 전반적 접근법에서 커다란 허점인, 사회적인 것the social을 이론화하는 데 실패한 부분을 다룬다. 다시 말해, 핑커가 이른바 개인적인 심리적 욕구와 추동drive이 어떻게든 집합적으로도 "공유"되고 시간에 따라 변하는 방식을 이론화하지 못한 부분을 다루는 것이다.[64] 이 부분을 건너뛰기 위해 (그리고 그 문제를 생략하기 위해), 핑커는 전염병학epidemiology(전염contagion 및 감염infection)의 비유에 의존하고, "병리적 사고pathologies of thought" 및 "집단사고groupthink"를 특히 "이데올로기ideology"의 특징이라고 대충 언급하며, 판에 박힌 듯 심리적 결함의 원인을 사실상 사회적 과정을 위한 "내면의 악마들"로서 기능하는 이데올로기에 "감염"된 사람들 탓으로 돌린다. 따라서 핑커는 다음과 같이 요약한다. "이데올로기는 뇌의 일부와도, 심지어 하나의 뇌 전체와도 동일시할 수 없는바, 그것이 많은 사람의 뇌에 퍼져 있어서다."[65]

간단한 역사적 사례를 들어보려 한다. 19세기 후반과 20세기 초반, 다양한 정치이데올로기를 신봉하는 행동주의자activist들의 소규모 집단들이 지금은 흔히 테러[테러행위]terrorism라고 일컫는 것의 전략을 짜고 있었고 여기에는 정치인을 겨냥한 암살도 포함되어 있었는바, 그들은 이것이 하나의 정치적 투쟁 방법(강력한 국가에 대한 "약자의 무기weapon of the weak")이며 국가폭력, 식민[지] 지배 그리고/또는 체제적 경제 착취에 대한 "공정한 복수just vengeance"라는 이론을 펼쳤다. 이와 같은 것들이 사람들의 삶에서 강력하고 폭력적인 영향을 끼친다는 점과, 그들[("소규모 집단들")]의 전략이 권력의 균형에 대한 합리적[이성적] 평가에 기반하고 있다는 점은 (그들의 방법을 승인하지는 않더라도) 언급할 가치가 있다. 미디어, 교통, 통신 등의 새로운 기술로 특징지어진 시대에서 이 집단들은 정부와 경찰이 그랬던 것처럼 서로에게서 배우기도 했다. 그러나 이러한 운동들의 성격은 매우 다양하게 변해서 일부는 더 잔인해졌고 일부는 폭력을 거부했다. 자신의 동기부여를 설명할 때, 개인들은 보통 정치적 목표와 이상—자유, 참정권, 평등, 인간 존엄성—은 물론 개인적 경험(국가폭력state violence 포함)을 묘사하면서 단순히 분노·고통·증오의 감정이 아닌 사랑·동정·자기희생 등을 예로 들었다. 요컨대 그들의 정치적 폭력political violence은 이성과 감정, 자기통제와 자발성spontaneity 모두를 개인 및 집단이 작성하고 각색할 수 있는 복잡한 서사 속에서 구현했고, 이 서사들은 (그리고 감정의 극본들은) 시간의 흐름에 따라 변했다.[66] 이와 대조적으로, 핑커는 보편화한 "폭력 극본scripts for violence"이라는 다른 개념을 발전시킨다. 핑커에게 그런 극본은 "마침맞은propitious 상황에 의한 신호를 받을" 때까지 "가만히" 있는 "인간행동 레퍼토리"의 일부다.[67] 복수 메커니즘의 기반을 비역사적[반/몰역사적]인 것에 둠으로써 핑커의 모델은 (이른바) 메타트렌드meta-trend에 대한 그의 조감도적 관점을 작동시키지만 그것으로는 미시적 역사의 복잡성과 뉘앙스 즉 애초에 어떤 상황을 "마침맞게" 만드는 것이 무엇인지 같은 문제는 설명할 수 없다.

제4부 주제

중대한 윤리적 쟁점은 또한 보편주의적 접근법에서 비롯한다. 정치적 복수라 해도 모두 같지는 않다는 것이다. 이와 동일한 시기에 전혀 다른 형태의 테러[테러행위]가 미국에서, 유일하게는 아니지만, 특히, 짐크로 사우스Jim Crow south[모든 공공장소에서 흑인과 백인의 인종 분리를 의무화한 짐크로법이 시행된 미국 남부 주들]에서 발생했다. 이 법에는 아프리카계 미국인에 대해 체제적인, 곧 국가가 승인한 폭력이 수반되어 있었는바 그중에는 복수와(그리고 문명/미개라는 인종주의적 이항대립과) 관련해 비슷한 방식으로 정당화된 린치lynching도 포함되어 있었다. 이 경우, "불만사항들grievances"은 상상된 산물이자 만들어진 것이었으며, 백인을 피해자화victimization하는 정치(그리고 감정경제) 즉 백인 우월주의white supremacy라는 제도 및 온갖 폭력을 정당화·제정·유지하는 역할을 한 정치를 전파했다. 이 복수의 표현을 다른 아무것과 마찬가지로 "버튼"이라고, 단순히 "마침맞은 상황에 의한 신호"라고 설명하는 것은 이 역사에 대한 전체 스토리—그것만의 고유한 상황, 권력과 복종의 인종주의적 역학, 역사적 주관성historical subjectivity, 감정공동체, 사회정치적 유산 등—에 대해 말을 못하게 가로막는 일이다. 달리 표현하자면, 주체 위치subject position가 중요하다는 것이다. 폭력에 대한 주체의 정서적 감정가感情價, emotional valence 및 감정적 관계emotional relation를 포함한 복수와 같은 현상을 이해하기 위해서는 이야기나 행위를 누가 하고 왜 하는지가 중요하다.[68] 피해자인지 가해자인지에 따라, 방관자인지 목격자인지에 따라, 경험·서사·이모티브에 역사적·윤리적 차이가 있다.[69]

이 점은 핑커가 원래 인용했던 사례들로, 특히 그의 경솔하게 무시하는 태도로 돌아가게 만든다. 그는 히브리어성경이 복수에 집착한다고 기술하면서도, 그것이 종교적 복수와 개인적 복수를 구별하고 후자

는 금지한다는 점은 언급하지 않는다. 〔《베니스의 상인》속〕샤일록Shylock
의 말은 윌리엄 셰익스피어William Shakespeare의 문학적·극적 의도 즉 반反
유대주의antisemitism 복잡한 의미에 관한 활발한 학문적 주제에 대한 고
려 없이 인용한다. 마지막으로, 핑커는 〔아파치족 추장〕제로니모Geronimo
〔1829~1909〕의 말―피, 제로니모가 느낀 승리의 기쁨, "머릿가죽을 벗
겨라"는 그의 명령―을 길게 인용한다. 복수의 기쁨에 관한 제로니모의
말을 이용해 핑커는 복수의 헛됨에 대해 즐거운 듯 말한다. 어쨌든 제로
니모는 졌다고. 제로니모의 말은 그의 자서전에서 나온 것이며, 자서전은
이것저것 뒤섞인 복잡한 글로, 20여 년 후 제로니모가 전쟁포로로서 자
신의 개인적 패배와, 강제이주, 대량살인mass murder, 제노사이드에 대한
공통된 역사적 경험을 충분히 알고 있는 상태에서 조심스럽게 구술한
것을 바탕으로 한 것이다. 이 텍스트는 제로니모의 대담자이자 자서전
작가 겸 편집자 S. M. 배럿S. M. Barrett, 오클라호마 학교 교육감, 아파치
어 통역사 아사 다클루기Asa Daklugie에 의해서도 다듬어졌다.[70] 제로니모
의 말을 진화심리학의 2차연구에서 골라내어 (그의) 복수의 미개상태를
비합리적〔비이성적〕욕구로 환기시키려는 핑커에게는 원전의 서사적 전
략이나 역사적 맥락의 층위들이나 똑같이 중요하지 않다. "문명화하는"
국가의 폭력은 배경에서 맴돌며, 불명확하고 주제에서 벗어나 있다.

결론

스티븐 핑커는 진화심리학의 보편주의적 범주들을 역사(적) 주체와 과
정에 적용하면서 폭력에 대한 환원주의적reductive, 비역사적〔반/몰역사적〕

정의를 중심으로 역사 변화의 서사를 형성한다. 이 정의에는 커다란 맹점들이 내재해 있는바, 특히 과학·이성·폭력 사이 파란만장한 역사적 관계뿐 아니라 체제적 폭력systemic violence 및 국가폭력의 형태에 관련한 것들이다. 이 서사는 더 나아가 역사적 진보가 핑커 본인 같은 공평무사한 엘리트들의 자애로운 합리성에서 발하는 것으로 묘사한다. 이런 식의 서술에서 서발턴들의 요구와 저항은 무정부주의와 폭력의 원천이다. 마지막으로, 핑커는 자신이 냉철한 (과학적) 이성의 목소리를 대표한다고 일관되게 말하는데, 이는 그로 하여금 자신의 이데올로기적 성향 및 정치적 의제를 부인할 수 있게 하고, 자신의 비판자들을 이데올로기적 편견이 있고 감정적이라는 이유로 비난할 수 있게 하는 담론적 전략이다. 이와 같은 메커니즘이 드러남으로써 스티븐 핑커의 저작들이 일부 독자에게 왜 그렇게 강한 매력을 갖는지 설명하고 폭력의 역사에 대해 다양한 설명과 반응이 나오게 하는 데 도움이 될 수 있다.

감사의 글

이 장에 유용한 의견을 준 얀 플램퍼Jan Plamper, 알렉산드라 오베르랜더 Alexandra Oberländer, 마크 S. 미칼레Mark S. Micale에게 감사의 마음을 전한다.

주

1 Steven Pinker, *The Better Angels of our Nature: A History of Violence and Humanity* (London: Allen Lane, 2011), 71. "더욱 무정한 능력들"에 대해서는 691; "무정한" 이성 대 "인정 많은" 감정이입에 대해서는 784; "똑똑 흘러 떨어지는"에 대해서는 87. 〔한국어판. 스티븐 핑커, 김명남 옮김, 《우리 본성의 선한 천사: 인간은 폭력성과 어떻게 싸워왔는가》, 사이언스북스, 2014〕

2 Pinker, *Better Angels*, 771.

3 다음도 참조하라. "이 책 전반에서 나는 우리 종의 인지적, 감정적 능력들이라는 의미에서의 인간 본성은 폭력의 감소세가 뚜렷했던 지난 1만 년 동안 전혀 변하지 않았다는 것과, 사회들 간 행동방식의 차이는 모두 엄격히 환경적 원인에 기인한다고 가정했다." Pinker, *Better Angels*, 218, 739.

4 육체적 고통 역시 그 고통에 대한 경험, 이해, 평가가 시간과 공간에 따라 곧잘 변한다. 최근 논의에 대해서는 다음을 참조하라. Rob Boddice, *Pain: A Very Short Introduction* (Oxford: Oxford University Press, 2017); Robert Boddice (ed.), *Pain and Emotion in Modern History* (Basingstoke: Palgrave Macmillan, 2014); 그리고 Joanna Bourke, *The Story of Pain: From Prayer to Painkillers* (Oxford: Oxford University Press, 2014).

5 Steven Pinker, *How the Mind Works* (New York: Norton, 1997), 370, 375-90.

6 Pinker, *How the Mind Works*, 364, 373-4.

7 Pinker, *How the Mind Works*, 365-9. 핑커는 폴 에크먼의 주장이 널리 수용되고 있다고 서술하지만, 다른 학자들은 심리학계를 비롯해 〔에크먼의 주장에 대한〕 비판과 거부의 정서가 널리 퍼져 있다고 설명한다. 가장 근본적인 평가에 대해서는 다음을 참조하라. Ruth Leys, *The Ascent of Affect: Genealogy and Critique* (Chicago: University of Chicago Press, 2017), 76-128. 개괄적 비판에 대해서는 다음을 참조하라. Jan Plamper, *The History of Emotions: An Introduction* (Oxford: Oxford University Press, 2015), 147-63; 그리고 Rob Boddice, *The History of Emotions* (Manchester: Manchester University Press, 2018), 106-20.

8 Plamper, *History of Emotions*, 그리고 Boddice, *History of Emotions*, 덧붙여 다음을 참조하라. Barbara H. Rosenwein and Riccardo Cristiani, *What Is the History of Emotions?* (London: Polity, 2018); 그리고 Ute Frevert, *Emotions in History: Lost and Found* (Budapest: Central European University Press, 2011).

9 가장 중요한 선구자는 파시즘의 부상 속에서 저술활동을 한 아날학파의 창시자 마르크 블로크Marc Bloch와 뤼시앵 페브르Lucien Febvre였다. 특히 다음을 참조하라. Lucien Febvre, "Sensibility and History: How to Reconstitute the Emotional Life of the Past", in Peter

Burke (ed.), *A New Kind of History: From the Writings of Febvre*, trans. K. Folca (New York: Harper & Row, 1973), 12-26. 원래는 다음 책으로 출판되었다. "La sensibilité et l'histoire: Comment reconstituer la vie affective d'autrefois", *Annales d'histoire sociale*, 3 (1941): 5-20. 이 인물들과 이 분야의 초기 단계에 관한 더 심도 있는 논의에 대해서는 다음을 참조하라. Plamper, *History of Emotion*, 40-60.

10 감정에 대한 정의는 심리학 내에서조차 여전히 이론이 분분하고 모호하다. Thomas Dixon, "Emotion: The History of a Keyword in Crisis", *Emotion Review* (October 2012): 338-44. 또한 다음을 참조하라. Thomas Dixon, *From Passions to Emotion: The Creation of a Secular Psychological Category* (Cambridge: Cambridge University Press, 2003).

11 얀 플램퍼는 실제적 차원의 중요한 난제들을 강조한다. 진정한 학제간 연구를 위해서는 역사학자들이 [역사학 외] 다른 분야들의 지식을 깊이 함양해야 할 터인데 [역사학자들이] 그 깊이를 달성하기도 유지하기도 어렵고, 더군다나 과학의 경우는 지식이 발전함에 따라 발전도 하고 꽤 빈번히 가설들을 폐기해서 더더욱 어렵다는 것이다. 다음을 참조하라. Plamper, *History of Emotion*, 163, 240-50.

12 Boddice, *History of Emotion*, 142-67, 212-14; 그리고 Rob Boddice, *A History of Feelings* (London: Reaktion Books, 2019) [한국어판. 롭 보디스, 민지현 옮김, 《감정의 역사: 감정은 인간을 어떻게 지배하는가》, 진성북스, 2019]. 손꼽히는 역사학자들(Nicole Eustace, Eugenia Lean, Julie Livingston, Jan Plamper, William Reddy, Barbara Rosenwein)의 감정의 역사에 관한 원탁토론에 대해서는 다음을 참조하라. "AHR Conversation: The Historical Study of Emotion", *The American Historical Review* (December 2012): 1487-531, 특히 1504-14.

13 신경역사학neurohistory에서 두각을 나타내는 인물과 책은 다음과 같다. Daniel Lord Smail, *On Deep History and the Brain* (Berkeley: University of California Press, 2008). 본 책에서 그가 담당한 장 《《우리 본성의 선한 천사》의 내면의 악마들〉[2장]도 참조하라. 최근 피터 스턴스는 역사학자들이 과학계 동료들에게 충분히 손을 내밀고 있지 않은 것에 대해 우려를 표한 바 있다. 그의 다음 글을 참조하라. Peter N. Stearns, "Shame, and a Challenge for Emotions History", *Emotion Review*, 8, no. 3 (July 2016): 197-206.

14 다음을 참조하라. N. Stearns and Carol Z. Stearns, "Clarifying the History of Emotions and Emotional Standards", *The American Historical Review*, 90, no. 4 (October 1985): 813-36, 이 부분은 813. 다음도 참조하라. Peter N. Stearns and Carol Z. Stearns, *Anger: The Struggle for Emotional Control in America's History* (Chicago: University of Chicago Press, 1989); Peter N. Stearns and Jan Lewis (eds), *An Emotional History of the United States* (New York: New York University Press, 1998); 그리고 Peter N. Stearns, *Shame: A Brief History* (Urbana, Chicago, and Springfield: University of Illinois Press, 2017).

15 William M. Reddy, "Against Constructivism: The Historical Ethnography of Emotions",

Current Anthropology, 38, no. 3 (June 1997): 327–51, 이 부분은 331. 그는 자신의 모노그래프에서 이와 같은 발상들을 더욱 발전시켰다. *The Navigation of Feeling: A Framework for the History of Emotions* (New York: Cambridge University Press, 2001) 〔한국어판. 윌리엄 M. 레디, 김학이 옮김, 《감정의 항해: 감정이론, 감정사史, 프랑스혁명》, 문학과지성사, 2016〕. 다음도 참조하라. *The Invisible Code: Honor and Sentiment in Postrevolutionary France, 1815–1848* (Berkeley: University of California Press, 1997); 그리고 *The Making of Romantic Love: Longing and Sexuality in Europe, South Asia, and Japan, 900–1200 CE* (Chicago: University of Chicago Press, 2012).

16 Boddice, *History of Emotion*, 63.

17 Reddy, *Navigation of Feeling*, 129; Boddice, History of Emotion, 70; 그리고 "AHR Conversation: The Historical Study of Emotion", 1497.

18 Barbara H. Rosenwein, *Generations of Feeling: A History of Emotions, 600–1700* (Cambridge: Cambridge University Press, 2016), 3–4.

19 로젠와인이 언급하는 것처럼, 역사학자들은 주로 기록으로 남겨진 단어를 연구한다. "Problems and Methods in the History of Emotions", *Passions in Context: International Journal for the History and Theory of Emotion* (January 2010): 1–32. 이 분야에서 선두적인 다른 학자들도 관련된 접근법을 추구했다. 다음을 참조하라. Ute Frevert et al., *Emotional Lexicons: Continuity and Change in the Vocabulary of Feeling* (Oxford: Oxford University Press, 2014).

20 Rosenwein, *Generations of Feeling*.

21 더 깊은 논의는 이 책의 6장 필립 드와이어와 엘리자베스 로버츠-피더슨의 〈스티븐 핑커, 노르베르트 엘리아스, 《문명화과정》〉도 참조하라. 핑커는 "중세인의 유아성the childness은 틀림없이 과장되었다"라고 지나가는 말로 인정하면서도 이 비유에 의존하며 이후 이를 "개발도상국"에도 적용한다. Pinker, *Better Angels*, 82.

22 Barbara H. Rosenwein, "Worrying about Emotions in History", *The American Historical Review*, 107, no. 3 (June 2002): 821–45, 특히 827. 로젠와인은 피터 스턴스와 캐럴 스턴스의 모더니스트적 시각도 비판한다(823–6). 그에 대한 응답에 대해서는 다음을 참조하라. Peter N. Stearns, "Modern Patterns in Emotion History", in Peter N. Stearns and Susan Matt (eds), *Doing Emotions History* (Urbana: University of Illinois Press, 2014), 17–40, 특히 22–4.

23 Pinker, *Better Angels*, 56, 638. 호메로스의 《일리아스Ilias》의 본문과 분노를 비롯한 핵심 감정들을 갱독更讀한 다음 책을 참조하라. Boddice, *A History of Feelings*, 21–33.

24 "AHR Conversation: The Historical Study of Emotion", 1493.

25 "AHR Conversation: The Historical Study of Emotion", 1507.

26 "AHR Conversation: The Historical Study of Emotion", 1490.

27 Nicole Eustace, *Passion Is the Gale: Emotion, Power, and the Coming of the American Revolution* (Chapel Hill: University of North Carolina Press, 2008); 그리고 그녀의 *1812: War and the Passions of Patriotism* (Philadelphia: University of Pennsylvania Press, 2012).

28 다음을 참조하라. Choi Chatterjee, "Imperial Incarcerations: Ekaterina Breshko-Breshkovskaia, Vinayak Damodar Savarkar, and the Original Sins of Modernity", *Slavic Review*, 74, no. 4 (Winter 2015): 850-72.

29 여기서 유럽은 일반적으로 말하는 지리적 혹은 역사적 실재로서의 유럽이 아니라 진보 및 근대성이 결부된 추상적 투사projection로서의 유럽을 지칭하는 것이다. 러시아를 유럽의 "타자other"로 이미지화하는 데 영향을 준 책으로 다음을 참조하라. Marquis de Custine, *La Russie en 1839* (1843).

30 Pinker, *Better Angels*, 82-7, 97.

31 Pinker, *Better Angels*, 102, 104, 109.

32 다음을 참조하라. Wolff, *Inventing Eastern Europe: The Map of Civilization on the Mind of the Enlightenment* (Stanford: Stanford University Press, 1994). 아직도 지속되고 있는 몇몇 인상에 대해서는 다음을 참조하라. Mark Steinberg, "Emotions History in Eastern Europe", in Stearns and Matt (eds), *Doing Emotions History*, 74-99.

33 예를 들어 폭력을 "태곳적부터의" 증오로 돌리면, 민족주의적 동원이라는 근대의 메커니즘을 알아채지 못하게 된다. 이 고정관념은 서구의 "인도주의적" 개입에도 영향을 주었다. 발칸반도를 유럽의 원시적 타자로 만드는 담론에 대해서는 다음을 참조하라. Maria Todorova, Imagining the Balkans, updated edn (New York: Oxford University Press, 2009); 그리고 Malica Bakić-Hayden, "Nesting Orientalisms: The Case of Former Yugoslavia", Slavic Review, 54, no. 4 (Winter 1995): 917-31.

34 식민지였던 국가의 "퇴화degeneration"를 설명하면서 핑커는 "'문명화과정'이 개발도상국과 1960년대에는 역행에 들어갔다"라고 주장하는 두 "영역zone"을 발견한다." Pinker, *Better Angels*, 97, 108, 376.

35 식민지 폭력colonial violence에 대한 더 깊은 논의는 이 책 중 캐롤라인 엘킨스의 12장 〈영국 제국의 폭력과 중동〉을 참조하라. 그녀의 저작 《제국의 응보》도 참조하라. 이런 폭력의 대부분은 대도시 중심에서 멀리 떨어진 곳에서 벌어졌고 덕분에 많은 사람은 애초에 그것을 보지 않기로 선택할 수 있었다. 대량의 유럽인 폭력이 가장 잔혹했던 현장의 하나는 벨기에령 콩고[지금의 콩고민주공화국]였으며, 이 사건은 잠시 (서구) 대중의 눈에까지 들어왔다. 다음을 참조하라. Adam Hochschild, *King Leopold's Ghost: A Story of Greed, Terror and Heroism in Colonial Africa* (Boston: Houghton Mifflin, 1998) [한국어판. 애덤 호크실드, 이종인 옮김, 《레오폴드왕의 유령: 아프리카의 비극, 제국주의의 탐욕 그리고 저항에 관한 이야기》, 무우수, 2003]

36 내가 강조하고 싶은 것은 "시행시킨다impose"라는 단어의 강압적 함의coercive implication와

"벗어나지outgrow"라는 단어의 유아화infantilization에 주목하라는 것이다. Pinker, *Better Angels*, 223.

37 "이데올로기"는 핑커가 본능 혹은 욕구라고 기술하는 이 다른 범주들과는 정성적으로 qualitatively 다르다. 이데올로기(그가 마르크스주의, 사회주의, 민족주의, 파시즘을 뜻할 때 쓰는 단어)가 그저 비합리적[비이성]적이고 나쁜 것이라는 게 그의 논리인 것 같다. 이데올로기를 일관된 세계관으로서가 아니라 이와 같은 방식으로 정의함으로써 핑커는 자기 자신의 정치적 입장에서 이데올로기를 지워버린다. Pinker, *Better Angels*, 671-87. Pinker, *Better Angels*, 671-87.

38 Pinker, *Better Angels*, 808-9.

39 전체 문구는 다음과 같다. "내게는 꿈이 있습니다. 언젠가 이 나라가 모든 인간은 평등하게 태어났다는 자명한 진리를 신조로 삼아 그 진정한 의미를 살아가게 되는 날입니다." Pinker, *Better Angels*, 456.〔한국어판《우리 본성의 선한 천사》649쪽에서 발췌〕

40 The Martin Luther King Jr. Research and Education Institute at Stanford University에서는 두 연설의 텍스트와 오디오를 복원했다. 다음을 참조하라. https://kinginstitute. stanford.edu/kingpapers/documents/i-have-dream-address-delivered-march-washington-jobs-and-freedom; 그리고 https://kinginstitute.stanford.edu/king-papers/documents/beyond-vietnam.

41 미국 역사 전체에 걸친 흑인의 행위주체성black agency에 초점을 맞춘 최근의 교육활동에 대해서는 다음을 참조하라. "The 1619 Project", *The New York Times Magazine*, 18 August 2019, https://pulitzercenter.org/sites/default/files/full_issue_of_the_1619_project.pdf. 또한 영국제국의 반反역사〔대항역사〕counter-history에 대해서는 다음 책을 참조하라. 이 책에서 저자는 서구의 것이라고 알려진 자유·평등·관용의 원칙을 형성하는 데서 식민지적 주체colonial subject 및 해방을 요구하는 노예들의 적극적인 정치적 행위주체성과 그들의 결정적 역할을 기록하고 있다. Priyamvada Gopal, *Insurgent Empire: Anticolonial Resistance and British Dissent* (London: Verso, 2019).

42 이어 "깨진 유리창broken-windows" 치안에 의해 부분적으로 주도된 1990년대—미국에서 대량수감이 증가하는 결정적인 시기—의 "재문명화recivilization"의 시대가 뒤를 따른다. 다음을 참조하라. Pinker, *Better Angels*, 127-38, 138-54.

43 Frederick Douglass, "If There Is No Struggle, There Is No Progress", (1857), https://www.blackpast.org/african-american-history/1857-frederick-douglass-if-there-no-struggle-there-noprogress/.

44 이 제도들이 미국을 포함한 전 세계에서 계속 성행하고 있다는 점은 지적할 만하다. 하지만 핑커의 논증방식은 그러한 사실들을 "이상치outlier"로, 데이터상의 노이즈noise〔일반화할 수 있는 유의미한 차이 곧 시그널singal이 아닌 우연에 의한 대표성 차이〕혹은 일종의 "후진성backwardness"의 결과물로 기술하게 한다. Pinker, *Better Angels*, 190. 더 심도 있는

이 책의 9장 필립 드와이어, 〈역사, 폭력, 계몽주의〉를 참조하라.

45 Pinker, *Better Angels*, 186. 제퍼슨과 노예제에 대해서는 다음을 참조하라. Annette Gordon-Reed, *Thomas Jefferson and Sally Hemings: An American Controversy* (Charlottesville: University Press of Virginia, 1997); 그리고 그녀의 *The Hemingses of Monticello: An American Family* (New York: W.W. Norton, 2008). 핑커는 감정적 입장에서 선물의 서사를 거부하는 것을 포함해 인도주의에 관한 중요한 연구들도 무시한다. *Critical Inquiry*, 41 (Winter 2015): 390~427.

46 나는 여기에서 "폐지"의 성격에 관한 추가적 문제점들 즉 미국헌법 제13조에 노예제가 부분적으로 보존된 것, 짐크로법과 대량수감, 오늘날 식민지적 환경과 미국을 비롯한 많은 나라에서 강제노동의 체제적 이용 등은 다루지도 않았다. 예로서 다음을 참조하라. Michelle Alexander, *The New Jim Crow: Mass Incarceration in the Age of Colorblindness* (New York: New Press, 2010).

47 Pinker, *Better Angels*, 217. 〔한국어판 《우리 본성의 선한 천사》 323~324쪽에서 발췌〕

48 핑커의 신작 《지금 다시 계몽: 이성, 과학, 휴머니즘, 그리고 진보를 말하다》의 띠지에 실린 찬사에서 사용된 고양과 환호의 언어에 주목하라. *Enlightenment Now: The Case for Reason, Science, Humanism, and Progress* (New York: Penguin Books, 2019) 〔한국어판, 스티븐 핑커, 김한영 옮김, 《지금 다시 계몽: 이성, 과학, 휴머니즘, 그리고 진보를 말하다》, 사이언스북스, 2021〕

49 Stuart Carroll, "Thinking with Violence", *History and Theory*, 55 (December 2017): 23-43. 비슷한 사례로 Jennifer Mitzen은 "핑커는 우리에게 세련된 근대성과 영리한 통계를 점진적으로 제공해 인간에 대해 좋은 기분이 들게 도움으로써 우리를 정치적 참여로부터 멀리 분리시키고 폭력의 원인 및 희생자로부터 괴리시킨다"라고 주장한다. 그녀의 다음 논문도 참조하라. "The Irony of Pinkerism", *Perspectives on Politics*, 11, no. 2 (June 2013): 525-8, 이 부분은 528.

50 Pinker, *Better Angels*, 841.

51 《지금 다시 계몽》의 띠지에는 억만장자이자 자선가인 빌 게이츠가 두 책〔《지금 다시 계몽》 《우리 본성의 선한 천사》〕 모두를 극찬하는 말이 실려 있다. "세계는 더 좋아지고 있다. 전혀 그렇게 느껴지지 않는데도 말이다. 우리가 큰 그림을 볼 수 있도록 도와주는 스티븐 핑커 같은 훌륭한 사상가가 우리에게 있어 기쁘다. 《지금 다시 계몽》은 나의 새로운 인생 도서다." 엘리트 자선에 대한 최근의 비판에 대해서는 다음 책을 참조하라. 이 책에는 "권력을 갖지 못한 이들의 우려를 경시하고 비합법화하는 인류 역사의 장기적 방향성"을 이용하는 것을 나타내기 위해 테드토크TED Talk의 큐레이터 브루노 지우사니Bruno Giussani가 새로 만들어낸 동사, "핑커하기Pinkering"에 대한 논의도 포함되어 있다. Anand Giridharadas, *Winners Take All: The Elite Charade of Changing the World* (New York: Alfred A. Knopf, 2018), 125-7 〔한국어판, 아난드 기리다라다스, 정인경 옮김, 《엘리트 독식 사회: 세상

을 바꾸겠다는 그들의 열망과 위선》, 생각의힘, 2019)

52 핑커는 학계나 여러 포럼에서 제기된 실질적 문제에 답하기보다 스스로 "질문자들과 종
종 나눴던 대화를 양식화"했다고 칭하는 것을 소개한다. Pinker, *Enlightenment Now*,
chaps. 3-4, 특히 32, 44-7.

53 Bonnie G. Smith, "Gender and the Practices of Scientific History", *The American Historical
Review*, 100, no. 4 (October 1995): 1150-76; 다음도 참조하라. Bonnie G. Smith,
The Gender of History: Men, Women, and Historical Practice (Cambridge, MA: Harvard
University Press, 1998). 19세기 의학 사례를 이용한 과학적 무감각의 양성에 관해서는 다
음도 참조하라. Boddice, *History of Feelings*, chap. 5. 다음도 참조하라. Lorraine Daston
and Peter Galison, *Objectivity* (New York: Zone Books, 2010).

54 Joanna Bourke, "Theorizing Ballistics: Ethics, Emotions, and Weapons Science", *History
and Theory*, 55 (December 2017): 135-51, 특히 이 부분은 138, 145, 148, 151.

55 감정의 역사에 관한 버크의 대표적 연구에 대해서는 다음을 참조하라. Bourke, *Fear:
A Cultural History* (London: Virago, 2005); 그리고 그녀의 *Wounding the World: How
Military Violence and War Games Invade Our Lives* (London: Virago, 2014). 이 책에 버크
의 글 14장 〈성폭력의 증가일변도〉도 참조하라.

56 "합리적[이성적] 행위자"라는 표현에는 "비합리적[비이성적]" (미개인savage) 행위자에 대
한 공포가 담겨 있는데, 그가 그렇게 특정한 목적이 무엇인지는 불분명하다. Pinker, *Better
Angels*, 783.

57 Pinker, *Better Angels*, 814, 793.

58 Pinker, *Enlightenment Now*, 9.

59 Pinker, *Enlightenment Now*, 396-405. 다음도 참조하라. *Better Angels*, 777-8.

60 더 깊은 논의는 이 책의 16장을 참조하라. 코리 로스, 〈어떤 자연의 선한 천사인가?: 현대
세계의 폭력과 환경의 역사〉.

61 핑커의 이데올로기적 입장이 그의 서사를 어떻게 형성하는지에 대한 분석에 대해서는 다
음을 참조하라. Jeff Noonan, "Liberalism, Capitalism, and the Conditions of Social Peace:
A Critique of Steven Pinker's One-Sided Humanism", *International Critical Thought*, 9,
no. 3 (2019): 394-410.

62 또한 핑커는 욕구를 줄이는 것을 도와주는 "[불빛의 밝기 조절이 가능한] 조광照光 스위치
dimmer switch"가 존재하고, 다소 제한적이긴 하나 화해와 사과도 이롭다고 상정한다. 다
음을 참조하라. *Better Angels*, 638-60, 특히 638-40.

63 한 연구에서는 재즈 뮤지션이 즉흥 연주와 악보 연주 간의 차이를 어떻게 구별하는지
에 편도체가 관련되어 있다는 것을 보이기도 했다. 다음을 참조하라. Plamper, *History of
Emotion*, 1-4.

64 사회적 맥락 속에서 감정이 어떻게 작동하는지에 관한 가장 심도 있고 영향력 있는 탐

구 중 하나는 다음 책이다. Sara Ahmed, *The Cultural Politics of Emotion*, 2nd edn (New York: Routledge, 2015).

65 핑커의 "이데올로기"(나치즘, 공산주의 따위)는 근대의 대량폭력에 대한 설명으로 그가 신뢰하는 것이지만 특정한 사건들(마녀 화형, 홀로코스트the Holocaust)에 대해서는 광기 madness 혹은 정신이상[정신장애]insanity으로 특징 짓는다. 이 접근법은 역사적 뉘앙스가 담긴 설명에 방해가 된다. Pinker, *Better Angels*, 194, 196, 672, 686, 613.

66 러시아혁명과 관련된 테러[테러행위]에서의 복수를 분석한 논문으로 더 광범위한 문헌이 인용된 것에 대해서는 다음을 참조하라. Susan K. Morrissey, "Terrorism and *Ressentiment* in Revolutionary Russia", *Past & Present*, 264, no. 1 (February 2020): 191-226.

67 Pinker, *Better Angels*, 587.

68 핑커에게 이것들은 우연적인 것이며, 스스로 도덕화 간극moralization gap이라고 부르는 것—"사회적 동물social animals"임에 대한 "진화의 대가evolutionary price"인 자기 위주 편향—의 산물이다. Pinker, *Better Angels*, 587-99, 특히 590.

69 추가적 분석에 대해서는 다음을 참조하라. Didier Fassin, "On Resentment and *Ressentiment*: The Politics and Ethics of Moral Emotions", *Current Anthropology*, 54 (2013): 249-67. 피해자와 가해자 모두 경험할 수 있음에도 반드시 동일하지만은 않은 트라우마의 평가에 대해서도 비슷한 주장이 제기된 적이 있다. 다음을 참조하라. Ruth Leys, *Trauma: A Genealogy* (Chicago: University of Chicago Press, 2000); Dominick LaCapra, *Writing History, Writing Trauma* (Baltimore: Johns Hopkins University Press, 2000); 그리고 Jeffrey C. Alexander, *Trauma: A Social Theory* (Cambridge: Cambridge University Press, 2012).

70 *Geronimo's Story of His Life*, 기록 및 편집은 S. M. Barrett (New York, 1906). 핑커가 인용하는 구절은 53-4. 핑커가 사용하는 자료는 다음과 같다. M. Daly and M. Wilson, *Homicide* (New York: A. de Gruyter, 1988). 더 심도 있는 분석에 대해서는 다음을 참조하라. Anita Huizar-Hernández, "'The Real Geronimo Got Away': Eluding Expectations in Geronimo: His Own Story: The Autobiography of a Great Patriot Warrior", *Studies in American Indian Literatures*, 29, no. 2 (Summer 2017): 49-70.

제5부

코다

Coda

제18장

스티븐 핑커와 당대의 역사의식

Pinker and contemporary historical consciousness

마크 S. 미칼레

Mark S. Micale

종합하면, 앞의 17개 장은 [스티븐 핑커의] 《우리 본성의 선한 천사》와 《지금 다시 계몽》에 대한 최종적 비평에 다름없다—이 비평의 전반적 평은 굉장히 부정적이다. 그토록 설득력 있고 학술적인 평가에 무슨 설명이 더 필요할까. 이 장에서는 역사학자들이 —학계와 재야를 막론하고— 어떤 식으로 연구를 수행하는지 명료하게 설명해보고자 한다.

역사학자들이 연구하는 방법

모든 지식 분야에는 그 분야전문가practitioner들이 일반적으로 동의하는 특정한 방법과 기준이 있다. 우리 역사학자historian들은 기록으로 남은 과거의 사건들을 현재의 관점에서 해석하는 것이 우리의 역할이라고 생각한다. 우리는 연구 주제들을 선정하는 데 많은 생각을 기울이고, 신중하게 주제들을 기술하고 그 범위를 정하는 것을 확실하게 한다. 우리는, 가능한 한 잘, 우리가 사용하는 가장 중요한 용어들을 정의한다. 과거의 사건이나 인물, 관행이나 과정을 이해하려면, 우리는 그 사건이 일어난 시간과 장소에 대해 가능한 한 많이 아는 것이 필수적이라고 믿는다. 맥락지식contextual knowledge은 진정한 이해에 필수적이다. 주제가 크거나 복잡할수록 그에 관해 일반화하기가 어려워진다. 역사학자들은 과거의 독특하고 특이한 오밀조밀한 요소들을 즐기고, 과거에 관한 다채로운 일화anecdote에 즐거워하긴 해도, 그와 같은 일화들이 전체적 주장이나 해석을 뒷받침할 수 있는 1차적 증거primary evidence가 아님을 안다. 우리는 역사 시기를 이해할 때, 물리적 유물을 조사한 것에 기반을 둔다. 대부분의 경우 이것은 문서 기록이지만 사진, 필름, 예술품, 그리고 다른 종류의 물건이나 인공품일 수 있다. 우리가 십중팔구로 가장 중요하게 생각하는 기술skill은 주어진 원천자료source로부터 어떤 종류의 지식을 얻을 수 있고 얻을 수 없는지 비판적으로 평가하는 능력이다.

우리는 지적 전문성을 열성적으로 신뢰하고, 면밀하고 체계적이며 때로는 경력만큼 오래 걸린 연구를 통해 얻은 지식을 깊이 존중한다. 우리는 우리가 선택한 주제(일례로, 어떤 주제나 분야의 역사서술historiography)에 관해 다른 학자들이 이야기하고 발표한 것을 읽고 그것에 통달하는 것을 중요하게 여긴다. 학부 수준과 대학원 수준 모두에서 우리는 학생들에게 과거가 현재만큼 복잡했다고, 그런 만큼 과거에 대해서는 미묘한 차이까지 고려하는 복합적 판단이 요구된다고 가르친다.

제5부 코다

과거에 관한 진실, 그리고 그에 대한 우리의 지식은 결코 근사치 이상일 수가 없다. 현존하는 자료의 파편적 특성, 해석을 실행하는 개인의 주관성, 불가피한 과거의 과거성過去性, pastness of the past 등은 〔우리의〕 완전한 이해를 제한한다. 과학 분야에서와 같이, 이러한 파악하기 어려운 진실에 대한 추구는 집합적collective 사업에 가깝고, 이것이 우리가 정기적으로 온갖 종류의 그룹 프로젝트를 조직하고 계속해서 동료들의 조언을 구하는 이유다. 우리는 누가되었든 간에 한 전문가가 모든 답을 갖고 있다고 생각하지 않는다. 비평이나 논쟁을 초월한 단 하나의 총체적 해석이라는 개념은 어떤 영역의 지적 노력에서든 우리 생각에는 터무니없는 개념이다. 수년간의 연구는 우리에게 역사적 인과관계에 대한 감각을 주입시켰다―곧 사건들이 어떻게 일어나고 일어나지 않는지에 대한 일종의 직관적 인식intuitive awareness.[1]

지난 한두 세대 동안 학문적으로 훈련받은 역사학자들은 현재의 상황들이 어떤 식으로 과거에 대한 우리의 시각을 형성하는지도 깨닫게 되었다. 우리는 21세기의 확신과 취향을 보통은 매우 다르게 마련인 과거에 대한 가정과 조건에 강제하는 일이 없게끔 조심하려 노력한다.[2] 유사하게, 우리는 역사학자 자신의 삶의 경험과 이데올로기적 관점이 우리의 발상과 해석에 영향을 줄 수 있음을 인식한다. 따라서 우리는 우리의 연구에 영향을 끼치는 신념들의 존재를 최대한 인정하는 것이 중요하다고 생각한다.

연구 프로젝트를 더 명확히 파악하기 위해 역사학자들은 때때로 인류학, 고고학, 언어학, 법학 같은 부수적 지식 분야의 방법, 발견, 통찰을 사용해야 한다고 판단하기도 한다. 역사학자들이 제2 학문에 통달하기 위해 오랜 세월을 투자하는 것은 드문 일이 아니다. 그리고 우리는 우리가 우리 분야의 전문가임을 자랑스럽게 여기는 동시에 학계 외부의 "아마추어amateur" 학자들의 연구 또한 높이 평가하고 환영한다. 1970년대 후반 학부 시절, 내가 역사를 전공으로 택한 것은 바버라 터크먼Barbara Tuchman의 14세기 유럽, 제1차 세계대전 이전 시대에 관한 저서들과 조지프 스틸웰Joseph Stilwell의 중국에서의 경력에 영감을 받은 때문이었다.[3] 터크먼은 재능 있는 재야non-academic 역사학자였다. 오늘날 내가 특히 좋아하는 역사책 가운데에는 러셀 쇼토Russell Shorto, 애덤 호크실드Adam Hochschild와 같이 재야 학자들의 책도 있다. 우리가 고집스럽게 주장하는 한 가지는 일반 청중과 학계 청중 사이 경계에 걸쳐 있는 이러한 책들이 앞서 개괄한 기본적인 지적 기준을 따라야 한다는 것이다.

대략 제2차 세계대전 말 이래, 역사 분야 종사자들은 때때로 철학적 역사주의philosophical historicism라 불리는 것—전체로 보면 방향성이 있고 확인가능한 모종의 끝점end point을 향하고 있다는 발상—으로부터 후퇴해왔다. 그런 선형적線形的, linear이고 목적론적teleological인 안案이 한때는 매우 일반적이었다. 실제로 그런 안들은 역사서술의 일부 주요 연구에 생기를 불어넣었고, 플라톤, 게오르크 빌헬름 프리드리히 헤겔, 카를 마르크스 같은 사상가에게는 핵심적인 것이었다. 이와는 대조적으로 오늘날에는, 훈련받은 역사학자라면 대부분 역사가 걸어온 과정이 사실은 그와 같은 그랜드 디자인grand design이 틀렸음을 증명하고 있다고 주장할 것이다. 우리는 사건들이 보편적 목표를 향해 단 하나의 궤적을 그리며 변경되는 일 없이 펼쳐지도록 운명 지어졌다는 개념에 회의적이었다. 사실 그러한 메타역사적meta-historical 이론은 때로는 위험하고 파괴적인 방식으로 발전되었다. 철학적 역사주의 대신 오늘날 우리는 역사에서 우연성contingency과 불연속성discontinuity을 강조하는 경향이 있다.

우리는 다수의 추세가 동시에 작동할 수 있다는 발상에 익숙해졌다—예들 들어 진보progress, 퇴보regress, 정체stasis가 공존할 수 있다는 것이다. 우리는 역사를 단수형이 아니라 복수형으로 쓰기를 선호한다. 그렇다해도 우리는 여전히 일반화에 대한 기본적 필요성을 이해한다. 우리는 빅픽처big-picture식의 설명들을 소중하게 여기며, 대담하고 혁신적인 발상에 흥분한다. 어떤 역사학자가 그와 같은 새롭고 설득력 있는 해석을 공식화하면 우리는 흥분해서 그의 혹은 그녀의 연구에 덤벼든다.[4]

총계와 총평

인지심리학자cognitive psychologist 스티븐 핑커가 역사학을 전공하는 학생들이 실제로 어떤 식으로 연구를 하는지 배우려는 노력을 기울였다면, 그는 내가 방금 나열한 점들을 알았을 것이다. 핑커가 가르치고 있는 〔미국〕 매사추세츠주 케임브리지 하버드대학 캠퍼스에는 심리학과와 역사학과가 서로 쉽게 걸어갈 수 있는 거리에 위치하고 있다. 커크랜드스트리트Kirkland Street의 윌리엄제임스홀William James Hall에서 대학의 주 도서관인 와이드너도서관Widener Library까지의 짧은 거리를 걷다보면 로빈슨홀Robinson Hall을 바로 지나간다. 그곳에는 이 책에 기고한 교수 두 명을 비롯해 하버드의 저명한 역사학 교수진의 연구실이 있다. 핑커에게는 자신이 몸담은 기관의 동료들에게 들러 본인이 아무런 교육도 받은 바 없는 학문의 전반에 관해 자문을 구해야겠다는 생각이 나지 않았던 듯싶다. 심지어 중요한 역사적 발전상을 식별·분석한다고 하는 광범위한 책을 두 권이나 저술했음에도 말이다.

결과적으로, 우리 종의 점차적 평화화pacification에 관한 핑커의 주요 주장과 그 주장에 관계된 논쟁 즉 현재가 인류 역사상 가장 평화로운 시기라는 논쟁은 수많은 문제에 포위되어 있다. 이 책의 집필진이 핑커의 연구에서 정확히 짚어낸 결함들을 요약하면 다음과 같다.

1. 폭력violence을 민간과 군에 의한, 통계적으로 기록된 사망자 수로 지나치게 편협하게 정의한 것

2. 자신이 주장하는 근대의 평화로움과 대비하기 위해 과거 특정 시대의 폭력을 과장한 것

3. 지질연대학적geo-chronological 맥락을 철저히 무시한 것

4. 자신의 설명에 그럴싸한 의사과학擬似科學, pseudo-science적 특성을 부여하는 원시 형태의 정량적quantitative 데이터를 인용한 것

5. 잇따른 주제에서 충분히 많은 반대증거counterevidence를 무시하거나 일축하는 경향이 있는 것

6. 많은 주제에서 가장 중요하고 존중받는 학자들을 다루지 않은 것

7. 예컨대 〔현지〕 선주민先住民, indigenous peoples에 대한 폭력, 식민지 폭력 colonial violence, 교도소 〔내〕 폭력, 환경〔에 대한〕 폭력, 동물에 대한 폭력 등 모순되지는 않더라도 자신의 논지를 복잡하게 만들 만한 폭력의 범주들을 모조리 배제한 것

8. 전 세계적 행동을 설명하길 열망하는 연구에서 라틴아메리카, 아프리카, 아시아 및 여타 지역의 역사보다 서유럽 및 북아메리카를 특별히 취급한 것

9. 제1차 세계대전, 제2차 세계대전, 홀로코스트the Holocaust, 스탈린의 소비에트연방, 마오쩌둥의 중국, 폴 포트의 캄보디아를 비롯해

20세기의 참상을 최소화한 것

10. 트라우마를 가져온 사건이 지나간 후에도 오랫동안 지속되는 대량폭력mass violence의 유산을 인식하지 못한 것

11. 아동 성학대sexual abuse of children, 전시戰時 성폭력wartime sexual violence, 국제 인신매매international human trafficking, 사이버폭력cyber-violence과 같이 더 새로운 형태의 폭력, 그리고 새롭게 발견된 과거의 폭력을 묵살한 것

12. 자신의 생각과 글의 기저에 깔린 이데올로기적 성향을 인정하고 살펴보는 일을 체계적으로 꺼려한 것

이 목록에는 자신의 저술들이 받은 평에 대한 핑커의 우려스러운 반응도 추가되어야 할 것이다. 핑커는 모든 비판적 논평에 대해 반사적反射的, reflexive이고 분개하는 묵살로 대응하며, 이는 자기교정self-correction 능력의 완전한 부재와 결합되어 있는 것으로 보인다.

여러 분야의 전문가들이 평한 결과, 〔스티븐 핑커의〕《우리 본성의 선한 천사》와 《지금 다시 계몽》은 신뢰할 수 없는 책으로 밝혀졌다. 경험적, 방법론적, 해석적, 논쟁적 문제들은 역사(학)으로 진출하려는 핑커의 두 번의 시도를 좌절시킨다. 앞서 린다 피비거가 맨 처음 지적했듯, 어떤 특화된 연구 분야에서도 역사학자들은 핑커의 주장을 진지하게 받아들이지 않는다.[5] 그의 책은 역사(학)에 폭력을 행한다.

오래된 역사와 새로운 역사

《우리 본성의 선한 천사》와《지금 다시 계몽》이 역사적 학문으로서 실패작이고 심지어 과학적 가설로서도 마찬가지라고 해도, 스티븐 핑커의 두 책은 이데올로기적 진술로서는 어느 정도 힘을 갖고 있을 수 있다. 하지만 그것은 어떤 이데올로기일까? 이 책의 집필진은 1400쪽에 이르는 핑커의 텍스트에서 기저에 깔린 가치체계value system를 뽑아냈다. 핑커의 세계관에서 인류의 진보는 쉽게 감지할 수 있는 것이며, 그 징후는 더 길어진 수명에, 점점 증대되는 번영에, 문해력[리터러시]literacy의 전 세계적 증가에 즉 우리 주변 어디에나 있다. 이 진보의 변화무쌍한 동력은 정치적 자유political freedom와 현대 과학, 산업, 기술이 가미된 시장자본주의market capitalism의 결합이다. 핑커는 정식 교육을 받은 심리학자이므로 인류 발전 과정에서 심리학적 측면이 즉 점점 증대되는 이타주의altruism 및 감정이입empathy 능력과 결합된 이성reason, 지능intelligence, 창의력ingenuity이 항상 더 많이 발휘된다는 것을 사실로 단정한다.

인정사정 봐주지 않는 자연nature이라는 선사시대적 배경과 비교해, 핑커는 인류의 폭력이 수 세기를 관통하며 증감을 거듭하는 것으로 보지만, 그는 적절한 관점에서 평화화로의 전반적 추세는 식별가능하고 부인할 수 없다고 믿는다. 핑커는 우리 종種, species의 장기간에 걸친 진보에서 영국, 서구, 유럽 대륙, 초기 미국 등에서의 18세기 계몽주의 the Enlightenment가 중추적 역할을 했다고 주장한다. 이 시기는 자연, 진리 truth, 이성, 과학science, 자유liberty, 교육education, 정부government, 평화peace, 행복happiness 등에 관한 무수한 발상이 최초로 광범위하고 강령적綱領的으로programmatically 분출된 획기적 순간이었다. 계몽주의의 이상들은 핑커의 생각에 오늘날에도 여전히 실현되는 중이다. 그것들은 우리 시대의 가장 좋은 것들을 만든 근본적 원인이므로, 그것들이 제대로 이해되고 연마된다면 인류의 미래가 밝을 것이다. 핑커는 잔혹하고 폭력적인 행위가 계속해서 발생하고 있다는 점은 인정하나, 그러한 비극이 이전 어느 때보다 벌어지는 빈도와 정도가 덜하고, 그것을 혐오하는 사람은 더 많다고 생각한다. 핑커에게는 우리 시대에 잔학성brutality이 발생하는 것이 과거 선사시대 부족사회의 호전적 사고방식으로의 복귀 혹은 진화적 회귀를 나타낸다.

형태야 어떻든, 핑커가 동의하는 일군—#의 신념은 서구에서 흔하다—그리고 다른 곳에서도 마찬가지다. 그것은 합당하다고 옹호할 수 있는 철학이다. 핑커가 자신의 비전을 역사서가 아니라 자전적 고백서나 당대 문화 비평서로 발표했다면, 책 제목을《과학과 이성에 대한 나의 믿음My Faith in Science and Reason》이나 어쩌면《서구 근대성에 만세 삼창을!Three Cheers for Western Modernity!》《실증주의와 진보Positivism and Progress》로 붙였을지도 모른다. 이와 같은 제목들이라면 핑커가 선택한 제목들보다 신뢰도 더 가고 반대도 덜했을 것이다.

핑커의 작업이 본질적으로 이데올로기적이자 역사적이라면, 진짜 역사학자들은 이에 대해 무슨 말로 응수해야 할까? 얼핏 생각하니, 핑커의 진보주의 세계관에 가장 적절한 반격은 그냥 최근 사건들을 열거하는 것일 수 있을 것 같다.[6] 전 세계를 휩쓰는 유행병, 세계시장의 침체, 끊이지 않는 총기폭력, 되살아나는 인종주의racism 및 민족주의nationalism, 급증하는 실업율 및 노숙자, 거대한 건강 불평등health inequality, 기후변화와 관련된 자연재해, 지독한 정부 부패, 치명적 도시공해, 가속화하는 아마존 삼림 파괴 등은 그저 오늘날 뉴스 헤드라인의 일부에 불과하다.

핑커의 이론과 현 세계의 혼돈스러운 상황을 양립시키기란 어렵다.

좀 더 장기적 관점에서 보면, 우리는 민주주의democracy가 최근 별로 운이 좋지 않음을 보고 있다. 1989~1991년 냉전the Cold War의 종식은 소비에트블록Soviet Bloc에 속해 있던 다수의 국가에 자유 대의제 정부를 세울 전례 없는 기회였다. 그러나 30년 후, 이들 동유럽 국가 중 몇몇은 다시 권위주의적 정치로 돌아간 상태고, 포스트공산주의 러시아 역시 늘 억압적이고 독재적autocratic이다. 중국에서는 시진핑習近平이 자신의 독재를 공고히 하고 있으며 홍콩의 민주주의 옹호자들을 강력히 탄압하고 있다. 터키〔튀르키예〕, 브라질, 미국은 위험하고 선동적인 지도자들을 경험했다. 평생을 교육자로 살아온 사람으로서 내가 위의 사건들 못지않게 우려하는 바는 서구 국가들에서 정치뉴스 문화가 끼치는 악영향이다. 명석한 역사학자 소피아 로젠펠드Sophia Rosenfeld는 《민주주의와 진실Democracy and Truth》〔2018〕이라는 예리한 분석에서, 24시간 내내 가짜 정보와 음모를 유포하는 정파적 텔레비전 및 소셜미디어 사이트가 "객관적 진실의 위기"를 불러일으켰다고 진단한다.[7] 요새만큼 계몽주의의 만트라mantra―진리를 알게 되면 그것이 우리를 자유롭게 할 것이라는―를 달성하기 어려운 때는 없었다. 현재의 "가짜 뉴스fake news" 시대를 가능하게 만든 건 핑커가 떠받들고자 하는 바로 그 과학기술적 근대성technological modernity이다.[8]

작금의 사건들에 대해서는, 물론, 모두 각자의 의견이 있다. 이 책의 경우 더 적절한 질문은, "역사학자들은, 전문가 공동체로서, 핑커의 인류 향상의 철학human betterment philosophy에 어떻게 반응할 것인가?"가 아닐까. 이 쟁점을 탐구하려면 질문을 다르게 던져야 한다. "역사를 잘 연구하고 잘 쓰는 최고의 방법은 무엇인가?"가 아닌 "도대체 역사는 왜 공

제5부 코다

부하는가?"다.

이 기본적 질문은 수세기 동안 빈번히 제기되었으며 다양한 답변을 낳아왔다. 고대 그리스에서 시작되어 20세기 초반까지 계속된 독보적이고 매력적인 역사서 장르는 유명 인물들의 생애와 흥미진진한 활동, 특히 정치·외교·전쟁에서의 활동을 연대순으로 기록한 것이었다. 이 이야기들은 일반적으로 장편 서사 형태를 취했고 이 전설적 인물들—영웅이든 악당이든—이 역사의 경로에 결정적 영향을 끼쳤다는 함의를 담고 있었다.

역사 서술history writing의 두 번째 분파는 유대-기독교 혼합 전통을 비롯한 세계의 거대종교great religion에서 나왔다. 이른바 섭리적 역사providential history에서는 과거, 현재, 미래에 일어나는 모든 일을 조물주의 우주적 의지 혹은 목적에 의한 활동이라고 인식한다. 비록 그 계획이 인간에게는 불가해한 것일지언정, 성경과 같이 해당 종교의 주요 텍스트에 신의 마스터플랜에 대한 안내가 존재한다.

"왜 역사를 공부하는가?"에 대한 세 번째 답은 18세기 계몽사상가들이 제시했다. 프랑스의 볼테르, 영국의 에드워드 기번Edward Gibbon, 아메리카 초기의 미합중국 헌법 제정자들에게 과거는 공부할 가치가 있는 다양한 특징의 인물이 현저히 많이 포진된 시기였다. 이 관점에서 역사는 이 인물들의 고결한 (어떤 경우에는 괘씸한) 활약상이 여러 사건을 배경으로 펼쳐진 스펙터클[볼거리]spectacle이다. 따라서 사람들은 "과거의 교훈"에 관해, 특히 국가를 통치하고 전쟁을 수행하며 번영 및 그 비슷한 것들을 이루는 방법에 관해 배우고자 역사를 공부했다.

19세기, 특히 오랜 빅토리아/에드워드 시대(1837~1914) 동안 영국 제도British Isles에서는 역사적 의미를 갖는 네 번째 패러다임이 생성되었다. 1930년대 이후 이 모델에 휘그Whig[휘그주의식] 역사 서술이라는 이름표가 붙었다.[9] 휘그사관에서 역사란 다른 무엇보다도 미래의 준유토피아quasi-utopia를 향한 즉 연대순으로 기록되고 있는 주요 자질이 실현 가능한 최대치에 도달하는 세계를 향한 꾸준한 진보를 나타낸다. 19세기와 20세기 초반, 이와 같은 종류의 광범위한 도덕적 서사들은 자유freedom, 행복, 계몽enlightenment, 입헌군주제constitutional monarchy, 의회민주주의parliamentary democracy, 과학 및 기술technology, 그리고 문명civilization 자체를 망라하는 다양한 주제에 초점이 맞춰져 있었다. 이러한 이야기들은 사람들과 사건들을 선과 악으로 나누는 경향이 있었다. 그 과정에는 도전과 좌절이 있을 수 있으나 궁극적 승리는 역사적 운명에 달려 있었다. 휘그주의 정본으로 분류되는 책과 에세이 중에는 윌리엄 휴웰William Whewell의 《초기부터 현대까지 귀납적 과학의 역사History of the Inductive Sciences from the Earliest to the Present Times》(1837), 헨리 토머스 버클Henry Thomas Buckle의 《잉글랜드 문명의 역사History of Civilization in England》(1857), W. E. H. 렉키W. E. H. Lecky의 《유럽에서의 합리주의 정신의 발흥과 영향History of the Rise and Influence of the Spirit of Rationalism in Europe》(1865), 액턴 경Lord Acton[존 달버그-액턴John Dalberg-Acton]의 《자유의 역사History of Freedom and Other Essays》(1907), 베네데토 크로체Benedetto Croce의 《자유에 대한 이야기로서의 역사History as the Story of Liberty》(1938) 등이 있다. 앵글로-휘그Anglo-Whig 관점에서는 항상 현재가 진보 운동의 절정이었다.[10]

이 패러다임들에는 다수의 공통적 특성이 있었다. 그것들은 모두 어마어마한 종단적縱斷的 서사[내러티브]longitudinal narratives를 만들어냈다. 그 서사들은 수천 년까지는 아니더라도 수 세기에 걸친 것이었다. 위대한 변화의 주역은 예외 없이 남성들이었다. 게다가 단일 국가 또는 지역—

고대 지중해나 고대 중동, 서구 기독교 국가, 앵글로-색슨 북유럽, 독일, 영국, 프랑스, 미국—이 역사의 허브로 투사되었고, 그로부터 문명이 퍼져나가 인간이 거주하는 알려진 세계 외 나머지 세계에까지 전파되었다. 일반적으로 서사의 중심지는 역사학자 겸 저자 자신이 사는 나라나 대륙이었다. 이 역사학자들이 해주는 이야기들에서 찬양되는 것들은 일반적으로 인류 전체에 고귀하게 여겨지는 것들에 대한 은유의 역할을 했다. 비록 민족주의적 왜곡이 다양하게 가미되기는 했으나, 여러 세대 동안 무수히 많은 "서구 문명Western civilization" 교과서와 각 서구 국가의 역사서가 휘그〔주의식〕 역사 서술 전통으로부터 나왔다.

오늘날 연구 접근법으로서 이 네 가지 패러다임 중 하나라도 사용하는 전문 연구가는 거의 없다. 당대 역사학자들은 앞서 언급한 접근법과 더불어 과거에 깊이 매료된 마음과 우리는 그것을 부지런히 공부하고 그로부터 배워야 한다는 믿음을 공통적으로 갖고 있으나, 역사 서술의 내용과 관행은 과거 50년 동안 근본적으로 바뀌었다. 이 대대적 변화를 촉발한 것은 간단한 깨달음이었다. 바로, 이전의 모든 패러다임은 과거에 살았던 거의 대부분의 사람들의 경험을 배제했다는 것이다. 누락된 사람들 중에는 여성, 소농, 노동자, 빈민과 같이 수적으로 많은 부분을 차지하는 부류의 사람들도 있었다. 역사 서술의 초기 방식은 연구 대상이 되는 사회들에서 소수 인구 집단을 구성한 사람들의 범주 자체도 —국가적, 민족적, 인종적 정체성 때문에— 배제했다. 지리적으로 말하면, 예전의 이야기들에는 전부까지는 아니더라도 저자 자신의 문명화 궤도 밖의 세계는 대부분 누락되어 있었다.

이와는 극히 대조적으로, 과거 세 세대에 걸쳐 수천 명의 학자들이 이전에는 무시되고 배제된 이들의 역사를 연구·복원·재구성해왔다. 여성, 소농, 산업노동자, 빈민, 이민자[이주민], [현지] 선주민, 식민지적 주체colonial subject, 흑인, 히스패닉, 아시아인, 유대인, 동성애자, 장애인 등은 역사(적) 주체historical subject로서 그 수가 계속해서 늘고 있는 이들의 일부에 불과하다. 광범위한 실증 연구의 분야가 열렸다. 새롭게 참정권이 부여된 이들 집단에 대한 이야기는 부차적이거나 보충적이지 않다. 이들은 기존의 역사 이야기를 지배한 엘리트 집단과 동등한 공간과 동일한 가치의 존엄성을 부여받았다. 특히 전 세계 영어권 대학에서는 역사학과의 커리큘럼이 완전히 새롭게 짜였다. 교과 내용의 확장은 특히 20세기 후반 이후 지구화에 의해 강화되었다. 동시에 역사학은 —국가 기반이나 대륙 기반이 아니라— 진정으로 글로벌 서사global narrative를 정교하게 만들어낼 수 있겠다는 가능성에 고무되었다. 새로운 연구 결과가 쏟아져 나와 과거에 대한, 그것이 무엇으로 구성되었고 당대의 대중문화와는 어떻게 관련되어 있는지에 대한 우리의 이해를 당당하게 넓혔다.

이 새로운 역사가 단순히 폭넓어진 주제만 수반한 것은 아니다. 그것은 명백하게 정치적인 일련의 의문도 제기한다. 역사 기록으로부터의 누락은 누구의 책임인가? 그 개인들 혹은 기관들은 어떻게 결정을 내렸나? 그리고 그렇게 한 목적은 무엇인가?

과거의 인류 경험의 총합이 현재의 기록된 역사가 되려면 선택, 정리, 분석, 해석이 필요하다. 그 작업들은 일차적인 주제 선정을 비롯해 포함과 배제의 행위를 수반한다. 누구의 삶의 경험이 주목을 받고 누구의 삶의 경험이 열외로 취급되는지는 우연히 정해지지 않는다. 그 결정은 기억하고 연구하고 기념해야 할 만큼 중요한 사람이 누구인지 —다시 말해 누구의 삶이 중요한지— 그리고 잊혀야 하거나 "기억에서 떨어

제5부 코다

져나가야 할dis-remembered" 사람은 누구인지에 대한 판단을 체계화하는 개인 저자들이나 또는 저자들로 구성된 공동체가 내린다.

이와 같은 결정들은 불가피하게 이데올로기적일 수밖에 없다. 1995년 미셸-롤프 트루요Michel-Rolph Trouillot는 이 점에 대해 이제는 고전이 된 논의를《과거 침묵시키기: 권력과 역사의 생산Silencing the Past: Power and the Production of History》(1995)에서 제시했다.[11] 트루요가 보기에 역사란 스스로 쓰이는, 이데올로기가 개입되지 않은 중립적 서사가 아니었다. 그는 크리스토퍼 콜럼버스(1451~1506), 아이티혁명the Haitian Revolution(1791. 8. 21~1804. 1. 1) 멕시코-미국전쟁the Mexican-American War의 알라모전투the Battle of the Alamo(1836. 2. 23~3. 6)를 예로 들며, 역사가 어떻게 전쟁의 승자들에 의해 쓰여왔는지를 보여주었다. 승자들은 (자신들에게) 완패한 이들을 왜곡되고 악독한 방식으로 등장시키거나 전적으로 집합적 기억collective memory에 의존해 패배자들을 기록하면서 자신들을 중심에 두고 스스로를 찬양하려 한다.

오랫동안 존스홉킨스대학 글로벌학연구소the Institute for Global Studies 의 책임자였던 트루요가 아이티 출신이라는 것은 우연이 아니다. 1791~1804년의 아이티혁명은 세계 역사상 최초로 성공한 노예 반란이자 비유럽인들이 새롭고 독립적인 국가를 설립하려 유럽의 식민주의(적) 레짐colonial regime을 전복한 최초의 사건이기도 하다. 봉기가 성공했다는 소식은 북아메리카와 남아메리카, 영국, 서유럽 전체에 파문을 일으키며 노예 소유주들을 겁에 질리게 했고, 19세기에 있었던 대부분의 해방 운동에 영감을 주었다. 그러나 내가 예일대학원에서 근대 유럽사를 공부한 1980년대까지만 해도 이 중대한 사건에 대한 보도가 전무했다. 이것은 200년 동안의 실수였을까? 아니면 "이데올로기적 삭제ideological erasure"의 전형적 사례였을까? 오늘날에는, 역사적 학문에 대한 재개념화가 훌륭하게 이뤄진 덕분에 역사학자들이 "대서양 혁명의 시대the Age of the Atlantic Revolutions"를 가르칠 때 미국독립혁명the American Revolution, 프랑스혁명the French Revolution, 아이티혁명에 동등한 시간을 할애한다.

스티븐 핑커와 당대의 역사의식

점점 더 많은 역사학자가 폭력이 ─그리고 특히 과거의 폭력을 은폐하려는 욕망desire이─ 역사에 대한 선별적 기억상실의 지배를 받아왔음을 깨닫고 있다. 거듭된 사례에서 밝혀진바, 과거 역사로부터 배제된 인간 집단은 종속적 지위의 집단이었다. 이것은 격언처럼(윈스턴 처칠Winston Churchill 덕분에 유명해진) 단순히 "역사는 승자에 의해 쓰인다history is written by the victors"로 설명될 문제가 아니다. 우리가 발견한 바에 따르면, 승리는 대개 엄청난 피를 흘리고 나서야 확보되었다. 폭력은 보통 지배권력의 중심지에서 멀리 떨어진 곳(예컨대 줄루왕국, 태즈메이니아의 시골 지방, 콩고 정글, 다코타 내륙지방 등) 즉 시아에서 벗어난 곳에서 발생했다(줄루Zulu족'은 남아프리카공화국 동부에 사는 반투계 종족으로 19세기 초반 샤카(샤카 카센잔가코나Shaka kaSenzangakhona)(재위 1816~1828) 왕의 통치하에 강력한 군사력을 바탕으로 왕국을 형성했다). 폭력 중 일부는 교도소, 수용소, 병원, 보호소처럼 폐쇄된 기관 시설에서 일어났다. 보통 범죄 가해자들은 반드시 사건이 잊히게 만들기 위해 자신이 할 수 있는 모든 일을 한다. 수치스러운 행위가 있었음을 인정하라고 강요당하는 경우에 그들은 그것이 예컨대 개종이나 문명화 사명, 아니면 저항 및 반란에 맞선 대응처럼 어떤 더 큰 목표를 위해 필요한 단계였다고 설명하고 변명하는 경향이 있다. 숨겨진 폭력[암행적 폭력]the hidden violence—어떤 경우에는 수 세기에 걸쳐 작동한 철저한 억압 체계를 수반하는—을 찾아내는 일이 처음으로 독립적인 역사연구의 주제로서 구성되는 중이다.

이 재평가가 가져온 가장 고무적인 변화의 하나는 피해자의 관점에서 역사를 상상하고 조사한다는 발상이다. 이런 방향전환과 함께 새로운 역사가 출현하고 있다. 좋은 것, 나쁜 것, 추악한 것을 비롯해서 더 정확한 과거의 감각sense of the past을 전달하는, 더 풍부하고 더 흥미로운 역사다. 알렉산드로스 대왕에서부터 나폴레옹 보나파르트에 이르기까지, 그동안 고대 및 근대 전설의 주인공들은 제국을 건설한 위인들이었다. 그들의 영웅적 모험담은 정복당한 사회의 관점에서 보면 완전히 다르게 보인다.[12] 이제 군사역사학자들은 남성 전투원들과 그 지도자들의 업적을 소개할 때만큼이나 여성·어린이·죄수·난민을 비롯한 민간인의 경험을 논의하는 데에 많은 시간을 할애할 것이다. 적the enemy의 관점을 재구성하려는 시도 또한 할 수 있다.[13] 마커스 레디커Marcus Rediker의 《노예선: 인간의 역사The Slave Ship: A Human Story》(2007) 같은 책은 선장, 선원, 노예, 이전에 노예였던 사람들의 경험을 나란히 놓고 살펴봄으로써 대서양 횡단 노예무역the transatlantic slave trade에 대한 우리의 이해의 폭을 넓혔다.[14] 좀 더 국부적인 사례는 1860년대의 미국 대륙횡단철도 transcontinental railroad 건설이다. 여러 세대에 걸쳐 교과서에서는 이 프로젝트를 미국 팽창주의American Expansionism의 기준점, 민간-공공 자금 조달의 쾌거, 공학기술의 기적 등으로 소개했다. 오늘날에는 이 일이 중국 이민자 노동, 철도가 놓이는 경로에 살고 있던 인디언 부족들, 한때는 그 지역 대부분을 지배한 버펄로[아메리카들소] 등에 끼친 영향에 대해서도 살펴본다. 전에는 해당 마을 혹은 지역 기사에서가 아니면 거의 혹은 전혀 주목받지 못한 대형 인명사고들이 이제는 처음으로 지구사global history에 통합되고 있다. 중국 남부에서 2000만~3000만 명의 사망자를 낸 태평천국의 난太平天國之亂, the Taipping Rebellion(1850~1864), 거의 70퍼센트의 파라과이 성인 남성을 사라지게 한 1860년대의 파라과이전쟁the Paraguayan War(1864~1870), 우크라이나 민족 수백만 명을 아사시킨 1930년대 초반의 이른바 홀로도모르Holodomor, 1947년 인도와 파키스탄의 분리에 뒤이어 발생한 힌두-무슬림 집단학살massacre 등이 이 현상의 사례들이다(*홀로도모르Голодомор는 1922~1923년 우크라니아의 대기근이다. 우크라이나어로 "기아에 의한 죽음" "기아를 통한 살인"이라는 뜻이다).

이 새로운 접근법으로 재형성된 두 분야는 (현지) 선주민 역사와 식민주의colonialism/포스트식민주의postcolonialism 연구다. 유럽과 아메리카대륙에 사는 사람들은 최근 크리스토퍼 콜럼버스Christopher Columbus를 두고 벌어진 논쟁에 익숙하다. 15세기 후반의 이탈리아인 탐험가 겸 항해사요, 유럽인 최초로 카리브해를 항해한 그가 용감하고 대담무쌍했다는 데에는 의심할 여지가 없다. 그러나 렌즈를 바꿔서 보면 콜럼버스의 "아메리카의 발견discovery of America"을 시작으로 일련의 사건이 벌어졌음을 알 수 있다. 다수가 스페인 "콩키스타도르conquistador들"(정복자들)에 의해 자행된 이 사건들은 50년 이내에 카리브해 지역의 선주민들과 메소아메리카인들을 절멸시켰다. 이들 중 일부는 언어, 책, 천 년 역사를 비롯한 풍요로운 문화를 소유하고 있었다.[15] 생물학biology 및 생태학ecology의 측면에서도 "신세계the New World"와의 최초의 접촉은 찬양할 만한 이야기는 되지 못한다.[16]

(현지) 토착민native peoples에 대한 제노사이드genocide가 의도하지 않은

일이었고 18세기 이전 시대에 국한된 것이었다고(핑커가 받은 인상) 생각하지 않도록 하기 위해, 잘 알려지지는 않았지만 최근 고통스러울 정도로 상세하게 강조되는 또 다른 사례를 들어보자. 19세기의 3/4분기 때 캘리포니아 북부 해안을 따라 벌어진 멘도시노인디언전쟁the Mendocino Indian Wars[멘도시노원정]에 관한 일이다. 2017년, UCLA(캘리포니아대학교 로스앤젤레스캠퍼스)의 젊은 역사학자 벤저민 매들리Benjamin Madley가 저술한 《아메리카 제노사이드: 미합중국 그리고 캘리포니아 인디언 대참사, 1846~1873 American Genocide: The United States and the California Indian Catastrophe, 1846~1873》가 출판되었다. 이 책은 심도 있는 연구의 결과물이며, 또한 캘리포니아주 거주자로서 내가 최근 몇 년간 읽은 가장 우울한 책의 하나이기도 하다.[17]

캘리포니아 지역은 정복을 통해 [미국이] 멕시코로부터 획득한 땅으로, 1848년 공식적으로 미국 정부에 합병되었다. 같은 해, 새크라멘토 북동부 구릉지에서 예기치 않게 금이 발견되었다. 1850년 캘리포니아는 "노예제 없는 자유주自由州, free non-slavery state"로서 연방에 가입했다. 이와 같은 사건들이 합쳐지면서 1850년대에 수십만의 백인, 특히 일확천금을 노리는 젊은 남자들이 캘리포니아 북부로 물밀 듯 몰려들었다. 새로 온 사람들은 땅과 물을 구했고, 이는 곧 그 지역에서 수천 년 동안 평화롭고 생산적으로 살고 있던 [현지] 토착민 거주자들과 충돌을 빚게 된 원인이 되었다. 스페인 식민자colonizer들이 새로운 질병을 들여오기 전인 1769년, 캘리포니아에는 추정상 31만 명의 인디언이 살고 있었다. 1850년 최초의 주州청사에 성조기가 올라갈 때 이 수치는 15만 명으로 감소해 있었다. 1873년경 이 지역 마지막 "인디언 전쟁Indian Wars"이 비열한 결말을 맞았을 당시, 토착 아메리카인Native Americans 인구는 3만 명으로 급감한 상태였고, 1880년 미국 인구조사 기록에 따르면 주 전체에 살고 있는 인디언은 1만 6277명에 불과했다.

북아메리카대륙 전역에 걸친 정착민-인디언 관계의 폭력적 역사는 널리 알려진 사실이다. 매들리의 업적은 1846년에서 1873년 사이 전개된 총격, 교수형, 유괴, 매복, 집단학살, 전투 등을 하나하나 사건별로 종합한 목록을 최초로 제공한 데 있다.[18] 이 살해의 기록을 재구성하는 것은 엄청난 양의 1차 원천자료primary source가 필요한 일이었다.[19]

매들리가 보인 바에 따르면, 당시 막 도착한 백인들은 인디언이 가끔씩 목장 소를 훔치고 그들 조상 땅의 무단점유에 저항하는 것을 구실 삼아 캘리포니아 북부의 선주민에 대한 공공연한 섬멸 정책에 착수했다. 주 민병대, 지역의 자원自願 민병단, 인디언과 싸우는 비정규 자경단, 갈수록 증가하는 미 육군이 모두 비무장의 인디언들에게 대규모의 무차별 살인을 자행했다. 토지에 굶주린 이주민뿐 아니라 주 의회 의원, 지방 판사, 주지사, 캘리포니아주 대법원, 미국 상원, 언론과 급증하는 유럽계 미국인 대중은 인디언 탄압과 살해를 지지했다. 억제되지 않은 폭력은 연방 정책을 위반하는 것이었으나 멀리 떨어진 워싱턴 D.C.의 눈에 띄지도 기소되지도 않았다.

가장 치명적인 습격은 1859~1860년의 멘도시노원정the Mendocino Expedition에서 일어났다. 떠돌이 정착민 무리들이 식료품점을 파괴하고, 야간공격에서 마을을 방화하고, 찾아낼 수 있는 그 지역의 유키Yuki 부족〔캘리포니아주의 원주민〕을 성별과 나이를 불문하고 모두 죽여버린 사건이었다. 지역의 학살에서 어떻게든 살아남은 인디언은 농사에 적합하지 않은 작은 보호구역으로 이주되었다. 생존한 여성과 아이들 중 일부는 팔기 위해 잡아두었다.[20]

더하지도 빼지도 않은 매들리의 설명이 등장할 때까지 미국 교과서에서는 캘리포니아의 해당 지역을 골드러시the Gold Rush, 샌프란시스코의 초기 성장, 탐험가 존 C. 프리몬트John C. Frémont(1813~1890)의 액션 스릴러 영화 같은 이력과 관련해서만 언급했다(존 C. 프리몬트"는 미국-멕시코전쟁에서 미합중국군의 소령으로 참전해 캘리포니아공화국으로부터 캘리포니아를 장악했다). 극명하게 대조적으로, 매들리를 비롯한 여러 사람이 미국 서부가 실제로 어떻게 획득되었는지에 관한 진실을 파헤치고 있다. 현지 선주민들에 대한 연이은 집단학살의 물결은 여러 세대에 걸쳐 잇따른 조약 파기, 강제 재정착, 문화 말살, 비非인디언 가정 및 기숙학교에 미성년자 기숙시키기 등으로 이어졌다. 이 충격적 사건들이 야기한 세대를 초월한 파괴적 결과는 토착 아메리카인이 코로나바이러스감염증-19Covid-19에 의해 가장 불균형적으로 사망한 미국 소수민족이 된 현재까지도 계속되고 있다.

오랫동안 기록되지 않고 인식되지 못한 정부 승인 폭력이 널리 펴졌던 두 번째 현장은 식민지다. 1940년대 후반부터 1970년대 후반까지 이어지는 30년의 기간은 아프리카대륙의 탈식민화 시대였다. 이 수십 년 동안 아프리카 전역의 50여 개 국가는 19세기 후반의 "아프리카쟁탈전(아프리카분할)Scramble for Africa"을 원상 회복 하면서 독립을 확보했다. 벨기에, 프랑스, 이탈리아, 포르투갈, 스페인, 영국 등의 유럽 열강이 여기에 연관되어 있었다.

피비린내 나는 "제국의 종말end of empire" 투쟁 가운데에 1950년대 케냐의 투쟁이 있었다. 1895년 영국은 상업적 이익을 위해 "동아프리카보호령the East African Protectorate"에 대한 권리를 주장했고 자신들의 지배를 공고히 함에 따라 그 지역을 "영국령 케냐British Kenya"로 새로이 명명했다.

케냐에서 가장 큰 민족집단인 키쿠유ikuyu족 중 다수가 영국의 점령으로 경작지를 잃었다. 영국의 영향력은 약 2만 명의 키쿠유족 남성들이 이후 "마우마우반란the Mau Mau Rebellion"이라고 불리게 된 폭력 봉기를 조직한 1950년대 초반 약화하기 시작했다. 영화 〈스타워즈Star Wars〉에서처럼 영국제국은 당시 급속히 작아지고 있던 세계 제국 전역의 반항적 지역 주민들과 충돌했을 때와 마찬가지로 역습을 꾀해 반란군을 진압했다. 식민시대 후기의 교전에 대한 이야기는 영국 식민부the Colonial Office 공식 보고서를 무비판적으로 신뢰한 런던 혹은 옥스브리지Oxbridge의 (영국 백인 남성) 역사학자들에 의해 쓰였다〔"옥스브리지"는 잉글랜드의 옥스퍼드대학과 케임브리지대학을 함께 부르는 명칭이다〕. 그들은 건달 같은 병사들이 키쿠유족을 진압할 때 일부 지나친 행위를 했다는 점은 인정하면서도, 유감스러운 사건들은 많지 않았고 불가피했다고 주장했다. 더욱 심각하고 광범위한 인권 침해 사례들이 이를 직접 목격한 사람들에 의해 고발되었으나 기각되었다. 그리고, 어쨌든, 케냐는 1963년 12월 12일 〔영국으로부터〕 독립을 쟁취했다.

영국-케냐 사건의 진실이 세계의 주목을 받게 된 것은 〔사건 발생으로부터〕 수십 년이 지나서였다. 미국 역사학자 캐럴라인 엘킨스Caroline Elkins가 《제국의 응보: 케냐의 영국판 굴라크에 관한 알려지지 않은 이야기Imperial Reckoning: The Untold Story of Britain's Gulag in Kenya》〔2005〕에서 해주는 이야기는 너무나 충격적이며 그것은 국가권력과 역사 구성에 대한 트루요의 분석을 상세하게 뒷받침한다.[21] 이 책의 집필진이기도 한 엘킨스는 10년 중 대부분을 영국의 케냐 식민 통치기 중 마지막 10년을 연구하는 데 보냈다. 영국은 케냐를 떠날 때 반란에 대한 수천 개의 파일을 파괴했다. 그러나 엘킨스는 현존하는 문서를 찾아내기 위해 나이로

비와 런던의 도서관 및 기록보관소를 샅샅이 뒤졌다. 엘킨스는 전 식민지 직원을 인터뷰했다. 가장 중요한 점은 엘킨스가 스와힐리어를 배웠고 그 덕분에 1950년대 당시 케냐 시골 지방에 살았던 300명 이상의 생존자와 그들의 가족들을 인터뷰할 수 있었다는 것이다. 현재 하버드대학 교수로 재직 중인 엘킨스는 비범한 불굴의 노력으로 모든 조각을 엮어 피해자 집단의 관점에서 아프리카의 탈식민화를 폭로하는 장을 완성했다. 엘킨스의 책은 2006년 퓰리처상(일반 논픽션 부문)을 수상했다.

엘킨스는 영국 식민 당국이 "합법화하고regularized 체계화한systematized 폭력"을 통해 마우마우 투사들을 진압했음을 발견했다. 영국 식민 당국은 약 1만 7000명의 케냐 투사들을 재판 없이 2년에서 6년까지 수감했다. 정책의 일환으로 "반항적" 포로들은 그들의 저항정신을 깨뜨리려 고안된 구타, 고문, 거세, 독방 격리, 중노동 등에 처해졌다. 어떤 이들은 즉시 처형되었다. 탄압의 규모와 범위는 이전에 알려진 정도를 훨씬 뛰어넘는 것이었다. 영국 식민 당국은 이집트, 인도, 그밖에 다른 곳의 반反식민주의 싸움에서 갈고닦은 전술들을 상황에 맞게 바꿔 10여 개의 임시 수용 센터를 건설하고 16만 명에서 32만 명의 키쿠유족을 그곳에 수감했다. 몇몇 시설은 여성을 구금하기 위해 세워졌다. 질병, 영양실조, 햇볕 등에의 노출, 강제노동으로 수천 명이 사망하는 끔찍한 상황이 연이어 발생했다. 게다가 엘킨스가 발견한 바에 따르면, 영국 식민지 점령군은 수년 동안 무려 150만 명을—여성과 어린이를 포함해—철조망으로 바리케이드를 친 마을에 가두어두고 삼엄히 경비했다. 엘킨스의 책—영국판 제목은 《영국의 굴라크Britain's Gulag》—에서는 케냐의 형벌 조직망을 시베리아의 소비에트식 탄압에 비유한다(굴라크는 1930~1955년 소련에 있던 강제수용소다). 최초로 대중이 선출한 흑인 다수의 케냐 정부는 독립을 쟁취하자마자 전국의 수용소를 폐쇄하고 모든 정치범을 석방했다.

엘킨스의 폭로는 영국 전역에 파문을 일으켰으며 2009년에서 2013년까지 런던에서 재판이 열리게 된 계기가 되었다. 《제국의 응보》에 자극을 받은 케냐 노인 몇 명이 국제 인권변호사들을 대리인으로 해서 자신들이 과거에 받은 피해에 대해 영국 정부를 상대로 영국고등법원에 소송을 제기한 것이다. 엘킨스는 또 다른 역사학자인 워릭대학의 데이비드 M. 앤더슨David M. Anderson과 함께 재판에서 전문가 증인으로 나섰다.[22] 오랫동안 영국 외무부는 과거 영국제국의 모든 범법행위에 대해 격분에 찬 부인으로 대응했다. 그랬던 것이, 영국 정보국 기록보관소에서 수십 년 동안 봉인된 채 기밀로 분류되어 있던 식민시대 문서들이 발견되고 난 후, 2013년 6월 6일 정부가 마우마우 원고들과의 합의를 발표했다. 정부는 케냐 국민들에 대한 공식 사과문을 발표하고, 반란 중 수감되고 학대당한 5228명의 케냐인 생존자들에 대한 보상에 동의했으며, 영국 통치하에서 고문당한 희생자를 기리는 기념물에 보조금을 지원했다. 이 기념물은 2015년 나이로비의 우후루공원Uhuru Park에서 공개되었다.[23]

매들리와 엘킨스는 용맹한 역사연구와, 실제로 일어난 일이 무엇인지 밝혀내려는 열정적 헌신을 통해 오래된 서사들을 뒤집고 그 서사 주체들의 역사를 다시 쓰고 있는 새 세대 연구자의 일부다.[24] 여기서 강조해야 할 중요한 점은, 발견되고 문서로 기록된 잔혹행위atrocity들이 어떤 경우에는 독재적인 전체주의적 레짐totalitarian regime에 의해 자행된 것이 아니라 서구식 자유민주주의Western liberal democracy에 의해 자행되었다는 사실이다. 세계가 갈수록 덜 폭력적이 되고 있다는 스티븐 핑커의 이야

제5부 코다

기에는 이 중 아무 사건—멘도시노 전쟁들이나 케냐에서의 영국의 잔혹성—도 언급되지 않는다.

벤 키에르난Ben Kiernan이 철저한 조사를 바탕으로 쓴《피와 땅: 스파르타에서부터 다르푸르까지 제노사이드와 절멸에 대한 세계 역사Blood and Soil: A World History of Genocide and Extermination from Sparta to Darfur》(2007)는 거의 오늘날까지도 계속되는 제노사이드적 폭력genocidal violence에 대한 우리 종의 긴 역사를 냉정하게 기술한 책이다.[25] 예일대학 역사학과 교수이자 1975∼1979년 캄보디아 제노사이드 전문가 키에르난은 영토 확장주의와 결합된 인종적 증오, 이데올로기적 전쟁, 종교적 종파주의 등이 과거 대량살인mass killing의 공통적 동기부여motivation라고 결론 내린다. 1400년 이래, 제노사이드는 세기마다 또 세계 전역에서 발생했다. 《피와 땅》에는 16세기 잉글랜드의 아일랜드 정복, 17∼18세기 영국령 북아메리카의 식민자와 정착민에 의한 인디언의 절멸, 19세기 내내 벌어진 오스트레일리아 변경지대의 애버리지니Aborigine〔오스트레일리아 원주민〕 집단학살 등에 전체를 할애한 장들이 포함되어 있다.

체계적 살육은 그 치명도가 20세기에 극도에 달했다—터키 지배하의 아르메니아, 나치 점령하의 중부 및 동부 유럽, 스탈린의 소비에트 연방, 마오쩌둥의 중국, 크메르루즈Khmer Rouge의 캄보디아 등이 그 현장이다. 키에르난은 현대 기술이 이 살인 작전들에 새로운 규모와 격렬함을 부여했음을 거듭해서 발견한다. 1970년대 중반부터 1990년 중반까지, 캄보디아에서의 학살은 말할 것도 없고 보스니아, 과테말라, 이라크, 동티모르, 인도네시아, 콩고, 르완다에서 "인종청소ethnic cleansing"가 잇따라 발생했다. 키에르난은 유엔의 조사위원회와 국제형사재판소International Criminal Court, ICC의 기소를 비롯해 인권 책임을 지향하는 최근의 추세에 경의를 표하기는 하지만, 마지막 10쪽을 2000년 이후의 제노사이드적 폭력에 전부 할애하고, 수단 서부 다르푸르 지역의 아프리카 부족 농민 30만 명을 살해한 사건을 두고 "21세기 제노사이드의 개시the opening genocide of the twenty-first century"라고 명명한다.[26] 키에르난은 제노사이드적 동향의 감소를 전혀 감지하지 못하고 있으며, 상황이 악화할 경우 앞으로 충돌이 빚어질 수 있는 몇몇 분쟁지대를 발견한다. 그렇다면 유럽의 계몽주의는 어떻게 된 걸까? 그 18세기 희망의 전령사는 키에르난의 700쪽이 넘는 책에서 아무런 역할도 하지 않는다.[27]

지난 세기 후반에 발생한 역사적 감수성historical sensibility의 변화는 계속되고 있다. 폭력과, 우리와 폭력 사이 관계를 새로운 방식으로 사고하는 사람이 1960년대 이후의 급진적 행동주의자radical activist−역사학자들뿐만은 아니다. 편집자들과 집필자들이 이 책을 준비하는 동안 전 세계에서 공공 조각상들이 제거되거나 손상되거나 파괴되는 일이 연이어 발생했다. 왜? 이들 조각상의 이미지가 기념하는 것이 영국의 강력한 제국주의자 세실 로즈Cecil Rhodes〔1853~1902〕, 벨기에의 잔혹한 왕 레오폴드 2세Leopold II〔재위 1865~1909〕, 뉴질랜드의 반反마오리족 해군장교, 아메리카대륙의 노예제 유지를 위해 싸운 연방군 지도자들 같은 인물들이었기 때문이다. 한때는 존경받던 이들이 과거의 폭력적 조치들에서 행한 역할은 철저한 조사를 받게 되었고 용납될 수 없는 것으로 밝혀졌다. 조 굴디Jo Guldi와 데이비드 아미타지David Armitage의 표현을 빌리자면, "대중이 생각하는 과거의 미래"는 위태로운 상황에 처해 있다.[28]

폭력과 불의에 대한 거부로서 옛 동상들이 넘어뜨려지는 동안 대중의 각성을 나타내는 새로운 구조물들이 올라가고 있다. 다음은 그중 일부다.

제5부 코다

- 독일 베를린. 학살된 유럽 유대인을 위한 추모비(2004)
- 캄보디아 프놈펜, 뚜얼슬렝제노사이드박물관Tuol Sleng Genocide Museum(2015)
- 대한민국 서울, 전쟁과여성인권박물관War & Women's Human Rights Museum(2012)
- 미국 앨라배마주 몽고메리, "린치박물관Lynching Museum"(2018)
- 남아프리카공화국 이산들와나Isandlwana, 앵글로-줄루전쟁Anglo-Zulu Wars에서 스러진 줄루족 전사들을 위한 추모비(1999)
- 오스트레일리아 캔버라, 오스트레일리아전쟁기념관Australian War Memorial 내 애버리지니와 토레스해협 도서민Aboriginal and Torres Strait Islander 남성 및 여성을 위한 추모관(2019)
- 영국 런던 중심부, 전 세계에서 전쟁 중 성폭력sexual violence을 당한 피해자를 기억하기 위한 어머니와 아이 조형물(2019)
- 미국 워싱턴D.C. 내셔널몰National Mall, 국립아메리칸인디언박물관National Museum of the American Indian(2004), 아프리카계 미국인 역사 및 문화 국립박물관National Museum of African-American History and Culture(2016)
- 르완다 키갈리Kigali, 박물관과 매장지를 겸한 르완다제노사이드 센터Rwanda Genocide Center(1999)
- 과달루페제도(2015)와 영국 잉글랜드 리버풀(2007), 국제 노예무역 박물관
- 아르헨티나 부에노스아이레스, 국가 지원 테러에 의한 희생자를 위한 추모공원(2007)
- 케냐 나이로비, 식민시대 고문 및 부당한 대우의 피해자를 위한 조

형물Memorial to the Victims of Torture and Ill-Treatment(2015)

- 미국 워싱턴주, 이민자 박해를 기억하기 위한 타코마 중국인 화해 공원Tacoma Chinese Reconciliation Park(2010)

2004년 〔영국〕런던 하이드파크에 세워진 참전동물기념조형물Animals in War Memorial까지 있다. 국가적·정치적 지도자들에게 헌정된 기념관과 영묘, 전쟁 사망자를 기억하기 위한 묘지와 기념비들은 여전히 세계 전역에서 가장 감동적이고 방문객도 많은 장소다. 그러나 이제 이와 같은 전통적 기념화 작업에 이전에는 기념하더라도 그런 경우가 극히 드물었던, 대량폭력의 민간인 희생자들에게 헌정된 조각, 동상, 박물관, 기념장소, 유산공원〔헤리티지공원〕heritage park 등이 더해지고 있다. 최근에 만들어진 이런 장소 중 다수는 자신들이 가담한 과거의 비극이나 잔혹행위에 관심을 갖고 해결책을 찾기 위해 처음으로 노력하고 있는 정부에 의해 건설되었다.[29]

사망한 지식의 명부[30]

모든 것이 가리키는바, 스티븐 핑커는 역사의식historical consciousness이 갈수록 변하고 있다는 것을 여전히 모르는 상태다. 역사 서술에 관해서는 다양한 패러다임이 서로 경쟁하며 그중에서도 그의 《우리 본성의 선한 천사》와 《지금 다시 계몽》은 19세기 휘그주의 문헌에 가장 많이 근원을 두고 있다. 핑커의 신新휘그주의식 사고방식은 다음과 같은 요소에서 드러난다. 선형적 스토리텔링storytelling 구조, 전반적인 진보적 해석, 과거

고도의 복잡성complexity들을 단일한 도덕적 궤적 속에 포함시키려는 의지, 오늘날의 사회가 이전 어느 때보다도 더 자유롭고 더 공정하고 더 안전하고 더 풍요롭다는 복음주의적evangelical 믿음, 그리고 우리 종에게 있는 선하고 건설적인 것이 ―즉 우리의 "천사 같은angelic" 측면이― 우리의 비교적 어둡고 파괴적인 능력을 이길 것이라는 확고부동한 신념 등이다.

빅토리아시대[빅토리아 여왕이 재위한 1837~1901년의 시대]의 휘그주의 학자들은 영국과 유럽 북부·서부·중부의 앵글로-색슨Anglo-Saxon 인종이 나머지 인류보다 우월하다고 상상했다. 그들에게 진보는, 유럽인이 일군 가치, 제도, 행동 등을 운이 덜 좋고 표면상 열등한 인류의 구성원들에게 전파하는 일에 달려 있었다. 핑커가 내세우는 핵심 주장의 하나는 사회가 항상 더 친절하고 더 온화한 태도를 향해 진화한 것이 우리 종의 역사에서 단 하나의 가장 중요한 발전이라는 것이다. 핑커의 관점에서는 18세기 앵글로-프랑스 계몽시대the Anglo-French Enlightenment가 이 세계사적 과정에서 전과 후를 나눈 눈부신 순간이었다. 변화의 주역은 대부분 서구 백인 남성들이었다. 나머지 세계는 유럽-미국인의 발상을 수용하거나 반대하면서 그 뒤를 따른다. 지구사는 서구 역사의 확장판이다. 《우리 본성의 선한 천사》의 색인에는 특정 측면의 폭력이 부재와 함께 항목화되어 있는바, 유럽의 경우는 각국에 대해, 그러고는 "나머지 세계the rest of the world"로 되어 있다. 이는 저자의 관심이 어디에 집중되어 있고 어디에 집중되어 있지 않은지를 예시한다. 경제적·산업적으로 발전이 덜 된 지역, 이른바 "글로벌 사우스Global South"와 적색·황색·갈색·검은색 피부의 인구집단은 핑커의 계산에서 스쳐지나갈 뿐이다. 핑커의 책들은 비록 두껍고 무겁지만, 그 책에서 누락된 부분 때문에 주목할 만한 가치가 있다.[31] 핑커의 이야기에서 목소리와 행위주체성agency이 부정된 이들은 그가 평화와 진보의 사자使者로 그리는 바로 그 서구의 정부들이 주도한 엄청난 폭력에 빈번히 고통 받은 이들과 동일한 이들이다. 불행히도 핑커는 당대의 역사 인식과 심하게 괴리되어 있다.

《우리 본성의 선한 천사》가 나온 지〔2011〕 약 10년이 되었다. 책은 술술 읽히는 문체와 유명인의 (빌 게이츠의) 지지, 도발적일 정도로 반反직관적counter-intuitive 논지로 대대적 성공을 거두었다. 몇 년 동안은 스티븐 핑커가 우리 시대의 정치적·문화적 대중담론에서 중요한 목소리가 될 것처럼 보였다. 그러나 그의 책에 대한 초기 반응은 주로 다양한 배경의 평론가들이 막간에 쓴 짧은 언론사 서평으로 나왔다. 역사에 대한 이해가 더 깊은 독자들의 두 번째 물결은 이제 《우리 본성의 선한 천사》와 그 후속작〔《지금 다시 계몽》〕에 더욱 면밀한 평가를 내린 상태다. 10년이 지나면서 명백해진 바는, 인간 폭력의 감소와 우리 시대 평화로움의 증대에 관한 핑커의 논지가 카드로 지은 집 위에 세워졌다는 것이다. 더욱 상세히 살펴보고, 달라진 세계 상황에 비춰보면, 스티븐 핑커의 논지가 철저한 검증을 견디지 못한다는 것이 명백하다. 이제는 다음으로 나아갈 때다.

주

1 L. B. Namier, "History", in Avenues of History [1952], reproduced in Fritz Stern (ed.), *The Varieties of History: From Voltaire to the Present* (New York: Meridian Books, 1956), 375.

2 Bernard Bailyn, *Illuminating History: A Retrospective of Seven Decades* (New York: W. W. Norton, 2020), "Epilogue: The Elusive Past".

3 Barbara W. Tuchman, *The Proud Tower: A Portrait of the World before the War, 1890–1914* (New York: Macmillan, 1966); Tuchman, Stilwell and the American Experience in China, 1911–45 (New York: Macmillan, 1971); Tuchman, *A Distant Mirror: The Calamitous 14th Century* (New York: Knopf, 1976).

4 나의 분야에서 그런 연구의 두 가지를 예로 들자면 다음과 같다. C. A. Bayly, *The Birth of the Modern World, 1780–1914* (Oxford: Blackwell, 2004) and Jürgen Osterhammel, *The Transformation of the World: A Global History of the Nineteenth Century*, trans. from the German by Patrick Camiller (Princeton: Princeton University Press, 2014) [한국어판. 위르겐 오스터함멜, 박종일 옮김, 《대변혁 1~3: 19세기의 역사풍경Die Verwandlung der Welt: eine Geschichte des 19. Jahrhunderts》, 한길사, 2021]

5 Fibiger, "Steven Pinker's 'prehistoric anarchy': A bioarcheological critique", chap. 7, 124.

6 2020년 5월 25일 데이비드 A. 벨David A. Bell이 필립 드와이어와 마크 S. 미칼레에게 보낸 이메일 메시지.

7 Sophia Rosenfeld, *Democracy and Truth: A Short History* (Philadelphia: University of Pennsylvania Press, 2018).

8 Samuel Moyn, "Hype for the Best: Why Does Steven Pinker Insist that Human Life Is on the Up?" *The New Republic*, 19 March 2018, review of Steven Pinker, *Enlightenment Now: The Case for Reason, Science, Humanism, and Progress* (New York: Penguin Books, 2019).

9 Herbert Butterfield, *The Whig Interpretation of History* (London: G. Bell and Sons, 1931).

10 이후 잉글랜드의 역사서술historiography 분야 내에서 등장한 더욱 정교한 방어에 대해서는 다음 책의 〈진보로서의 역사History as Progress〉 장을 참조하라. Edward Hallett Carr, *What Is History?* (New York: Knopf, 1961), chap. 5. [한국어판. 에드워드 H. 카, 김택현 옮김, 《역사란 무엇인가》, 까치, 2015]

11 Michel-Rolph Trouillot, *Silencing the Past: Power and the Production of History* [1995], twentieth anniversary edition, second revised edition (Boston: Beacon Press, 2015) [한국

어판. 미셸-롤프 트루요, 김명혜 옮김, 《과거 침묵시키기: 권력과 역사의 생산》, 그린비, 2011〕

12 예를 들면 다음을 참조하라. David A. Bell's *The First Total War: Napoleon's Europe and the Birth of Modern Warfare as We Know It* (New York: Houghton Mifflin Company, 2007).

13 이와 같은 관점 변화를 반영하는 대중적 영어 전쟁영화에 대해서는 다음을 참조하라. *Heaven & Earth*, directed by Oliver Stone (1993) 〔《하늘과 땅》(올리버 스톤, 1994)〕; *Letters from Iwo Jima*, directed by Clint Eastwood(2006) 〔《이오지마에서 온 편지》(클린트 이스트우드, 2006〕; 그리고 *Midway*, directed by Roland Emmerich (2019)〔《미드웨이》(롤랜드 에머리히, 2019)〕

14 Marcus Rediker, *The Slave Ship: A Human History* (New York: Penguin Books, 2007) 〔한국어판. 마커스 레디커, 박지순 옮김, 《노예선: 인간의 역사》, 갈무리, 2018〕

15 Charles C. Mann, *1491: New Revelations of the Americas before Columbus* (New York: Vintage Books, 2006) 〔한국어판. 찰스 만, 전지나 옮김, 《인디언: 이야기로 읽는 인디언 역사》, 오래된미래, 2005〕; Mann, *1493: Uncovering the New World Columbus Created* (New York: Knopf, 2011) 〔한국어판. 찰스 만, 최희숙 옮김, 《1493: 콜럼버스가 문을 연 호모제노센 세상》, 황소자리, 2020〕

16 Alfred W. Crosby, Jr, *The Columbian Exchange: Biological and Cultural Consequences of 1492* (Westport: Greenwood Publishing, 1973) 〔한국어판. 앨프리드 W. 클로스비, 김기윤 옮김, 《콜럼버스가 바꾼 세계: 신대륙 발견 이후 세계를 변화시킨 흥미로운 교환의 역사》, 지식의숲(넥서스), 2006〕; Crosby, *Ecological Imperialism: The Biological Expansion of Europe, 900-1900* 〔1986〕, second edition (Cambridge: Cambridge University Press, 2004) 〔한국어판. 앨프리드 W. 크로스비, 정범진·안효상 옮김, 《생태제국주의》, 지식의 풍경, 2000〕

17 Benjamin Madley, *American Genocide: The United States and the California Indian Catastrophe, 1846-1873* (New York and London: Oxford University Press, 2017).

18 그의 정량적 데이터는 다음에서 볼 수 있다. yalebooks.com/american-genocide-appendix.

19 벤저민 매들리가 사용하는 자료에는 신문, 잡지, 학술논문, 서신, 일기, 회고록, 전기, 자서전, 낙서, 인구조사, 그림, 사진, 가족사, 법정기록, 민족지학적 보고서, 입법 관련 문서 및 회의록, 마을 및 지역 역사, 지방, 국가, 연방정부 관리들 사이의 교신 등이 있다. 매들리는 1850년대와 1860년대 일어났던 일을 묘사하는 인디언의 목소리가 있는 기록자료는 극소수만을 발견했다.

20 다음도 참조하라. Jack Norton, *Genocide in Northwestern California: When Our Worlds Cried* (San Francisco: Indian Historian Press, 1979); Brendan C. Lindsay, *Murder State: California's Native American Genocide, 1846-1873* (Lincoln and London: University of Nebraska Press, 2012); 그리고 William B. Secrest, *When the Great Spirit Died: The*

Destruction of the California Indians, 1850–1860, second edition (Sanger: Quill Driver Books, 2003).

21 Caroline Elkins, *Imperial Reckoning: The Untold Story of Britain's Gulag in Kenya* (New York: Henry Holt and Company, 2005).

22 David Anderson, *Histories of the Hanged: Britain's Dirty War in Kenya and the End of Empire* (New York: W. W. Norton, 2005).

23 재판 관련 이야기에 대해서는 다음을 참조하라. Marc Parry, "Discovering the Brutal Truth about the British Empire", *The Guardian*, 18 August 2016.

24 식민지 폭력의 또 다른 중심지로 식민시대 초기 유럽 대륙의 강대국이 연루된 장소에 대해서는 다음을 참조하라. Adam Hochschild's *King Leopold's Ghost: A Story of Greed, Terror, and Heroism in Colonial Africa* (Boston: Houghton Mifflin Co., 1998) 〔한국어판. 애덤 호크실드, 이종인 옮김, 《레오폴드왕의 유령: 아프리카의 비극, 제국주의의 탐욕 그리고 저항에 관한 이야기》, 무우수, 2003〕. 유럽 식민주의의 가장 추악한 일화 하나는 벨기에령 콩고〔지금의 콩고민주공화국〕에 관한 것으로 Adam Hochschild의 베스트셀러가 나오기 전까지는 많은 이에게 알려지지 않았다.

25 Ben Kiernan, *Blood and Soil: A World History of Genocide and Extermination from Sparta to Darfur* (New Haven: Yale University Press, 2007).

26 Kiernan, *Blood and Soil*, 595–6.

27 다음도 참조하라. Robert Gellately and Ben Kiernan (eds), *The Specter of Genocide: Mass Murder in Historical Perspective* (Cambridge and New York: Cambridge University Press, 2003); 그리고 Benjamin A. Valentino, *Final Solutions: Mass Killing and Genocide in the 20th Century* (Ithaca: Cornell University Press, 2004) 〔한국어판. 벤자민 발렌티노, 장원석 옮김, 《20세기의 대량학살과 제노사이드》, 제주대학교출판부, 2006〕

28 Jo Guldi and David Armitage, *The History Manifesto* (New York and Cambridge: Cambridge University Press, 2014), 117. 〔한국어판. 조 굴디·데이비드 아미티지, 안두환 옮김, 《역사학 선언》, 한울(한울아카데미), 2018〕

29 놀라운 일은 아니지만, 이러한 역사적 일화들을 사람들에게 가르치고 싶어 하지 않는 단체들은 이 계획들에 저항하고 분개했다. 계획 중에는 자신들의 명성을 더럽히고 자신들의 긍정적 자아상self-image을 의문시할 수 있는 폭로도 포함되어 있었다. 가장 목소리가 큰 반대자들은 애국주의적 공식 역사를 후원하고 자신들의 권위를 위태롭게 할 수 있는 과거 사건에 대한 연구를 검열하는 국가정부였다. 역사적 폭력을 조사한다는 것은, 현재 많은 민주주의 사회가 누리고 있는 권력, 번영, 평화 상태가 비문명적인 것이 분명한 수단을 통해 달성되었을 수 있음을 드러낼 위험성도 있는 일이다.

30 이 용어를 제공해준 마이클 워트Michael Wert에게 감사한다.

31 Mark S. Micale, "What Pinker Leaves Out", in Philip Dwyer and Mark S. Micale (eds),

Historical Reflections/Refléxions historiques, 4, issue 1 (Spring, 2018): 128–39, reproduced in Dwyer and Micale (eds), *On Violence in History* (New York and Oxford: Berghahn, 2020), chap. 11.

참고문헌

Abbink, Jon. "Preface: Violation and Violence as Cultural Phenomena", in Jon Abbink and Göran Aijmer (eds), *Meanings of Violence: A Cross Cultural Perspective*, xi–xvii. Oxford: Berg, 2000.

Adams, David (ed.). *The Seville Statement on Violence: Preparing the Ground for the Construction of Peace*. UNESCO, 1991.

Adams, William M. *Against Extinction: The Story of Conservation*. London: Earthscan, 2004.

Adas, Michael. *Machines as the Measure of Men: Science, Technology, and Ideologies of Western Dominance*. Ithaca: Cornell University Press, 1989. [한국어판. 마이클 에이더스, 김동광 옮김, 《기계, 인간의 척도가 되다: 과학, 기술, 그리고 서양 우위의 이데올로기》, 산처럼, 2011]

Adler, Jeffrey S. "'Halting the Slaughter of the Innocents': The Civilizing Process and the Surge in Violence in Turn-of-the-Century Chicago", *Social Science History*, 25:1 (Spring 2001): 29–52.

Adler, Jeffrey S. *First in Violence, Deepest in Dirt: Homicide in Chicago, 1875–1920*. Cambridge, MA: Harvard University Press, 2006.

Agee, Christopher Lowen. *The Streets of San Francisco: Policing and the Creation of a Cosmopolitan Liberal Politics, 1950–1972*. Chicago: University of Chicago Press, 2014.

Ahmed, Sara. *The Cultural Politics of Emotion*. 2nd edn. New York: Routledge, 2015.

Aijmer, Göran. "Introduction: The Idiom of Violence in Imagery and Discourse", in Göran Aijmer and Jon Abbink (eds), *Meanings of Violence: A Cross Cultural Perspective*, 1–21. Oxford: Berg, 2000.

Alexander, Jeffrey C. *Trauma: A Social Theory*. Cambridge: Cambridge University Press, 2012.

Alexander, Michelle. *The New Jim Crow: Mass Incarceration in the Age of Colorblindness*. New York: New Press, 2010.

Allen, Howard W. and Clubb, Jerome M. *Race, Class, and the Death Penalty: Capital Punishment in American History*. Albany: State University of New York Press, 2008.

Anderson, David. *Histories of the Hanged: Britain's Dirty War in Kenya and the End of Empire*. New York: W. W. Norton, 2005.

Anthony, Andrew. "Steven Pinker: 'The way to deal with pollution is not to rail against consumption'", *The Guardian*, 11 February 2018, https://www.theguardian.com/science/2018/feb/11/steven-pinker-enlightenment-now-interview-inequality-consumption-environment

Angell, Norman. *The Great Illusion: A Study of the Relation of Military Power to National*

Advantage. New York: G. Putnam's Sons, 1913.

Antweiler, Christoph. "Fremdheit, Identität und Ethnisierung: Instrumentalisierung des Anderen und ihre Relevanz für Archäologie und Ethnologie", in Tobias L. Kienlin (ed.), *Fremdheit-Perspectiven auf das Andere*, 25–40. Boon: Verlag Rudolph Habelt, 2015.

Archer, John. "Introduction: Male Violence in Perspective", in John Archer (ed.), *Male Violence*, 1–20. London: Routledge, 1994.

Ardrey, Robert. *African Genesis: A Personal Investigation into the Animal Origins and Nature of Man*. London: Collins, 1961.

Arendt, Hannah. *The Origins of Totalitarianism*. Cleveland: Meridian, 1958. 〔한국어판. 한나 아렌트, 이진우·박미애 옮김, 《전체주의의 기원》(전 2권), 한길사, 2006〕

Armit, Ian. "Violence and Society in Deep Human Past", *The British Journal of Criminology*, 51:3 (2011): 499–517.

Arras, Daniel. *La Guillotine*. Paris: Flammarion, 1987.

Asad, Talal. "Reflections on Violence, Law, and Humanitarianism", *Critical Inquiry*, 41 (Winter 2015): 390–427.

Austin, Gareth (ed.). *Economic Development and Environmental History in the Anthropocene: Perspectives on Asia and Africa*. London: Bloomsbury, 2017.

Auty, Richard M. *Sustaining Development in Mineral Economies: The Resource Curse Thesis*. London: Routledge, 1993.

Avalos, Lisa R. "Policing Rape Complaints: When Reporting Rape Becomes a Crime", *Journal of Gender, Race, and Justice*, 20 (2017): 466–7.

Bailyn, Bernard. *The Ideological Origins of the American Revolution*. Cambridge, MA: Belknap Press, 1967. 〔한국어판. 버나드 베일린, 배영수 옮김, 《미국 혁명의 이데올로기적 기원》, 새물결, 1999〕

Bailyn, Bernard. *Illuminating History: A Retrospective of Seven Decades*. New York: W. W. Norton, 2020.

Baker, Keith Michael. *Inventing the French Revolution: Essays on French Political Culture in the Eighteenth Century*. Cambridge: Cambridge University Press, 1990.

Baker, Keith Michael and Reill, Peter Hans (eds), *What's Left of Enlightenment? A Postmodern Question*. Stanford: Stanford University Press, 2001.

Bakić-Hayden, Malica. "Nesting Orientalisms: The Case of Former Yugoslavia", *Slavic Review*, 54:4 (Winter 1995): 917–31.

Bales, Kevin. *Disposable People: New Slavery in the Global Economy*. Berkeley: University of California Press, 1999. 〔한국어판. 케빈 베일스, 편동원 옮김, 《일회용 사람들: 글로벌 경제 시대의 새로운 노예제》, 이소출판사, 2003〕

Balko, Radley. *Rise of the Warrior Cop: The Militarization of America's Police Forces*. New York: PublicAffairs, 2013.

Balto, Simon. *Occupied Territory: Policing Black Chicago from Red Summer to Black Power*.

Chapel Hill: University of North Carolina Press, 2019.

Banner, Stuart. *The Death Penalty: An American History*. Cambridge, MA: Harvard University Press, 2002.

Barca, Stefania. "Telling the Right Story: Environmental Violence and Liberation Narratives", *Environment and History*, 20 (2014): 535-46.

Barkan, Steven E. and Cohn, Steven F. "Racial Prejudice and Support for the Death Penalty among Whites", *Journal of Research in Crime and Delinquency*, 31:2 (May 1994): 202-9.

Barrow Jr., Mark V. *Nature's Ghosts: Confronting Extinction from the Age of Jefferson to the Age of Ecology*. Chicago: University of Chicago Press, 2009.

Bastien, Pascal. *L'exécution publique a Paris au XVIIIe siècle: Une histoire des rituels judiciaires*. Seyssel: Champ Vallon, 2006.

Bauman, Zygmunt. *Modernity and the Holocaust*. Cambridge: Polity Press, 1990. 〔한국어판. 지그문트 바우만, 정일준 옮김, 《현대성과 홀로코스트》, 새물결, 2013〕

Baumgartner, Frank R., Davison, Marty, Johnson, Kaneesha R., Krishnamurthy, Arvind and Wilson, Colin P. "#BlackLivesDon'tMatter: Race-of-Victim Effects in US Executions, 1976-2013", *Politics, Groups, and Identities*, 3:2 (2015): 209-21.

Baumgartner, Frank R., Davison, Marty, Johnson, Kaneesha R., Krishnamurthy, Arvind and Wilson, Colin P. *Deadly Justice: A Statistical Portrait of the Death Penalty*. New York: Oxford University Press, 2018.

Bayly, C. A. *The Birth of the Modern World, 1780-1914: Global Connections and Comparisons*. Malden: Blackwell, 2004.

Beck, R. Theodore. *The Cutting Edge: Early History of the Surgeons of London*. London: Lund Humphries, 1974.

Becker, Carl Lotus. *The Heavenly City of the Eighteenth-Century Philosophers*. New Haven: Yale University Press, 1932.

Becket, Ian F. W. *Modern Insurgencies and Counter-Insurgencies: Guerrillas and their Opponents since 1750*. London: Routledge, 2001.

Bell, Daniel. *The Coming of Post-Industrial Society: A Venture in Social Forecasting*. New York: Basic Books, 1973. 〔한국어판. 다니엘 벨, 박형신·김원동 옮김, 《탈산업사회의 도래》, 아카넷, 2006〕

Bell, David A. *The First Total War: Napoleon's Europe and the Birth of Modern Warfare as We Know It*. New York: Houghton Mifflin Company, 2007.

Bell, David A. "The Power Point Philosophe: Waiting for Steven Pinker's Enlightenment", *The Nation*, 7 March 2018.

Bellamy, Alex. *East Asia's Other Miracle: Explaining the Decline of Mass Atrocities*. Oxford: Oxford University Press, 2017.

Bellamy, John G. *The Criminal Trial in Later Medieval England*. Buffalo and Toronto: University of Toronto Press, 1998.

Benjamin, Walter. "Thesis on History", in Hannah Arendt (ed.), *Illuminations: Essays and Reflections*, 196–209. New York: Harcourt, Brace & World, 1968.

Benjamin, Walter. *Selected Writings*, trans. Edmund Jephcott, ed. Howard Eiland and Michael W. Jennings. Cambridge: Belknap Press, 2003.

Bennett, Carys E., Thomas, Richard, Williams, Mark, Zalasiewicz, Jan, Edgeworth, Matt, Miller, Holly, Coles, Ben, Foster, Alison, Burton, Emily J. and Marume, Upenyu. "The Broiler Chicken as a Signal of a Human Reconfigured Biosphere", *Royal Society Open Science*, 12 December 2018. https://royalsocietypublishing.org/doi/full/10.1098/rsos.180325

Bennike, Pia. *Palaeopathology of Danish Skeletons*. Copenhagen: Akademisk Forlag, 1985.

Berlin, Isaiah. *Against the Current: Essays in the History of Ideas*. London: Hogarth Press, 1979.

Berlin, Isaiah. "The Counter-Enlightenment", in Henry Hardy (ed.), *Against the Current: Essays in the History of Ideas*, 1–33. New York: Penguin, 1982.

Bevilacqua, Alexander. *The Republic of Arab Letters: Islam and the European Enlightenment*. Cambridge, MA: Belknap Press, 2018.

Bierman, John and Smith, Colin. *Fire in the Night: Wingate of Burma, Ethiopia, and Zion*. New York: Random House, 1999.

Bishop, Chris. "The 'Pear of Anguish': Truth, Torture and Dark Medievalism", *International Journal of Cultural Studies*, 17:6 (2014): 591–602.

Blumstein, Alfred. "Violence: A New Frontier for Scientific Research", *Science*, 289 (2000): 545.

Bobo, Lawrence D. and Thompson, Victor. "Racialized Mass Incarceration: Poverty, Prejudice, and Punishment", in Hazel R. Markus and Paula Moya (eds), *Doing Race: 21 Essays for the 21st Century*, 322–55. New York: W.W. Norton, 2010.

Bocquet-Appel, Jean Pierre. "Paleoanthropological Traces of a Neolithic Demographic Transition", *Current Anthropology*, 43 (2002): 637–50.

Bodart-Bailey, Beatrice. *The Dog Shogun: The Personality and Policies of Tokugawa Tsunayoshi*. Honolulu: University of Hawai'i Press, 2006.

Boddice, Robert (ed.). *Pain and Emotion in Modern History*. London: Palgrave Macmillan, 2014.

Boddice, Robert. *Pain: A Very Short Introduction*. Oxford: Oxford University Press, 2017.

Boddice, Robert. *The History of Emotions*. Manchester: Manchester University Press, 2018.

Boddice, Robert. *A History of Feelings*. London: Reaktion Books, 2019. 〔한국어판. 롭 보디스, 민지현 옮김, 《감정의 역사: 감정은 인간을 어떻게 지배하는가》, 진성북스, 2019〕

Bonneuil, Christophe and Fressoz, Jean-Baptiste. *The Shock of the Anthropocene: The Earth, History, and US*. London: Verso, 2016.

Bonta, Bruce. *Peaceful Peoples: An Annotated Bibliography*. Metuchen: Scarecrow, 1993.

Boomgaard, Peter. *Frontiers of Fear: Tigers and People in the Malay World, 1600–1950*. New

Haven: Yale University Press, 2001.

Boone, Elizabeth Hill (ed.). *The Aztec Templo Mayor*. Washington, DC: Dumbarton Oaks, 1987.

Bossen, Claus. "War as Practice, Power, and Processor: A Framework for the Analysis of War and Social Structural Change", in Ton Otto, Henrik Thrane and Helle Vandkilde (eds), *Warfare and Society: Archaeological and Social Anthropological Perspectives*, 89–102. Aarhus: Aarhus University Press, 2006.

Botsman, Daniel. *Punishment and Power in the Making of Modern Japan*. Princeton: Princeton University Press, 2013.

Bourke, Joanna. *Fear: A Cultural History*. Emeryville: Shoemaker Hoard, 2005.

Bourke, Joanna. *Rape: A History from the 1860s to the Present*. London: Virago, 2007.

Bourke, Joanna. *The Story of Pain: From Prayer to Painkillers*. Oxford: Oxford University Press, 2014.

Bourke, Joanna. *Wounding the World: How Military Violence and War Games Invade Our Lives*. London: Virago, 2014.

Bourke, Joanna. "Theorizing Ballistics: Ethics, Emotions, and Weapons Science", *History and Theory*, 55 (December 2017): 135–51.

Bowers, William J., Pierce, Glenn L. and McDevitt, John F. *Legal Homicide: Death as Punishment in America, 1864–1982*. Boston: Northeastern University Press, 1984.

Boyd, William. "Science, Technology, and American Poultry Production", *Technology and Culture*, 42 (2001): 631–64.

Brecher, W. Puck. "Being a Brat: The Ethics of Child Disobedience in the Edo Period", in Peter Nosco (ed.), *Values, Identity, and Equality in Eighteenth and Nineteenth Century Japan*, 80–111. Leiden: Brill, 2015.

Breen, Benjamin. "Animal History: An Emerging Scholarly Trend", *JStor Daily*, 29 October 2014. https://daily.jstor.org/animals-in-the-archive/

Brickman, Philip, Coates, Dan and Janoff-Bulman, Ronnie. "Lottery Winners and Accident Victims: Is Happiness Relative?", *Journal of Personality and Social Psychology*, 36:8 (1978): 917–27.

Broadhurst, Roderic, Bouhours, Thierry and Bouhours, Brigitte. *Violence and the Civilising Process in Cambodia*. Cambridge: Cambridge University Press, 2015.

Brown, Howard G. *Mass Violence and the Self: From the French Wars of Religion to the Paris Commune*. Ithaca: Cornell University Press, 2018.

Brown, Warren. *Violence in Medieval Europe*. Harlow: Longman Pearson, 2011.

Browning, Christopher R. *Ordinary Men: Reserve Police Battalion 101 and the Final Solution in Poland*. New York: HarperCollins, 1992.

Brundage, James A. "Rape and Marriage in the Medieval Canon Law", in James A. Brundage (ed.), *Sex, Law and Marriage in the Middle Ages*, 62–75. Aldershot: Variorum, 1993.

Buller, David J. *Adapting Minds: Evolutionary Psychology and the Persistent Quest for Human Nature*. Cambridge, MA: MIT Press, 2005.

Burgin, Angus. *The Great Persuasion: Reinventing Free Markets Since the Depression*. Cambridge, MA: Harvard University Press, 2012.

Burkitt, Ian. "Civilization and Ambivalence", *British Journal of Sociology*, 47:1 (1996): 135-50.

Burns, E. Bradford. *Poverty of Progress: Latin America in the Nineteenth Century*. Berkeley: University of California Press, 1983.

Buss, David M. "Conflict between the Sexes: Strategic Interference and the Evocation of Anger and Upset", *Journal of Personality and Social Psychology*, 56:5 (1989): 735-47.

Butler, Sara M. "A Case of Indifference: Child Murder in Later Medieval England", *Journal of Women's History*, 19:4 (2007): 59-82.

Butler, Sara M. *The Language of Abuse: Marital Violence in Later Medieval England*. Leiden: Brill, 2007.

Butler, Sara M. *Divorce in Medieval England: From One to Two Persons in Law*. New York: Routledge, 2013.

Butler, Sara M. "Getting Medieval on Steven Pinker: Violence and Medieval England", *Historical Reflections/Réflexions Historiques*, 44:1 (Spring 2018): 29-40.

Butterfield, Herbert. *The Whig Interpretation of History*. London: G. Bell and Sons, 1931.

Callwell, Colonel C. E. *Small Wars: Their Principles and Practices*. Lincoln: University of Nebraska Press, 1996.

Cameron, Catherine M., Kelton, Paul and Swedlund Alan C. (eds). *Beyond Germs: Native Depopulation in North America*. Tucson: University of Arizona Press, 2015.

Camp, Jordan T. and Heatherton, Christina (eds). *Policing the Planet: Why the Policing Crisis Led to Black Lives Matter*. New York: Verso, 2016.

Carr, E. H. *What Is History?* ed. R. W. Daves. 1961; Houndsmills: Macmillan, 1986. [한국어판. 에드워드 H. 카, 김택현 옮김, 《역사란 무엇인가》, 까치, 2015]

Carrasco, David. *The Aztecs: A Very Short Introduction*. Oxford: Oxford University Press, 2012.

Carroll, Stuart. *Blood and Violence in Early Modern France*. Oxford: Oxford University Press, 2006.

Carroll, Stuart. "Thinking with Violence", *History and Theory*, 55 (December 2017): 23-43.

Ceballos, Gerardo, Ehrlich, Paul R., and Dirzo, Rodolfo. "Biological Annihilation via the Ongoing Sixth Mass Extinction Signaled by Vertebrate Population Losses and Declines", *PNAS*, 114:30 (25 July 2017): E6089-96.

Chalhoub, Sidney. "The Politics of Ambiguity: Conditional Manumission, Labor Contracts, and Slave Emancipation in Brazil (1850s-1888)", *International Review of Social History*, 60:1 (2015): 161-91.

우리 본성의 악한 천사

Charlip Julie A. and Burns, E. Bradford. *Latin America: An Interpretive History*. London and New York: Pearson, 2016.

Chartier, Roger. *Les Origines culturelles de la Révolution française*. Paris: Seuil, 1990. 〔한국어판. 로제 샤르티에, 백인호 옮김, 《프랑스혁명의 문화적 기원》, 지만지(지식을만드는지식), 2015〕

Chartier, Roger. "The Chimera of the Origin: Archaeology, Cultural History, and the French Revolution", in Jan Goldstein (ed.), *Foucault and the Writing of History*, 175-7. Oxford: Blackwell, 1994.

Chase, Robert T. (ed.). *Caging Borders and Carceral States: Incarcerations, Immigration Detentions, and Resistance*. Chapel Hill: University of North Carolina Press, 2019.

Chatterjee, Choi. "Imperial Incarcerations: Ekaterina Breshko-Breshkovskaia, Vinayak Damodar Savarkar, and the Original Sins of Modernity", *Slavic Review*, 74:4 (Winter 2015): 850-72.

Chatterjee, Partha. *The Nation and Its Fragments*. Princeton: Princeton University Press, 1993.

Christensen, Jonas. "Warfare in the European Neolithic", *Acta Archaeologica*, 75 (2004): 129-56.

Christian, David. *Maps of Time: An Introduction to Big History*. Berkeley: University of California Press, 2004. 〔한국어판. 데이비드 크리스천, 이근영 옮김, 《시간의 지도: 빅 히스토리 입문》, 심산, 2013〕

Cirillo, Pasquale and Taleb, Nassim Nicholas. "The Decline of Violent Conflicts: What Do The Data Really Say?" *Nobel Foundation Symposium 161: The Causes of Peace*, https://www.fooledbyrandomness.com/pinker.pdf

Cirillo, Pasquale and Taleb, Nassim Nicholas. "On the Statistical Properties and Tail Risk of Violent Conflicts", *Physica A: Statistical Mechanics and Its Applications*, 452 (2016): 29-45.

Citron, Danielle Keats. "Cyber Civil Rights", *Boston University Law Review*, 89 (2009): 64-9.

Citron, Danielle Keats. "Law's Expressive Value in Combating Cyber Gender Harassment", *Michigan Law Review*, 108 (2009): 373-415.

Citron, Danielle Keats. *Hate Crimes in Cyberspace*. Cambridge, MA: Harvard University Press, 2014.

Citron, Danielle Keats. "Addressing Cyber Harassment: An Overview of Hate Crimes in Cyberspace", *Journal of Law, Technology, and the Internet*, 6 (2015): 1-12.

Clare, Lee and Gebel, Hans Georg K. "Introduction: Conflict and Warfare in the Near Eastern Neolithic", *Noe-Lithics*, 10:1 (2010): 3-5.

Coates, Peter. "'Unusually Cunning, Vicious, and Treacherous': The Extermination of the Wolf in United States History", in Mark Levene and Penny Roberts (eds), *The Massacre in History*, 163-83. New York: Berghahn, 1999.

Cockburn, J. S. "Patterns of Violence in English Society: Homicide in Kent, 1560-1985",

Past and Present, 130 (1991): 70-106.

Coleman, Jon. *Vicious: Wolves and Men in America*. New Haven: Yale University Press, 2004.

Conrad, Robert Edgar (ed.). *Children of God's Fire: A Documentary History of Black Slavery in Brazil*. Princeton: Princeton University Press, 1983.

Conrad, Robert Edgar. *The Destruction of Brazilian Slavery, 1850-1888*. 2nd edn. Malabar: Krieger, 1993.

Conrad, Sebastian. "Enlightenment in Global History: A Historiographical Critique", *American Historical Review*, 117:4 (2012): 999-1027.

Cooney, Mark. "From Warre to Tyranny: Lethal Conflict and the State", *American Sociological Review*, 62 (1997): 316-38.

Cooney, Mark. "The Privatization of Violence", *Criminology*, 41:4 (2003): 1377-406.

Costa, Emilia Viotti da. *The Brazilian Empire: Myths and Histories*. Chapel Hill: University of North Carolina Press, 2000.

Crook, David. *Records of the General Eyre*, Public Record Office Handbooks, no. 20. London: Public Record Office, 1982.

Crosby, Alfred W. *The Columbian Exchange: Biological and Cultural Consequences of 1492*. Westport: Greenwood Publishing, 1973. 〔한국어판. 앨프리드 W. 크로스비, 김기윤 옮김, 《콜럼버스가 바꾼 세계: 신대륙 발견 이후 세계를 변화시킨 흥미로운 교환의 역사》, 지식의숲(넥서스), 2006〕

Crosby, Alfred W. *Ecological Imperialism: The Biological Expansion of Europe, 900-1900* 〔1986〕, second edition. Cambridge: Cambridge University Press, 2004. 〔한국어판. 앨프리드 W. 크로스비, 정범진·안효상 옮김, 《생태제국주의》, 지식의풍경, 2000〕

Cummins, Robert A. "Can Happiness Change? Theories and Evidence", in Kennon M. Sheldon and Richard E. Lucas (eds), *Stability of Happiness: Theories and Evidence on Whether Happiness Can Change*, 75-97. London: Academic Press, 2014.

Dakin, Douglas. *Turgot and the Ancien Régime in France*. London: Methuen, 1939.

Daly, Jill E. "Gathering Dust on the Evidence Shelves of the US", *Women's Rights Law Reporter*, 25:1 (Fall/Winter 2003): 17-36.

Daly, Jonathan. "Russian Punishments in the European Mirror", in Michael Melancon (ed.), *Russia in the European Context 1789-1914: A Member of the Family*, 161-88. Gordonsville: Palgrave Macmillan, 2005.

Daly, M. and Wilson, M. *Homicide*. New York: A. de Gruyter, 1988.

Darnton, Robert. *Mesmerism and the End of the Enlightenment in France*. Cambridge, MA: Harvard University Press, 1968. 〔한국어판. 로버트 단턴, 김지혜 옮김, 《혁명 전야의 최면술사: 메스머주의와 프랑스 계몽주의의 종말》, 알마, 2016〕

Daston, Lorraine and Gallison, Peter. *Objectivity*. New York: Zone Books, 2010.

Davies, Jonathan. "Introduction", in Jonathan Davies (ed.), *Aspects of Violence in Renaissance Europe*, 1-16. London and New York: Routledge, 2013.

Davis, David Brion. *The Problem of Slavery in Western Culture*. Ithaca: Cornell University Press, 1966.

Davis, David Brion. *The Problem of Slavery in the Age of Revolution*. Ithaca: Cornell University Press, 1975.

Davis, David Brion. *Inhuman Bondage: The Rise and Fall of Slavery in the New World*. New York: Oxford University Press, 2006.

Davis, David Brion. *Problem of Slavery in the Age of Emancipation*. New York: Knopf, 2014.

Dawson, Doyne. "The Origins of War: Biological and Anthropological Theories", *History and Theory*, 35:1 (1996): 1-28.

de Dijn, Annelien. "The Politics of Enlightenment: From Peter Gay to Jonathan Israel", *The Historical Journal*, 55:3 (2012): 785-805.

de Vries, Katja. "Avatars Out of Control: Gazira Babeli, Pose Balls and 'Rape' in Second Life", in Serge Gutwirth (ed.), *Computers, Privacy, and Data Protection*, 233-50. New York: Springer, 2011.

de Waal, Frans B. M. "Primates—A Natural Heritage of Conflict Resolution", *Science*, 289 (2000): 586-90.

Dean, Trevor. *Crime in Medieval Europe*. Harlow: Longman, 2001.

Dentan, Robert K. "Recent Studies on Violence: What's in and What's Out", *Reviews in Anthropology*, 37 (2008): 41-67.

Devereaux, Simon. "The Promulgation of the Statutes in Late Hanoverian Britain", in David Lemmings (ed.), *The British and their Laws in the Eighteenth Century*, 85-6. Woodbridge: Boydell Press, 2005.

Devereaux, Simon. "Recasting the Theatre of Execution: The Abolition of the Tyburn Ritual", *Past & Present*, 202 (February 2009): 127-74.

Devereaux, Simon. "England's 'Bloody Code' in Crisis and Transition: Executions at the Old Bailey, 1760-1837", *Journal of the Canadian Historical Association*, 24:2 (2013): 71-113.

Devereaux, Simon. "Inexperienced Humanitarians? William Wilberforce, William Pitt, and the Executions Crisis of the 1780s", *Law and History Review*, 33 (2015): 839-85.

Devereaux, Simon. "The Bloodiest Code: Counting Executions and Pardons at the Old Bailey, 1730-1837", *Law, Crime and History*, 6:1 (2016): 1-36.

Devereaux, Simon. "Execution and Pardon at the Old Bailey, 1730-1837", *American Journal of Legal History*, 57 (2017): 447-94.

Dibbell, Julian. "A Rape in Cyberspace Or How an Evil Clown, A Haitian Trickster Spirit, Two Wizards, and a Cast of Dozens Turned a Database into a Society", *Annual Survey of American Law*, 471 (1994): 471-89.

Dicey, A. V. *The Case against Home Rule*. London: John Murray, 1886.

Dijk, Boyd van. "Human Rights in War: On the Entangled Foundations of the 1949 Geneva Conventions", *The American Society of International Law*, 112:4 (2018): 556.

Dinges, Martin. "Gewalt und Zivilisationsprozess", *Traverse*, 2:1 (1995): 70-81.

Dinges, Martin. "Formenwandel der Gewalt in der Neuzeit. Zur Kritik der Zivilisationstheorie von Norbert Elias", in Rolf Peter Sieferle and Helga Breuninger (eds), *Kulturen der Gewalt. Ritualisierung und Symbolisierung von Gewalt in der Geschichte*, 171-94. Frankfurt am Main: Campus, 1998.

Ditchfield, P. H. and Page, William (eds). *A History of the County of Berkshire*, 2 vols. London: Victoria County History, 1907.

Dixon, Thomas. *From Passions to Emotion: The Creation of a Secular Psychological Category*. Cambridge: Cambridge University Press, 2003.

Dixon, Thomas. "Emotion: The History of a Keyword in Crisis", *Emotion Review* (October 2012): 338-44.

Djilas, Milovan. *The New Class: An Analysis of the Communist System*. New York: Praeger, 1957. 〔한국어판. 밀로반 질라스, 이호선 옮김, 《위선자들: 새로운 수탈계급과 전체주의의 민낯》(개정판), 리원, 2020〕

Dorsey, Kurkpatrick. *Whales and Nations: Environmental Diplomacy on the High Seas*. Seattle: University of Washington Press, 2013.

Drescher, Seymour. *Abolition: A History of Slavery and Antislavery*. Cambridge: Cambridge University Press, 2009.

Driscoll, Mark. *Absolute Erotic, Absolute Grotesque: The Living, Dead, and Undead in Japan's Imperialism, 1895-1945*. Durham: Duke University Press, 2010.

Drixler, Fabian. *Mabiki: Infanticide and Population Growth in Eastern Japan, 1660-1940*. Berkeley: University of California Press, 2013.

Duerr, Hans Peter. *Nacktheit und Scham*. Frankfurt am Main: Suhrkamp Verlag, 1988. 〔한국어판. 한스 페터 뒤르, 차경아 옮김, 《나체와 수치의 역사》, 까치, 1998〕

Duerr, Hans Peter. *Obszönität und Gewalt. Band 3: Der Mythos vom Zivilisationsprozeß*. Frankfurt am Main: Suhkampf, 1993. 〔한국어판. 한스 페터 뒤르, 최상안 옮김, 《음란과 폭력: 성을 통해 본 인간 본능의 역사》, 한길사, 2003〕

Dülmen, Richard van. *Theatre of Horror: Crime and Punishment in Early Modern Germany*, trans. Elisabeth Neu. Cambridge: Polity Press, 1990.

Dunbar-Ortiz, Roxanne. *An Indigenous Peoples' History of the United States*. Boston: Beacon Press, 2014.

Dunn, Caroline. *Stolen Women in Medieval England*. Cambridge: Cambridge University Press, 2013.

Dunn, Diana E. S. (ed.). *Courts, Counties and the Capital in the Later Middle Ages*. New York: St. Martin's Press, 1996.

Dunning, Eric, Murphy, Patrick and Waddington, Ivan. "Violence in the British Civilizing Process", in Eric Dunning and Stephen Mennell (eds), *Norbert Elias*, 4 vols, ii. 5-34. Sage: London, 2003.

Dunning, Eric and Hughes, Jason. *Norbert Elias and Modern Sociology: Knowledge, Interdependence, Power, Process.* London: Bloomsbury, 2013

Dupré, John. *Human and Other Animals.* Oxford: Clarendon Press, 2002.

Dwyer, Philip. "Whitewashing History: Pinker's (Mis)Representation of the Enlightenment and Violence", *Historical Reflections/Réflexions historiques,* 44:1 (Spring 2018): 54-65.

Dwyer, Philip and Micale, Mark S. (eds), *On Violence in History.* New York: Berghahn, 2019.

Dwyer, Philip and Damousi, Joy (eds), *The Cambridge World History of Violence.* Cambridge: Cambridge University Press, 2020.

Dyer, Meaghan and Fibiger, Linda. "Understanding Blunt Force Trauma and Violence in Neolithic Europe: The First Experiments using a Skin-Skull-Brain Model and the Thames Beater", *Antiquity,* 91:360 (2017): 1515-28.

Eason, David. "The Culture of Disputes in Early Modern Japan, 1550-1700". PhD diss. UCLA, 2009.

Edelstein, Dan. *The Enlightenment: A Genealogy.* Chicago: University of Chicago Press, 2010.

Ehrlich, Paul R. *The Population Bomb.* New York: Ballantine, 1968.

Eiko, Ikegami. *The Taming of the Samurai: Honorific Individualism and the Making of Modern Japan.* Cambridge, MA: Harvard University Press, 2003. 〔한국어판. 이케가미 에이코, 남명수 옮김, 《사무라이의 나라: 집단주의와 개인성의 이상한 조합》, 지식노마드, 2008〕

Eisner, Manuel. "Modernization, Self-control and Lethal Violence: The Long-Term Dynamics of European Homicide Rates in Theoretical Perspective", *The British Journal of Criminology,* 41:4 (2001): 618-38.

Eisner, Manuel. "Long-Term Historical Trends in Violent Crime", *Crime and Justice,* 30 (2003): 83-142.

Eisner, Manuel. "From Swords to Words: Does Macro-Level Change in Self-Control Predict Long-Term Variations in Levels of Homicide?", *Crime and Justice,* 43:1 (2014): 65-134.

Eisner, Manuel. "Interactive London Medieval Murder Map", Institute of Criminology, University of Cambridge, https://www.vrc.crim.cam.ac.uk/vrcresearch/london-medieval-murder-map

Elias, Norbert. *The Civilizing Process: Sociogenetic and Psychogenetic Investigations,* trans. Edmund Jephcott. Oxford: Blackwell, 1994. 〔한국어판. 노르베르트 엘리아스, 박미애 옮김, 《문명화과정Über den Prozeß der Zivilisation》(전 2권), 한길사, 1996〕

Elias, Norbert. *Reflections on a Life,* trans. Edmund Jephcott. Cambridge: Polity Press, 1994.

Elias, Norbert. *The Germans: Power Struggles and the Development of Habitus in the Nineteenth and Twentieth Centuries,* trans. Eric Dunning and Stephen Mennell. Oxford: Polity Press, 1996.

Elkins, Caroline. *Imperial Reckoning: The Untold Story of Britain's Gulag in Kenya.* New York: Henry Holt, 2005.

Eltis, David and Richardson, David. *Atlas of the Transatlantic Slave Trade.* New Haven: Yale

University Press, 2010.

Ember, Carol R. and Ember, Melvin. "War, Socialization, and Interpersonal Violence: A Cross-Cultural Study", *Journal of Conflict Resolution*, 38 (1994): 620-46.

Enserink, Martin. "Searching for the Mark of Cain", *Science*, 289 (2000): 575-9.

Erichsen, John Eric. *On Railway and Other Injuries of the Nervous System*. London: Walton and Maberly, 1866.

Erichsen, John Eric. *On Concussion of the Spine, Nervous Shock, and Other Obscure Injuries of the Nervous System in Their Clinical and Medico-Legal Aspects*. London: Longman, Green and Co., 1875.

Eskildsen, Robert. "Of Civilization and Savages: The Mimetic Imperialism of Japan's 1874 Expedition to Taiwan", *The American Historical Review*, 107:2 (April 2002): 388-418.

Eustace, Nicole. *Passion Is the Gale: Emotion, Power, and the Coming of the American Revolution*. Chapel Hill: University of North Carolina Press, 2008.

Eustace, Nicole. *1812: War and the Passions of Patriotism*. Philadelphia: University of Pennsylvania Press, 2012.

Eustace, Nicole, Lean, Eugenia, Livingston, Julie, Plamper, Jan, Reddy, William and Rosenwein, Barbara. "AHR Conversation: The Historical Study of Emotion", *The American Historical Review*, 177:5 (December 2012): 1487-531.

Evans, Richard J. *Rituals of Retribution: Capital Punishment in Germany, 1600- 1987*. London: Penguin, 1996.

Eze, Emmanuel Chukwudi (ed.). *Race and the Enlightenment: A Reader*. Cambridge, MA: Blackwell, 1997.

Fagan, Garrett G., Fibiger, Linda, Hudson, Mark and Trundle, Matthew (eds). *The Cambridge World History of Violence, Vol. I: The Prehistoric and Ancient Worlds*. Cambridge: Cambridge University Press, 2020.

Falk, Dean and Hildebolt, Charles. "Annual War Deaths in Small-Scale versus State Societies Scale with Population Size Rather than Violence", *Current Anthropology*, 58:6 (2017): 805-13.

Farmer, Paul. "On Suffering and Structural Violence: A View from Below", *Race/ Ethnicity: Multidisciplinary Global Contexts*, 3:1 (2009): 11-28.

Farris, William W. *Japan's Medieval Population: Famine, Fertility, and Warfare in a Transformative Age*. Honolulu: University of Hawai'i Press, 2009.

Fassin, Didier. "On Resentment and *Ressentiment*: The Politics and Ethics of Moral Emotions", *Current Anthropology*, 54 (2013): 249-67.

Fayard, Nicole and Rocheron, Yvette. "'Moi quand on dit qu'une femme ment, eh bien, elle ment': The Administration of Rape in Twenty-First Century France and England and Wales", *French Politics, Culture and Society*, 29:1 (Spring 2011): 68-92.

Fazal, Tanisha M. "Dead Wrong?: Battle Deaths, Military Medicine, and Exaggerated Reports of War's Demise", *International Security*, 39:1 (Summer 2014): 95-125.

Febvre, Lucien. "Sensibility and History: How to Reconstitute the Emotional Life of the Past", in Peter Burke (ed.), *A New Kind of History: From the Writings of Febvre*, trans. K. Folca, 12-26. New York: Routledge & Kegan Paul, 1973.

Felker-Kantor, Max. *Policing Los Angeles: Race, Resistance, and the Rise of the LAPD*. Chapel Hill: University of North Carolina Press, 2020.

Ferguson, Christopher J. and Beaver, Kevin M. "Natural Born Killers: The Genetic Origins of Extreme Violence", *Aggression and Violent Behaviour*, 14 (2009): 286-94.

Ferguson, R. Brian. "Introduction: Studying War", in R. Brian Ferguson (ed.), *Warfare, Culture and Environment*, 1-18. Orlando: Academic Press, 1984.

Ferguson, R. Brian. "Explaining War", in Jonathan Haas (ed.), *The Anthropology of War*, 26-55. Cambridge: Cambridge University Press, 1990.

Ferguson, R. Brian. "Pinker's List: Exaggerating Prehistoric War Mortality", in Fry (ed.), *War, Peace, and Human Nature*, 112-31.

Ferguson, R. Brian. "The Prehistory of War and Peace in Europe and the Near East", in Fry (ed.), *War, Peace, and Human Nature*, 191-240.

Ferllini, Roxana. "Recent Conflicts, Deaths and Simple Technologies: The Rwandan Case", in Knüsel and Smith (eds), *The Routledge Handbook of the Bioarchaeology of Human Conflict*, 641-55. Abingdon: Routledge, 2014.

Fernández-Armesto, Felipe. *Humankind: A Brief History*. Oxford and New York: Oxford University Press, 2004.

Fernández-Armesto, Felipe. *Out of Our Minds: What We Think and How We Came to Think It*. Oakland: University of California Press, 2019.

Fibiger, Linda, Ahlström, Torbjörn, Bennike, Pia and Schulting, Rick J. "Patterns of Violence-Related Skull Trauma in Neolithic Southern Scandinavia", *American Journal of Physical Anthropology*, 150 (2013): 190-202.

Fibiger, Linda. "Misplaced Childhood? Interpersonal Violence and Children in Neolithic Europe", in Knüsel and Smith (eds), *The Routledge Handbook of the Bioarchaeology*, 27-145.

Fibiger, Linda. "Conflict and violence in the Neolithic of North-Western Europe", in Manuel Fernández-Götz and Nico Roymans (eds), *Conflict Archaeology: Materialities of Collective Violence in Late Prehistoric and Early Historic Europe*, 13-22. New York: Taylor & Francis, 2018.

Fibiger, Linda. "The Past as a Foreign Country: Bioarchaeological Perspectives on Pinker's 'Prehistoric Anarchy'", *Historical Reflections/ Réflexions Historiques*, 44:1 (Spring 2018): 76-100.

Fichte, J. G. *Foundations of Natural Right, according to the Principles of the Wissenschaftslehre* (1796), ed. Frederick Neuhouser, trans. Michael Baur. Cambridge University Press, 2000.

Finley, Carmel. *All the Boats on the Ocean: How Government Subsidies Led to Global Overfishing*. Chicago: University of Chicago Press, 2017.

Fletcher, Jonathan. "Towards a Theory of Decivilizing Processes", *Amsterdams sociologisch Tijdschrift*, 22:2 (October 1995): 283–97.

Fletcher, Jonathan. *Violence and Civilization: An Introduction to the Work of Norbert Elias*. Cambridge: Polity Press, 1997.

Formisano, Ronald P. *Boston Against Busing: Race, Class, and Ethnicity in the 1960s and 1970s*. Chapel Hill: University of North Carolina Press, 1991.

Forrest, Alan. *The Death of the French Atlantic: Trade, War, and Slavery in the Age of Revolution*. Oxford: Oxford University Press, 2020.

Foucault, Michel. *Discipline and Punish: The Birth of the Prison*, trans. Alan Sheridan. New York: Pantheon Books, 1977. 〔한국어판. 미셸 푸코, 오생근 옮김,《감시와 처벌: 감옥의 탄생Surveiller et punir: naissance de la prison》, 나남출판, 2020(번역개정 2판)〕

Foucault, Michel. "Nietzsche, Genealogy, History", in Paul Rabinow (ed.), *The Foucault Reader*, 76–100. New York: Pantheon, 1984.

Franklin, Michael J. and Harper-Bill, Christopher (eds). *Medieval Ecclesiastical Studies: In Honour of Dorothy M. Owen*. Woodbridge: Boydell, 1995.

Franks, Mary Anne. "Unwilling Avatars: Idealism and Discrimination in Cyberspace", *Columbia Journal of Gender and Law*, 20:1 (2011): 224–61.

Fredrickson, George M. *Racism: A Short History*. Princeton: Princeton University Press, 2003.

Freedman, Lawrence (ed.). *War*. Oxford: Oxford University Press, 1994.

Freud, Sigmund. *Civilization and Its Discontents*, trans. Joan Riviere. London: Hogarth Press, 1930. 〔한국어판. 지크문트 프로이트, 김석희 옮김,《문명 속의 불만Das Unbehagen in der Kultur》, 열린책들, 1997〕

Frevert, Ute. *Emotions in History: Lost and Found*. Budapest: Central European University Press, 2011.

Frevert, Ute, Bailey, Christian, Eitler, Pascal, Gammerl, Benno, Hitzer, Bettina, Pernau, Margrit, Scheer, Monique, Schmidt, Anne and Verheyen, Nina. *Emotional Lexicons: Continuity and Change in the Vocabulary of Feeling*. Oxford: Oxford University Press, 2014.

Friedland, Paul. *Seeing Justice Done: The Age of Spectacular Capital Punishment in France*. Oxford: Oxford University Press, 2012.

Fry, Douglas. "Maintaining Social Tranquility: Internal and External Loci of Aggression Control", in Sponsel and Gregor (eds), *The Anthropology of Peace and Nonviolence*, 133–54.

Fry, Douglas (ed.). *War, Peace, and Human Nature: The Convergence of Evolutionary and Cultural Views*. Oxford: Oxford University Press, 2013.

Galtung, Johan. "Violence, Peace, and Peace Research", *Journal of Peace Research*, 6:3 (1969): 167–91.

Gangestad, Steven and Simpson, Jeffrey. "The Evolution of Human Mating: Trade-offs and Strategic Pluralism", *Behavioral and Brain Sciences*, 23 (2000): 575-6.

Garland, David, McGowan, Randall and Meranze, Michael. *America's Death Penalty: Between Past and Present*. New York: New York University Press, 2011.

Garon, Sheldon. "Rethinking Modernization and Modernity in Japanese History: A Focus on State-Society Relations", *The Journal of Asian Studies*, 53:2 (1994): 346-66.

Garrard, Graeme. *Counter-Enlightenments: From the Eighteenth Century to the Present*. London: Routledge, 2005.

Gat, Azar. *War in Human Civilization*. Oxford: Oxford University Press, 2006. 〔한국어판. 아자 가트, 오숙은·이재만 옮김, 《문명과 전쟁》, 교유서가, 2017〕

Gatrell, V. A. C. *The Hanging Tree: Execution and the English People, 1770-1868*. Oxford: Oxford University Press, 1994.

Gauvard, Claude. "Fear of Crime in Late Medieval France", in Barbara A. Hanawalt and David Wallace (eds), *Medieval Crime and Social Control*, 1-48. Minneapolis: University of Minnesota Press, 1999.

Gavitt, Philip. "Infant Death in Late Medieval Florence: The Smothering Hypothesis Reconsidered", in Cathy Jorgensen Itnyre (ed.), *Medieval Family Roles: A Book of Essays*, 137-57. New York: Garland, 1996.

Gay, Peter. *The Cultivation of Hatred: The Bourgeois Experience Victoria to Freud*, vol. 3. New York: Norton, 1993.

Geary, Patrick. *The Myth of Nations: The Medieval Origins of Europe*. Princeton: Princeton University Press, 2002. 〔한국어판. 패트릭 J. 기어리, 이종경 옮김, 《민족의 신화, 그 위험한 유산》, 지식의풍경, 2004〕

Gellately, Robert and Kiernan, Ben (eds). *The Specter of Genocide: Mass Murder in Historical Perspective*. Cambridge and New York: Cambridge University Press, 2003.

Geltner, Guy. *Flogging Others: Corporal Punishment and Cultural Identity from Antiquity to the Present*. Amsterdam: Amsterdam University Press, 2014.

Geronimo's Story of His Life, Taken Down and Edited by S. M. Barrett. New York, 1906.

Gerstle, Gary. *Liberty and Coercion: The Paradox of American Government-From the Founding to the Present*. Princeton: Princeton University Press, 2015.

Giddens, Anthony. "*The Society of Individuals*: Norbert Elias, Michael Schröter and Edmund Jephcott", *American Journal of Sociology*, 98:2 (1992): 133-4.

Gilmore, Ruth Wilson. *Golden Gulag: Prisons, Surplus, Crisis, and Opposition in Globalizing California*. Berkeley: University of California Press, 2007.

Ginsberg, Morris. *The Idea of Progress: A Reevaluation*. Westport: Greenwood Press, 1972.

Giridharadas, Anand. *Winners Take All: The Elite Charade of Changing the World*. New York: Alfred A. Knopf, 2018. 〔한국어판. 아난드 기리다라다스, 정인경 옮김, 《엘리트 독식 사회: 세상을 바꾸겠다는 그들의 열망과 위선》, 생각의힘, 2019〕

Given, James B. *Society and Homicide in Thirteenth-Century England*. Stanford: Stanford University Press, 1977.

Godfrey, Barry, Emsley, Clive and Dunstall, Graeme (eds). *Comparative Histories of Crime*. Cullompton: Willan Publishing, 2003.

Goldschmidt, Walter. "Peacemaking and Institutions of Peace in Tribal Societies", in Leslie E. Sponsel and Thomas Gregor (eds), *The Anthropology of Peace and Nonviolence*, 109-31. Boulder: Lynner Rienner Publishers, 1994.

Goldstein, Joshua S. *War and Gender: How Gender Shapes the War System and Vice Versa*. Cambridge: Cambridge University Press, 2001.

Goldstein, Joshua S. *Winning the War on War: The Decline of Armed Conflict Worldwide*. London: Dutton, 2011.

Gómez, José María, Verdú, Miguel, González-Megías, Adela and Méndez, Marcos. "The Phylogenetic Roots of Human Lethal Violence", *Nature*, S38 (2016): 233-7.

Goody, Jack. *The Theft of History*. Cambridge: Cambridge University Press, 2006.

Gopal, Priyamvada. *Insurgent Empire: Anticolonial Resistance and British Dissent*. London: Verso, 2019.

Gordon, Daniel. "The Canonization of Norbert Elias in France: A Critical Perspective", *French Politics, Culture & Society*, 20:1 (2002): 68-94.

Gordon-Reed, Annette. *Thomas Jefferson and Sally Hemings: An American Controversy*. Charlottesville: University Press of Virginia, 1997.

Gordon-Reed, Annette. *The Hemingses of Monticello: An American Family*. New York: W.W. Norton, 2008.

Goudsblom, Johan, Jones, Eric and Mennell, Stephen. *The Course of Human History: Economic Growth, Social Process and Civilization*. London: Routledge, 1996.

Gould, Stephen Jay. "Nonmoral Nature", *Natural History*, 91:2 (February 1982): 19-26.

Gould, Stephen Jay. *The Mismeasure of Man*, revised edn. New York: Norton, 1996. 〔한국어판. 스티븐 제이 굴드, 김동광 옮김, 《인간에 대한 오해》, 사회평론, 2003〕

Gouldner, Alvin W. "Doubts About the Uselessness of Men and the Meaning of the Civilizing Process", *Theory and Society*, 10:3 (May 1981): 413-18.

Gowaty, Patricia Adair. "Introduction: Darwinian Feminists and Feminist Evolutionists", in Patricia Adair Gowaty (ed.), *Feminism and Evolutionary Biology: Boundaries, Intersections, and Frontiers*, 1-17. New York: Chapman and Hall, 1997.

Gowaty, Patricia Adair. "Power Asymmetries Between the Sexes, Mate Preferences, and Components of Fitness", in Cheryl Brown Travis (ed.), *Evolution, Gender, and Rape*, 61-86. Cambridge, MA: MIT Press, 2003.

Gowaty, Patricia Adair and Hubbell, Stephen P. "Chance, Time Allocation, and the Evolution of Adaptively Flexible Sex Role Behavior", *Integrative and Comparative Biology*, 4 (2005): 931-44.

Graham, Elizabeth. *Maya Christians and Their Churches in Sixteenth-Century Belize*. Gainesville: University Press of Florida, 2011.

Graybill, Lela. *The Visual Culture of Violence After the French Revolution*. London: Routledge, 2016.

Green, Nile. *The Love of Strangers: What Six Muslim Students Learned in Jane Austen's London*. Princeton: Princeton University Press, 2016.

Green, Thomas A. *Verdict According to Conscience: Perspectives on the English Criminal Trial Jury, 1200-1800*. Chicago: University of Chicago Press, 1985.

Gregory, Brad S. *Salvation at Stake: Christian Martyrdom in Early Modern Europe*. Cambridge, MA: Harvard University Press, 1999.

Groebner, Valentin. "Losing Face, Saving Face: Noses and Honour in the Late Medieval Town", *History Workshop Journal*, 40 (1995): 1-15.

Groemer, Gerald. *Portraits of Edo and Early Modern Japan: The Shogun's Capital in Zuihitsu Writings 1657-1855*. Singapore: Palgrave Macmillan, 2019.

Grossman, Dave. *On Combat: The Psychology and Physiology of Deadly Conflict in War and Peace*. Millstadt: Warrior Science Publications, 2004. 〔한국어판. 데이브 그로스먼·로런 W. 크리스텐슨, 박수민 옮김, 《전투의 심리학: 목숨을 걸고 싸우는 사람들의 심리와 생리》, 열린책들, 2013〕

Guest, Tim. *Second Lives: A Journey Through Virtual Worlds*. London: Hutchinson, 2007.

Guldi, Jo and Armitage, David. *The History Manifesto*. New York and Cambridge: Cambridge University Press, 2014. 〔한국어판. 조 굴디·데이비드 아미티지, 안두환 옮김, 《역사학 선언》, 한울(한울아카데미), 2018〕

Gunby, Clare, Carline, Anna and Beynon, Caryl. "Regretting It after: Focus Group Perspectives on Alcohol Consumption, Nonconsensual Sex and False Allegations of Rape", *Social and Legal Studies*, 22:1 (2012): 87-106.

Gurr, Ted Robert. "Historical Trends in Violent Crime: A Critical Review of the Evidence", *Crime and Justice: An Annual Review of Research*, 3 (1981): 295-353.

Haidt, Jonathan. *The Righteous Mind: Why Good People Are Divided by Politics and Religion*. New York: Pantheon Books, 2012. 〔한국어판. 조너선 하이트, 왕수민 옮김, 《바른 마음: 나의 옳음과 그들의 옳음은 왜 다른가》, 웅진지식하우스, 2014〕

Hamblin, Jacob Darwin. *Arming Mother Nature: The Birth of Catastrophic Environmentalism*. Oxford: Oxford University Press, 2013.

Hammer Jr., C. I. "Patterns of Homicide in a Medieval University Town: Fourteenth-Century Oxford", *Past and Present*, 78 (1978): 3-23.

Hanawalt, Barbara A. *Crime and Conflict in English Communities, 1300-1348*. Cambridge, MA: Harvard University Press, 1979.

Hanawalt, Barbara A. "Violent Death in Fourteenth-and early Fifteenth-Century England", *Contemporary Studies in Society & History*, 18:3 (1976): 297-320.

Hanawalt, Barbara A. "Obverse of the Civilizing Process in Medieval England", *IAHCCJ Bulletin*, 20 (Spring 1995): 49-60.

Hannaford, Ivan. *Race: The History of an Idea in the West*. Washington, DC: Woodrow Wilson Center Press, 1996.

Harari, Yuval N. *Sapiens: A Brief History of Humankind*. London: Harvill Secker, 2014. 〔한국 어판. 유발 하라리, 조현욱 옮김, 《사피엔스: 유인원에서 사이보그까지, 인간 역사의 대담 하고 위대한 질문》, 김영사, 2015〕

Harcourt, Bernard E. *Illusion of Order: The False Promise of Broken Windows Policing*. Cambridge, MA: Harvard University Press, 2001.

Harris, Jessica and Grace, Sharon. *A Question of Evidence? Investigating and Prosecuting Rape in the 1990s*. London: Home Office Research Study 196, 1999.

Harris, Marvin and Kotak, Conrad. "The Structural Significance of Brazilian Categories", *Sociologica*, 25 (1963): 203-8.

Harrison, Simon. "War", in Alan Barnard and Jonathan Spencer (eds), *Encyclopedia of Social and Cultural Anthropology*, 561-2. London: Routledge, 2002.

Harvey, David. "Neoliberalism as Creative Destruction", *Annals of the American Academy of Political and Social Science*, DCX (March 2007): 22-44.

Hathaway, Oona. "The Promise and Limits of the International Law of Torture", in Levinson (ed.), *Torture*, 199-212.

Headey, Bruce. "The Set-Point Theory of Well-Being Needs Replacing: On the Brink of a Scientific Revolution?", *SSRN Electronic Journal* (2007), doi:10.2139/ssrn.1096451

Healy, Marsha. "The Holocaust, Modernity and the Enlightenment", *Res Publica*, 3:1 (1997): 35-59.

Hecht, Gabrielle. *Being Nuclear: Africans and the Global Uranium Trade*. Cambridge, MA: MIT Press, 2012.

Helbling, Jürg. "War and Peace in Societies Without Central Power", in Otto, Thrane and Vandkilde (eds), *Warfare and Society*, 113-39.

Held, Robert, Bertoni, Marcello and Gil, Amor. *Inquisition: A Bilingual Guide to the Exhibition of Torture Instruments from the Middle Ages to the Industrial Era, Presented in Various European Cities in 1983-87*. Florence: Qua d'Arno, 1985.

Henry, Nicola and Powell, Anastasia. "Embodied Harms: Gender, Shame, and Technology-Facilitated Sexual Violence", *Violence Against Women*, 21:6 (March 2015): 758-79.

Henry, Nicola and Powell, Anastasia. "Sexual Violence in the Digital Age: The Scope and Limits of Criminal Law", *Social and Legal Studies*, 25:4 (2016): 397-418.

Henry, Nicola and Powell, Anastasia. "Technology-Facilitated Sexual Violence. A Literature Review of Empirical Research", *Trauma, Violence, & Abuse*, 19:2 (June 2016): 195-208.

Hewitson, Mark. *Absolute War: Violence and Mass Warfare in the German Lands, 1792-1820*. Oxford: Oxford University Press, 2017.

Himmelfarb, Gertrude. *The Roads to Modernity: The British, French, and American Enlightenments*. New York: Knopf, 2004.

Hinton, Elizabeth Kai. *From the War on Poverty to the War on Crime: The Making of Mass Incarceration in America*. Cambridge, MA: Harvard University Press, 2016.

Hirsch, Arnold, *Making the Second Ghetto: Race and Housing in Chicago, 1940-1960*. Chicago: University of Chicago Press, 1988.

Hirsch, Arnold R. "Massive Resistance in the Urban North: Trumbull Park, Chicago, 1953-1966", *Journal of American History*, 82:2 (September 1955): 522-50.

Hochschild, Adam. *King Leopold's Ghost: A Story of Greed, Terror and Heroism in Colonial Africa*. Boston: Houghton Mifflin, 1998. 〔한국어판. 애덤 호크실드, 이종인 옮김, 《레오폴드왕의 유령: 아프리카의 비극, 제국주의의 탐욕 그리고 저항에 관한 이야기》, 무우수, 2003〕

Hochschild, Adam. *Bury the Chains: Prophets and Rebels in the Fight to Free an Empire's Slaves*. Boston: Houghton Mifflin, 2005.

Hodgson, James F. "Policing Sexual Violence: A Case Study of *Jane Doe v. the Metropolitan Toronto Police*", in Hodgson and Kelley (eds), *Sexual Violence*, 173-90.

Hodgson, James F. and Kelley, Debra S. (eds). *Sexual Violence: Policies, Practices, and Challenges in the United States and Canada*. Westport: Praeger, 2002.

Hogan, Gerard and Walker, Clive. *Political Violence and the Law in Ireland*. Manchester: Manchester University Press, 1989.

Holahan, Catherine. "The Dark Side of Web Anonymity", *Bloomberg Businessweek*, 1 May 2008, https://www.bloomberg.com/news/articles/2008-04-30/the-dark-side-of-web-anonymity

Hopgood, Stephen. *The Endtimes of Human Rights*. Ithaca: Cornell University Press, 2013.

Horowitz, Roger. "Making the Chicken of Tomorrow: Reworking Poultry as Commodities and as Creatures, 1945-1990", in Schrepfer and Scranton (eds), *Industrializing Organisms*, 215-35.

Hrdy, Sarah Blaffer. "Empathy, Polyandry, and the Myth of the Coy Female", in Elliott Sober (ed.), *Conceptual Issues in Evolutionary Biology*, 123-9. Cambridge, MA: MIT Press, 1994.

Hrdy, Sarah Blaffer. "'Raising Darwin's Consciousness': Female Sexuality and the Prehominid Origins of Patriarchy", *Human Nature*, 8 (1997): 1-49.

Hrdy, Sarah Blaffer. *The Woman that Never Evolved: With a New Preface*. Cambridge, MA: Harvard University Press, 1999.

Hudson, Nicholas. "Are We 'Voltaire's Bastards?' John Ralston Saul and Post-Modern Representations of the Enlightenment", *Lumen*, 20 (2001): 111-21.

Hughes, Matthew. "The Banality of Brutality: British Armed Forces and the Repression of the Arab Revolt in Palestine, 1936-39", *The English Historical Review*, CXXIV, 507 (April

2009): 313-54.

Hughes, Matthew (ed.). *British Ways of Counterinsurgency: A Historical Perspective*. London: Routledge, 2013.

Huizar-Hernández, Anita. "'The Real Geronimo Got Away': Eluding Expectations in Geronimo: His Own Story: The Autobiography of a Great Patriot Warrior", *Studies in American Indian Literatures*, 29:2 (Summer 2017): 49-70.

Hull, Isabel V. *Sexuality, State, and Civil Society in Germany, 1700–1815*. Ithaca: Cornell University Press, 1996.

Hunnisett, Roy F. *The Medieval Coroner*. Cambridge: Cambridge University Press, 1961.

Hunt, Lynn. *Inventing Human Rights. A History*. New York: W. W. Norton and Co., 2006. 〔한국어판. 린 헌트, 전진성 옮김, 《인권의 발명》, 돌베개, 2009〕

Hunt, Lynn. "The Paradoxical Origins of Human Rights", in Jeffrey N. Wasserstrom, Lynn Hunt, and Marilyn B. Young (eds), *Human Rights and Revolutions*. Lanham: Rowman and Littlefield, 2007.

Hussain, Nasser. *The Jurisprudence of Emergency: Colonialism and the Rule of Law*. Ann Arbor: The University of Michigan Press, 2003.

Huxley, Aldous. *Brave New World*. New York: Alfred Knopf, 2013. 〔한국어판. 올더스 헉슬리, 안정효 옮김, 《멋진 신세계》, 태일소담출판사, 2019〕

Ikegami, Eiko. *The Taming of the Samurai: Honorific Individualism and the Making of Modern Japan*. Cambridge, MA: Harvard University Press, 1995.

Ingrao, Christian. *Believe and Destroy: Intellectuals in the SS War Machine*. Cambridge: Polity, 2013.

İşcan, Mehmet Yaşar and Kennedy Kenneth, A. R. (eds). *Reconstruction of Life from the Skeleton*. New York: Alan R. Liss, 1989.

Isenberg, Andrew C. *The Destruction of the Bison: An Environmental History, 1750-1920*. Cambridge: Cambridge University Press, 2000.

Israel, Jonathan. *Radical Enlightenment: Philosophy and the Making of Modernity, 1650-1750*. Oxford: Oxford University Press, 2001.

Israel, Jonathan. *Revolutionary Ideas: An Intellectual History of the French Revolution from the Rights of Man to Robespierre*. Princeton: Princeton University Press, 2014.

Jacob, Margaret C. *The Secular Enlightenment*. Princeton: Princeton University Press, 2019.

Jaeger, C. Stephen. *The Origins of Courtliness: Civilizing Trends and the Formation of Courtly Ideals, 939-1210*. Philadelphia: University of Pennsylvania Press, 1985.

Jansen, Marius. "On Studying the Modernization of Japan", in Kokusai Kirisutokyo Daigaku and Ajia Bunka Kenkyu Iinkai (eds), *Studies on Modernization of Japan by Western Scholars*, 1-11. Tokyo: International Christian University, 1962.

Jenks, Susanne. "The Writ and the Exception *de odio et atia*", *Journal of Legal History*, 23:1 (2002): 1-22.

Johnson, Eric A. and Monkkonen, Eric H. (eds). *The Civilization of Crime. Violence in Town and Country since the Middle Ages*. Urbana and Chicago: University of Illinois Press, 1996.

Johnson, Eric A. *Nazi Terror: The Gestapo, Jews and Ordinary Germans*. New York: Basic Books, 1999.

Jones, Daniel Stedman. *Masters of the Universe: Hayek, Friedman, and the Birth of Neoliberal Politics*. Princeton: Princeton University Press, 2012. 〔한국어판. 다니엘 스테드먼 존스, 유승경 옮김, 《우주의 거장들: 하이에크, 프리드먼 그리고 신자유주의 정치의 탄생》, 미래를 소유한 사람들(MSD미디어), 2019〕

Josephson-Storm, Jason. *The Myth of Disenchantment: Magic, Modernity, and the Birth of the Human Sciences*. Chicago: University of Chicago Press, 2017.

Judt, Tony. *Postwar; A History of Europe Since 1945*. New York: Penguin, 2007. 〔한국어판. 토니 주트, 조행복 옮김, 《전후 유럽 1945~2005》(전 2권), 열린책들, 2019〕

Jurmain, Robert and Kilgore, Lyn. "Sex-Related Patterns of Trauma in Humans and African Apes", in Anne L. Grauer and Patricia Stuart-Macadam (eds). *Sex and Gender in Paleopathological Perspective*, 11-26. Cambridge: Cambridge University Press, 1998.

Kaeuper, Richard W. "Chivalry and the 'Civilizing Process'", in Richard W. Kaeuper (ed.), *Violence in Medieval Society*, 22f-38. Rochester: Boydell & Brewer, 2000.

Kalar, Tara, Meske, Elizabeth, Schimdt, Alison and Johnson, Shirin. "A Crisis of Complacency: Minnesota's Untested Rape Kit Backlog", *Bench and Bar of Minnesota*, 74 (2017): 22-8.

Kaldor, Mary. *New and Old Wars: Organized Violence in a Global* Era. Cambridge: Polity, 1999. 〔한국어판. 메리 캘도어, 유강은 옮김, 《새로운 전쟁과 낡은 전쟁: 세계화 시대의 조직화된 폭력》, 그린비, 2010〕

Kamen, Henry. *The Spanish Inquisition: An Historical Revision*. London: Phoenix Giant, 1998.

Kanani, Milli. "Testing Justice", *Columbia Human Rights Law Review*, 42:3 (Spring 2011): 943-92.

Kaplan, Steven L. *Bread, Politics and Political Economy in the Reign of Louis XV*, 2 vols. The Hague: Martinus Nijhoff, 1976.

Kaplan, Thomas Pegelow, Matthäus, Jürgen and Hornburg, Mark W. (eds). *Beyond 'Ordinary Men': Christopher R. Browning and Holocaust Historiography*. Leiden: Ferdinand Schöningh, 2019.

Karonen, Petri. "Trygg eller livsfarlig? Våldsbrottsligheten i Finlands städer 1540- 1660", *Historisk Tidskrift för Finland*, 80:1 (1995): 1.11.

Karonen, Petri. "A Life versus Christian Reconciliation: Violence and the Process of Civilization in the Kingdom of Sweden, 1540-1700", in Ylikangas, Karonen and Lehti (eds), *Five Centuries of Violence in Finland and the Baltic Area*, 85-132.

Kaspersson, Maria. "'The Great Murder Mystery' or Explaining Declining Homicide Rates", in Godfrey, Emsley and Dunstall (eds), *Comparative Histories of Crime*, 72-88.

Keane, John. *Violence and Democracy*. Cambridge: Cambridge University Press, 2004.

Keegan, John. *A History of Warfare*. New York: Knopf, 1993.

Keeley, Lawrence H. *War before Civilization: The Myth of the Peaceful Savage*. New York, Oxford: Oxford University Press, 1996. 〔한국어판. 로렌스 H. 킬리, 김성남 옮김, 《원시전쟁》, 수막새, 2014〕

Kelley, Robin D. G. "Thug Nation: On State Violence and Disposability", in Jordan T. Camp and Christina Heatherton (eds), *Policing the Planet: Why the Policing Crisis Led to Black Lives Matter*, 15-33. New York: Verso, 2016.

Kelly, Liz, Lovett, Jo and Regan, Linda. *A Gap or a Chasm? Attrition in Reported Rape Cases*, Home Office Research Study 293. London: Home Office Research, Development and Statistics Directorate, February 2005.

Kelly, Liz. "The (In)credible Words of Women: False Allegations in European Rape Research", *Violence Against Women*, 16:12 (2010): 1345-55.

Kendi, Ibram X. *How to be An Antiracist*. New York: One World, 2019. 〔한국어판. 이브람 X. 켄디, 이종인 옮김, 《안티레이시즘: 우리의 관점과 세계관을 왜곡시키는 인종차별주의의 구조를 타파하기》, 비잉Being, 2022〕

Kerin, James R. "Combat", in *Encyclopedia of Violence, Peace and Conflict*, 2nd edn, ed. Lester R. Kurtz, 349. San Diego: Academic Press, 1998.

Kesselring, Krista J. *Mercy and Authority in the Tudor State*. Cambridge: Cambridge University Press, 2003.

Kiernan, Ben. *Blood and Soil: A World History of Genocide and Extermination from Sparta to Darfur*. New Haven: Yale University Press, 2007.

Kim, Nam C. "Angels, Illusions, Hydras, and Chimeras: Violence and Humanity", *Reviews in Anthropology*, 41:4 (2012): 239-72.

King-Clark, R. *Free for a Blast*. London: Grenville Publishing Company Limited, 1988.

Kissane, Bill. *Nations Torn Asunder: The Challenge of Civil War*. Oxford: Oxford University Press, 2016.

Kivelson, Valerie A. *Desperate Magic: The Moral Economy of Witchcraft in Seventeenth-Century Russia*. Ithaca: Cornell University Press, 2013.

Klein, Herbert S. and Luna, Francisco Vidal. *Slavery in Brazil*. Cambridge: Cambridge University Press, 2010.

Klerman, Daniel. "Settlement and Decline of Private Prosecution in Thirteenth-Century England", *Law and History Review*, 19:1 (2001): 1-65.

Klose, Fabian. "'Source of Embarrassment': Human Rights, State of Emergency, and the Wars of Decolonization", in Stefan-Ludwig Hoffman (ed.), *Human Rights in the Twentieth Century*, 237-57. Cambridge: Cambridge University Press, 2011.

Knauft, Bruce. "Violence and Sociality in Human Evolution", *Current Anthropology*, 32 (1991): 391-428.

Knüsel, Christopher and Smith, Martin J. (eds). "Introduction: The Bioarcheology of Conflict", in Knüsel and Smith (eds), *The Routledge Handbook of the Bioarchaeology*, 3-24.

Knüsel, Christopher and Smith, Martin J. "The Osteology of Conflict: What Does It All Mean?", in Knüsel and Smith (eds), *The Routledge Handbook of the Bioarchaeology*, 656-94.

Koerner, Lisbeth. *Linnaeus: Nature and Nation*. Cambridge, MA: Harvard University Press, 1999.

Koh, Harold Hongju. "The New Global Slave Trade", in Kate E. Tunstall (ed.), *Displacement, Asylum, Migration*, 232-55. Oxford: Oxford University Press.

Kolbert, Elizabeth. *The Sixth Extinction: An Unnatural History*. London: Bloomsbury, 2014. 〔한국어판. 엘리자베스 콜버트, 이혜리 옮김, 《여섯 번째 대멸종》, 처음북스, 2014〕

Kollmann, Nancy Shields. *By Honor Bound: State and Society in Early Modern Russia*. Ithaca: Cornell University Press, 1999.

Kollmann, Nancy Shields. *Crime and Punishment in Early Modern Russia*. Cambridge: Cambridge University Press, 2012.

Kollmann, Nancy Shields. "Pictures at an Execution: Johann Georg Korb's 'Execution of the Strel'tsy'", in Brian Boeck, Russell E. Martin and Daniel Rowland (eds), *Dubitando: Studies in History and Culture in Honor of Donald Ostrowski*, 399-407. Bloomington: Slavica Publishers, 2012.

Kollmann, Nancy Shields. *The Russian Empire, 1450-1801*. Oxford: Oxford University Press, 2017.

Kotch, Seth. *Lethal State: A History of the Death Penalty in North Carolina*. Chapel Hill: University of North Carolina Press, 2020.

Kouango, Alban Monday. *Cabinda: un Koweit africain*. Paris: L'Harmattan, 2002.

Kreiser, B. Robert. *Miracles, Convulsions, and Ecclesiastical Politics in Early Eighteenth-Century Paris*. Princeton: Princeton University Press, 1978.

Krieken, Robert van. "Violence, Self-discipline and Modernity: Beyond the Civilizing Process", *Sociological Review*, 37 (1989): 193-218.

Krieken, Robert van. *Norbert Elias*. London: Routledge, 1998.

Krieken, Robert van. "Norbert Elias and Emotions in History", in David Lemmings and Ann Brooks (eds), *Emotions and Social Change: Historical and Sociological Perspectives*, 19-42. London: Routledge, 2014.

Kristiansen, Kristian. "Towards a New Paradigm? The Third Science Revolution and its Possible Consequences in Archaeology", *Current Swedish Archaeology*, 22 (2014): 11-34.

Krogh, Tyge. *A Lutheran Plague: Murdering to Die in the Eighteenth Century*, 1-5. Leiden: Brill, 2012.

Krohn-Hansen, Christian. "The Anthropology of Violent Interaction", *Journal of Anthropological Research*, 50 (1994): 367-81.

Kroll, Jerome and Bachrach, Bernard. *The Mystic Mind: The Psychology of Medieval Mystics and Ascetics*. New York: Routledge, 2005.

Krüger, Gesine. *Kriegsbewältigung und Geschichtsbewußtsein: Realität, Deutung und Verarbeitung des deutschen Kolonialkriegs in Namibia 1904 bis 1907*. Göttingen: Vandenhoeck and Ruprecht, 1999.

Kühn, Manfed. *Johann Gottlieb Fichte: Ein deutscher Philisoph, 1762–1814*. Munich: Beck, 2012.

La Vopa, Anthony J. *Fichte: The Calling of the Self and Philosophy*. Cambridge: Cambridge University Press, 2001.

Laakkonen, Simo, Tucker, Richard P. and Vuorisalo, Timo (eds). *The Long Shadows: A Global Environmental History of the Second World War*. Corvallis: Oregon State University Press, 2017.

LaCapra, Dominick. *Writing History, Writing Trauma*. Baltimore: Johns Hopkins University Press, 2000.

Lacroix, Justine and Pranchère, Jean-Yves. *Le Procès des droits de l'homme: Généalogie du scepticisme démocratique*. Paris: Seuil, 2016.

Langbein, John H. *Prosecuting Crime in the Renaissance: England, Germany, France*. Cambridge, MA: Harvard University Press, 1974.

Langbein, John H. *Torture and the Law of Proof: Europe and England in the Ancien Régime*. Chicago: University of Chicago Press, 1977.

Langbein, John H. "The Legal History of Torture", in Sanford Levinson (ed.), *Torture: A Collection*, 93–103. Oxford: Oxford University Press, 2006.

Lear, Linda. *Rachel Carson: Witness for Nature*. London: Allen Lane, 1998.

LeBlanc, Steven A. and Register, Katherine E. *Constant Battles: Why We Fight*. New York: St. Martin's Griffin, 2003.

LeCain, Timothy J. *Mass Destruction: The Men and Giant Mines that Wired America and Scarred the Planet*. New Brunswick: Rutgers University Press, 2009.

LeDonne, John. "Civilians under Military Justice during the Reign of Nicholas I", *Canadian-American Slavic Studies*, 7 (1973): 171–87.

Lee, Jason C. K. and Wen, Zongguo. "Rare Earths from Mines to Metals: Comparing Environmental Impacts from China's Main Production Pathways", *Journal of Industrial Ecology*, 21:5 (2016): 1277–90.

Lee, Wayne E. *Waging War: Conflict, Culture, and Innovation in World History*. Oxford and New York: Oxford University Press, 2016.

Lehner, Ulrich L. *The Catholic Enlightenment: The Forgotten History of a Global Movement*. Oxford: Oxford University Press, 2016.

Leibniz, Gottfried Wilhelm. *Theodicy: Essays on the Goodness of God, the Freedom of Man, and the Origin of Evil*, ed. Austin M. Farrer, trans. E. M. Huggard. New York: Cosmo

Classics, 2009 [1710].

Lerner, Steve. *Sacrifice Zones: The Front Lines of Toxic Chemical Exposure in the United States.* Cambridge, MA: MIT Press, 2010.

Leupp, Gary. "Five Men of Naniwa: Gang Violence and Popular Culture in Genroku Osaka", in James L. McClain and Osamu A. Wakita (eds), *Osaka: The Merchant's Capital of Early Modern Japan.* Ithaca: Cornell University Press, 1999.

Levine, Robert M. and Crocitti, John J. (eds). *The Brazil Reader: History, Culture, Politics.* Durham: Duke University Press, 1999.

Levinson, Sanford. "Contemplating Torture: An Introduction", in Sanford Levinson (ed.), *Torture: A Collection*, 23–43. Oxford: Oxford University Press, 2004.

Leys, Ruth. *Trauma: A Genealogy.* Chicago: University of Chicago Press, 2000.

Leys, Ruth. *The Ascent of Affect: Genealogy and Critique.* Chicago: University of Chicago Press, 2017.

Liesen, Laurette T. "Women, Behavior, and Evolution: Understanding the Debate Between Feminist Evolutionists and Evolutionary Psychologists", *Politics and the Life Sciences*, 26:1 (March 2007): 51–70.

Liliequist, Jonas. "Violence, Honour and Manliness in Early Modern Northern Sweden", in Mirkka Lappalainen and Pekka Hirvonen (eds), *Crime and Control in Europe from the Past to the Present*, 174–207. Helsinki: Hakapaino, 1999.

Lindsay, Brendan C. *Murder State: California's Native American Genocide, 1846–1873.* Lincoln and London: University of Nebraska Press, 2012.

Lindström, Dag. "Homicide in Scandinavia: Long-term Trends and Their Interpretations", in Sophie Body-Gendrot and Pieter Spierenburg (eds), *Violence in Europe: Historical and Contemporary Perspectives*, 41–64, here 48f. New York: Springer, 2008.

Linebaugh, Peter. *The London Hanged: Crime and Civil Society in the Eighteenth Century.* Cambridge: Cambridge University Press, 1992.

Linton, Marisa. *Choosing Terror: Virtue, Friendship, and Authenticity in the French Revolution.* Oxford: Oxford University Press, 2013.

Lisak, David, Lori, Gardiner, Nicksa, Sarah C. and Cote, Ashley M. "False Allegations of Sexual Assault: An Analysis of Ten Years of Reported Cases", *Violence Against Women*, 16:12 (2010): 1318–34.

Lobban, Michael. "Legal Fictions before the Age of Reform", in Maksymilian Del Mar and William Twining (eds), *Legal Fictions in Theory and Practice*, 199–223. Heidelberg: Springer, 2015.

Lockwood, Matthew. *The Conquest of Death. Violence and the Birth of the Modern English State.* New Haven and London: Yale University Press, 2017.

Lonsway, Kimberly A., Welch, Susan and Fitzgerald, Louise F. "Police Training in Sexual Assault Response: Process, Outcomes, and Elements of Change", *Criminal Justice and*

Behavior, 28:6 (2001): 695-730.

Lord, Vivian B. and Rassel, Gary. "Law Enforcement's Response to Sexual Assault: A Comparative Study of Nine Counties in North Carolina", in Hodgson and Kelley (eds), *Sexual Violence*, 155-72.

Lucas, Richard E. "Adaptation and the Set-Point Model of Subjective Well-Being", *Current Directions in Psychological Science*, 16:2 (2007): 75-9.

Lykken, David and Tellegen, Auke. "Happiness Is a Stochastic Phenomenon", *Psychological Science*, 7:3 (1996): 186-9.

Madley, Benjamin. *An American Genocide: The United States and the California Indian Catastrophe, 1846-1873*. New Haven: Yale University Press, 2016.

Majima, Shunzo. "Just Torture?", *Journal of Military Ethics*, 11:2 (2012): 136-48.

Malešević, Siniša. "Forms of Brutality: Towards A Historical Sociology of Violence", *European Journal of Social Theory*, 16:3 (July 2013): 1-19.

Malešević, Siniša. *The Rise of Organised Brutality: A Historical Sociology of Violence*, 134. Cambridge: Cambridge University Press, 2017.

Mali, Joseph and Wokler, Robert (eds). *Isaiah Berlin's Counter-Enlightenment*. Philadelphia: American Philosophical Society, 2003.

Mann, Charles C. *1491: New Revelations of the Americas before Columbus*. New York: Vintage Books, 2006. 〔한국어판. 찰스 만, 전지나 옮김, 《인디언: 이야기로 읽는 인디언 역사》, 오래된미래, 2005〕

Mann, Charles C. *1493: Uncovering the New World Columbus Created*. New York: Knopf, 2011. 〔한국어판. 찰스 만, 최희숙 옮김, 《1493: 콜럼버스가 문을 연 호모제노센 세상》, 황소자리, 2020〕

Mann, Michael. "Have Wars and Violence Declined?", *Theory and Society*, 47:2 (January 2018): 37-60.

Mannix, Daniel. *The History of Torture*. Phoenix Mill, Stroud, Gloucestershire: Sutton, 2003.

Mantena, Karuna. *Alibis of Empire: Henry Maine and the Ends of Liberal Imperialism*. Princeton: Princeton University Press, 2010.

Markus, Hazel R. and Moya, Paula (eds). *Doing Race: 21 Essays for the 21st Century*. New York: W.W. Norton, 2010.

Marsh, T. W., Geist, A. and Caplan, N. *Rape and the Limits of Law Reform*. Boston: Auburn House, 1982.

Martin, Debra L. and Frayer, David W. "Introduction", in Debra L. Martin and David W. Frayer (eds), *Troubled Times: Violence and Warfare in the Past*, xiii- xxi. Amsterdam: Gordon and Breach, 1997.

Marx, Anthony W. *Making Race and Nation: A Comparison of the United States, South Africa, and Brazil*. Cambridge: Cambridge University Press, 1998.

Maschner, Herbert D. G. and Reedy-Maschner, Katherine L. "Raid, Retreat, Defend (repeat):

The Archaeology and Ethnohistory of Warfare on the North Pacific Rim", *Journal of Anthropological Archaeology*, 17 (1998): 19-51.

Matytsin, Anton M. and Edelstein, Dan. "Introduction", in Anton M. Matytsin and Dan Edelstein (eds), *Let There Be Enlightenment: The Religious and Mystical Sources of Rationality*, 1-6. Baltimore: Johns Hopkins University Press, 2018

Mauer, Marc. *Race to Incarcerate*. New York: New Press, 1999.

Mayer, Peter. "Comparative Reflections on *The Civilizing Process*", in Lemmings and Brooks (eds.) *Emotions and Social Change*, 233-51.

Mazower, Mark. *No Enchanted Palace: The End of Empire and the Ideological Origins of the United Nations*. Princeton: Princeton University Press, 2009.

McDermott, Rose. "The Feeling of Rationality: The Meaning of Neuroscientific Advances for Political Science", *Perspectives on Politics*, 2:4 (2004): 691-706.

McKinnon, Andrew M. "The Sacramental Mechanism: Religion and the Civilizing Process in Christian Western Europe with Particular Reference to the Peace of God Movement and its Aftermath", in Andrew McKinnon and Marta Trzebiatowska (eds), *Sociological Theory and the Question of Religion*, 105-26. Farnham: Taylor & Francis, 2014.

McLane, Bernard William. "Juror Attitudes toward Local Disorder: The Evidence of the 1328 Trailbaston Proceedings", in James S. Cockburn and Thomas A. Green (eds), *Twelve Good Men and True*, 36-64. Princeton: Princeton University Press, 1988.

McMahon, Darrin M. *Enemies of the Enlightenment: The French Counter-Enlightenment and the Making of Modernity*. New York: Oxford University Press, 2001.

McMahon, Darrin M. *Happiness: A History*, 466-80. New York: Atlantic Monthly Press, 2006. 〔한국어판. 대린 맥마흔, 윤인숙 옮김, 《행복의 역사》, 살림, 2008〕

McMahon, Richard, Eibach, Joachim and Roth, Randolph. "Making Sense of Violence? Reflections on the History of Interpersonal Violence in Europe", *Crime, History and Societies*, 17:2 (2013): 5-26.

McNeill, John R. *Something New Under the Sun*. London: Penguin, 2000. 〔한국어판. J. R. 맥닐, 홍욱희 옮김, 《20세기 환경의 역사》, 에코리브르, 2008〕

McNeill, John R. and Unger, Corinna R. (eds). *Environmental Histories of the Cold War*. Cambridge: Cambridge University Press, 2010.

McNeill, John R. and Engelke, Peter. *The Great Acceleration: An Environmental History of the Anthropocene since 1945*. Cambridge, MA: Belknap, 2014.

Meadows, Donella H., Meadows, Dennis L., Randers, Jorgen and Behrens III, William W. *The Limits to Growth*. New York: Universe, 1972. 〔한국어판. 도넬라 H. 메도즈·데니스 L. 메도즈·요르겐 랜더스, 김병순 옮김, 홍기빈 해제, 《성장의 한계》, 갈라파고스, 2021〕

Megret, Frederic. "From 'Savages' to 'Unlawful Combatants': A postcolonial look at International Humanitarian Law's 'Other'", in Orford (ed.), *International Law and Its Others*, 265-317.

Mehta, Uday Singh. *Liberalism and Empire: A Study in Nineteenth-Century British Liberal Thought*. Chicago: Chicago University Press, 1999.

Melzer, Arthur M., Weinberger, Jerry and Zinman, M. Richard (eds). *History and the Idea of Progress*. Ithaca: Cornell University Press, 1995.

Mennell, Stephen. "Decivilizing Processes: Theoretical Significance and Some Lines for Research", *International Sociology*, 5:2 (1990): 205-23.

Mennell, Stephen and Goudsblom, Johan. "Civilizing Processes—Myth or Reality? A Comment on Duerr's Critique of Elias", *Comparative Studies in Society and History*, 39:4 (1997): 729-33.

Mennell, Stephen. *The American Civilizing Process*. Cambridge: Polity, 2007.

Merback, Mitchel B. *The Thief, the Cross and the Wheel: Pain and the Spectacle of Punishment in Medieval and Renaissance Europe*. London: Reaktion Books, 1999.

Merbs, Charles F. "Trauma", in İşcan and Kennedy (eds), *Reconstruction of Life from the Skeleton*, 161-89.

Mercier, Hugo and Sperber, Dan. *The Enigma of Reason*. Cambridge, MA: Harvard University Press, 2017. 〔한국어판. 위고 메르시에·당 스페르베르, 최호영 옮김, 《이성의 진화》, 생각연구소, 2018〕

Metcalf, Thomas R. *Ideologies of the Raj*. Cambridge: Cambridge University Press, 1994.

Micale, Mark S. "What Pinker Leaves Out", *Historical Reflections*, 44:1 (September 2018): 128-39.

Micale, Mark S. and Dwyer, Philip. "History, Violence, and Stephen Pinker", *Historical Reflections/Réflexions Historiques*, 44:1 (Spring 2018): 1-5.

Mill, John Stuart. *Considerations on Representative Government*. New York: CreateSpace, 2014, first published, 1861. 〔한국어판. 존 스튜어트 밀, 서병훈 옮김, 《대의정부론》, 아카넷, 2012〕

Miller, Jerome G. *Search and Destroy: African-American Male Sin the Criminal Justice System*. New York: Oxford University Press, 1996.

Miller, Mary and Brittenham, Claudia. *The Spectacle of the Late Maya Court: Reflections on the Murals of Bonampak*. Austin: University of Texas Press, 2013.

Milsom, Stroud F. C. "Trespass from Henry III to Edward III", *Law Quarterly Review*, 74 (1958): 195-224.

Milsom, Stroud F. C. *Historical Foundations of the Common Law*, 54-9. London: Butterworths, 1969.

Mirzai, Benaz A. "The Persian Gulf and Britain: The Suppression of the African Slave Trade", in Hideaki Suzuki (ed.), *Abolitions as a Global Experience*, 113-29. Singapore: NUS Press, 2015.

Mitzen, Jennifer. "The Irony of Pinkerism", *Perspectives on Politics*, 11:2 (June 2013): 525-8.

Molloy, Barry (ed.). *The Cutting Edge: Archaeological Studies in Combat and Weaponry*.

Cheltenham: History Press, 2007.

Molloy, Barry and Grossman, Dave. "Why Can't Johnny Kill?: The Psychology and Physiology of Interpersonal Combat", in Molloy (ed.), *The Cutting Edge*, 188-202.

Monkkonen, Eric. "New Standards for Historical Homicide Research", *Crime, History and Societies*, 5:2 (2001): 5-26.

Montagne, Albert. "Crimes, faits divers, cinématographe et premiers interdits français en 1899 et 1909", *Criminocorpus*, http://journals.openedition.org/criminocorpus/207, accessed 18 August 2020.

Monteiro, A. Reis. *Ethics and Human Rights*. New York: Springer, 2014.

Montesquieu, Charles Louis de Secondat, baron de La Brède et de. *Lettres persanes*, 2 vols. Paris: Bureaux de la Publication, 1880. 〔한국어판. 샤를 드 몽테스키외, 이수지 옮김, 《페르시아인의 편지》, 다른세상, 2002〕

Montrie, Chad. *To Save the Land and People: A History of Opposition to Surface Coal Mining in Appalachia*. Chapel Hill: University of North Carolina Press, 2003.

Moravcsik, Andrew. "The Origins of Human Rights Regimes: Democratic Delegation in Postwar Europe", *International Organization*, 54:2 (Spring 2000): 238-43.

Mornet, Daniel. *Les origines intellectuelles de la Révolution française, 1715-1787*. Paris: Armand Colin, 1933.

Morris, Benny. *1948: A History of the First Arab-Israeli War*. New Haven: Yale University Press, 2008.

Morris, Ian. *War!: What Is It Good For?: Conflict and the Progress of Civilization from Primates to Robots*. New York: Farrar, Straus and Giroux, 2014. 〔한국어판. 이언 모리스, 김필규 옮김, 《전쟁의 역설: 폭력으로 평화를 일군 1만 년의 역사》, 지식의 날개(방송대출판문화원), 2015〕

Morrissey, Susan K. "Terrorism and *Ressentiment* in Revolutionary Russia", *Past and Present*, 246:1 (2019): 191-226.

Moyn, Samuel. *Origins of the Other: Emmanuel Lévinas between Revelation and Ethics*. Ithaca: Cornell University Press, 2005.

Moyn, Samuel. *The Last Utopia: Human Rights in History*. Cambridge, MA: Belknap Press, 2010.

Moyn, Samuel. "Hype for the Best: Why Does Steven Pinker Insist that Human Life Is On the Up and Up?", *The New Republic*, 19 March 2018.

Moyn, Samuel. *Not Enough: Human Rights in an Unequal World*. Cambridge, MA: Belknap Press, 2018.

Muchembled, Robert. *Le temps des supplices de l'obéisance sous les rois absolus, XVe-XVIIIe siècle*. Paris: Armand Colin, 1992.

Muchembled, Robert. *A History of Violence. From the End of the Middle Ages to the Present*. Cambridge: Polity Press, 2012.

Muhammad, Khalil Gibran. *The Condemnation of Blackness: Race, Crime and the Making of Modern Urban America*. Cambridge, MA: Harvard University Press, 2010.

Müller, Jan-Werner. *What Is Populism?*. Philadelphia: University of Pennsylvania Press, 2016. 〔한국어판. 얀 베르너 뮐러, 노시내 옮김, 《누가 포퓰리스트인가: 그가 말하는 '국민' 안에 내가 들어갈까》, 마티, 2017〕

Munkler, Herfried. *The New Wars*, trans. Patrick Camiller. Oxford: Polity, 2005. 〔한국어판. 헤어프리트 뮌클러, 공진성 옮김, 《새로운 전쟁: 군사적 폭력의 탈국가화Die Neuen Kriege》 (2002), 책세상, 2012〕

Murakawa, Naomi. *The First Civil Right: How Liberals Built Prison America*. Oxford: Oxford University Press, 2014.

Murray, Kenneth R., Grossman, Dave and Kentridge, Robert W. "Behavioral Psychology of Killing", in Kurtz (ed.), *Encyclopedia of Violence*, 166-73.

Myers, David G. and Diener, E. (eds). "Who Is Happy?", *Psychological Science*, 6:1 (1995): 10-19.

Myhill, Andy and Allen, Jonathan. *Rape and Sexual Assault of Women: The Extent and Nature of the Problem. Findings from the British Crime Survey*. London: Home Office Research, Development, and Statistics Directorate, March 2002.

Nabuco, Joaquim. *Abolitionism: The Brazilian Antislavery Struggle* (1883), trans. and ed. Robert Conrad. Urbana: University of Illinois Press, 1977.

Nakao, Hisashi, Tamura, Kohei, Arimatsu, Yui, Nakagawa, Tomomi, Matsumoto, Naoko and Matsugi, Takehiko. "Violence in the Prehistoric Period of Japan: The Spatio-Temporal Pattern of Skeletal Evidence for Violence in the Jomon Period", *Biology Letters*, 1 March 2016, https://doi.org/10.1098/rsbl.2016.0028

Nakhimovsky, Isaac. *The Closed Commercial State: Perpetual Peace and Commercial Society from Rousseau to Fichte*. Princeton: Princeton University Press, 2011.

Namier, L. B. "History", in *Avenues of History* [1952], reproduced in Fritz Stern (ed.), *The Varieties of History: From Voltaire to the Present*. New York: Meridian Books, 1956.

Natarajan, Deepa, Vries, Han de, Saaltink, Dirk-Jan, de Boer, Sietse F. and Koolhass, Jaap M. "Delineation of Violence from Functional Aggression in Mice: An Ethological Approach", *Behavior Genetics*, 39 (2009): 73-90.

Nelson, Diane M. *Who Counts? The Mathematics of Death and Life after Genocide*. Durham: Duke University Press, 2015.

Netterstrøm, Jeppe Büchert. "Criminalization of Homicide in Early Modern Denmark (16th to 17th centuries)", *Scandinavian Journal of History*, 42:4 (2017): 459-75.

Niewöhner, Jörg. "Epigenetics: Embedded Bodies and the Molecularisation of Biography and Milieu", *BioSocieties*, 6:3 (13 June 2011): 279-98.

Nilsson, Sven A. *De stora krigens tid. Om Sverige som militärstat och bondesamhälle*. Uppsala: Uppsala universitet, 1990.

Nisbet, Robert A. *History of the Idea of Progress*. New York: Basic Books, 1980.

Nisuke, Ando. *Japan and International Law: Past, Present and Future: International Symposium to Mark the Centennial of the Japanese Association of International Law*. The Hague: Kluwer, 1999.

Nivette, Amy E. "Violence in Non-state Societies: A Review", *The British Journal of Criminology*, 51:3 (2011): 578-98.

Nixon, Rob. *Slow Violence and the Environmentalism of the Poor*. Cambridge, MA: Harvard University Press, 2011. 〔한국어판. 롭 닉슨, 김홍옥 옮김,《느린 폭력과 빈자의 환경주의》, 에코리브르, 2020〕

Noonan, Jeff. "Liberalism, Capitalism, and the Conditions of Social Peace: A Critique of Steven Pinker's One-Sided Humanism", *International Critical Thought* (2019), doi: 10.1080/21598282.2019.1649170

Northrup, David. *Indentured Labor in the Age of Imperialism, 1834-1922*. Cambridge: Cambridge University Press, 1995.

Norton, Jack. *Genocide in Northwestern California: When Our Worlds Cried*. San Francisco: Indian Historian Press, 1979.

Nosco, Peter. *Individuality in Early Modern Japan: Thinking for Oneself*. New York: Routledge, 2018.

Nussbaum, Martha C. *Creating Capabilities: The Human Development Approach*. Cambridge: Belknap Press of Harvard University Press, 2011. 〔한국어판. 마사 C. 누스바움, 한상연 옮김, 이양수 감수,《역량의 창조: 인간다운 삶에는 무엇이 필요한가?》, 돌베개, 2015〕

Nystrom, Pia. "Aggression and Nonhuman Primates", in Mike Parker Pearson and Nick J. N. Thorpe (eds), *Warfare, Violence and Slavery in Prehistory*, 35-40. Oxford: Archaeopress, 2005.

O'Connell, Robert. *Ride of the Second Horseman: The Birth and Death of War*. Oxford: Gordon & Breach, 1995.

Oka, Rahul C., Kissel, Marc, Golitko, Mark, Sheridan, Susan Guise, Kim, Nam C. and Fuentes, Agustín. "Population is the Main Driver of War Group Size and Conflict Casualties", *Proceedings of the National Academy of Sciences*, 114, no. 52 (2017): E11101-10.

Olson, Trisha. "The Medieval Blood Sanction and the Divine Beneficence of Pain: 1100-1450", *Journal of Law and Religion*, 22:1 (2006): 63-129.

O'Mara, Margaret. *The Code: Silicon Valley and the Making of America*. New York: Penguin Press, 2019.

Orford, Ann (ed.). *International Law and Its Others*. Cambridge: Cambridge University Press, 2006.

Orwell, George. *1984*. New York: Signet Classic, 1977. 〔한국어판. 조지 오웰, 정회성 옮김, 《1984》, 민음사, 2003 등〕

Österberg, Eva. "Criminality, Social Control, and the Early Modern State: Evidence and

Interpretations in Scandinavian Historiography", in Eric A. Johnsson and Eric H. Monkkonen (eds), *The Civilization of Crime: Violence in Town and Country since the Middle Ages*, 35-62. Urbana and Chicago: University of Illinois Press, 1996.

Österberg, Eva and Sogner, Sølvie (eds). *People Meet the Law. Control and Conflict-Handling in the Courts: The Nordic Countries in the Post-Reformation and Pre-Industrial Period*. Oslo: Universitetsforlaget, 2000.

Osterhammel, Jürgen. *The Transformation of the World: A Global History of the Nineteenth Century*, trans. Patrick Camiller. Princeton: Princeton University Press, 2014. 〔한국어판. 위르겐 오스터함멜, 박종일 옮김, 《대변혁 1~3: 19세기의 역사풍경Die Verwandlung der Welt: eine Geschichte des 19. Jahrhunderts》, 한길사, 2021〕

Osterhammel, Jürgen. *Unfabling the East: The Enlightenment's Encounter with Asia*, trans. Robert Savage. 1998; Princeton: Princeton University Press, 2018.

Otterbein, Keith F. "The Origins of War", *Critical Review*, 2 (1997): 251-77.

Otterbein, Keith F. "Killing of Captured Enemies: A Cross-Cultural Study", *Current Anthropology*, 41 (2000): 439-43.

Otterbein, Keith F. *How War Began*. College Station: Texas A&M University Press, 2004.

Otto, Ton. "Conceptions of Warfare in Western Thought and Research: An Introduction", in Otto, Thrane and Vandkilde (eds), *Warfare and Society*, 23-8.

Oxenboell, Morten. "Epistemologies of Violence: Medieval Japanese War Tales", *History and Theory*, 56:4 (2017): 44-59.

Pagden, Anthony. *The Enlightenment: And Why It Still Matters*. Oxford: Oxford University Press, 2013.

Page, Amy Dellinger. "Gateway to Reform? Policy Implications of Police Officers' Attitudes Towards Rape", *American Journal of Criminal Justice*, 33:1 (May 2008): 44-58.

Painter, Nell Irvin. *The History of White People*. New York: Norton, 2010.

Pearson, Mike Parker and Thorpe, I. J. N. (eds). *Warfare, Violence and Slavery in Prehistory*. Oxford: Archaeopress, 2005.

Pepperell, Nicole. "The Unease with Civilization: Norbert Elias and the Violence of the Civilizing Process", *Thesis Eleven: Critical Theory and Historical Sociology*, 137:1 (2016): 3-21.

Pérez, Joseph. *The Spanish Inquisition*. New Haven: Yale University Press, 2006.

Peters, Edward. *Torture*, expanded edn. Philadelphia: University of Pennsylvania Press, 1996.

Peterson, David. "Reality Denial: Apologetics for Western-Imperial Violence", https://www.globalresearch.ca/reality-denial-apologetics-for-western-imperial-violence/32066

Piirimäe, Eva. "Berlin, Herder, and the Counter-Enlightenment", *Eighteenth-Century Studies*, 49:1 (2015): 71-6.

Pimentel, David. "Green Revolution Agriculture and Chemical Hazards", *The Science of the Total Environment*, 188:Suppl. 1 (1996): S86-S98.

Pincus, Rebecca. "'To Prostitute the Elements': Weather Control and Weaponisation by US Department of Defense", *War & Society*, 36 (2017): 64-80.

Pinker, Steven. *How the Mind Works*. New York: Norton, 1997. [한국어판. 스티븐 핑커, 김한영 옮김, 《마음은 어떻게 작동하는가: 과학이 발견한 인간 마음의 작동 원리와 진화심리학의 관점》, 동녘사이언스, 2007]

Pinker, Steven. *The Blank Slate: The Modern Denial of Human Nature*. New York: Viking, 2002. [한국어판. 스티븐 핑커, 김한영 옮김, 《빈 서판: 인간은 본성을 타고나는가》, 사이언스북스, 2004]

Pinker, Steven. *The Better Angels of Our Nature: The Decline of Violence in History and Its Causes*. London: Allen Lane, 2011. [한국어판. 스티븐 핑커, 김명남 옮김, 《우리 본성의 선한 천사: 인간은 폭력성과 어떻게 싸워 왔는가》, 사이언스북스, 2014]

Pinker, Steven. *Enlightenment Now: The Case for Reason, Science, Humanism, and Progress*. New York: Penguin Books, 2019. [한국어판. 스티븐 핑커, 김한영 옮김, 《지금 다시 계몽: 이성, 과학, 휴머니즘, 그리고 진보를 말하다》, 사이언스북스, 2021]

Pitts, Jennifer. *A Turn to Empire: The Rise of Imperial Liberalism in Britain and France*. Princeton: Princeton University Press, 2005.

Plamper, Jan. *The History of Emotions: An Introduction*, trans. Keith Tribe. Oxford: Oxford University Press, 2015.

Poe, Marshall. *"A People Born to Slavery": Russia in Early Modern European Ethnography, 1476-1748*. Ithaca: Cornell University Press, 2000.

Pohl-Zucker, Susanne. *Making Manslaughter: Process, Punishment and Restitution in Württemberg and Zurich, 1376-1700*. Leiden: Brill, 2017.

Pollard, Sidney. *The Idea of Progress: History and Society*. New York: Basic Books, 1969.

Posner, Eric A. *The Twilight of Human Rights Law*. Oxford: Oxford University Press, 2014.

Powell, Anastasia and Henry, Nicola. *Sexual Violence in a Digital Age*. London: Palgrave, 2016.

Powell, Edward. "Social Research and the Use of Medieval Criminal Records", *Michigan Law Review*, 79:4 (1981): 967-78.

Prestwich, Michael, Britnell, Richard and Frame, Robin (eds). *Thirteenth Century England VIII: Proceedings of the Durham Conference 1999*. Woodbridge: Boydell, 2001.

Rakove, Jack N. *Original Meanings: Politics and Ideas in the Making of the American Constitution*. New York: Alfred A. Knopf, 1996.

Ralph, Sarah (ed.). *The Archaeology of Violence: Interdisciplinary Approaches*. Albany: State University of New York Press, 2012.

Rawcliffe, Carole. *Medicine and Society in Later Medieval England*. London: Sandpiper Books, 1995.

Rawley, James A. with Behrendt, Stephen D. *The Transatlantic Slave Trade: A History*. Lincoln: University of Nebraska Press, 2005.

Rawlings, Helen. *The Spanish Inquisition*. Malden: Blackwell, 2006.

Reddy, William M. "Against Constructivism: The Historical Ethnography of Emotions", *Current Anthropology*, 38:3 (June 1997): 327–51, here 331.

Reddy, William M. *The Invisible Code: Honor and Sentiment in Postrevolutionary France, 1815-1848*. Berkeley: University of California Press, 1997.

Reddy, William M. *The Navigation of Feeling: A Framework for the History of Emotions*. New York: Cambridge University Press, 2001. 〔한국어판. 윌리엄 M. 레디, 김학이 옮김, 《감정의 항해: 감정이론, 감정사史, 프랑스혁명》, 문학과지성사, 2016〕

Reddy, William M. *The Making of Romantic Love: Longing and Sexuality in Europe, South Asia, and Japan, 900-1200 CE*. Chicago: University of Chicago Press, 2012.

Redfern, Rebecca C. *Injury and Trauma in Bioarchaeology: Interpreting Violence in Past Lives*. Cambridge: Cambridge University Press, 2017.

Redfern, Rebecca C. and Fibiger, Linda. "Bioarchaeological Evidence for Prehistoric Violence: Use and Misuse in the Popular Media", in Jane E. Buikstra (ed.), *Bioarchaeologists Speak Out: Deep Time Perspectives on Contemporary Issues*, 59–77. Cham: Springer, 2018.

Rediker, Marcus. *The Slave Ship: A Human History*. New York: Penguin Books, 2007. 〔한국어판. 마커스 레디커, 박지순 옮김, 《노예선: 인간의 역사》, 갈무리, 2018〕

Reed, Kristin. *Crude Existence: Environment and the Politics of Oil in Northern Angola*. Berkeley: University of California Press, 2009.

Reed, Paul F. and Geib, Phil R. "Sedentism, Social Change, Warfare, and the Bow in the Ancient Pueblo Southwest", *Evolutionary Anthropology*, 22:3 (2013): 103–10.

Reis, João José. *Slave Rebellion in Brazil: The Muslim Uprising of 1835 in Bahia*, trans. Arthur Brakel. 1986; Baltmore: Johns Hopkins University Press, 1993.

Rennison, Callie Marie. *Rape and Sexual Assault: Reporting to Police and Medical Attention, 1992-2000*. Washington, DC: Bureau of Justice Statistics, 2002.

Reséndez, Andrés. *The Other Slavery: The Uncovered Story of Indian Enslavement in America*. Boston: Houghton Mifflin Harcourt, 2016.

Resnick, Daniel P. "The Société des Amis des Noirs and the Abolition of Slavery", *French Historical Studies*, 7:4 (1972): 558–69.

Restall, Matthew. *When Montezuma Met Cortés: The True Story of the Meeting That Changed History*. New York: Ecco, 2018.

Restall, Matthew. "The Humans Behind the Sacrifice", *History Today* (April 2020): 96–7.

Reynolds, John. *Empire, Emergency, and International Law*. Cambridge: Cambridge University Press, 2017.

Riches, David (ed.), *The Anthropology of Violence*. Oxford: Basil Blackwell, 1986.

Rifaʻah Rāfiʻ al-Ṭahṭāwī. *An Imam in Paris: Account of a Stay in France by an Egyptian Cleric (1826-1831)*, trans. Daniel L. Newman. London: Saqi, 2004.

Robb, John. "Violence and Gender in Early Italy", in Martin and Frayer (eds), *Troubled*

Times, 111-44.

Roberts, Callum M. *The Unnatural History of the Sea*. Washington, DC: Island Press, 2007.

Roberts, Luke. *Performing the Great Peace: Political Space and Open Secrets in Tokugawa Japan*. Honolulu: University of Hawai'i Press, 2015.

Robinson, R. J. "'The Civilizing Process': Some Remarks on Elias's Social History", *Sociology*, 21:1 (1987): 1-17.

Rosanvallon, Pierre. *The Demands of Liberty: Civil Society in France since the Revolution*, trans. Arthur Goldhammer. Cambridge, MA: Harvard University Press, 2007.

Rosenfeld, Sophia. *Democracy and Truth: A Short History*. Philadelphia: University of Pennsylvania Press, 2019.

Rosenwein, Barbara H. "Worrying about Emotions in History", *The American Historical Review*, 107:3 (June 2002): 821-45.

Rosenwein, Barbara H. "The Uses of Biology: A Response to J. Carter Wood's 'the Limits of Culture?'", *Cultural and Social History*, 4:4 (2007): 553-8.

Rosenwein, Barbara H. 'Problems and Methods in the History of Emotions", *Passions in Context: International Journal for the History and Theory of Emotion*, 1:1 (January 2010): 1-32, published online at http://www.passionsincontext.de, accessed 16 March 2018.

Rosenwein, Barbara H. *Generations of Feeling: A History of Emotions, 600-1700*. Cambridge: Cambridge University Press, 2016.

Rosenwein, Barbara H. and Cristiani, Riccardo. *What Is the History of Emotions?* Cambridge: Polity, 2018.

Ross, Michael L. *The Oil Curse: How Petroleum Wealth Shapes the Development of Nations*. Princeton: Princeton University Press, 2012.

Roth, Randolph. "Homicide in Early Modern England 1549-1800: The Need for Quantitative Synthesis", *Crime, History and Societies*, 5:2 (2001): 33-67.

Roth, Randoph. *American Homicide*. Cambridge, MA: Harvard University Press, 2009.

Roth, Randolph. "Does Better Angels of Our Nature Hold Up as History?", *Historical Reflections/Réflexions Historiques*, 44:1 (2018): 94-5.

Royer, Katherine. "The Body in Parts: Reading the Execution Ritual in Late Medieval England", *Historical Reflections*, 29:2 (2003): 319-39.

Royer, Katherine. *The English Execution Narrative: 1200-1700*. London: Pickering and Chatto, 2014.

Rummel, Rudolph J. *Death by Government*. New Brunswick: Transaction Publishers, 1994.

Rumney, Philip N. S. "False Allegations of Rape", *Cambridge Law Journal*, 65:1 (2006): 128-58.

Russell, Edmund. *War and Nature: Fighting Humans and Insects with Chemicals from World War I to* Silent Spring. Cambridge: Cambridge University Press, 2001.

Russell, Edmund. *Evolutionary History: Uniting History and Biology to Understand Life on*

Earth. Cambridge: Cambridge University Press, 2011.

Russell, Josiah Cox. *British Medieval Population*. Albuquerque: University of New Mexico Press, 1948.

Russell, Penny. *Savage or Civilised? Manners in Colonial Australia*. Sydney: NewSouth Books, 2010.

St. Leon, Count de. *Love and Its Hidden History*, 4th edn. Boston: William White and Co., 1869.

Sander, Melissa Mary Fenech. "Questions of Accountability and Illegality of Virtual Rape". MSc thesis, Iowa State University, 2009.

Sapolsky, Robert M. *Behave: The Biology of Humans at Our Best and Worst*. New York: Penguin, 2017.

Sassoli, Marco. *International Humanitarian Law: Rules, Controversies, and Solutions to Problems Arising in Warfare*, 1–14. Cheltenham: Edward Elgar Publishing, 2019.

Scarre, Chris (ed.). *The Human Past: World Prehistory & the Development of Human Societies*, 2nd edn. London and New York: Thames & Hudson, 2009.

Scheper-Hughes, Nancy and Wacquant, Loïc (eds). *Commodifying Bodies*. London: Sage, 2002.

Schmidt, Bettina E. and Schröder, Ingo W. (eds). *Anthropology of Violence and Conflict*. London: Routledge, 2001.

Schnapper, Bernard. "Les Peines arbitraires du XIIIe au XVIIIe siècle: Doctrines savantes et usages français", *Tijdschrift voor Rechtsgeschiedenis/Legal History Review*, 41:3–4 (1973): 237–77, and 42:1–2 (1974): 81–112.

Schrader, Abby M. *Languages of the Lash: Corporal Punishment and Identity in Imperial Russia*. De Kalb: Northern Illinois University Press, 2002.

Schrader, Stuart, *Badges without Borders: How Global Counterinsurgency Transformed American Policing*. Los Angles: University of California Press, 2019.

Schrepfer, Susan R. and Scranton, Philip (eds). *Industrializing Organisms: Introducing Evolutionary History*. London: Routledge, 2004.

Schröder, Ingo W. and Schmidt, Bettine E. "Introduction: Violent Imaginaries and Violent Practices", in Schmidt and Schröder (eds), *Anthropology of Violence and Conflict*, 1–12.

Schulting, Rick and Wysocki, Mike. "'In this Chambered Tomb were Found Cleft Skulls...': An Assessment of the Evidence for Cranial Trauma in the British Neolithic", *Proceedings of the Prehistoric Society*, 71 (2005): 107–38.

Schwartz, Stuart B. *Sugar Plantations in the Formation of Brazilian Society: Bahia, 1550–1835*. Cambridge: Cambridge University Press, 1985.

Schwartz, Stuart B. *Slaves, Peasants, and Rebels: Reconsidering Brazilian Historiography*. Urbana: University of Illinois Press, 1992.

Schwerhoff, Gerd. "Zivilisationsprozess und Geschichtswissenschaft. Norbert Elias'

Forschungsparadigma in historischer Perspektive", *Historische Zeitschrift*, 266 (1998): 561-605.

Schwerhoff, Gerd. "Criminalised Violence and the Process of Civilization: A Reappraisal", *Crime, History and Societies*, 6:2 (2002): 103-26.

Schwerhoff, Gerd. "Violence and the Honour Code: From Social Integration to Social Distinction?", *Crime, History and Societies*, 17:2 (2013): 27-46.

Scott, Rebecca. *Slave Emancipation in Cuba: The Transition to Free Labor, 1860-1899*. Pittsburgh: University of Pittsburgh Press, 2000.

Secrest, William B. *When the Great Spirit Died: The Destruction of the California Indians, 1850-1860*, second edn. Sanger: Quill Driver Books, 2003.

Seelhoff, Cheryl Lindsey. "A Chilling Effect: The Oppression and Silencing of Women Journalists and Bloggers Worldwide", *Off Our Backs*, 37:1 (2007): 18-21.

Sen, Amartya. *Development as Freedom*. New York: Knopf, 1999. 〔한국어판. 아마르티아 센, 김원기 옮김, 유종일 감수, 《자유로서의 발전》, 갈라파고스, 2013〕

Sharpe, James. "Crime in England: Long-Term Trends and the Problem of Modernization", in Johnsson and Monkkonen (eds), *The Civilization of Crime*, 17-34.

Sharpe, James. *A Fiery & Furious People: A History of Violence in England*. London: Random House, 2016.

Sharpe, R. R. (ed.). *Calendar of Coroners Rolls of the City of London, AD 1300- 1378*. London: R. Clay and sons, 1913.

Sheehan, Jonathan. "Enlightenment, Religion, and the Enigma of Secularization: A Review Essay", *American Historical Review*, 108 (2003): 1061-80.

Sheehan, Jonathan and Wahrman, Dror. *Invisible Hands: Self-Organization and the Eighteenth Century*. Chicago: Chicago University Press, 2015.

Shelley, Louise. *Human Trafficking: A Global Perspective*. Cambridge: Cambridge University Press, 2010.

Shepherd, Jonathan. "Violent Crime in Bristol: An Accident and Emergency Department Perspective", *The British Journal of Criminology*, 30:3 (1990): 289-305.

Sherwood, Marika. "The British Illegal Slave Trade, 1808-1830", *British Journal for Eighteenth-Century Studies*, 31:2 (2008): 293-305.

Shryock, Andrew and Smail, Daniel Lord (eds). *Deep History: The Architecture of Past and Present*. Berkeley: University of California Press, 2011.

Sideries, Lisa S. and Moore, Kathleen Dean (eds). *Rachel Carson: Legacy and Challenge*. Albany: SUNY Press, 2008.

Sikkink, Kathryn. *Evidence for Hope: Making Human Rights Work in the 21st Century*. Princeton: Princeton University Press, 2017.

Silverman, Lisa. *Tortured Subjects: Pain, Truth, and the Body in Early Modern France*. Chicago: University of Chicago Press, 2001.

Simmons, Beth A. *Mobilizing for Human Rights: International Law in Domestic Politics*. Cambridge: Cambridge University Press, 2009.

Simpson, A. W. Brian. "Round Up the Usual Suspects: The Legacy of British Colonialism and the European Convention on Human Rights", *Loyola Law Review*, 41:4 (Winter 1996): 629–711.

Simpson, A. W. Brian. *Human Rights and the End of Empire: Britain and the Genesis of the European Convention*. Oxford: Oxford University Press, 2011.

Singer, Peter. *Animal Liberation: A New Ethics for Our Treatment of Animals*. New York: HarperCollins, 1975. 〔한국어판. 피터 싱어, 김성한 옮김, 《동물 해방》(개정완역판), 연암서가, 2012〕

Skidmore, Thomas E. *Brazil: Five Centuries of Change*, 2nd edn. New York: Oxford University Press, 2010.

Sklar, Kathryn Kish. "Human Rights Discourse in Women's Rights Conventions in the United States, 1848–70", in Slotte and Halme-Tuomisaari (eds), *Revisiting the Origins of Human Rights*, 163–88.

Slaboch, Matthew W. *A Road to Nowhere: The Idea of Progress and Its Critics*. Philadelphia: University of Pennsylvania Press, 2018.

Slotte, Pamela and Halme-Tuomisaari, Miia (eds). *Revisiting the Origins of Human Rights*. Cambridge: Cambridge University Press, 2015.

Smail, Daniel Lord. *On Deep History and the Brain*. Berkeley: University of California Press, 2008.

Smail, Daniel Lord. "Violence and Predation in Late Medieval Mediterranean Europe", *Comparative Studies in Society and History*, 54:1 (2012): 7–34.

Smil, Vaclav. "Harvesting the Biosphere: The Human Impact", *Population and Development Review*, 37 (2011): 613–36.

Smith, Bonnie G. "Gender and the Practices of Scientific History", *The American Historical Review*, 100:4 (October 1995): 1150–76.

Smith, Bonnie G. *The Gender of History: Men, Women, and Historical Practice*. Cambridge, MA: Harvard University Press, 1998.

Smith, Carrie. "Medieval Coroners' Rolls: Legal Fiction or Historical Fact?", in Dunn (ed.), *Courts, Counties and the Capital in the Later Middle Ages*, 97–8.

Smith, Helmut Walser. *The Continuities of German History: Nation, Religion, and Race across the Long Nineteenth Century*. Cambridge: Cambridge University Press, 2008.

Smith, Martin and Brickley, Megan. *People of the Long Barrows: Life, Death and Burial in the Earlier Neolithic*. Stroud: The History Press, 2009.

Smith, Martin, Schulting, Rick and Fibiger, Linda. "Settled Lives, Unsettled Times: Neolithic Violence", in Fagan, Fibiger, Hudson and Trundle (eds), *The Cambridge World History of Violence, Vol. I: The Prehistoric and Ancient Worlds*, 79–98.

Smuts, Barbara. "Male Aggression Against Women: An Evolutionary Perspective", *Human Nature*, 3 (1992): 1-44.

Smuts, Barbara. "The Evolutionary Origins of Patriarchy", *Human Nature*, 6 (1995): 1-32.

Sorkin, David. *The Religious Enlightenment: Protestants, Jews, and Catholics from London to Vienna*. Princeton: Princeton University Press, 2008.

Spierenburg, Pieter. *The Spectacle of Suffering. Executions and the Evolution of Repression: From a Preindustrial Metropolis to the European Experience*. Cambridge and London: Cambridge University Press, 1984.

Spierenburg, Pieter. "Faces of Violence: Homicide Trends and Cultural Meanings, Amsterdam, 1431-1816", *Journal of Social History*, 27:4 (1994): 701-16.

Spierenburg, Pieter. "Elias and the History of Crime and Criminal Justice: A Brief Evaluation", *IAHCCJ Bulletin*, 20 (Spring 1995): 17-30.

Spierenburg, Pieter. "Long-Term Trends in Homicide: Theoretical Reflections and Dutch Evidence, Fifteenth to Twentieth Centuries", in Johnsson and Monkkonen (eds), *The Civilization of Crime*, 63-105.

Spierenburg, Pieter. "Violence and the Civilizing Process: Does it Work", *Crime, History and Societies*, 5:2 (2001): 87-105.

Spierenburg, Pieter. *A History of Murder: Personal Violence in Europe from the Middle Ages to the Present*. Cambridge: Polity Press, 2008. [한국어판. 피테르 스피렌부르크, 홍선영 옮김, 《살인의 역사: 중세에서 현대까지 살인으로 본 유럽의 풍경》, 개마고원, 2011]

Spierenburg, Pieter. "Toward a Global History of Homicide and Organized Murder", *Crime, Histoire & Sociétés/Crime, History & Societies*, 18:2 (2014): 99-106.

Spohn, Cassia. "Untested Sexual Assault Kits: A National Dilemma", *Criminality and Public Policy*, 15:2 (May 2016): 551-4.

Stearns, Peter N. and Stearns, Carol Z. "Clarifying the History of Emotions and Emotional Standards", *The American Historical Review*, 90:4 (October 1985): 813-36.

Stearns, Peter N. and Stearns, Carol Z. *Anger: The Struggle for Emotional Control in America's History*. Chicago: University of Chicago Press, 1989.

Stearns, Peter N. and Lewis, Jan (eds). *An Emotional History of the United States*. New York: New York University Press, 1998.

Stearns, Peter N. "Modern Patterns in Emotion History", in Peter N. Stearns and Susan Matt (eds), *Doing Emotions History*, 17-40, esp. 22-4. Urbana: University of Illinois Press, 2014.

Stearns Peter N. "Shame, and a Challenge for Emotions History", *Emotion Review*, 8:3 (July 2016): 197-206.

Stearns, Peter N. *Shame: A Brief History*. Urbana, Chicago, and Springfield: University of Illinois Press, 2017.

Steffen, Will, Grinevald, Jacques, Crutzen, Paul and McNeill, John. "The Anthropocene:

Conceptual and Historical Perspectives", *Philosophical Transactions of the Royal Society*, 369:1938 (March 2011): 842-67.

Steinberg, Mark. "Emotions History in Eastern Europe", in Stearns and Matt (ed.), *Doing Emotions History*, 74-99.

Stephen, James Fitzjames. *Liberty, Equality, Fraternity*, ed. Stuart D. Warner. Indianapolis: Liberty Fund, 1993.

Sternhell, Zeev. *The Anti-Enlightenment Tradition*, trans. David Maisel. New Haven: Yale University Press, 2010.

"Steven Pinker: Counter-Enlightenment Convictions are 'Surprisingly Resilient'", *Quillette Magazine*, 20 April 2018, https://quillette.com/2018/04/20/steven-pinker-counter-enlightenment-convictions-surprisingly-resilient/

Stevenson, Ana. "The 'Great Doctrine of Human Rights': Articulation and Authentication in the Nineteenth-Century U.S. Antislavery and Women's Rights Movements", *Humanity*, 8:3 (2017): 413-39.

Stocking, George. *Victorian Anthropology*. New York: Free Press, 1987.

Stone, Lawrence. "Interpersonal Violence in English Society 1300-1980", *Past and Present*, 101 (1983): 22-33.

Storey, Robin L. "Malicious Indictments of Clergy in the Fifteenth Century", in Franklin and Harper-Bill (eds), *Medieval Ecclesiastical Studies*, 221-40.

Strange, Carolyn and Cribb, Robert. "Historical Perspectives on Honour, Violence and Emotion", in Strange, Cribb, and Forth (eds), *Honour, Violence and Emotions in History*, 1-22.

Strange, Carolyn, Cribb, Robert and Forth, Christopher E. (eds). *Honour, Violence and Emotions in History*. London: Bloomsbury, 2014.

Strathern, Andrew J. and Stewart, Pamela J. "Anthropology of Violence and Conflict, Overview", in Lester Kurtz (ed.), *Encyclopedia of Violence, Peace and Conflict*, 2nd edn, 75-86. San Diego: Academic Press, 2008.

Stringer, Chris and Andrews, Peter. *The Complete World of Human Evolution*. London: Thames & Hudson, 2005.

Suddler, Carl. *Presumed Criminal: Black Youth and the Justice System in Postwar New York*. New York: New York University Press, 2019.

Sullivan, Eileen P. "Liberalism and Imperialism: J. S. Mill's Defense of the British Empire", *Journal of the History of Ideas*, 44 (1983): 599-617.

Summerson, Henry. "Attitudes to Capital Punishment in England, 1220-1350", in Prestwich, Britnell, and Frame (eds), *Thirteenth Century England VIII*, 123-33.

Suzuki, Hideaki. "Abolitions as a Global Experience: An Introduction", in Suzuki (ed.), *Abolitions as a Global Experience*, 1-24.

Tackett, Timothy. *The Coming of the Terror in the French Revolution*. Cambridge, MA: Belknap

우리 본성의 악한 천사

Press, 2015.

Taïeb, Emmanuel. *La guillotine au secret. Les exécutions publiques en France, 1870–1939*. Paris: Belin, 2011.

Taylor, Clarence. *Fight the Power: African Americans and the Long History of Police Brutality in New York City*. New York: New York University Press, 2019.

Taylor, Keeanga-Yamahtta. *From #BlackLivesMatter to Black Liberation*. Chicago: Haymarket Books, 2016.

Thomas, Keith. *In Pursuit of Civility: Manners and Civilization in Early Modern Europe*. New Haven and London: Yale University Press, 2018.

Thome, Helmut. "Modernization and Crime: What Is the Explanation?", *IAHCCJ Bulletin*, 20 (Spring 1995): 31–48.

Thome, Helmut. "Explaining Long Term Trends in Violent Crime", *Crime, History and Societies*, 5:2 (2001): 69–86.

Thompson, Heather Ann. "Why Mass Incarceration Matters", *Journal of American History*, 97:3 (December 2010): 703–34.

Thompson, Heather Ann. *Blood in the Water: The Attica Prison Uprising of 1971 and Its Legacy*. New York: Pantheon Books, 2016.

Thompson, Martie P. and Morrison, Deidra J. "Prospective Predictors of Technology-Based Sexual Coercion by College Males", *Psychology of Violence*, 3:3 (2013): 233–46.

Thorpe, I. J. N. "Anthropology, Archaeology, and the Origins of Warfare", *World Archaeology*, 35:1 (2003): 145–65.

Thurstan, Ruth H., Brockington, Simon and Roberts, Callum M. "The Effects of 118 Years of Industrial Fishing on UK Bottom Trawl Fisheries", *Nature Communications* (4 May 2010): 15, doi:10.1038/ncomms1013

Tilley, Lorna. *Theory and Practice in the Bioarchaeology of Care*. Cham: Springer, 2015.

Tilly, Charles and Ardant, Gabriel (eds). *The Formation of National States in Western Europe*. Princeton: Princeton University Press, 1975.

Todorov, Tzvetan. *In Defense of the Enlightenment*, trans. Gila Walker. London: Atlantic Books, 2009.

Todorova, Maria. *Imagining the Balkans*, updated edn. New York: Oxford University Press, 2009.

Tønnessen, J. N. and Johnsen, A. O. *The History of Modern Whaling*. London: Hurst, 1982.

Tonry, Michael H. *Malign Neglect: Race, Crime, and Punishment in America*. New York: Oxford University Press, 1995.

Tornberg, Anna and Jacobsson, Lars. "Care and Consequences of Traumatic Brain Injury in Neolithic Sweden: A Case Study of Ante Mortem Skull Trauma and Brain Injury Addressed through the Bioarchaeology of Care", *International Journal of Osteoarchaeology*, 28:2 (2018): 188–98.

Townsend, Camilla. *Fifth Sun: A New History of the Aztecs*. New York: Oxford, 2019.

Toyama, Shigeki. *Meiji Ishin to gendai*. Tokyo: Iwanami Shoten, 1968.

Travis, Jeremy, Western, Bruce and Redburn, Steve. *The Growth of Incarceration in the United States: Exploring Causes and Consequences*. Washington, DC: National Academies Press, 2014.

Trigger, Bruce. *A History of Archaeological Thought*. Cambridge: Cambridge University Press, 2006. 〔한국어판. 브루스 트리거, 성춘택 옮김, 《고고학사》(개정 2판), 사회평론아카데미, 2019〕

Trouillot, Michel-Rolph. "Anthropology and the Savage Slot: The Poetics and Politics of Otherness", in Richard G. Fox (ed.), *Recapturing Anthropology: Working in the Present*, 17–44. Santa Fe: School of American Research Press, 1991.

Trouillot, Michel-Rolph. *Silencing the Past: Power and the Production of History* 〔1995〕, 20th anniversary edition, second revised edn. Boston: Beacon Press, 2015. 〔한국어판. 미셸-롤프 트루요, 김명혜 옮김, 《과거 침묵시키기: 권력과 역사의 생산》, 그린비, 2011〕

Tsunetomo, Yamamoto. *Hagakure*, trans. Alexander Bennett. Tokyo: Tuttle, 2014.

Tsutomu, Suda. *'Akutō' no Jūkyūseiki: Minshū Undō no Henshitsu to 'Kindai Ikōki'*. Tokyo: Aoki Shoten, 2002.

Tuchman, Barbara W. *The Proud Tower: A Portrait of the World before the War, 1890–1914*. New York: Macmillan, 1966.

Tuchman, Barbara W. *Stilwell and the American Experience in China, 1911–45*. New York: Macmillan, 1971.

Tuchman, Barbara W. *A Distant Mirror: The Calamitous 14th Century*. New York: Knopf, 1976.

Tucker, Richard P. and Russell, Edmund (eds). *Natural Enemy, Natural Ally: Toward an Environmental History of Warfare*. Corvallis: Oregon State University Press, 2004.

Tucker, Richard P., Keller, Tait, McNeill, J. R. and Schmid, Martin, (eds). *Environmental Histories of the First World War*. Cambridge: Cambridge University Press, 2018.

Turner, Fred. *From Counterculture to Cyberculture: Stewart Brand, the Whole Earth Network, and the Rise of Digital Utopianism*. Chicago: University of Chicago Press, 2006.

Turning, Patricia. *Municipal Officials, Their Public, and the Negotiation of Justice in Medieval Languedoc: Fear not the Madness of the Raging Mob*. Leiden: Brill, 2013.

Tuzin, Donald F. "The Spectre of Peace in Unlikely Places: Concept and Paradox in the Anthropology of Peace", in Thomas Gregor (ed.), *A Natural History of Peace*, 3–33. Nashville: Vanderbilt University Press, 1996.

Urbinati, Nadia. "The Many Heads of the Hydra: J. S. Mill on Despotism", in Nadia Urbinati and Alex Zakaras (eds), *J. S. Mill's Political Thought: A Bicentennial Reassessment*, 74–5. Cambridge: Cambridge University Press, 2007.

Valentino, Benjamin A. *Final Solutions: Mass Killing and Genocide in the 20th Century*. Ithaca:

Cornell University Press, 2004. 〔한국어판. 벤자민 발렌티노, 장원석 옮김, 《20세기의 대량학살과 제노사이드》, 제주대학교출판부, 2006〕

Valéry, Paul. "La crise de l'esprit", *Nouvelle Revue Française*, 13 (1919): 321-37.

Vandersommers, Dan. "The 'Animal Turn' in History", *Perspectives on History*, 3 November 2016, https://www.historians.org/publications-and-directories/perspectives-on-history/november-2016/the-animal-turn-in-history

Vaughan, Barry. "The Civilizing Process and the Janus-Face of Modern Punishment", *Theoretical Criminology*, 4:1 (February 2000): 71-91.

Villa, Monique. *Slaves Among Us: The Hidden World of Human Trafficking*. London: Rowman and Littlefield, 2019.

Vitiello, Joanna Carraway. *Public Justice and the Criminal Trial in Late Medieval Italy: Reggio Emilia in the Visconti Age*. Leiden: Brill, 2016.

Voltaire. *Candide, or Optimism*, trans. John Butt. London: Penguin, 1947 [1759]. 〔한국어판. 볼테르, 이봉지 옮김, 《캉디드 혹은 낙관주의Candide, ou l'Optimisme》, 열린책들, 2009〕

Wahl, Joachim and König, H. G. "Anthropologisch-traumatologische Untersuchung der Menschlichen Skelettreste aus dem Bandkeramischen Massengrab bei Talheim, Kreis Heilbronn", *Fundberichte aus Baden-Württemberg*, 12 (1987): 65-193.

Walker, Philip L. "A Bioarchaeological Perspective on the History of Violence", *Annual Review of Anthropology*, 30 (2001): 573-96.

Walker, Sue Sheridan. "Punishing Convicted Ravishers: Statutory Strictures and Actual Practice in Thirteenth-and Fourteenth-Century England", *Journal of Medieval History*, 13:3 (1987): 237-49.

Walzer, Michael. "Political Action: The Problem of Dirty Hands", in Levinson (ed.), *Torture*, 61-76.

Warbourton, David. "Aspects of War and Warfare in Western Philosophy and History", in Otto, Thrane and Vandkilde (eds), *Warfare and Society*, 37-55.

Wax, Amy L. "Evolution and the Bounds of Human", *Law and Philosophy*, 23:6 (November 2004): 527-91.

Weaver, Vesla. "Frontlash: Race and the Development of Punitive Crime Policy", *Studies in American Political Development*, 21 (Fall 2007): 230-65.

Wedel, Vicki L. and Galloway, Allison. *Broken Bones: Anthropological Analysis of Blunt Force Trauma*, 2nd edn. Springfield: Charles C. Thomas Publisher Ltd, 2014.

Weitz, Eric D. *A Century of Genocide: Utopias of Race and Nation*. 2003; Princeton: Princeton University Press, 2015.

Weitz, Eric D. "Self-Determination: How a German Enlightenment Idea Became the Slogan of National Liberation and a Human Right", *American Historical Review*, 120:2 (2015): 462-96.

Weitz, Eric D. *A World Divided: The Global Struggle for Human Rights in the Age of Nation-*

States. Princeton: Princeton University Press, 2019.

Western, Bruce. *Punishment and Inequality in America*. New York: Russell Sage Foundation, 2006.

White, Matthew. "'Rogues of the Meaner Sort'? Old Bailey Executions and the Crowd in the Early Nineteenth Century", *The London Journal*, 33:2 (2008): 135–53.

White, Matthew. *The Great Big Book of Horrible Things: The Definitive Chronicle of History's 100 Worst Atrocities*. New York: Norton, 2011.

Whitt, Hugh P. "The Civilizing Process and Its Discontents: Suicide and Crimes against Persons in France, 1825–1830", *American Journal of Sociology*, 116 (2010): 130–86.

Whittingham, Daniel. "'Savage Warfare': C. E. Callwell, the Roots of Counterinsurgency, and the Nineteenth-Century Context", in Hughes (ed.), *British Ways of Counterinsurgency*, 13–29.

Willey, Patrick S. *Prehistoric Warfare on the Great Plains: Skeletal Analysis of the Crow Creek Massacre Victims*. New York: Garland, 1990.

Williams, Eric. *Capitalism and Slavery*. Chapel Hill: University of North Carolina Press, 1944. 〔한국어판. 에릭 윌리엄스, 김성균 옮김, 《자본주의와 노예제도》, 우물이 있는 집, 2014〕

Williams, Glanville. "The Problem of Domestic Rape", *New Law Journal*, 141 (15 February 1991): 204–5.

Williams, Michael. *Deforesting the Earth: From Prehistory to Global Crisis*. Chicago: University of Chicago Press, 2003.

Wilson, Edward O. *Half-Earth: Our Planet's Fight for Life*. New York: Liveright, 2016. 〔한국어판. 에드워드 오스본 윌슨, 이한음 옮김, 《지구의 절반: 생명의 터전을 지키기 위한 제안》, 사이언스북스, 2017〕

Wilson, K. B. "Cults of Violence and Counter-Violence in Mozambique", *Journal of Southern African Studies*, 18:3 (September 1992): 527–82.

Wirtschafter, Elise Kimerling. *Religion and Enlightenment in Catherinian Russia: The Teachings of Metropolitan Platon*. DeKalb: Northern Illinois University Press, 2013.

Withers, Charles W. J. *Placing the Enlightenment: Thinking Geographically about the Age of Reason*. Chicago: University of Chicago Press, 2007.

Wolfe, Patrick. *Traces of History: Elementary Structures of Race*. London: Verso, 2016.

Wolfendale, Jessica. "My Avatar, My Self: Virtual Harm and Attachment", *Ethics and Information Technology*, 9:2 (2007): 111–19.

Wolff, Larry. *Inventing Eastern Europe: The Map of Civilization on the Mind of the Enlightenment*. Stanford: Stanford University Press, 1994.

Wood, J. Carter. *Violence and Crime in Nineteenth-Century England: The Shadow of Our Refinement*. London: Routledge, 2004.

World Health Organization. *Global and Regional Estimates of Violence Against Women:*

Prevalence and Health Effects of and Non-Partner Sexual Violence. Geneva: WHO, 2013.

Wouters, Cas. *Informalization: Manners and Emotions Since 1890*. Los Angeles: SAGE Publications, 2007.

Wrangham, Richard W. "The Evolution of Coalitionary Killing", *Yearbook of Physical Anthropology*, 42 (1999): 1-30.

Wright, Angus. *The Death of Ramón Gonzalez: The Modern Agricultural Dilemma*, 2nd edn. Austin: University of Texas Press, 2005.

Wright, Quincy. "Definitions of War", in Freedman (ed.), *War*, 69-70.

Wulf, Andrea. *The Invention of Nature: Alexander von Humboldt's World*. New York: Knopf, 2016. [한국어판. 안드레아 울프, 양병찬 옮김, 《자연의 발명: 잊혀진 영웅 알렉산더 폰 훔볼트》, 생각의 힘, 2021]

Ylikangas, Heikki. "Major Fluctuations in Crimes of Violence in Finland: A Historical Analysis", *Scandinavian Journal of History*, 1:1 (1976): 81-103.

Ylikangas, Heikki. "Reasons for the Reduction of Violence in Finland in the Seventeenth Century", in Lappalainen and Hirvonen (eds), *Crime and Control in Europe*, 165-73.

Ylikangas, Heikki, Johansen, Jens Christian V., Johansson, Kenneth and Næss, Hans Eyvind. "Family, State, and Patterns of Criminality: Major Tendencies in the Work of the Courts, 1550-1850", in Eva Österberg and Sølvie Sogner (eds), *People Meet the Law: Control and Conflict-Handling in the Courts. The Nordic Countries in the Post-Reformation and Pre-Industrial Period*, 57-139. Oslo: Universitetsforlaget, 2000.

Ylikangas, Heikki, Karonen, Petri and Lehti, Martti (eds). *Five Centuries of Violence in Finland and the Baltic Area*. Columbus: Ohio State University Press, 2001.

Ylikangas, Heikki. "What Happened to Violence? An Analysis of the Development of Violence from Medieval Times to the Early Modern Era Based on Finnish Source Material", in Ylikangas, Karonen and Lehti (eds), *Five Centuries of Violence in Finland and the Baltic*, 1-84.

Young, G. and Whitty, M. T. "Games Without Frontiers", in *Computers in Human Behavior*, 26:6 (2010): 1228-36.

Yung, Corey Rayburn. "How to Lie with Rape Statistics: America's Hidden Rape Crisis", *Iowa Law Review*, 99:3 (2014): 1197-256.

Zamiatin, Evgenii Ivanovich. *We*. New York: Modern Library, 2006. [한국어판. 예브게니 이바노비치 자먀쩐, 석영중 옮김, 《우리들》, 열린책들, 2009]

Žižek, Slavoj. *Violence*. London: Profile, 2008. [한국어판. 슬라보예 지젝, 정일권·김희진·이현우 옮김, 《폭력이란 무엇인가: 폭력에 대한 6가지 삐딱한 성찰》, 난장이, 2008]

Žižek, Slavoj. *In Defense of Lost Causes*. London: Verso, 2017. [한국어판. 슬라보예 지젝, 박정수 옮김, 《잃어버린 대의를 옹호하며》, 그린비, 2009]

Žižek, Slavoj. *Sex and the Failed Absolute*. New York: Bloomsbury Academic, 2020.

Zollikofer, Christoph E., Ponce De Leon, Marcia S., Vandermeersch, Bernard and Lévêque,

François. "Evidence for Interpersonal Violence in the St. Cesaire Neanderthal." *Proceedings of the National Academy of Sciences of the United States of America*, 99 (2002): 6444-8.

Zuk, Marlene. *Sexual Selection: What We Can and Can't Learn About Sex from Animals*. Berkeley: University of California Press, 2002.

필립 드와이어 Philip Dwyer (제1장, 제6장, 제9장)

미국 뉴캐슬대학 역사학과 교수. 같은 대학 폭력연구센터Centre for the Study of Violence 설립자이자 책임자. 3권으로 구성된 나폴레옹 전기를 비롯해 프랑스혁명과 나폴레옹 시대에 관해 다양한 저술활동을 해왔다. Joy Damous와 함께, 4권으로 구성된 *Cambridge World History of Violence*의 총 편집자를 맡고 있으며, *Cambridge History of the Napoleonic War*를 공동 편집 하고 있다. 현재 폭력에 관한 지구사를 저술하고 있다.

마크 S. 미칼레 Mark S. Micale (제1장, 제18장)

미국 일리노이대학 어배너섐페인캠퍼스 역사학과 명예교수. 주요 연구 분야로 유럽 지성사 및 문화사 비교 연구, 프랑스혁명 이후 과학 및 의학, 특히 정신과학의 역사, 정신분석 연구, 남성성 연구, 역사적 트라우마 등이 있다. 7권의 책을 집필 또는 편집했다. *Beyond the Unconscious* (Princeton, 1993), *Discovering the History of Psychiatry* (Oxford, 1994), *Traumatic Pasts: History, Psychiatry, and Trauma in the Modern Age, 1870-1930* (Cambridge, 2001), *The Mind of Modernism: Medicine, Psychology, the Cultural Arts in Europe and America, 1880-1940* (Stanford, 2003), *Enlightenment, Passion, Modernity: Historical Essays in European Thought and Culture* (Stanford, 2000), *Hysterical Men: The Hidden History of Male Nervous Illness* (Harvard, 2000). 예일대학, 맨체스터대학, 일리노이대학에서 30년간 학생들을 가르친 후 2017년 은퇴해 현재 로스앤젤레스에 살고 있다.

대니얼 로드 스메일 Daniel Lord Smail (제2장)

미국 하버드대학 역사학과 프랭크 B. 베어드 주니어 교수Frank B. Baird, Jr. Professor. 인류의 심층역사와 1100년에서 1600년까지 지중해 사회들의 역사 및 인류학을 연구한다. 현재는 루카와 마르세유에서 발굴된 가정 집기 목록과 부채 회수 목록을 이용해 중세 후기 지중해 유럽의 물질문화의 변화를 연구하고 있으며, 중세 후기 프로방스의 노예제 연구도 시작할 예정이다. 저서로 *Legal Plunder: Households and Debt Collection in Late Medieval Europe* (Harvard, 2016), *On Deep History and the Brain* (University of California Press, 2008), *The Consumption of Justice: Emotions, Publicity, and Legal Culture in Marseille, 1264-1423* (Cornell, 2003) 등이 있다.

다그 린드스트룀 Dag Lindström (제3장)

스웨덴 웁살라대학 역사학과 교수. 1980년대 이후의 범죄역사에 대한 연구를 수행하고 있으며 Eva Österberg와 함께 *Crime and Social Control in Medieval and Early Modern Swedish Towns* (Uppsala, 1988)를 공동 저술 했다. 중세부터 19세기 초반까지 도시의 사회적·문화적 역사에 관해 광범위한 저술활동을 했다. *Micro-Geographies of the Western City, c.1750-1900* (forthcoming, 2021)의 공동편집자이며(Alida Clemente, Jon Stobart), *Houses, Families, and Cohabitation in Eighteenth-Century Swedish Towns* (forthcoming, 2021)의 공동 저자다(Göran Tagesson). 최근의 연구로 17세기 북유럽의 살인에 대한 비교 연구가 있으며 다음의 책으로 출판될 예정이다. Janne Kvivouri et. al, *Homicide in Deep Time: Nordic Homicide from Early Modern to Present Era*.

에릭 D. 웨이츠 Eric D. Weitz (제4장)

전 미국 뉴욕시립대학 시티칼리지 및 같은 대학 대학원센터 역사학과 석좌교수(1953~2021). 최근 저서로 이 책에 소개되는 《나누어진 세계: 국민국가 시대의 전 지구적 인권투쟁A World Divided: The Global Struggle for Human Rights in the Age of Nation-States》(Princeton University Press, 2019)이 있다. 다른 주요 출판물로 *Weimar Germany: Promise and Tragedy* (2007; Weimar Centennial (third) edition 2018), *A Century of Genocide: Utopias of Race and Nation* (2003; reprint with new foreword 2014), *Creating German Communism, 1890-1990: From Popular Protests to Socialist State* (1997) 등이 모두 프린스턴대학출판부에서 출판되었다. *Weimar Germany*는 《뉴욕타임스 북리뷰》 "Editor's Choice" 부문에 선정되기도 했다. 프린스턴 시리즈 "Human Rights and Crimes against Humanity"의 편집에도 참여했다.

데이비드 A. 벨 David A. Bell (제5장)

미국 프린스턴대학 역사학과 교수. 근대 초기를 연구하는 프랑스 역사학자로 특히 앙시앵레짐과 프랑스혁명의 정치문화에 관심을 갖고 있다. 1990년에서 1996년까지 예일대학에서, 1996년에서 2010년까지 존스홉킨스대학에서 가르쳤으며 같은 대학 앤드루 W. 멜론 인문학부 학과장과 문리대학 학장을 지냈다. 구겐하임재단Guggenheim Foundation, 미국학술단체협의회 American Council of Learned Societies, ACALS, 우드로윌슨센터Woodrow Wilson International Center for Scholars 등으로부터 펠로십을 수상했다. *Lawyers and Citizens* (Oxford, 1994), *The Cult of the Nation in France* (Harvard, 2001), *The First Total War* (Houghton Mifflin, 2007), Yair Mintzker와 공동 집필 한 *Rethinking the Age of Revolutions: France and the Birth of the Modern World* (Oxford, 2018) 등을 비롯해 여섯 권의 책을 저술했다. 최근작으로 *Men on Horseback: Charisma and Power in the Age of Revolutions* (Farrar, Straus, Giroux, 2020) 등이 있다.

엘리자베스 로버츠-피더슨 Elizabeth Roberts-Pedersen (제6장)

오스트레일리아 뉴캐슬대학 역사학과 부교수. 국제 자원병, 훈련, 군의학 등 근대 전쟁사의 몇몇 요소에 대한 연구를 발표한 바 있다. 오스트레일리아연구위원회Australian Research Council, ARC의 Discovery Early Career Researcher Award, DECRA의 지원을 받아 제2차 세계대전의 영향을 다룬 책이 케임브리지대학출판부에서 출판될 예정이다.

린다 피비거 Linda Fibiger (제7장)

영국 스코틀랜드 에든버러대학 역사·고전·고고학부 인간골고고학Human Osteoarchaeology (유적지에서 발견한 인간의 유해를 연구하는 학문) 선임강사이자 인간골고고학 석사과정 프로그램 디렉터. 폭력 및 분쟁, 실험생물고고학, 과거 생활방식의 재구성 등을 생물고고학적 관점에서 수행하는 연구와, 생물고고학 분야의 전문가 규범, 윤리, 입법 등에 관해 폭넓은 저술활동을 했다. 현재는 유럽이 후원하는 "The Fall of 1200 BC" 프로젝트에 참여해 발칸반도에서 발굴된 인간 골격 유해를 특히 인구집단 간의 관계, 생활방식, 위기 및 분쟁을 나타내는 지표 등에 초점을 맞춰 분석하는 일을 수행하고 있다.

사라 M. 버틀러 Sara M. Butler (제8장)

미국 오하이오주립대학 역사학과 영국역사학 조지 3세 교수George III Professor. 다음 세 권의 책의 저자다. *The Language of Abuse: Marital Violence in Later Medieval England* (Brill, 2007), *Divorce in Medieval England: From One to Two Persons in Law* (Routledge, 2013), *Forensic Medicine and Death Investigation in Medieval England* (Routledge, 2015). 또한 낙태, 영아살해, 의료계의 규제, 자살 등 여타 다양한 주제에 관해서도 저술했다.

낸시 실즈 콜만 Nancy Shields Kollmann (제10장)

미국 스탠퍼드대학 역사학과 윌리엄 H. 본설 교수William H. Bonsall Professor. 전공 분야는 법학사에 중점을 둔 근대 초기 러시아 역사로, 그 결과가 다음의 두 책으로 발표되기도 했다. *By Honor Bound. State and Society in Early Modern Russia* (Cornell, 1999), *Crime and Punishment in Early Modern Russia* (Cambridge, 2012). *The Russian Empire 1450-1801* (Oxford, 2017)에서는 [다민족] 유라시아의 "차이의 제국"으로서 제정러시아의 확장 및 거버넌스를 다루고 있다. 현재 러시아에서 제작된 것뿐 아니라 유럽의 여행기, 지도, 선전 광고지 등에서 보이는 근대 초기 러시아에 대한 시각 자료를 연구를 하고 있다.

마이클 워트 Michael Wert (제11장)

미국 마르케트대학 역사학과 동아시아학 부교수. 전문 분야는 근대 초기 및 근대 일본으로,

Meiji Restoration Losers: Memory and Tokugawa Supporters in Modern Japan and Samurai (Harvard, 2013)를 저술했다. 현재 비판이론을 이용해 군사적 "판타지", 폭력, 이데올로기를 분석하는 원고를 집필하고 있다.

캐럴라인 엘킨스 Caroline Elkins (제12장)

미국 하버드대학 역사학과 역사학및아프리카인·아프리카계미국인학 교수 교수. 하버드비즈니스스쿨 경영학 객원교수이며, 하버드대학 아프리카연구센터Harvard University Center for African Studies의 설립자 겸 책임자이기도 하다. 이 책에 소개되는 엘킨스의 첫 번째 책《제국의 응보: 케냐의 영국판 굴라크에 관한 알려지지 않은 이야기Imperial Reckoning: The Untold Story of Britain's Gulag in Kenya》(Henry Holt, 2005)는 2006년 퓰리처상(일반 논픽션 부문)을 수상했다. 《뉴욕타임스 북리뷰》《애틀랜틱》《뉴리퍼블릭》 등에도 기고하고 있으며 〈All Things Considered〉(NPR) 〈The World〉(BBC), 〈Charlie Rose〉(PBS)를 비롯해 다수의 라디오 및 텔레비전 프로그램에 출연했다. 현재 케냐 독립 후 지역사회와 국가 건설에서 폭력이 끼친 영향과 기억상실을 조사하는 것과, 제2차 세계대전 이후 영국의 대對테러작전을 팔레스타인·말라야·케냐·키프로스·니아살랜드 등의 사례연구를 통해 분석하는 프로젝트를 진행하고 있다. 근대 아프리카, 동아프리카의 시위, 아프리카 인권, 20세기 영국의 식민지 폭력 등에 관한 과목을 가르치고 있다.

매슈 레스톨 Matthew Restall (제13장)

미국 펜실베이니아주립대학 역사학과 교수, 라틴아메리카학 책임자. 툴레인대학 그린리프 석좌교수와 미국민족역사학회American Society for Ethnohistory 회장을 지냈다. 미국국립인문재단, 존카터브라운도서관, 프린스턴고등과학원, 구겐하임펠로로부터 연구를 지원받은 바 있다. 20여권에 이르는 저술은 6개 국어로 출판되었다. 그중 일부로 *Seven Myths of the Spanish Conquest* (Oxford, 2003), *The Black Middle* (Stanford, 2009), *2012 and the End of the World* (Rowman & Littlefield, 2012), *The Conquistadors* (Oxford, 2012) 등이 있으며 *When Montezuma Met Cortés* (Ecco/HarperCollins, 2018)는 2020년 하워드 클라인 상Howard Cline Prize을 수상했다. 최근작으로 *Return to Ixil: Maya Society in an Eighteenth-Century Yucatec Town* (University Press Colorado, 2019), *Blue Moves* (Bloomsbury, 2020), *The Maya: A Very Short Introduction* (Oxford, 2020)가 있다.

조애너 버크 Joanna Bourke (제14장)

영국 런던대학 버크벡칼리지 역사·고전·고고학과 역사학 교수, 영국학술원British Academy 펠로. 웰컴트러스트Wellcome Trust가 5년간 자금을 지원하는 "셰임SHaME"Sexual Harms and

Medical Encounters 프로젝트의 연구책임자를 맡고 있다. 100편 이상의 학술논문과 13권의 책을 저술한 수상 작가다. TV 및 라디오 방송에도 자주 출연하고 있으며 신문에도 정기적으로 기고한다. 저서로 *The Story of Pain: From Prayer to Painkillers* (Oxford, 2014), *Wounding the World: How Military Violence and War-Play Are Invading Our Lives* (Virago, 2014) 등이 있다.

로버트 T. 체이스 Robert T. Chase (제15장)

미국 뉴욕주립대학SUNY 스토니브룩 역사학과 부교수. 이 책에 소개되는《우리는 노예가 아니다: 전후 미국의 국가폭력, 강제노역, 재소자 권리We Are Not Slaves: State Violence, Coerced Labor, and Prisoners' Rights in Postwar America》(University of North Carolina Press, 2020)의 저자이며《가두는 주경州境과 수감하는 주: 수감, 이주 구금, 저항Caging Borders and Carceral States: Incarcerations, Immigration Detentions, and Resistance》(University of North Carolina Press, 2019)의 편집자다. 교도소 및 치안 개혁의 역사와 국가폭력에 대한 그의 연구는 MSNBC, CNN, NPR,《뉴스위크》《워싱턴 포스트》등 텔레비전·라디오·신문을 통해 전국 미디어 프로그램에 소개되었다. 현재 미국 남부 및 남서부 보안관에 관한 역사를 연구하고 있다.

코리 로스 Corey Ross (제16장)

영국 버밍엄대학 역사학과 교수. 근대 유럽, 지구 환경사 및 근대 제국에 관해 많은 저작을 저술했다. 최근의 저작 *Ecology and Power in the Age of Empire* (Oxford, 2017)는 미국역사학회 American Historical Association의 조지 루이스 비어 상George Louis Beer Prize을 수상했다. 현재 리버흄재단Leverhulme Trust과 미국국립인문재단 지원을 받아 물이라는 렌즈로 본 유럽 제국 역사에 관한 책을 저술하고 있다.

수전 K. 모리시 Susan K. Morrissey (제17장)

미국 캘리포니아대학 어바인캠퍼스 역사학과 교수. 러시아 역사 전문가로 *Heralds of Revolution: Russian Students and the Mythologies of Radicalism* (Oxford, 1998), *Suicide and the Body Politic in Imperial Russia* (Cambridge, 2006) 등 학생 급진주의, 자살, 테러에 대한 책과 논문을 출판했다. 현재 제정러시아 후기의 정치적 폭력에 관한 모노그래프를 집필 중이다.

우리 본성의 악한 천사

우리 본성의 악한 천사

우리 본성의 악한 천사

우리 본성의 악한 천사

우리 본성의 악한 천사

찾아보기

우리 본성의 악한 천사

우리 본성의 악한 천사

우리 본성의 악한 천사

스티븐 핑커의 역사 이론 및 폭력 이론에 대한 18가지 반박

1판 1쇄 2023년 4월 20일

엮은이 | 필립 드와이어, 마크 S. 미칼레
옮긴이 | 김영서

펴낸이 | 류종필
책임편집 | 좌세훈
편집 | 이정우, 이은진, 권준
마케팅 | 이건호
경영지원 | 김유리
표지 디자인 | 석운디자인
본문 디자인 | 박애영

펴낸곳 | (주) 도서출판 책과함께
　　　　주소 (04022) 서울시 마포구 동교로 70 소와소빌딩 2층
　　　　전화 (02) 335-1982
　　　　팩스 (02) 335-1316
　　　　전자우편 prpub@daum.net
　　　　블로그 blog.naver.com/prpub
　　　　등록 2003년 4월 3일 제2003-000392호

ISBN 979-11-92913-12-4　93900